한국 언론사

컬처룩 미디어 총서 004

한국 언론사

채백 지음

culture Look

컬처룩 미디어 총서 004
한국 언론사

지은이 채백
펴낸이 이리라

편집 이여진 한나래
디자인 에디토리얼 렌즈

2015년 9월 10일 1판 1쇄 펴냄
2020년 9월 20일 1판 2쇄 펴냄

펴낸곳 컬처룩
등록번호 제2011-000149호
주소 03993 서울시 마포구 동교로 27길 12 씨티빌딩 302호
전화 02.322.7019 | 팩스 070.8257.7019 | culturelook@daum.net
www.culturelook.net

ISBN 979-11-85521-25-1 94300
ISBN 979-11-85521-06-0 94300 (세트)

* 이 도서의 국립중앙도서관 출판예정도서목록(CIP)은 서지정보유통지원시스템 홈페이지(http://seoji.nl.go.kr)와 국가자료공동목록시스템(http://www.nl.go.kr/kolisnet)에서 이용하실 수 있습니다. (CIP제어번호: CIP2015022201)

* 이 책에 실린 사진들은 연구의 목적으로 사용되었습니다.

culturelook

차례

머리말 9

1장 서론: 역사 발전과 커뮤니케이션 17
1. 커뮤니케이션의 발전과 테크놀로지 18
2. 커뮤니케이션의 발전과 정치 · 경제 19

1부 개화기의 언론

2장 전근대의 커뮤니케이션 25
1. 제도적 커뮤니케이션 25
2. 조선 후기 일반 백성들의 커뮤니케이션 30
3. 근대 신문 매체의 전래와 소개 36

3장 근대 신문의 생성 39
1. 시대적 배경 39
2. 〈한성순보〉와 〈한성주보〉의 창간과 발행 44
3. 개화기 일본인의 신문 발행 54

4장 근대 신문의 정착 57
1. 시대적 배경 57
2. 〈독립신문〉의 창간과 운영 65
3. 민간 신문의 활성화 91
4. 일제의 언론 통제와 한국 언론의 대응 97
5. 신문 보급의 확산과 독서 공중의 형성 131

2부 일제기의 언론

5장 강제 병합과 언론 149
1. 병합 직후의 언론 상황 149
2. 3 · 1 운동과 언론 항쟁 152

6장 1920년대 초반의 언론 157
1. 식민 정책의 전환 157
2. 민간지의 창간 159
3. 민간지의 운영과 논조 166
4. 민간지 시대의 신문 독자 173

7장 1920년대 중반 이후의 언론 185
1. 〈동아일보〉의 변화 186
2. 〈조선일보〉의 혁신 195
3. 기자 운동과 독자의 신문 불매 운동 200
4. 잡지의 활성화 206
5. 라디오 방송의 도입 213

8장 1930년대의 언론 219
1. 일제의 통제 강화와 민간지의 대응 219
2. 민간지의 상업적 경쟁 222
3. 일장기 말소 사건 230
4. 일제 말기의 친일 언론과 민간지의 폐간 245

3부 정부 수립 전후의 언론사

9장 미군정기의 언론 255
1. 해방 직후의 언론 상황 255
2. 미군정의 언론 정책 267
3. 미군정기의 신문 독자 274
4. 미군정기의 방송 279
5. 한국 언론 구조의 형성 286

10장 제1공화국의 언론 291
1. 자유당 정권의 언론 통제 291
2. 언론계의 대응과 발전 296
3. 제1공화국의 방송 305

11장 제2공화국의 언론 319
1. 4·19 혁명과 언론 319
2. 제2공화국의 신문 321
3. 제2공화국의 방송 330

4부 군부 독재 시대의 언론

12장 박정희 정권기의 언론 335
1. 박정희 정권의 언론 정책과 통제 335
2. 언론의 대응과 수용자의 비판 360
3. 방송의 발전 388

13장 전두환 정권기의 언론 415
1. 전두환 정권의 언론 정책 415
2. 언론 통제에 대한 언론의 대응 435
3. 언론에 대한 수용자의 대응 440
4. 방송의 발전 449

5부 제6공화국의 언론

14장 언론 자유의 확대와 언론의 권력화 463
1. 국가 권력의 언론 통제 감소 464
2. 언론의 권력화 466

15장 시장 경쟁 체제의 도래 475
1. 정기간행물의 창간, 복간 붐 475
2. 신문의 무한 경쟁 480
3. 방송계의 변화와 발전 487

16장 시민 사회와 언론 민주화 493
1. 언론 노조 운동 493
2. 시민 언론 운동의 전개 501

17장 언론 지형의 변화와 미래 509
1. 한국 언론 역사의 몇 가지 특징 509
2. 기성 언론의 위기와 미래 511

주 515
참고 문헌 543
찾아보기 551

일러두기

- 한글 전용을 원칙으로 하되, 필요한 경우 원어나 한자를 병기하였다.
- 한글 맞춤법은 '한글 맞춤법' 및 '표준어 규정'(1988), '표준어 모음'(1990)을 적용하였다.
- 외국의 인명, 지명 등은 국립국어원의 외래어 표기법을 따랐으며, 관례로 굳어진 경우는 예외를 두었다.
- 사용된 기호는 다음과 같다.

  신문 및 잡지 등 정기 간행물, 방송 프로그램, 영화: 〈 〉

  책(단행본): 《 》

한국의 언론이 중대한 기로에 직면하고 있다. 여러 사회 문화적 환경의 변화에 제대로 대응하지 못한 기성 언론들은 심각한 위기를 좀처럼 벗어나지 못하고 있다. 여러 수준에서 이 위기를 진단하고 해결책을 모색하려는 논의들이 이루어지고는 있다. 하지만 현실에서는 좀처럼 개선의 징후들을 찾아보기 힘들다. 신문과 방송의 종말이 멀지 않았다는 논의도 이제는 황당하게 들리지만은 않을 정도가 되었다.

현실의 문제가 긴박할수록 조급하게 단기적 해결책만을 찾을 것이 아니라 뒤를 돌아보고 차분히 정리하는 자세가 필요하다. 한국 언론의 위기가 깊을수록, 그 해결의 전망이 불투명할수록 다시 역사를 돌아보면서 그 위기의 근원이 어디서부터 비롯되고 어떻게 오늘에까지 이르고 있는지를 곰곰이 따져 보아야 한다. 이러한 성찰이 바탕이 되어야만 우리는 문제의 근원을 정확하게 진단하고 앞으로의 방향을 모색할 수 있을 것이다.

이 책은 한국 언론의 역사적 발전 과정을 통사적으로 서술하였다. 130년 남짓한 역사지만 정치적 격변 속에서 한국의 언론도 부침을 거듭하며 성장, 발전해 왔다. 인류 커뮤니케이션의 역사가 곧 매체의 다양화의 역사이듯이 한국의 언론도 다양한 매체들이 등장하며 사회적으로 중요한 기능을 맡고 있다.

이 책은 그중에서도 가장 중요하고 오랜 역사를 지닌 매체라 할 수 있는 신문과 방송을 중심으로 서술하려고 한다. 최근에 와서 새로운 테크놀로지를 이용한 뉴 미디어가 다양하게 등장하며 이 전통적 매체의 영향력은 현저하게 감소되는 것으로 보인다. 하지만 지나 온 역사적 과정에서 이 두 매체야 말로 한국 사회에 가장 커다란 영향력을 행사한 매체라고 할 수 있다. 두 매체를 중심으로 논의할 때 한국 사회의 주요 변화 속에서 언론의 다양한 측면을 논의할 수 있을 것이다. 그 외의 여러 매체들, 즉 영화나 잡지, 출판 등에 대해서는 이 주요 매체의 동학dynamics과 관련된 범위 내에서 언급하고자 한다.

대중 매체 이전의 전근대적 커뮤니케이션에 대해서도 논의하고자 한다. 일반적으로 새로운 테크놀로지가 외부로부터 도입되면 새로운 매체가 등장하게 된다. 그러나 그 새로운 매체도 제반 사회적 조건이 갖추어져야 성립할 수 있다는 점에서는 예외일 수 없다. 다시 말해 인쇄술이나 전파 매체와 같은 것들이 서구 문명의 발전 과정에서 나타난 산물임에는 틀림없지만 그것이 한국 사회에서 사회적 기능을 담당하는 커뮤니케이션 매체로 성립하고 정착하기 위해서는 한국 사회의 제반 흐름 속에서 필요한 여건들이 갖추어졌을 때 가능한 것이다. 이러한 관점에서 전근대 커뮤니케이션의 전개 양상에 대해서도 서술해 보려는 것이다.

물론 전근대의 커뮤니케이션에 대해서는 아직 학계의 연구 성과가 매우 부진하므로 자세하고 세부적인 논의까지 들어가기는 어렵다. 개괄적인 수준에서 전근대 커뮤니케이션의 특징적 전개 양상을 서술해 보려는 것이다. 특히 그동안 전근대 커뮤니케이션에 대해서는 국가의 지배 수단으로서 제도에 초점을 맞춘 논의가 대부분이었다. 이 책은 그 외에 조선 후기 이후 일반 백성들의 일상적 커뮤니케이션에 대해서도 논의해 보려고 한다.

한국 언론의 역사에서 가장 커다란 영향력을 행사한 요인을 꼽으라면 무엇보다도 정치를 들 수 있다. 정치라는 요인이 한국사의 다른 제반 부문에서와 마찬가지로 언론 부문에서도 가장 큰 영향력을 발휘해 온 것이다. 따라서 이 책의 서술에서도 정치라는 요인에 가장 많은 비중을 두고자 한다. 정치권력이 언론을 어떻게 통제하고 어떠한 정책을 전개하느냐가 한국 언론의 역사를 규정하는 가장 큰 요인이 되었다고 보기에 그러한 방식으로 서술해 나가려는 것이다. 이에 따라 시기 구분도 정치적 상황의 변화에 따라 전근대와 개화기, 일제기, 정부 수립기, 군부 독재기와 최근으로 나누고 하위 항목도 정부 수립 이후에는 공화국 중심으로 나누어 서술하였다.

이 책의 서술도 역시 매체사 중심으로 할 것이다. 그동안 학계의 논의에서 언론사 연구가 매체사 중심의 한계를 좀처럼 벗어나지 못한다는 지적들이 많았다. 이러한 비판에도 불구하고 언론의 역사를 통사적으로 서술하기 위해서는 매체사 중심으로 가는 것이 불가피한 측면도 많다는 생각이다. 매체를 중심에 놓고 서술할 때 우리는 좀 더 풍부한 논의가 가능할 것이다.

물론 이 책에서는 매체사 중심에만 머물지 않고 수용자들의 대응에 대해서도 가능한 많은 부분을 할애하려고 한다. 역사적으로 매체의 발전이 수용자들에 의해 어떻게 받아들여졌으며 수용자들은 매체에 어떻게 대응해 갔는가를 서술에 반드시 포함시키려 노력하였다. 이 부분의 논의가 보완될 때, 언론의 역사는 보다 완성도 높은 서술로 나아갈 수 있을 것이다.

기존의 한국 언론사 서술은 대부분 서울 중심이었다. 정책도 대부분 서울에서 이루어지고 주요 매체들도 서울에 대부분 존재하다 보니 그 역사 서술도 그렇게 갈 수밖에 없는 불가피한 측면도 있다. 이 책에서도 정책과 제도 중심의 서술은 서울 중심이 될 수밖에 없다. 하지만 가능한 범위 내에서 지방의 의미 있는 사건이나 발전은 포함시키려 노력하였다.

역사의 서술은 역사적 사건을 중심으로 이루어지게 마련이다. 이 책도 언론 부문의 역사적 사건 중심으로 서술될 것이다. 하지만 그 서술에서 개별 사건에 주목하기보다는 그 사건이 벌어지게 된 배경과 맥락에 더 주목하고자 한다. 이를 위해 구조사적인 관점에서 서술해 보려 한다. 구조사적 관점은 역사적 사건의 사회적 맥락을 분석하는 데 유용한 방법이다. 이는 개별 사건이나 인물보다는 '관계'와 '상황,' 초개인적인 발전과 과정에 더 주목하는 방법으로, 구조와 사건의 관계를 '구조-사건-구조'라는 도식으로 정립하여 그 유기적 관계의 분석을 시도한다.* 이 관점에 따르면 하나의 사건은 특정한 사회적 구조 속에서 발생하게 되며 역사적으로 중요한 의미를 지니는 사건은 그 이후 사회 구조에 일정한 변화를 가져 오게 된다는 것이다. 이 책은 이러한 구조사적 관점에서 역사적 사건들의 흐름에 초점을 두면서 서술하려고 한다.

이 책은 크게 5부로 구성되어 있다. 5부로 나누는 기준은 전술한 대로 정치적 변화를 중심으로 하였다. 주지하는 바와 같이 근대 이후 한국의 역사는 내부뿐만 아니라 외부적 요인에 의해서도 커다란 영향을 받으면서 역사적 굴곡을 경험해야 했다. 그러한 정치 변화에 따라 제반 사회 부문은 물론이고 개인들의 삶까지 많은 풍파와 우여곡절을 겪었다.

이러한 정치 변화를 중심으로 해서 서론 외에 개화기와 일제기로 나누고, 해방 이후는 정부 수립기와 군부 독재기, 그리고 제6공화국기로 나누었다. 제6공화국기를 제외하고는 그 시기의 특성에 따라 제목을 붙였다. 제6공화국기는 아직까지 진행 중이므로 그 성격을 아직 규정하기는 이르다고 본다. 집권 세력의 성격도 보수와 진보 간에 정권 교체도 이루어졌기에 양 측면을 포괄하는 성격을 찾기가 어렵다. 그렇다고 시기를 나누기에도 그 변화들이 아직 진행 중이기에 적절하지는 않다고 보았다.

각 시기별로 서술은 개화기를 제외하고는 정치권력의 정책을 우선적으로 고찰하고, 이에 대한 언론의 대응 양상을 정리하였다. 나아가서 이러한 정책과 언론을 수용자들은 어떻게 받아들이고 어떻게 대응하였는가를 고찰, 정리하였다.

* 신용하 엮음(1984), 《사회사와 사회학》, 창작과비평사, pp.297~319.

언론 역사의 서술은 가능한 최근까지를 포함하였다. 물론 최근의 사건들은 그 역사적 의미를 정리하고 평가하기에는 이르다. 하지만 역사의 서술이 과거의 어느 시점에서 끝나서는 역사는 단지 '옛날이야기'일 뿐이라서 그 가치가 제한적일 수밖에 없다. 그러한 과거의 역사적 발전이 현재에 어떻게 이어지고 있는가를 서술해야만 역사의 현재적 의미가 제대로 살아날 수 있을 것이다. 이러한 입장에서 최근의 언론 현상을 정리하기는 쉽지 않지만 그 큰 흐름을 중심으로 개괄적으로 서술해 보았다.

독자들의 이해를 돕기 위해 사진을 일부 사용하였다. 사진 자료를 더 많이 사용하고 싶었지만 저작권 때문에 그렇게 하지 못했다. 해방 이후의 사진은 대부분 저작권 사용료를 부담해야 해서 아쉽지만 제외하였다. 사용료를 부담하면 책값에 반영되어 결국 독자들의 부담으로 돌아가기 때문이다. 본문의 논지와는 다소 거리가 있지만 당시 언론과 관련된 흥미로운 현상에 대해서는 읽을거리로 첨가하였다. 독자들이 흥미를 잃지 않고 책을 읽어 나가는 데 도움이 되기 바란다.

이 책은 대학원 박사 과정에서 한국 언론사를 공부하겠다고 마음먹은 이래 지난 30여 년 동안 보잘 것 없지만 나의 조그만 학문적 결실들을 모아 놓은 것이다. 그렇기에 과거 어떤 책을 낼 때보다도 더 설레고 조심스럽다.

물론 나의 학문적 결실만으로 한국 언론의 통사가 다 채워지는 것은 결코 아니다. 학계의 여러 선후배, 동료들의 소중한 연구 성과들이 없었다면 이 책도 불가능했다. 본문에서 주를 통해 출처를 밝히기는 했지만 이 자리를 빌어 학계의 여러 선후배와 동학들에게 심심한 감사의 말씀을 드린다.

이 책에서는 오래전에 돌아가신 조부의 한시를 소개하였다. 1962년 경상북도 문경에서 라디오를 처음 접하신 조부께서 그 신기하고 경이로운 감흥을 한시로 읊으셨던 것이다. 그동안 이 자료를 어떻게 활용할까 고민하였지만 다른 유사 사례를 찾지 못해 묵히고만 있다가 이 책에서야 관련 부분에 읽을거리로 소개하였다. 소중한 자료를 남기셔서 손자의 연구를 좀 더 풍요롭게 만들어 주신 할아버님의 영전에 삼가 이 책을 바친다. 한시를 번역하는 데는 유도회儒道會 이사장을 역임하신 동아대 신문방송학과의 이범수 교수께서 많은 도움을 주셨다. 이범수 교수께도 심심한 감사의 말씀을 드린다.

또한 오늘의 내가 있기까지 이루 말로 다 표현할 수 없을 만큼 크나큰 은혜를 베풀어 주신 돌아가신 두 분 부모님을 비롯하여 여러 선생님들께도 진심으로 감사드린다. 번거로운 교정을 위해서는 부산대 대학원 신문방송학과 박사 과정의 박현옥 양이 수고를 아끼지 않았다. 어려운 출판 현실에 상업성도 없는 책을 기꺼이 맡아서 빛을 볼 수 있게 해 준 컬처룩의 이리라 대표와 편집 실무를 맡아서 수고해 준 이여진, 한나래 님께도 고마움을 전한다.

이렇듯 이 책은 많은 분들의 도움이 있었기에 가능했다. 하지만 내용상 부족함이나 오류가 있다면 그건 전적으로 저자의 몫이다. 여러 가지로 미흡하지만 이 책이 한국 언론의 역사에 관심 있는 독자들에게 조금이라도 도움이 된다면 더 이상 바랄 게 없다. 또한 한국 언론의 위기를 이해하고 나아가서 극복하는 데 조금이라도 보탬이 될 수 있기를 소망해 본다.

2015. 8.

채백

한국 언론사

1장

서론: 역사 발전과 커뮤니케이션

오늘날 우리가 일상적으로 접하는 대중 매체는 서구 역사의 발전 과정에서 나타난 산물이다. 중세 말과 근대 초기 서구에서 형성된 대중 매체가 제국주의 시대 이래 동양에까지 전파되어서 오늘날에는 전 세계적으로 보편적인 현상이 되고 있다. 이러한 대중 매체의 형성과 발전은 바로 인류 사회의 발전 과정과 밀접한 연관 속에서 이루어졌다.

인간의 모든 사회적 행위에서 커뮤니케이션의 개입은 필수적이다. 커뮤니케이션이 없다면 인간은 사회적 관계를 만들고 유지하는 것이 불가능하기 때문이다. 따라서 커뮤니케이션의 역사는 인류 사회의 역사와 함께하는 것이라고 할 수 있다. 그 과정 속에서 커뮤니케이션은 때로는 인류 문화의 발전을 선도해 나가는 주요 요인이 되었으며 때로는 인류 문화의 발전상을 반영하여 그 자체가 변화·발전하는 양상을 보여 주었다.

1. 커뮤니케이션의 발전과 테크놀로지

인간이 다른 동물들과 두드러지게 구별되는 점 중 하나는 도구를 사용할 줄 안다는 것이다. 인간은 자신의 신체적 능력이 미치지 못하는 범위에 대해서는 도구를 사용함으로써 자신의 한계를 극복해 내는 지혜를 가지고 있다. 도구의 사용은 인류 사회의 발전 과정에서 생산력의 발전을 가져 오는 기본 요인이 되었다.

원시 사회에서 도구의 사용을 통한 생산력의 발전은 원시적인 형태이나마 재화의 축적을 가능케 하였고, 이는 또한 교환 경제가 성립될 수 있는 토대가 되었다. 교환 경제의 성립과 발전은 사람들 사이의 상호 작용의 범위를 보다 넓혀 주고 활발하게 해 주었다. 과거와 같이 타고난 신체적 능력에만 의존하는 제한된 커뮤니케이션으로는 이렇게 확대된 생활 영역에 적응할 수가 없었다. 보다 더 강력하고 발전된 형태의 커뮤니케이션 수단이 요구되는 것이다. 이에 인간은 커뮤니케이션 행위에도 도구를 점차 사용하기 시작하였으며, 이것이 인간 커뮤니케이션 발전의 중요한 시발점이 되었다.

생산력이 발전하고 교환의 범위와 영역이 점차 확대됨에 따라 인간의 생활 영역도 점차 확대되었으며, 이는 곧 커뮤니케이션 욕구의 상승으로 이어졌다. 그리하여 인간은 각 사회의 발전 단계에 따라 가능한 수준의 테크놀로지를 동원하여 새로운 커뮤니케이션 매체를 개발, 사용함으로써 자신의 커뮤니케이션 욕구를 충족시켜 왔다.

인간의 타고난 신체적 능력에만 의존하던 원시 고대 사회의 커뮤니케이션에서 시작하여 문자와 인쇄술의 발명은 인쇄 매체의 시대와 함께 대중 매체의 시대를 열었으며, 각종 전자 기술의 발달로 전자 매체의 시대가 그 뒤를 이었다. 현대는 여기에서 더 나아가 첨단의 테크놀로지를 도입한 뉴 미디어의 시대로 접어들고 있다.

인간은 어느 시대에나 당시의 발달 수준에서 가능한 모든 테크놀로지를 동원하여 커뮤니케이션에 이용함으로써 자신들의 의견을 표현하고 정보를 교환하는 수단으로 사용했다. 그러한 단계에서 사회 발전이 이루어지면 커뮤니케이션의 욕구와 필요성도 함께 증대되면서 기존의 매체로는 이를 충족시키지 못하는 상황에 이르게 된다. 이러한 간극을 메우기 위해 새로운 테크놀로지를 도입함으로써 새로운 매체들이 등장하게 되는 것이다.

이와 같이 점차 발달된 테크놀로지를 커뮤니케이션에 도입함으로써 인간의 커뮤니케이션 능력은 비약적인 발전을 거듭하였다. 원시 고대 사회에서 인간의 커뮤니케이션 능력은 시간적으로나 공간적으로 극도로 제약을 받았으나 점차 그 제약을 극복해 가면서 오늘날에는 커뮤니케이션 능력의 비약적인 증대를 가져 오게 되었다. 이처럼 인간 커뮤니케이션의 역사에서 테크놀로지는 가장 기본적이면서도 중요한 요인으로 작용했다고 할 수 있다.

2. 커뮤니케이션의 발전과 정치 · 경제

커뮤니케이션의 발전에 커다란 영향을 미쳐 온 또 다른 주요 요인으로는 정치와 경제를 들 수 있다. 부족 국가에서 출발하여 근대 국가에 이르기까지 국가라는 지배 체제를 유지하기 위해서는 커뮤니케이션이 필수적이기 때문에 인류 사회는 여러 가지 형태의 제도적 커뮤니케이션을 창출해 냈다. 중앙의 명령을 변방에까지 전달하기 위해서, 변방의 정보와 세금 및 공물 등을 중앙에 전달하기 위해서 이러한 제도적 커뮤니케이션이 필수적으로 요구된 것이다. 이러한 정치적 필요가 커뮤니케이션의 발전을 추동하는 주요 요인이 되었다.

커뮤니케이션의 발전에는 경제라는 요인도 못지않게 중요한 역할을 한다. 인간의 생산력이 발전하면서 교환 활동이 시작되고 그 폭과 범위가 점차 확대된다. 이 교환 활동이 바로 커뮤니케이션을 매개로 이루어지게 된다. 시장이 형성되고 도시가 만들어지며 이를 중심으로 많은 사람들이 모이면서 정보가 교류되며 활발한 커뮤니케이션이 이루어진다. 특히 자본주의의 발전은 이 커뮤니케이션도 상업화시키면서 그 발전의 중요한 축이 되었다.

정치와 경제라는 요인이 커뮤니케이션에 영향을 행사하게 되는 배경에는 역사적인 맥락도 중요하게 작용하였다. 인류 사회가 근대로 넘어오면서 구텐베르크의 활판 인쇄술이라는 새로운 테크놀로지에 의해 대중 매체의 시대가 열리자 정치적인 요인이 커뮤니케이션을 규정하는 가장 중요한 요인으로 등장하게 되었다. 중세까지의 문자 문화는 사원을 중심으로 한 성직자들이나 귀족 세력이 독점하여 왔다. 일반 사람들은 문자 문화로부터 소외될 수밖에 없었다. 그러나 인쇄술의 보급으로 대량의 인쇄와 보급이 가능해지자 문자 문화의 독점이 깨지기 시작하였다. 상공인 세력을 중심으로 새롭게 형성되기 시작한 신흥 시민 계급도 문자 문화에 참여하면서 자신들의 정치적, 종교적 목소리를 내기 시작했던 것이다. 이 시민 계급은 자신들의 상업 활동을 제약하는 중세 질서에 도전해 가는 과정에서 이 새로운 인쇄 매체를 자신들의 새로운 사상과 정치적 입장을 담아내는 사상적 무기로 사용하였다.

이러한 신흥 시민 계급의 활동은 기존의 중세적 지배 질서를 유지하려는 지배 계급의 이해관계와 대립할 수밖에 없었다. 이에 따라 인쇄술의 발명 이후 인쇄 매체의 역사는 그 초기부터 정치적·종교적 탄압에 직면하게 되었다. 이 탄압에 대항하여 시민 계급은 언론 자유를 위한 투쟁을 전개하였다. 이러한 언론 자유의 확대 과정은 중세에서 근대로 넘어가는 커뮤니케이션 역사의 중요한 특징을 이룬다.

현대로 넘어오면서 커뮤니케이션의 발전 양상은 보다 복잡하게 전개되었다. 산업 혁명 이후 자본주의 체제의 발전이 심화되면서 신문, 잡지 등의 대중 매체가 기업화·상업화되기 시작한 것이다. 여기에 20세기에 들어서면서부터는 라디오와 텔레비전 등 전파 매체가 등장하게 되고 자본주의가 독점 단계로 접어들면서 대중 매체 기업들이 집중화·독점화되는 현상이 나타나게 되었다. 이에 따라 매스 커뮤니케이션은 그 자체가 경제 활동의 주요한 측면으로 존재하게 되었다. 다시 말해 경제라는 요인이 커뮤니케이션 발전의 주요 규정 요인으로 대두하게 된 것이다.

물론 전술한 기술적, 정치적, 경제적 요인 외에 다른 사회 문화적인 요인도 간과할 수 없는 요인이다. 교육 기회의 확대나 여가의 증대, 과학과 예술의 발전 등도 커뮤니케이션의 역사에 중요한 영향을 미쳐 왔다.[1] 이러한 제반 요인들의 복합적인 상호 작용 속에서 커뮤니케이션 발전이 이루어지게 되는 것이다.

1부

개화기의 언론

2장

전근대의 커뮤니케이션

1. 제도적 커뮤니케이션

인간이 국가를 이루고 난 뒤부터 지배 체제의 유지, 강화를 위해서 여러 가지 제도적인 커뮤니케이션이 성립되었다. 부족 국가에서 출발하여 점차 중앙 집권적인 국가로 발전해 가면서 이를 뒷받침하는 커뮤니케이션 체계도 점차 제도화되어 갔다. 여기서는 조선 시대를 중심으로 이러한 제도적인 커뮤니케이션을 살펴보고자 한다.

1) 정부의 언론 기관 및 제도

조선은 건국 초부터 대간臺諫 제도를 두어 언론의 기능을 담당토록 하였다. 사헌부와 사간원이 맡았던 대간은 왕권과 신권臣權으로부터 독립적인 위치에서 왕과 대신들의 권력 남용을 견제하고 비판하는 역할을 담당하였다. 이 중 '대'는 관청의 관리들을 대상으로 견제의 기능을 한 것으로서 사헌부가 맡았으며 '간'은 왕을 대상으로 한 것으로 사간원이 맡았다. 이후 성종 재위

기간 중 국가 운영의 기본이 되는 《경국대전》을 완성하면서 통치 구조를 왕권과 재상권, 언관권의 삼각 구도로 정비하였다. 언관권이란 사헌부와 사간원 외에 군주를 보좌하는 홍문관을 포함하여 이른바 언론 삼사의 권력을 말한다.

이 세 기관이 조선 정부 내 언론의 핵심 기능을 담당하였다. 이를 통해 군주의 잘잘못에 대해 간쟁하고 관료의 부정과 불의를 탄핵하였다. 또한 현실 정치나 시책에 대해 시정을 건의하였으며 부적합한 인사 조치에 대해 문제를 제기하고 시정을 건의하였다. 이들은 원칙적으로 국왕 앞에서 거리낌없이 직언할 수 있었으며 지위의 고하를 막론하고 관리들의 비리를 규찰, 비판할 수 있었다.

왕실의 공보 기능을 맡았던 매체로는 조보朝報가 있었다. 이는 왕명을 출납하는 승정원에서 조정의 소식을 매일 기재하여 전국에 배포한 일종의 필사 신문이다. 조보에는 관리의 임면, 이동, 승급 등 인사 소식과 국왕의 동정, 과거와 같은 국가적 행사나 관료들의 사망 같은 사건이 담겼다. 그 외에도 천재지변과 기이한 일들, 농사 관련 기사도 실렸으며 국왕이 백성들에게 보내는 회유문인 윤음綸音과 상소문도 게재되었다. 이러한 내용들을 승정원이 취사선택하여 조보소(기별청)에 내려 보내면 이를 기별 서리들이 직접 필사하여 중앙과 지방의 소속 기관으로 발송하였다. 필사는 조보체라고 매우 흘려 쓴 특수한 서체를 사용하였다. 이는 조정의 비밀이 국외로 새나가지 못하도록 하는 목적과 바쁘게 필사하는 과정에서 비롯된 것으로 보인다.[1]

조선 중기의 선조 10년 1577년에는 의정부와 사헌부의 허가를 받아 민간에서 목활자 인쇄를 이용한 조보가 3개월 정도 발행되었다. 그러나 이 사실을 알게 된 선조는 진노하며 국가 기밀을 누설할 가능성이 크다고 폐간 조치하고 신문 발행 관련자 30여 명을 유배시키고 사헌부와 사간원의 책임자를 경질하였다.[2] 이러한 엄벌 조치에 의해 민간 조보는 단명에 그치고 말았다. 이때의 시도가 지속적으로 이루어졌다면 한국의 인쇄 문화와 커뮤니케이션 매체 발전은 훨씬 더 앞당겨졌을 것이다.

중앙이나 지방의 관리와 유생들이 왕에게 직접 의견을 제출할 수 있는 제도로 상소가 있었다. 상소에는 왕의 과오를 지적하는 내용부터 관료의 부정과 비리를 고발하는 내용, 정치 사상적인 현안과 정치 세력 간의 논쟁에 관한 것, 시정의 문제와 그 해결책을 제시하는 것, 국왕의 결단이나 조정의 허가를 청원하는 것, 특정 사건으로 논죄한 인물을 변호하는 것 등 다양한 내용이 포함되었다. 이러한 상소가 올라오면 왕은 거기에 대해 비답批答이라는 형태로 답변하였다. 반면 왕이 신하들에게 직접 의견을 구하기도 하였다. 이를 구언求言이라 한다.

조선 시대 백성들이 자신의 억울한 사정을 직접 하소연할 수 있는 제도로 잘 알려진 신문고가 있다. 태종 원년인 1401년 등문고登聞鼓라는 이름으로 처음 설치된 이 제도는 사회적 청원이나 국가적 고발을 위한 언론 제도로서의 기능도 하게 되었다. 그러나 세종조에 이르러서 하극상적인 소송의 남발로 인한 행정의 무질서를 방지한다는 명분으로 이 제도는 개인적 사건을 해결하는 제도로 축소되었다. 오늘날에도 조선 시대의 민주적 측면을 잘 보여 주는 제도로 거론되기는 하지만 신문고 제도는 운영에서 여러 가지 문제를 노출하며 부침을 거듭하였다. 실제 이 제도를 이용하기는 매우 어려웠다고 한다. 신문고가 한양의 궁궐에 위치하였고 여러 단계마다 각각 글로 올려야 되다 보니 그 이용도 한양에 있는 사대부 양반층으로 한정되었으며, 위법 격고자에 대한 처벌도 과중하여 일반 백성이나 지방민에게는 실질적 효용성이 없었다.[3]

세조 때 이 신문고가 유명무실해지자 격쟁擊錚 제도가 자연스럽게 생겨났다. 이는 왕의 행차 시에 꽹과리를 치고는 자신의 사연을 고하도록 한 것을 말한다. 이 제도의 목적은 원래 개인적 억울함을 해결하기 위한 것이 아니었지만 나중에는 신문고의 대안적 역할을 수행하게 되었다. 이 격쟁이 제법 활발해지자 명종조에는 그 남용을 막기 위해 소원이 가능한 범위를 한정하는 조치를 취하기도 하였다.

조선은 이러한 언론 제도를 통해 공론 정치의 이상을 추구하였다. 유교의 민본주의에 바탕을 둔 공론 정치는 "인심이 동의하는 바가 공론이며 공론이 있는 바가 국시國是"라는 율곡 이이의 말로 잘 표현된다. 조선 시대 공론의 구조는 소재와 참여 주체에 따라 대개 세 층위로 구분되었다. 조정의 대신들이 주축이 된 조정 공론과 서울의 관학과 지방 유생들을 중심으로 한 유생 공론, 그리고 일반 서민들이 중심이 된 여항閭巷 공론이다. 중요한 이슈가 발생했을 때는 전국 각지에 산재한 서원들 간에 통문을 돌려 의견을 모으고 공론화를 시도하였다.[4] 가장 이상적인 것은 이 세 가지 차원의 공론이 일치하는 경우다. 이때는 아무런 문제없이 국가의 경영이 이루어지게 된다. 그러나 서로 다른 경우에는 혼란과 갈등이 뒤따르게 마련이었다.

조선 시대의 커뮤니케이션 역사에서 가장 중요한 사건이라면 바로 한글의 창제일 것이다. 세종에 의해 창제된 한글은 문자 문화의 기반을 확대하는 데 중요한 기여를 하였다. 쉽게 배우고 사용할 수 있는 한글이 만들어짐으로써 여성을 중심으로 한 일반 백성들도 문자 문화의 혜택을 누릴 수 있게 된 것이다. 한글의 창제에도 불구하고 조선은 한문을 공식 문자로 사용하였지만 조선 후기로 오면서 소설과 가사 등의 형식을 통해 한글의 보급이 점차 확대되었다. 이러한 문자 문화의 저변 확대는 문자를 바탕으로 하는 인쇄 매체의 성립과 발전에 중요한 토대가 되는 것이다.

2) 지역 간의 커뮤니케이션

국가가 광범위한 영토를 지배하기 위해서도 커뮤니케이션은 필수적이다. 지배 체제의 유지, 강화를 위한 대표적인 제도로는 우역郵驛 제도를 들 수 있다. 이는 삼국 시대부터 등장했던 제도로서 공문서와 같은 중앙의 명령과 정보를 각 지역에 전달하고 각지에서 거두어들인 세금과 공물을 중앙에 전달하기 위한 체계다. 이를 통해 정보와 물자가 유통되었던 것이다. 조선 시대 전국의 역은 504개소에 달했다. 각 역은 역마의 관리가 제일 중요한 과제였다. 역마는 대개 장거리 이동 수단으로 사용되었는데, 이를 사용할 수 있는 신분과 용도가 엄격히 제한되어 공적인 업무에만 사용할 수 있도록 하였다. 각 역에는 관리와 노비, 군사들이 할당되어 주어진 역할을 담당하였으며 토지를 지급하여 재정을 충당하도록 하였다.

봉수는 변방에서 벌어지는 외적의 침략과 같은 비상 상황에 대한 정보를 중앙에 신속하게 전달하기 위한 비상시의 커뮤니케이션 방법이다. 변방에서부터 중앙에 이르기까지 여러 봉수대들이 정보를 연계하여 전달하였다. 낮에는 연기, 밤에는 불을 사용하여 그 기둥의 개수로 상황의 변화를 알렸다. 평상시에는 기둥 1개를 유지하다가 멀리 적이 출현하면 2개, 적이 경계에 접근해 오면 3개, 경계를 침범하면 4개, 접전 상황이 벌어지면 5개까지 불기둥 숫자를 늘리면서 위급 상황을 중앙에 알렸다. 조선 시대 전국에 5개 노선에 613개 봉수대가 있었으며 제주도에 63개를 포함하면 전부 676개가 있었다.

이렇게 하여 변방에서 한양까지 긴박한 정보가 전달되는데, 원칙적으로 12시간 이내에 지금의 남산인 목멱산 봉수대에 전달되어야 했다. 그러나 실제로는 대개 5~6일 걸렸으며 더구나 조선 후기로 오면 관료 체제의 부패가 극심해지면 봉수의 전달이 한 달 이상 걸리기도 했다.

봉수가 제 기능을 못하자 대안으로 등장한 군사 통신 제도가 파발이었다. 이는 사람이나 말이 직접 공간을 이동하여 정보를 전달하는 체계다. 사람과 말이 공간을 이동하다 보니 중간에 참站을 설치하여 쉬거나 말을 바꾸어 탈 수 있도록 하였다. 전국의 213참이 서발, 북발, 남발의 3발로 조직되었다. 이 파발에는 사람이 걸어서 가는 보발과 말을 타고 가는 기발이 있었다. 평안도 지역을 연결하는 서발의 경우 총 길이가 1050리(41참) 정도였는데, 대개 기발은 약 2일, 보발은 2~3일 걸렸으며 함경도 지역을 연결하는 2300리(64참)의 북발은 기발이 약 4~5일, 보발은 약 6일 정도 걸렸다. 경상도 지역을 연결

> **조선 시대의 공간 이동**
>
> 조선 시대의 공간 이동은 걷거나 말을 주로 이용하였다. 그렇다면 하루에 얼마나 갈 수 있었을까? 소설 《춘향전》을 보면 과거에 장원급제한 이도령이 호남 지방 암행어사가 되어 한양을 출발하여 남원으로 향하는 장면이 나온다. 판소리 형태로 각색한 《박기홍 창본 춘향가》를 보면 한양을 출발한 첫 날 이동하는 장면을 다음과 같이 읊고 있다. "청파 역마 잡아타고 배다리 지나 아야고개 넘엇고나 동작강 얼픗 넘어 남태령을 넘어서서 과천 드러 중화하고 밧막 역마 갈아타고 냉천고개 얼른 넘어 괴고정 지나서 영화 역마 잡아타고 수원 북문 드리다라 남문밖에 숙소하고." 남대문을 벗어나 지금의 서울 청파동에서 역마를 타고 동작 지역에서 한강을 건너 남태령과 과천을 지나서 수원 북문을 거쳐 남문 근처에서 숙박을 하였다는 말이다. 이 경로를 지금의 도로 기준으로 하면 대략 35킬로미터 정도 되는 거리다. 중간에 과천, 영화에서 역마를 바꿔 탔다. 대략 10킬로미터 남짓 가면 역참에 들러 말을 바꿔 탔다는 말이 된다. 어사인 이도령은 말을 탔지만 군졸들은 아마도 걸어서 뒤를 따랐을 것이다.

한 920리(31참)의 남발은 기발 1~2일, 보발 2~3일 정도 소요되었다.[5] 보발을 담당하던 사람들을 보발꾼 혹은 비각飛脚이라 하였는데, 보통 사람들보다 훨씬 빠른 속도로 이동하였다.

2. 조선 후기 일반 백성들의 커뮤니케이션

그렇다면 조선 시대의 일반 백성들은 어떠한 방식으로 커뮤니케이션을 했을까? 이를 직접적으로 알게 해 주는 자료는 없다. 당시 백성들이 주로 의존했을 음성 언어에 의한 구두 커뮤니케이션은 기록이 남지 않기 때문이다. 또한 문자를 모르던 일반 백성들은 자신들의 삶을 기록할 수단도 없었다. 그러나 이 시대에 창작되고 읽힌 소설들을 보면 당시 일반 백성들의 구체적 삶의 모습들을 추정해 볼 수 있다. 물론 소설은 허구의 세계이지만 소설에 등장하는 인물이나 배경, 관계, 상황 등 여러 면에서 당시의 시대상을 반영하게 마련이다. 따라서 우리는 조선 시대 소설에 등장하는 인물들 간의 커뮤니케이션 양태를 통해 당시 일반 백성들의 커뮤니케이션 양태를 알아낼 수 있는 것이다.[6]

1) 구두 커뮤니케이션

조선 시대 일반 백성들은 주로 구두 커뮤니케이션에 의존하였을 것이다. 문자를 모르는 사람들이 대부분이었기에 문자나 인쇄 문화를 누릴 수 없었을 것이다. 세종에 의해 한글이라는 배우기 쉽고 체계적인 문자가 만들어지기는 했지만 보급이 부진하였다. 조선 후기에 오면서 소설이나 가사 등의 형식이 인기를 끌면서 여성과 하급 관리를 중심으로 한글의 보급이 점차 확대되어 갔다. 이러한 상황에서 커뮤니케이션은 면 대 면 상황의 구두 커뮤니케이션에 의존할 수밖에 없었던 것이다.

먼저 구두 커뮤니케이션의 측면을 보면, 가족이나 친척 관계의 커뮤니케이션에서는 혈연의 상하 관계가 가장 중요한 변수였다. 윗대는 아랫대에게 하대를 하며 반대로는 깍듯한 경어체를 사용하였다. 동기간에도 나이가 가장 중요한 변수가 되었다. 성별이나 지위는 중요하지 않았다. 손위의 사람은 손아래에 대하여 성별이나 지위 고하에 상관없이 하대하였으며 반대로는 높임말을 사용하였다.

부모와 자식 간에도 적자와 서자의 신분에 따른 차별은 엄격하였다. 널리 알려진 바와 같이 홍길동은 서자라서 호부호형을 할 수 없었고 어린 시절 호부호형을 할 때면 매번 야단을 맞았으며, 이런 신세를 한탄하여 집을 나가고 말았다. 이처럼 적서의 차별이 엄격하였던 것이다. 적서의 차별은 조선 초기부터 존재하였으나 15세기 이후 양반 인구를 제한할 필요성 때문에 더욱

심해지면서 서얼에 대해서는 관직으로의 출세도 제한받기 시작하였다.[7]

비혈연 간의 커뮤니케이션에서는 아는 사이에는 나이나 지위에서 큰 차이가 없으면 대체로 상호 존중하는 어법을 사용하였다. 반면 모르는 사이에서는 신분이 가장 큰 변수였다. 양반은 상민이나 천민에 대해서 하대하였다. 신분을 잘 알 수 없는 경우에는 옷차림이나 행색 등을 통해 이를 짐작하고 거기에 대응해 나갔다. 또한 모르는 사이에는 남녀유별의 유교적 윤리도 엄격하게 적용되었다.

관청과 개인과의 커뮤니케이션에서도 문서가 이용되기도 하였지만 문맹이 대부분이었기에 구두 커뮤니케이션에 주로 의존하였다. 관청에서 개인에게 전달 사항이 있을 경우 사람을 보내 메시지를 전달하였으며 백성들도 관청에 와서 자신의 사연을 직접 하소연하고 해결책을 요구하였다. 특히 공동의 관심사에 대해서는 집단적인 등장等狀의 형태가 이용되었다. 이는 집단적으로 관청에 몰려가서 억울한 사정을 항의하고 시정해 달라고 호소하는 방법이었다. 이 등장을 통해 집단의 문제를 제기하고 해결책을 촉구하였다.

마을 공동체 내에서도 정보가 확산되면서 공동의 관심사에 대해서는 공론이 형성되어 이에 따라 함께 대책을 모색하였다. 정보의 확산은 대개 사람들이 많이 모이게 되는 마을의 우물가나 빨래터, 주막 등을 통해 이루어졌다. 바깥출입에 제약을 받던 양반가 여인들은 하인을 통해 마을의 소문이나 기타 정보를 듣는 경우가 많았다. 주막은 그 특성상 마을의 단위를 넘어서는 정보 유통의 주요 통로가 되었다. 외지인들도 출입하는 장소이기 때문에 이들로부터 외지의 정보를 얻기도 하였으며 또한 외지인들도 주막에서 그 마을에 관한 정보를 구하였다.

2) 매체 커뮤니케이션

매체를 이용한 커뮤니케이션도 당시 가능한 범위 내에서 다양하게 이루어졌다. 대표적인 것이 편지다. 이는 가족이나 지인이 멀리 떨어지게 된 경우에 많이 이용되었으며 주로 사람을 보내 전달하였다. 마을 내와 같이 가까운 지역에는 대부분 하인을 시켜 전달하였으며 먼 곳에 보낼 때에는 특정 지역에 가는 인편이 있으면 이를 통해 전달하였다. 그렇지 않으면 사람을 따로 구해 사례하고 편지 전달을 부탁하였다. 조선 시대에 이처럼 사례를 받고 원거리에 편지를 전하는 역할을 했던 사람을 전인專人이라 하였다. 전인은 원행을 하는데 전문성을 지닌 인물들로서 길눈이 밝고, 담력과 임기응변 능력이 있으며 정직성을 겸비한 인물이 주로 채택되었다고 한다.[8]

집안에 장례와 같은 경조사가 있을 경우에도 대부분 사람을 보내 소식을 전하였다. 그 소식의 형태는 문서로 전달하거나 혹은 사람이 직접 메시지를 전달하기도 하였다.

문서를 통해 관청의 정보를 일반인들이 접하기도 하였다. 관리의 임면 사항을 그 가족들에게는 선문先文을 통해 미리 알려 주었다. 그 외에 관청의 공지 사항 등을 다중에게 알릴 때는 관자關子를 이용하였다. 불특정 다수를 대상으로 하는 메시지를 전달하기 위해서는 방榜을 사용하였다. 이 방은 소재 파악이 어려운 특정인을 대상으로 사용되기도 하였다. 방이 주로 관에서 민에게 통고하는 상의하달형의 수단이었다면 일반 백성들이 다중에게 알리는 수단으로는 괘서掛書가 이용되었다.

쌍방의 중대한 약속이 필요한 경우, 이를 보다 확실하게 보증하기 위해서 문서로 남겨 증거로 삼는 문화가 존재하였다. 《이춘풍전》을 보면 기생과 말썽을 일으킨 춘풍이 앞으로는 주색잡기를 멀리 하겠다고 다짐한다. 그러나 부인이 믿지 않으며 앞으로 재산이 남아나겠냐고 한탄하자 춘풍이 자청하여 각서를 쓴다. 《춘향전》에도 이러한 장면이 나온다. 춘향의 어머니 월매가 춘향과 이도령의 결혼을 승낙하며 번듯하게 예식을 치르지는 못하지만 "사주단자 겸하여 정서 한 장하여 주시오"라고 청하자 이몽룡이 흔쾌히 받아들여 문서를 작성한다.

이는 서구의 구두 커뮤니케이션 문화와 구별되는 측면이다. 서구에서는 구두 커뮤니케이션이 지배하던 전통 시대에 문서는 신뢰받지 못했으며 구두의 증언이 더 신뢰를 받았다고 한다. 예컨대 서양 중세에 법적인 분쟁이 발생했을 때 판결을 좌우하는 것은 문서보다도 증인들, 대부분 나이 든 지혜로운 장로들의 증언이었다. 문서를 남길 때에도 그 진위 여부는 내용보다도 문서와 함께 주고받는 칼 등의 상징물에 의해 증명되었다는 것이다.[9] 양피지에 새겨진 문자는 얼마든지 위조될 수 있는 것이기에 살아있는 증인이나 상징물이 더 신뢰받았다는 것이다. 그러나 인쇄술이 발명되고 널리 확산되어 시각 중심의 문화가 성립되면서 문서를 더 신뢰하는 문화로 바뀌게 되었다.

이러한 사실은 문자 문화를 신뢰하는 전통이 한국 사회의 경우 서구의 그것보다 훨씬 더 뿌리가 깊다는 사실을 말해 준다. 서구에서는 인쇄 문화가 확산되어 가면서 문자를 신뢰하는 문화가 서서히 형성되었지만 우리의 경우는 구두 커뮤니케이션 시대부터 문자를 신뢰하는 문화가 존재하였던 것이다.

그 밖에도 일기나 유서, 제문 등 기록을 남기기 위한 형태의 문자 커뮤니케이션도 다양하게 존재하였다. 특히 일기의 경우를 보면 남의 일기를 거리낌없이 보았던 것 같다. 조선 시대 가정 소설인 《소현성록》을 보면 주인공 소경이 쓴 일기를 누이가 보면서 그 내용 중에 자신과 관련된 내용에 화답하는 시를 다른 종이에 써서 끼워놓는 장면이 나온다. 이를 통해 우리는 일기를 쓰는 문화가 존재했으며 또한 남의 일기를 보는 것도 금기시 되지 않았음을 알 수 있다. 이러한 문화가 가능했던 것은 당시의 일기들에는 개인의 내면을 고백하는 내용들을 쓰지 않았던 때문으로 보인다. 현존하는 조선 시대의 개인 일기들을 보면 자신의 내면세계와 관련되는 내용을 찾아볼 수 없다고 한다.[10] 이는 인쇄 문화가 정착되면서 나타나는 근대의 특징 중 하나인 프라이버시

관념이 당시에는 아직 형성되지 않았음을 보여 준다.

책은 문자 해독 계층 내에서이지만 성별을 가리지 않고 수양과 여가 선용을 위해서 즐겨 이용되었다. 당시의 책읽기는 곧 낭독이었으며 의관을 정제하고 자세를 바로 하여 마치 의례를 치르듯이 했다는 것이 특징이다. 《소현성록》을 보면 어린 주인공이 단정한 자세와 맑은 목소리로 낭랑하게 《논어》를 읽는 소리를 들으며 그의 모친과 서모가 대단히 기뻐하는 장면이 나온다. 《춘향전》의 이몽룡이나 《배비장전》의 주인공도 잠이 안 오는 밤에 책을 읽는다.

당시 책들의 문장은 낭독에 적합하게 운문의 형태가 보편적이었다. 운율에 맞추어 문장이 구성되었다는 말이다. 이러한 문장을 운율에 맞추어 리드미컬하게 소리 내어 읽었던 것이다. 서당에서 학동들이 천자문이나 경서를 운율에 맞춰 소리 내어 읽는 장면이 전형적이다. 구두 커뮤니케이션이 보편적이던 시대에는 글의 형태도 운문이 보편적이었다. 인쇄 매체가 보편화되면서 문장도 산문 중심으로 바뀌게 되는 것이다.

소리 내지 않고 읽는 묵독의 방법은 인쇄 매체가 보편화되어 텍스트도 다양화되고 공공장소에서의 책읽기도 많아지면서 자연스럽게 형성되었다. 인쇄 매체 이전의 책읽기가 낭독으로 이루어진 것은 서구와도 일치하는 문화였다.

예술의 형식도 일반 백성들의 커뮤니케이션 수단으로 많이 사용되었다. 죽거나 헤어진 사람에 대한 그리움을 달래는 매개체로 그림, 즉 초상화가 많이 이용되었다. 민화는 백성들이 생활 속에서 느끼는 희망과 기대를 담아내는 매체가 되었다. 가면극이나 판소리는 사회에 대한 비판과 풍자의 매체로 널리 공감을 얻었다. 사회적 관심사나 이슈에 대해서는 참요 등 노래의 형태로 이에 대한 집단적 의견이 형성되고 유포되었다.

이렇듯 조선 시대의 일반 백성들은 인쇄 매체가 보편화되기 이전 대부분의 사회가 그러했듯이 구두 커뮤니케이션을 기반으로 하면서 문자를 매개로 한 커뮤니케이션을 보조적 수단으로 사용하였다고 볼 수 있다.

3. 근대 신문 매체의 전래와 소개

조선 후기로 오면서 천주교의 전래와 함께 서양 문물이 청을 통해 부분적으로 소개되기 시작하였다. 19세기 후반으로 오면서 일본과 청에서는 근대 신문이 발행되기 시작하여 그와 관련된 소식과 정보가 조선에도 전해지기 시작하였다. 이를 통해 신문이라는 존재에 대하여 서서히 알기 시작하게 된 것이다.

1) 청과 일본을 통한 소개

현존하는 기록에서 가장 먼저 신문에 대한 언급이 등장하는 것은《고종순종실록》의 1867년 3월 7일자다. 당시 홍콩에 거주하던 일본인 야도 마사요시八戸順叔가 광동 지역에서 발행되던 청의 신문에 기고한 기사 중에 일본이 군사를 일으켜 조선을 치려한다는 내용이 있었다. 이 내용을 청나라가 조선 정부에 통보해 줌으로써 정부 내에서 이에 대해 논란이 일었다. 이에 조선 정부는 대마도주를 통해 일본 정부에 사실 여부를 밝혀 줄 것을 요구하여 사실 무근이라는 회답을 받았다. 그 후 운양호 사건을 계기로 강화도 조약이 논의되는 과정에서 이 사안이 다시 논의되었으며 이 자리에서 청나라의 상해에서 발행되던《만국공보》에도 조선을 모독한 내용이 실렸던 사실이 언급되었다.[11] 이러한 계기를 통해 문호를 열지 않고 쇄국정책으로 일관하던 조선 후기 사회에도 신문이라는 새로운 매체의 존재 사실과 그 기능에 대해 서서히 깨우치기 시작하였을 것이다.

1876년 1월 수신사로 일본을 다녀온 김기수金綺秀는 귀국 후에 작성한 보고서《일동기유日東記遊》에서 일본에서 보고 온 새로운 문물을 소개하며 신문을 다음과 같이 설명하였다.

> 신문이란 날마다 조판된 글자를 인쇄해서 가지 않는 곳이 없었다. 공사公私의 소식과 거리의 담설談說을 즉시 사방에 전하는 것이다. 그것을 만드는 자는 사업으로 여기고 신문에 난 사람은 영욕으로 여긴다. 글자는 반드시 깨알 같아 정교함이 비교할 데가 없다.

신문이라는 새로운 문명의 이기를 그 외양이나 기능을 중심으로 비교적 정확하게 소개하고 있다. 1881년에 신사유람단의 일원으로 일본을 방문했던 엄세영과 조준영도 귀국 후 일본의 물정을 보고하면서 신문이라는 매체의 역할과 효과를 소개하였다.[12]

2) 서양 신문의 접촉

조선 사회에 서양의 신문이 직접 전달된 것은 1871년 5월 신미양요 때가 최초인 것으로 알려지고 있다. 당시 인천 앞바다에 정박한 미국 함대에 조선 측 전령들이 접근해 갔다. 미군 측은 이들을 함상으로 영접하여 환대하였다. 이때 미군은 조선 측 전령들에게 미국 보스턴에서 발행되는 〈에브리 새터데이 *Every Saturday*〉 한 부를 선물하였다는 것이다.[13]

이러한 경험이 새로운 사회적 과정을 불러일으키는 계기가 되지는 못했지만 폐쇄되었던 조선 사회에 새로운 문물이 하나씩 소개되면서 그 존재와 역할에 대해서 서서히 알아가게 되었다. 이 경험들은 나중에 한국의 근대 신문이 생성되는 과정에서 하나의 작은 밑거름이 되었던 것으로 볼 수 있다.

3장

근대 신문의 생성

1. 시대적 배경

1) 개항 전후의 상황

1883년 10월 1일 박문국에서 〈한성순보〉가 창간됨으로써 한국 사회에서도 근대 신문의 시대가 막을 열게 되었다. 1876년 개항과 함께 서구 문물이 유입되면서 그 과정에서 신문이라는 새로운 매체도 탄생하였던 것이다. 물론 조선 시대에도 인쇄술은 존재하였고 조보라는 형태의 커뮤니케이션 매체도 존재하였지만 인쇄술을 사용하여 새로운 정보와 내용을 일반 대중도 볼 수 있게 만든 것은 〈한성순보〉가 최초로 평가된다.

당시에 신문이라는 새로운 매체가 나타나게 된 것은 당시 사회의 여러 가지 조건들이 복합적으로 작용한 산물이라고 볼 수 있다. 새로운 매체가 등장하는 것은 사회 변동의 산물로서, 특정한 욕구에 대한 대응이나 당시 시대적 상황의 산물로 볼 수 있다.

개항 전후 조선 사회는 급격한 사회 변동을 겪으면서 내외적인 요인에 의해 봉건 체제가 붕괴될 위험에 처하였다. 이러한 상황에서 기존의 전통적 커뮤니케이션 방식으로는 당시 사회의 증대된 커뮤니케이션 욕구에 제대로 부응할 수 없었으며 이는 보다 발전된 커뮤니케이션 수단이 생성될 필연적인 배경이 되었다. 그러면 당시 사회의 여러 변화 중 커뮤니케이션의 발전과 밀접한 관련이 있는 것으로 보이는 몇 가지 주요 측면을 살펴보자.

2) 근대 신문 생성의 경제적 배경

인류의 커뮤니케이션 발전은 상업의 발전과 밀접한 관계에 있다. 상업의 발전은 그만큼 인간의 상호작용의 영역과 기회를 확대시켜 봉건 사회의 폐쇄성을 극복하고 보다 원활한 커뮤니케이션을 가능케 해 주며 또한 활발한 커뮤니케이션에 의해서만 상업은 유지, 발달될 수 있기 때문이다.

개항 전후의 한국 사회는 조선 후기부터 시작된 상업과 화폐 경제의 발달이 상당히 진척되었다. 상업이 활기를 띄면서 상권이 확대되고 시장도 늘어나서 일부 큰 시장은 상설화하기도 하였다. 상업 및 수공업의 발달과 함께 자연히 화폐의 유통도 늘어났다. 종래에는 쌀이나 삼베 등 실물 화폐 중심이었으나 17세기경부터 도시를 중심으로 금속 화폐가 유통되기 시작하더니 17세기 말경에는 전국적으로 유통되기에 이르렀다. 생산력이 발달하여 교환이 활성화되면서 시장과 화폐의 발전으로까지 이어졌다는 말이다.[1] 이처럼 조선 후기에 진행된 상공업의 발달은 커뮤니케이션의 발전을 한 단계 높일 수 있는 중요한 토대가 되는 것이다.

상업의 발달 중에서도 커뮤니케이션 매체의 발전과 보다 밀접한 관련이 있는 것은 원격지 상업이다. 공간적으로 넓은 지역을 포괄하여 이루어지는 원격지 상업은 전통적인 구두 커뮤니케이션만으로는 한계가 있으며 보다 강력한 커뮤니케이션 수단을 필요로 하는 것이다. 조선 후기부터는 이러한 원격지 상업도 활발해졌다. 18세기 후반에 오면 이미 전국적인 상업망이 형성되었다. 객주와 여각, 보부상들이 중심이 되어 전국적인 상업망에서 지방 교역장을 서로 연결하고 서울과의 물화物貨 교류를 도모하면서 상업 활동을 주도하였다.[2] 외국과의 무역도 개항 전부터 청 및 일본과 무역 거래가 이루어져 왔으며 개항 후에는 그 거래가 더욱 활기를 띠었다.

이와 같이 조선 후기부터 진행된 상공업과 무역 그리고 화폐 경제의 발달은 종래의 커뮤니케이션 수단보다 효율적인 것이 요구됨으로써 커뮤니케이션의 발전 단계를 높일 수 있는 중요한 토대가 되었다.

3) 근대 신문 생성의 사회적 배경

개항 전후 한국 사회는 급격한 사회 변동을 겪고 있었다. 이러한 국면에서는 일반적으로 사회 불안이 매우 높아진다. 따라서 개항기 한국 사회에서도 사회 불안이 상당히 높았던 것으로 볼 수 있다. 안으로는 봉건 체제의 붕괴 위기에, 그리고 밖으로는 제국주의의 침략에 직면하여 한국 사회는 사회 구조의 급격한 변동이 필연적이었다. 이러한 요인들은 당시의 사회 불안을 매우 증대시켰을 것이다. 또한 제국주의의 서세동점西勢東漸과 함께 이루어지기 시작한 서구 문물의 도입과 개항을 전후한 시기부터 두 차례의 양요를 거치면서 나타난 이양선異樣船과 이방인의 출몰은 당시 사회로서는 일종의 문화적인 충격으로서 받아들여졌을 것이다. 이러한 요인들은 당시 사회에 커다란 사회 불안을 일으켰던 것으로 볼 수 있다.

이처럼 높아진 사회 불안은 이를 해소해 줄 정보에 대한 욕구를 상승시키게 된다. 하지만 기존의 전통적 커뮤니케이션 체계로는 상승된 정보 욕구를 제대로 충족시켜 줄 수가 없다. 예컨대 이방인들과 이양선의 출몰에 대해서는 마을의 원로들도 일찍이 경험해 보지 못한 사실이기에 아무런 설명을 해 줄 수 없다. 이처럼 정보 욕구는 높지만 실제 제공되는 정보가 부족할 때 유언비어가 발생하게 된다. 《매천야록》을 보면 당시 서양인들과 일본인에 대한 유언비어가 상당히 많았다고 한다. '서양인들이 아이를 삶아 먹는다'는 유언비어가 상당히 널리 유포되어 고종이 그러한 일이 없음을 알리라고 대신들에게 지시하였던 일화가 소개되고 있다. 또 호남 지역에서는 '일본 사람과 서양 사람들이 민간에 흩어져서 우물에 독약을 넣어 그 물을 마시면 죽는다'는 유언비어가 퍼져 사람들을 불안에 떨게 하였던 일도 있었다고 한다.[3]

이와 같이 상승된 커뮤니케이션 욕구는 이에 부응할 수 있는 새로운 커뮤니케이션 매체를 필요로 하게 된다. 기존의 커뮤니케이션 매체로는 이 욕구에 제대로 부응할 수 없기에 새로운 커뮤니케이션 매체가 필요해지는 것이다.

4) 근대 신문 생성의 문화적 배경

먼저 문자 문화의 확대를 들 수 있다. 봉건적 지배 체제에서 문자 문화는 전통적으로 특권 계층에 독점되어 왔다. 조선 사회에서도 오랫동안 한글은 공식 언어로서 인정되지 못하고 한문이 공식 언어였기에 소수의 양반 계층만이 문자 문화를 독점하였으며 일반 백성들은 누릴 수 없었다. 그러나 조선 후기로 오면서부터는 문자 생활의 변화가 서서히 이루어지기 시작하였다. 16세기 후반부터는 한글 문헌의 보급이 꾸준히 확대되며 가사와 소설 문학의 진전으로 한글 사용의 영역이 확대되고 여성들 사이의 한글 사용도 보편화되기 시작하였다.[4] 특히 17세기 이후로는 방각본이라는 민간 출판의 형태로 국문소설의 보급이 시작되어 19세기 후반에는 크게 발전하였다. 또한 19세기 후반에 오면 동학과 천주교도 한글 경전을 통해 한글 보급에 커다란 기여를 하였다.[5]

또한 개화파를 중심으로 한글 사용을 확대하자는 주장도 지속되었다. 김옥균은 1883년에 쓴 《치도략론治道略論》에서 개화의 중요성을 주장하며 개화 서적을 한글로 번역 간행하면 백성들의 지혜가 날로 증대할 것이라고 주장하였다. 윤치호도 1883년 미국 공사관의 통역관으로 재직하던 시절부터 한글 사용의 필요성을 절감하고 있었다고 술회하였다.[6] 그 후 1888년 박영효는 일본에 망명 중 고종에게 올린 '내정 개혁에 관한 건백서'에서 인민들에게 국사와 국어 국문을 가르치는 것이 시급하다고 주장하면서 "우리나라의 역사와 문장은 가르치지 않고 단지 청국의 역사와 문장만을 가르침으로써 인민들이 청을 근본으로 삼아 중히 여기며 반면 우리나라의 역사에 대해서는 알지 못하는 자들이 있기에 이르니 이는 본本을 버리고 말末을 취하는 격"이라고 주장하였다.[7] 이러한 맥락 속에서 조선 후기부터는 문자 문화의 확대가 꾸준히 이루어져 왔다. 문자 문화의 기반이 확대된다는 사실은 신문 매체가 성립되고 발전하는 데 가장 기본적인 조건이 된다.

이와 같이 개항 전후 한국 사회의 발전 단계는 여러 가지 측면에서 커뮤니케이션에 대한 사회적 욕구가 증대되어 새롭고 보다 발전된 형태의 커뮤니케이션 수단이 성립될 기반이 조성되고 있었다. 이러한 사회적 여건이 근대 신문 생성의 중요한 기반이 되었던 것이다.

5) 근대 신문 생성의 정치적 배경

한국 근대 신문의 생성 과정에 보다 직접적인 배경은 정치적인 것이었다. 개화파의 정치적 필요에 의해 근대 신문 생성의 계기가 마련되었다. 개화파는 근대 신문에서 주도적인 역할을 했고 또한 당시 신문들이 목표했던 이념적 지향은 개화였다. 따라서 당시 개화파가 어떠한 사상적 및 현실적 배경에서 신문을 도입, 발행하게 되었나 하는 점은 한국 근대 신문의 생성 과정에서 중요한 요인이 된다.

개항을 전후하여 조선 사회는 당시의 위기를 타개할 시대적 과제를 둘러싸고 보수와 진보의 대립이 나타나게 되었다. 여기서 진보적 이념을 대변하는 세력이 개화파다. 이들은 근대적 개혁을 통해 당시의 조선 사회가 처한 내외적 위기를 극복하고 부국강병을 이루려 시도하였다. 근대적 개혁의 일환으로 서구 문명의 산물인 근대 신문을 받아들여 발행함으로써 국민을 계몽하여 당시 사회의 내외적인 발전 요구에 부응하려 했던 것이다.

개화파는 개항 직후의 정국에서 청의 세력을 등에 업은 보수파에 비해 열세를 면치 못하였다. 이를 타개하기 위해 개화파는 일본 세력을 이용하여 친청 보수 세력을 타도하고 나아가 청으로부터의 독립을 도모하려 시도하게 되었다. 개화파는 일본이 명치유신 후 성공적으로 근대화를 수행해 나가고 있는 것을 보고 조선은 일본과 연합해야 하며 일본의 근대화를 교훈으로 삼아 개혁을 수행해 나아가야 한다고 생각하게 되었다.[8] 당시 이들은 일본의 침략적인 의도를 제대로 간파하지 못한 상태에서 자신들이 일본의 힘을 주체적으로 이용할 수 있다고 판단했던 것이다.

이러한 인식에서 개화파는 일본과의 연합을 시도하게 되었다. 그 과정에서 조선에 신문을 도입하기로 하는 결정이 이루어지며 근대 신문 생성의 계기가 마련된 것이다.

2. 〈한성순보〉와 〈한성주보〉의 창간과 발행

1) 〈한성순보〉의 창간 과정

개화파가 근대 신문을 도입하는 계기는 1882년 박영효를 수반으로 한 제3차 수신사가 일본에 파견되었을 때에 이루어졌다. 당시 박영효 일행은 조선의 문명개화에 관해 일본의 대표적 계몽 사상가 후쿠자와 유키치福澤諭吉에게 조언과 협력을 구하였다. 후쿠자와는 조선의 청년들을 일본에 유학시키고 한성에서 신문을 발행하라고 권유하였다. 이에 박영효는 한성에서의 신문 발간을 도와줄 인물을 데리고 가고 싶다고 하자 후쿠자와는 자신의 제자인 신문 기자 2명과 인쇄공 2명을 추천하였다. 박영효 일행이 이들 일행과 함께 인쇄기와 활자를 구해서 귀국함으로써[9] 한국 근대 신문 생성의 직접적인 계기가 마련되었다.

그렇다면 당시 박영효 등의 개화파는 어떠한 배경에서 후쿠자와의 협조를 받아 한성에서 신문을 창간하기로 결정하였는가? 그들은 개화사상을 널리 보급시켜 조선의 근대화를 이루기 위해서는 국민 교육이 필요하다는 사실을 절감하고 있었다. 이 목적을 실현하기 위한 수단으로 신문을 발행하기로 하였던 것이다. 이처럼 신문 도입의 기본적이고 주된 목적이 새로운 문물을 소개하고 국민을 계몽하기 위한 것이었음은 〈한성순보〉의 창간사인 '순보서旬報序'에도 잘 나타나고 있다. 순보서에 보면 세계 문명의 개황을 알리면서 우리도 이를 반드시 알아야 하고 이를 위해 박문국을 설치하여 순보를 발간한다는 취지를 밝히고 있다.

이와 함께 일본을 이용해서 친청 보수 세력을 타도하고 자신들의 정치적 입지를 강화하기 위한 목적도 중요하게 작용하였다. 이를 위해 후쿠자와의 권유를 받아들였던 것이다. 후쿠자와로서는 일본의 안전 보장을 위해서는 조선의 근대화 및 청으로부터의 독립이 필수적이라고 판단하여 조선의 신문 발행을 도와주려 했던 것이다. 일본의 안전을 위해서는 일본만 근대화를 이루어서는 여전히 불안하고 인접한 청과 조선도 함께 근대화를 이룰 필요가 있다고 본 것이다. 이에 따라 후쿠자와는 자신이 1882년 창간한 〈시사신보〉의 사설 등을 통하여 조선 개화의 필요성을 여러 차례에 걸쳐 강조하였다.[10]

이와 같이 일본의 후쿠자와와 조선의 급진 개화파는 조선의 근대화와 청으로부터의 독립이라는 점에서 이해관계가 일치하여 제휴를 시도하는 과정에서 그 방법의 일환으로 근대 신문을 발행하기로 결정하게 되었던 것이다.

그러나 이러한 의도만으로 신문이 창간될 수 있었던 것은 아니다. 당시 개화파로서는 재정 및 조직 기반도 거의 없는 상태였다. 따라서 정부의 도움 없이는 신문의 창간은 불가능했다. 당시 조선 정부의 신문 창간에 대한 태도는 개화파만큼 적극적이지는 않았다 하더라도 그 필요성과 중요성에 공감하였던 것으로 볼 수 있다.

일본에서 귀국하여 1883년 2월 6일 한성부 판윤에 임명된 박영효는 고종에게 신문의 필요성을 진언하여 마침내 그해 2월 28일 신문의 발간은 한성부에서 맡아서 간행, 반포하라는 왕명을 받아 내었다.[11] 이로써 신문의 창간이 실현될 수 있는 근거가 확보된 것이다.

이에 따라 한성부에 신문국을 설치하고 유길준 등이 중심이 되어 일본에서 온 실무진과 함께 신문 창간을 위한 작업에 착수하였다. 박영효는 이때 신문의 창간을 비롯하여 치도治道 등 여러 개화 정책을 시행하였다. 그러나 이 개화 정책은 민비를 중심으로 한 보수 세력의 반발을 불러일으켜 결국 그해 4월 박영효는 광주 유수로 좌천되고 말았다.[12]

그렇게 되자 신변의 불안을 느껴 실무 작업을 맡았던 유길준도 사임하고 후쿠자와의 제자인 언론인들도 귀국하고 말았다. 일본인들의 협조 속에 개화파가 진행하던 신문 창간 준비는 일단 중지되었다. 그러나 그해 8월부터 김윤식과 김만식 등의 온건 개화파에 의해 신문 창간 준비는 재개되었다. 이때 주무 부서도 한성부 신문국에서 통리아문 산하의 박문국으로 바뀌게 되었다. 후쿠자와의 제자 중 이노우에 카쿠고오로井上角五浪와 인쇄 기술자들은 귀국하지 않고 남아 있다가 〈한성순보〉 창간 작업에 참여하였다.

신문 창간 준비가 온건 개화파에 의해서 계속될 수 있었던 것은 이들도 신문 간행의 중요성을 인식하고 있었기 때문이다. 곧 신문 창간에 대한 세부 지침이 다음과 같이 마련되었다.

① 신문은 순보로 하되 매월 10일격隔 3회 발행할 것

② 관보를 제일로 하고 내외의 시사를 아울러 실릴 것

③ 인지를 개발하여 식산을 장려하고 기타 풍치風致상 필요한 논설을 실릴 것

④ 각 관아 고등관 및 중앙·지방 각 읍에 의무 구독을 명할 것

⑤ 편집 사무의 제원諸員은 모두 관원으로 하고 내외 사무에 통하는 문학의 교양

을 가진 자를 채용할 것

⑥ 당분간은 한문만으로 할 것

⑦ 박문국원의 일체 봉급은 외아문이 지출하고 기타의 비용은 한성부가 이를 지변支辨할 것[13]

신문의 기본적인 성격과 방향, 운영 방침까지 세부 사항들이 규정되고 있다. 이 방침들에 의거해 〈한성순보〉의 창간이 이루어지게 되었다. 여기서 언어를 순 한문으로 한다는 것이 결정되었는데, 이는 창간 주체가 바뀜으로써 나타난 결과로 보인다. 당초 유길준이 중심이 되어 진행한 준비 작업에서는 신문의 창간사나 해설서 등을 국한문 혼용으로 작성하였다. 이 준비가 계속되었다면 신문의 사용 언어도 국한문 혼용이 되었을 것이다. 하지만 준비 과정이 차질을 빚게 되고 주체가 온건 개화파로 바뀜에 따라 순 한문으로 창간된 것으로 보인다.

2) 〈한성순보〉의 발행과 폐간

이러한 우여곡절 끝에 1883년 10월 1일(음력) 마침내 〈한성순보〉가 창간됨으로써 근대 신문의 시대가 막을 열게 되었다. 〈한성순보〉는 순 한문의 가로 17㎝, 세로 24㎝ 판 20면으로 창간되었다. 면수는 초기에는 16면이나 20면을 발행하다가 11월 10일(음력)자 제5호부터는 24면 발행으로 고정되었다. 창간호에서 〈한성순보〉는 창간사 '순보서'를 통해 신문을 창간하게 된 배경과 목적을 다음과 같이 밝혔다.[14]

우禹는 구정九鼎을 만들어 구주九州를 형상하였고 주관周官에는 국토를 구분하였으나 요복要服·황복荒服 이외는 조금도 언급하지 않은 것은 산천이 막혔고 문물과 제도가 달라서 덕이 베풀어지거나 힘이 이르지 않기 때문에 선왕들이 먼 곳까지 경략하는 데 마음을 쓰지 않은 것이다. 그러나 지금은 풍기風氣가 점차 열리고 지교智巧도 날로 발전하여 선박이 전 세계를 누비고 전선이 서양까지 연락되었는 데다가 공법을 제정하여 국교를 수립하고 항만·포구를 축조하여 서로 교역하므로 남북극·열대·한대 할 것 없이 이웃 나라와 다름이 없으며, 사변과 물류가 온갖 형태로 나타나고 차복車服·기용器用에 있어서도 그 기교가 일만 가지이니, 세무에 마음을 둔 사람이라면 몰라서는 안 될 것이다.

그러므로 우리 조정에서도 박문국을 설치하고 관리를 두어 외보를 폭넓게 번역하고 아울러 내사內事까지 기재하여 국중에 알리는 동시에 열국에까지 반포하기로 하고, 이름을 〈순보〉라 하여 견문을 넓히고, 여러 가지 의문점을 풀어 주고, 상리商利에도 도움을 주고자 하였으니, 중국·서양의 관보·신보申報를 우편으로 교신하는 것도 그런 뜻에서다. 세계 속의 방위·진침鎭浸·정령政令·법도法度·부고府庫·기계·빈부·기양飢饟에서 인품의 선악, 물가의 고저까지를 사실대로 정확히 실어 밝게 알 수 있을 뿐만 아니라 그 사이사이에 포폄권징의 뜻도 들어 있다. 그러나 독자들이 먼 것을 외면하고 가까운 것만 좋아한다면 휩쓸려 걷다가 자기 걸음걸이마저 잃어버리는 격이 될 것이고, 새 것에는 어둡고 옛 것만을 고집한다면 우물에 앉아서 제 것만 크다고 하는 격이 될 것이니, 반드시 때와 형세를 살펴 무작정 남만 따르거나 자기 것만 고집하지 말고 취사와 가부를 반드시 도에 맞도록 하여 정도를 잃지 않은 뒤에야 거의 개국한 본래의 뜻에 맞을 것이다.

변화하는 세계정세를 언급하면서 조선도 개방하지 않을 수 없다는 당위성을 역설하고 있다. 이를 위해 신문을 발행한다는 취지를 널리 밝히는 것이다.

〈한성순보〉의 보급은 박문국에서 전국의 지방의 읍 단위까지 신문을 보내고 구독료는 중앙과 지방의 연락 사무를 맡아 보던 경주인京主人과 영주인營主人이 징수하였다. 근대 우편 제도가 시행되기 이전이라 보급도 행정 조직을 통하였으며 구독자도 지방의 관리들 중심이었다. 발행 부수는 각 도에 300부 정도씩 보내 전체 3000부 정도 발행했을 것으로 추정된다.[15]

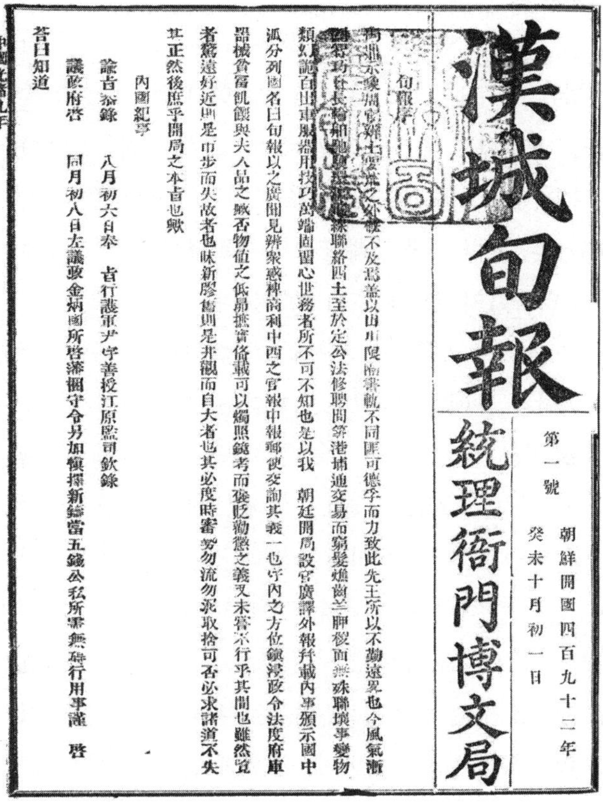
漢城旬報

統理衙門博文局

第一號

朝鮮開國四百九十二年

癸未十月初一日

中國光緒九年

사진 1 〈한성순보〉 창간호 제1면. 창간사에 해당하는 '순보서'가 게재되었으며 제호 밑에 '조선개국 연호'를 표기하였고 청의 연호 광서는 왼쪽 난외 상단에 자리하였다.

〈한성순보〉는 창간사에서도 밝히고 있듯이 지면을 통하여 민중을 계몽하는 데 최대의 역점을 두어 개국 진취와 충군애국, 국민 계발에 치중하였다. 서구의 문물과 제도 등을 소개하는 데 많은 지면을 할애하였다. 기사의 주요 취재원은 대부분 청과 일본, 그리고 서구의 신문들 위주였으며 외국의 개화 서적들도 많이 참고했다. 이러한 편집 방침은 개화사상에 입각하여 우리도 서구의 선진 제국을 모델로 삼아 근대적 개혁의 길로 나아가자는 취지였던 것으로 볼 수 있다.

한편 청의 영향으로부터 벗어나려는 시도도 이루어졌다. 연호 사용을 보면 창간 초기에는 당시의 공식 연호였던 청의 '광서光緖'를 왼쪽 난외에 표기하는 데 그치고 대신 조선 개국 연호를 공식적으로 사용하였다. 그러나 보수파와 청의 반발로 4호부터는 조선 개국 연호와 중국 연호를 병기하는 형태로 바뀌었다. 또한 지구 전체에 관한 그림과 기사 등을 실어 당시의 중화적 세계관을 타파하려 했던 의도를 보여 준다.

이와 같은 내용으로 인해 〈한성순보〉는 당시의 보수적 지식인들과 청의 반발을 불러일으키기도 하였다. 이러한 반발은 급기야 필화로까지 이어졌다. 이 사건은 기사의 내용이 문제가 되었던 최초의 필화 사건으로 기록된다. 〈한성순보〉 제10호(1884. 1. 30)에 게재된 '화병범죄華兵犯罪'라는 기사와 제11호(동년 2. 10)의 '화병징판華兵懲辦' 기사를 빌미로 청 측이 외교 경로를 통해 조선 정부에 강력한 항의를 제기하였다. 기사의 내용은 한성 내의 한 약방에서 청국 병사들이 약값 시비 끝에 살인까지 이르게 된 사건의 내용과 속보로, 범인들을 잡아 처벌하였다는 내용이었다. 내용상 별 문젯거리가 없어 보이지만 창간 이후 〈한성순보〉에 대해 불만을 품고 있던 청국으로서는 좋은 빌미가 되었다. 이 필화 사건은 결국 조선 정부가 사과하고 편집에 참여했던 일본인 이노우에가 사임하고 일본으로 돌아가는 것으로 일단락되었다.[16]

〈한성순보〉는 오래 지속되지 못하고 갑신정변과 함께 폐간되고 말았다. 김옥균, 박영효 등이 중심이 되어 1884년 12월에 일으킨 갑신정변이 청의 개입으로 3일 천하로 끝나면서 정변의 마지막 날 군중에 의해 박문국이 방화되어 불에 타버리고 말았다. 당시 군중이 박문국에 방화한 것은 〈한성순보〉에 일본인 이노우에도 참여하였으며 지면에서도 청의 영향을 벗어나려는 시도를 함으로써 보수 세력의 반발을 불러일으켰기 때문이다. 더구나 이노우에가 당시 박문국에 기거하고 있었기 때문에 성난 군중의 공격 대상이 되었던 것이다. 신문의 보도 및 성격에 대한 불만에서 비롯된 집단적 행동이었다는 점

개화기의 반일 감정

개화파는 일본을 긍정적으로 평가하였지만 당시 사회에는 이에 못지않게 반일 감정도 상당히 확산되어 있었다. 《윤치호일기》 1895년 12월 26일을 보면 일반인들의 반일 감정을 보여 준다. "그들은 얄팍하고 교활하기 때문에 싫다"면서 일본인들은 말로는 "우리를 도와준다고 하지만 실제 행동은 우리에게 해를 준다. 그들은 모자와 양복을 팔아먹기 위해 우리의 머리를 깎으려 합니다. 절대 일본은 우리를 개혁할 수 없습니다. 외부 세력에 의해 우리가 개화하려 한다면 우리는 일본보다는 유럽이 더 좋을 것 같습니다"라고 기록하였다. 일본에 의존하려는 인식도 있었지만 반면 일본에 대한 부정적 인식도 만만치 않았음을 알 수 있다.

에서 박문국 방화 사건은 한국 언론사상 최초의 수용자 운동으로 평가할 수 있다.[17] 박문국이 불타면서 인쇄 시설도 불타버려 〈한성순보〉는 폐간될 수밖에 없었다.

〈한성순보〉는 폐쇄적인 봉건 사회의 울타리를 넘어 사회적 공개성의 영역을 확대시켜 주었다는 점에서 한국 최초의 대중 매체로서의 의의를 지닌다. 하지만 당시 조선 사회의 보수적 분위기와 제반 여건이 제대로 갖추어지지 않은 탓에 본질적인 한계를 가질 수밖에 없었다.

3) 〈한성주보〉의 창간과 운영

〈한성순보〉는 단명에 그쳤지만 바로 뒤이어 신문을 다시 발행할 준비에 착수한 것으로 보인다. 당시 조선 정부 내에서도 신문의 필요성에 대한 여론이 높았던 것으로 보인다. 〈한성주보〉의 창간사인 '주보서周報序'를 보면 당시의 분위기를 "과거 순보가 간행되지 않았을 적에는 불편한 것을 모르고 지냈더니,

사진 2 〈한성주보〉 제4호(1888. 2. 22)의 표지.

순보가 간행되다가 중단되니 겨우 틔였던 이목이 다시 어두워지는 것 같다고 하며 모든 사람들이 간행을 바라고 폐간을 바라지 않았다"고 전하고 있다. 이러한 분위기 속에 고종은 1885년 5월 12일 박문국을 민간 출판사였던 광인사로 옮겨 다시 신문을 간행하도록 지시하였다.[18] 그러나 1885년 10월 18일 박문국을 다시 설치하여 인쇄기와 활자도 일본으로부터 다시 구입하였다.

〈한성주보〉는 1886년 1월 25일에 창간되었다. 〈한성주보〉는 〈한성순보〉의 편집 체제를 거의 그대로 따랐지만 판형이 15cm×20cm로 약간 작아졌으며 면수도 20면 발행되었다. 1면은 표지처럼 제호만으로 채워졌으며 맨 마지막 면도 발행 기관만을 표기하였다.

〈한성주보〉는 발행 간격을 7일에 한 번으로 줄였다는 점이 특징이다. 이 사실로 〈한성주보〉를 주간으로 보는 견해가 지배적인데, 한국 사회에 주간 단위나 요일 개념의 태양력이 도입된 것은 청일전쟁 후의 갑오개혁부터다. 당시로서는 주간 단위의 개념이나 라이프사이클이 없었다. 당시의 지면을 봐도 발행 일자를 조선 개국 연호와 중국 광서 연호, 서양력을 병기하였지만 요일은 표기하지 않았다. 따라서 결과적으로 주간 발행이기는 하지만 〈한성순보〉보다 좀 더 발행 간격을 좁힌다는 차원에서 7일에 한 번으로 발행한 것으로 보아야 한다.

〈한성주보〉의 문자 사용은 순 한문을 기본으로 하면서 가끔 국한문 혼용과 한글 기사도 게재되었다. 이로써 〈한성주보〉는 〈한성순보〉에 비해 신문의 기반을 확대시키는 데 진일보한 것으로 평가되고 있다. 하지만 〈한성주보〉에 사용된 국한문 혼용체는 세종대왕이 《훈민정음 해례본》에서 설명하였고, 현대 국어에서 사용하는 음독의 국한문 혼용이 아니라 훈독까지 가능케 하는 국한문 혼용체였다. 이러한 문체가 사용됨으로써 일어와 한국어가 어미, 조사만 다르고 거의 같아지게 된 것이다.[19] 이 문체에 대해 당시의 지식인 사회에서도 일본어의 문법을 따른 것이라고 평가하였다.[20] 주시경도 〈독립신문〉 논설(1897. 9. 28)에 게재된 글을 통해 "한문 글자의 음이 조선말이 되지 아니한 것은 쓰지 말아야 옳을 것"이라고 주장하였다. 훈독까지 가능한 문체를 사용하면 한문을 모르는 다수의 백성들은 그 뜻을 알 수 없기 때문이다.

〈한성주보〉에는 한국 신문 역사상 최초로 광고가 게재되었다. 이 신문은 창간호부터 '본국 공고本局公告'란을 만들어 "농상공과 기타 모든 영업을 하는 사람으로서 자기의 업業을 광고하고자 하면 오셔서 국원局員에게 자문하십시요. 그러면 상세히 기재하여 본보를 구독하는 내외의 사상士商에게 알리겠습니다"고 밝혔다. 첫 광고가 실린 것은 제4호(1886. 2. 22)였다. 15면에서 16면에 걸쳐 게재된 이 광고는 '덕상 세창양행 고백德商 世昌洋行 告白'이라는 제목으로 독일 무역 회사의 영업 내용을 광고하는 내용이었다. 당시는 '광고'라는 용어 대신에 '고백'이라는 용어를 사용하였음을 알 수 있다. 세창양행은 이후에도 여러 차례 〈한성주보〉 지면을 통해 광고를 게재하였으며 그 밖에 일본 상인 등 외국 상인들의 광고도 가끔씩 게재되었다.

그러나 〈한성주보〉도 오래 가지는 못했다. 〈한성주보〉의 배포도 〈한성순보〉와 마찬가지로 지방 행정망을 통하여 배포하고 경주인들을 통해 구독료를 징수하였다. 그러나 구독료 징수가 원활하게 이루어지지 못해서 박문국의 운영은 어려움을 벗어나기 힘들었다. 〈한성주보〉가 언제 폐간되었는지는 분명치 않지만 1888년 3월까지 발행한 사실만 현재 확인되고 있다. 1888년 7월에는 박문국도 폐지되었다. 폐지 사유는 《고종실록》(고종 25년 6월 6일조)을 보면 빚이 많기 때문인 것으로 기록되어 있다. 구독료 징수가 어려워 경영이 어려워지면서 조선 정부로서도 감당이 어려워 박문국을 폐지한 것으로 볼 수 있다.

〈한성순보〉와 〈한성주보〉는 한국 사회에 대중 매체의 시대를 열었다는 점에서 그 역사적 의의를 평가할 수 있지만 당시 제반 여건이 성숙되지 못했던 때문에 오래 지속되지는 못했다. 〈한성주보〉가 폐간됨으로써 청일전쟁 이후 1896년 〈독립신문〉이 창간되기까지 한국인에 의한 신문은 존재하지 않는 공백기를 맞게 되었다. 이 시기에는 개항장에서 일본인들이 발행하는 신문들만이 존재하였다.

3. 개화기 일본인의 신문 발행

1) 부산의 〈조선신보〉

개항 이후 한국 사회에는 개항장을 중심으로 일본인들의 이주가 집단적으로 이루어졌다. 이주 일본인들은 개항장에서 자신들의 신문을 발행하기 시작하였다. 가장 먼저 창간된 것은 〈한성순보〉의 창간보다 앞선 1881년 12월 10일 일본 상인들이 부산에서 창간된 〈조선신보〉였다. 이 신문은 일본인들에 의한 것이었지만 한국 사회에서 창간된 최초의 신문이었다. 개항 이후 부산에 이주한 일본인은 대부분 대마도의 하층민이었다. 이들은 문화도 이질적인 데다가 행패가 워낙 심했는데, 치외 법권 때문에 조선의 행정이나 사법권이 어찌할 수도 없었다. 이들의 행패는 더욱 심해가고 따라서 부산 지역의 반일 감정도 높아만 가서 일본인 상인들의 상업 활동에 지장을 초래할 정도였다고 한다. 이에 일본 상인들의 이익 단체인 부산상법회의소가 그들의 상업적 이익을 유지, 확대하기 위해 만든 것이 〈조선신보〉다. 이 신문은 주로 부산 지역의 일본인들을 대상으로 한 경제 정보 중심으로 열흘에 한 번 발행하는 순간 신문이었다.

〈조선신보〉는 현재 5호(1882. 3. 5)부터 12호(1882. 5. 15)까지 7개 호만이 남아 있다. 기사들은 대부분 일어로 작성되었지만 한문 기사도 거의 매호 실렸다. 특징적인 것은 한글 기사도 7호(1882. 3. 25)에 1번 등장하였다는 사실이다. 조선 보수 세력의 동향을 매우 비판적으로 보도한 이 기사는 일어로 게재하고 바로 이어 한글로 번역하여 국한문 혼용체로 실었다. 이처럼 한문과 한글 기사까지 게재한 것을 보면 이 신문은 조선의 지식인과 관리들도 독자로 의식하고 발행했던 것으로 볼 수 있다.

〈조선신보〉의 특징은 연재 소설이 실렸다는 것이다. 조선의 《임경업전》(금화산인 원작)이 8호(1882. 4. 5)부터 일어로 번역되어 연재되었다. 신문에서 연재의 형식이 등장하는 것은 상업화되어 가는 중요한 징후로 본다. 안정된 판매를 확보하기 위한 장치가 바로 연재물인 것이다. 당시의 여건상 〈조선신보〉를 이윤을 목표로 하는 상업 신문으로 보기는 어렵지만 일본 국내의 신문들에서 많이 나타나던 형식을 도입한 것으로 보인다. 더구나 조선의 소설을 연재한 것은 주 독자층인 일본인들의 현지 적응을 돕기 위한 목적으로 볼 수

있다.[21]

2) 기타 일본인 신문

1890년에는 인천에서 〈인천경성격주상보仁川京城隔週商報〉가 창간되었다. 이 신문은 인천의 제물상보사濟物商報社라는 기업이 상업 신문을 표방하며 창간하였으나 오래 지속되지 못하고 1891년 8월 제44호를 마지막으로 휴간하고 말았다. 이 신문은 그 후 〈조선순보〉(1891. 9)로 재창간하였다가 1892년 4월에는 다시 〈조선신보〉로 제호를 바꾸어 발행하였다.[22] 부산에서도 1892년 12월 5일 〈부산상황釜山商況〉이라는 경제지 성격의 부정기 신문이 창간되었다. 이 신문도 후에 〈동아무역신문〉을 개제하였으나 경영이 여의치 않아 휴간에 들어갔다.[23]

이와 같은 일본인의 언론 활동이 한국 근대 신문에 직접 영향을 주었다고 보기는 어렵다. 하지만 신문이라는 새로운 매체를 잘 모르던 당시의 지방에서 새로운 경험의 기회를 열었다는 점에서 의의를 지닐 수 있다.

4장

근대 신문의 정착

1. 시대적 배경

〈한성주보〉의 폐간 이후 이어진 무신문의 시대를 극복하고 새로운 근대 신문이 정착되는 것은 청일전쟁 이후의 일이다. 근대 신문을 정착시킨 주요 계기가 되었던 것이 바로 〈독립신문〉이다. 그러면 〈독립신문〉은 구체적으로 어떠한 배경에서 창간되었는지를 살펴보자.

1) 제국주의 침략의 본격화

청일전쟁을 전후한 시기부터는 제국주의의 조선 침략이 본격화되는 시기였다. 오랫동안 조선에 막강한 영향력을 행사하였던 청나라가 일본에 패함으로써 열강들은 조선에 대해 영토 및 이권을 탐내며 침략을 본격화한 것이다. 이처럼 본격화되는 제국주의 침략은 한국 사회의 변동을 가속화시켰으며 그에 대한 대응으로서 동학혁명과 독립협회 운동, 의병 운동 등 민족 운동을 활성화 시키는 요인이 되었다.

(1) 열강의 대한對韓 정책

청일전쟁에서 승리한 일본은 조선에 대한 침략을 적극화하였다. 조선을 보호하고 내정에 간섭한다는 방침을 정한 일본 정부는 군사력을 배경으로 조선에 대해 그해 8월 20일 조일잠정합동조관朝日暫定合同條款, 그리고 8월 26일 조일양국동맹朝日兩國同盟의 체결을 강요하였다. 이 조약들의 내용은 전자는 내정 개혁 추진의 확인과 경부, 경인철도 부설권과 전신선 등의 이권을 탈취하는 것이고, 후자는 군사 기지의 제공과 인부 및 식량의 징발 등을 규정한 군사 동맹이었다.[1] 이로써 일본은 조선의 갑오개혁에 개입하며 또한 철도와 전신 등의 이권을 탈취하였다.

일본은 여기서 한걸음 더 나아가 조선의 보호국화 정책을 시도하였다. 그러나 일본의 조선 보호국화 정책은 조선의 항일운동과 특히 청일 간의 강화조약 직후에 나타난 러시아, 프랑스, 독일의 삼국 간섭에 의해서 좌절되고 말았다. 이 삼국 간섭은 청일전쟁의 종료 후 변화된 열강의 정세 속에서 가능했던 것으로서 이후 일본의 대한 정책에서도 중요한 의미를 지니는 사건이다. 청일전쟁 이후 조선을 둘러싼 국제 정치의 구조는 일본과 러시아가 정치적으로 각축을 벌이는 가운데, 한반도에 대해서는 소규모의 경제적 이해관계를 가지고 있으나 러시아와 범세계적인 차원에서 갈등 관계에 놓여 있는 영국, 그리고 비정치적, 경제적 이해관계만을 강조하는 미국의 관계가 복잡하게 얽혀 있었다.[2] 이러한 속에서 일본이 청일전쟁에 대한 강화조약의 결과 요동반도를 영유하려 하자 일본의 만주 침략만은 결코 용납하지 않겠다는 러시아와 그 동맹 세력들이 개입하고 나서게 되었으며, 이에 일본은 열강들의 반환 요구를 수용하지 않을 수 없었다.[3] 이는 또한 러시아가 조선의 정치에 개입하게 되는 계기가 되기도 하였다.

삼국 간섭과 러시아의 조선 진출은 일본의 대한 정책에 커다란 타격을 주었다. 삼국 간섭으로 조선 내에서 다시 열세에 몰리게 된 일본은 이를 만회하고자 명성황후 시해 사건을 일으켜 친일파를 중심으로 한 내각을 조직하였다. 그러나 이는 오히려 조선 민중의 반일 감정만을 격화시키며 일본은 국제적으로도 불리한 위치에 놓이게 되었다.[4] 이러한 상황은 1896년 2월의 아관파천으로 이어져 마침내 조선에서의 일본 세력은 급전직하하게 되고 러시아가 대신 득세하게 되었다.

이와 같이 궁지에 몰린 일본은 러시아와 타협을 시도하지 않을 수 없었다. 또한 러시아도 일본의 타협을 받아들이게 되었다. 이러한 양국 간의 타협의 결과가 1896년 5월의 웨베르-고무라小村 각서와 6월의 로바노프-야마가베山縣 의정서다. 이에 의해 러시아는 조선에 군대를 주둔시킬 수 있게 되었고 내정에 간섭할 수 있게 되었다. 이렇게 양국 간에 타협이 이루어질 수 있었던 것은 당시 우위에 있던 러시아로서도 일본과의 군사적 대결을 원치는 않았기 때문이었다. 한편 일본으로서도 사면초가에 빠져 있던 상황에서 조선에서의 세력을 어떻게든 유지해 보려고 고심한 끝에 당장은 러시아에 양보를 하더라도 일본의 영향력이 완전히 없어지는 것보다는 낫다는 판단에서 이루어진 것이라고 분석된다.[5]

이상과 같이 청일전쟁 이후로는 조선에서 제국주의 국가들의 이해관계가 미묘하게 얽혀 어느 한 나라도 독주하지 못하고 균형을 이루는 속에서 침략이 본격화되었던 때였다. 이러한 상황은 당시 한국 사회의 변화를 가속화하고 이에 대응하는 민족 운동을 자극하는 등의 요인으로 작용함으로써 한국 근대 신문 발전의 한 요인이 되었다.

(2) 열강의 이권 침탈

삼국 간섭 이후로는 제국주의 열강들도 러시아의 조선 진출에 대하여 기회균등을 요구하며 철도, 광산 등 각종 이권 침탈에 열중하게 되었다. 1896년부터 1904년까지 조선이 제국주의 열강에 빼앗긴 각종의 주요 이권들은 다음과 같다.[6]

1896. 3. 서울–인천 간 철도부설권(미)

1896. 4. 경원과 종성의 금광채굴권(러)

1896. 4. 재정 고문 브라운의 초빙과 그에 의한 해관 관리(영)

1896. 7. 종성의 석탄채굴권(러)

1896. 7. 서울–의주 간 철도부설권(프)

1896. 7. 운산 금광채굴권(미)

1896. 9. 두만강, 압록강 상류 지역 및 울릉도의 삼림벌채권(러)

1897. 4. 금성 금광채굴권(독)

1897. 10. 재정고문 알렉세예프의 초빙과 그에 의한 해관 관리(러)

1898. 2. 한러은행 설치(러)

1898. 2. 서울의 전차, 전등, 수도 경영권(미)

1898. 9. 은산 금광채굴권(영)

1899. 3. 동해의 포경권(러)

1899. 9. 서울–개성 간 마차 철도부설권(미)

1900. 8. 직산 금광채굴권(일)

1900. 9. 경기도 연안 어업권(일)

1901. 6. 창성 금광채굴권(프)

1901 인삼의 독점 수출권(일)

1904. 3(6) 충청도, 황해도 및 평안도의 연안 어업권(일)

이와 같이 수많은 경제적 자원과 이권들이 제국주의 열강들에 의해서 약탈되었다. 이러한 상황은 제국주의의 침략적 본질에 대해 새롭게 인식하게 되는 계기가 되었다. 초기 개화파는 제국주의 열강들을 우리가 뒤따라야 할 모델이자, 우리를 도와줄 우방으로 인식하였지만 이 시기에 오면 열강들이 결코 우방이 아니라 우리의 것을 빼앗아가는 존재들이라는 것을 알게 되면서 반제적 인식이 나타나기 시작하였다.

청일전쟁 후 제국주의 세력의 침략이 본격화되었다. 이와 함께 한국 사회는 사회적 불안이 높아지고 제국주의에 대한 대응으로서 민족 운동이 활발하게 전개되었다. 이러한 사실들은 바로 이 시기 신문들이 활발하게 발행되고 사회 제도로서 정착해 가는 중요한 배경이 되었다.

2) 내부적 배경

(1) 개화파의 정세 인식

전술한 바와 같이 청일전쟁 이후 한반도 주변의 국제 정세는 제국주의 열강의 침략이 본격화하는 가운데 열강 간의 이해관계가 복잡하게 얽히면서 미묘한 세력 균형이 유지되고 있었다. 청일전쟁의 결과로 맺어진 시모노세키조약은 제1조에서 조선이 독립국임을 명시하였다. 이로써 청은 조선에서 영향력을 잃게 되었음을 널리 선포한 것이다.

청을 대신하여 일본이 득세하였으나 이번에는 러시아가 일본의 경쟁 세력으로 등장하였다. 여기에 서구 열강들이 개입하여 상호 견제하면서 어느 한 나라도 독주하기 어려운 균형이 유지되었다.

이러한 객관적 조건과 함께 이에 대한 주관적 인식도 형성되었다. 이 세력 균형을 잘 이용하면 한국은 독립을 지킬 자강 체제를 수립하고 개화를 추진할 절호의 기회라는 인식이 생겨난 것이다. 청의 영향권에서 벗어나게 된 '독립'의 기회를 열강들의 세력 균형을 이용하여 지켜 나갈 수 있다고 본 것이다. 이에 따라 편중된 외교를 지양하고 중립적인 외교를 통하여 열강 간의 세력 균형을 유지함으로써 독립을 보전할 수 있다는 인식이 생겨나게 되었다.[7]

이와 같이 청일전쟁 직후의 한반도 주변 정세는 열강 간의 세력 균형이 성립되고 조선의 독립국임이 선포되는 등의 객관적 조건도 형성되었고 그에 따라 당시가 독립을 유지하고 근대적 개혁을 추진해 나갈 수 있는 절호의 기회라는 주관적인 인식도 형성되었다. 이러한 객관적, 주관적인 조건들은 〈독립신문〉의 창간 배경을 이해하는 데 중요한 토대가 된다.

(2) 〈한성신보〉의 발행

청일전쟁 후 조선 사회는 제국주의 침략이 보다 본격화되고 대사건이 연이어 터지며 그에 대한 대응으로서 민족 운동이 활발하게 전개되는 등 급격한 사회 변동의 와중이었다. 이러한 때에는 정보에 대한 욕구가 급격히 상승하는 것이 일반적이다. 그럼에도 불구하고 당시는 이 욕구에 부응할 '우리의 신문'은 하나도 없었다. 1888년 〈한성주보〉가 폐간된 이후 한국인이 발행하는 신문은 오랫동안 공백을 이루었던 것이다.

이러한 상황에서 먼저 생겨난 것은 일본 외무성의 자금으로 창간된 기관지 〈한성신보〉였다. 이 신문은 청일전쟁의 승리 후 본격화되어 가는 일본의 조선 침략을 뒷받침하는 선전 기관으로서의 역할을 위해 1895년 2월 16일 창간되었다. 〈한성신보〉는 조선의 언로를 독점하면서 일본의 침략을 일방적으로 옹호, 선전하는 역할만을 하였다. 특히 1895년의 명성황후 시해 사건에는 이 신문이 깊숙이 개입하였다. 사장 아타치 겐조安達謙藏가 한성 내 일본인 낭인을 동원하는 핵심적 역할을 맡았으며 이 신문사의 기자도 대거 가담하였다. 사건 전날 신문사에 모여 당일 새벽에 왕궁으로 출발하는 등 〈한성신보〉는 핵심 거점의 역할을 하였다. 사건 후에도 지면을 통해서 사건을 근본적으로 왜곡하는 역할만을 하였다. 명성황후 시해 사건은 조선 군대 내부의 충돌 과정에서 빚어졌으며 일본 군대는 이를 진압하기 위해 출동했다는 식으로 보도하였다. 또한 외신 기자들의 송고를 방해하여 사건의 진실을 은폐하려 시도하였다. 그러나 이 사건의 소식이 장안에 널리 퍼지며 일본에 대한 반발은 극심해졌다.[8] 이에 따라 자연 '우리의 신문'이 필요하다는 인식이 고조되어 갔다. 이러한 맥락이 〈독립신문〉 창간의 중요한 배경을 이룬다.

(3) 갑오개혁과 신문의 발전

1894년부터 시작된 갑오개혁의 과정에서 신문의 발전과 밀접한 관련이 있는 개혁 조치들이 이루어졌다. 이 개혁 조치들이 1896년의 〈독립신문〉 창간과 발전에 매우 중요한 밑거름이 되었다.

먼저 신문에 대한 인허가 등을 담당할 정부의 부처가 처음으로 규정되었다. 1895년의 정부 기구 개편은 의정부를 내각으로 바꾸고 1894년에 8개 아문衙門이 되었던 것을 다시 부部로 바꾼 것이다. 이에 의해 농상아문이 공무아문과 통합하여 농상공부로 개편되었다. 이 농상공부에 통신국을 설치하여 공무아문의 역체국과 전신국에서 맡았던 우편과 전신 업무를 이에 통합, 이관한 것이다.[9]

뒤이어 1895년 윤5월 26일 칙령 제124호로 '국내우체규칙'이 반포되었다. 이 규칙은 제1장 '우체물의 종류 및 우체료'에 관한 규정의 제1조에서 우편물의 종류를 세 가지로 나누어 관보와 매월 1회 발행하는 신문지, 잡지 등을 제2종으로 분류하여 요금상의 혜택을 규정하고 있다. 개화기의 신문들이 지방에는 대부분 우편 제도를 통해 보급하였기에 이 요금 혜택은 신문 발전에 중요한 토대가 되었다. 또한 19조에서는 관보를 제외한 제2종 우편물의 인가에 관한 사항을 다음과 같이 규정한다.[10]

> 제2종 우편물은 관보 외에는 그 발행인 그 표제 및 매일 혹은 매월 기차幾次 발행하는 사유를 기재한 서면에 본지 일개 견양見様을 첨부하여 농상공부에 보내어 인가를 받고 매호에 농상공부가 인가한 표식을 기록하여 쉽게 볼 수 있게 할 것

이 규정은 이후의 한국 근대 신문 발전 과정에서 중대한 의미를 지닌다. 〈독립신문〉을 필두로 이후의 모든 신문들이 이 규정에 의거하여 발행을 허가받고 또 우편 제도를 신문 배급에 할인된 요금으로 이용할 수 있게 된 것이다.

갑오개혁에서 이루어진 여러 조치 중 근대 신문의 발전과 밀접한 관련을

지니는 것으로 문자 개혁이 있다. 주지하다시피 훈민정음의 창제 이후에도 조선 시대의 공식 문자는 한문이었다. 한글은 한문을 모르는 일반 민중이나 궁내의 여성들 사이에서만 제한적으로 사용될 뿐이었다. 그러나 갑오개혁을 통해 사용 문자에 대한 조선 정부의 공식적 입장이 바뀌었다. 1894년 11월 21일 칙령 제1호로서 종전의 공문 규정을 폐기하고 새로운 규정을 반포하였다.[11] 새로이 반포된 공문식公文式 제14조에서는 법률과 칙령은 한글을 기본으로 삼되 한문의 번역을 붙이며 혹 국한문을 혼용할 수 있다고 규정하였다. 한글 전용을 원칙으로 하며 국한문 혼용도 허용한다고 규정한 것이다.

물론 정책이 바뀐다고 문자 문화가 하루아침에 바뀌지는 않을 것이다. 그럼에도 불구하고 이 칙령에 의해 한글 사용이 법적인 근거를 획득하여 공식적으로 인정되었다는 사실은 중요한 의미를 지닌다.

문자 개혁을 실현시키려는 정부의 노력은 계속되었다. 1894년 12월 12일 갑오개혁의 선포문이라 할 수 있는 유명한 '홍범십사조'가 반포되었다. 이는 국문을 원본으로 삼고 한문 번역을 첨부하였으며 특히 한글 띄어쓰기까지 하고 있다. 1895년 1월 15일부터는 순 한문으로 발행되던 관보에 국한문 혼용체가 사용되기 시작하였다. 그뿐 아니라 조선 정부는 갑오개혁에 의해 새로이 마련된 학교 제도에서 사용하는 각종의 교과서에도 국한문 혼용체를 사용하였다.[12] 이러한 문자 개혁과 한글 사용의 확대는 〈독립신문〉이 한글로 창간하게 되는 중요한 기반이 되었다.

2. 〈독립신문〉의 창간과 운영

1) 〈독립신문〉의 창간

(1) 〈독립신문〉의 창간 준비

한국 사회에 근대 신문이 중요한 제도로서, 문화로서 정착하게 된 계기는 〈독립신문〉이었다. 이 신문이 널리 읽히면서 한국 사회에 신문의 중요성을 알리고 여러 신문들이 뒤를 이어 창간되는 계기가 되었다. 〈독립신문〉은 청일전쟁 이후의 시대적 상황 속에서 나타나게 되었다. 제국주의 침략이 본격화되는 급격한 사회 변동의 과정에서 정보 욕구는 높아지지만 한국인에 의한 신문은 하나도 없던 상황에서 전술한 일본 외무성의 기관지 〈한성신보〉가 언로를 독점하며 왜곡을 일삼자 '우리의 신문'이 필요하다는 인식이 높아졌다.

새 신문을 창간하기 위한 준비는 유길준을 중심으로 한 당시의 개화파에 의해 시작되었다. 이 작업은 1895년 말 서재필이 귀국한 것을 계기로 보다 구체화되었다. 갑신정변에 참여했다 실패에 그치자 일본을 거쳐 미국으로 건너간 서재필은 청일전쟁에서 일본이 승리하고 친일 내각이 들어서 사면령을 내림으로써 귀국할 수 있게 되었다. 당시 내각은 귀국한 서재필에게 중추원 고문직을 제의하여 1896년 1월 13일 월 300달러에 10년간 계약을 체결하였다. 직함은 중추원 고문이었지만 서재필은 이때부터 신문 창간에 본격적으로 참여한 것으로 보인다. 서재필은 1월 28일 윤치호에게 신문 창간 계획을 설명하고 동참해 줄 것을 요청하였다. 그러나 윤치호는 이때의 제의를 수용하지 않았다.[13]

(2) 일본의 방해 공작

〈독립신문〉의 창간 준비가 진행되자 가장 민감하게 반응한 것은 일본이었다. 일본은 공사관을 중심으로 이 계획에 바로 방해하고 나섰다. 일본이 이 신문 창간의 계획을 저지하려는 이유는 당시 그들이 〈한성신보〉를 발행하면서 조선의 언로를 독점하여 침략 정책을 뒷받침하고 있었으나 한국인에 의해 신문이 새로 창간되면 언로의 독점은 더 이상 불가능해지기 때문이었다. 새로 창간되는 신문이 조선의 이익을 대변하여 일본의 침략에 저항하는 논조를 펴게 된다면 그들의 침략 정책 수행에 중대한 장애 요인이 될 것은 분명하기 때문이었다.

일본의 방해 공작은 두 주역 유길준과 서재필에 대해 시도되었다. 《윤치호일기》(1896년 1월 31일조)에 의하면 일본 측이 "조선은 2개의 신문이 유지될 정도로 발전되지 못했고 그들의 〈한성신보〉는 계속 간행되어야 하므로 경쟁지를 만들려는 어떠한 시도도 분쇄하겠다"고 위협조로 말하자 서재필은 극도의 불안을 느껴 포기하려는 생각까지 하였다고 한다.

유길준에게도 일본 측의 압력과 방해가 시도되었다. 하지만 유길준의 대응은 달랐다. 유길준은 이들과 타협하면서 계획의 변경을 시도하였다. 1896년 2월 2일 윤치호에게 새 신문의 창간 계획에 대해 이야기하면서 유길준은 새 신문을 〈한성신보〉와의 연합 형태로 할 것을 시사하였다고 한다. 당시 일본은 유길준을 속죄양으로 삼아 신문 창간에 관련된 모든 것을 유길준에게 덮어 씌워 그로 하여금 신문 창간을 포기하게 하려고 시도하였다.[14] 그러자 유길준은 계획을 변경하여 일본 측과의 타협을 시도하였던 것이다. 유길준은 '우리의 신문' 창간을 추진하다가 예상 밖으로 일본 측의 완강한 반대에 부딪치자 이것이 자신의 정치 생명에 치명적인 걸림돌이 될 것으로 판단하여 애초의 의도와는 거리가 멀게 〈한성신보〉와의 연합을 도모하려 했던 것으로 볼 수 있다.

일본의 이러한 방해 공작은 〈독립신문〉의 창간을 지연시키는 요인으로도 작용하였다. 원래 〈독립신문〉의 창간 일자는 동년 3월 1일로 예정되어 있었다.[15] 그런데 〈독립신문〉의 실제 창간은 4월 7일로 애초의 계획보다 한 달여 늦게 이루어졌다. 서재필은 자서전에서 일본에 주문한 인쇄기의 도착이 지연

되었던 사실을 회고한다.[16] 이 인쇄기 사정이 창간 지연의 중요한 요인이었겠지만 일본의 방해 공작도 〈독립신문〉의 창간을 지연시키는 요인이 되었을 것이다.

또한 이 일본의 방해 공작에 대한 서재필과 유길준의 대응을 비교해 보면 당시의 신문 창간 준비에 누가 더 주도적이었는지를 알 수 있다. 전술한 대로 서재필은 불안을 느껴 포기하려 할 정도였지만 유길준은 일본과의 연합을 시도하기까지 하였다. 이를 통해서 당시의 신문 창간은 서재필보다 당시 내각의 내부대신이었던 유길준이 더 주도적이었음을 알 수 있다.

(3) 〈독립신문〉의 창간

일본 측의 방해로 신문 창간 작업이 벽에 부딪힌 상황에서 1896년 2월 11일 갑작스럽게 아관파천이 일어났다. 고종이 궁궐을 벗어나 러시아 공사관으로 옮긴 것이다. 이로써 일본의 세력은 급전직하하고 러시아가 득세하면서 〈독립신문〉의 창간을 방해하던 일본의 계획은 실패로 끝났다. 새로 구성된 친러파 내각은 이전 내각의 신문 창간 계획을 그대로 이어 받음으로써 〈독립신문〉이 마침내 1896년 4월 7일에 창간된 것이다.

〈독립신문〉의 창간은 당시 친러 내각의 전폭적인 후원하에 이루어졌다. 창간 자금도 전액 정부가 조달하였다. 신문의 창간 비용으로 3000원, 서재필의 거처 구입비로 1400원, 합계 4400원을 지급하였으며 사옥도 한성 내 정동에 있는 정부 소유의 건물을 사용할 수 있도록 하였다.[17] 전술한 대로 인쇄기는 일본으로부터 수입하였다.

〈독립신문〉은 순 한글의 격일간 4면으로 창간되었다. 4면 중 3면은 한글 면이었고 나머지 1면이 영문이었다. 주지하는 바와 같이 〈독립신문〉은 띄어쓰기까지 한 순 한글로 창간되었다는 점이 중요한 의미를 지닌다. 창간호 사설에서 순 한글을 사용한 이유는 "남녀 상하귀천이 모두 보게 함"이며 띄어쓰기를 한 것은 "알아보기 쉽도록 함"이라고 밝혔다. 〈독립신문〉이 순 한

뎨일권 독닙신문 뎨일호

조션 셔울 건양 원년 ᄉᆞ월 초칠일 금요일

광고

독닙신문이 본국과 외국ᄉᆞ졍을 자세이 긔록ᄒᆞᆯ터이요 졍부속과 민간소문을 다보고 ᄒᆞᆯ터이라 졍치샹일과 농ᄉᆞ 쟝ᄉᆞ 의술샹 일을 얼만콤식 이신문샹 ᄆᆡ일 긔록홈 갑슨 일년에 일원삼십젼 ᄒᆞᆫᄃᆞᆯ에 십이젼 ᄒᆞᆫ쟝에 동젼 ᄒᆞᆫ푼 독닙신문 분국이 졔물포 원산 부산 파주 용도 평양 슈원 강화 등지에 잇더라

신문을 ᄃᆞᆯ노졍ᄒᆞ든지 일년간으로 졍ᄒᆞ여 사보고스분이ᄂᆞᆫ 졍동 독닙신문샤로 와셔 돈을 미리 내고 셩명과 집이 어ᄃᆡ라고 젹어 노코 가면 ᄒᆞ로걸어 신문을 보내줄터이니 신문 보고 스분이ᄂᆞᆫ 속히 셩명을 보내기 ᄇᆞ라옴

무론 누구든지 무러볼말이 잇든지 셰샹사ᄅᆞᆷ의게 ᄒᆞ고스분말잇스면 이신문샤로 간단ᄒᆞ게 귀졀ᄯᅦ여셔 편지ᄒᆞ면 ᄃᆡ답ᄒᆞᆯ만ᄒᆞᆫ말이든지 신문에 내만ᄒᆞᆫ 말이면 ᄃᆡ답ᄒᆞᆯ터이요 내기도 ᄒᆞᆯ터이옴 한문으로ᄒᆞᆫ 편지ᄂᆞᆫ 당초에 샹관아니홈

경향간에 무론 누구든지 길거리에셔 쟝ᄉᆞᄒᆞᄂᆞᆫ이 이신문을 가져다가 노코 팔고져 ᄒᆞ거든 여긔와셔 신문을 가져다가 팔면 열쟝에 여ᄃᆞᆯ쟝만 세음ᄒᆞ고 ᄇᆡᆨ쟝에 여든쟝만 세음홈

논셜

우리가 독닙신문을 오ᄂᆞᆯ 처음으로 츌판ᄒᆞᄂᆞᆫᄃᆡ 조션속에 잇ᄂᆞᆫ ᄂᆡ외국 인민의게 우리 쥬의를 미리 말ᄉᆞᆷᄒᆞ여 아시게 ᄒᆞ노라

우리ᄂᆞᆫ 첫재 편벽 되지 아니ᄒᆞᆫ고로 무ᄉᆞᆷ당에도 상관이 업고 샹하귀쳔을 달니ᄃᆡ졉아니ᄒᆞ고 모도조션 사ᄅᆞᆷ으로만 알고 죠션만 위ᄒᆞ며공평이 인민의게 말 ᄒᆞᆯ터인ᄃᆡ 우리가 셔울 ᄇᆡᆨ셩만 위ᄒᆞᆯ게 아니라 죠션젼국인민을 위ᄒᆞ여 무ᄉᆞᆷ일이든지 ᄃᆡ언ᄒᆞ여 주랴홈 졍부에셔 ᄒᆞ시ᄂᆞᆫ일을 ᄇᆡᆨ셩의게 젼ᄒᆞᆯ터이요 ᄇᆡᆨ셩의 졍셰을 졍부에 젼ᄒᆞᆯ터이니 만일 ᄇᆡᆨ셩이 졍부일을 자세이알고 졍부에셔 ᄇᆡᆨ셩에 일을 자세이 아시면 피ᄎᆞ에 유익ᄒᆞᆫ 일만히 잇슬터이요 불평ᄒᆞᆫ ᄆᆞ음과 의심ᄒᆞᄂᆞᆫ 싱각이 업서질 터이옴 우리가 이신문 츌판 ᄒᆞ기ᄂᆞᆫ 취리ᄒᆞ랴ᄂᆞᆫ게 아닌고로 갑슬 헐허도록 ᄒᆞ엿고 모도 언문 으로 쓰기ᄂᆞᆫ 남녀 샹하귀쳔이 모도 보게홈이요 또 귀졀을 ᄯᅦ여 쓰기ᄂᆞᆫ 알어 보기 쉽도록 홈이라 우리ᄂᆞᆫ 바른 ᄃᆡ로만 신문을 ᄒᆞᆯ터인고로 졍부 관원이라도 잘못ᄒᆞᄂᆞᆫ이 잇스면 우리가 말ᄒᆞᆯ터이요 탐관오리 들을 알면 세샹에 그사ᄅᆞᆷ의 ᄒᆡᆼ젹을 폐일터이요 ᄉᆞᄉᆞᄇᆡᆨ셩이라도 무법ᄒᆞᆫ일ᄒᆞᄂᆞᆫ 사ᄅᆞᆷ은 우리가 차저 신문에 셜명ᄒᆞᆯ터이옴 우리ᄂᆞᆫ 죠션 대군쥬폐하와 됴션졍부와 죠션인민을 위ᄒᆞᄂᆞᆫ 사ᄅᆞᆷ드린고로 편당잇ᄂᆞᆫ 의논이든지 ᄒᆞᆫ쪽만 싱각코 ᄒᆞᄂᆞᆫ 말은 우리 신문샹에 업실터이옴 또 ᄒᆞᆫ쪽에 영문으로 기록ᄒᆞ기ᄂᆞᆫ 외국인민이 죠션 ᄉᆞ졍을 자세이몰은즉 혹 편벽 된 말만 듯고 죠션을 잘못 싱각ᄒᆞᆯ까 보아 실샹 ᄉᆞ졍을 알게ᄒᆞ고져ᄒᆞ여 영문으로 조곰 긔록홈

그리ᄒᆞᆫ즉 이신문은 똑 죠션만 위ᄒᆞᆷ을 가히 알터이요 이신문을 인연ᄒᆞ여 ᄂᆡ외 남녀 샹하 귀쳔이 모도 죠션일을 서로알터이옴 우리가 또 외국 사졍도 죠션 인민을 위ᄒᆞ여 간간이 긔록ᄒᆞᆯ터이니 그걸 인연ᄒᆞ여 외국은 가지 못ᄒᆞ드ᄅᆡ도 죠션인민이 외국 사졍도 알터이옴 오ᄂᆞᆯ은 처음인 고로 대강 우리 쥬의만 셰샹에 고ᄒᆞ고 우리신문을 보면 죠션인민이 소견과 지혜가 진보ᄒᆞᆷ을 밋노라 논셜ᄭᅳᆺ치기젼에 우리가 대군쥬 폐하ᄭᅴ 송덕ᄒᆞ고 만세을 부르ᄂᆞ이다

우리신문이 한문은 아니쓰고 다만 국문으로만 쓰ᄂᆞᆫ거ᄉᆞᆫ 샹하귀쳔이 다보게 홈이라 또 국문을 이러케 귀졀을 ᄯᅦ여 쓴즉 아모라도 이신문 보기가 쉽고 신문속에 잇ᄂᆞᆫ말을 자세이 알어 보게 홈이라 각국에셔ᄂᆞᆫ 사ᄅᆞᆷ들이 남녀 무론ᄒᆞ고 본국 국문을 몬저 ᄇᆡ화 능통ᄒᆞᆫ 후에야 외국 글을 ᄇᆡ오ᄂᆞᆫ 법인ᄃᆡ 죠션셔ᄂᆞᆫ 죠션 국문은 아니 ᄇᆡ오드ᄅᆡ도 한문만 공부 ᄒᆞᄂᆞᆫ ᄭᆞᄃᆞᆰ에 국문을 잘아ᄂᆞᆫ 사ᄅᆞᆷ이 드물미라 죠션 국문ᄒᆞ고 한문ᄒᆞ고 비교ᄒᆞ여 보면 죠션국문이 한문 보다 얼마가 나흔거시 무어신고ᄒᆞ니 첫재ᄂᆞᆫ ᄇᆡ호기가 쉬흔이 됴흔 글이요 둘재ᄂᆞᆫ 이글이 죠션글이니 죠션 인민 들이 알어셔 ᄇᆡᆨᄉᆞ을 한문ᄃᆡ신 국문으로 써야 샹하 귀쳔이 모도보고 알어보기가 쉬흘터이라 한문만 늘써 버릇ᄒᆞ고 국문은 폐ᄒᆞᆫ ᄭᆞᄃᆞᆰ에 국문

사진 3 〈독립신문〉 창간호(1896. 4. 7) 제1면. 창간 초기에는 제호를 〈독닙신문〉으로 표기하다가 12호(1896. 5. 2)부터 〈독립신문〉으로 바꾸면서 '독립'과 '신문' 사이에 태극기 문양을 넣었다.

글로 창간될 수 있었던 것은 조선 후기부터 한글 사용 인구가 지속적으로 증대되었으며 보다 직접적으로는 갑오개혁 과정에서 문자 개혁이 이루어진 바탕 위에서 가능했던 것이다.

〈독립신문〉의 기사 분류는 창간 초기부터 '논설'과 '관보,' '잡보,' '광고'를 기본으로 하여 이루어졌다. 이외에 '외국 통신'이나 '각부 신문'과 '전보,' '별보' 등이 때에 따라 지면에 게재되었다. 이러한 기사 분류 체계는 일본식 분류 체계의 영향을 받은 것으로 보인다. 이 분류 체계는 당시 일본의 신문들이 사용하던 용어로, 1881년 부산에서 창간되었던 〈조선신보〉도 이 분류를 사용하였다. 한국인이 발행한 신문으로는 〈독립신문〉이 처음 이 분류를 사용하였으며 〈독립신문〉 이후에 창간된 신문들은 대부분 이러한 기사 분류 체계를 사용함으로써 정착되었다.[18]

반면 〈한성순보〉와 〈한성주보〉는 다른 기사 분류 체계를 사용하였다. 이 두 신문은 대체로 '국내 관보'와 '국내 사보,' '각국 근사各國近事,' '논설,' '집록集錄' 등 다섯 가지로 분류하였다. 이 중 국내 관보는 정치 기사에 해당되는 것이며 국내 사보는 사회면, 각국 근사는 외신에, 그리고 집록은 다양한 읽을거리인 피처 기사에 해당되는 것이었다. 그 외 공지 사항이나 광고에 해당하는 '본국 공고'와 물가 정보인 '시직탐보市直探報'가 매호 실렸다.[19]

〈독립신문〉이 이렇듯 〈한성순보〉나 〈한성주보〉와도 다르게 일본식 분류 체계를 도입한 것은 당시의 국내 언론계 사정과 밀접한 관련이 있을 것으로 보인다. 당시 한국인에 의해 발행되는 신문은 하나도 없었지만 개항장을 중심으로 일본인들의 신문은 존재했다. 이 신문들은 당연히 일본식의 기사 분류 체계를 사용하였을 것이다. 따라서 뒤이어 창간된 〈독립신문〉도 이 신문들의 분류 체계를 따랐던 것으로 볼 수 있다.[20]

창간 이듬해인 1897년 1월 5일부터는 영문판을 따로 분리하여 국문판과 영문판 각기 4면씩 발행하였으며 1898년 7월 1일부터는 일간으로 전환하여 매일 발행하였다. 〈독립신문〉은 이처럼 정부의 전적인 후원과 앞서 지적한 제반 여건의 성숙으로 말미암아 당시의 대표적 언론으로 자리 잡게 되었다. 전술한 대로 당시의 급격한 사회 변화 속에 정보의 욕구가 매우 높았으며 더구나 한국인에 의한 신문의 필요성도 높았던 배경 속에서 창간된 〈독립신문〉이 언어 면에서도 보다 많은 사람들이 접할 수 있는 한글을 사용함으로써 당시 사회에 커다란 반향을 불러일으키며 정착할 수 있었다.

일반적으로 〈독립신문〉 하면 서재필을 떠올린다. 〈독립신문〉은 서재필이 만든 것이라고 알려지고 있다. 이러한 인식은 그가 남긴 자서전을 바탕으로 한다. 미군정기 때 팔순을 넘긴 나이에 국내 정치에 참여를 모색하며 귀국했던 서재필은 자신의 인생을 구술하여 자서전을 남겼다. 자서전을 통해 서재필은 당시 정부가 제의했던 온갖 관직을 마다하고 오로지 신문만을 만들겠다고 했으며 국내에는 신문을 아는 사람이 아무도 없어서 자신이 모든 것을 다했다고 서술하였다.[21] 이 서술을 토대로 하여 〈독립신문〉은 곧 서재필 개인의 업적이라는 인식이 지배적이다.

물론 서재필이 〈독립신문〉의 창간과 발행에서, 나아가서 한국 근대사에서 커다란 기여를 한 것은 분명한 사실이다. 그러나 그의 자서전은 부정확한 내용, 자기 중심의 서술 등 적지 않은 문제를 안고 있다. 일반적으로 자서전은 자신의 생애에서 긍정적인 측면만을 부각시키고 부정적인 측면은 은폐하려 하기 마련이다. 따라서 역사 연구에서 자서전을 사료로 사용할 때는 철저한 사료 비판이 필요하다.

그는 관직을 마다했던 것도 아니고 중추원 고문으로 10년간 계약하였다. 〈독립신문〉 사장 재직 시절에도 사장 월급 150원 외에 고문으로서 월 300원의 봉급을 계속 받았다. 2년여가 지난 후 미국으로 돌아갈 때에는 미국 공사관을 통해 조선 정부와 교섭하여 남은 계약 기간 7년 10개월분의 월급 2만 8200원과 여비 600원을 합쳐 2만 8800원이라는 거금에서 창간 당시 지원받았던 비용을 제외하고 2만 4400원을 한꺼번에 받아서 돌아갔다.[22] 〈독립신문〉의 창간 비용이 3000원 정도였으니 그 8배가 넘는 액수의 거금이었다.

그가 신문 제작을 모두 다했다는 것도 그대로 받아들이기 어렵다. 그의 과거 경력을 보면 어디서도 신문 제작에 참여했던 경력은 없다. 오히려 국내에서 〈한성순보〉와 〈한성주보〉 등에 참여했던 사람들이 남아 있어서 신문 제작에 대해서는 이들이 서재필에 뒤질 게 없었다.

〈독립신문〉은 서재필이 창간한 것이라기보다는 당시의 집권 세력들이 정치적 필요에서 창간한 신문이었으며 그 과정에서 서재필이 필요했기에 그를 기용했던 것이다. 그리하여 당시 내각이 자금과 사옥을 전부 제공하면서 서재필의 개인 기업으로 등록하여 신문을 발행케 한 것으로 볼 수 있다. 구체적으로는 그가 당시 미국에 귀화한 미국인 신분이라는 점, 그의 영어 구사 능력, 기타 그가 지니고 있는 능력 등이 신문 발행에 유용할 것으로 판단했던 것으로 보인다.[23]

〈독립신문〉은 일반적으로 '최초의 민간지'라고 평가된다. 앞서 1880년대에 간행된 〈한성순보〉와 〈한성주보〉가 박문국이라는 정부 기구에서 발행된 반면 〈독립신문〉은 관이 아니라 민간의 기업에 의해 발행되었다는 점을 강조하는 평가다. 하지만 일반적으로 신문의 성격이 민간지라고 한다면 발행의 주체와 자금 면에서 민간이 주도한다는 요건을 필요로 할 것이다.

앞에서도 지적한 바와 같이 〈독립신문〉 창간에는 당시 정부 관료들의 주도적 참여가 있었으며 창간 자금 전액과 사옥까지 정부가 제공하였다. 이를 민간지라고 보기는 어려울 것이다. 이러한 역사적 사실에도 불구하고 〈독립신문〉은 서재필이라는 개인에 의해서 창간, 운영되었다고 보고 이를 '최초의 민간지'라고 평가해 왔던 것이다.

〈독립신문〉이 성공적으로 정착함에 따라 1898년에는 그 뒤를 이어 〈매일신문〉, 〈제국신문〉, 〈황성신문〉 등 여러 신문들이 창간되었다. 이 신문들이야 말로 순수하게 민간의 주도와 자금으로 창간된 민간지라고 볼 수 있다.

2) 〈독립신문〉의 이념과 논조

(1) 〈독립신문〉과 중립 외교론

〈독립신문〉이 지니고 있는 이념적 지향은 한마디로 말한다면 '중립외교론'으로 집약할 수 있다. '중립외교론'은 1880년대 중반부터 열강 간에 한반도를 중립화하는 안이 논의되기 시작한 이래, 유길준을 비롯한 개화파도 이것을 제국주의 열강의 힘의 논리 앞에서 조선의 독립을 보존할 수 있는 최선의 방법으로 수용하였다. 〈독립신문〉이 창간되던 당시는 전술한 대로 제국주의 열강 중 어느 한 나라도 독주할 수 없는 미묘한 세력 균형이 유지되던 때였으며 당시 개화파도 이를 잘 활용하여 독립을 유지하려 의도하였다. 그 구체적인 방법으로 부상한 것이 중립 외교론이었으며 〈독립신문〉 창간도 바로 이러한 맥락에서 이해할 수 있다.

이와 같은 측면을 잘 보여 주는 것이 바로 영문판의 발행이다. 〈독립신문〉은 왜 영문판까지 발행했을까? 창간호의 영문 사설은 영문판의 발행 목적을 영어를 사용하는 한국인들의 영어 능력을 향상시키고, 한국의 후원자들에게 한국에서 벌어지는 사건에 대해 정확한 정보를 제공하기 위한 것이라고 밝히고 있다. 물론 당시에도 일부 정계 인사들이나 배재학당, 이화학당 등 신식 학교의 학생처럼 영어를 배우고 할 줄 아는 사람도 없지 않았지만 그 수는 극소수에 그칠 것이고, 그들의 영어 공부를 위해서 신문이 반드시 필요한 것은 아니었다. 중요한 것은 후자다. 후원자들이라 했지만 당시 〈독립신문〉이 외국에 직접 배포되지도 못하던 상황에서 그 타깃이 되었던 주된 대상 독자는 국내에 주재하던 각국의 외교 사절들을 중심으로 한 외국인들이었다. 다시 말해 〈독립신문〉 한글판을 통해서는 조선의 백성들에게 세계정세의 변화와 근대적 개혁의 필요성을 알리고 영문판을 통해서는 외국인들, 특히 외교 사절들에게 조선의 정세에 관한 정확한 정보를 제공함으로써 열강의 세력 균형을 유지하여 조선의 독립 유지에 기여하려 했던 것이다. 당시 집권 세력들이 〈독립신문〉의 자금과 사옥을 지원하면서 미국인 신분이었던 서재필을 기용한 것도 이러한 맥락에서 이해할 수 있다. 즉 미국인인 서재필이 운영하는 신문이기에 열강의 간섭으로부터 자유롭게 신문을 운영할 수 있었던 것이다.[24]

〈독립신문〉의 이러한 이념적 지향은 지면을 통하여서도 확인할 수 있다. 1896년 8월 22일자 논설을 보면 "조선이 지탱할 획책은 무엇인고 하니 아무쪼록 외국과 교제를 잘하여 그 나라들이 조선을 두려워서 못 뺏을 것이 아니라 사랑하여서 안 빼앗게 하는 것이 조선 정치상에는 제일 긴요한 조목"이라고 역설하고 있다. 중립적 외교로 여러 열강들과 우호적 관계를 잘 맺고 유지하는 것이 최선의 방책이라는 주장이다. 이러한 인식은 당시의 제반 여건 속에서 약소국이 취할 수 있는 대안이 없는 가운데 나타난 현실적인 인식이기는 하지만 제국주의의 침략적 성격을 제대로 간파하지 못한 한계를 보여 준다.

(2) 〈독립신문〉의 정치적 입장

〈독립신문〉의 정치적 입장에 대해서는 그동안 학계에서 당시 내각의 기관지로 평가하는 견해부터 친러, 친미, 친일 등 다양한 평가가 이루어졌다. 이는 전술한 대로 〈독립신문〉이 당시 친러 내각의 전폭적 지원 속에 창간되었다는 사실로 평가하거나 지면을 통해 열강에 대해 매우 긍정적으로 보도하는 논조를 바탕으로 이루어진 평가라 할 수 있다. 하지만 대부분 특정 단면을 중심으로 평가한 것이다. 신문의 성격을 논하기 위해서는 지면에 대한 체계적 분석이 필요하며 당시의 급변하는 정세에 따른 동태적 분석이 필요할 것이다.

먼저 조선 정부에 대해서 〈독립신문〉은 비판과 견제의 역할을 했다고 말할 수 있다. 〈독립신문〉은 조선 정부에 대해 비판적인 보도 자세로 일관했으며 이러한 비판적 보도 자세는 시간이 지나면서 더욱 강화되었다.

열강에 대해서는 청을 제외하고는 모두 긍정적인 보도 태도를 보여 주었다. 특히 영국, 미국 등 서구 열강들에 대해서는 매우 긍정적인 보도 태도를 보여 주었다.[25] 예를 들어 1898년 4월 7일자 논설은 동아시아 3국이 협력하여 유럽의 침략에 대비해야 한다는 주장을 펼치면서도 미국에 대해서 "만일 구라파 속에 어떤 나라이든지 아메리카 대륙 안에 있는 어떠한 작은 나라를 침범할 지경이면 그때는 합중국이 그 작은 나라를 위하여 형제같이 지내는 영국과 싸울 것"이라고 평가할 정도였다. 또한 일본에 대해서도 1899년 11월 9일자의 논설을 통해 "오늘날의 일본은 곧 동양에 황인종의 앞으로 나아갈 새싹이며 안으로 정치와 법률을 바르게 할 거울이며 바깥 도적을 물리칠 장성"이라고 평가하였다. 일본을 동양 발전의 맹아이고 본받아야 할 모범이며 외국을 물리쳐 줄 성벽이라 평가한 것이다. 러시아에 대해서도 미국, 일본보다 덜 하지만 역시 호의적인 태도를 보였다. 특히 1897년 5월 25일의 논설은 당시의 친러 내각도 러시아에 치우친 외교를 한다고 주장하면서 이는 이전 친일 내각의 편중된 외교와 다를 바가 없다고 비판하였다.

그러나 이와 같은 결과를 토대로 해서 〈독립신문〉이 미국이나 러시아, 일본 등 특정 국가에 밀착된 정치적 성격을 보여 주었다고 결론 내릴 수는 없을 것이다. 이 긍정적인 이미지는 우리가 본받고 뒤따라야 할 모델 국가로, 나아가서 우리를 도와줄 우방으로 인식했던 때문이다. 제국주의의 침략적 본질을 간파하지 못한 제한된 인식은 〈독립신문〉뿐만 아니라 당시 개화파의 보편적 인식이었다. 이러한 제한된 인식에서 열강을 긍정적으로 평가했던 것이지 친일이나 친미 등 그 나라들과 이해관계가 일치되어 정치적으로 공동보조를 취하는 데까지 나아간 것은 결코 아니었다.

(3) 〈독립신문〉과 민족주의

전술한 대로 〈독립신문〉은 제국주의의 침략적 속성을 파악하지 못했으며 이에 대항하여 우리 스스로 우리의 것을 지켜나가야 한다는 민족주의적 인식에는 이르지 못했다. 〈독립신문〉이 가지고 있던 세계 속의 한국에 대한 인식은 '동일시와 배제의 욕망'이라 할 수 있다. 〈한성순보〉와 〈한성주보〉에서 중화적 세계관을 넘어 서구의 근대화 양상을 알리면서 타자의 존재를 인지하는 단계에 들어섰다면 〈독립신문〉은 스스로의 개체성을 인식하면서 그 발전 욕구에서 서구 열강과는 같아지고자 하는 동일시의 욕망을 강하게 드러내기 시작하였다. 또한 근대화를 위해서는 청과 같은 '야만국,' 그리고 '우리 안의 전근대성'이야말로 배제의 대상이라 파악했던 것이다.[26]

먼저 동일시의 욕망에 관해 살펴보자. 1896년 9월 3일자 논설에서 기독교인들이 모여서 기도한 내용을 언급하면서 "아무쪼록 조선이 자주 독립이 되고 인민이 타국 인민과 같이 세상에 대접을 받고 학문과 재능이 늘며 생활하는 법이 진보하여 의복 음식과 주거, 범절이 태서 각국과 같이 되며"라는 내용이 등장한다. 추상적이고 관념적 차원의 동일시에 머무는 것이 아니라 의식주까지 서구 열강과 같이 되고자 하는 열망을 잘 보여 준다.

이 동일시의 모델이 된 것이 바로 일본과 미국이었다. 이에 따라 지면을 통해 미국과 일본 등 서구 열강에 대해서는 매우 긍정적으로 보도하게 되었던 것이다. 미국은 가장 이상적인 모델로서 그야말로 지상낙원이요 평화의 수호자로 묘사되었다. 이를 위해 먼저 도달해야 할 목표로 일본이 설정되었던 것이다.[27]

일본과의 관계에서는 아시아주의적인 인식이 자리하고 있었다. 아시아주의란 당시의 세계정세를 인종주의적 관점에서 해석하여 황인종과 백인종의 싸움이라고 보면서 백인종의 침략에 대응하기 위해서는 아시아 3국의 단결이 필수적이라고 보는 인식을 말한다.[28] 〈독립신문〉 1898년 4월 7일자 논설은 당시 세계정세를 논하면서 "대한과 일본과 청국은 다만 같이 한 아시아 속에서 살 뿐 아니라 종자가 같은 종자인 고로 신체 모발이 서로 같고 글을 서로 통용하며 풍속에도 같은 것이 많이 있는지라 이 세 나라가 특별히 교제를 친밀히 하여 서로 보호하고 서로 도와주며 아무쪼록 구라파 학문과 교육을 본받아 어서 속히 동양 삼국이 능히 구라파의 침범함을 동심으로 막아야 동양이 구라파의 속지가 아니 될 터인데"라고 동양 3국의 관계를 논하였다.

이 아시아주의적 인식에서 일본은 우리가 본받아야 할 모델이자 우리를 도와줄 친구로 여겨졌다. 〈독립신문〉 1896년 4월 18일자 논설을 보면 "일본이 삼십년 전에는 조선보다 더 열리지 못하"였지만 그 이후 개화에 성공하였으니 "조선 대접하기를 이웃 형제국으로 하며 조선 인민을 친구로 대접하여 차차 이치로 조선 인민을 도와 자주 독립할 마음을 길러 주기"를 바란다는 기대를 표명하고 있다. 명치유신으로 근대화의 길에 먼저 들어선 일본이 아시아의 지도적 역할을 해 주기를 바라는 인식이 잘 드러나고 있다.

한편 아시아 연대의 필요성에도 불구하고 구습을 못 벗어나고 있는 청과 우리 안의 전근대성은 청산해야 할 배제의 대상으로 평가되었다. 이러한 입장에서 〈독립신문〉은 청에 대해 매우 부정적이었다. 나아가 〈독립신문〉은 당시 조선이 어려움에 처하게 된 것은 내부적 요인 때문이라는 내인론內因論의 입장을 논설을 통해 여러 차례 설파하였다. 1897년 11월 9일자 논설에서는 "나라가 이렇게 된 것은 다름이 아니라 첫째는 정부와 백성이 상관이 없는" 때문이라면서 정부와 백성을 모두 비판하고 있다. "이렇게 각심된 나라에 합심된 나라 인민이 들어와 무슨 일을 하려고 하면 무슨 거리낄 것이 있으리요"라고 개탄하고 있다. 나라꼴이 이 모양이니 열강이 들어 와서 무슨 일이든 거리낄 것이 없다는 말이다. 당시 한국 사회가 처한 위기 상황의 주된 원인을 국내적 요인에서 찾으면서 정부와 국민을 비판한 것이다.

(4) 〈독립신문〉과 객관 저널리즘

〈독립신문〉은 오늘날 사회면 기사에 해당하는 잡보의 보도 방식에서 점차 객관 저널리즘을 형성해 가고 있었다. 그러나 여기서의 객관 저널리즘은 서구의 그것과는 다른 맥락을 지닌다. 정론지의 시대를 벗어나 상업화되는 과정에서 보다 많은 독자를 확보하기 위해 불편부당을 지향하게 된 서구의 객관 저널리즘과는 다르다는 것이다. 오히려 당시 사회의 다양한 역학 구조 속에서 자연스럽게 중립성을 지향하는 태도로 바뀐 것으로 보아야 할 것이다. 초기에는 정론적 목적을 가지고 출발하여 논조에서도 편집자의 주장이 강하게 반영되었다. 하지만 그 이후 여러 차례 허위 정보나 반론, 그리고 직간접의 탄압에 직면하면서 자연스럽게 중립적인 보도 태도로 나아가게 되었던 것으로 볼 수 있다.

〈독립신문〉 잡보의 보도 태도를 보면 중립적 보도 태도는 후반기로 갈수록 점차 많아지며 반대로 비판적 및 긍정적 보도 태도는 감소하는 경향을 보여 준다. 이처럼 후반기로 오면서 중립적 보도를 강조하는 경향은 특히 잡보란에 독자 투고를 보도하는 방식에서 잘 드러난다. 예컨대 초기라 할 1896년 9월 29일자 지면에는 독자 투고를 게재하면서 "이런 일은 경무청에서 자세히 채탐하여 이 말이 분명하다면 잡아다 재판소로 넘겨 법률대로 다스리는 것이 옳을 듯하더라"는 식으로 편집자가 자신의 의견을 강한 어조로 논평하는 사례가 많았다. 대개 투고자의 의견을 옹호하면서 정부 당국의 조치를 촉구하는 내용들이었다.[29]

그러나 1897년 이후로는 논평을 붙이던 방식이 사라지고 중립적인 사실만을 보도하는 방식으로 바뀌었다. 예를 들어 1897년 7월 29일자를 보면 독자 투고를 게재하면서 말미에 "참 그런지 우리는 기재만 하노라"고 끝내고 있다. 이러한 기술 방식이 1897년 이후로는 거의 정형화된 형식으로 자리 잡았다. 또한 투고에 대해 반론이 들어오면 이를 소개하면서 독자들에게 양측 말을 고르게 참조하라고 논평한다. 예를 들면 1898년 2월 15일자 잡보란에는 1월 15일자에 실린 소장訴狀에 대한 반론을 소개하면서 "이렇게 또 편지하였기에 기재하오니 우리 신문 보는 이들은 양편 말을 참고하여들 보시요"라고 끝맺는다. 이러한 변화는 독자 투고들이 늘어나면서 익명의 투고나 허위 고발 등의 사례가 늘어나고 독자 투고에 대해 직접적인 반론도 들어오기 시작하면서 나타난 것으로 보인다. 이를 일일이 확인 취재하기도 어려운 여건에서 이렇게 조심스러운 보도 태도로 바뀐 것으로 분석된다.[30] 이러한 과정을 거치면서 중립적 보도를 지향하는 객관 저널리즘이 확립되어 갔다고 볼 수 있다.

(5) 〈독립신문〉과 의병

〈독립신문〉과 관련해서 논란이 되는 것 중 하나가 의병에 관한 보도 태도다. 1990년대 일부 언론들에 의해 〈독립신문〉이 의병을 '비도'라는 용어를 사용해서 보도했다는 사실이 지적되었다. 이 언론들은 이를 〈독립신문〉의 '반민중적 보도 태도' 혹은 친일적 성격을 드러낸 것이라고 비판하였다. 이러한 문제는 〈한겨레신문〉(1992. 4. 7)을 필두로 하여 〈독립신문〉 창간 100주년을 맞이했던 1996년에는 여러 신문들[31]에 의해 지적되었다. 심지어는 〈독립신문〉의 실상이 이렇다면 그 창간일을 기념하고 있는 신문의 날도 바꾸자는 주장까지 제기되었다. '시일야방성대곡'이라는 논설로 잘 알려진 〈황성신문〉이야말로 일제의 침략에 맞서 민족의 이익을 대변했던 대표적인 신문이므로 그 창간 일을 신문의 날로 정하자는 주장이었다.[32]

실제로 〈독립신문〉이 의병을 비도라 했던 것은 사실이다. 뿐만 아니라 보도 태도도 의병에 대해 매우 부정적이었다. 관련 기사의 거의 대부분이 의병에 대해서는 패전이나 해산, 대민 행패 등 부정적 측면을 중점 부각시키고 정부군에 대해서는 진압 상황과 승전, 활약상 등 긍정적 측면에 관한 기사 중심이라는 틀을 벗어나지 않았다. 예컨대 1896년 5월 16일자를 보면 "이달 십일 수원 영통리에 지금 한성 관찰사 유기환 씨 집에 비도들이 들어 와서 개화한 사람 집이라고 그 형님을 무수히 때려 죽을 지경이고 집안에 많은 돈과 양식을 탈취하여 갔는데"라고 보도한다. 반면 정부군에 대해서는 1896년 5월 12일자 잡보에서 "철원 포천 비도 치러 갔던 중대장 조관현 씨가 비도들을 칠 때에 군병들에게 군법을 엄숙히 하야 군사들이 백성에게는 조금도 해를 끼치지 않고 비도들을 평정하고 삼월 이십일 올라 왔다더라"라고 보도하였다. 의병에 대해서는 매우 부정적이면서 정부군에 대해서는 매우 긍정적인 논조임을 알 수 있다.

그렇다면 왜 이런 보도 태도가 나왔을까? 이는 〈독립신문〉의 발행 주체나 지향하는 목표를 보면 알 수 있다. 당시 의병은 대부분 유생들로서 갑오개혁 과정에서 일본의 압력 속에 단발령 조치가 이루어지면서 고종이 머리를 깎았다는 사실이 알려지자 이에 분개하여 군사를 일으켰던 것이다. 〈독립신문〉의 주체 세력과 의병의 주체 세력 간에는 그 사회적 성격이나 지향하는 이념과 정치적 목표 등에서 대립적이다. 개화와 위정척사라는 개화기 한국 사회의 두 가지 커다란 흐름이 이 의병을 계기로 해서 대립을 보여 준 것이다. 이러한 바탕 위에서 개화사상을 대변하던 〈독립신문〉이 위정척사 사상의 주도 세력인 유생들이 중심이 된 의병에 대해 보도하면서 부정적인 보도 태도가 나타나게 되었던 것이다. 또한 당시 의병 운동이 전국적으로 확산되면서 의병을 사칭하여 도적질을 일삼던 무리들도 적지 않았다고 한다. 이러한 객관적 사실도 의병에 대한 부정적 보도 태도를 야기하는 한 요인이 되었다고 할 수 있다.[33]

3) 〈독립신문〉의 경영

(1) 〈독립신문〉 경영의 현황

〈독립신문〉은 개인 기업의 형태로 존재하였다. 창간 자금은 정부가 전액 지원하였지만 그 이후의 경영은 자율적으로 운영해야 했다. 〈독립신문〉의 경영 상태를 자세히 알 수 있는 자료는 부족하지만 그중 가장 체계적인 자료라 할 《주한일본공사관기록》('獨立新聞買收ノ件' 1898. 1. 15. 機密第3號)에 나와 있는 〈독립신문〉의 운영 내역을 토대로 경영 현황을 살펴보자.

표 1을 보면 연간 경비는 5166원, 수입은 5644원으로 478원 정도 흑자를 기록하는 것으로 되어 있다. 수입의 구성을 보면 구독료 수입은 전체의 62.8%를 차지하며 광고 수입은 10.6%에 그쳤다. 나머지 26.6%를 기타 부대사업을 통한 수익이 차지한다. 이러한 자료를 바탕으로 볼 때, 〈독립신문〉은 독자 시장이 협소하여 신문이 이윤을 남기기 어려운 상황이었음에도 불구하고 다른 부대사업을 통해 흑자 운영의 기초를 마련해 갔던 것으로 분석할 수

표 1 〈독립신문〉의 운영 내역(1898. 1)

월 경비		수입	
항목	금액	항목	금액
주필 봉급	150원	한글 신문지대	2444원
조필(언문 담당)	50원	영문 신문지대	1100원
용인 봉급	148원 50전	광고료	600원
國口稅	5원	전보 수입	600원
연료비	30원	그리스도 신문 인쇄 대금	700원
임시비	5원	명함 기타 인쇄 수입	200원
전보료	42원		
합계	430원 50전		
연 금액	5166원		5644원

있다.

〈독립신문〉이 흑자를 기록했던 사실은 윤치호가 남긴 일기에서도 확인할 수 있다. 《윤치호일기》 1899년 2월 10일치를 보면 윤치호가 서재필에게 편지한 내용이 소개된다. 이 편지에서는 윤치호가 〈독립신문〉을 그만둘 수밖에 없는 사정을 설명하면서 "지난해에도 재정은 흑자였다"고 보고하고 있다. 이처럼 〈독립신문〉은 어려운 신문 경영 여건 속에서도 경비 지출을 최소화하고 부대사업을 적극적으로 펼치는 등의 자구 노력을 통해 다소나마 흑자를 기록하였던 것으로 분석할 수 있다.

(2) 신문 구독료 수입

신문의 구독료 수입은 예나 지금이나 신문 기업의 가장 기본적인 수입원이다. 특히 광고 시장의 기반이 취약했던 개화기의 신문들로서는 이 구독료 수입이 신문 운영의 기본적이고 가장 큰 수입원이 아닐 수 없다.

개화기 신문들의 발행 부수를 알려주는 체계적인 자료는 찾기 힘들다.

단지 단편적으로 발행 부수를 짐작할 수 있는 자료들이 산견될 뿐이다. 이러한 자료들을 바탕으로 해서 당시 신문들의 발행 부수 추이를 분석해 보자.

서재필의 회고에 따르면 〈독립신문〉은 500부로 시작하였다고 한다. 〈독립신문〉이 정착기에 들어가면서 널리 알려지자 발행 부수가 서서히 늘어나기 시작하였다. 나중에는 3000부까지 늘었다는 것이다.[34]

《주한일본공사관기록》에 있는 〈독립신문〉의 수입 자료를 바탕으로 분석해 보면 1898년 1월경 〈독립신문〉의 유가 부수는 1123부 정도라고 추정된다.[35] 1898년 7월 26일자 〈독립신문〉의 논설 '신문 모르는 빅셩'을 보면 신문 판매가 부진함을 개탄하면서 당시 한성 내의 신문 네 종류가 판매되는 숫자가 2500장이라는 언급이 나온다. 이를 보면 1898년 7월경 〈독립신문〉의 발행 부수는 최대한으로 잡더라도 1898년 1월경의 추정 판매 부수를 크게 넘지 못할 것이다.

〈독립신문〉의 배포는 한성의 경우 배달 위주로 운영되었으며 초창기 가두판매 도입이 시도되었다. 그러나 가두판매는 성공적이지 못했다. 창간호부터 지면을 통해 "누구든지 신문을 가져다가 팔고자 하는 이는 신문사로 오면 여덟 장 값만 받고 열 장을 주겠다"고 공지하였다. 20%의 판매 이윤을 보장해 준다는 말이다. 서재필은 자서전에서 신문 파는 사람에게 "신문! 신문! 매장에 한 푼씩이요"라고 외치라고 직접 가르쳐 주기까지 했다고 술회하였다.[36] 그러나 이 가두판매 안내는 그리 오래가지는 못했다. 창간 초부터 지면에 실리던 가두판매 안내가 약 두 달 뒤인 1896년 6월 11일자부터는 지면에서 사라졌다. 그 이후의 다른 신문들도 이 가두판매를 했다는 기록은 발견되지 않고 있다. 이는 가두판매가 정착하지 못했음을 말해 준다. 이 방식이 정착되려면 화폐 경제의 발전이 일반 백성들로 하여금 현금을 소지하고 다닐 정도가 되어야 한다. 조선 후기로 오면서 화폐의 사용이 점차 확대되었다고는 하지만 당시의 경제 여건에서 일반 백성들이 항상 현금을 소지하고 다니기는 어려웠을 것이다. 결국 가두판매는 서재필이 미국에서의 경험을 토대로 도입을 시도하였지만 당시 한국 사회의 실정과 맞지 않아 정착되지 못했던 것으로 볼 수 있다.

신문 배달은, 한성은 배달원을 고용하여 이루어졌으며 지방은 분국을 통한 배달과 우편 제도를 이용하여 각 지방의 관청이나 구독자들에게 배달하는 두 가지 방식이 있었다. 〈독립신문〉은 창간과 함께 지방 여러 곳에 분국을 설치하였다. 창간호에 실린 광고를 보면 당시의 분국은 제물포, 원산, 부산, 파주, 송도, 평양, 수원, 강화 등 전국 8개 지역이었다. 이처럼 지국을 통한 보급은 일부 지역만을 포괄하는 수준이었다.

이처럼 지국을 통한 보급이 제한된 가운데 개화기 신문들의 지방 보급은 우편 제도를 이용하여 지방 관청이나 개별 독자에게 직접 우송, 배포하는 데 주로 의존하였다. 〈독립신문〉 1898년 9월 16일자 광고란에 실린 자사 광고를 보면 "이제는 십삼도 각 군에 임시 우체가 다 설시 되어 비록 먼 시골 산협 동리에 사는 사람들에게라도 신문이 내려가게 되었으니"라는 대목이 보인다. 전국적인 우체망이 완비되어 어디라도 우편을 통해 배달할 수 있게 되었다는 말이다.

구독료의 징수도 한성에서는 배달인들이 맡았으며 지방에서는 각 관청이나 개인 구독자가 직접 혹은 인편으로 구독료를 납부하거나 그렇지 않으면 우편으로 송금하는 형식을 취했다. 지방 독자들의 구독료는 현금뿐만 아니라 우표를 통한 대납도 인정하였다. 현금으로 직접 납부하기 어려우면 대신 우편으로 우표를 보내는 방법으로 구독료를 징수하였다.[37] 우표로 대신할 때에는 우표를 사야 하고 이를 우편으로 보내는 매우 번거로운 과정을 거쳐야 했을 뿐만 아니라 이를 현금화하기 위한 수수료 형식으로 10%의 추가 부담을 물어야 했다. 지방의 독자들에게 10%를 추가 부담시킨 근거는 1897년 3월 16일 칙령 제16호로 전면 개정된 '국내우체규칙'이었다. 제46조는 우표를 현금으로 환불할 때는 수수료로 10%를 제한다고 규정하고 있다.[38] 이 규정에 의해 우표가 신문의 구독료로 납부되면 신문사에서는 이를 오늘날의 우체국에 해당하는 우체사郵遞司를 통해 수수료를 물고 현금화했던 것이다.

(3) 〈독립신문〉의 광고

한국 신문에 광고가 최초로 등장한 것은 〈한성주보〉부터이지만 광고가 독립된 지면을 확보하고 정착된 것은 〈독립신문〉부터다. 〈독립신문〉은 창간 초기부터 국문 및 영문판 4면을 발행하면서 3면을 광고란으로 운영하였다. 1897년부터는 국문판과 영문판을 분리하면서 국문판은 4면을 광고면으로 운영하면서 때로는 3면부터 광고를 게재하였다. 영문판은 1면의 첫머리와 4면을

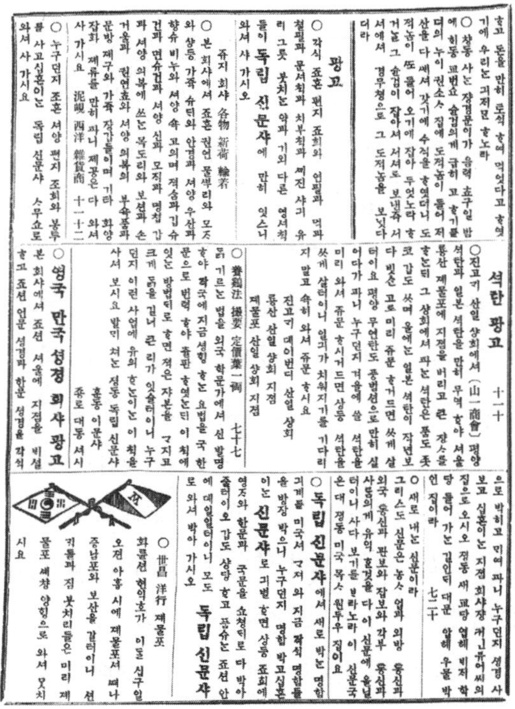

사진 4 〈독립신문〉 1897년 10월 19일자의 4면 광고란. 세창양행 등 외국 기업의 광고와 독립신문사의 문방구, 사무용품 판매(1단), 명함 인쇄(3단) 광고가 게재되었다.

광고란으로 운영하였다. 이때 영문판을 분리한 것은 1896년 10월 27일자 국문판 논설에서 밝힌 바와 같이 "사방에서 신문이 적다고 더 크게 하여 달라는 데가 많이 있는" 때문이라고 하였지만 그 이면에는 광고란을 확대하여 더 많은 광고를 유치하기 위한 목적도 자리하고 있었다.[39]

광고량은 날짜에 따라 달랐지만 하루도 빠짐없이 광고가 게재되어 신문의 수입원이자 지면의 주된 요소로 정착하게 되었다. 이때 광고 단가는 〈독립신문〉 1896년 10월 3일자 3면에 실린 공지Notice에 의하면 1개월에 1인치당 1.20달러를 기본으로 하여 계약 기간이 늘어나면 단가를 할인해 주는 방식을 채택하였다. 3개월에는 1인치당 1달에 1.15달러, 6개월에는 1.10달러, 1년이면 1.00달러의 요금 체계를 적용하였다. 여기에 1면에 광고를 원하면 10%를 할증하였다.

1897년부터는 영문판이 분리되면서 요금 체계도 바뀌었다. 1년 단위의 요금 체계였는데 1칼럼 1년에는 125달러, 반 칼럼이면 80달러, 3분의 1 칼럼이면 5달러, 4분의 1 칼럼에는 30달러였으며 마찬가지로 1면 광고에는 10%의 추가 요금을 받았다.[40]

〈독립신문〉은 이처럼 자본주의 신문 경영의 일반 원칙에 입각하여 광고의 중요성과 필요성을 인식하면서 그 수입에 기대를 걸었다. 하지만 실제 광고 수입은 경영에서 그다지 큰 비중을 차지하지 못했던 것 같다. 광고 수입의 규모를 직접 알 수 있는 자료는 많지 않지만 앞에서도 인용한 《주한일본공사관기록》을 통해 1897년의 광고료 수입을 보면 연 600원 정도로 전체 수입 5644원에서 10.6%를 차지하는 데 그쳤다.

광고의 양을 보면 국문판의 매호당 평균 광고 건수는 점차 줄어들고 영문판의 광고는 늘었다. 국문판과 영문판이 함께 발행된 1896년에는 매호당 평균 광고 건수가 국문 광고 5.6건, 영문 광고 7.5건이었다. 영문판이 분리된 이후로는 국문판 광고는 1897년 6.9건, 1898년 4.5건, 1899년 4.1건으로 줄어들었으나 영문판은 1897년 14건, 1898년 17건으로 늘어났다.[41]

한글판 광고가 줄어든 것은 영문판이 분리되고 일간화되어 광고 지면이 늘어났으며 1898년 다른 민간지들이 창간되어 경쟁 관계가 형성되었기 때문으로 볼 수 있다. 영문판 광고가 늘어난 것은 당시 광고주 중에는 외국 광고주가 40%에 이를 정도로 상당한 비중을 차지하였으며 이들이 대부분 〈독립신문〉 영문판에 집중되었기 때문으로 보인다.

(4) 〈독립신문〉의 부대사업

〈독립신문〉은 구독료와 광고비 수입만으로는 경영이 어려워지자 제한된 범위 내에서이지만 부대사업을 통한 기타 수익을 도모하였다.

인쇄 시설을 이용하는 신문업의 특징을 살려 서적 인쇄 사업을 겸하였다. 이 출판 사업은 근대 신문의 초창기부터 시작되었다. 〈한성순보〉와 〈한성주보〉의 발행처였던 박문국이 1886년 《만국정표萬國政表》라는 책을 발행한 것으로 시작된 신문사의 서적 인쇄는 〈독립신문〉에 와서 더욱 활기를 띠었다. 〈독립신문〉 지면을 통해 광고된 내용을 토대로 하여 〈독립신문〉이 인쇄 판매한 책을 보면 달력과 번역서 위주였다. 번역서로는 1897년 7월 20일부터 광고한 《양계법 촬요》와 윤치호가 번역한 《만국의회통용규칙》(1898. 4. 12~1899. 5. 29 광고), 그리고 역자 미상의 《서양 음식 만드는 법》(1899. 11. 24~1899. 12. 4 광고)을 출간하였다. 1898년과 1899년에는 달력을 만들어 판매하였다(1898. 1. 8. 광고, 1899. 11. 24 광고).

서적의 판매에 대해 〈독립신문〉은 상당히 적극적이어서 다른 신문에 광고도 하였다. 1899년 하반기에 발간한 서양 음식 요리책을 당시의 〈제국신문〉과 〈황성신문〉 지면에도 광고하였던 것이다. 〈제국신문〉은 1899년 11월 28일부터 12월 11일경까지 다음과 같은 내용의 광고를 싣고 있다.

> 영국과 미국에서 쓰는 식물食物 이백칠십일 종류 만드는 법을 자세히 번역하여 독립신문사에서 박아 파는데 서양 음식 만들기에 매우 유익한 책이오니 모든 군자

는 사가시오 값은 한권에 오십전씩이오

– 정동 독립신문사 광고

책의 주요 내용과 특징, 가격, 판매처 등을 광고하고 있다. 이와 거의 동일한 내용을 문체만 국한문 혼용체로 바꾸어 〈황성신문〉에도 그해 11월 30일경부터 시작하여 이듬해인 1900년 1월 8일경까지 지면에 게재하였다. 〈독립신문〉이 책의 판매에 상당히 적극적인 태도를 가졌음을 알 수 있다.

〈독립신문〉은 통신 중계도 시도하였다. 외국의 통신사와 계약하여 통신 뉴스를 공급받으면서 자사 지면에 반영하는 외에 이 뉴스를 다른 수요자에게 유료로 공급하는 영업을 하였던 것이다. 〈독립신문〉은 1897년 3월부터 영국의 로이터통신과 계약하여 뉴스를 제공받기 시작하였다. 이 로이터통신을 받아서 기사로 활용하였을 뿐 아니라 이를 국내의 고객에게 다시 유료로 제공하였다. 앞서 인용한 바 있는 《주한일본공사관기록》의 〈독립신문〉 운영 내역의 수입 항목을 보면 전보 수입이 연 600원으로 나와 있다. 큰 수입이라고 하기는 어렵지만 그해의 광고 수입과 같은 금액으로 상당한 비중이라 할 수 있다.

〈독립신문〉은 1897년 7월부터 명함 인쇄업을 겸하였다. 그해 7월 15일자 지면을 보면 광고란에 다음과 같은 내용이 처음 등장하였다.

독립신문사에서 새로 박는 명함 기계를 미국에서 가져와 지금 각색 명함들을 이제 박으니 누구든지 명함 박고 싶은 이는 신문사로 기별하면 상급 종이에 영자와 한문과 국문을 소청대로 다 박아 줄 터이오 값도 상당하고 품새는 조선 안에 제일일 터이니 모두 독립신문사로 와서 박아가시오

위의 광고 내용을 보면 명함용 인쇄기를 따로 구입한 것으로 되어 있다. 그렇다면 이는 〈독립신문〉이 수익선의 다변화를 위해 투자를 한 것으로 해

석할 수 있다. 영문과 한문, 국문으로 명함을 새길 수 있다고 한 것은 아마도 〈독립신문〉이 영문판까지 발행하였기 때문에 가능했던 것이 아닌가 생각된다. 이러한 명함 광고는 〈독립신문〉 지면에 꾸준히 나오다가 1898년 6월 21일자를 끝으로 사라진다.

명함 인쇄 영업은 전체 수익에서 커다란 부분을 차지하지는 못했지만 신문 운영에 일정한 도움이 되었던 것 같다. 《주한일본공사관기록》이 전하는 〈독립신문〉의 1897년의 운영 내역을 보면 명함 등 기타 인쇄 수입이 200원으로 기록되어 있다. 이는 1년간 전체 수입 5644원의 약 3.5%에 해당하는 것이다.

또한 독립신문사는 다른 신문의 인쇄를 대행해 주는 외간 사업도 하였다. 《주한일본공사관기록》에 의하면 1897년 〈그리스도신문〉 인쇄 수입이 700원으로 기록되어 있다. 이 금액은 연간 광고 수입보다도 오히려 많은 것으로서 전체의 12.4%에 해당한다. 구독료 수입을 제외하고는 가장 큰 비중을 차지하였다. 〈그리스도신문〉은 장로교 계열의 선교사 언더우드 목사가

명함

〈독립신문〉 등이 명함 인쇄 사업을 했다는 기록에서 우리는 당시에 명함을 사용하는 문화가 있었음을 알 수 있다. 〈매일신문〉 1898년 9월 30일자부터 10월 11일자까지 매일 지면에 실린 공고를 보면, 독립협회 회원은 자신의 주소를 명함에 기록하여 협회에 제출하라고 공지하고 있다. 당시 독립협회 회원은 대부분 명함을 사용하였음을 말해 준다. 조선 후기에도 명함이라는 용어는 존재하였다. 하지만 그 의미는 인쇄된 형태가 아니라 개인의 사적 정보를 뜻하였다. 조선 후기의 한글 소설들을 보면 남의 집을 방문하면 대문 앞에서 큰 소리를 사람을 부른다. 하인이 문 앞에 나오면 '누가 방문하였다고 일러라'라고 자신의 신분을 밝히는 것을 '명함을 들인다'고 표현하였다.

1897년 4월 1일 창간한 신문으로, 당시 인쇄 시설이 미비하여 독립신문사의 시설로 인쇄했던 것으로 보인다.

〈독립신문〉은 문방구 판매도 겸하였다. 이 신문의 1897년 7월 31일자부터 광고란에는 "누구든지 좋은 서양 편지 종이와 봉투를 사고 싶은 이는 독립신문사 사무소로 와서 사 가시요"라는 내용의 광고가 실려 있다. 수입 편지지와 봉투를 판매한다는 말이다. 1897년 10월 19일부터 실린 광고 내용을 보면 판매 품목이 더 많아졌다. 이때 광고는 각종 편지지 외에도 연필, 먹, 문서책, 치부책, 영어 서적뿐만 아니라 깨진 사기나 유리그릇을 붙이는 접착제도 판매한다고 알리고 있다.

이와 같이 개화기 신문들은 명함 등의 인쇄와 문방구의 판매를 통해 큰 수익을 올리지는 못했지만 부족한 운영 자금의 보충을 시도했다고 분석할 수 있다.

(5) 신문 경영에 대한 정부의 지원

당시 정부는 간접적인 지원을 통하여 신문 경영에 적지 않은 도움을 주었다. 그중 가장 큰 것으로는 정부가 나서서 지방 관청이 신문을 구독하게 하였던 사실을 들 수 있다. 개화기 한국 사회에서 공공 기관들이 이렇듯 신문을 구독하게 된 것은 신문의 경영을 도와준다는 측면도 있었지만 그보다 앞서 지방 관리들을 우선적으로 계몽하는 것이 필요하다는 생각에서였다.

지방 관청의 신문 구독은 한국 최초의 근대 신문인 〈한성순보〉 발간 시절부터 시작되어 〈독립신문〉 이후에도 계속해서 시행되었다. 〈독립신문〉 발행 당시 정부는 학부를 통해서 각급 학교에 신문을 구독하라는 지시를 내렸으며 내부를 통해서는 각 지방 관청에 신문을 구독하라는 명령을 내렸다.[42] 이처럼 지방 관청과 각급 학교의 신문 구독은 신문의 경영에 적지 않은 도움이 되었을 것이다.

정부는 신문에 대하여 우편 요금을 다른 우편물보다 싸게 하는 혜택을 주었다. 갑오개혁을 통해 근대적 우편 제도를 확립해 가면서 1895년 윤5월 26일에는 칙령 제124호로 '국내우체규칙'이 반포되었다. 이 규칙은 제1장 '우체물의 종류 및 우체료'에 관한 규정의 제1조에서 우편물의 종류를 세 가지로 나누어 관보와 매월 1회 발행하는 신문지, 잡지 등을 제2종으로 규정하여 요금상의 혜택을 규정하고 있다. 제1종 우편물인 서신의 경우 중량 2돈중錢重까지 요금 1전을 기본으로 하고 초과 중량일 때는 초과 요금을 부과하는데 반해 제2종 우편물은 1호를 1개 부칠 경우 중량 1량 6돈중까지를 기본으로 하여 요금 5푼을 규정하여 상당한 혜택을 준다.[43]

신문에 대한 우편 요금 혜택이 제일 먼저 적용된 것은 당시 한성에서 발행되고 있던 일본 외무성의 기관지 〈한성신보〉였으며 그다음이 바로 〈독립신문〉이었다. 그런데 〈독립신문〉에 대해서는 이러한 규정과 별도로 정부가 다른 신문보다 더 큰 혜택을 주었던 것 같다. 이러한 사실은 1898년 6월 〈그리스도신문〉이 "〈독립신문〉에게만 우송료의 특혜를 주고 있는 것은 부당하므로 〈그리스도신문〉에게도 특혜를 줄 것"을 외부대신에게 청원한 사실에서 알 수 있다. 이때 요청으로 〈그리스도신문〉도 같은 우송료 할인 혜택을 받게 되었다.[44]

4) 〈독립신문〉의 역사적 의의와 한계

〈독립신문〉은 한국 신문의 역사에서뿐만 아니라 근대사의 전개에서 매우 중요한 역할을 하였다. 지면을 통해 조선 사회가 모든 부문에서 근대적 개혁으로 나아가야 한다는 것을 역설하면서 백성들의 개명 진보를 위해 노력하였다. 〈독립신문〉은 신문의 역할을 백성들에 대한 선생인 것으로 파악하였다. 1898년 4월 12일자 논설을 보면 "신문이 나라의 등잔불과 같은 것이오 인민의 선생이라 몇만 명의 선생 노릇하는 직무가 어찌 가볍다고 말을 하리오"라고 강조하였다.

이러한 입장에서 〈독립신문〉은 우리 사회 제반 부문에서 근대적 개혁을 이루어야 한다고 역설하였다. 정치적으로는 대외적으로 자주를 확보하고 내부적으로는 군주제를 유지하면서 의회를 중심으로 하는 서구식 민주주의를 도입할 것을 주장하였다. 경제적인 측면에서는 전통의 지주제를 유지하면서 산업 진흥을 통해 자본주의 체제로 나아가야 한다고 주장하였다. 그 밖에도 사회, 문화, 교육, 여성 등 제반 부문에서 근대적 개혁이 필요함을 역설하였다.[45]

〈독립신문〉의 역사적 의의는 당시 신문 지면을 통해서도 확인할 수 있다. 1898년에 창간된 〈매일신문〉은 1898년 4월 14일자의 논설을 통해 〈독립신문〉을 '선생 신문,' 자신은 '제자 신문'이라고 지칭하며 〈독립신문〉의 공적을 네 가지로 제시하였다. 첫째는 신문을 모르던 백성들에게 신문의 요긴함을 알려 주었을 뿐만 아니라 외국에 대해서도 우리의 권리를 주장할 수 있게 되었다는 점이다. 둘째는 계몽 단체가 여럿 생겨나서 공론을 형성하는 기반이 되었다는 점이고, 셋째는 사회 개혁을 주장하여 정부로 하여금 도로를 닦고 길에 전등을 다는 등의 가시적인 조치가 가능케 했다는 점이다. 마지막으로는 독립이나 권리, 명예 등의 관념을 소개하고 인식시켜 주었다는 점을 들고 있다.

이처럼 〈독립신문〉은 신문 매체의 중요성을 조선 사회에 널리 인식시켜 신문이 중요한 사회 문화적 제도로 정착하는 데 중요한 계기가 되었다. 이를 바탕으로 1898년부터 여러 신문들이 순수하게 민간의 힘에 의해 새로이 창간될 수 있었던 것이다.

3. 민간 신문의 활성화

1) 다양한 민간 신문의 창간

(1) 민족 운동 계열의 신문

〈독립신문〉의 성공적 정착으로 말미암아 1898년 이후부터는 여러 신문이 창간되었다. 1898년 4월 9일 국내 최초의 일간지 〈매일신문〉이 창간되었다. 배재학당 학생들의 단체였던 협성회는 1898년 1월 1일부터 주간으로 〈협성회 회보〉를 발행하였다. 이 신문의 이름을 그해 4월 9일부터 〈매일신문〉으로 바꾸어 일간으로 재창간한 것이다. 뒤를 이어 이종일 등에 의해 순 한글의 〈제국신문〉이 1898년 8월 10일, 〈황성신문〉이 1898년 9월 5일 창간되었다. 〈황성신문〉은 윤치호에 의해 1898년 3월 2일 창간된 〈경성신문〉이 제호를 〈대한황성신문〉으로 바꾸었다가 다시 이를 〈황성신문〉이라 개제하여 재창간한 것이다.

새로이 창간된 이 신문들은 대부분 독립협회 세력이 주축이 되면서 다양한 계층을 각기 대변하는 양상을 보여 주었다. 〈매일신문〉은 순 한글을 사용하여 당시의 진보적 청년층을 대변하였다. 〈제국신문〉은 순 한글을 사용하여 여성 세력을 대변하는 신문으로 자처했고, 〈황성신문〉은 국한문 혼용체를 사용하여 개신유학적인 전통을 대변하였다.[46]

이 신문들은 순수한 민간 세력에 의해 주도되었으며 창간의 자금도 스스로 조달한 글자 그대로 민간 신문들이다. 전술한 대로 제국주의 열강의 침략이 본격화되며 급격한 사회 변동이 이루어져 정보에 대한 사회적 욕구가 매우 높았던 때에 〈독립신문〉의 성공적 발행에 자극을 받아 여러 신문들이 뒤를 이었던 것으로 볼 수 있다.

대한광무이년ᄉ월구일

미일신문

大韓帝國光武二年八月十日(水曜日)(一)

뎨국신문

大韓光武二年九月五日 月曜日

皇城新聞

사진 5 1898년에 창간된 세 민간지의 창간호, 위쪽부터 〈매일신문〉, 〈제국신문〉, 〈황성신문〉.

(2) 보수 세력과 종교 신문의 등장

나아가서 이 시기에는 신문 발행 주체 세력도 다양화되었다. 초창기 한국의 근대 신문은 개화파에 의해 주도되었지만 이 시기에 오면 보수 세력과 종교계도 신문 발행에 참여하게 되었다. 보수 세력의 신문은 대개 민족 운동 세력의 언론 활동에 대항하기 위한 목적으로 발행되었다. 대표적인 것으로는 보부상 단체인 황국협회가 1899년 1월 22일 창간한 〈시사총보時事叢報〉와 상무사에서 1898년 4월 14일 창간한 〈상무총보商務總報〉가 있다. 종교 세력들은 선교를 위해 신문을 발행하였다. 감리교의 아펜젤러 목사가 1897년 2월 2일 순 국문의 주간 신문 〈조선크리스도인회보〉를, 장로교 계열의 언더우드 목사가 1897년 4월 1일 역시 순 국문의 주간 〈그리스도신문〉을 창간하였다.[47]

이처럼 다양한 성격의 여러 신문들이 창간되었다는 사실은 신문의 필요성과 중요성에 대한 사회적 인식의 기반이 그만큼 확대되었다는 것을 의미한다.

2) 민간 신문과 제국주의

(1) 민간 신문의 반제적 인식

1898년에 창간된 민족 운동 계열의 세 신문들은 〈독립신문〉과는 이념적인 면에서 차별성을 보여 주었다. 이 시기에는 제국주의 열강의 각종 이권 침탈이 본격화되고 있었다. 제국주의의 침략이 노골화되는 상황에서 신문들의 제국주의에 대한 인식도 바뀌게 되었다. 과거에는 우리가 본받아야 할 모델이자 우리를 도와줄 우방으로 생각했는데, 우리의 이권을 마구 빼앗아 가는 것을 보면서 제국주의의 침략적 본성을 인식하기 시작했다는 말이다. 이 신문들이 추구했던 바를 집약한다면 신문을 통해 제국주의 열강의 침략상을 폭로하고 이를 민중에게 알림으로써 여론의 힘으로 침략을 저지하려는 목적을 기본으로 했다.

이 신문들의 제국주의에 대한 비판적 인식은 신문 지면을 통해서 확인할 수 있다. 〈매일신문〉 1898년 4월 12일자 논설을 보면 약소국이 제국주의의 침략에 대항하는 방법은 국민이 합심하여 일치단결하는 방법밖에 없으며 이를 위해서는 신문이 가장 좋은 수단이라고 주장하고 있다. 이어 "벌은 불과 조그마한 벌레로데 건드리기를 무서워함은 벌이 저희 수효대로 일심이 되어 덤비는 까닭이니 우리도 합심만 될 것 같으면 태서제국이 우리를 두려히 여겨 다른 뜻을 두지 못할지니 합심에서 더 급한 일이 어디 있으리오"라고 주장하였다. 〈제국신문〉도 1902년 9월 12일자 논설을 통해 "약한 나라가 권리를 찾는 힘은 군사력에 있지 않고 민론에 있다. 신문이 없으면 외국과 동등하게 맞서서 이론적으로 시비를 가릴 무기가 없게 된다"고 논하였다. 이러한 인식에 기초하여 이 시기 신문들은 지면을 통해 이권 침탈을 비롯한 제국주의의 침략상을 폭로하는 데 주력했던 것이다.

이 시기에 이러한 인식이 가능했던 가장 큰 요인은 바로 열강의 이권 침탈이 본격화되었기 때문으로 볼 수 있다. 이러한 상황을 목격하면서 열강들이 우리를 도와줄 우방이 결코 아니며 우리의 것을 스스로 지켜야겠다는 인식이 나타나기 시작했던 것으로 보인다. 이 시기 논설에서도 열강의 이권 침탈 문제가 가장 자주 다루어진 주제였다. 예를 들면 〈제국신문〉 1898년 8월 22일자 논설은 경인철도 부설권을 미국에 넘기는 구체적인 협상이 우리에게 불리하게 진행된다는 내용을 전하면서 "우리가 이 말을 듣고 분함을 이기지 못하여 탄식하며 말하기를 어찌하여 우리는 우리나라 땅을 가지고 철도를 놓든지 그대로 썩히든지 우리 손으로 못하고 남에게 권리를 주고 앉았는고"라고 비통한 심정을 전했다.

이처럼 1890년대 후반부터는 신문들이 제국주의 열강들의 이권 침탈을 목격하면서 제국주의의 침략적 본질을 깨닫게 되고 반제적 인식이 싹텄으며 이에 따라 지면을 통한 폭로 양상이 전개되었던 것이다.

(2) 제국주의 열강의 언론 통제 시도

제국주의 열강들은 이러한 신문의 논조가 자신들의 이익에 대한 도전이라 간주하고 이에 대한 통제를 시도하였다. 외교적 경로를 통해 조선 정부에 항의하고 압력을 행사함으로써 이 신문들의 보도를 견제하려 시도했던 것이다.

1898년 5월과 6월, 그리고 9월에 프랑스 공사와 러시아 공사 등이 여러 차례 외교적 경로를 통해 조선 정부를 상대로 신문 보도에 항의하며 규제를 요청하였다. 이러한 압력에도 신문들은 굴하지 않았다. 〈매일신문〉 1898년 5월 20일자 사설은 프랑스 공사가 항의한 사실을 밝히면서 '외부가 이 건으로 신문 사원을 불러 고충을 토로'하였지만 '외교에 대해 아는 것은 국민의 당연한 권리'라고 주장하였다. 이처럼 열강들의 외교적 압력에도 불구하고 신문들은 이권 침탈에 대한 비판적 논조를 견지하였다.

급기야 제국주의 열강들은 그해 10월 7일 공동보조를 취하였다. 조선 주재 각국 공사들이 함께 참여하여 조선 정부에 항의 공문을 보낸 것이다. 항의의 내용은 교섭 중인 외교적 사안을 신문에 게재하는 것은 교섭의 진행을 방해하려는 의도에 의한 것으로 교섭에 어려움을 줄 것이므로 여러 차례 조회하였으나 여전하여 유감이오니 조선 정부는 엄중 조치하여 앞으로는 교섭 중인 외교 문서를 신문에 게재하는 일이 절대 없도록 해 달라는 요청이었다.

압력의 강도가 높아지자 정부는 언론을 통제하는 장치를 만들려고 시도하였다. 1898년 10월 30일 '의정부·중추원으로 하여금 시의를 참작하여 신문 조례를 재정裁定케 하고 내부·농상공부로 하여금 각국례各國例를 따라 재정 시행'하라는 고종의 조칙에 의해 신문 조례라는 언론 통제법을 제정하려는 시도까지 하게 되었다.

신문 조례의 제정 시도에 대해 신문들은 처음에는 언론의 자유에는 책임이 따르는 것으로서 선진 제국들도 이러한 제도를 시행한다면서 환영을 표하였다. 그러나 그 내용이 일본에서 이미 폐기된 과거 신문지 조례의 내용을 그대로 도입하여 통제 일색으로 채워진다는 것이 알려지면서 각 신문들이 언

론 자유의 탄압이라며 강력하게 반대하고 나섰다. 결국 이 조례는 시행되지 못하였다.[48]

(3) 한반도 분할 점령 보도 필화 사건

민간 신문들의 이러한 보도 태도는 급기야 필화 사건으로까지 이어졌다. 1900년 8월 8일 〈황성신문〉은 2면 잡보란에 실린 '청자請者나 절자絶者나'라는 제목의 기사를 통해 일본의 신문을 인용하여 주한 러시아 공사가 일본 공사에게 한반도를 나누어 점유할 것을 제의했으나 일본이 이를 거절하였으며 다시 주일 러시아 공사가 이토 히로부미에게 제의하였으나 거절하였다는 사실을 보도하였다.

이 기사로 말미암아 〈황성신문〉 사장 남궁억이 8월 9일 구금되었다. 법부는 당시의 재판소이던 평리원에 훈령을 내려 이 사건을 평결토록 하였다. 이에 평리원은 우리나라에 관한 기사가 타국의 신문에 게재되었을 경우 이를 보도하여 널리 알리는 것은 신문의 의무이기에 이를 유죄라 할 수는 없다고 판결하였다.[49] 조선의 국권을 침해하는 열강들의 입장을 보도한 것이 사법적 심판의 대상까지 되었으나 이미 일본 신문에 보도된 것을 알린 것이므로 무죄 평결을 받은 것이다.

한편 이보다 앞선 1899년에는 신문 기사가 문제되어 유죄 판결을 받은 사례가 발생하였다. 1899년 4월 24일 〈제국신문〉은 '도적에 도적'이라는 제목의 잡보 기사를 통해 궐내에 도둑이 들어 큰 보자기에 싸가지고 나오는데, 궁궐 호위 무사인 무감武監 십여 명이 이를 빼앗았다고 보도하였다. 이에 무감들이 사실 무근이라고 반발하면서 오늘날의 기자에 해당되는 탐보원 채규하를 한성재판소에 고발하였다. 채규하는 무고죄로 태 50에 징역 1년에 처해졌다. 이 사건은 언론 행위로 말미암아 사법부에 의해 유죄 판결을 받은 최초의 사례다.

활동사진의 전래

개화기 한국 사회에 영화라는 매체가 도입, 소개되었다. 구체적으로 언제부터였는지는 아직 확실치 않다. 그동안 〈황성신문〉 1903년 6월 23일자 광고에 실린 것이 최초로 알려져 왔다. 이 광고에 따르면 한성전기회사에서 구미 각국 도시의 풍경을 찍은 활동사진을 유료로 상영한다는 것이다. 그러나 다른 기록들은 이보다 앞서 활동사진이 도입되었음을 말해 준다. 작가이자 영화 감독이었던 심훈이 남긴 글에 의하면 1897년 일본 거류민들을 위해 상영한 것이 최초라는 것이다. 한편 미국 위스콘신 주립대 총장을 역임한 프레드 하비 해링턴Fred Harvey Harrington의 1937년 박사 학위 논문에 의하면 1898년 10월 17일 서대문–홍릉 간 단선 궤도 부설 공사가 착수되는 시점에 활동사진이 들어왔다고 언급하고 있다. 이 밖에도 여러 논자들이 활동사진의 최초 상영 시기를 1897년 혹은 1898년으로 주장하고 있다.

출처: 김미현 엮음(2006), 《한국영화사》, 커뮤니케이션북스, pp.23~24.

4. 일제의 언론 통제와 한국 언론의 대응

1) 일제의 한국 언론 통제

(1) 일제의 언론 통제 조치

청일전쟁 이후부터 한반도를 둘러싸고 각축을 벌이던 러시아와 일본은 급기야 1904년 2월 전쟁으로 돌입하였다. 이에 앞서 대한제국은 1월 23일에 중립을 선언하였지만 개전 초기인 1904년 2월 23일 일본은 대한제국 정부에 한일의정서를 강제하여 일본 군대의 한국 내 주둔을 가능케 만들었다. 이를 바탕으로 무력을 앞세워 한국 언론에도 직접적인 탄압에 나섰던 것이다.

한일의정서가 체결된 직후부터 일본은 수차례에 걸쳐 한국 정부에 신문에 대한 통제를 강력히 요구하였다. 주한 일본 공사 하야시 곤스케林權助는 그동안 한국의 신문들이 일본 군대에 대한 기사를 게재하여 군사 기밀을 누설한 경우가 많았다고 주장하면서 앞으로 통제 장치를 만들어 일본 군대의 움직임에 관한 내용이 신문에 보도되는 일이 없도록 할 것을 한국 정부에 요구하였다. 이어서 일본은 1904년 7월 20일 군사 경찰 '훈령'을 반포하였다. 이 훈령에 의해 한국 신문으로 하여금 군 사령부의 사전 검열을 받도록 하였으며 집회나 신문이 치안을 방해한다고 인정할 때에는 그 정지를 명하고 관계자를 처벌할 수 있게 하였다.[50] 10월 9일에는 훈령 시행에 관한 '내훈'을 시달하여 치안 방해라는 명목으로 신문, 잡지의 정간과 발행 금지를 명할 수 있도록 하였다. 이처럼 일제는 노일전쟁을 전후한 시기부터 그들의 군사 경찰권을 앞세워 한국의 언론에 대해 직접적인 통제에 나서게 되었다.

(2) 벽돌 신문의 등장

일제가 한국의 신문을 불법적으로 사전 검열함으로써 나타난 역사적 유물이 바로 '벽돌 신문'이다. 일본군 사령부에 의한 사전 검열이 시행되면서 문제가 있는 기사의 경우 삭제 처분이 이루어졌다. 이럴 경우 해당 신문들은 그 난을 다른 기사로 채워 넣지 않고 해당 기사의 난에는 활자를 뒤집어서 인쇄하였다. 따라서 지면에는 활자가 찍히는 것이 아니라 직사각형 모양이 가지런히 인쇄되었던 것이다. 그 모양이 벽돌을 쌓아 놓은 것과 비슷하다고 하여 유래된 이름이 바로 '벽돌 신문'이다.

이는 일제가 무력을 앞세워 부당한 언론 통제를 감행하는 것에 대해 우리 언론들이 저항의 표시로 행한 것이었다. 최초의 벽돌 신문은 1904년 2월 24일자 〈황성신문〉이 한일의정서 조인 내용을 기사화하였다가 삭제당한 것이다. 이 사례를 시초로 하여 이 기간 중 발행된 한국 신문 지면을 보면 적지 않은 수의 벽돌 신문 기사를 볼 수 있다.

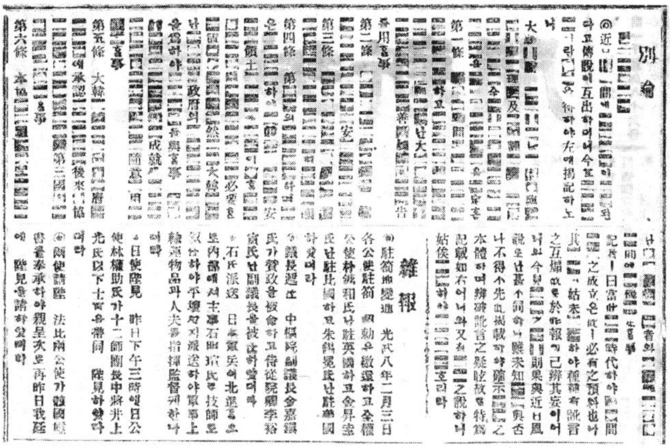

사진 6 최초의 벽돌 신문인 〈황성신문〉 1904년 2월 24일자 2면. 일본이 강제로 체결한 한일의정서의 내용을 보도하였다가 삭제되자 활자를 뒤집어 인쇄하였다.

(3) 시일야방성대곡

일제의 침략 야욕은 1905년 11월 17일 을사늑약 체결로 이어졌다. 이 늑약으로 우리의 외교권이 박탈되고 통감부가 설치되어 사실상의 식민 지배가 시작되었다. 을사늑약이 체결되자 〈황성신문〉은 1905년 11월 20일자 지면에서 일제의 사전 검열을 거부한 채 "시일야방성대곡是日也放聲大哭"이라는 논설을 발표하여, 일본 침략의 부당성과 고종 황제가 인준하지 않았으므로 조약은 성립되지 않았으며 무효라고 정면으로 주장하고 나섰다. 또한 조약에 서명했던 대신들 이른바 을사 5적을 '돈견豚犬만도 못하다,' 즉 개, 돼지만도 못하다고 강도 높게 비판하였다.

평소 3000부 정도 인쇄하던 〈황성신문〉은 이 날짜 신문만은 1만 부를 인쇄하여 경찰 당국의 사전 검열을 받지 않은 채 한성 내에 배포하였다. 이로써 〈황성신문〉은 신문을 압수당하였으며 인쇄 기계와 활자에 봉인을 당하고 무기 정간 처분을 받았다. 또한 논설의 집필자인 장지연을 비롯하여 사원 10명이 체포되었다. 이 사건은 일제의 노골화되는 침략 야욕에 맞서 우리의 자

(二) (第三種郵便物認可) 大韓光武九年十一月二十日 月曜 陰曆乙巳十月廿四日癸亥

論說

是日也放聲大哭

曩日伊藤侯가韓國에來홈이愚我人民이逐逐相謂曰侯는平日東洋三國의鼎足安寧을自擔周旋ᄒᆞ던人이라今日來韓홈이必也我國獨立을鞏固히扶植ᄒᆞᆯ方略을勸告ᄒᆞ리라ᄒᆞ야自港至京에官民上下가歡迎홈을不勝ᄒᆞ얏더니天下事가難測者ㅣ多ᄒᆞ도다千萬夢外에五條件이何로自ᄒᆞ야提出ᄒᆞ얏ᄂᆞ고此條件은非但我韓이라東洋三國의分裂ᄒᆞᄂᆞᆫ兆漸을釀出홈인즉伊藤侯의原初主意가何에在ᄒᆞᆫ고雖然이나我大皇帝陛下의强硬ᄒᆞ신聖意로拒絶홈을不已ᄒᆞ셧스니該約의不成立홈은想像컨ᄃᆡ伊藤侯의自知自破ᄒᆞᆯ바어ᄂᆞᆯ噫彼豚犬不若ᄒᆞᆫ所謂我政府大臣者가榮利를希覬ᄒᆞ고假嚇를恇刼ᄒᆞ야逡巡然觳觫然賣國의賊을甘作ᄒᆞ야四千年疆土와五百年宗社를他人에게奉獻ᄒᆞ고二千萬生靈으로他人의奴隷를敺作ᄒᆞ니彼等豚犬不若ᄒᆞᆫ外大朴齊純及各大臣은足히深責ᄒᆞᆯ것이無ᄒᆞ거니와名爲參政大臣者ᄂᆞᆫ政府의首揆라但以否字로塞責ᄒᆞ야要名의資를圖ᄒᆞ얏던가金淸陰의裂書哭도不能ᄒᆞ고鄭桐溪의刃刲腹도不能ᄒᆞ고偃然生存ᄒᆞ야世上에更立ᄒᆞ니何面目으로强硬ᄒᆞ신皇上陛下를更對ᄒᆞ며何面目으로二千萬同胞를更對ᄒᆞ리오嗚呼痛矣며嗚呼憤矣라我二千萬爲人奴隷之同胞여生乎아死乎아檀箕以來四千年國民精神이一夜之間에猝然滅亡而止乎아痛哉痛哉라同胞아同胞아

雜報

五件條約請締顚末

사진 7 "시일야방성대곡" 논설이 실린 〈황성신문〉 1905년 11월 20일자 2면. 을사늑약의 부당성과 무효를 주장하고 을사 5적을 강도 높게 비판하였으며 사전 검열을 거부하고 배포하였다.

주 독립 의지를 내외에 천명했던 역사적인 사례로 손꼽힌다. 〈대한매일신보〉도 그다음 날 "황성의무皇城義務"라는 제목의 사설에서 〈황성신문〉의 소식을 전하면서 "황성 기자는 비단 그 회사의 의무를 잊지 않았을 뿐이 아니라 실로 대한 전국 사회 신민의 대표가 돼야 광명 정직한 의리를 세계에 발현하리로다"라고 비단 황성신문사의 입장만이 아니라 전 국민의 한결같은 뜻을 세계에 널리 알린 것이라고 적극적인 지지 의사를 표명하였다. 또한 이 논설은 을사늑약을 우리 국민 모두와 외국의 공명심과 정의감 있는 사람들 모두가 의당 개탄하고 원통해하는 일이라고 주장하면서 이 논설은 가히 해와 달의 광명과 같은 것이라고 그 의의를 굉장히 높게 평가하였다.

2) 〈대한매일신보〉의 항일 운동

(1) 〈대한매일신보〉 창간

노일전쟁이 한창이던 1904년 7월 18일 영국인 어니스트 토머스 베델Ernerst Thomas Bethell이 〈대한매일신보〉를 창간했다. 베델이 〈대한매일신보〉를 창간한 것은 베델 본인의 주도에 의해서였다는 해석도 있다. 노일전쟁이 발발하자 영국 신문 〈데일리 크로니클*Daily Chronicle*〉의 통신원으로 취재차 내한하였다가 곧 그만 두고 신문을 창간하였다는 것이다. 1888년 일본에 온 베델은 고베에 살면서 무역업에 손을 댔으나 실패하였다. 노일전쟁이 전 세계의 이목을 끌자 그 전쟁의 현장인 한반도에 세계 유수의 언론들이 특파원, 통신원을 파견하였는데, 그 일환으로 한국에 오게 된 것이다. 당시 경제적 능력도 없던 베델이 신문을 창간할 수 있었던 것은 일본이나 한국, 러시아 등으로부터 자금 지원을 받을 수 있을 것으로 판단했다는 것이다.[51]

하지만 확실치도 않은 외국 정부의 자금 지원을 기대하고 신문을 창간하기는 현실적으로 어려울 것이다. 이보다는 당시 한국 정부가 일본의 침략이 노골화되는 상황에서 영어 신문을 만들어 외교적 방법을 통해 독립을 지켜

光武十一年 木曜日 西曆一千九百七年五月廿三日

第一卷 第一號

大韓每日申報
대한매일신보

社說 사셜

국문신보발간

사진 8 〈대한매일신보〉 국문판 창간호(1907. 5. 23).

나가고자 주도하였다는 설[52]이 더 설득력이 있어 보인다. 당시 한국 정부는 이러한 판단에서 노일전쟁 취재차 내한한 외국 기자들을 은밀하게 접촉하였으며 그 대상자로 베델과 영국 신문의 임시 기자였던 T. 고웬T. Gowen이 선정되어 양기탁과 함께 신문 창간 작업이 시작되었다는 것이다. 그러나 고웬은 곧 손을 떼고 베델과 양기탁이 주도하여 7월 18일 신문을 창간하였다.

〈대한매일신보〉는 국영문판으로 창간되었다. 창간 당시의 지면은 영문 중심이었는데, 전체 6면 중 4면이 영문이었고 나머지 2면만이 한글판이었다. 이처럼 영문판 중심으로 제작된 것은 당시 일본의 침략이 노골화되는 상황에서 외교적 방법에 기대어 우리의 독립을 찾아보자는 의도에서였다고 볼 수 있다.

이후 1905년 8월 11일부터는 영문판과 국문판을 따로 분리하여 발행하였으며 국문판은 국한문 혼용체를 사용하였다. 1907년 5월 23일부터는 따로 순 한글판을 다시 4면으로 발행하여 세 개의 판을 발행하는 신문으로 정착하였다. 이 신문에는 베델과 양기탁 외에도 남궁억, 박은식, 신채호 등 당대의 쟁쟁한 논객들이 모여 일본의 침략에 저항하는 필봉을 휘둘렀다.

(2) 〈대한매일신보〉의 항일 운동

노일전쟁에서 승리한 일본은 을사늑약을 강요하며 한국의 국권 침탈을 본격화하였다. 당시 언론들은 〈황성신문〉의 '시일야방성대곡' 논설 등으로 저항 의지를 표명하였지만 이를 계기로 하여 일제의 언론 탄압은 더욱 강화되었다. 이에 따라 한국 신문들의 저항 논조는 다소 무디어지기 시작했다.

이러한 상황에서 〈대한매일신보〉가 항일 언론의 전면에 부상하게 되었다. 이는 베델이라는 영국인이 발행인으로 되어 있기에 치외 법권이 적용되어 이 신문에 대해서는 일본이 직접 통제할 수 없었기 때문이었다. 그리하여 〈대한매일신보〉는 지면을 통해 일제의 침략 야욕을 비판하면서 우리 민족의 자각과 대응을 촉구하는 논조를 지속적으로 전개하였다.

사진 9 〈대한매일신보〉의 두 주역 베델(왼쪽)과 양기탁.

〈대한매일신보〉는 1907년부터 전개된 국채 보상 운동에서도 중심적인 역할을 하였다. 이 운동은 1907년 1월 29일 대구의 광문사에서 처음 발기되었다. 하지만 그 이후 진행 과정에서 〈대한매일신보〉를 중심으로 한 신문들이 주도함으로써 전국적으로 확산되었던 국권 회복을 목적으로 하는 언론 캠페인이었다.

〈대한매일신보〉는 1907년 2월 21일자에 대구의 광문사라는 출판사 사장 김광제와 부사장 서상돈의 이름으로 된 '국채 1천 3백만 원 보상 취지'를 게재하였고 2월 27일에는 국채보상기성회 취지서를 실었다. 그 주요 내용은 국채를 갚을 길이 없으므로 2000만 국민이 3개월간 담배를 끊어 국채를 보상하자는 것이었다. 다음날인 2월 28일에는 심의철이 쓴 "국채 보상에 대하여 경고 동포"라는 제목의 글을 논설란에 게재하였다.

〈대한매일신보〉는 이렇게 국채 보상 운동을 가장 먼저 보도하였을 뿐 아니라 2월 27일에는 신문사 사원들도 동맹을 결의하여 담배를 끊어 의연금을 내기로 하였으며 3월 들어서는 직접 의연금 모금에도 앞장섰다. 이처럼 〈대한매일신보〉는 이 운동이 전국적으로 확산되는 데 중요한 공헌을 하였다.

일본은 〈대한매일신보〉와 국채 보상 운동의 열기를 차단하려고 1908년 7월 12일 국채 보상 기금 횡령 사건을 조작하여 양기탁을 구속했다. 대한매일신보사의 총무 양기탁이 국채 보상 지원금 총합소의 회계를 겸임하고 있었기에 양기탁을 구속하여 〈대한매일신보〉과 국채 보상 운동을 한꺼번에 견제, 억압하려는 시도였다. 양기탁은 그해 9월 29일 증거 불충분으로 무죄 선고를 받았지만 이로써 국채 보상 운동은 좌절되고 말았다.[53]

(3) 베델에 대한 일제의 탄압

일제는 베델이 중심이 되어 〈대한매일신보〉가 항일 언론의 선봉에서 필봉을 휘두르자 이를 탄압할 방법을 모색하기 시작하였다. 1902년부터 맺은 영국과의 동맹 관계를 이용하여 외교적 채널을 동원해 베델에 대한 탄압을 시도했다. 1907년 10월 12일 일제는 서울 주재 영국 총영사 헨리 콕번Henry Cockburn에게 베델의 처벌을 요구하는 소장을 제출하였다. 기소 사유는 일본군의 활약을 소상하게 공표했다는 것이다. 콕번이 재판관으로서 진행한 재판에서 베델은 6개월간 위배 행위를 하지 않을 것을 약속하고 3000원을 보증금으로 지불하라는 유죄 판결을 받았다. 베델은 무죄를 주장하며 항소하였다. 1908년 6월 15일부터 3일 동안 상해고등법원의 판사가 와서 진행한 재판에서 베델은 3주일의 금고형과 6개월의 근신을 언도받고 상해에서 복역했다.

실형을 마치고 상해에서 돌아온 베델은 그동안 휴간 중이던 영문판 〈코리아 데일리 뉴스*Korea Daily News*〉를 속간하는 등 언론 활동에 복귀했으나 3개월 후인 1909년 5월 1일 서른여섯의 젊은 나이에 심장마비로 죽고 말았다. 이처럼 일제는 항일 언론의 선봉에 섰던 〈대한매일신보〉를 탄압하기 위해 외교적인 방법까지 동원하였다.

3) 언론계의 변화

(1) 새 신문의 등장

노일전쟁 이후 일제가 직접적인 탄압에 나섰음에도 불구하고 여러 종의 신문들이 새로 창간되었다. 특히 이 시기에는 친일 세력도 신문을 내기 시작했으며 지방에서도 한국인에 의한 신문이 창간되었다. 1906년 6월 17일 〈만세보〉가 창간되었다. 손병희, 오세창 등 천도교 세력이 중심이 되어 창간한 이 신문에는 주필 이인직이 쓴 한국 최초의 신소설 《혈의 누》가 50회에 걸쳐 연재되었다. 그러나 경영난 때문에 1907년 6월 29일자를 마지막으로 폐간되었다. 이 인쇄 시설과 사옥을 이인직이 사들여 1907년 7월 18일 〈대한신문〉을 창간하여 이완용 내각의 기관지로 발행하였다.

1906년 10월 19일 프랑스인 신부 안세화(安世華, Florian Demenge)가 〈경향신문〉을 창간하였다. 한글 전용의 주간지였던 이 신문은 종교 기사뿐만 아니라 일반 기사도 실었다. 강제 병합 후인 1910년 12월 30일 폐간되었으며 1911년 1월 15일부터는 종교적인 내용을 중심으로 한 〈경향잡지〉로 이름을 바꾸어 발행하였다. 대표적인 친일 단체였던 일진회는 1906년 1월 6일 기관지 〈국민신보〉를 창간하였다. 초대 사장은 일진회 회장이었던 이용구가 맡았다. 이 신문은 각 지방 관청에 강제로 신문을 보내어 한때는 지방 발송 부수가 7000부까지 되었다.

1909년 10월 15일에는 국내 최초의 지방지인 〈경남일보〉가 창간되었다. 경남 진주 지역의 유지들이 뜻을 모아 창간한 이 신문은 김홍조金弘祖가 사장 겸 발행인이었으며 〈황성신문〉의 사장을 역임한 장지연이 주필을 맡았다. 이 신문은 한일 강제 병합 이후까지 발행되다가 1914년 말경 폐간되었다.[54]

(2) 신문 편집의 발전

개화기의 신문들은 편집 면에서도 여러 가지 발전을 이루었다. 몇 가지 주요한 특징을 살펴본다면 먼저 기사의 제목 사용이다. 기사의 제목을 사용하기 시작한 것은 〈독립신문〉부터다. 그 이전에는 제목이나 기타 구분 없이 기사가 바뀌면 줄만 바꾸어서 게재하였다. 1896년 5월 21일자 제20호부터는 '○' 형태의 약물을 사용하여 기사를 구분하기 시작하였다. 윤치호가 주필이 되고 난 이후인 1898년 7월 1일부터 〈독립신문〉은 격일간에서 일간으로 전환하면서 바로 다음날인 7월 2일자부터 제목을 달기 시작하였다. 〈황성신문〉은 창간 초기부터 제목을 사용하였으며 〈제국신문〉은 창간 다음해인 1899년 4월 15일자부터 제목을 달기 시작하였다. 이즈음부터 신문들은 모두 기사에 제목을 사용하는 관행이 정착되었다.

제목을 달기 시작하면서 글자 수를 줄이기 위해 약어를 사용하는 저널리즘의 관행이 나타나기 시작하였다. 예를 들면 내무대신은 '내대'(〈독립신문〉 1899. 6. 17. 잡보)로 전라도 관찰사는 '전관'(〈독립신문〉 1899. 6. 8. 잡보)로 줄여 사용하였다. 한자식 표현도 많이 등장하였다. 〈독립신문〉 1899년 7월 6일자 잡보란에는 경남의 한 선비가 학부에 청원한 사실은 보도하면서 '대유정소'라고 제목을 붙였다. 큰 선비가 소청을 제기하였다는 뜻이다. 이처럼 약자, 한문식 표현은 글자 수를 줄이며 내용의 핵심을 전달하려는 저널리즘적 노력의 결과로 볼 수 있다.

이 시기 신문 지면에 사진이 등장하기 시작하였다. 사진을 처음으로 사용한 신문은 〈그리스도신문〉이었다. 이 신문은 창간 직후부터 독자들에게 1년치 구독료를 선불하면 사은품 형식으로 고종의 초상 사진을 제공하였다. 이는 별도의 판으로 독자들에게 제공한 것이었지만 신문 지면에 사진을 직접 인쇄하는 것도 〈그리스도신문〉이 가장 먼저였다. 1901년 7월 18일자 지면에 '얼음에 엉긴 배'라는 제목의 사진이 바로 그것이다. 그러나 초기의 사진들은 뉴스와 직접 관련 있는 사진이라기보다는 국내외의 풍물이나 과학 문물과 관련된 것들이 대부분이었다.

광고에 사진을 처음으로 사용한 것은 〈대한민보〉였다. 1909년 6월 2일

대한협회 기관지로 창간된 이 신문은 1909년 8월 18일자에 게재된 1단 크기의 한강 놀이배 대여 광고에서 사진을 이용하였다. 같은 해 10월 9일자에는 기쿠다菊田 사진관 광고에서 인물 사진을 포함한 광고물을 게재하였다. 〈대한민보〉는 인물 사진도 최초로 사용하였다. 1910년 6월 7일자 제호 바로 밑에 당시 사장이었던 오세창의 사진을 게재한 것이 최초의 인물 사진이다.[55]

〈대한민보〉는 만화의 사용에서도 최초로 기록되고 있다. 1909년 6월 2일 창간한 이 신문은 창간호부터 1면에 삽화 형식의 시사 만화를 게재하였다. 창간호에서는 신문의 창간 목적과 사명을 제호인 '대한민보'로 시작하는 4행시를 만평으로 그려 이를 '삽화(1)'로 연속성을 부여하였다. 이후 이 난은 계속 시사적인 풍자성의 만평을 게재하여 '삽화(22)'까지는 번호를 매기다가 그

사진 10 〈대한민보〉 창간호에 실린 최초의 신문 만화. 제호의 글자를 따서 4행시로 신문의 창간 목적을 표현하였다.

이후에는 번호 없이 게재하였다.[56]

개화기 신문들에서는 연재 소설도 다양하게 등장하였다. 연재라는 형식이 처음 등장한 것은 〈조선신보〉와 〈한성신보〉 등 일본인들이 발행한 신문에서였다. 그러나 한국인이 발행한 신문을 통해서 소설이 연재되기 시작한 것은 〈만세보〉부터다. 이 신문에는 1906년 7월 22일부터 당시 주필을 맡았던 이인직의 《혈의 누》가 50회에 걸쳐 연재되었다. 널리 알려진 대로 이 소설은 한국 최초의 신소설로 평가된다.

신문에 연재 소설이 등장하게 되는 것은 서구의 경우 신문이 상업화되기 시작하면서부터다. 연재라는 형식은 고정적인 소비자, 즉 독자를 확보하기 유리한 장치다. 이 형식을 통해 고정적인 독자층을 확보하고 넓혀감으로써 신문의 안정적 판매를 도모하려는 목적을 지니고 있다. 〈만세보〉가 간행되는 당시를 신문이 상업화로 가는 단계라고 평가하기는 어렵지만 신문의 종류가 많아지고 독자층도 점차 확산되면서 신문이 보다 많은 구독자를 확보하려는 노력을 시작했다고 볼 수 있다.

(3) 애국 계몽 운동의 전개

애국 계몽 운동이란 1905년 을사늑약을 전후한 시기부터 1910년 일제에 의해 강점될 때까지 빼앗긴 국권을 회복하기 위해서 개화자강파가 중심이 되어 전개한 국권 회복 운동을 말한다. 이는 이 시기에 전개된 의병 운동과 함께 당시 민족 운동의 커다란 두 흐름을 형성하였다. 애국 계몽 운동의 내용은 신교육 구국, 언론 계몽, 민족 산업 진흥, 국채 보상, 신문화, 국학, 민족 종교, 해외 독립군 기지 창건 등을 전개한 운동이었다.

일제가 무력을 앞세워 신문에 대한 강압적 통제에 나서자 신문들의 항일 운동은 위축되고 대신 잡지와 서적 등 출판 부문이 활성화되는 현상이 나타났다. 이러한 흐름은 당시 직접적 저항보다는 실력 양성을 통해 장기적으로 국권 회복을 도모하려는 애국 계몽 운동과 맞물리면서 언론 출판 운동이 애

국 계몽 운동의 수단으로서 중요한 부분을 차지하게 되었다.[57]

한국 언론의 역사에서 잡지의 출발은 1896년 11월에 창간된 〈대죠선독립협회회보〉부터로 평가하고 있다. 그 이전 1892년 1월에 창간된 〈코리안리포지터리*Korean Repository*〉가 먼저이기는 하지만 창간 주체가 F. 올링거F. Ohlinger라는 외국인 선교사였다. 또한 1895년 7월에는 일본 유학생들의 친목단체 대조선인일본유학생친목회가 결성되어 이듬해인 1896년 2월에 〈친목회회보〉를 발행하였다.[58] 이는 한국인들에 의한 것이기는 했지만 일본에서 이루어진 것이었다.

그러나 어느 나라에서나 초창기 인쇄 매체의 역사에서 신문과 잡지의 기능이 명확하게 구분된 것은 아니었다. 그 이후의 역사적 발전 과정에서 특정의 조건하에서 두 매체가 기능이 분화되는 것이다. 대개는 권위주의적인 정치권력의 강도 높은 언론 탄압이 계기가 되었다. 정치권력의 언론 탄압은 대부분 시사적, 정치적 내용에 초점이 맞추어졌다. 이에 대한 탄압의 강도가 높아지면 언론들의 내용은 이를 피해 문학이나 예술, 과학 등 다양한 읽을거리 중심으로 가는 경향을 보이게 되는 것이다. 여기서 시사적 내용 중심의 매체가 신문이라면 다양한 읽을거리 중심의 내용은 잡지에 해당하는 것이다. 신문에 대한 탄압이 잡지의 분화와 발전을 가져 오는 계기가 되었다는 말이다.

한국 잡지의 역사에서는 노일전쟁기 일제가 한국 언론을 직접 탄압하면서 신문과 구분되는 잡지들의 활동 영역이 활성화된 것으로 볼 수 있다. 한국 신문들에 대한 탄압이 강화되면서 영국인 베델의 〈대한매일신보〉가 항일 언론의 전면에 부상하였지만 다른 신문들의 논조는 약화되었으며 대신 잡지를 통한 애국 계몽 운동이 활성화되었다. 이러한 과정을 거치면서 한국 언론의 역사에서도 신문과 잡지가 구분되는 특성을 갖추게 된 것이다.

당시 잡지의 발행 상황을 보면 노일전쟁기부터 한국 사회에는 국민 계몽을 목적으로 하는 계몽 단체들이 여러 개 조직되었다. 1904년부터 보안회와 국민교육회, 공진회, 헌정연구회 등이 생겨난 것을 필두로 하여 1906년경부터는 전국 각지에 지회를 설립한 전국 규모의 단체들, 즉 대한자강회와 신민회, 대한협회 등의 단체들이 설립되었다. 이 단체들이 주로 잡지 발행의 주체가 되었다. 이 단체들은 대부분 국권 회복의 기초로서 국민의 의식 계발에 목적을 두고 잡지를 창간, 발행하였다.[59] 이 시기에 발행된 주요 잡지로는 〈조양보〉(1906. 6~1907. 12)를 비롯하여 〈대한자강회월보〉(1906. 7~1907. 7), 〈대한협회회보〉(1908. 4~1909. 3), 〈서우〉(1906. 12~1908. 1), 〈서북학회월보〉(1908. 6~1910. 1), 〈호남학보〉(1908. 6~1909. 3), 〈기호흥학회월보〉(1908. 8~1909. 7) 등이 있다.[60]

다음으로 단행본 출판 분야에서도 이 시기 많은 출판사들이 생겨나면서 서양식 연활자를 이용하여 다양한 서적들이 출판되었다. 주지하는 바와 같이 한국 사회는 다른 어떤 나라보다도 출판 분야에서 앞서는 문화적 전통을 보유하였다. 이러한 전통의 바탕 위에서 일제의 침략으로 국권 침탈의 위기에 처하자 국가를 부강하게 하는 힘의 원천은 바로 서적에 있다는 인식들이 생겨나면서[61] 출판이 보다 활성화되었던 것이다.

1905~1910년 사이에 67개가량의 출판사가 새로 설립된 것으로 알려지고 있다. 이 출판사들이 중심이 되었지만 그 외에도 계몽 단체나 개인들이 책을 낸 사례들도 적지 않아서 이 시기에 총 362종 정도가 발행된 것으로 알려지고 있다. 이 책들 중에는 서구의 근대 사상을 소개하는 계몽 서적들이 대부분을 차지하며 그 외에도 민족의 정체성을 고양하려는 역사 서적과 영웅 전기 등도 중요한 비중을 차지하였다.[62]

(4) 해외에서의 항일 언론 운동

일제의 가혹한 언론 탄압에 직면하자, 을사늑약 이후 한국 신문의 민족 운동은 일제의 직접적인 탄압이 미치지 않는 해외로 그 활동 무대를 옮기게 되었다. 해외로 이민을 간 교포들이 현지에서 일본의 침략에 저항하는 논조의 신문을 발행하여, 국내에 이를 반입하는 형태를 통해 국내 언론 항쟁의 공백을 메우려했던 것이다. 그중 대표적인 것으로는 연해주 지역에서 1908년 2월 26일 창간된 〈해조신문〉과 1908년 11월 18일 창간된 〈대동공보〉가 있으며 미주 지역의 신문으로는 샌프란시스코의 〈공립신보〉(1905. 11. 20 창간)와 그 뒤를 이은 〈신한민보〉, 〈대동공보〉(1907. 10. 3 창간), 하와이의 〈합성신보〉(1907. 10. 22 창간)와 그 뒤를 이은 〈신한국보〉 등이 있었다.

이 신문들은 해외에서 발행되었지만 발행 목적 중에는 국권 회복도 중요한 몫을 차지하고 있었다. 예컨대 〈대한매일신보〉 1908년 3월 10과 11일자 1면에 전문이 소개된 〈해조신문〉의 창간 취지서를 보면 신문의 발행 목적과 편집 방침 6가지 중 두 번째로 "일반 국민의 보통 지식을 발달하며 국권을 회복하야 독립을 완전케 하기로 목적함"이라고 천명하고 있다. 신문 발행의 목적이 바로 민지 계발을 통해 국권 회복을 도모하는 데 있었음을 알 수 있다.

교포 신문들이 여러 경로로 반입되어 국내의 독자들에게 읽힘으로써 항일 의식 고취에 상당한 기여를 하였다. 〈황성신문〉 1908년 4월 9일자에 실린 "독해조신문讀海朝新聞"이라는 제목의 논설을 보면 〈해조신문〉의 의의를 높게 평가하는 내용 중에 당시 이 신문이 국내에 반입되어 온 경로를 블라디보스토크항을 출발하여 성진과 원산항을 거쳐 한성에 반입되었다고 소개하고 있다.

연해주에서 발간된 〈해조신문〉과 〈대동공보〉, 미국의 〈공립신보〉는 1908년 4월경에는 국내의 여러 지역에 지국을 두었다. 먼저 〈대한매일신보〉 1908년 4월 8일자 광고란을 보면 남대문 근처에 있는 박문서관이 〈해조신문〉을 발매도 하고 배달도 하니 원하는 분은 청구하시라고 광고하고 있다. 당시 〈해조신문〉의 국내 지국이 설치된 지역은 한성 외에도 평양과 개성, 인천, 원산, 성진, 삼화, 재령, 안주, 숙천, 중화, 선전 등 12개 지역이었다. 〈대동공보〉도 국내 여러 곳에 발매소를 운영하였다. 이 신문의 발매소는 러시아와 만주, 국내뿐만 아니라 미국, 멕시코, 영국, 일본 등지에까지 설치되어 있었다.[63] 한편 미주의 〈공립신보〉도 발매소를 통해 국내 배포를 시도하였다. 발

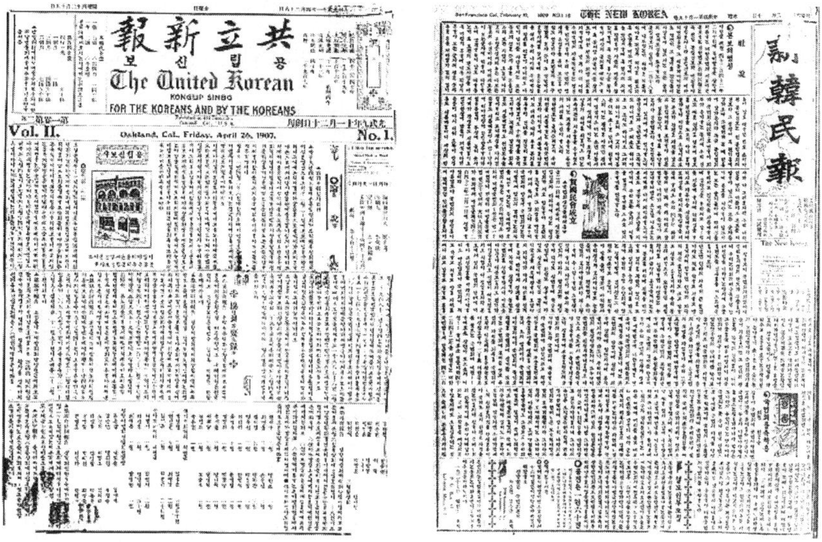
共立新報
보신립공
The United Korean
KONGUP SINBO
FOR THE KOREANS AND BY THE KOREANS
Vol. II.
Oakland, Cal., Friday, April 26, 1907.
No. 1.
THE NEW KOREA
新韓民報

사진 11 대표적인 교포 신문. 왼쪽은 샌프란시스코의 한인 단체 공립협회 기관지 〈공립신보〉, 후에 공립협회와 합성협회가 국민회로 통합됨에 따라 1909년 2월 10일부터는 제호를 〈신한민보〉라 바꾸었다.

매소는 경성에 2개소, 개성, 평산, 장련, 평양, 진남포, 안주, 선천, 여천, 의주, 김해, 부산, 대구, 함흥과 해삼위에 각 1개소씩이다.[64]

당시 교포 신문들이 국내에 반입된 규모는 상당했던 것으로 보인다. 〈공립신보〉의 경우 1908년 초 3000여 부가 국내에 발송되었다[65]는 사실을 보면 전체 규모는 이보다 훨씬 많았을 것으로 추정된다. 특히 〈공립신보〉에 대해 당시 일본인이 발행하던 〈경성신보京城新報〉는 1908년 4월 26일자에서 "공립신보는 과연 샌프란시스코에서 인쇄하는가"라고 하여 경성에서 인쇄되고 있다는 소문이 있음을 보도한 바 있다.[66] 이는 그만큼 교포 신문들의 국내 반입이 많았다는 사실을 잘 말해 준다.

국내에 반입된 교포 신문들은 외국에서 발행되기 때문에 일본의 침략에 대해 강도 높은 비판 논조를 담고 있었다. 따라서 이 신문들이 항일 운동의 일정 부분을 담당했던 것으로 평가할 수 있다. 특히 을사늑약 이후 〈대한매일신보〉를 제외한 민간 신문들의 항일 논조가 위축된 상황이었기에 교포 신문들의 항일 논조는 더욱 중요한 의미를 지니는 것이다.

4) 일제의 한국 언론 통제 강화

(1) 신문지법의 제정

노일전쟁기부터 일제가 무력을 앞세워 불법적으로 한국 언론을 직접 탄압하면서 한국 언론은 여러 가지 변화를 통해 대응해 갔다. 일제는 이러한 대응 양상까지 탄압하기 위해 통제의 수준을 더욱 강화하였다.

먼저 언론 통제를 보다 근본적으로 하기 위해 이를 제도화하려는 시도로까지 나아갔다. 당시 통감 이토 히로부미는 1907년 5월 30일 한국 정부의 내각과 통감부 고위 관료들로 구성되어 현안을 논의하는 시정개선협의회의 제16차 회의에서 한국의 신문 규제법의 제정 필요성에 대하여 언급하였다. 이렇게 분위기를 조성한 뒤 6월 18일에 열린 제18회 시정개선협의회에서는 통감부가 작성한 신문지법 초안을 한국 정부에 전달하였다. 이 초안은 당시 이완용 내각에 의해 거의 그대로 수용되어 우리말로 번역하여 신문지법이 1907년 7월 24일 대한제국 법률 제1호로 공포되었다. 이 법은 광무 시대에 제정되었다고 해서 광무신문지법이라 불리며 일제기뿐만 아니라 해방 이후에도 언론을 탄압하는 법적 장치가 되었다.

전체 38개조로 구성된 신문지법은 제1조부터 10조까지는 신문 발행의 수속과 관련된 내용, 제11조부터 20조까지는 게재를 금지하는 사항과 반드시 게재해야 하는 사항, 그리고 제21조부터 35조까지는 법률 위반에 대한 처벌을 규정하였다. 신문을 발행하려면 사전에 내부대신의 허가를 받고 보증금 300환을 예치하도록 규정하였다. 이는 신문 창간의 자유를 억압하는 규제 장치로 평가된다. 제10조는 발행 전에 신문 2부를 내부 및 관할 관청인 경무사와 관찰사에게 사전에 납부하도록 하여 사전 검열제를 규정하였다. 신문의 내용이 외교나 군사상 비밀에 저촉되거나 안녕 질서를 방해할 경우 발행의 정지 혹은 금지를 할 수 있게 하였다. 법 위반 사항이 발생할 경우 발행인이나 편집인 혹은 인쇄인을 벌금에서부터 최고 3년 징역까지의 처벌을 가할 수 있도록 규정하였다. 이 법을 근거로 하여 일제는 신문의 발행 허가에서부터 사후 처벌에 이르기까지 언론 통제를 보다 근본적이고 체계적으로 가하기 시작하였다.

(2) 신문지법의 개정

1907년의 신문지법은 한국인이 국내에서 발행하는 신문에만 적용되었다. 한국 내에서 일본인이나 다른 외국인이 발행하는 신문에는 적용할 수 없었다.[67] 〈대한매일신보〉는 외국인이 발행하는 신문이기에 한국의 법을 적용할 수 없었다. 해외 교포들이 발행한 신문에 대해서도 통제의 근거가 없기는 마찬가지였다. 이에 따라 〈대한매일신보〉의 항일 논조는 위축될 줄 모르고 교포 신문들의 반입도 점차 늘어나 국내에 지국도 확대되기에 이르렀다. 특히 전술한 대로 〈대한매일신보〉의 베델을 통제하기 위해 외교적 채널을 동원하여 실형을 살게까지 하였음에도 일제는 당초의 목적을 이룰 수 없었다. 이에 일제는 〈대한매일신보〉에 대해 간접적인 탄압 방법을 동원하였다. 배달을 지연시키거나 지방에서 신문 구독을 방해하는 사례들도 있었으며 취재의 금지나 제한 등의 방법을 사용하였다.[68] 이러한 방법으로도 별 성과를 거두지 못하자 일제는 보다 체계적인 방법을 강구하게 되었다.

이 두 가지 문제를 해결하고자 일제는 신문지법을 개정하는 작업에 나섰다. 통감부는 한국 정부에 요구하여 1908년 4월 20일자로 개정된 신문지법이 반포되었다. 이 개정으로 4개 조항이 추가되었다. 그중 핵심적인 내용은 제34조에 추가된 것으로서 "외국에서 발행한 국문 혹 국한문 또는 한문의 신문지와 또는 외국인이 내국에서 발행한 국문 혹 국한문 또는 한문의 신문지로 치안을 방해하며 또는 풍속을 괴란壞亂함으로 인하는 때는 내부대신은 해당 신문지를 내국에서 발매 반포함을 금지하고 해당 신문지를 압수할 수 있음"이라고 규정하였다. 〈대한매일신보〉와 교포 신문에 대한 규제를 합법화하려는 일제 당국의 개정 의도가 그대로 반영된 조항임을 알 수 있다. 추가된 나머지 조항 중 2개는 위반에 대한 처벌 규정이고 1개 조항은 법 조항의 순서가 달라짐에 따른 것이다.

이 개정에 대하여 〈대한매일신보〉는 1908년 5월 10일자에 실린 "본보와 신문지법의 관계"라는 제목의 논설에서 강도 높게 비판하였다. 외국에서 발행되는 신문이나 치외 법권이 적용되는 외국인이 발행하는 신문에 대해 통제하려는 것은 부당한 일이라고 비판하면서 부당한 탄압에도 불구하고 〈대한매일신보〉는 본래 사명에 계속 매진하겠다는 뜻을 밝혔다.

이 개정 이후 〈대한매일신보〉와 교포 신문에 대해 여러 차례 발매 반포 금지와 압수 조치가 내려졌다. 표 2는 1908년과 1909년 〈대한매일신보〉와 교포 신문들에 대해 취해진 탄압 조치들을 정리한 것이며 표 3은 1909년도

표 2 1908~1909년 신문에 대한 일제의 탄압

연도	규제 내역	대한매일		공립신보 신한민보	합성신보 신한국보	해조신문	대동공보	계
		국문	국한문					
1908	발매 반포 금지 회수	7	8	18	11	17	3	64
	압수 부수	4,936	6,727	10,264	542	1,569	668	24,706
1909	발매 반포 금지 회수	7	7	33	23	–	49	119
	압수 부수	3,685	12,629	1,014	303	–	1,998	19,629

출처: 《경찰사무개요》(통감부 발행), 1908(p.112)과 1909(pp.162~163)
(국립중앙도서관 전자도서관 원문 자료 http://www.nl.go.kr 2015. 4. 20).
* 1908년은 4~12월, 1909년은 1~11월 자료임.

표 3 압수 처분당한 기사의 주요 내용(1909)

기사 내용	대동공보	신한민보 공립신보	신한국보 합성신보	대한매일신보 (국문/국한문)	계
국권 회복을 위해 일본의 보호에 반대 의식을 고취	15	11	12	–	38
일본에 병합되는 것에 대한 반감을 고취	5	2	5	–	12
사실무근의 풍설을 전하여 인심을 미혹, 과장 보도로 국민의 반감을 일으켜 사회 질서를 교란	17	14	9	13	53
국권 회복을 목적으로 하는 단체의 조직을 장려	11	2	3	–	16
국권 회복을 위해 국민의 문명 개화시킬 신교육 보급을 주장	3	–	3	–	6

출처: 《경찰사무개요》, 1909(p.163), 국립중앙도서관 전자도서관 원문 자료 http://www.nl.go.kr 2015. 4. 20).

압수 처분 당한 기사들의 주요 내용을 정리한 것이다.

1908년보다 1909년에 탄압 사례가 2배 가까이 늘었으며 금지와 압수 등 탄압 사례는 〈대한매일신보〉보다도 교포 신문들이 더 많았다는 사실을 알 수 있다. 표 3에 나타난 바와 같이 압수당한 사례들 중 가장 많았던 것은 인심과 풍속을 교란시킨다는 것이 많았지만 그 외에 일본의 보호 정치나 강제 병합 등에 대해 저항 의식을 고취 시키는 것은 모두 교포 신문들로서 50건에 이르렀다.

(3) 출판법의 제정

외국인 및 교포 발행 신문에 대한 통제 수단도 마련한 일제 당국에게 남은 영역은 출판이었다. 전술한 바대로 다양한 종류의 잡지와 책들이 다량 출판되면서 백성들의 계몽에 중요한 역할을 담당하는 현실을 일제는 가만둘 리가 없었다. 출판 부문에 대해서도 일제는 탄압의 칼을 뽑았다.

일제는 먼저 각급 학교 교과서부터 손을 대기 시작하였다. 민족 교육 운동을 통제하기 위해 1908년 8월 26일 칙령 제62호로 사립학교령을 반포하였는데, 이 중 교과용 도서에 대해서는 학부의 인가를 받아야만 하도록 규정하였다. 이에 따라 그해 9월 1일 '교과용도서검정규정'을 제정하여 통제의 세부 지침을 마련하였다.[69]

통감부는 1909년 1월에는 한국 정부에 초안을 보내 1909년 2월 23일 전문 16개조의 출판법을 법률 제6호로 공포하도록 하였다. 이 출판법의 가장 큰 문제는 제2조에서 사전 허가제를 규정하고 있다는 점이다. 출판을 하려면 지방 장관을 경유하여 내부대신의 허가를 받게끔 만들었다. 제11조는 허가를 받지 않고 출판한 경우에 처벌을 받도록 규정하였다. 출판 후에는 2부를 납본할 것을 의무로 정하였다. 사전과 사후의 이중 검열 장치를 만들어 놓은 것이다.

제12조는 외국에서 발행한 서적이나 외국인이 국내에서 발행한 서적에 대해서도 발매 반포를 금지하고 압수할 수 있도록 하였다. 신문에 대한 통제에서 어려움을 겪었던 경험이 그대로 반영된 것임을 알 수 있다. 제13조는 이 법을 위반한 경우에 발매, 반포 금지와 압수할 수 있게 하였으며 마지막 제16조에서는 이 법 시행 이전에 이미 출판된 서적에 대해서도 발매, 반포 금지와 압수를 가능토록 하였다.[70]

표 4 출판물 압수 현황(1909. 1~1909. 10)

책이름	부수	책이름	부수
중등교과 동국사략	1,266	20세기 조선론	228
월남망국사	832	소화笑話	58
유년필독	2,154	면암문집	699
유년필독석의釋義	308	동국문헌보유	15
금수회의록	203	합계	5,767*

출처: 《융희 3년 경찰사무개요》, 1909(p.160).

* 위의 숫자 실제 합계는 5,763이다. 원 자료에 문제가 있는 것으로 보인다.

이로써 일제는 단행본 출판 분야에 대해서도 탄압에 나서 1909년 한 해 동안 표 4에서 보는 바와 같이 《동국사략》, 《월남망국사》, 《금수회의록》, 《유년필독》, 《중등교과 동국사략》, 《20세기 조선론》 등의 저서를 압수하기 시작하여 시행 이후 10개월 동안에 총 5767책을 압수하는 탄압 조치를 자행하였다. 1910년 들어서도 4월에 《악전교과서》와 《중등창가》, 5월에 《천세력》이 압수되었다.[71] 이른바 정치권력에 의한 금서가 등장하게 된 것이다.

5) 한국 언론의 민족주의 성립

일본의 침략이 본격화되며 국권이 위태로워지는 이 시기에 오면서 한국 언론에도 민족주의적 인식이 나타나기 시작하였다. 1909년 5월 〈대한매일신보〉에 실린 "제국주의와 민족주의"라는 제목의 논설이 바로 그 분수령을 이룬다. 이제는 열강이 도와주기를 기대하는 것이 현실과 너무 동떨어진 인식이라는 자각에 이르게 된 것이다. 우리의 문제는 우리 스스로 해결할 수밖에 없다는 현실적 인식이 이때부터 생겨나기 시작한 것이다. 서구 근대의 핵심을 구성하는 이념으로서 민족주의가 이 시기에 싹트기까지의 단계적 변화 과정을 정리해 보자.

(1) 개항 이후 한국 언론의 민족주의적 인식의 발전

먼저 초기인 〈한성순보〉와 〈한성주보〉 발행기를 통해 타자, 즉 외부 세계의 존재에 대한 인식이 형성되는 단계를 거쳐야 했다. 개항 이후 서구 문물이 들어오면서 기존의 중화주의적 세계관을 넘어서는 새로운 인식이 형성되기 시작하였다. 특히 서구 문물을 도입하여 근대적 개혁을 이루는 데 적극적이었던 개화파가 근대 신문 발행의 주체가 되면서 신문도 자연스레 지면을 통해 근대성을 소개하는 적극적 역할을 하게 되었다. 이 시기에 발행된 〈한성순보〉와 〈한성주보〉는 지면을 통해 외국의 문물과 제도, 사상 등을 소개함으로써 중화사상을 넘어 타자에 대한, 즉 더 넓은 세계에 대한 인식의 지평을 넓히는 계기가 되었다.

청일전쟁 이후에는 한국 사회의 발전 방향에 대한 인식을 더욱 구체화하는 방향으로 나아갔다. 그 맹아적 징후는 우선 '동일시와 배제의 욕망'으로 나타났다. 청일전쟁의 결과로 찾아온 '독립'의 기회를 잘 살려 서구 열강과 같은 근대 국가 체제로 탈바꿈하고픈 간절한 동일시의 욕망을 담아내기 시작하였다. 이를 위해서는 구태를 못 벗어나고 있는 청나라, 그리고 우리 안의 전근대적 요소들이 배제되고 극복되어야 할 대상으로 간주되었다. 이러한 열망이 당시의 대표적 신문이었던 〈독립신문〉 지면을 통해 잘 드러났다. 이 단계에서는 국가 단위보다는 인종 단위로 정세를 파악하는 아시아주의적 인식이 지배적이었다. 즉 당시의 세계정세를 백인종과 황인종의 대결로 보면서 아시아 3국이 연대해서 백인종의 침략을 막아야 한다는 것이었다. 이러한 입장에서 일본의 선도적 역할에 큰 기대를 걸게 되었다.

한국 신문에서 반제적 인식이 나타나기 시작한 것은 1898년에 창간된 민간지들에서였다. 청일전쟁 이후 열강들의 이권 침탈이 본격화되면서 제국주의의 침략적 본질에 대한 인식이 나타나기 시작했다. 독립협회 운동이 제국주의의 침탈에 저항하는 움직임을 보이는 것과 함께 신문들에서도 반제적 인식이 나타나기 시작했던 것이다.[72]

(2) 〈대한매일신보〉의 민족주의

제국주의에 대한 비판적 인식을 바탕으로 해서 민족주의적인 인식이 나타나게 되었다. 결정적인 계기가 되었던 것은 을사늑약을 통해 외교권이 박탈되고 나아가 1907년 헤이그 밀사 사건을 빌미로 일제가 고종을 강제로 퇴위시킨 사건이었다. 개항 이후 일본에 대해 아시아의 지도적 역할을 해 줄 것으로 기대하였음에도 불구하고 오히려 한국에 대한 침략을 더욱 본격화하더니 급기야 고종 황제를 강제로 몰아내는 것을 지켜보면서 비로소 한국 언론에는 근대 민족주의적 인식이 모습을 드러내기 시작하였다. 〈대한매일신보〉의 지면을 통해 제국주의에 대항하는 이데올로기로서 민족주의가 필요하고 중요하다는 논의가 나타났으며 아시아주의를 넘어서는 인식도 형성되었다.

민족주의 인식의 형성을 위해서는 우선 민족이라는 단위에 대한 인식이 필요하다. 〈독립신문〉 단계만 하더라도 민족이라는 개념은 사용되지 않았다. 대신 '백성'과 '인민'이라는 용어가 주로 많이 사용되었으며 그다음으로 '신민,' '동포,' '국민' 등의 개념이 간간이 사용되었다.[73] 당시 '신민'이라는 용어는 '조선 신민'의 경우처럼 주로 왕과의 관계에서 쓰였다. '인민'은 '외국 인민,' '세계 인민'이라는 용법도 보이며 '조선 인민'이라고 할 경우 외국 인민과의 동등한 관계를 표현할 때 쓰이고 있다. 또한 인민은 정부를 제외한 사회 구성원을 의미하기도 하였다. '백성'은 잘 다스려야 할 대상을 의미하는 개념이었다. 한편 국민은 그 나라 국적을 가진 인민, 한 국가 권력 아래서 생활하는 인민을 의미하였다.[74]

민족이라는 개념이 등장한 것도 〈대한매일신보〉부터다. 이 신문 지면에는 1908년부터 '민족'이라는 개념이 등장하기 시작하여 1909년에는 급격히 증가하였다.[75] 그다음 해인 1909년 5월 28일자에 가면 마침내 "제국주의와 민족주의"라는 제목의 논설이 등장한다. 단재 신채호가 쓴 것으로 알려진[76] 이 기념비적인 논설의 전문을 살펴보자.

> 풍운이 이는 듯, 홍수가 끓는 듯, 벽력이 뒤집는 듯, 조수가 몰리는 듯, 불이 타는 듯한 이십세기 제국주의여(영토와 국권을 확장하는 주의)
>
> 신성한 미국 먼로 대통령의 주의(내가 다른 사람을 간섭하지 아니하고 다른 사람도 나를 간섭치 못하는 주의)가 백기를 한번 세운 뒤로 동서 대륙에 소위 6개 강국이니 팔대 강국이니 하는 열강이 모두 열성으로 이 제국주의를 숭배하며 모두 서로 다투어 이 제국주의에 굴복하여 세계 무대가 활발한 제국주의를 이루었도다.
>
> 그러한즉 이 제국주의를 저항하는 방법은 무엇인가? 가로대 민족주의, 다른

민족의 간섭을 받지 아니하는 주의를 분발할 뿐이니라.

이 민족주의는 실로 민족을 보전하는 방법이라. 이 민족주의가 강건하면 나폴레옹 같은 큰 영웅으로도 러시아 영토에서 대패하여 도망함을 면치 못하였으며 민족주의가 박약하면 아라비* 같은 큰 호걸로도 세일론의 외로운 섬 중에서 망국의 한을 품고 죽었으니 오호라 민족을 보전코자 하는 자 이 민족주의를 숭상치 아니하고 무엇을 하리오.

이런 고로 민족주의가 성하여 웅장한 빛을 나타내면 맹렬하고 포악한 제국주의라도 감히 침토치 못하나니 원래 제국주의는 민족주의가 박약한 나라만 침토하느니라

금수 같고 꽃 같은 한반도가 오늘날에 이르러 캄캄하고 침침한 마귀 굴 속에 떨어짐은 무슨 연고인가? 곧 한국 사람의 민족주의가 어두운 까닭이라.

바라노니 한국 동포들은 민족주의를 크게 분발하야 우리 민족의 나라는 우리가 주장한다하는 말을 뇌수에 새기며 우리 민족이 아니면 우리를 반드시 해롭게 한다하는 구절로 몸을 호위하는 부적을 삼아 민족을 보전할지어다.

세계사의 흐름과 국제 정세의 전개 속에서 제국주의와 민족주의의 맥락을 짚으며 우리가 살 길은 민족주의의 강화밖에 없다는 주장을 펼친다. 이때에 와서야 우리 스스로가 아니면 우리를 보호해 주고 도와줄 우방은 어디에도 없다는 냉엄한 현실을 파악하기에 이른 것이다.

얼마 후에는 아시아주의의 본질을 날카롭게 지적하면서 이의 극복을 주장한 논설도 등장하였다. 1909년 8월 8일과 10일 양일에 걸쳐 연재된 "동양주의에 대한 평론"이라는 제목의 논설이 바로 그것이다. 이 논설은 동양주의를 주장하는 자를 '나라를 그르치는 자'요 '외국에 아첨하는 자'이며 '혼미무

* 이집트의 독립운동 지도자 아라비 파샤Arabi Pasha를 말하는 것으로 보인다.

식한 자'라고 강도 높게 비판하면서 다음과 같이 주장하고 있다.

> 국가는 주인이오 동양은 객이어늘 이제 동양주의를 창론하는 자를 볼진대 동양은 주인이 되고 국가가 객이 되어 나라의 홍하고 망하는 것은 하늘 바깥에 붙치고 오직 동양을 보전코자 하나니 오호라 어찌 그리 심히 우매하뇨 그런즉 한국이 영영 망하며 한국 민족이 영영 멸종이 되어도 다만 이 나라 땅이 황인종에게로만 돌아가면 이것이 좋다할가 오호라 불가하니라

동양보다는 절대로 국가가 우선되어야 함을 다시 한 번 강조하고 있다. 이는 일제의 침략이 보다 노골화되어 가면서 강제 병탄에 관한 논의마저 등장하는 상황을 보고서 나타난 논설이라 하겠다. 이처럼 1909년에 들어 〈대한매일신보〉 지면에 게재된 일련의 논설들을 보면 이 시기에 와서 민족주의에 토대를 둔 근대 민족국가관의 외형이 갖추어지기 시작했다고 평가할 수 있다.

6) 개화기 신문의 경영과 광고

(1) 신문사의 경영 상태

개화기의 신문들은 대부분 기업의 형태로 존재하였다. 따라서 시장 속에서 독자적으로 수지를 맞추어 나가야만 하는 상황이었다. 개항 이후 외국 자본이 들어오기 시작하면서 한국 사회에도 회사들이 설립되기 시작하였다. 이러한 경제적 상황 속에서 신문들도 이윤보다는 국민 계몽을 위해 발행했지만 박문국에서 발행한 〈한성순보〉와 〈한성주보〉를 제외하고는 〈독립신문〉 이후의 모든 신문사들이 기업의 형태를 취하였다.

기업으로서 개화기 신문들은 공통적으로 극심한 경영난에 시달려야 했다. 이는 당시의 신문들이 대부분 수지를 맞추기 힘든 여건에서 시작했기 때

문에 겪어야만 했던 불가피한 현상이었다.

그러나 개화기의 신문들은 기본적으로는 흑자를 낼 수 있는 경영 기조를 유지하였다. 물론 당시의 독자 시장이나 광고 시장도 제대로 갖추어지지 못하여 발행 부수도 몇천 부 정도에 불과했으며 광고 수입도 미미했다. 하지만 각 신문사들은 조직의 규모를 최소한으로 유지하여 비용을 절감하고 부대사업 등을 통해 비용을 초과하는 수익을 확보할 수 있는 구조를 만들었다. 계획대로 운영만 된다면 소폭이나마 흑자를 유지할 수 있는 조건이었다. 그러나 실제로는 흑자를 내지 못하고 적자를 기록하면서 경영난에 허덕여야 했다. 이렇게 될 수밖에 없었던 가장 큰 이유는 구독료 징수가 제대로 되지 않았기 때문이었다.

(2) 구독료 수입

앞에서도 인용한 《주한일본공사관기록》의 〈독립신문〉 경영 자료를 제외하고는 신문들의 구독료 수입 규모를 정확하게 알 수 있는 자료는 없다. 하지만 거의 모든 신문들이 구독료 징수가 제대로 되지 않아 경영에 커다란 애로를 겪었다. 이러한 사실은 당시의 신문 지면들을 통해 확인할 수 있다. 신문들은 여러 차례에 걸쳐 구독료 납부를 촉구하는 내용을 논설이나 사고 형식으로 지면에 게재하였다. 예컨대 〈제국신문〉 1899년 1월 19일자 논설은 신문사 운영의 여러 어려움을 토로하면서 구독료는 경비를 제하면 종이 값도 안되는데도 불구하고 "신문 보는 이가 달달이 내기나 하면 좋으련만 신문 값도 아니 주고 신문 보지도 않는 사람이 허다"하다고 설파하였다. 이외에도 〈독립신문〉 1897년 5월 1일자의 논설이나 〈황성신문〉 1900년 9월 29일자와 1903년 2월 5일자에 실린 사고 등이 같은 논지를 펴고 있다. 구독료 미납의 문제는 개화기 신문의 경영난을 가중시키는 가장 큰 요인이었다.

이처럼 구독료 납부가 제대로 되지 못했던 이유는 첫째는, 신문 보급망이 제대로 갖추어지지 못했기 때문이다. 신문의 보급은 주로 우편 제도를 통해 이루어졌다. 구독료 징수는 한성의 경우 배달원이 맡았지만 지방은 독자가 자발적으로 납부해 주기를 기대할 수밖에 없었다. 특히 지방의 개인 독자는 구독료를 본사에 전달하는 것도 쉽지 않았다. 우표로 대신하기도 하였지만 이는 현금화하기 위한 수수료 형식으로 10%의 추가 부담을 물어야 했다. 뿐만 아니라 우표를 사야하고 이를 우편으로 보낸다는 매우 번거로운 과정을 거쳐야 했다.

지방의 독자에게 10%를 추가 부담시킨 근거는 1897년 3월 16일 칙령 제16호로 전면 개정된 '국내우체규칙'이었다. 제46조를 보면 우표를 현금으로 환불할 때는 수수료로 10%를 제한다고 규정하고 있다. 이 규정에 근거하여 신문의 구독료를 우표로 납부하면 신문사에서는 이를 우체사에 반환하여 10% 수수료를 제하고 현금화했던 것이다.[77]

두 번째는 관료들의 나태다. 구독료 미수금의 커다란 몫을 차지했던 것이 지방 관청들의 구독료였다. 이는 관리들이 신문을 보고 구독료를 제대로 안냈다는 말이 된다. 셋째로는 독자들의 경제 수준과도 밀접한 관련이 있을 것으로 보인다. 전반적인 생활 수준도 높지 않았으며 화폐의 사용이 보편화되지 못한 단계에서 매달 구독료를 현금으로 꼬박꼬박 내는 것이 독자들로서 쉽지는 않았을 것이다. 다음으로는 독자들의 인식을 지적할 수 있다. 신문의 초창기였기 때문에 신문을 유료로 구독하는 문화에 익숙지 않았을 것이다. 구독료를 내지 않아도 별다른 제재도 없는 상황에서 신문 구독료를 자발적으로 내는 문화가 금방 정착되기는 어려웠을 것이다.[78]

(3) 광고 수입

신문사의 운영에서 광고 수입은 구독료 수입과 함께 중요한 비중을 차지한다. 개화기 신문들도 〈한성주보〉가 처음으로 광고를 도입한 이후 〈독립신문〉부터는 따로 광고면을 고정적으로 두고서 운영하였다.

개화기 신문들은 광고의 필요성과 중요성에 대해서 충분히 인식하고 있었다. 앞에서 〈독립신문〉의 사례를 논하였지만 다른 신문들도 마찬가지였다. 예를 들어 〈제국신문〉 1900년 5월 10일자 논설을 보면 광고의 역할과 필요성을 설명하면서 "어느 관부에 고시 같은 것도 통구에 부치는 것은 유의하여 보는 이가 적을뿐더러 무식한 사람이 보는 이가 별로 없으되 신문에만 내는 것은 가량 신문이 날마다 만 장씩 발간하게 되면 적어도 신문 보는 사람이 삼만 명은 될 터이니 인구 전파하야 소문이 속히 광포되어 실제로 믿는 효험이 적지 않은지라 그런 고로 외국 사람들은 사업을 크게 하는 사람들에 광고비가 자본의 절반이 된다하고 또 전부 광고만 내는 신문이 있나니"라고 하여 신문이야말로 많은 사람들이 보기 때문에 광고 효과가 가장 큰 매체라는 사실을 강조한 바 있다.

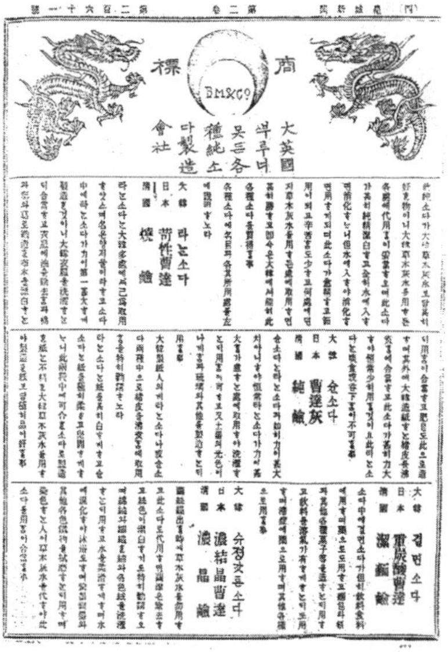

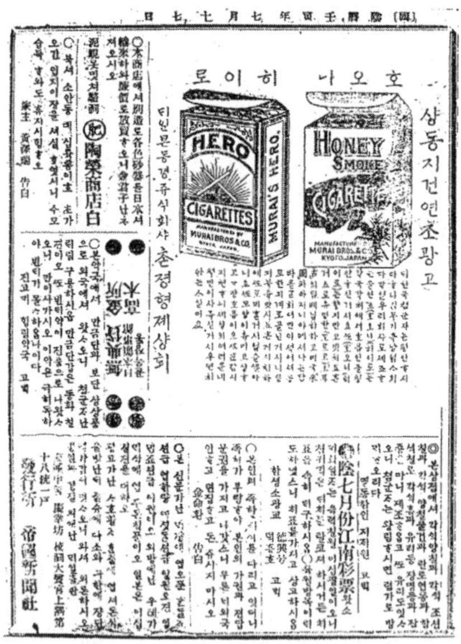

사진 12 개화기 신문 지면의 광고. 〈황성신문〉 4면에 실린 영국 회사의 전면 광고로 1899년 11월 14일부터 1902년 12월 29일까지 매일 게재되었다(왼쪽). 〈제국신문〉 1902년 8월 20일자의 광고란. 삽화를 사용한 담배 광고, 활자를 거꾸로 인쇄한 광고가 눈에 띈다.

하지만 실제 경영에서 광고 수입은 그다지 큰 비중을 차지하지 못했다. 광고료 수입의 규모를 직접적으로 알 수 있는 자료는 많지 않다. 전술한 대로 《주한일본공사관기록》을 통해 보면 1897년의 〈독립신문〉 광고료 수입은 연 600원 정도로 전체 수입에서 10.6%를 차지하는 데 그쳤다. 광고주들은 국내에 진출한 외국 자본과 기업이 대부분이었다. 이처럼 광고가 기대한 만큼의 수입원이 되어 주지 못하였다는 사실은 개화기 신문들의 재정을 어렵게 만드는 요인이 되었다.

대중 매체의 광고는 산업 사회에서 본격적으로 발전하였다. 기계에 의한 대량 생산 체제로 들어가면서 판매를 위해서는 광고의 필요성이 절실해져 당시 최대의 대중 매체인 신문을 통해 본격적으로 광고하기 시작한 것이다. 다시 말해 신문의 광고가 활성화되려면 그 사회의 산업적 여건이 성숙될 것을 필요로 한다. 개화기 한국 사회에서 이러한 조건을 기대하기는 어려운 상황이었다.

(4) 부대사업

어려운 경영 여건을 극복하기 위하여 개화기의 신문들은 여러 가지 부대사업을 하였다. 가장 많았던 것은 서적 인쇄 및 판매였다. 개화기의 신문들은 인쇄 시설을 이용하여 단행본과 명함 인쇄 등을 겸하였다. 앞에서 〈독립신문〉의 경우를 설명하였지만 인쇄 사업은 초창기부터 시작되어 대부분의 신문들이 부대사업으로 시행하였다. 예를 들어 〈매일신문〉 1898년 7월 30일자 광고란을 보면 신문 사옥을 옮긴 사실을 알리면서 "새로 신문을 보시려 하던지 혹 서책과 명함을 박으려 하시거든 다 찾아오시기를 바라오"라고 광고하고 있다. 〈제국신문〉도 1899년 10월 12일자부터 4면 광고란에 다음과 같이 광고하였다.

> 본사에 이문사 활판 기계가 있사온대 한문 2호 4호 5호 주자와 영문 주자 일문 주

자가 구비하오니 누구시던지 각항 서책이나 명함을 박이고저 하시거든 본사로 찾아오시면 염가로 수응하겠습나이다

같은 신문 1900년 1월 23일자부터는 "서양 각국에서 쓰는 270여 가지 음식 만드는 법을 자세히 번역하여 박혀서 본사에서도 방매하는데 값은 매권에 50전씩이오니 많이 사가시오"라고 서적 판매 광고를 광고란에 게재하였다. 이 책은 전술한 대로 〈독립신문〉부터 시작하여 〈제국신문〉, 〈황성신문〉 등이 판매한 것으로서 각기 지면을 통해 광고한 것으로 보인다. 이처럼 개화기 신문들은 주 업종인 인쇄 설비를 이용하여 여러 가지 부대사업을 시행하였음을 알 수 있다.

(5) 신문의 홍보와 판촉 활동

개화기 신문들은 독자층 확대를 위한 마케팅의 일환으로 타 신문을 통해 광고도 하였다. 이 광고들이 유료였는지의 여부는 확인할 수 없지만 당시 거의 모든 신문의 지면에 다른 신문 구독을 권유하는 광고들이 매우 빈번하게 등장하였다. 한 가지만 예를 들어 보자. 〈매일신문〉 1898년 11월 22일자 광고란에는 "황성신문은 국내에 처음으로 국한문을 섞어내는 신문인데 학문상과 개명상에 매우 유익하고 인민 계도 하는데 대단히 귀한 신문이오니 많이들 사서 보시오"라는 〈황성신문〉 광고가 게재되어 있다. 〈황성신문〉의 구독을 권유하는 내용이다. 대부분의 신문 광고들이 이와 비슷한 문구로 구성되고 있다. 즉 'XX 신문은 유익한 내용이 많으니 많이들 사서 보시오'라는 내용이다.

개화기 신문 지면에 실린 타 신문의 광고는 어렵지 않게 찾아볼 수 있을 정도로 전체 광고 중에서 상당히 높은 비중을 차지하고 있다. 〈독립신문〉의 경우는 이러한 신문 광고가 271건으로 전체의 7.1%를 차지하며 〈매일신문〉의 경우는 이보다 더 높아서 156건으로 전체의 21.3%를 차지하여 회사의 사

고에 이어 2위를 차지할 정도였다.[79]

이 신문 광고들이 유료였는지 무료였는지를 알려주는 확실한 증거는 없다. 그러나 무료로 이루어졌던 게 아닌가 하는 추정을 해 볼 수 있다. 당시 신문들의 어려운 재정 여건을 고려하면 타 신문에 비용을 지불하면서 광고한다는 것은 현실적으로 불가능했을 것이다. 이 신문 지면의 신문 광고들이 무료였다면 당시 신문들이 상호 경쟁보다는 공동보조를 취하면서 독자층 확대에 노력했다고 볼 수 있다.

독자층 확대를 위한 전략의 일환으로 개화기 신문들은 홍보용 신문을 무료로 배포하기도 하였다. 〈대한매일신보〉(국한문판) 1906년 5월 25일자 3면을 보면 각 도 관찰부와 각 군에까지 수일간 무료로 신문 3부씩을 보내니 이를 본 후 계속 구독하면서 백성들에게도 구독을 권유하여 문명 개진에 기여해 주기 바란다는 내용의 '특별 사고'가 게재되어 있다. 신문의 구독 확장을 위한 홍보용으로 각급 기관에 무료 배포하였던 것이다.

여기서 또 하나 알 수 있는 사실은 〈황성신문〉이나 〈제국신문〉 등 1890년대 말경에 창간된 신문들은 창간 초부터 관을 통한 배급이 이루어졌지만 〈대한매일신보〉에 와서는 그게 없었다는 사실을 짐작할 수 있다. 그러다 보니 각 지방 관청에 홍보용 신문을 배포하여 판매 확장을 도모했던 것으로 보인다.

한편 〈만세보〉는 창간호를 수만 부 인쇄하여 홍보를 위해 널리 배포하였다. 이 신문 창간호인 1906년 6월 17일자의 '고백'란을 보면 "본보 제1호는 수만 매를 인쇄하여 대금을 받지 아니하고 도하에 광포하오니 구람코자 하시는 모든 군자는 본사로 청구하시오"라고 공지하였다. 이와 같이 개화기 신문들은 자사 홍보를 위한 무가지를 발행, 배포하여 독자층 확대를 위해 노력했다는 사실을 알 수 있다.

개화기 신문들은 보급 확대를 위해 판촉 활동도 벌였다. 서구의 신문들이 상업화 이후 많이 사용한 경품 제공 방식이 도입되었다. 〈그리스도신문〉

이 고종의 탄신일을 맞이하여 구독료 1년 치를 선금으로 납부한 사람에게 고종의 석판 사진을 경품으로 증정[80]하였던 것이 대표적인 사례다. 경품을 줌으로써 구독을 확장하고 구독료 선납을 촉진하려 시도했던 것이다.

새로운 구독자를 확보해 오는 사람에게 반대급부를 주는 인센티브 제도도 시행되었다. 〈매일신문〉 1898년 7월 7일자 '사중고백'난을 보면 회사 경영상의 어려움을 호소하면서 "신문 볼 사람을 한 자리 얻어 오는데 동전 2개씩 주기로 작정한 후로 여러 백 자리가 늘어 가는 중"이라고 언급하고 있다. 구독자 한 명에 동전 두 개씩 주는 인센티브 제도로 수백 명의 독자를 확장할 수 있었다는 말이다.

또한 홍보 요원을 파견하여 신문의 판매 촉진을 도모한 사례도 발견된다. 러시아의 블라디보스토크에서 발행된 〈해조신문〉은 신문 구독을 권유하기 위해 선전 위원을 위촉하여 여비를 지불하고는 각 도에 파견하였다.[81] 특히 이 〈해조신문〉은 창간 당시부터 홍보에 매우 적극적이었다. 전술한 대로 신문의 발행 목적과 사명을 천명한 창간 취지서를 〈대한매일신보〉 1908년 3월 7일자 1면을 통해 국내에 알린 것은 물론 일본, 미주, 하와이 등의 재외 한인들에게도 발송하여 널리 선전하였다.

(6) 정부의 자금 지원

수지를 맞추기 어려웠던 개화기 신문의 경영에는 정부의 자금 지원이 중요한 역할을 하였다. 신문사에 대한 정부의 자금 지원은 크게 두 가지 형태로 이루어졌다. 하나는 창간 자금을 지원하는 것이고 다른 하나는 신문사가 곤경에 처해 있을 때 운영 자금을 도와주는 것이다.

전자의 대표적인 예가 바로 전술한 대로 〈독립신문〉과 〈대한매일신보〉이다. 그 밖에 〈대한일보〉의 창간에도 고종이 하사금을 내려 창간 자금을 보조하였다. 이 신문은 일본이 항일의 선봉에 섰던 〈대한매일신보〉에 대항하여 자신들의 입장을 대변하기 위해 보조금을 지급하여 1904년 3월 10일 창간한 친

일지 성격의 신문이었는데, 고종은 이 신문에도 1000원을 하사하였다.[82]

신문사에 운영 자금을 보조해 준 사례로는 먼저 〈제국신문〉의 경영이 극심한 어려움에 처했던 1903년경 고종은 2000원의 내탕금과 함께 전 광문사의 가옥 및 인쇄 시설을 하사하였다.[83] 〈황성신문〉에도 마찬가지로 고종은 사옥과 보조금을 하사하였다. 1904년 5월에 사옥을 하사하였으며, 이어 7월에는 5000원을 하사하여 사옥을 새로 옮기거나 증축하도록 하였다. 뒤이어 7월 26일경에는 운영비 보조금 4000원을 하사하였다.[84] 이러한 정부의 자금 지원은 어려운 신문사의 경영에 적지 않은 도움이 되었을 것이다.

5. 신문 보급의 확산과 독서 공중의 형성

1) 전국 독자층의 형성

(1) 신문 보급의 확산

1883년 〈한성순보〉로 시작된 한국의 근대 신문은 이후 발행 종수도 많아지고 주체 세력도 다양화되면서 영향력 있는 새로운 사회적, 문화적 제도로 정착하였다. 이처럼 근대 신문의 시대가 열리면서 한국 사회에도 이 신문을 읽는 새로운 집단, 즉 신문 독자층이 처음으로 나타나게 되었다. 이 집단이 신문을 구독하거나 기타의 방법으로 접하면서 신문이 담고 있는 내용을 통해 한국 사회가 근대라는 새로운 시대를 열어가는 기반을 형성하게 된 것이다.

초창기 근대 신문의 보급은 어느 사회나 극히 제한적이다. 신문 배포를 위한 사회적 기반 시설도 갖추어지지 않았고 문맹률도 높았으며 어려운 경제 여건에 신문을 구독하기가 쉽지 않았기 때문이다. 개화기의 신문들도 대부분 발행 부수가 많지는 않았지만 〈독립신문〉 이후 신문의 주체도 다양해지고 종수도 많아지면서 몇백 부에서 몇천 부까지 지속적으로 확대되어 갔다. 〈대

표 5 〈대한매일신보〉의 구독자 분포

판별	서울	지방	외국	합계
국한문	3,900	4,243	–	8,143
한글	2,580	2,070	–	4,650
영문	120	280	63	463
계	6,600	6,593	63	13,256

출처: 계훈모 엮음(1979), 《한국언론연표 I》, 관훈클럽신영연구기금, p.128.

한매일신보〉 발행기에 오면 보급 부수는 1만 부를 넘어섰다. 표 5는 1908년 5월경 〈대한매일신보〉 구독자의 지역별 현황을 정리한 것이다. 세 가지 언어판을 합쳐 전국에 1만 3000부가 넘는 발행 부수를 기록하였다.

1908년경 전국에서 발행되는 모든 신문들의 보급 부수는 서울에 8368부, 지방에 1만 2751부로 합계 2만 1119부 정도였다고 한다. 1907년경 전체 인구가 978만 2000여 명이었음을 고려하면 약 2.1%의 극히 미미한 보급률이라고 할 수 있다.[85] 하지만 몇백 부 발행하던 시절에서 10여 년 사이에 괄목할 만한 성장이라 할 수 있다.

(2) 전국 독자층의 형성

신문의 독자층이 늘어나면서 보급은 지방에도 점차 확대되어 갔다. 당시 신문들은 1909년 진주에서 창간된 〈경남일보〉를 제외하고는 모두 한성에서 발행되었다. 하지만 그 보급은 한성뿐만 아니라 전국 각지를 포괄하며 확산되어 갔다. 각 지역에 지사와 보급소를 설치하여 이를 통해 배포하였으며 보급소의 숫자가 지속적으로 증가하였다. 이에 따라 신문 구독자의 수는 한성보다도 지방이 더 많았다. 앞에서도 지적한 바와 같이 1908년경 한성에 8368부, 지방에 1만 2751부로 지방이 약 1.5배 많았다.

신문사들의 보급망은 〈독립신문〉도 창간 초기부터 제물포, 원산, 부산 등 전국 8곳에 분국을 설치하였으나 당시로서는 제대로 정착되기 어려웠으며 〈대한매일신보〉 발행기에 와서야 본격적으로 활성화되었다. 〈대한매일신보〉는 1905년 평양과 선천, 장연 등 서북 지역에 지사를 개설한 것을 시초로 1906년 4월에는 전국 9개소가 설치되었으며 1907년 5월에는 18개소로 늘었다. 증가 추세는 더욱 가속화되어 1908년 5월에는 48개소, 1910년 5월에는 전국 59개소로 늘어났다. 이 보급소들은 조선 8도뿐만 아니라 북간도까지 포괄하여 주요 지점에 설치, 운영되었다.[86]

이러한 사실은 근대 신문이 전국을 포괄하는 하나의 새로운 매체로 정착되었음을 의미한다. 이는 전국이 하나의 언어권으로 묶이게 되었음을 말해 준다. 물론 사용 언어는 한글과 국한문 혼용이 공존하였지만 동일한 텍스트를 공유하는 하나의 문화권으로 형성됨으로써 근대 민족 국가로 나아갈 기반이 마련되었다고 볼 수 있다.

신문의 사용 언어가 이처럼 다양하게 존재했던 사실은 사회 계층의 측면에서 더 많은 백성들을 독자층으로 끌어 들일 수 있는 요인이 되었다. 〈독립신문〉 창간사에서도 순 한글을 사용한 것은 '남여 상하 귀천이 모두 보게 하기 위해서'라고 언명한 바와 같이 개화기에 순 한글로 신문을 발행한 것은 일반 백성들을 독자층으로 끌어 들여 그들을 계몽함으로써 근대적 개혁의 초석으로 삼으려는 목적이었다.

실제 이 시기 신문의 언어에 따라 주 독자층이 차별화되는 양상도 나타났다. 국한문 혼용체 신문은 사대부와 양반 계층이 주된 독자층이 되고 한글 신문은 여성과 평민 등이 주된 독자층이었다. 1898년 창간된 민간 신문들 중 국한문 혼용체의 〈황성신문〉은 당시 사회에서 '숫신문,' 순 한글의 〈제국신문〉은 '암신문'이라는 세평이 존재했다는 사실[87]은 이러한 측면을 잘 말해 준다. 국한문 혼용판과 순 한글판을 함께 발행했던 〈대한매일신보〉는 1908년 5월 9일자 논설에서 이러한 독자층의 세분화를 "〈매일신보〉 종이가 원근 각처에 없는 데가 없어서 부인 여자와 저잣거리에는 사람 사람이 국문 〈매일신보〉를 손에 들었으며 선비의 집 사랑에는 책상 위에 한문 〈매일신보〉를 놓지 아니한 데가 없어서 발간을 시작한지 얼마가 못되어 일만 장 이상이 나가니" 라고 표현하였다. 다양한 계층을 포괄하는 독자층이 형성되고 있음을 알 수 있다.

이처럼 지역적으로는 전국을 포괄하고 계층적으로도 다양한 집단이 참여하는 신문 독자층이 형성된 것으로 볼 수 있다. 이는 개화기 한국 사회에 근대 신문이 나타남으로써 과거와는 다른 형태의 근대적 공론장이 형성되었다고 평가할 수 있다.[88] 과거 한문을 해독하는 사대부 계층에 의해 독점되던 공론장에 한글 신문이 등장하여 사회적 이슈와 정보를 다룸으로써 그 독자인 일반 백성들, 즉 평민들도 공적인 사회 문제에 관심과 의견을 가지고 참여할 수 있도록 공론장이 확대되었다는 말이다. 이러한 공론장의 발전은 근대로 발전해 가는 중요한 단계가 된다.

(3) 간접 구독 방식의 활성화

지역이나 계층 면에서 포괄적인 독자층이 형성되었다고는 하지만 여전히 그 숫자는 제한된 것이었다. 어느 사회나 근대 신문의 초창기는 마찬가지다. 문자 해독 능력이나 우편 제도, 경제적 어려움 등 제반 여건의 미비로 그 보급은 확산되기가 어려웠다. 이러한 어려움을 극복하기 위해 근대 신문의 초창기에는 여러 가지 간접적인 구독 방식들이 나타났다.

가장 많은 것은 글을 읽을 줄 모르는 사람을 위해 문자를 아는 사람이 신문을 대신 읽어 주는 방식이다. 문맹률이 높았던 당시에 많이 사용되었던 방식이다. 〈독립신문〉 1898년 11월 9일자의 "신문 없지 못할 일"이라는 제목의 논설은 이러한 사실을 잘 보여 준다. 강원도 양구군에 사는 사람이 보낸 이 편지는 양구 군수가 장날이면 사람들을 모아 놓고 문자를 아는 사람으로 하여금 〈독립신문〉을 큰 소리로 읽게 하였다는 것이다. 이는 글을 모르던 사람들에게 메시지를 전달하기 위한 방법으로 널리 사용되었다.

신문 한 부를 여러 사람들이 돌려 읽는 방식도 널리 사용되었다. 신문 한 부를 누군가가 읽고는 바로 버리는 것이 아니라 이를 다른 사람들이 다시 읽는 방식을 말한다. 당시 한성에서 미국인 호머 B. 헐버트Homer B. Hulbert가 발행하던 잡지 〈코리안 리포지터리〉 1897년 12월호에는 〈독립신문〉이 창간된 다음해인 1897년 이 신문 한 부가 어떤 마을에서는 적어도 85명이 돌려 읽을 정도로 읽히고 또 읽혔다고 기록되어 있다. 신문을 직접 사 볼 경제적 여유가 없던 사람들이 많았으므로 한 부를 많은 사람들이 돌려 읽었던 것이다.

신문의 보급 확대를 위한 방편의 하나로 개화기에 특징적인 것 중 하나가 신문잡지종람소다. 이는 특정한 공간에 그 지역 유지나 뜻있는 사람들이

사진 13 사람들을 모아 놓고 신문을 읽어 주던 모습. 이 그림은 일본인 만화가가 조선의 여러 풍습을 만화로 표현한 것 중 하나다.

출처: 鳥越靜岐 · 薄土斬雲(1909),《朝鮮漫畫》, 京城: 日韓書房, p.103.

자비로 신문과 잡지를 구비하여 다른 사람들이 와서 자유롭게 읽을 수 있도록 조성한 공간을 말한다. 1898년 6월 9일 인천에 박문회가 생겨 관보와 각종 신문, 서적을 널리 구비하여 놓고 회원들로 하여금 이용케 한 것이 최초였다.[89] 1902년에는 한성의 경성학당이 신문, 잡지 수십 종을 모아 놓고 종람소를 개설하여 일반인들의 종람을 허용함으로써 종람소라는 명칭을 최초로 사용하였다.[90]

이렇게 시작된 신문잡지종람소는 그 후 전국으로 확대되었다. 1907년 진주에 신문잡지종람소가 설립된 것을 비롯해 같은 해에 경기도 파주와 평안북도 곽산에 설립되었으며 1908년에는 평안남도 성천, 1909년에는 평안남도 용강군의 삼화항 등 전국 11개소에 신문잡지종람소가 생겨났다. 이 종람소들은 일본인이 경성학당에 설립한 것과 서양인 목사가 서울 마포에 설립한 것, 그리고 관립한성고등학교에 세워진 것 외에는 모두 국내의 민간인들이 자신의 집이나 연관 단체의 사무실에 설립한 것이었다. 각지의 뜻있는 인사들이 사재를 털어 각종 신문과 잡지, 서적 등을 갖추어 놓고는 원하는 사람들이면 누구나 와서 자유롭게 이용할 수 있도록 하여 국민의 개명 진보에 이바지하려는 순수한 의도에서 설립, 운영되었던 것이다.[91]

이처럼 근대 신문 초창기의 제한된 여건 속에서도 정보 욕구를 해소하고 신문의 보급을 확대하기 위한 다양한 메커니즘들이 생겨났던 것이다. 이로써 신문들의 발행 부수보다 훨씬 많은 사람들이 신문의 구독층에 포함될 수 있었다.

(4) 신문 읽기 습관의 정착

신문 보급이 확대되어 구독자가 늘어나면서 독자들에게는 매일 신문을 읽는 습관이 형성되기 시작하였다. 신문 읽기가 생활 속의 필수적인 행위로 정착하게 된 것이다. 〈매일신문〉 1898년 12월 7일자 잡보란을 보면 다음과 같은 기사가 게재되었다.

남촌의 시 대관 모 씨의 아들이 있는데 연령이 이십 안이라 위인이 늠름할뿐더러 문필이 겸비하여 개명 진보에 마음을 활짝 열고 크게 느끼어 아침이면 각 신문을 자세히 다 본 후에야 글을 읽는다더라

아침이면 신문을 읽는 것이 습관화되어 가는 현상이 독자층에서 나타나기 시작하였음을 보여 준다. 또한 특정 신문 하나만을 보는 것이 아니라 여러 신문을 함께 구독하는 계층도 나타나고 있음을 알 수 있다. 1898년이면 〈독립신문〉을 비롯하여 〈매일신문〉, 〈황성신문〉, 〈제국신문〉 외에도 종교 신문인 〈조선크리스도인회보〉와 〈그리스도신문〉도 발행되고 있었다. 이 중 복수의 신문을 구독하며 매일 아침 자세히 읽는다는 것이다.

규칙적으로 신문 읽는 습관이 형성된다는 것은 특정 신문에 대한 태도를 넘어서 신문이라는 새로운 문화 현상 자체에 대해 익숙해지고 습관이 되면서 거기에 대한 인식과 가치가 형성되고 그에 따른 행위 패턴이 나타나게 된다는 것을 의미한다.

개화기의 신문들은 경영난 때문에, 혹은 정치적 상황에 따라서 오래 지속되지 못하고 문을 닫아야 했던 일이 비일비재하였다. 그때에도 독자들은 신문을 바꾸어 가면서 구독을 계속 이어 나갔다. 〈조선일보〉 1931년 12월 5일자 조간 7면을 보면 함경남도 정평에 사는 김동원이라는 당시 64세 노인의 사례를 소개하고 있다. 이 사람은 1898년 〈황성신문〉의 창간호부터 신문을 구독하기 시작하여, 그 후 총독부 기관지 〈매일신보〉, 그리고 〈조선일보〉까지 매일 신문을 구독하며 하루도 빠짐없이 자세히 읽고는 나아가서 그 신문들의 대부분을 모으기까지 했다는 것이다. 이 사람은 "신문은 나에게 둘도 없는 친구외다. 〈황성신문〉 창간호부터 오늘에 〈조선일보〉까지 계속합니다. 삼십여 년 동안에는 잠자지 못한 날과 밥 먹지 못한 날은 있었지만 신문만은 빼지 않고 읽었습니다"라고 술회했다. 〈황성신문〉이 창간되는 1898년에 이 노인은 31세였다. 이때부터 시작하여 〈황성신문〉이 강제 병합으로 폐간되자 〈매일

신보〉로 이어 나가다가 민간지가 창간된 이후로는 〈조선일보〉를 하루도 빠짐 없이 신문을 읽고 보관했다는 것이다. 이 노인은 그동안의 신문을 대부분은 모았지만 며칠분이 빠진 것을 못내 아쉬워했다. 이는 그만큼 신문 읽기가 새로운 생활 속에 습관화된 일상적 문화 행위로 자리하였으며 나아가서 신문을 버리지 않고 수집하는 독자들도 나타나기 시작하였음을 보여 준다.

신문 읽는 것이 습관화되다 보니 가끔 배달이 누락되면 독자들은 매우 큰 불편을 느끼며 불만을 표시하곤 했다. 〈황성신문〉 1906년 12월 26일자 잡보란을 보면 봉산군 천주교 신부가 5개월간 41일치가 누락되었다며 항의 편지를 보낸 것을 소개하였다. 이 신부는 편지에서 누락된 신문의 날짜를 일일이 열거하며 누락분은 신문 요금을 지불할 수 없다고 주장하였다.

당시의 열악한 우편 사정 때문에 배달 사고가 생기기도 했지만 각 지방 관리들로 인해 배달되지 않은 사례들도 있었다. 〈대한매일신보〉 1907년 11월 8일자 3면에 실린 "신문토색"이라는 제목의 잡보 기사는 신문 배달이 누락되거나 늦어 우편소에 가서 확인해 보니 지방 관리들이 중간에서 보느라 정작 독자들에게는 제대로 배달되지 못한 사례들이 많다고 보도하였다.

이처럼 신문 읽는 습관이 정착되면서 독자들은 신문 배달이 누락되거나 지체되면 불편과 불만을 느끼면서 이에 대해 적절한 방법으로 확인하거나 항의하기까지 하였음을 알 수 있다. 이는 그만큼 신문이 독자들에게 빼놓을 수 없는 생활의 일부분이 되어 가고 있음을 말해 준다.

2) 독서 공중의 형성과 참여

여러 사회 문화적 여건의 변화와 함께 형성된 새로운 독자 집단은 서양 근대의 초석이 되는 독서 공중reading public과 거의 유사한 성격을 지닌 것으로 볼 수 있다. 독서 공중은 바로 근대적인 평민 공론장[92]의 필수 구성 집단이 되는 것이다. 이들은 다수의 사람들로서 공간적으로 분산되어 있지만 사적 이해를 넘어 공적 문제에 관심을 가지고 참여하는 집단을 말한다. 개화기 신문의 독자들이 공중으로서의 성격을 지닌다는 사실은 〈대한매일신보〉 지면에서도 확인할 수 있다. 낡은 활자를 개량하기 위해 1909년 11월 4일부터 5일간 휴간하였다가 속간호인 11월 9일자 '시사평론'란에서 속간을 맞는 감회를 표명하며 독자 집단의 성격을 다음과 같이 표현한다.

> 우리 신보 애독자여 일차 면식 없지마는 그 마음이 서로 같고 천리밖에 멀리 있되 조석으로 상대하여 끊지 않던 그 소식이 닷새 동안 막혔으니 애독자와 기자 간에 궁금하던 그 회포가 하루라도 안보면 여삼추는 누구라도 다르겠는가

서로 만난 적은 한 번도 없고 공간적으로 멀리 떨어져 있지만 매일 같은 내용을 보며 같은 이슈에 대해 생각하는 공중public의 성격을 잘 표현하고 있다. 근대 신문의 출현이 상상의 공동체로서 민족과 민족주의의 형성에 중요한 기반이 된 것으로 평가하고 있는 앤더슨은 신문 읽기를 아침 기도 대용이라고 비유한 헤겔을 인용하면서 이를 '대중 의례mass ceremony'라 규정하였다. 신문 읽기라는 대중 의례를 행하는 독자들의 행위와 그 의미를 다음과 같이 규정하였다.[93]

> 그가 행하는 의례가 수천의(혹은 수백만의) 다른 사람들에 의해 동시에 반복되고 있음을 잘 알고 있다. 수많은 다른 사람들이 있다는 것은 확실히 알지만 그 사람들의 신원은 전혀 모른다. 더욱이 이 의례는 하루 한나절의 간격으로 끊임없이 반복된다. 세속적이고 역사적으로 시간이 측정되는 상상의 공동체에 대해 이보다 더 생생한 다른 모습을 상상할 수 있는가? 동시에 신문 독자는 자신이 보는 신문과 똑같은 복사품을 전철, 이발소, 자기 거주지의 이웃들도 읽고 있는 것을 보고, 상상된 세계가 눈으로 볼 수 있게 일상생활에 뿌리 내리고 있다고 계속 확신하게 된다.

매일매일 신문을 읽는 독서 공중의 대중 의례가 언어공동체를 형성하며 그것이 상상의 공동체, 즉 민족의 형성에 가장 중요한 밑거름이라는 말이다. 이러한 독서 공중이 개화기 한국 신문에도 형성되기 시작하였던 것으로 볼 수 있다.

이 독서 공중들은 근대 신문을 읽고 공적 문제에 관심을 가지면서 이를 토대로 구체적인 실천으로까지 이어지기도 한다. 개화기 신문 역사에서도 이러한 현상이 나타났다. 이들이 적극적으로 신문사에 투고하여 지면에 기사로 등장한 독자 투고가 그것이며 또한 이들이 신문사가 어려운 처지에 직면했을 때 나서서 신문 돕기 운동을 전개한 사실과 신문에 대한 불만이 시위 과정에서 신문사에 대한 공격으로까지 이어진 사례가 바로 그것이다.

(1) 독자 투고

1896년 창간된 〈독립신문〉부터 독자들은 투고를 통해 신문 지면에 적극 참여하였다. 이는 독자들도 적극적인 참여 의식을 가지고 있었고 신문 편집진도 이에 대해 긍정적이고 적극적인 인식을 가지고 있었기에 가능했다. 〈독립신문〉은 창간호부터 1면에 투고 요령을 안내하며 권유하였다. 내용은 "누구든지 물어볼 말이 있거나 세상 사람들에게 하고 싶은 말이 있으면 신문사로 간단하게 적어서 편지하면 대답할 만한 말이거나 신문에 낼 만한 말이면 내기도 할 것"이라고 방침을 밝혔다.

이러한 방침이 알려지면서 〈독립신문〉은 창간 직후부터 적지 않은 독자 투고가 들어 왔다. 지면에 독자 투고가 처음으로 게재된 것은 창간 후 11일 만인 1896년 4월 18일이다. 황해도 수안군의 원님이 세금을 너무 많이 징수하여 백성들의 부담이 과중하다는 내용이었다. 황해도 수안군에서 온 이 편지의 투고자는 아마 창간호를 보자마자 바로 투고하였던 것으로 보인다. 1896년 4월경의 우편 사정을 보면 우체사가 설치된 지역이 황해도에는 개성밖에 없었다. 황해도 수안에서 개성을 거쳐 한성우체사를 통해 〈독립신문〉

> **언론 촌지의 역사적 유래**
>
> 〈독립신문〉의 독자 투고와 관련하여 흥미로운 사실은 신문사에 편지를 보내면서 돈을 함께 넣은 사례가 가끔씩 있었다는 점이다. 자신의 편지가 지면에 소개되기를 기대하면서 엽전 한두 푼씩 넣었던 것이다. 오늘날 사회적으로 논란이 되곤 하는 언론 촌지의 역사적 뿌리라고도 할 수 있다. 이는 조선 후기부터 관료 사회가 부패하면서 관청에 민원을 청구할 때면 '인정미人情米'라고 하여 돈이나 쌀을 주어야 했던 당시의 풍조와도 밀접한 관련이 있을 것이다. 관료들의 이러한 행태에 익숙해 있던 독자들이 신문에 대해서도 마찬가지 행동을 취했던 것으로 볼 수 있다. 이러한 현상에 대해 〈독립신문〉은 단호한 입장을 취하였다. 신문은 광고 외에는 돈을 받지 않는다면서 찾아가라고 가끔씩 지면을 통해 공지하곤 하였다. 그러나 제대로 찾아가지 않자 〈독립신문〉(1897. 11. 27, 3면)은 기한을 제시하고 그때까지 돈을 찾아가지 않으면 감옥에 있는 죄수들을 위한 복지 비용으로 사용하겠다고 밝혔다.

에 배달되었다는 점을 고려할 때 4월 18일의 편지는 창간호가 배달되자마자 바로 투고하였던 것으로 추정할 수 있다.

이후에도 꾸준히 독자 투고가 논설이나 잡보란에 게재되었다. 이 투고들의 내용 중에는 개인적인 억울함이나 바람을 피력하는 민원성도 없지 않았지만 대부분은 정부에 대한 비판과 건의, 탐관오리 고발, 국민 계몽 등 당시 사회의 이슈가 될 만한 공적인 문제들을 다루었다.[94]

〈독립신문〉 이후의 민간지들도 '기서寄書'라는 이름으로 독자 투고를 지면에 논설이나 잡보 형태로 적극 활용하였다. 〈대한매일신보〉 발행기에 오면 을사늑약 이후 사실상 일본의 지배를 받고 있는 상황에서 투고의 주제도 국권 회복의 필요성을 강조하는 내용이 가장 많았다.[95]

신문에 독자 투고를 한다는 것은 일반적으로 적극적인 참여 의식의 발현으로 볼 수 있다. 개화기 신문들에 이처럼 독자 투고가 활발했다는 사실은 당시의 독자들이 언론에 대해 적극적인 인식을 가지고 있었음을 말해 준다. 또한 독자들은 신문에 대해 문제 해결 능력을 가진 권력 기관으로 인식했다는 것도 중요한 요인이었다. 투고 중에는 개인적인 억울함을 하소연하는 내용들도 적지 않았다. 이들이 신문에 이러한 사연을 호소한다는 것은 신문을 그만큼 힘 있는 기관으로 인식했으며 이를 통해 문제 해결을 기대하였음을 말해 준다. 한편 신문들이 독자 투고를 지면에 적극 활용한 것은 당시의 제작 여건과도 무관하지 않다. 교통, 통신 시설도 제대로 갖추어지지 못했고 인력도 충분하지 못한 당시의 제작 여건에서 독자 투고는 좋은 기삿거리를 손쉽게 얻을 수 있으면서도 명분도 살릴 수 있는 좋은 방법이었다.[96]

(2) 독자들의 신문 살리기 운동

개화기 신문들은 제한된 여건 속에서 자립을 위한 다각적인 노력에도 불구하고 만성적인 경영난을 극복할 수는 없었다. 재정적인 어려움이 한계에 달하여 신문을 정간할 수밖에 없는 지경에 이르게 되자 독자들이 나서서 의연금을 보냄으로써 신문이 속간될 수 있도록 만든 사례가 있었다.

〈황성신문〉은 1903년 연초에 극심한 경영난을 겪으면서 정간할 수밖에 없는 지경에 처하게 되었다. 이에 〈황성신문〉은 1903년 2월 5일자 사고를 통해 신문 경영의 어려움을 호소하면서 "대호척필大呼擲筆"이라는 제목의 논설을 통해 정간을 공지하기에 이르렀다. 경영의 어려움 때문에 신문을 계속 발간하기가 어려워 부득이 정간할 수밖에 없는 처지라는 내용이었다. 신문의 속간이 어렵게 되었으니 이는 전국이 장님, 귀머거리가 되는 것으로서 이를 분히 여기며 붓을 던진다는 비장한 내용의 글이다.

이 글이 나가자마자 바로 독자들의 반응이 뒤를 이었다. 신문이 중단되어서는 안 된다는 격려의 편지와 후원금이 전국에서 답지하기 시작하였다. 4일 정도를 쉬다가 발행한 9일자를 보면 각지에서 정간을 비통해 한다는 내용의 독자 투고와 의연금이 들어 왔음을 알리고 있다.

이러한 독자들의 반응에 대해 〈황성신문〉은 1903년 2월 9일에 장문의 사고를 통해 회사의 공식 입장을 밝혔다. 당초 신문을 정간하려 하였으나 독자들의 후원금을 가지고 부채만 갚는다거나 돌려 줄 수는 없는 노릇이기에 다시 신문을 발간한다는 내용이었다. 또한 신문이 계속 발간되기 위해서는 재정적 측면에서 보다 근본적인 방책이 있어야 하니 이에 좋은 방안을 알려 달라는 뜻을 밝히고 있다.

성금 답지는 4월 중순경까지 이어졌다. 당시 신문에 게재된 독자 투고는 총 65통에 의연금 액수는 2032원 20전에 달하였다. 이 금액은 〈황성신문〉이 출발한 당시에 모집된 자본금 액수에 맞먹을 만큼 상당한 액수의 돈이다. 이 돈은 〈황성신문〉이 경영난을 극복하는 데 적지 않은 도움이 되었다.

이 밖에도 〈황성신문〉은 경영의 어려움 때문에 수차례 정간해야 했다. 1905년 연말부터 1906년 1월 사이에 정간했을 때에도 전국의 독자들이 격려의 편지와 함께 의연금을 보내서 신문이 속간하는 데 도움을 준 사례가 있다. 1906년 2월 12일에 속간한 〈황성신문〉은 한동안 지면에 독자들의 편지와 의연금 내역을 소개하였다.

1907년에는 〈제국신문〉도 비슷한 일을 겪었다. 1907년 9월 들어 〈제국신문〉은 지면을 통해 신문사 운영의 어려움을 여러 차례 호소하였다. 9월 5, 6, 7일 3일에 걸쳐 "어찌 할 수 없는 일"이라는 제목의 논설과 10일자의 "붓을 들고 통곡함"이라는 논설이 그것이다. 이 논설들이 나간 후 의연금이 들어 왔으나 경영난을 해결하기에는 태부족이어서 결국 9월 20일자로 "붓을 던져 신문 사랑하는 여러 동포에게 작별을 고함"이라는 제목으로 신문이 더 이상 발간되지 못한다고 선언하기에 이르렀다.

〈제국신문〉이 정간에 들어가자 이번에도 독자들이 나섰다. 9월 21일부터 신문이 발행되지 않자 속간을 기원하는 각계의 의연금이 답지하기 시작했다. 해외의 동포들까지 포함하여 각계각층 독자들이 발 벗고 나서 의연금을 모금한 데 힘입어 〈제국신문〉은 10월 3일자로 속간할 수 있었다. 속간호에서 〈제국신문〉은 "본 신문 속간하는 일"이라는 제목의 논설을 통해 신문사에 의연금을 보내 준 이들에게 감사를 표명하면서 계속 구독해 줄 것을 당부하였다. 〈제국신문〉이 정간을 극복하고 속간하는 데 독자들의 의연금 모금이 중요한 역할을 하였던 것이다.

경영난을 겪는 신문이 독자들의 후원금을 적극적으로 모금한 사례도 있다. 이는 개화기에 미국 샌프란시스코에서 발행되던 교포 신문 〈공립신보〉에서 찾아볼 수 있다. 이 신문 발행을 주도하던 공립협회의 안창호가 귀국하여 국내 언론계와 황성기독청년회의 찬동을 얻어 발기인 23인 명의로 취지서를 작성하여 5000장을 배부하고 1907년 12월 하순경부터 의연금 모금에 착수하였다.[97] 당시의 발기인을 보면 대부분 무명 인사들로, '누구의 모친' 혹은 '누구의 아내室人'로 되어 있었다. 평범한 여성들이 중심이 되었다는 말이다. 금액도 적게는 50전에서부터 많아도 5원까지로 소액 위주였다. 이렇게 하여 시작된 의연금 모금 운동이 이후에도 꾸준히 전개되었다. 당시 신문 지면을 보면 '미국 상항桑港* 공립신보 찬성금贊成金'이라 하여 〈공립신보〉에 의연금을 낸 사람들의 성명과 금액이 광고란에 가끔씩 등장하였다. 이 내용을 보면 대부분 일반 백성들이나 지방의 하위 관리들이 가족 단위로 혹은 이웃끼리 소액을 기부한 것들이다.[98]

이처럼 독자들이 자발적으로 나서서 어려운 지경에 처한 신문을 도우려 했다는 사실은 당시 사회의 신문에 대한 인식과 관련하여 중요한 시사를 던져 준다. 첫째, 독자들이 신문의 중요성에 대해서 상당히 확고한 인식을 가지고 있었다는 점이다. 이러한 인식이 바탕이 되었기에 독자들이 자발적으로 나서서 신문을 살리려는 운동이 가능했던 것이다. 둘째, 당시 신문의 역할에 대해서 독자들이 긍정적으로 평가했다는 사실이다. 긍정적인 평가가 있었기

* 현재의 샌프란시스코를 말함.

에 신문이 재정적 어려움에 처하자 독자들의 자발적인 의연금 모금 운동이 펼쳐질 수 있었던 것이다.

신문에 대한 독자들의 인식과 평가가 이처럼 긍정적으로 형성될 수 있었던 것은 〈독립신문〉 이후 창간된 여러 신문들을 경험했기에 가능했을 것이다. 이들 신문들이 어려운 여건에서도 국민을 개명 진보로 이끌기 위해 진력하였으며 제국주의 침략에 맞서려는 모습들을 보았기에 이처럼 긍정적인 인식이 가능했다고 본다.

(3) 신문사에 대한 공격

개화기의 신문 독자들은 한걸음 더 나아가서 때로는 신문사를 공격하기도 하였다. 이는 신문의 성격이나 논조에 대한 불만이 바탕이 되어 비상의 상황에서 신문사를 공격하는 행위로 나타났다.

1884년 갑신정변의 과정에서 〈한성순보〉를 발행하던 박문국이 정변의 마지막 날인 1884년 12월 6일 군중의 방화에 의해 불타버렸다. 이는 당시 군중은 〈한성순보〉가 일본 측과 긴밀한 유대 아래 발간되었다고 생각하여 이를 비판적으로 인식하던 반일 감정이 바탕이 되었다. 전술한 대로 〈한성순보〉의 창간과 발행 과정에 이노우에 가쿠고오로 등의 일본인이 참여하였으며 지면을 통해 중국의 영향으로부터 벗어나려는 시도가 나타나자 보수 세력의 반발을 불러일으켰던 것이다. 또한 이노우에가 바로 〈한성순보〉를 발행하던 박문국에 기거하고 있었다는 사실이 직접적인 원인이 되었다.

더구나 갑신정변에도 일본 공사관이 깊숙이 개입하자 반일 감정이 급격히 악화되었으며, 청의 개입으로 전세가 기울어가는 정변 3일째부터는 한성 시내 곳곳에서 일본인이나 그들의 거처가 백성들로부터 공격당했다. 이 과정에서 이노우에가 기거하던 박문국이 군중의 방화로 불타 버리고 말았다. 이는 신문의 성격이나 논조에 대한 인식이 바탕이 되어 집단적인 행동으로 비화되었다는 점에서 한국 최초의 수용자 운동으로 평가되고 있다.[99]

1907년 7월 19일에는 대표적 친일 단체였던 일진회의 기관지 〈국민신보〉가 성난 군중에 의해 습격당하는 사건이 벌어졌다. 이는 그해 6월 네덜란드 헤이그에서 열린 만국평화회의에 이준을 비롯한 밀사를 보낸 것을 빌미로 일제가 7월 20일에 고종을 강제로 퇴위시키려 한다는 사실이 계기가 되었다. 이에 분노한 민중이 7월 18일부터 서울 내 종로와 대한문 앞 등지에 수천 명씩 모여 들어 양위 반대 시위를 벌이는 과정에서 벌어진 사건이었다. 시위가 확산되자 일본 경찰은 진압을 시도하며 발포까지 하였다. 7월 19일부터는 대한제국 군대의 군인들도 이 대열에 합류하여 시위는 더욱 격해졌다. 그 과정에서 7월 19일 오후에 대한문 앞에 집결해있던 시위대 일부가 인근의 국민신보사를 습격하여 사옥과 인쇄기 등 기계를 모두 파괴시켜 버린 것이다. 일진회는 잘 알려진 바와 같이 대표적인 친일 단체로, 평소에도 민중의 반감을 사기에 충분했지만 특히 양위 반대 운동 과정에서 이들이 매국 각료와 일본인들 보호에 앞장섰기 때문에 더욱더 민중의 반발을 사서 공격적 행위를 유발했던 것이다.[100]

이 두 사례의 경우는 비단 신문 독자들만의 행위가 아니라 시위 상황에서 군중에 의해 빚어진 우발적 사건이라는 해석도 가능할 것이다. 그러나 이 신문들의 평소 논조나 성격에 대한 인식과 태도가 없었다면 이러한 공격적인 행위도 이루어지지 않았을 것이다. 따라서 이 사례들은 신문의 독자들이 신문의 역할과 기능에 대한 인식을 토대로 하여 이루어진 행위로 볼 수 있다.

2부

일제기의 언론

5장

강제 병합과 언론

1. 병합 직후의 언론 상황

1) 강제 병합과 언론 통폐합

한국에 대한 주권 침탈의 강도를 점차 높여 가던 일본은 1910년 8월 29일 강제로 병합 조약을 체결하여 한국을 식민지화하였다. 일본은 먼저 식민지를 통치할 수 있는 기구를 정비, 신설하는 작업에 착수하였다. 초대 총독으로 부임한 일본의 테라우치 마사다케寺內正毅는 철저한 식민지 수탈을 위해, 그리고 한국 민중의 반발을 억누르기 위해 억압 일변도의 이른바 무단 통치를 펼쳐 나갔다. 무단 통치에는 언론 통제가 필수적이었다. 무단 통치를 위해서는 한국 민족의 이익을 대변할 언론의 가능성을 봉쇄하여 언로를 독점할 필요가 있었기 때문이다.

조선총독부는 기관지로 〈매일신보〉, 〈경성일보〉, 영자지 〈서울프레스*The Seoul Press*〉를 발행하였다. 〈매일신보〉는 통감부 치하에서 항일 언론의 선봉에 섰던 〈대한매일신보〉를 인수하여 지령을 이어 받고 제호를 바꾸어 1910

년 8월 30일부터 한글로 발행하였다. 〈경성일보〉는 청일전쟁 직후부터 일본 외무성의 기관지 역할을 하였던 〈한성신보〉와 일본인 기쿠치 겐조菊地謙讓가 발행하던 〈대동일보大東日報〉를 이토 히로부미가 매수, 통합하여 1906년 9월 1일 통감부 기관지로 창간하였던 것으로, 병합 후에 총독부의 일본어 기관지화되었다. 〈서울프레스〉는 영국인 존 하지John Hodge가 1905년 6월 3일에 창간한 것을 통감부가 매수하여 1906년 12월 5일부터 기관지로 발행하였던 영자 신문으로서 합방 후에도 총독부의 기관지 역할을 했다. 이와 같이 일제는 그들의 식민 정책을 선전하고 제국주의적 이익을 대내외적으로 대변하기 위한 기관지를 각 언어별로 완비하였다.[1]

한국 내에서 일본인들이 발행하던 신문들의 경우, 선문판鮮文版(조선어판)을 발행하도록 하였다. 이에 따라 경성의 〈조선상공신문〉을 비롯하여 전주의 〈전북일보〉와 〈동광신문〉, 〈군산신문〉, 〈평양일일신문〉, 그리고 나남의 〈북선일일신문〉이 각기 동일한 제호하에 조선어판을 발행하였다.[2] 일제는 한국인 발행의 신문은 없던 상황에서 한국인들의 커뮤니케이션 욕구를 총독부 기관지 〈매일신보〉를 비롯하여 일본인들이 발행하던 신문을 통해 해소시키려 시도했던 것이다.

2) 한국 언론에 대한 탄압

반면 한국 민족의 이익을 대변하는 신문이나 일본인이 발행하더라도 식민 정책에 비판적인 신문들은 전부 폐간시켜 그들의 제국주의적 이익에 반하는 언론의 존재 가능성을 원천적으로 봉쇄하였다. 한국 내에 거주하는 일본인들이 발행하는 신문들 중에는 1도 1사의 원칙을 적용하여 각 도마다 1개 신문만을 남기고 나머지는 모두 통폐합하였다. 한국인들이 발행하는 신문 중에는 경남 진주의 〈경남일보〉만을 남겨둔 채 나머지는 모두 강제로 폐간시켰다. 〈경남일보〉가 이때 살아남게 된 배경은 명확치 않으나 경제지적 성격을 지향하며 정치색을 가능한 배제하려 하였던 이 신문의 성격이 주된 요인이 되었다고 볼 수 있다. 〈경남일보〉는 그 후 1914년 말까지 발행되다가 폐간되었다.[3]

출판 부문에서도 독립 정신이나 민족의식을 고취하는 내용을 담고 있는 서적들은 모두 발매 금지나 압수 조치를 당하였다. 강제 병합 직후 그해에만 51종이 발매 금지와 압수 조치 당한 것을 비롯해 1910년대에만 120여 종에 이르는 서적이 금지되었다. 이 서적들이 금지된 사유는 거의 대부분 치안 방해나 안녕 질서 방해라는 명분이었다. 이는 곧 민족주의적 내용이나 표현을 담고 있음을 의미하는 것으로 한국의 민족주의 사상을 억압하는 조치였다.[4] 이 시기에 발행된 잡지들은 거의 대부분이 신문지법이 아니라 출판법에 의해 발행 허가를 받은 것들로서 정치 문제나 시사에 관한 내용은 다루지 못하고 대부분 종교 잡지나 문예지였다.

이와 같이 테라우치 총독의 무단 통치하에서 언론에 대해서도 철저한 탄압이 이루어져 한국 언론의 공개적인 활동은 일부 잡지를 제외하고는 거의 불가능했다. 다만 비합법적인 공간에서의 지하 신문과 병합 이전부터 항일 언론의 중요 부분을 차지해 왔던 해외 교포들의 신문이 비밀리에 국내에 반입되어 일부 독자들에게 읽히면서 언론을 통한 저항 운동의 맥을 이어갔다. 이 시기에 국내에 반입되었던 주요 교포 신문들은 블라디보스토크의 〈대동공보〉나 샌프란시스코의 〈신한민보〉, 잡지 〈대도大道〉, 하와이의 〈신한국보〉, 〈한인교보韓人敎報〉 등이 있었다.[5] 이들 신문들이 비공개적으로 국내에 반입되어 유포됨으로써 우리 민족의 항일 의지를 제한된 범위 내에서나마 대변해 주었다.

영화의 도입과 발전

활동사진이 도입된 이래 1903년 부산 일본인 거류지에서 연극 전용 극장이 출현하여 가끔씩 활동사진을 상영하였으며 서울에는 1906년 동대문 활동사진소가 최초인 것으로 알려지고 있다. 한국인에 의해 제작된 최초의 것은 1919년 김도산의 신극좌에 의해 만들어진 〈의리적 구토仇討〉였다. 이는 연극과 활동사진이 결합된 형태의 연쇄극이었다. 1923년 〈월하의 맹서〉를 필두로 극영화들이 만들어지기 시작하여 변사의 활약과 함께 활동사진은 대단한 인기를 끌게 되었다. 일제기의 대표적 영화 나운규의 〈아리랑〉(1926)의 민족적 성격을 둘러싸고 한때 논쟁이 벌어지기도 했지만 이 영화는 무성 영화로서 변사가 영상에 의미를 부여하는 결정적인 역할을 하였다. 당시 변사들은 임석 경관이 있을 때와 없을 때 해설을 달리 하였다고 한다. 최초의 발성 영화는 1935년에 제작된 〈춘향전〉이었다.

출처: 김미현 엮음(2006), 앞의 책, pp.23~81;
홍영철(2009), 《부산 근대영화사: 영화상영자료 1915~1944》, 산지니, pp.18~23.

2. 3·1 운동과 언론 항쟁

1) 3·1 운동과 국내의 언론 항쟁

식민 지배라는 모순된 구조를 무력을 앞세운 억압만으로 유지하려던 일제의 무단 통치는 한국 민족의 거족적인 저항을 불러일으키는 토양이 되었다. 1919년 3·1 운동으로 한국 민족의 독립 의지와 역량이 집약적으로 표출되면서 그동안 강제력에 의해 억눌려 왔던 민족의 커뮤니케이션 욕구도 활발히 표출되기 시작하였다. 인간의 커뮤니케이션 욕구는 본능적인 것으로, 외부적 강제에 의해 탄압하고 억압한다고 해서 없어질 성격이 결코 아니다. 억압에 직면하면 일단 위축되기는 하지만 다른 어떤 형태로라도 맥을 이어가게 마련인 것이 바로 이 커뮤니케이션 욕구의 본질이며, 언론 활동은 바로 이러한 커뮤니케이션 욕구에 기초해 이루어지는 것이다.

무단 통치하의 철저한 언론 탄압 속에서 우리의 공개적인 언론 활동은 불가능했기에 지하 신문의 형태로 맥을 이어 오던 것이 3·1 운동이라는 혁명적 상황을 맞이하면서 봇물 터지듯 터져 나왔다. 국내에서는 각종의 민족 운동 단체들이 3·1 운동과 관련된 각종의 선언문과 운동의 전개 양상을 보도하는 지하 신문들이 활발히 나타나기 시작하였다. 해외에서도 을사늑약 이후부터 계속되어 온 언론 운동이 국내의 3·1 운동과 때를 맞춰 더욱 활기를 띠기 시작하였던 것이다.

3·1 운동 당시 국내에서 나타난 신문의 대표적인 것으로는 〈조선독립신

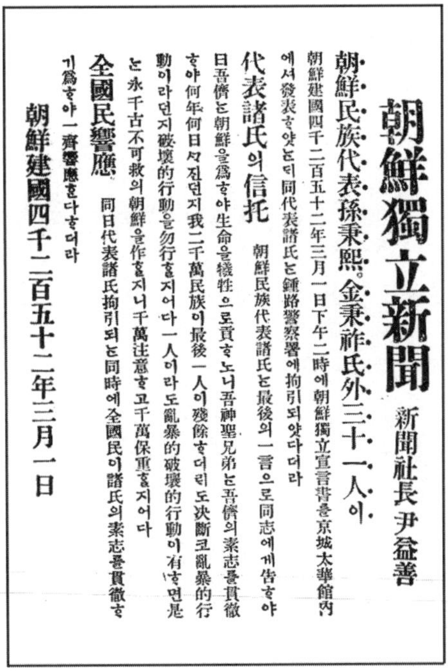
朝鮮獨立新聞 新聞社長 尹益善

朝鮮民族代表孫秉熙。金秉祚氏外三十一人이

朝鮮建國四千二百五十二年三月一日下午二時에朝鮮獨立宣言書를京城太華館內에서發表ᄒᆞ얏ᄂᆞᆫᄃᆡ同代表諸氏ᄂᆞᆫ鍾路警察署에拘引되얏다더라

代表諸氏의信托

朝鮮民族代表諸氏ᄂᆞᆫ最後의一言으로同志에게告ᄒᆞ야日吾儕ᄂᆞᆫ朝鮮을爲ᄒᆞ야生命을犧牲으로貢ᄒᆞ노니吾神聖兄弟ᄂᆞᆫ吾儕의素志를貫徹ᄒᆞ야何年何日ᄭᆞ지던지我二千萬民族이最後一人이殘餘ᄒᆞ더ᄅᆡ도決斷코亂暴的行動이라던지破壞的行動을勿行ᄒᆞᆯ지어다一人이라도亂暴的破壞的行動이有ᄒᆞ면是ᄂᆞᆫ永千古不可救의朝鮮을作ᄒᆞᆯ지니千萬注意ᄒᆞ고千萬保重ᄒᆞᆯ지어다

全國民響應

同日代表諸氏拘引되ᄂᆞᆫ同時에全國民이諸氏의素志를貫徹ᄒᆞ기爲ᄒᆞ야一齊響應ᄒᆞᆫ다ᄒᆞ더라

朝鮮建國四千二百五十二年三月一日

사진 14 3·1 운동 당시의 대표적 지하 신문 〈조선독립신문〉. 민족 대표 33인이 독립을 선언하였음을 전하고 있다.

출처: 김민남 외(1993), 《새로 쓰는 한국언론사》, 아침, p.203.

문〉을 들 수 있다. 이 신문은 독립선언서를 인쇄한 보성사에서 1919년 3월 1일 3·1 운동의 발발과 동시에 창간된 신문이다. 일찍이 1898년 〈제국신문〉을 창간한 이종일을 중심으로 이종린, 윤익선, 김홍규, 박인호 등 천도교 세력이 주도하였다. 이 신문은 창간호의 지면을 통해 독립운동이 시작되었음을, 그리고 앞으로 전국적으로 이 운동이 전개될 것임을 널리 알렸다. 창간호를 1만 부 찍었으며 별도로 독립선언서도 2만 1000장을 인쇄하였다.[6]

이 신문이 배포되자마자 33인 대표 중 한 사람이었던 이종일과 사장 윤익선은 바로 일제에 의해 체포되고 말았다. 그러나 이종린이 뒤를 이어 4호까지 발행하다가 검거되었다. 그 이후에도 장종건이 경성전수학교 학생들과 함께 장소를 옮겨서 신문을 7호까지 발행하였으나 3월 25일 체포되며 인쇄기와 수백 부의 신문도 압수당했다. 그 뒤로는 다른 곳에서 다른 주체들에 의해 동일한 제호의 신문이 발행되며 8월 말경까지 맥을 이어갔다. 이 신문의

사진 15 함경북도 경성의 천도교 대표들이 작성, 배포한 조선독립선언서 필사본.

출처: 독립유공자협회(1983), 《한국독립투쟁사》, 유진문화사, p.120.

배포는 각급 학교 학생들이 적극 참여하여 대대적으로 이루어졌다. 3월 6일에는 이 신문 배포를 이유로 63명이 체포되기도 하였으며 3월 15일부터 16일 아침까지 경성 일원에서 330명이 체포되었다.[7]

그 밖에도 여러 종류의 신문들이 국내외에서 쏟아져 나왔다. 당시 국내에서 발행되었던 신문들은 〈조선독립신문〉 외에도 〈국민회보〉(3. 1 창간), 〈각성호회보〉(3. 1 창간), 〈국민신보〉(3. 1 창간), 〈신조선민보〉(3. 5 창간) 등 29종에 이르렀던 것으로 알려졌다.[8]

大韓民國元年十月廿五日 獨立新聞 土曜日 (第二十二號) (一)

獨立新聞

臨時政府와國民

琿春婦人界의奮起

大韓愛國婦人會成立

斷指同盟과義捐金募集

在美韓人獨立宣言光景

사진 16 임시 정부의 기관지 〈독립신문〉 제22호(1919. 10. 25). 1919년 8월 21일 〈독립〉이라는 제호로 주 3회 발행하였으며 제22호부터 제호를 〈독립신문〉으로 변경하여 1925년 10월 5일까지 발행하였다.

2) 3·1 운동과 해외의 언론 항쟁

해외에서도 여러 종류의 신문이 발행되었다. 이 중에는 을사늑약 이후 교포 사회에서 꾸준히 발행되어 오던 것이 3·1 운동을 계기로 더욱 활성화된 것도 있으며 또한 3·1 운동을 계기로 하여 새로이 창간된 신문들도 다수 있었다.

당시의 대표 신문으로는 중국의 상해에서 대한민국 임시 정부가 1919년 8월 21일 창간한 격일간의 〈독립신문〉과 미국에서 발행되던 〈신한민보〉 등이 있다. 이들 외에도 많은 신문들이 3·1 운동을 계기로 발행되기 시작하였다. 현재 알려진 것만 보더라도 서북간도 등 만주에서 발행된 것이 13종, 연해주 지방 9종, 상해 및 미주 지역 9종에 이르고 있다.[9] 해외에서 발행된 이 신문들도 국내에까지 유입, 반포됨으로써 민중의 독립 정신 고취에 적지 않은 기여를 하였다. 일제는 이 신문들을 불온한 것으로 간주하여 발견되는 대로 반포 금지 및 압수 처분하며 탄압하였다.[10]

이상에서 살펴 본 바와 같이 3·1 운동은 한국의 민족 운동에 큰 획을 긋는 분기점이 되었을 뿐만 아니라 언론 부문에서도 무단 통치의 억압을 뚫고 잠재되어 있던 항일 의지와 커뮤니케이션 욕구를 집약적으로 분출하는 중요한 계기가 되었다.

6장

1920년대 초반의 언론

1. 식민 정책의 전환

1) 문화 통치의 배경

한국 민족의 정당한 권리를 주장하는 3·1 운동을 일제는 무자비한 군사력을 동원하여 진압하였다. 그러나 철저한 억압 일변도의 무단 통치 체제 아래서도 불과 10년이 못되어 3·1 운동과 같은 거족적인 저항 운동이 일어나자 일제는 그들의 식민 정책을 수정하지 않을 수 없었다. 종래의 탄압 일변도의 식민 정책을 벗어나 유화 정책을 통해 한민족의 저항 의지를 억압만이 아니라 통제하는 것이 보다 효과적이라고 판단했던 것이다. 또한 3·1 운동에서 드러난 한국 민족의 요구를 어느 정도 받아들일 필요도 있었다. 일제의 입장에서는 보다 원활한 식민지 수탈을 위해서도 유화 정책의 필요성은 높았었다. 노골적인 폭력과 무력을 필요로 하던 식민지 구조의 편성은 1910년대에 이미 끝나 있었기 때문이다.[1] 이러한 배경에서 나타난 것이 이른바 문화 통치다.

정책 전환을 위해 일제는 1919년 8월 12일 하세가와 요시미치長谷川好道

의 뒤를 이어 제3대 총독으로 사이토 마코토齋藤實를 임명했다. 새 총독 사이토는 식민 정책을 이른바 문화 통치로 전환하였다.

2) 문화 통치의 본질

문화 통치는 문화의 창달과 민력의 충실이라는 슬로건을 내걸고 1919년 8월 총독부의 관제 개혁에서부터 시작되었다. 일제가 내세운 문화 통치의 시정 방침으로는 헌병 경찰 제도 폐지와 조선인 관리의 임용과 대우 개선, 언론·집회·출판을 통한 민의 창달, 교육·산업·교통·행정의 개선, 지방자치제 실시를 위한 조사 연구 등을 내걸었다.

그러나 이와 같이 일제가 표방한 정책의 내용과 그 이후 실제로 시행된 정책의 내용을 비교해 보면 문화 정치의 허구성과 기만성은 금방 드러나고 만다. 헌병 경찰 제도를 폐지하기는 하였지만 경찰 병력은 훨씬 증가되었으며, 언론, 집회, 출판을 허용한다고 했지만 일제의 식민 지배 정책에 부합되지 않는 언론, 집회, 출판의 자유까지 허용한 것은 아니었다. 교육 제도의 개선이라는 것도 그 본질을 살펴보면 일시동인一視同仁, 내지연장주의內地延張主義라는 이름하에 수행된 식민지 교육 정책의 강화에 다름 아니었다. 지방자치제란 민의의 창달을 위해서가 아니라 친일파 조선인과 일본인의 도움을 받아 식민지 지배 체제를 원활하게 하기 위해 실시되었을 뿐이다. 결국 문화 통치의 보다 궁극적인 목적은 유화 정책을 통해 한국 민족 운동의 역량을 약화시키는 데 있었던 것이다.[2]

2. 민간지의 창간

1) 민간지 창간의 배경

문화 통치의 시정 방침에서 밝힌 대로 한국인에 의한 민간지의 탄생이 이루어지게 되었다. 일제는 무단 통치하에서 한국인 발행의 신문 창간을 일체 허용치 않던 종래의 방침을 바꾼 것이다. 이처럼 한국인에 의한 신문 창간을 허용한 것은 바로 일제의 문화 통치의 핵심을 구성하는 것이다. 다시 말해 민간지의 창간을 허용한 것은 민족의 이익을 대변할 수 있는 언론을 허용한 것이라기보다는 유화 정책의 일환이면서 동시에 그들의 정책적 필요가 반영된 것이라는 말이다.

한국인에 의한 신문 창간을 허용하게 된 배경 요인은 첫째, 식민지 민중의 환심을 사는 정책적 효과를 기대할 수 있다는 점이다. 그동안 제도적으로 완전 봉쇄해 왔던 신문의 창간을 허용하는 것은 자신들의 입장을 대변해 줄 언론 매체를 애타게 기다려 왔던 식민지 민중에게는 충분히 유화 조치의 성격을 지닐 수 있는 것이다.

둘째, 신문이라는 공개적 언론 매체를 허용함으로써 이를 통해 민심의 동향을 파악하려는 정책적 의도가 반영되었다. 3·1 운동이라는 거족적인 저항 운동에 직면했던 일제는 왜 이러한 대사건이 터지도록 민심의 동향을 까마득히 몰랐던가 하는 점에 대해 정책적인 차원에서 재검토를 하게 되었다. 무단 통치 기간 중 한국 민족의 언로를 봉쇄함으로써 일제 당국으로서도 민심의 동향을 파악할 수 있는 통로가 막혀 버리는 결과를 초래했던 것이다. 이에 따라 민간에 의한 신문 창간을 허용함으로써 지면을 통해 드러나는 민심의 동향을 파악하고 때로는 그들의 정책적 필요에 따라 여론을 유도 내지는 조작도 가능케 하려는 의도가 작용했던 것이다. 일제의 이러한 정책적 의도는 총독부 농상공부장관 오하라 신조小原新三가 1919년 5월 20일 총독과 정무총감, 내무부장관에게 제출한 〈장래의 통치 방침에 관한 의견〉 중에서 "언론의 자유에 관한 사항"으로 제출한 건의를 통해서도 확인할 수 있다.

> 병합 당시 내지인과 조선인에 대하여 일부 언론의 자유를 구속할 필요가 있었음은 당시의 상세狀勢상 부득이 하였다. 그러나 여사한 일은 결코 영구적으로 보지할 제도는 아니었다. 더욱이 세계의 대세는 급격한 변화를 초래한 이 마당에 언론에 대한 다소의 개방을 거부하는 것 같음은 이 대세에 거역하는 혐의를 면치 못한다. 생각건대 내지인뿐만 아니라 조선인에 대하여도 어느 정도까지의 언론의 자유를 용인함으로써 민의의 상달을 도모함은 진실로 필요한 일로서 무턱대고 이를 구속하여 울적한 사상을 억압하여 어느 시기엔가는 이를 발발시키는 결과로 이끄는 것은 정책상 결단코 정당한 것은 못된다. 본래부터 불온의 언론에 대하여 이를 처단함에는 조금이라도 짐작할 여지가 아님은 당연하나 신문 잡지의 간행 및 취체에 관한 규정에 대해서는 상당한 개정을 가할 필요가 있음을 인정한다.[3]

일제는 자신들의 언론 정책 변화의 필요성을 스스로 인정하고 있음을 알 수 있다. 이러한 정책적 입장은 3·1 운동 당시의 총독이었던 하세가와 요시미치의 술회에서도 확인할 수 있다. 그는 총독에서 물러나면서 〈사무인계 의견서〉에서 "언론 집회의 억압은 종래 조금 혹독하게 지나친 감이 있다. 차제에 2~3의 언문 신문의 간행을 허락해서 이것을 이용하여 민심의 통일과 시정의 선전용으로 제공할 필요가 있다고 인정한다"고 말하였다.[4]

민간지 허용의 세 번째 배경으로는 신문을 허용하는 것이 지식인들의 동향을 파악하고 사상을 통제하는 데에도 매우 유용한 수단이 될 것으로 총독부 당국이 판단했다는 사실이다. 3·1 운동을 전후하여 지하 신문이라는 형태로 비합법적 공간에서 이루어졌던 지식인들의 언론 활동을 민간지 창간을 허용하여 합법적인 공간으로 끌어 들여 지식인들의 동태를 파악하고 통제하려는 정책적 의도가 작용했다는 말이다. 일제의 이러한 정책적 측면은 당시의 총독부 경무국 고등경찰과장 시라카미 유키치白上佑吉의 다음과 같은 술회에서도 확인할 수 있다.

> 동아일보를 한다는 청년들이 장래 조선의 치안을 소란케 할 것인가 안 할 것인가를 판가름하는 중심 인물들임에는 틀림없습니다. 그럴수록 이런 인물들을 한자리에 모이게 하는 것은 매우 중요한 일이라고 생각합니다. 이 인물들이 말하고자 하는 것이 무엇인가, 즉 적을 알아야 이쪽의 방비책도 쓸 수 있을 줄 압니다. 저의 정보망만으로 그들의 움직임을 완전 파악할 수는 없습니다. 신문을 허가함으로써 그들의 동정을 낱낱이 알 수 있는 줄 믿습니다. 뿐만 아니라 그들을 모아 놓아야만 일조 유사시에 일망타진하는 경찰 행동을 취할 수 있습니다. 그리고 일단 문제가 생겼을 때는 정간이든 발행 중지든 마음대로 시킬 수도 있습니다. 이 신문을 허용하는 것은 백 가지 이득이 있을지언정 한 가지 해도 없을 줄 압니다.[5]

민간지가 창간되던 당시는 1917년 러시아 혁명 이후 세계적으로 젊은 지식층을 중심으로 사회주의가 급속히 확산되고 있었다. 일제 당국으로서도 이러한 사상 동향에 촉각을 곤두세우고 있던 터이라서 신문이 지식인들의 사상 통제에도 유용하리라는 평가가 나온 것이다.

이상에서 살펴 본 바와 같이 1920년 일제에 의해 민간지의 창간이 허용되었던 것은 3·1 운동을 기점으로 그들의 식민 정책이 무단 통치에서 문화 통치로 바뀌는 변화 속에서 이루어진 것으로서 그들의 구체적인 정책적 필요가 주된 요인이 되었음을 알 수 있다.

2) 민간지의 창간 과정

문화 통치의 간판을 내걸은 총독 사이토는 1919년 9월 3일 훈시를 통해 언론, 출판, 집회 등에 대하여는 질서와 공안 유지에 무방한 한 상당히 고려를 가하여 민의 창달을 허하여야 한다면서 민간지 창간을 허용할 방침임을 밝혔다. 이를 계기로 해서 국내의 여러 세력들에 의해 신문 창간을 위한 움직임들이 시작되었다. 총독부에 10여 건의 신문 허가 신청이 접수되었다.

당시 지방에서도 신청한 사례가 있었으나 총독부가 지방에는 허용하지 않는다는 방침이었다. 이에 따라 부산에서 신문을 창간하기 위해 자금을 모집하던 백산 안희제는 이를 포기하고 대신 김성수가 추진하던 〈동아일보〉 창간에 참여하였다.[6] 안희제 외에도 〈매일신보〉 편집장이던 이상협도 사임하고 신문 창간 준비를 시작하였으며 〈평양일일신문〉의 조선문 주간을 지낸 장덕준張德俊, 〈오사카아사히신문〉의 진학문秦學文, 그리고 장도빈張道斌 등도 신문 창간 계획을 가지고 있었다. 그러나 총독부의 비공식적 방침이 함께 뭉쳐서 하라는 것임을 확인하고 이들은 〈동아일보〉 창간 계획에 동참하게 되었다.[7]

백산 안희제와 〈동아일보〉

민간지 창간 당시 부산의 대표적 민족 인사였던 안희제도 부산을 중심으로 신문을 창간할 생각으로 자금을 모으고 있었다. 그러나 지방 신문은 불허한다는 당국의 방침을 알고는 김성수 세력과 손을 잡고 참여하게 되었다. 〈동아일보〉 발기인 78명 중에는 안희제를 비롯하여 그가 운영한 백산상회의 중역들이 다수 참여하였다. 안희제를 중심으로 한 영남 지역의 인사들은 준비 과정에서 상당한 자금도 모으고 중요한 역할을 하였음에도 불구하고 대부분 배제되었고 김성수가 중심이 되어 경영과 편집 진용을 구성하였다. 안희제 등이 내부의 주도권 다툼에서 구체적으로 어떻게 배제되었는지는 현재 알려지지 않고 있다. 대신 안희제는 〈동아일보〉 창간 직후부터 1921년 6월까지 초대 부산 지국장을 역임하였다.

출처: 채필렬(1933), "십자가상의 동아일보," 〈비판〉, 제3권 5호, p.52.

THE DONG-A DAILY SEOUL

東亞日報

創刊號

주지(主旨)를 선명(宣明)하노라

아보(我報)의 본분과 책임

아는가 모르는가?(知아 否아?)

사진 17 〈동아일보〉 창간호(1920. 4. 1). 〈조선일보〉의 창간호는 현재 남아 있지 않다.

결국 실제 창간을 허락 받은 것은 이 중 세 신문에 불과했다. 총독부는 1920년 1월 4일 〈동아일보〉의 창간을 허용하였으며 1월 5일에는 〈조선일보〉와 〈시사신문〉의 창간을 허용하였다. 이에 따라 그해 3월 5일 〈조선일보〉가 가장 먼저 창간되었으며 4월 1일에는 〈동아일보〉와 〈시사신문〉이 창간되어 일제기 민간 신문의 시대가 막을 열게 되었다.[8]

3) 민간지의 창간 주체

이때 세 신문에만 창간이 허용된 것도 친일 진영에 2개, 그리고 민족 진영에 하나의 신문을 허용한다는 일제의 정책적 의도가 작용한 것이었다. 이러한 성격은 세 민간지의 창간 주체들을 보면 알 수 있다.

〈조선일보〉와 〈시사신문〉은 친일 진영에 의해 창간되었다. 가장 먼저인 1920년 3월 5일 창간된 〈조선일보〉를 보면 조일동화주의朝日同化主義를 표방하고 나선 친일 단체 대정大正실업친목회에 의해 창간되었다. 대정실업친목회는 1916년 설립된 친일 기업인 단체로, 민영기, 조진태, 예종석 등이 중심 인물이었다. 이들은 자신들의 단체명에 당시 일본의 연호였던 '대정大正'을 사용하고 있는 사실만 보더라도 그 성격의 한 단면을 엿볼 수 있다. 〈조선일보〉의 창간 당시 진용을 보면 사장에 조진태, 발행인 예종석, 편집국장 최강 등으로 모두 대정실업친목회의 중심 인물들이었다.

그해 4월 1일 창간된 〈시사신문〉도 역시 신일본주의를 표방하던 친일 단체 국민협회의 기관지로 출발하였다. 국민협회는 당시 일본의 식민 지배를 인정하고 그 범위 내에서 참정권을 얻자는 청원 운동을 벌였던 단체로, 민원식이 대표였다. 그가 주장하던 신일본주의는 '일본 제국의 신민으로서 생활의 안고가 보장되어가고 있는 이 마당에서 우리들은 생활의 안고와 확충을 보장받겠다'는 내용으로 일선융화 운동의 선봉에 섰던 단체가 바로 국민협회였다.[9] 이와 같이 〈조선일보〉와 〈시사신문〉은 친일 단체에게 창간이 허용된 신문들이었다.

한편 〈동아일보〉는 외견상 민족 진영을 대표하는 신문이라는 명분으로 허용되었다. 그러나 창간의 주역이 된 김성수 일가는 일제의 지원과 비호 속에 그들과 타협하는 식민지 토착 자본의 성격을 지니고 있다. 창간 당시의 진용을 보더라도 일제와 밀착된 성격이 드러난다. 개화기 이래 친일파의 거두이며 합방 후에는 일본으로부터 작위를 수여받은 박영효가 초대 사장을 맡았으며 총독부 기관지 〈매일신보〉에 있던 이상협이 편집국장을, 편집 감독엔 전 〈황성신문〉 사장 류근柳瑾과 양기탁, 장덕수가 주간을 맡았다. 당시 박영효를 사장으로 내세웠던 것은 일제와 밀착된 그의 이미지를 이용하여 신문 발행의 허가를 보다 용이하게 얻기 위한 것이었다.[10] 이러한 점은 《동아일보사사》의 다음과 같은 기록에서도 확인할 수 있다.

> 신문 발행의 허가가 용이하지 않을 것을 고려하여 박영효를 사장으로 추대하기로 하였던 것이다. 김성수는 경성방직을 설립할 때, 그 설립 허가가 꽤 까다로워 역시 박영효를 사장으로 하여 겨우 설립 허가를 얻었던 경험을 가지고 있었다.[11]

이와 같이 일제와 밀착된 인물들을 전면에 내세움으로써 신문의 창간을 허가받았던 것이다. 이 인물들이 중심이 됨으로써 일제의 입장에서도 민족 진영을 대표하는 세력에 허용한다는 명분도 세우면서 자신들과 친숙한 사람들이 주축을 이루니 거부할 이유가 없었던 것이다.

3. 민간지의 운영과 논조

1) 〈동아일보〉

민족지를 표방하고서 출범한 〈동아일보〉는 주식을 공개 모집하는 형태로 시작하였다. 당초 자본금 100만 원을 목표로 하였으나 기일 내에 채우지 못해 70만 원으로 낮추었다. 그중 1차 불입금으로 25만 원을 설정하였으나 실제로는 절반 정도만 모금이 된 상태에서 신문을 창간하였다.[12] 1920년 4월 1일의 창간호 1면에 실린 "주지主旨를 선명宣明하노라"는 제목의 창간사를 통해 함께 〈동아일보〉는 신문의 주지, 즉 목표와 사명을 "조선 민중의 표현 기관임을 자임하노라," "민주주의를 지지하노라," "문화주의를 제창하노라"의 세 가지로 천명하면서 출범의 닻을 올렸다.

이 주지에서도 〈동아일보〉가 지향하는 이념의 특성과 한계가 드러난다. 첫 번째의 '조선 민중의 표현 기관임을 자임하노라'는 내용은 시대를 초월하여 언론들이 즐겨 사용하는 표현이다. 치우침이 없이 다수의 의견을 대변하겠다는 의지의 표현이면서 그러하니 많은 사람들이 봐 주었으면 좋겠다는 기대의 표현이기도 하다. 또한 이는 우리의 언론이 존재하지 않던 무단 통치기를 3·1 운동이라는 거족적 저항으로 매듭지은 결과로 나타나게 된 〈동아일보〉로서는 어찌 보면 당연한 목표일 수도 있다. 하지만 모순된 식민 지배의 사회 구조 속에서 이는 〈동아일보〉가 여러 세력들로부터 공격당하는 목표가 되곤 하였다.

두 번째 '민주주의를 지지하노라'는 내용을 보면 "국내 정치에 처하야는 자유주의요, 국제 정치에 처하야는 연맹주의"라고 그 특성을 규정하고 있다. 이는 일제도 즐겨 주장하였으며 개화기 한국 사회에도 널리 퍼져 있던 연맹주의를 표방함으로써 아시아주의의 한계를 아직 벗어나지 못하고 있음을 보여 준다. 연맹주의라는 말로 식민 지배의 모순을 호도하고 있는 것이다. 세 번째의 문화주의는 당시 총독부가 표방하고 있던 문화 통치라는 슬로건과 일치하는 것이다. 이같이 〈동아일보〉는 표방한 주지에서도 민족의 이익을 대변하여 일본의 식민 지배에 직접 저항하기보다는 식민 지배를 인정하는 한계를 보여 주었다고 평가할 수 있다.[13]

여하튼 민족지임을 표방하고 주식을 공개 모집하면서 출발한 〈동아일보〉는 〈조선일보〉보다 많은 독자들의 성원을 받을 수 있었다. 이에 따라 〈동아일보〉는 1920년대를 통해 독자들의 성원 속에서 착실한 기업적 성장을 할

표 6 〈동아일보〉의 손익계산서

구분	기간	수익	비용	순이익
1	1921. 10. 1~1922. 9. 30	264,546.82	260,630.55	3,916.27
2	1922. 10. 1~1923. 9. 30	296,261.41	292,415.11	3,846.30
3	1923. 10. 1~1924. 9.3 0	263,996.90	260,720.71	3,276.19
4	1924. 10. 1~1925. 9. 30	300,445.07	299,182.40	1,262.67
5	1925. 10. 1~1926. 9. 30	321,777.01	321,093.41	683.60
6	1926. 10. 1~1927. 9. 30	370,593.97	368,567.36	2,026.61
7	1927. 10. 1~1928. 9. 30	380,762.05	377,992.83	2,769.22
8	1928. 10. 1~1929. 9. 30	399,901.71	396,756.27	3,145.44
9	1929. 10. 1~1930. 9. 30	267,145.86	276,380.62	−9,234.76
10	1930. 10. 1~1931. 9. 30	392,093.06	388,798.87	3,294.19
11	1931. 10. 1~1932. 9. 30	453,789.00	450,383.19	3,405.81
12	1932. 10. 1~1933. 9. 30	551,069.10	544,106.94	6,962.16
13	1933. 10. 1~1934. 9. 30	560,032.58	554,945.07	5,087.51
14	1934. 10. 1~1935. 9. 30	600,777.33	596,374.61	4,402.72
15	1935. 10. 1~1936. 9. 30	615,708.57	612,375.18	3,333.39
16	1936. 10. 1~1937. 9. 30	255,219.78	281,266.44	−26,046.66
17	1937. 10. 1~1938. 9. 30	621,414.85	619,221.02	2,193.83

출처: 동아일보사(1975), 앞의 책, p.405.

수 있었다. 출범 이후 〈동아일보〉는 1920년대에는 계속 흑자를 기록하였으며 1930년대에도 무기 정간을 당했던 해를 제외하고는 흑자 경영을 유지하였다.

〈동아일보〉의 수입 구성을 보면 구독료 수입이 광고보다 많은 비중을 차지하였다. 발행 부수도 꾸준히 증가하였지만 광고의 양은 이보다 더 큰 비율로 증가하였다. 1920년대 초반에는 광고 수입이 30~35% 정도의 비중을 차지하였지만 1936년 일장기 말소 사건으로 인한 정간 이전 45% 정도까지 확대되었다.[14] 이는 1930년대 여러 차례 증면되면서 광고량도 증가한 결과로 볼 수 있다.

광고주는 주로 국내와 일본의 광고주가 대부분이었다. 창간 초기에는 국내 광고주가 더 많아서 1923년에는 63.9%를 차지하였다. 그러나 이후 국내 광고주의 비중은 계속 줄어들고 일본 광고주의 비중이 꾸준히 증대되었다. 1924년 국내 광고주가 51.2%였던 것을 계기로 일본 광고가 더 많아져서 1930년대 후반이 되면 국내 광고주는 30%를 약간 상회하는 정도였고 나머지 60% 이상을 일본 광고주가 차지하였다. 〈조선일보〉의 경우는 자료가 없어서 분석할 수 없지만 아마 〈동아일보〉와 큰 차이는 없었을 것이다.[15]

이와 같이 일본 광고주가 다수를 차지한다는 것은 그만큼 일본 상품과 자본의 침투를 도와주는 매개체 역할을 하였음을 의미한다. 이에 대해 당시 사회에서도 비판에 직면해야 했다. 〈개벽〉 1935년 3월호를 보면 이러한 사실을 "오사카에서 광고료로 만 원이 조선으로 건너오면 그 광고의 덕으로 조선인의 주머니에서 10만 원이 도로 오사카로 건너간다"[16]고 지적하였으며 또 다른 논자는 민간 신문들의 행태를 "한 손에 조선 민족을 들고 한 손에 도쿄, 오사카의 상품을 들고 나가는 것"[17]이라고 강도 높게 비판하였다.

창간 초기의 〈동아일보〉는 총독부의 정책을 비판하는 항일 논조를 전개하였다. 이 시기에는 일제의 언론 탄압도 그 기준이 상당히 완화되어 명백하거나 직접적인 항일 기사 외에는 대체로 가혹한 탄압을 가하지 않았다. 이에 따라 〈동아일보〉는 1920년부터 1923년까지 1회의 정간과 해마다 10~20건

사진 18 1920년대 〈동아일보〉와 〈조선일보〉에 실린 일본 제품 광고.

출처: 신인섭(1986), 《한국광고사》, 나남, p.20.

의 압수를 당하였다.

1920년 5월 4일부터 6회에 걸쳐 "조선 부로父老에게 고함"이라는 논설을 게재하여 전통의 유교적인 가부장 문화를 비판하였다. 또한 5월 8일과 9일에는 "가명假明인 두상頭上에 일봉一棒"이라는 제목의 논설을 통해 유림을 호되게 비판하였다. 이를 계기로 유림이 강하게 반발하여 〈동아일보〉를 성토하고 불매 운동까지 벌일 기세를 보이자 〈동아일보〉는 사장 박영효가 6월 1일부로 물러나는 것으로 사태를 진정시키려 하였다. 뒤이어 김성수가 제2대 사장에 취임하여[18] 경영의 전면에 부상하였다.

2) 〈조선일보〉

반면 〈조선일보〉는 친일계의 신문으로 출발하였으며 〈동아일보〉에 비해 자본력도 미약하였다. 초대 사장에 조진태, 부사장 겸 발행인에 예종석, 편집국장 최강 등 대정실업친목회 회원이 주축이 되었다. 하지만 자본금 불입도 제대로 되지 않아서 원래 20만 원을 목표로 하였으나 실제로 불입된 금액은 5만 원에 그쳤다. 전술한 대로 〈동아일보〉도 자본금 모집에 어려움을 겪었지만 〈조선일보〉는 그 절반에 못 미치는 자금으로 신문을 창간했던 것이다.

이러한 상황에서 독자들의 호응을 얻기가 어려웠다. 〈조선일보〉는 사내에서도 분파가 생겨 온건파와 과격파 사이의 대립이 빚어졌다. 그리하여 1920년 8월 12일에 열린 주주발기인총회에서 대정실업친목회와의 관계를 청산하기로 결정하였다.[19] 이에 따라 8월 14일에는 조진태, 예종석 등의 온건파가 물러나고 유문환이 사장, 권병하가 발행인이 되었다.

이후 〈조선일보〉는 〈동아일보〉보다 더한 항일의 논조로 독자들의 호응을 얻으려 시도하였다. 다시 말해 친일 신문이라는 독자들의 인식을 극복하기 위해 경쟁지인 〈동아일보〉보다 더 강력한 논조로 총독부의 정책을 비판하였다는 말이다. 일제의 식민 지배 기간 동안 친일 신문으로 출발한 〈조선일보〉가 민족 진영의 신문으로 출발한 〈동아일보〉보다 오히려 더 많은 압수 건수를 기록하였으며 정간도 먼저 당하였다. 참고로 식민 지배 기간을 통하여 〈동아일보〉와 〈조선일보〉가 총독부 당국에 당했던 압수와 정간 처분을 정리해 보면 표 7과 같다.

표 8을 보면 친일 세력에 의해 창간된 〈조선일보〉가 민족 진영에 의해 창간된 〈동아일보〉보다 오히려 압수당한 횟수도 더 많으며 정간 조치도 먼저 당하였음을 알 수 있다. 최초의 정간 사례는 1920년 8월 27일자 "자연의 화化"라는 제목의 사설이었다 당시 극동을 시찰 중이던 미국 의원단의 방한을 환영하면서 이 환영을 탄압하는 경찰 당국을 비난하는 내용이 문제가 되어

표 7 신문에 대한 압수 처분 건수

연도	동아일보	조선일보	연도	동아일보	조선일보
1920	16	24	1930	21	16
1921	15	23	1931	17	9
1922	15	12	1932	7	8
1923	14	20	1933	6	10
1924	56	48	1934	12	4
1925	57	56	1935	2	3
1926	33	53	1936	9	13
1927	44	55	1937	2	8
1928	26	21	1938	5	7
1929	28	21	1939	8	5
			합계	393	416

출처: 정진석(1990), 《한국언론사》, 나남, p.451에서 발췌.

표 8 신문에 대한 정간 처분 일람표

	구분	동아일보	조선일보
1차	문제 기사 기간	'제사 문제를 재론하노라' 1920. 9. 25~1921. 1. 10(108일)	'자연의 화' 1920. 8. 27~1920. 9. 2(7일)
2차	문제 기사 기간	'국제농민본부로부터의 전문' 1926. 3. 7~1926. 4. 19(44일)	'우열한 총독부 당국은~~' 1920. 9. 5~1920. 11. 5(62일)
3차	문제 기사 기간	'조선의 현상하에~~' 1930. 4. 17~1930. 9. 1(138일)	'조선과 노국과의 정치적 관계' 1925. 9. 8~1925. 10. 15(38일)
4차	문제 기사 기간	일장기 말소 사건 1936. 8. 27~1937. 6. 2(279일)	'제남 사건의 벽상관' 1928. 5. 9~1928. 9. 19(133일)
계		569일(1년 6개월 22일)	240일(8개월)

출처: 정진석(1990), 앞의 책, 나남, p.456에서 발췌.

1주일의 발행 정지 처분을 당하였다. 속간 3일째인 9월 5일자에서는 "우열한 총독부 당국은 무슨 연고로 우리 일보를 정간시켰느뇨"라는 제목의 사설에서 "천하의 동정이 오사吾社에 폭주함"이라는 부제를 달고는 총독부의 정간 조치를 강도 높게 비판하며 총독부가 부여한 배일排日 신문이라는 역할에 철두철미하겠다고 공언하여 다시 2차 정간을 당하게 되었다. 두 달에 걸친 2차 정간은 3명의 배일 기자를 해고함으로써 다시 속간할 수 있게 되었다.[20]

이와 같이 〈조선일보〉는 〈동아일보〉보다 더한 항일의 논조로 독자들의 호응을 얻으려 시도하였지만 압수와 정간이 거듭되면서 야기되는 신문 발행의 불연속성으로 오히려 경영난은 가중되었다. 이러한 어려움 속에서 〈조선일보〉의 소유권은 1921년 4월 8일 당시의 대표적인 친일 인사 송병준에게 6000원의 헐값에 넘어가고 말았다. 그러나 송병준은 신문 운영에 뜻이 있었던 것은 아니어서 인수 후부터 신문사를 고가에 넘기기 위해 원매자를 찾아 호가하고 다녔다고 한다.[21] 신문사의 운영은 〈황성신문〉 사장을 역임한 남궁훈이 3대 사장으로 취임하여 맡았다.

한편 친일 단체인 국민협회의 민원식에 의해 창간된 〈시사신문〉은 오래 버티지 못하고 바로 폐간되고 말았다. 창간 직후부터 국민협회의 회원들 외에는 대부분의 독자들로부터 외면을 당했다. 당시 집집마다 문 앞에 〈시사신문〉 불견不見이라고 써 붙인 집이 많아 〈시사신문〉은 '불견 신문'이라는 명예롭지 못한 별명까지 얻게 되었다고 한다. 그러다가 1921년 2월 16일 참정권 요구의 청원 운동차 도쿄에 가 있던 민원식이 민족주의자 양근환에게 저격, 피살되자 휴간 끝에 폐간되고 말았다.[22]

4. 민간지 시대의 신문 독자

1) 신문의 독자 정책

(1) 〈매일신보〉의 초기 독자 정책

1910년 8월 일제가 한국을 강제 병합하면서 한국인이 발행하던 신문은 경남 진주의 〈경남일보〉만 남고 나머지는 모두 통폐합되었다. 신문을 통해 세상에 적응하며 살아가는 삶의 방식이 습관화된 독자들로서는 읽을 수 있는 신문은 총독부 기관지였던 〈매일신보〉밖에 없는 상황이었다. 나라 잃은 설움에 신문을 끊은 독자들도 적지 않았다. 후술하겠지만 〈매일신보〉의 초기 발행 부수는 〈대한매일신보〉 시절에 비해 대폭 감소하였다. 하지만 신문이 생활필수품이 된 독자들 중에는 〈매일신보〉를 구독한 독자들도 상당수 있었다. 앞서 인용한 바 있는 〈황성신문〉과 〈조선일보〉를 구독하며 수집해 온 함경도의 노인도 이 시기에 〈매일신보〉를 구독하였다.

〈매일신보〉도 독자들의 참여를 적극적으로 권유하여 독자 투고를 환영한다고 공지하고 이 중 일부를 기사화하였다. 1914년 8월 19일자를 보면 '부녀신문'난에 "부인에 한하여 아래와 같은 투서를 환영하옵니다(성명은 숨겨도 무방)"라는 사고를 통해 주로 여성과 가정생활에 관련된 내용을 투고바라며 이를 '부녀신문'란에 싣겠다고 밝혔다. 그러나 투고는 '부녀신문'란에만 게재한 것이 아니라 다른 면에도 게재하였다. 1920년 2월 15일자에서는 투고에 대해 보다 자세하게 규정하였다. 1면에 '희망과 주장'이라는 난에 투고를 바란다면서 분량은 14자 80행 이내에 봉서에 한하며 인신공격은 허용이 안 되고 지면에는 익명으로 할 수 있지만 편지에는 주소와 성명을 밝히도록 하였다.

1920년 민간지들이 창간되고 나서 〈매일신보〉의 독자 투고 정책은 더욱 적극성을 띄었다. 그해 12월 2일부터는 더욱 적극적이고 보다 구체적인 투고 규정을 1면 하단에 게재하였다. '투고 환영'이라는 제목의 사고는 특정란에 한정하지 않고 포괄적으로 당시 사회의 당면 문제 전반에 대한 투고를 분량 제한 없이 받겠다고 공지하였다. 이처럼 〈매일신보〉가 보다 적극적인 독자 정책을 펼친 것은 민간지가 창간되어 한글 신문 시장이 경쟁 체제에 들어가자 독자의 관심과 참여를 더 늘려 보려는 전략으로 볼 수 있다.

(2) 민간지의 독자 정책

개화기부터 시작된 독자들의 지면 참여는 일제기 민간지에도 그대로 이어졌다. 〈동아일보〉는 창간 초기 개화기의 '기서'라는 용어를 그대로 사용하며 독자들의 투고를 게재하였다. 회사의 특별한 안내나 공지가 없어도 독자들도 이전 시대부터 굳어진 관행이 있기에 신문사에 하고 싶은 말이나 의견이 있을 때에 투고를 했던 것으로 보인다.

〈동아일보〉는 1920년 5월 14일자 3면 사회면을 통해 '투고 환영'이라는 제목으로 공지하였으며 그해 7월부터는 지령 100호를 기념하여 '독자에게 지면 개방'을 슬로건으로 내걸고 독자들의 참여를 더욱 확대하겠다고 표방하였다.[23] 1921년 2월 21일부터는 '독자 문단'란을 신설하여 독자들의 문예 작품을 게재하였다. 〈조선일보〉도 마찬가지였다. 초창기 '기서'란을 통해 독자들의 투고를 소개하였다. 1920년 5월 22일자 4면에 '교사의 책임'이라는 투고가 게재된 것을 비롯해서 가끔씩 지면에 등장하고 있다.

민간지들은 독자층을 확대하기 위해 여러 가지 혜택을 독자들에게 제공하며 유인하였다. 〈조선일보〉는 독자 위안이라는 명분으로 각종 행사를 개최하며 독자들을 초대 및 우대라는 명목으로 할인해 주는 등 각종의 판촉 활동을 활발하게 전개하였다. 〈동아일보〉도 마찬가지로 창간 초기부터 독자들에게 여러 우대 서비스를 제공하였다.

두 신문이 경쟁적으로 독자 우대와 할인 정책을 전개하였지만 실제 우대와 할인의 내용은 두 신문사가 거의 대동소이했다. 몇 가지 예를 들면 영화관 쿠폰을 지면에 인쇄하여 이를 소지한 독자들에게 입장료를 할인해 주었으며[24]

연극이나 공연, 곡마 등에도 독자들에게 할인 혜택을 제공하였다.[25] 각 지역의 병원과도 연계하여 독자들에게 진료비를 할인해 주었다.[26] 그 밖에 사진관[27]과 이발소에도 할인 혜택[28]을 제공하였다.

이처럼 다양하게 독자 우대 정책을 펼친 것은 신문이 독자층을 확대하여 발행 부수를 늘리고 이윤을 확대하려는 상업성의 한 단면이면서 한정된 독자층을 놓고 신문들이 경쟁을 펼친 결과로 볼 수 있다.

2) 신문 독자층의 특성

(1) 민간지 초기 우리 신문에 대한 독자의 욕구

1920년 민간지가 창간될 당시 독자들의 신문, 특히 한국어 신문에 대한 욕구는 매우 높았던 것으로 보인다. 총독부 기관지 〈매일신보〉만으로는 한국 독자들의 정보 욕구를 충족시키는 데는 한계가 있을 수밖에 없었다.

〈대한매일신보〉를 인수하여 재창간의 형태를 취했던 〈매일신보〉는 초기 독자 수가 급감하였다. 〈대한매일신보〉 시절 1만 부를 상회하던 발행 부수가 1910년에는 평균 2646부를 발행할 정도였다. 이에 〈매일신보〉는 1912년 6월 16일자 사설에서 '신문 사절'이라고 대문 앞에 커다랗게 써 붙이는 세태를 한탄하며 비판하였다. 어느 집 자손이라고 가문을 자랑하는 양반네들이 끼니를 잇기 어려운 것도 아닐 텐데 왜 문명 사회의 기본인 신문을 거절하는지 도무지 속내를 알 수 없다고 한탄하였다. 이 내용으로부터 우리는 당시의 신문 독자들이 강제 병합과 함께 창간된 〈매일신보〉의 성격과 논조에 대해 불만이 많아서 구독을 중단하는 사례가 많았음을 알 수 있다. 이에 〈매일신보〉는 지방 행정 기관의 지원을 받아 각 관청에서 의무적으로 구독하도록 하여 발행 부수를 높여 나갔다.[29]

이러한 상황에서 우리의 신문에 대한 독자들의 욕구는 매우 높을 수밖에 없었다. 〈동아일보〉 창간 당시에 기자로 참여했던 염상섭[30]의 다음과 같은

회고는 이러한 측면을 잘 말해 준다.[31]

> (……) 기미운동 후에 신문 창간할 때 일이 어제일 같이 머리에 떠오른다. 창간호를 만들어 놓고 나니까 비는 주룩주룩 오는데 동전 몇 푼 혹은 5전짜리 백동전 한 푼씩을 들고, 어른 아이가 편집실로 신문을 사러 몰려들었던 것이다. 배달하여 주기를 집에 앉아 기다리기가 조급하여 사러 왔다는 것이었다. 그렇게 신문을 한번 해 보았으면.
>
> 그러나 그때이기에 그만한 열성 있는 독자가 있었던 것이다. 신문이 많지 못하다는 것도 한 원인이었겠지마는 독자의 정신—대중의 정신이 한으로 나갔었기 때문이다. 민족정신이 한 초점에 타燒붙었었기 때문이었다. 신문이 그때와 같은 그런 열광적 갈채와 지지를 못 받는 한이 있기로서니 (……)

이 회고는 미군정기의 정파적 신문에 대해 독자들이 염증을 느끼는 세태를 한탄하며 과거를 회상한 것이다. 1920년 민간지 창간 당시 집에 배달되어 오기를 기다리기가 지루하여 신문사에 와서 사가는 사람들이 줄을 이었다는 것이다. 이는 그만큼 신문에 대한 기대와 욕구가 컸다는 것을 말해 준다. 총독부가 발행하던 기관지 〈매일신보〉로는 정보 욕구가 제대로 채워지지 않았기에 독자들은 새로이 창간되는 우리 민족의 신문에 커다란 기대를 가질 수밖에 없었던 것이다.

(2) 독자층의 확대

민간지 창간 이후 독자층은 꾸준히 확대되어 갔다. 〈동아일보〉는 창간 당시 1만 부를 발행하였으며 1924년에는 2만 부를 발행[32]할 정도로 독자층이 확대되어 갔다. 1920년대 초반의 발행 부수를 정확하게 알 수 있는 자료는 부족하다. 하지만 〈신문과 신문기자〉라는 잡지 1922년 6월호가 게재한 추정 자료에 의하면 〈동아일보〉의 발행 부수는 5만 3000부, 〈조선일보〉는 1만

1000부로 기록되어 있다.[33] 이 자료가 맞는다면 〈동아일보〉는 창간 초기 각계의 기대 속에 발행 부수가 급속히 늘어났지만 1922년 이후 〈동아일보〉가 각계의 비판을 야기하고 불매 운동이 벌어지며 독자 수가 감소하였다는 말이 된다.

이처럼 창간 초기 민간지들의 독자층이 확대된 가장 큰 요인은 일제에 의한 강제 병합과 총독부 기관지 독점 시대를 거치면서 우리 신문에 대한 욕구가 커졌기 때문으로 보인다. 우리 민족의 시각에서 만들어진 신문에 대한 기대가 이 민간지들에 반영되면서 점차 독자층이 확대된 것으로 볼 수 있다. 또한 앞서 지적한 대로 두 신문사가 독자층 확대를 위해 여러 가지 부대 서비스를 제공하고 적극적으로 판촉에 임한 것도 독자층 확대에 기여했을 것이다.

(3) 신문 독자층의 특성

독자층이 확대되기는 하였지만 당시 신문 독자들은 여전히 사회의 엘리트 중심을 벗어나기는 어려웠다. 문자 해독층이 조금씩 늘어나기는 하였겠지만 아직 국민 대다수는 문맹을 벗어나지 못했으며 식민 치하의 어려운 경제적 여건에서 유료로 신문을 구독할 수 있는 층은 한정될 수밖에 없는 것이다. 이는 어느 사회나 마찬가지로서 신문 발전의 초창기에는 엘리트 계층이 독자층의 대부분을 구성하게 마련이다.

당시의 독자가 대부분 엘리트 중심이었다는 사실은 당시 일본 경찰의 인식과 행태를 통해서 확인할 수 있다. 조선인들의 사상 동향에 민감하던 일본 경찰은 조선어 신문과 잡지의 구독자가 고등계 사건과 사상 문제의 잠재층으로 보고 사찰의 주요 대상으로 삼았다. 1927년 3월 경성 시내 서대문 경찰서 고등계는 관내 파출소에 조선어 신문과 잡지의 구독자를 조사하라는 명령을 하달하였다. 이를 보도한 〈조선일보〉 1927년 3월 22일자(조간 2면) 기사에 의하면 "표면적으로는 조선인의 지식 정도를 조사하는 것"이라 하지만 "그 실상은 조선에 있어서 고등계 사건에 관련한 사람은 거의 다 조선문 신문 잡지의 구독자인 까닭에 고등계 사건 및 사상 취체에 대한 어떠한 예비 행동"이 아니냐며 의혹의 눈초리를 보내고 있다.

경성뿐만 아니라 지방에서도 조선어 신문, 잡지의 구독자들은 요주의 인물로서 경찰의 감시 대상이 되었다. 〈동아일보〉 1927년 3월 29일자 2면의 가십란인 '휴지통' 기사를 보면 논산경찰서에서 조선문 신문 독자는 불온 분자가 많다고 조사 중이라는 내용을 보도하면서 일본 신문 독자 중에서 불온 분자가 있으면 어쩔 것인가라고 풍자하고 있다.

이처럼 사상 동향을 예의주시하는 경찰이 당시의 민간지 독자들을 중심으로 조사한다는 것은 그만큼 신문 독자들이 당시 사회의 엘리트 중심이었음을 말해 준다.

3) 엘리트 독자층의 신문에 대한 비판과 저항

(1) 〈동아일보〉 불매 운동

민족 진영의 대표 신문이라는 명분으로 창간된 〈동아일보〉의 논조는 당시 민족 운동 진영의 요구와 기대에 제대로 부응하지는 못한 것으로 보인다. 스스로도 '민중의 표현 기관'을 자임하며 출발하였지만 실제로는 기대에 못 미쳐 많은 비판과 불만을 불러일으켰다. 급기야는 〈동아일보〉에 대한 불매 운동까지 벌어졌다.

가장 먼저 불매 운동이 논의되었던 사례는 전술한 대로 1920년 5월 4일부터 6회에 걸쳐 "조선 부로父老에게 고함"이라는 제목의 논설이 계기가 되었다. 이 논설은 전통의 유교적인 가부장 문화를 비판하였다. 이에 대해 유림이 강하게 반발하며 불매 운동까지 벌일 기세를 보이고 동아일보사의 장덕수를 비롯한 회사 고위 관계자가 유림측을 방문하여 사과하였다.[34] 이어 〈동아일보〉는 사장 박영효가 6월 1일부로 물러나고 김성수가 취임함으로써[35] 사태를 진정시켰다.

실제로 불매 운동이 결의되고 실행되었던 것은 1922년 1월 21일 개화기 정계의 거물 김윤식의 죽음이 첫 번째 계기가 되었다. 〈동아일보〉가 중심이 되어 김윤식의 장례를 2월 4일 사회장으로 치르기로 결정하자[36] 바로 각계의 반발이 뒤따랐다. 1월 28일 각계 80여 명의 인사들이 고김윤식사회장반대회를 결성하여 김윤식은 대표적 친일 인사라며 사회장을 즉각 취소할 것을 요구하면서 〈동아일보〉 사장의 퇴진까지 요구하였다. 고김윤식사회장반대회의는 2월 1일 두 번째 대중 강연회를 개최하여 〈동아일보〉 비매동맹회를 결성하고 다음과 같은 결의문을 채택하였다.[37]

결의문

一. 동아일보의 사장, 주간, 편집장 등은 귀족 계급, 자본 계급과 기타 간악한 지식 매매자 계급과 결탁하야 민중의 의사에서 출出치 안이한 하등의 사회적 이유가 없는 고김윤식사회장이란 것을 전단적專斷的으로 결정한 것

一. 동아일보는 이천만 민중의 표현 기관이라고 자임하면서 민중의 여론을 극도로 무시하고 소위 사회장이란 것을 종종의 오언궤변敖言詭辯 등으로써 단체장의 의미로 미봉기만 하는 것

一. 동아일보 송진우는 의주 대표자에게 대하야 "이 경성에서 우리 칠십여 명 위원을 제한 외에 여론을 일으킬 능력을 가진 자가 누가 있느냐"고 한 것

一. 이상 모든 조건에 의하야 우리 민중의 인격 권리 침해에 대한 징벌로 그 사장 주간 편집장되는 자의 인책 사직을 볼 때까지 조선 전 민중은 동아일보 구독을 거절하기로 단행할 것

〈동아일보〉가 여론을 오도하여 정당성도 없는 김윤식사회장을 주도하려 한다면서 간부들의 사직을 요구하고 이것이 이루어질 때까지 구독 거부할 것을 결의한 것이다. 사태가 이렇게 돌아가자 사회장위원회는 2월 1일 사회장 폐지를 결정하였다.[38]

이처럼 〈동아일보〉 불매 운동까지 전개되었던 배경에는 당시 청년 단체들의 이념과 노선 투쟁이 자리하고 있었다. 표면적으로는 김윤식의 사회장 문제가 쟁점이 되었지만 그 밑바탕에는 1920년대 초기 민족 운동 진영에서 민족주의 계열과 사회주의 계열의 경쟁과 대립이 배경 요인이 되었다는 말이다. 1920년대 초반의 청년 운동은 민족주의와 사회주의의 두 세력이 큰 흐름을 형성하고 있었다. 애당초 한국 청년 운동의 주류는 민족주의 계열이었다. 그러나 러시아 혁명 이후 전 세계적으로 사회주의의 기반이 확대되면서 한국 사회에도 사회주의 사상이 유입되었다.

이 양대 세력이 조선청년연합회를 결성하여 초기에는 협조를 바라는 사회적 여망에 따라 별 무리 없이 좋은 관계를 유지하였다. 그러나 내부적으로는 이념적 차이와 주도권을 장악하려는 경쟁과 갈등이 항상 잠재되어 있었다. 이러한 바탕 위에서 내부 균열이 표면화되는 것은 1921년의 이른바 '사기 공산당 사건'이 결정적 계기가 되었다. 이는 이동휘를 중심으로 한 상해의 공산주의 세력이 국내의 거점 확보를 위해 국내 세력과 연계를 모색하던 중에 터져 나온 사건이었다. 그 과정에서 당시 〈동아일보〉 부사장 겸 주필이던 장덕수가 포섭 대상으로 떠올랐으며 1921년 5월경 적지 않은 활동 자금이 장덕수에게 전해졌다. 그러나 그 자금이 공산주의 활동 이외의 일에 소비되었다고 하여 말썽이 되었던 사건이다. 당시 금액도 4만 원 혹은 8만 원이라는 설이 있으며 이 돈이 장덕수를 비롯하여 조선청년회연합회와 조선노동공제회의 간부급 몇몇 인사에게 전해져 유용되었다는 것이다. 이들이 이 돈으로 각지에 순회 강연을 개최하였으며 기관지 〈아성我聲〉을 발행하였고 그 외에도 각자의 세력 확장을 위한 자금으로 썼다고 세인의 비난이 자자하였다고 한다.[39]

이러한 논란의 와중에서 김윤식사회장 문제가 불거졌던 것이다. 이 김윤식사회장 문제는 표면적으로는 김윤식의 과거 친일 경력이 문제가 되어 사회장으로 할 만한 근거가 있느냐는 점이 논란이 되었지만 이면에는 사회주의

계열의 인사들이 장덕수 일파를 공격하기 위한 의도가 자리하고 있었다.[40]

다음 해인 1923년 3월 30일에도 전국의 청년 단체들이 모인 전조선청년당대회에서 〈동아일보〉 불매 운동이 결의되었다. 이날 결의된 내용은 다음과 같다.[41]

> 결의안
>
> 이천만 민중의 표현 기관이라 자칭 대호大呼하고 발기되야 총연앙모寵戀仰慕*하게 된 동아일보는 사실로 민중의 이목이 되어 전체로 신임할 만큼 자처케 되는 기간其間에 내막으로는 기幾 개인의 수완으로 신사벌紳士閥 자본급의 농락弄絡 기관이 되어 대세에 순응되는 현대 오인의 각오와 정신을 마비하는 정략으로 사회장이니 비행사환영이니 재외동포위문회 등을 고창高唱하여 일반의 여론을 무시하며 기타에 심지어 사기공산당이라는 비판까지 사실로 인정하게 된 동아일보에 대하야 자칭 2천만 민중의 표현 기관이라 함을 취소하고 편집 주요 간부가 퇴직하야 오인의 갈망숙희渴望宿希**하든 본의적 공정한 언론 기관이 되기까지 비매동맹을 시행할 사
>
> 대정 12년 3월 30일
>
> 동아일보비매동맹회

창간 후 〈동아일보〉의 기대에 어긋난 행태를 성토하면서 2000만 민중의 표현 기관이라는 표현을 취소하고 간부들을 퇴진시킬 것을 요구하며 이 요구가 수용되어 공정한 언론으로 거듭날 때까지 〈동아일보〉 불매를 결의한 것이다. 이날 대회에서는 이와 함께 전국의 청년 단체 대표들을 아우르는 30명

* 사랑과 은혜를 한 몸에 받았다는 뜻.

** 간절히 바란다는 뜻.

이 비매동맹회의 집행위원으로 선정되었다. 이들은 바로 〈동아일보〉 불매 운동을 선전하기 위한 대중 강연회를 경성에서 개최하였으며 각 지방의 청년 단체 대표들도 각 지역으로 돌아가 선전 활동을 펼치고 재외동포위문회 등에서도 선전 활동을 벌이기로 하였다.

1923년 전조선청년당대회가 〈동아일보〉 불매 운동을 선언하고 추진했던 것은 앞에서 분석했던 김윤식사회장반대회의 불매 운동과 같은 연장선상에서 이루어진 것이다. 이 불매 운동도 청년 운동 진영의 민족주의와 사회주의 세력의 갈등에서 비롯되었다는 말이다. 당시 〈개벽〉은 이 조선청년당대회의 목적이 〈동아일보〉와 조선청년회연합회, 특히 그 간부를 압박하는 데 있다고 해석하였다.[42] 여기서 '동아일보 현 간부'란 〈동아일보〉와 〈조선청년회연합회〉 양 집단에서 핵심적 역할을 하였던 장덕수를 말하는 것이다.

위의 결의 사항에서 언급한 비행사 환영이란 1922년 12월 10일 일본에 있던 한국인 비행사 안창남의 귀국을 맞아 환영 비행 행사를 벌였던 것을 말한다. 이를 위해 동아일보사는 그해 10월 29일부터 안창남군고국방문비행후원회를 조직하고 성금을 모금하였다. 재외동포위문회란 1922년 2월 동아일보사가 재외동포위안회를 발기하여 해외동포들로 하여금 조국애를 고취하자는 취지로 그해 3월부터 모금 운동을 벌였던 것을 말한다. 이 사업을 벌이면서 동아일보사는 전국 순회강연을 벌였는데, 연사로는 전라도 지역은 사장 송진우가, 그 밖의 지역은 장덕수가 담당하였다.[43]

이처럼 신문사들이 벌이는 이벤트는 선의의 목적을 표방함에도 불구하고 그 밑바탕에는 신문의 상업적 기반을 확대하려는 의도가 깔려 있다고 볼 수 있다. 아마도 사회주의 계열의 청년 단체들 입장에서는 이러한 동아일보사의 태도와 사업에 비판적 태도를 갖게 되었으며, 특히 그 사업에서 자신들의 공격 목표인 장덕수가 핵심적인 역할을 하였다는 점에서 〈동아일보〉를 공격 목표로 삼았던 것으로 볼 수 있다.[44]

이 불매 운동으로 말미암아 장덕수는 1923년 4월 15일 동아일보사의 부

사장급 주미 특파원으로 발령이 나서 도미 길에 오르게 되었다. 《동아일보사사》는 이 부분을 "소위 소련 자금 유용이라는 무근한 누명을 쓰는 사건이 일어나, 사회에 물론이 분분하고 한편 신변의 위험마저 느끼게 되어 본사에서 그를 특파원 형식으로 미국으로 보내게 되었던 것이다"라고 언급한다. 장덕수의 특파원 파견은 〈동아일보〉와 장덕수 개인에 대한 공격 때문이었다는 말이다. 당시 〈동아일보〉는 중국의 상해와 북경, 길림 지역에 있는 사람을 촉탁으로 위촉하여 해외 통신원으로 활용하였지만 소속 기자를 해외 상주 특파원으로 보낸 것은 이때가 처음이었다. 이때 동경에 김형원, 상해에 류광렬을 함께 파견하였다.[45]

(2) 〈조선일보〉 불매 운동

1923년 1월 만주의 봉천 지역에 거주하는 조선인들의 모임인 봉천조선인협회는 〈조선일보〉 불매 운동을 결의하고 선전에 나섰다. 이 협회는 〈조선일보〉 1월 3일자 만주정보란에 실린 '봉천조선인대회'라는 제목의 기사와 관련하여 〈조선일보〉 봉천 지국에 여러 차례 항의하여 잘못을 시정하겠다는 약속을 받아 냈으나 제대로 실행되지 않자 이에 반발하여 〈조선일보〉 불매 운동을 결의하였던 것이다.[46]

이 사건은 봉천조선인협회 내부의 문제가 발단이 되었다. 당시 만주 지역이 수년간에 걸쳐 가뭄과 수해로 생활의 어려움이 가중되자 1922년 연초부터 각계에서 구호 자금을 보내게 되었다. 만주 지역의 조선인 단체들에서 이 자금을 둘러싸고 횡령 의혹이 불거지면서 법정 싸움까지 빚어졌다. 〈조선일보〉는 1922년 12월 6일자 3면의 '만주정보'란을 통해 "조선인협회 간부 피소, 구제금을 횡령하였다는 문제로 그 간부 일파를 걸어 고소하여"라는 제목으로 상세하게 보도하였다.

이후에도 조선인협회의 내분 사태는 진정되지 않고 급기야 협회 해산까지 논의되기에 이르렀다.[47] 이듬해인 1923년 1월 3일자에는 문제의 기사가 역시 '만주정보'란에 "봉천거류조선인대회 삼백오십여 명의 회원을 경찰 당국으로부터 해산"이라는 제목의 기사가 실렸다. 이 기사는 양분된 조선인협회의 내부 문제를 언급하면서 기존의 회장과 집행부 입장을 강하게 옹호하는 입장에서 보도하였다. 당시 봉천의 조선인 협회는 기존의 가와모도 시즈川本靜夫 협회장을 중심으로 한 세력과 이들을 비판하면서 조선인공민대회 개최를 시도한 두 파로 갈려 있었다. 이들 중 공민대회파가 협회장 중심의 일파를 공격하는 성명을 발표하기도 하였다. 그 요지는 명제태라는 자가 나서서 주민들을 현혹시켜 협회의 해산을 막으려 한다는 것이다.[48] 이러한 맥락에서 〈조선일보〉가 회장과 명제태를 옹호하는 기사를 게재하자 그 반대파에서 이에 대해 수정을 요구하다가 불매 동맹으로까지 이어졌다.

이상에서 살펴본 바와 같이 1923년 봉천의 조선인협회가 벌였던 〈조선일보〉 불매 운동은 단체의 내분이 구호 자금 문제를 계기로 악화되면서 보도 내용을 문제 삼으며 벌였던 것으로 볼 수 있다.[49] 〈조선일보〉 불매 운동은 전술한 〈동아일보〉 불매 운동과 성격 면에서 차이를 보인다. 〈동아일보〉 불매 운동이 민족 운동 계열 간의 이념과 노선 갈등에서 비롯된 것이었다면, 〈조선일보〉 불매 운동은 구체적인 보도에 대한 불만을 계기로 해서 빚어진 것이다.

7장

1920년대 중반 이후의 언론

1924년은 민간지의 역사에서 중요한 전환점이 되었다. 〈동아일보〉와 〈조선일보〉가 모두 이 해에 중대한 변화를 겪으며 신문의 성격과 위상 면에서도 변화가 이루어졌기 때문이다. 〈동아일보〉는 1924년 연초에 실린 사설과 이에 대한 각계의 비난을 계기로 논조와 위상에서 중대한 변화를 가져 왔다. 〈조선일보〉는 신문의 소유권과 경영권이 민족 진영으로 넘어가 인적 구성과 지면상에 혁신을 시도했던 해이다. 또한 최남선에 의해 〈시대일보〉가 창간됨으로써 〈시사신문〉의 폐지 이후 다시 민간 3개지의 시대로 들어선 것이다. 따라서 1924년은 식민지 시대 언론사에서 여러 중대한 변화가 이루어진 해다.

1. 〈동아일보〉의 변화

1) 〈동아일보〉의 '민족적 경륜' 사건

(1) '민족적 경륜' 사설과 연정회

1924년 1월 2일부터 6일까지 5회에 걸쳐 〈동아일보〉 지면에는 "민족적 경륜"이라는 제목의 사설이 연재되었다. 이광수가 집필한 것으로 알려진 장문의 이 사설은 각계의 격렬한 비난에 직면하게 되는 등 커다란 사회적 파문을 일으켰다. 1월 2일자의 첫 번째 사설에서 민족의 일에도 계획이 필요한데 우리는 지금 '무계획의 상태'에 있어 조소받아 마땅하다고 전제한 데 이어 1월 3일자에 실린 두 번째 "정치적 결사와 운동"이라는 사설의 다음과 같은 내용이 특히 문제가 되었다.

> 그런데 조선민족은 지금 정치적 생활이 없다. 2천만에 달하는 민족으로 전혀 정치적 생활을 결한 자는 현재 세계의 어느 구석을 찾아도 없을 것이요, 또 유사 이래의 모든 사기에도 없을 것이다. 실로 기괴한 일이라 할 것이다. (……)
>
> 그러면 왜 지금에 조선 민족에게는 정치적 생활이 없나, 그 대답은 가장 단순하다. 일본이 한국을 병합한 이래로 조선인에게는 모든 정치적 활동을 금지한 것이 제1인이요, 병합 이래 조선인은 일본의 통치권을 승인하는 조건 밑에서 하는 모든 정치적 활동, 즉 참정권 자치권의 운동 같은 것은 물론이요, 일본 정부를 대수對手로 하는 독립운동조차도 원치 아니하는 강렬한 절개 의식이 있었던 것이 제2인이다. 이 두 가지 원인으로 지금까지 하여 온 정치적 운동은 전혀 일본을 적대시하는 운동뿐이었었다. 그러므로 이런 종류의 정치 운동은 해외에서나, 만일 국내에서 한다면 비밀결사적일 수밖에 없다.
>
> 그러나 우리는 무슨 방법으로나 조선 내에서 전 민족적인 정치 활동을 하도록 신생면을 타개할 필요가 있다.

우리는 조선 내에서 허하는 범위 내에서 일대 정치적 결사를 조직하여야 한다는 것이 우리의 주장이다. 그러면 그 이유는 어디에 있는가. 우리는 두 가지를 들려고 한다.

① 우리 당면의 민족적 권리와 이익을 옹호하기 위하여

② 조선인을 정치적으로 훈련하고 단결하여 민족의 정치적 중심 세력을 만들어서 장래 구원한 정치 운동의 기초를 이루기 위하여 (……) (강조는 필자)

요컨대 일제의 식민 지배를 인정하면서 그 범위 내에서 정치적 결사를 조직하여 자치권을 확보하기 위한 운동을 펼쳐 나가자는 것이 바로 이 사설의 핵심적 주장이었다. 이 내용은 그 전해인 1923년 가을경부터 〈동아일보〉의 김성수와 송진우가 주동이 되어 15~16명의 각계 인사가 모여 연정회라는 단체를 조직한 사실과 결부되면서 세간의 의혹과 반발을 증폭시켰던 것이다. 연정회는 지금 정세에서는 직접적인 독립운동은 불가능하다고 판단하여 인도의 국민의회 같은 합법적인 정치 단체를 만들기 위해 조직한 단체였다.[1]

이 사설이 공개되자 〈동아일보〉는 바로 각계로부터의 비난과 성토의 여론에 직면하였다. 가장 먼저 반응을 보인 것은 동경의 유학생들이었다. 동경 유학생 학우회 등 11개 단체는 2월 10일 〈동아일보〉를 배척하고 성토하는 운동을 전개하기로 결의한 내용이 포함된 성토문을 작성하여 국내 각지에 발송하였다.[2]

동아일보사 및 이를 옹호하는 세력들은 지난 1월 3일 '정치적 결사와 운동'이라는 제목의 사설을 통해 오랫동안 악전고투해 온 전우들을 저버리고 적진에 투항을 자백하고 말았다. 이로써 그들은 오늘날까지 지속되어 온 우리 민중의 열렬한 비타협적 운동을 비웃으면서 은연중에 굴종적인 타협 운동을 종용하고 있다. (……) 이에 우리들은 동아일보사를 중심으로 조직되어 있는 일본 제국주의적 자본벌資本閥의 전위대를 배척하는 동시에 이 전위대가 동아일보사를 본거지로 활동하는

한 끊임없이 이 동아일보를 성토할 것이다

적에게 투항한 것이며 굴종적인 타협 운동을 종용하는 것이라고 강도 높게 〈동아일보〉의 보도와 행태를 비판하고 있다. 이 성토문에서 동경의 청년 단체들은 사설의 취소와 전체 사회에 대하여 사과할 것, 그리고 논설의 집필자인 이광수를 퇴사시킬 것을 요구하였다. 여기에 참여한 단체들은 재일본동경조선유학생학우회, 재일본동경조선인유학생여자학흥회, 재일본동경조선교육연구회, 북성회北星會, 동경조선노동동맹회, 형설회, 노우사勞友社, 평문사平文社, 조선무산청년회, 대판조선노동동맹회, 전진사 등 11개 단체다. 이 중 유학생 단체들은 처음에는 민족주의적인 성향이었으나 1920년대 들어서면서 사회주의적인 경향을 띠게 되었다. 또한 조선무산청년회나 북성회, 형설회 등은 모두 사회주의 성향의 단체들이었다.[3] 이들 단체들로서는 타협적인 입장을 담은 〈동아일보〉 사설의 내용을 받아들일 수 없었기에 〈동아일보〉를 성토하고 배척한다는 내용을 발표한 것이다.

북경의 북경한인임시선전회도 성토문을 발송하였다. 상해의 임시 정부가 발행하는 기관지 〈독립신문〉도 4월 26일자에서 "동아일보에 고함"이라는 제목의 사설을 통하여 반대 입장을 명백히 하였다. 이 신문은 〈동아일보〉가 정치적 결사 운운한 부분에 대하여는 놀라움을 금할 수 없다고 하면서 그 동안의 과오에 대해서는 그냥 지나쳤지만 이번만은 회사의 대표자가 나서서 과오를 인정하라고 촉구하였다.

국내에서도 천도교 구파 등 민족 진영을 비롯해 조선노농총동맹과 당시의 대표적인 잡지 〈개벽〉 등이 이에 가담하였다. 4월 20일에 창립된 노동자 농민 운동의 전국 단체였던 조선노농총동맹은 신문의 주요 간부와 옹호파를 사회에서 매장할 것과 함께 〈동아일보〉에 대한 불매 운동을 결의하고 각지에서 성토 강연을 할 것 등을 결의하였다.[4] 〈개벽〉은 1924년 2월호에서 〈동아일보〉를 중심으로 한 움직임에 대해 "점점 이상해 가는 조선의 문화 운동"

이라는 제목으로 우려를 표명하며 일반의 주의를 촉구하였다. 그해 12월호에서는 "갑자일년총관總觀"이라는 제목으로 한 해 동안 일어났던 일을 회고하면서 〈동아일보〉의 '민족적 경륜' 사건에 대하여 다음과 같이 논평하였다.

> 일월 삼일 동아일보 사설로 발포된 '민족적 경륜'의 일절인 '정치적 결사와 운동'이란 일편은, 신년 벽두에 한 개의 문제가 되었다. 즉 정치적 결사의 필요와 운동을 말한 그중에는 '우리는 조선 내에 허하는 범위 내에서 일대 정치적 결사를 조직하자'는 주장이 있었는 바, 조선 내에서 허하는 범위 내의 정치적 결사를 하자함은, 결국 참정 운동이나 자치 운동, 기껏 나아간 데야 일본 정부를 상대로 하는 평화적 독립운동을 하자함에 지내지 못함이라 하야, 일본에 가있는 조선인 청년들을 중심삼아, 한창 반박의 노래가 높았었다. 더욱, 동아일보가 이와 같은 사설을 쓴 것은 한때의 지나가는 말로 쓴 것이 아니오, 그 뒤에는 무슨 그러한 정치적 결사를 지으며 있는 바, 그런 결사의 정신을 간접 선언한 것이 그 사설이 아니냐 하여, 일반은 더욱이나 그편의 동정을 주시하였었다.

이 글은 당시 사회에서 '민족적 경륜'을 둘러싸고 벌여졌던 일련의 과정을 잘 요약해 준다. 사설에서 특히 문제가 되었던 부분과 그 사설의 이면에서 벌어지는 일련의 움직임에 대해 각계가 주목하면서 반발하였던 측면을 정확하게 지적하였다.

(2) 민족적 경륜 사설의 배경과 〈동아일보〉의 대응

당시 〈동아일보〉의 지면에 이러한 사설이 실림으로써 사회적 파문을 불러일으켰던 것은 일제의 이른바 문화 통치의 맥락과 밀접하게 맞물려 있었다. 전술한 바와 같이 일제는 문화 통치라는 명분을 내걸고 유화적인 제스처를 보이기도 하였지만 실제 그들의 핵심적 정책 의도는 딴 데 있었다. 일제의 새로운 정책 중에는 한국인 중에서 친일 세력을 육성하고 이들을 보호, 이용하자는 것이 중요한 부분을 차지하고 있었다. 이들을 통해 식민 지배의 틀 내에서 한국인들의 참정권 문제를 제기하고 참정권 청원 운동을 전개하려는 것이었다. 그리하여 1920년대 초반 친일 단체와 친일 인사들을 중심으로 참정권 청원 운동이 전개되었다. 이 운동이 1920년대 중반부터는 자치론이라는 형태로 모습을 바꾸어 나타나기 시작하였다.[5] 이러한 흐름 속에서 1923년 하반기에 연정회가 조직되더니 곧 이어 1924년 초 〈동아일보〉 지면에 이광수 집필의 "민족적 경륜"이라는 사설이 실려 공개적으로 자치론을 주장하기에 이르렀던 것이다.

각계의 비판이 쏟아지자 〈동아일보〉는 그해 1월 29일자에 실린 "'정치적 결사와 운동'에 대하여"라는 제목의 사설을 통하여 1월 3일자의 사설이 오해를 불러일으켰다면 이는 수사修辭의 졸렬함에 문제가 있었으며 논법이 불철저했던 때문이라고 변명하였다. 이러한 변명에도 불구하고 조선노농총동맹의 강경한 행동 방침이 정해지자 4월 23일자 사설에서는 "조선노농총동맹 결의 중 본사에 관한 것에 대하야"라는 제목으로 "만일 본사 및 본보가 과연 조선노농총동맹의 조사위원이 보고한 바와 같은 주의정신과 행위를 가졌다하면 성토도 비매동맹도 오히려 경輕한 벌이라 할 것"이라고 하면서 그러나 이는 실제와는 다르다며 조선노농총동맹에 유감을 표명하였다.

뒤이어 4월 27일에는 "만천하 독자에게 고함"이라는 제목의 사설을 통해 임원의 대대적인 인사 조치를 취한 사실을 공표하기에 이르렀다. 사설에 의하면 동아일보사는 4월 25일 임시 중역 회의를 열고 중역 전부는 아니지만 사장 송진우와 전무 신구범, 상무 겸 편집국장 이상협, 취체역 김성수, 장두현 등 핵심 간부들이 사표를 제출하였다. 후속 인사는 5월 14일 임시 주총을 개최하여 후임 사장에 이승훈을 선출하였으며 그가 전무와 상무도 겸하도록 하였고 주필 겸 편집국장에는 홍명희가 임명되었다.[6]

2) 〈동아일보〉 간부 폭행 사건

(1) 〈동아일보〉 간부 폭행 사건의 전말

"민족적 경륜" 사설의 파장이 채 가라앉기도 전인 1924년 4월, 〈동아일보〉는 또 다른 회오리에 휘말리게 되었다. 4월 3일 친일 단체인 각파유지연맹의 대표 박춘금이 〈동아일보〉의 김성수와 송진우를 협박한 사건이 벌어진 것이다. 이 사건이 또 〈동아일보〉에 안팎으로 적지 않은 파문을 불러일으켰다.

각파유지연맹은 1924년 1월부터 총독부의 후원 아래 각종 친일 단체가 연합하여 '일선日鮮 양 민족의 혼연일체를 도圖하야 내內로는 민생의 강복과 외外로는 동양의 평화를 보장하여 세계의 진운에 순응코자 한다'는 명분하에 11개 친일 단체의 유지 34명이 모여 3월 25일 발족한 친일 단체다. 이 단체가 발족하자 〈동아일보〉는 3월 30일 "각파유지연맹에 대하여"라는 제목의 사설에서 이 단체는 한마디로 "일선융화와 노자 협조의 간판을 걸었으니 '사리 도모에 편의를 좀 주시오'라는 의미에 불과하다"고 강도 높게 비판하였다. 이어 4월 2일자에서도 "관민야합의 어리漁利 운동"이라는 제목의 사설로 그들이 "시정의 개선과 사상의 선도와 생활의 안정을 운운하는 것은 흡사 원숭이가 사람 흉내 내듯이 일종의 골계미를 지니는 것이다. 즉 그들 무리의 소위 주의니 선언이니 혹은 강령이니 하는 여러 가지 대외적 명패는 요컨대 세인의 이목을 기만하는데 불과한 것이요 그 실상인즉 일선융화를 일종의 직업으로 하여 그들의 구복지계口腹之計*를 도모하자는 데 불과하다"고 호되게 비판하였다.

문제의 두 번째 사설이 나간 바로 다음날 4월 3일 각파유지연맹의 회원

* 먹고 살기 위한 방편이라는 뜻.

들이 〈동아일보〉의 사주인 김성수와 사장 송진우를 식도원이라는 요리집으로 불러내어 비난, 공격하던 중 간부 박춘금이 두 사람에게 폭행을 가하고 협박한 사건이 발생하였다. 박춘금은 두 사람에게 자신들을 공격한 것을 사과하고 돈 3000원을 내라고 권총으로 협박한 것이다. 이 협박에 대해 송진우는 "사담私談"이라는 제목으로 "주의주장은 반대하나 인신공격한 것은 온당치 못한 줄로 인認함"이라는 내용의 서약서를 쓰고 풀려날 수 있었다.[7] 다음날 김성수는 박춘금이 요구했던 돈 3000원을 경무국장에게 주어 전하려 하였으나 박춘금 등이 거부함으로써 사건은 일단락되었다.[8]

(2) 〈동아일보〉 간부 폭행 사건의 여파

이 사건은 곧바로 커다란 파문을 불러일으켰다. 뒤에서 상술하겠지만 사내의 기자들이 크게 반발하고 나섰다. 그러나 이는 〈동아일보〉만의 문제가 아니라 언론의 자유에 대한 중대한 위협의 성격을 지닌다. 이에 각계의 지도자들이 모여 폭력 단체를 묵인하고 비호하는 총독부 당국을 비난하는 한편 각파유지연맹을 규탄하고 언론 탄압에 항거하는 언론집회압박탄핵회라는 명칭의 민중 대회를 시도하였다. 그해 6월 7일 세 신문사를 포함해서 31개 각계 단체의 대표 100여 명이 모여 6월 20일에 개최하기로 결정하였다. 그러나 6월 20일의 탄핵 대회는 총독부 경찰의 탄압으로 무산되고 말았다. 다시 1주일 뒤인 27일에 경찰들에 의해 둘러싸인 채 단체 대표들만 모여 대회를 진행하였으며[9] 다음과 같은 결의문과 실행 사항을 채택하였다.[10]

> 결의문
>
> 언론은 생존의 표현이요, 집회는 그 행동이다. 우리의 생명이 여기에 있고 우리의 향상이 여기에 있다. 만일 우리의 언론과 집회를 압박하는 자가 있다 하면 그것은 곧 우리의 생존 박해하는 자이다. 현하의 조선총독부 당국은 직접으로 우리의 언론을 압박하며 집회를 억제한다. 그러므로 우리 민중은 우리의 생존을 위하여 당

국의 이러한 횡포를 탄핵한다.

실행 사항

一. 조선 내 각지와 해외 필요지에서 7월 20일을 기하여 일제히 탄핵연설회 및 시위운동을 행함.

一. 언론집회 압박에 대한 사실을 거擧하여 세계적으로 선포할 사事.

一. 우리는 언론집회의 자유를 위하여 공고한 결속으로써 최선의 노력할 사.

3) 〈동아일보〉 기자들의 개혁 운동

한편 민족적 경륜 사건과 박춘금 사건은 〈동아일보〉의 내부 기자들에게도 커다란 반발을 불러일으켰다. 이는 기자들이 중심이 된 내부 개혁 운동으로 전개되었다. 특히 언론 자유에 대한 중대한 위협의 성격을 지닌 박춘금 사건을 당하고도 고발도 하지 않고 애써 감추기만 하려는 〈동아일보〉 경영진의 태도는 기자들의 의혹과 반발을 불러일으키기에 충분했다. 기자들은 4월 24일 사장 송진우를 비롯한 간부 5명과 논설반 기자 1명에 대한 불신임을 결의하였다. 또한 기자들은 사장 송진우의 사직과 새 간부진을 임명할 때에는 사원의 의사를 반영하고 앞으로 사내 중요 사안에 대해서 사원과 협의할 것 등 사내 민주화를 위한 세 가지 요구 조건을 중역 회의에 제출하고 24시간 내로 회답할 것을 요구하였다.

이러한 기자들의 요구에 의해 사장 송진우와 취체역 김성수 등 간부진의 사표는 수리되었으나 5월 14일 임시 주주 총회에서 선임된 새로운 간부진은 사원들이나 소주주들의 의사는 무시된 채 김성수의 의사대로만 구성되었다. 기자들의 강력한 민주화 요구에 대해 김성수는 3·1 운동 대표 33인 중 한 사람인 이승훈을 사장, 홍명희를 주필 겸 편집국장에 앉혀 대외적인 이미지를 개선하려 하였다. 그러나 대내적으로는 기자들의 민주화 요구를 계속 무시하는 자세를 견지하였다. 이는 사원들의 더 큰 반발을 불러일으켜 각부 부장과 공장장을 포함해서 기자들 대부분이 사표를 제출하고 인쇄공과 영업국도 동정 휴업에 들어갔다. 이때 사표를 제출했던 많은 기자들은 결국 〈동아일보〉를 떠날 수밖에 없었다.

이처럼 동아일보의 내부 개혁 운동은 사원들의 결집된 의지를 바탕으로 전개되었지만 기대했던 개혁을 이루지는 못했다. 이로써 사표를 제출한 주요 인물들이 〈조선일보〉로 옮겨 가서 〈조선일보〉의 혁신을 주도하게 되었다.

이렇듯 기자들의 대량 해직으로 〈동아일보〉의 사태가 일단락되자 1924년 10월 김성수는 대외용으로 추대했던 이승훈을 고문으로 밀어 내고 자신이 직접 사장으로 취임하여 경영과 편집의 전권을 장악하였다. 송진우도 고문에 앉혔다가 1925년 4월 홍명희가 〈시대일보〉 주필로 옮기자 바로 주필에 임명하였다.[11]

이러한 우여곡절들을 거치면서 〈동아일보〉는 많은 변모를 겪게 되었다. 민족 진영을 대표하는 신문으로 허가를 받고 스스로 표방했던 '조선 민중의 표현 기관'이라는 위상은 심각한 타격을 받을 수밖에 없었다. 이후 〈동아일보〉는 일제와 더욱 타협적인 자세를 보이게 되었으며 지면의 논조도 자치 운동의 대변지 역할을 하게 되었다. 1920년 출범 당시에는 외형적이나마 민족 운동 진영을 대변하는 신문으로 출발하였지만 〈동아일보〉는 1924년을 계기로 하여 민족주의 우파 세력의 대변지로 성격이 굳어져 가며 그 외의 민족 운동 진영과는 결별하는 모습을 보여 주었다.[12]

2. 〈조선일보〉의 혁신

1) 소유권의 변화와 인사의 혁신

1924년 〈조선일보〉도 여러 가지 중대한 변화를 겪었다. 먼저 소유주가 친일계에서 민족 진영으로 바뀌었다. 이해 9월 12일 〈조선일보〉의 소유권이 대표적인 친일 인사였던 송병준으로부터 신석우에게 넘어갔던 것이다. 신석우는 당시 상해에서 임시 정부 의정원 초대 의원과 교통총장을 역임한 인물로, 조선말 경무사를 지낸 신태휴의 아들이었다. 상해에서 신문을 발행한 경험이 있던 신석우는 부친을 설득하여 8만 5000원을 주고 〈조선일보〉의 판권과 일체의 경영권을 인수하였다.

새로운 경영진은 먼저 인사 개편을 시도하였다. 9월 13일 월남 이상재를 사장에 앉히고 신석우는 발행인 겸 부사장에, 그리고 안재홍, 이상협, 김동성, 최선익 등이 이사로 취임하였다. 편집 겸 발행인으로 김동성, 주필에 안재홍, 고문에 이상협, 편집국장에 민태원을 임명하였다. 이때의 인사 개편에는 이상협과 김동성, 홍증식 등 〈동아일보〉 출신의 세 사람이 영향력을 행사하였다. 박춘금 사건을 계기로 그해 4월과 5월에 각기 동아일보사를 그만둔 이상협과 김동성은 〈동아일보〉를 함께 그만 둔 기자들을 끌어 들였으며 홍증식은 박헌영과 김단야, 임원근 등 좌익계 기자들을 끌어 들였다.[13] 1917년의 러시아 혁명을 계기로 1920년대 이후로는 식민지 조선의 학생과 청년, 지식인층뿐만 아니라 근로자 대중에 이르기까지 사회주의 세력이 광범위하게 성장하기 시작하였다. 이들이 합법적 공간의 언론으로 활동 무대를 넓히기 시작한 것이다. 당시 〈조선일보〉에 입사한 사회주의 계열의 인사들은 박헌영, 김단야 등의 화요회 멤버들이 주축을 이루었다.[14]

이렇게 소유주의 성격도 바뀌었고 경영진과 편집 진용을 새로 정비한 〈조선일보〉는 새로운 면모로 탈바꿈을 시도하였다.

2) 지면 혁신

새로운 진용을 갖춘 〈조선일보〉는 〈동아일보〉의 자치론에 크게 반발하면서 지면에서도 새로운 시도를 보여 주었다. 경영진이 바뀐 직후인 9월 14일자 사설에서는 "경영의 주체가 변경된 본보: 만천하 독자에게 고함"이라는 제목으로 경영진이 바뀐 사실과 함께 앞으로의 운영에 대한 방침을 "최선을 다하여 조선 전 민중의 기대에 부응하고자 할 뿐이다"라고 밝혔다. 이어 편집 진용까지 정비한 뒤 '조선 민중의 신문'이라는 슬로건을 걸고 11월 1일자를 혁신 기념호로 발행하였다. "조선일보의 신사명: 천하 민중에게 신명申明함"이라는 제목의 사설에서 "우리는 지금 천하 민중의 기대와 신뢰와 애호가 본보에게 집중함을 믿는다. 그러나 우리는 그보다도 도리어 본보가 천하 민중의 기대와 신뢰와 애호에 영구히 응부應副하기를 절원切願하는 바이다"라고 혁신을 시도하는 배경과 자세를 밝혔다. 〈동아일보〉의 위상이 흔들리는 상황에서 〈조선일보〉가 면모를 일신하며 새로운 국면을 선도해 나가려는 의지를 표현한 것이라 볼 수 있다.

이보다 앞서 10월 13일자부터는 시사 풍자 만화 〈멍텅구리 헛물켜기〉난을 신설하여 매일 3면에 4칸짜리 만화를 고정적으로 게재하였다. 이상협의 아이디어로 시작된 이 난은 당시의 젊은 산수화가 노수현이 그림을 맡았다. 전술한 대로 〈대한민보〉에서 1컷짜리 만평이 시도되기는 하였지만 고정된 캐릭터를 주인공으로 하여 4칸으로 시사 풍자를 처음으로 시도한 이 만화는 당시 신선한 시도로서 인기리에 연재되다가 1927년 3월 11일로 막을 내렸다. 이 멍텅구리 캐릭터가 인기를 끌면서 반도키네마사에 의해 영화화되어 1926년 1월에 상영되었다.

이어 11월 23일자부터는 민간지 최초로 조석간제를 단행하여 조간 2면 석간 4면을 발행하였다. 또한 독자 대상 이벤트를 벌여 장안의 화제를 불러일으키기도 하였다. 10월 7일부터 13일 사이에 네 명의 기자가 군밤 장수, 인력

거꾼, 고학생, 행랑어멈으로 변장하여 현장 잠입 취재를 하도록 하였으며 이 기자의 사진을 미리 지면에 싣고는 당일 현장에서 기자를 찾아내는 사람에게는 현상금 10원을 내걸었다. 현상금이 걸린 이 이벤트에 세간의 이목이 집중되며 화제를 불러일으켰던 것이다.[15]

이때를 계기로 〈조선일보〉는 독자에 대해 더욱 적극적인 태도를 보였다. '기자는 종이요 독자가 상전'이라는 표현까지 등장했다. 〈조선일보〉 1924년 11월 1일자(석간 5면)를 보면 상전이 종을 사랑해야 종노릇을 잘 할 수 있다며 독자들의 도움을 청하고 있다. "독자도 기자"라는 제목으로 "완전한 신문을 만들려면 독자와 기자의 연락이 필요"하다고 전제하며 각종 모임이나 사건, 사고, 사회 부조리 등 신문에 소개할 만한 소재가 있으면 편지나 전화로 알려달라고 당부하였다.

3) 사회주의 기자들의 활약과 제3차 정간

〈조선일보〉에 사회주의 세력이 대거 참여하였던 것이 지면에도 반영되어 사회주의적 관점에 입각한 기사도 지면에 자주 등장하였다. 이상재가 사장에 취임한 이후 1925년 9월의 제3차 정간에 이르기까지의 약 1년 동안 사회주의적인 내용으로 말미암아 압수를 당한 것이 13건에 이른다. 이는 같은 기간 압수된 기사의 전체 건수 88건의 14.8%를 차지한다.[16] 그리하여 당시 〈조선일보〉는 사회주의 신문이라는 세평을 받기에 이르렀다. 한 비평자는 〈개벽〉에 기고한 언론 비평에서 당시 세 신문의 특성을 "민족 간판의 동아일보, 사회주의를 전내殿內로 모시던 조선일보, 무언지 알 수 없는 시대일보"라고 평한 바 있다.[17]

그러나 당시는 러시아 혁명 이후 일제도 사상 문제에 대해서는 극도로 신경을 곤두세우고 있던 터였다. 그러던 중 1925년 9월 8일자 〈조선일보〉에 실린 "조선과 노국과의 정치적 관계"라는 제목의 사설이 문제가 되어 세 번째의 무기 정간을 당하였다. 신일용이 집필한 것으로 알려진 이 논설은 소련 영사관이 서울 정동 러시아 공사관 자리에 부활된 것을 계기로 소련의 힘을 빌어 독립을 쟁취하자는 것이 요지였다.[18]

이 논설에 대해 당시 총독부는 '극단적으로 조선 통치에 대한 불평불만을 시사했을 뿐만 아니라 제국의 국체와 사유 재산 제도를 부인하고, 그 목적을 이루는 실행 수단으로서 적로赤露의 혁명 운동의 방법에 의해 현상을 타파할 것을 강조한 기사'라는 이유로 즉시 발행 정지를 명하였다. 눈에 가시 같던 〈조선일보〉를 치기 위해 기회를 엿보던 총독부로서는 좋은 기회였다. 발행 정지와 동시에 윤전기를 차압하고 논설 집필자였던 신일용과 김동성, 김형원 등 3명을 구속하는 조치가 내려졌다.

이 정간 조치는 38일 만인 1925년 10월 15일 해제되었다. 당시 총독부는 〈조선일보〉의 정간을 해제시켜 주는 조건으로 사회주의 성향의 기자들을 해고할 것을 요구하였다. 총독부의 이러한 압력에 〈조선일보〉는 정간 해제와 더불어 17명의 기자를 무더기로 해고하고 말았다.

4) 신간회 운동과 〈조선일보〉

〈동아일보〉의 '민족적 경륜' 사설을 둘러싸고 빚어진 민족 진영의 대립과 갈등은 1920년대 후반의 민족 운동 전개에도 적지 않은 영향을 미쳤다. 〈동아일보〉를 주축으로 한 타협적 민족주의 세력들은 이 사설을 계기로 해서 자치 운동을 전개하는 반면, 비타협적 민족주의자들과 사회주의 세력들은 이 자치론을 맹렬히 비난하면서 민족 협동 전선의 필요성을 주장하고 나섰다. 당시 사회주의 세력들이 진출해 있던 〈조선일보〉가 이 민족 협동 전선론의 주도적인 역할을 하였다. 이러한 맥락에서 민족주의 좌파와 사회주의 세력이 연합하여 1927년 1월 19일 출범을 선언한 범민족적 성격의 단체가 바로 신간회다.

400여 명의 회원으로 시작한 신간회는 단결된 모습의 민족 운동을 갈망하던 민중의 열망과 맞아 떨어지면서 커다란 호응을 불러일으켜 창립 후 4년 만인 1931년 전국 141개 지회에 39,410명의 회원이 참여하는 조직으로 성장했다. 신간회는 지방의 조직들을 중심으로 활발한 민족 운동을 펼쳐 나갔다.

1929년 11월 광주에서 시작된 학생들의 항일 운동이 전국으로 삽시간에 번져 나갔다. 그러자 신간회를 중심으로 한 각 단체에서는 이 운동을 전국적인 차원의 민족 운동으로 승화시켜 나갈 것을 결의하였다. 일제는 12월 13일 거사 직전에 신간회 본부를 포위하고 주요 간부들에 대한 검거에 나섰다.

이와 같이 핵심 간부들이 일제에 의해 검거되자 신간회는 1930년 11월 새로운 집행부를 구성하였다. 그러나 새 집행부가 급속히 우경화되면서 자치 운동과의 연합을 시사하기까지 하자 1930년 신간회의 각 지회들이 해소론을 들고나오게 되었다. 그리하여 1920년대 후반 민족 운동의 구심점 역할을 해 온 신간회는 1931년 5월 해체되고 말았다.

〈조선일보〉는 민족 협동 전선론의 입장에서 신간회의 결성에도 주도적인 역할을 하였으며 이상재와 신석우, 안재홍 등 주요 간부가 신간회의 핵심적인 인물들로 참여하였다. 뿐만 아니라 본사 및 지방의 기자들도 주요 간부 혹은 회원으로 참여하였다. 또한 신간회의 활동에 관해서도 지면을 통하여 다른 신문들보다 훨씬 자세하게 보도하는 등 적극적인 자세를 보였다.

반면 〈동아일보〉는 신간회의 결성과 이후의 활동에 대하여 계속 소극적이고 냉소적인 태도를 보였다. 그러나 신간회 지회가 속속 결성되어 그 세력이 점차 확대되자 〈동아일보〉도 미온적이나마 신간회의 존재에 대해 긍정적 태도를 보이기도 하고 계속되는 총독부의 탄압에 비판적 자세를 취하기도 하였다. 그러나 전술한 대로 광주 학생 의거를 계기로 새로운 신간회 집행부의 성격이 바뀌자 〈동아일보〉는 다시 예전의 태도로 돌아갔다.[19]

3. 기자 운동과 독자의 신문 불매 운동

1) 무명회와 철필구락부

식민지 언론이라는 제한된 공간 속에서 민간지들이 나타나면서 기자 운동의 싹도 형성되기 시작하였다. 창간을 허용한 직후부터 일제가 우리의 민간지에 대해 압수와 정간 등의 탄압을 가하자 이에 조직적으로 대항하기 위해서, 그리고 기자들의 권리 옹호와 친목 도모 등을 위해서 단체가 생겨나게 되었다.

1921년 11월 27일 언론인 48명이 모여 결성한 무명회가 바로 최초의 기자 단체다. 무명회는 문화 보급의 촉진, 언론 자유 신장, 여론 선도, 회원의 명예와 권리의 옹호, 그리고 회원 상호 친목을 목적으로 하는 언론 단체였다. 회원 자격은 '조선인 기자'라고 광범위하게 규정하여 기자부터 발행인까지 현역 언론인들이 이에 참여하였다. 창간 이듬해인 1922년 1월 26일에는 무명회의 첫 월례회 겸 임시 총회가 열려 '신문과 잡지에 대한 검열 및 허가 제도를 철폐하도록 노력할 것'을 결의하기도 하였다.

이들은 총독부의 탄압에 맞서 언론 자유를 신장한다는 이상을 가지고 출발하기는 하였지만 실제 조직 구성에서 총독부 기관지인 〈매일신보〉의 기자도 포함하는 등 여러 문제를 안고 있었다. 그리하여 일제에 의해 허용된 합법적 영역의 언론인들이라는 한계를 극복하지 못하고 실제 활동은 유명무실하였다.

그러던 중 1924년에 언론계에서 벌어진 박춘금 사건과 언론집회압박탄핵회 등에 직면하면서도 무명회가 아무런 구실을 못하자 그해 8월 17일 언론인 30여 명이 다시 모여 무명회를 부활시킬 것을 결의하였다. 이때 회원의 자격을 새로이 규정하여 '민중의 정신과 배치되지 아니하는 신문 기자'만 입회를 가능케 함으로써 〈매일신보〉 기자들을 배제하였다. 이와 같이 새로운 변모를 시도한 무명회는 후술할 전조선기자대회를 주최하는 등 활동을 적극화하였다.

한편 무명회에 한계를 느낀 각 신문의 사회부 기자들이 모여 1924년 11월 19일 철필구락부를 결성하였다. 이 단체는 창립 목표를 '서로 친목하며 결속하여서 기자 생활의 향상을 도모한다'고 밝히고 있다. 결성 이후 철필구락부는 무명회와 더불어 언론계의 양대 단체로서 많은 활동을 벌였다. 특히 철필구락부는 기자의 권익 옹호에 보다 적극적인 활동을 벌여 1925년에는 사회부 기자의 급료 인상을 요구하는 투쟁을 벌이기도 하였다.[20]

2) 전조선기자대회의 개최

1925년 4월 15일과 16일 양일간 경성에서는 전국의 기자들 703명이 참석한 가운데 전조선기자대회가 최초로 개최되었다. 무명회가 주최한 이 기자 대회에는 조선문 신문잡지의 본사 및 지분국장, 기자들이 참석하였다. 이 기자 대회는 전술한 대로 1924년의 언론계에서 언론과 집회의 자유를 압박하는 데 대한 저항 운동의 움직임 속에서 전국 각지에 기자 단체가 결성되고 기자 대회가 개최되는 분위기 속에서 열렸다. 이 전조선기자대회에서는 준비위원들이 구속되고 결의문의 일부 발표를 금지당하는 등 경찰의 탄압이 있었으나 다음과 같은 5개 사항을 결의하고 기자들의 단합과 공동 목표를 확인하고 성황리에 마쳤다.[21]

결의문

1. 우리는 친목과 협동을 공고히 하여 언론의 권위를 신장 발휘하기를 기함

2. 신문 및 출판물에 관한 현행 법규의 근본적 개신을 도함

3. 언론 집회 및 결사 자유를 구속하는 일체 법규의 철폐를 기함

4. 동척東拓을 위시하야 현하 조선인 생활의 근저를 침식하는 각 방면의 죄상을 적발하여 대중의 각성을 촉促함

5. 대중 운동의 적극적 발전을 촉성하기를 도함

이 대회에는 전국 각 언론사에서 703명의 언론인이 참석하였다. 각 언론사별 대회 참석자의 현황은 표 9와 같다. 언론사별 참여자 숫자는 〈조선일보〉의 기자들이 307명으로 가장 많았다. 156명이 참여한 〈동아일보〉의 2배 가량이다. 서울과 지방을 비교해 보면 지방이 450명으로서 서울 기자 131명의 약 3.4배에 달한다. 이는 지방의 기자들이 더 적극적으로 참여하였다는 해석도 가능하겠지만, 당시의 언론 구조의 특성과도 밀접한 관련이 있다. 당시의 민간지들은 지방에 많은 지국과 그 산하에 분국을 두고 운영하였으며 각 지분국을 책임지는 국장도 기자 역할을 하였으며 지분국 소속 기자도 여러 명 있어 이들도 취재 활동을 하고 지면에 기사도 쓰곤 하였다.[22] 그렇기에 참가 대상 기자의 전체 숫자가 지방이 훨씬 많았던 것이다.

참가자 숫자에서도 드러나는 바와 같이 당시의 전조선기자대회는 최초로 발의한 것은 무명회의 임시 총회에서 〈동아일보〉의 최원순崔元淳이었지만 이후의 준비와 집행 과정은 〈조선일보〉가 사실상 주도하였다. 〈조선일보〉는 사장인 이상재를 포함하여 본사에서도 주요 간부들이 대거 참석하였지만 〈동아일보〉는 본사의 경영진은 전혀 참석하지 않고 편집국원 20명만 참가 신청을 했던 것이다. 대회 첫날 의장과 부의장으로도 〈조선일보〉의 이상재와 안재홍이 각기 선출되었던 것도 이러한 분위기를 보여 준다.[23] 이는 전술한 대로 1924년을 계기로 〈동아일보〉와 〈조선일보〉 두 민간지의 성격과 위상이

표 9 언론사별 전조선기자대회 참가 신청자

사명	조선	동아	시대	매일	소계	잡지	총계
본사	60	20	36	15	131		
지국	247	136	48	19	450		
합계	307	156	84	34	581	122	703

출처: 박용규(1994), "일제하 민간지 기자 집단의 사회적 특성의 변화 과정에 관한 연구: 직업 의식과 직업적 특성의 변화를 중심으로," 서울대학교 대학원 박사 학위 논문, p.222.

바뀐 것을 단적으로 보여 준다.

전조선기자대회를 계기로 해서 기자들의 단체 활동이 보다 활성화되었다. 특히 경남 지역에서는 전조선기자대회의 개최가 결정되자 이를 위해 3월 22일부터 이틀간 진주에서 경남기자대회를 개최하였다. 이 대회를 계기로 도내 각 지역에도 기자단이 속속 구성되기 시작하였다.

또한 경남기자대회에서는 경남기자동맹을 출범시키기로 결정하여 이 단체가 중심이 되어 해마다 연례 대회를 개최하였다. 총독부 경찰의 탄압과 방해 속에서도 경남기자동맹은 1935년 제10회까지 대회를 개최하였으며 기관지 〈경기慶記〉의 창간을 시도하기도 하였다. 그러나 이 기관지는 총독부의 허가를 받지 못해 실제 창간되지는 못했던 것으로 보인다.[24]

경남기자동맹의 뒤를 이어 다른 지역에서도 기자 단체들의 연합 조직이 출범하였다. 1925년 4월에 전남기자단과 전북기자단이 출범하였으며 9월에는 충청남북도를 포괄하는 호서기자단이, 11월에는 함남기자동맹과 관서기자단, 12월에는 영동기자단이 창립되었다.[25]

3) 지사로서의 기자

일제기 언론인들은 언론사들의 재정난으로 월급도 제대로 지급되지 못하는 열악한 조건 속에서도 '지사'를 자처하며 활동하였다. 이는 비단 한국만의 현상이 아니라 상업화되기 이전 초창기 정치 신문 시대의 언론인에게서 보편적으로 나타난다. 더구나 식민 지배라는 한국의 현실에서는 언론인의 이러한 이념과 지향성은 더욱 강조되었다. 따라서 직업적인 전문성보다는 사회적인 비판 의식이 더욱 중요시되었다. 신문 기자는 민중과 더불어 민족의 진로를 모색하는 역할을 수행해야 한다는 것이다.

민간지 초기부터 1920년대 중반까지는 기자들 중 상당수는 민족 운동 단체에 참여하는 민족 운동가들로서 합법적 공간인 언론계를 자신들의 활동

기반으로 삼았다. 이러한 상황에서 자연스럽게 직업적 전문성보다는 민족적 저항 의식이 더 중요시되었다.

기자들의 이러한 의식은 1920년대 중반을 넘어서면서 점차 변화되어 갔다. 〈동아일보〉의 기자였던 김동진은 1927년에 열린 한 신문 강연회에서 기자라는 직업의 성격이 변화되는 경향을 다음과 같이 지적하였다.[26]

> 조선 신문의 요람기라고 할 20, 30년 전의 신문 기자는 무관의 제왕도 되었었겠지요. 사회의 목탁도 되었었겠지요. 백의白衣 재상도 되었었겠지요. 그들은 나물 먹고 물 마시면서도 의를 위하야 필검을 휘두르는 국사國士이엇고 민족의 장래를 위하여 가슴에 사무친 원한의 붉은 피를 내뿜는 의사義士도 되었으므로 한 자루 붓을 들고 천하를 호령하였으며 그가 쓴 한 줄의 원고는 천하의 인심을 흔들었으니 (……)
>
> 신문사는 신문을 만들어 내는 공장과 마찬가지로 되어 버려 신문 기자라 하면 공장주 밑에서 물품을 제조하는 직공과 같이 되어 버렸습니다. (……) 경영자의 요구에 의지하여 잘 팔릴 상품을 만듦이 신문 기자의 사명같이 되어 버렸습니다.

과거 언론인의 위상을 과장하고 미화한 감이 있지만 당시 언론인들의 변화된 위상과 인식을 토로한 말로 받아들일 수 있다. 이와 같은 변화는 언론에 대한 일제의 탄압이 점차 강화되어 신문의 비판적 논조가 위축될 수밖에 없었다는 점과 민족 운동의 성격이 변화되었다는 점에 기인한다고 볼 수 있다. 언론 통제로 지사형 논객들이 활동하기 어려워졌고 민족 운동의 분화 과정에서 주로 민족 개량주의적인 성향을 지닌 기자들이 언론계를 주도하게 되었다는 점이 기자들의 의식 변화에 영향을 주었다.[27]

4) 1920년대 후반의 신문 불매 운동

전술한 바와 같이 1920년대 초반 민족 운동 내부의 이념과 노선 투쟁의 맥락에서 민족 진영 대표 신문으로 자리매김하던 〈동아일보〉에 대한 불매 운동이 집중되었다면 1920년대 중반 이후로는 신문에 대한 불매 운동도 변화되는 양상을 보여 주었다. 갈등과 대립을 지속하던 민족 운동 진영도 신간회를 중심으로 연합 전선을 구성하면서 대립 양상은 현저하게 줄어들었다. 이 시기 불매 운동의 대상은 〈동아일보〉뿐만 아니라 〈조선일보〉나 기타 일본인 발행 신문들에게까지 확대되었다. 불매 운동을 벌이게 된 배경도 대부분 구체적인 보도에 대한 불만을 계기로 해서 이루어졌다.

몇 가지 사례를 보면 1925년 6월 혁청단이라는 사회단체가 자신과 관련된 보도가 잘못되었다며 〈동아일보〉에 대한 불매를 결의하였으며 그해 11월에는 진남포 객주조합이 〈조선일보〉의 보도에 불만을 품고 불매 운동을 전개하였다. 1926년과 1927년에는 마산의 일본어 신문 〈남선일보〉에 대해 마산 시민들이 불매 운동을 결의하였다. 이 사건은 마산 지역 내의 신마산과 구마산, 그리고 한국인과 일본인 사이의 갈등이 빚어지면서 관련 보도를 계기로 불매 운동이 벌어졌던 것이다. 1927년 9월에는 충북 부강의 청년 단체가 〈조선일보〉 기사를 문제 삼아 불매 운동을 벌였다. 문제의 기사는 아마도 이 청년 단체 내부의 인사가 독자 투고한 것을 계기로 해서 이 단체 내의 반대파가 중심이 되어 기사를 문제 삼으며 불매 운동을 벌였다. 1930년 1월에는 함경북도 지역 사회단체들이 조선인에 모욕적인 기사를 실었다며 〈북선일보〉에 대해 불매 운동을 벌였다.[28]

이 시기에 신문에 대한 불매 운동이 활발하게 전개된 것은 독자 집단의 저변도 확대되고 이에 따라 독자들의 적극적 인식도 심화되었음을 보여 준다. 오죽하면 〈개벽〉지는 "주의자들은 자신들과 반대되는 의견이 신문이나 잡지에 게재된다면 반드시 비매동맹을 하거나 또는 성토"를 하기 때문에 "언론이 해야 할 말도 제대로 하지 못할 지경"이라는 평가[29]가 나올 정도였다. 그 정도로 신문 불매 운동이 빈번하고도 직접적인 독자 참여의 형태가 되었다는 말이다. 아직 신문 발전의 초창기라 할 수 있는 일제기에 이렇게 독자들의 신문 불매 운동이 일면 현대보다도 더욱 활발하게 진행되었던 것은 당시 독자들의 적극적인 인식이 현대에 못지않게 높았다는 사실을 말해 준다.

4. 잡지의 활성화

1) 무단 통치기의 잡지

개화기에 국민 계몽을 통한 자주 독립 확보를 목표로 하는 시대적 사명을 추구하면서 움트기 시작한 한국의 잡지 문화는 1910년대 일제의 무단 통치가 펼쳐지면서 강도 높은 탄압 속에서 암흑기를 맞이하게 되었다. 1910년대의 잡지계는 병합 전부터 시행되어 온 신문지법과 출판법의 적용을 받아 저작물의 사전 검열과 허가주의가 엄격하게 적용되었다. 이 두 법의 차이는 신문지법에 의해서 허가되어야만 정치나 시사 문제의 게재가 가능하였으며 문예·교양 부문은 출판법에 의해 허가되었다.[30]

이 기간 중 발행되었던 잡지들은 신문지법에 의해 허가된 것은 없었고 출판법의 적용을 받은 잡지들만이 발행되었다. 따라서 당시의 잡지는 자유로운 사상 발표나 정치적 견해의 발표 등이 용납되지 못했다. 대부분의 잡지는 시사성이나 사상성과는 무관한 내용으로서 종교 잡지가 특히 많았다. 이 기간 중에 발행된 총 50여 종의 잡지 중 24종이 종교 잡지였다. 그 밖에는 아동 잡지, 종합지, 문예지, 여성지, 학회 및 학술지 등이 발행되었다.

강제 병합 직전인 1908년 11월에는 최초의 종합 잡지로 평가되는 〈소년〉이 최남선에 의해 창간되었다. 경영 면이나 편집 면에서 체계가 잡힌 것으로 평가되는 이 잡지는 출판사 신문관에서 발행되었으며 1911년 5월호까지 모두 23호가 발행되었다. 이 잡지의 의의를 기리기 위해 한국 잡지계에서는 1966년부터 그 창간일인 11월 1일을 잡지의 날로 정해 기념하고 있다.[31]

이 시기 주목할 만한 잡지로는 〈청춘〉이 있다. 최남선에 의해 1914년 10월 1일 창간된 이 잡지는 일반 종합지의 성격을 띠고 창간되었다. 성격은 계몽지로서의 특성을 지니고 있었으며 편집 내용도 외국 사정이나 외국 문학을 많이 소개하였고, 우리의 역사나 인물들을 소개하여 은연중에 민족의식 고취를 시도하였으며, 문학 작품을 소개하여 한국 근대 문학의 발전에도 상당한 기여를 한 것으로 평가되고 있다. 한편 1918년 9월 〈태서문예신보〉가 창간되었다. 이는 주로 해외 문학을 소개하는 주간 문예지로, 우리 신문학사에서 처음으로 나온 문예 주간지라는 점과 구미 문학을 번역, 소개하였다는 점에서 의의를 지닌다.[32]

2) 3·1 운동 이후의 잡지 발전

1919년의 3·1 운동은 일제 식민 통치의 변화를 가져와 이른바 문화 통치 시대를 낳았다. 이 변화로 한국인에 의한 민간 신문들이 창간되었을 뿐만 아니라 또한 잡지계도 활기를 띄게 되어 많은 잡지가 창간되었다. 그중에는 신문지법에 의한 잡지도 다수 있었다.

이 시기 잡지의 특성은 무단 통치기의 잡지가 보여 주었던 계몽성에서 벗어나 민족 운동과 결부되는 성격을 지니게 되었다는 점이다. 잡지의 숫자도 대폭 늘어나 3·1 운동 이후부터 중일전쟁의 발발 전까지 창간된 잡지의 수가 440여 종에 이르고 있다. 이처럼 잡지의 숫자가 많아지게 된 것은 식민 정책의 변화 이외에도 한국 민족의 문화적·정치적 자각의 고조와 매스컴에 대한 신뢰도 및 독자 수의 증가 없이는 불가능했을 것이다. 또한 이 시기 잡지의 특성은 종교 잡지의 비중이 감소하고 아동 잡지와 여성 잡지가 증가하였으며 잡지의 체재 및 내용의 본격화가 이루어지기 시작했다는 점을 들 수 있다.

이 시기의 잡지는 그 내용 면에서 민족 운동 계열의 잡지류와 학술 전문지, 문예 잡지, 사회주의 경향의 잡지류로 나눌 수 있다. 민족 운동 계열의 잡지류는 대개 종합지의 형태를 띠고 있었으며 그 종수는 70여 종 정도였다. 이 잡지들은 민족주의 사상의 확립과 독립의 길을 모색하기 위해 정치·경제 면의 제반 문제들을 다루었다. 이 분야의 대표적인 잡지가 바로 〈개벽〉이다. 1920년 6월 25일 국판 160면 정도의 분량으로 창간된 〈개벽〉은 천도교 세력에 의해 창간되었다. 당초 출판법에 의해 발행되다가 1922년에 신문지법의 허가를 받음으로써 시사 문제를 다룰 수 있게 되었다. 〈개벽〉은 창간호가 반포 금지를 당한 것부터 시작하여 1926년 8월 1일 통권 72호가 압수되면서 강제 폐간될 때까지 압수 처분 34회, 정간 1회, 벌금형 1회 등 일제의 탄압을 받아 왔다. 〈개벽〉은 1차 세계 대전 후 세계 개조주의 사상을 도입, 소개하였으며 이를 통해 민족 독립 사상을 고취하고 민주주의에 기초한 대중 운동의 모티브를 제시하려 시도하였다.[33]

또한 한국 연구에 대한 자각이 싹트게 되어 학술 전문지도 다수 출현하였다. 이때의 학술지는 전문 분야의 연구 및 발표 기관으로서의 기능에만 그치지 않고 민족 주체 의식의 확립으로 독립을 실현하자는 것도 목표로 하고 있었다. 그 대표적인 것으로는 1927년 2월 국문 연구를 위한 학술지로서 신명균에 의해 창간된 〈한글〉이 있다. 이 잡지는 1932년 5월 조선어학회가 출범하면서 새로운 〈한글〉을 창간하자 여기에 합병되었다.

이 시기의 문예지는 약 90여 종이 발행되었다. 계몽주의를 벗어나지 못하던 과거와는 달리 근대 문학의 본격적인 활동이 시작되었다. 대표적인 잡지로는 1919년 2월 10일 동경 유학생들에 의해 문학 동인지로 출발하여 자연주의 문학의 기초를 닦았으며 완전 국어체 문장을 확립한 것으로 유명한 〈창조〉와 1920년 7월 25일 창간된 퇴폐주의 경향의 〈폐허〉, 그리고 1922년 1월 9일 창간된 낭만주의 경향의 〈백조〉를 들 수 있다. 이들의 뒤를 이어 수많은

사진 19 1920년 6월 25일 창간된 〈개벽〉 창간호 표지.

동인지가 출현하여 활발한 문학 활동을 전개하였다.

한편 일제기에는 사회주의 경향의 잡지도 60여 종 발행되었다. 3·1 운동을 계기로 현실에 대한 자각이 싹트고 신사상에 접하면서부터 사상적 분화 작용이 일기 시작했다. 이러한 시대적 배경 속에서 러시아 혁명의 성공은 사회주의 사상을 전파하는 데 자극 요인이 되었다. 국내에서도 사회주의 세력이 싹트기 시작하였으며 이들에 의해 잡지 활동이 전개되었던 것이다.[34]

1937년의 중일전쟁과 1941년 대동아전쟁을 일으키면서 일제는 조선 문화 말살 정책과 황국신민화 운동으로 한민족에 대한 탄압 강도를 더욱 높여 갔다. 이 일제 말기의 잡지 문화는 한마디로 암흑기라 할 수 있다. 이 시기의 잡지는 문학지가 대부분으로서 그나마도 후에 가서는 일문의 친일지만 허가 되었다. 그리하여 남아 있는 것은 친일지나 종교지, 기관지뿐으로 친일적 성격만이 이 시기 잡지 문화의 특성을 규정하고 있다.[35]

3) 잡지의 언론 비평

3·1 운동 이후 활성화된 다양한 잡지들이 중심이 되어 당시의 신문의 운영이나 내용, 논조, 인물 등에 대해 활발한 비평 활동을 전개하였다. 1920년대는 〈개벽〉이 중심이 되었으며 1930년대로 접어들면서는 여러 잡지들, 즉 〈동광〉, 〈삼천리〉, 〈별건곤〉, 〈제일선〉, 〈비판〉, 〈혜성〉 등이 언론 비평에 참여하였다.

1920년대 후반부터 언론 관련 전문 잡지도 등장하였다. 1928년 〈신문연구〉라는 잡지가 창간되었다. 이 잡지는 대중을 상대로 한 잡지라기보다는 1928년 5월에 결성된 '조선신문연구회'라는 연구 단체가 창간한 것으로 학술 잡지의 성격을 지닌다.

1930년대 들어서면서 언론 비평 전문지들도 창간되었다. 〈철필〉과 〈호외〉, 〈쩌날리즘〉이 그것이다. 〈철필〉은 1930년 7월 9일 창간된 언론 전문지로서 언론인을 대상 독자로 하였다. 이러한 성격은 창간호에 실린 "사천여 직업동지에게 격檄함"이라는 제목의 글에서 "본지는 조선의 신문인 다시 말하면 조선의 써날리스트 제군을 위하야 세상에 나온 것이다"라고 한데서도 명백히 드러난다. 언론계 소식과 동향을 비롯하여 언론 관련 지식, 외국 언론 동향 등 다양한 내용으로 이루어진 〈철필〉은 4호까지만 발행되고는 더 이상 발행되지 못했다.

1933년 12월 창간된 〈호외〉는 '신문의 신문新聞之新聞'을 표방하고 나선

사진 20 1930년대에 창간된 언론 전문지들의 창간호. 왼쪽 위부터 〈철필〉, 〈호외〉, 〈쩌날리즘〉.

언론 비평 전문지다. 이 잡지는 일반 독자를 대상으로 지면에 대한 비평만 아니라 언론계 동향이나 인물에 대한 평까지 시도하였다. 〈쩌날리즘〉은 1935년 9월에 창간된 잡지로, 창간호의 편집 후기를 보면 잡지의 발행 목적을 '일반에게 신문 잡지의 과학적 지식을 보급'하자는 데 두고 있다. 이 두 잡지는 일반 대중을 상대로 한 언론 비평 전문지의 성격을 지닌다고 할 수 있으나 창간호만 내고는 발행되지 못하고 말았다.

일제 강점기 잡지들이 신문에 대해 비평한 주요 내용은 신문의 사회적 역할에 대한 것과 자본과 경영에 대한 것, 그리고 내용에 대한 비판의 세 가지로 나눌 수 있다. 1920년대에는 신문의 지도적 및 비판적 역할에 대한 주장이 강하게 제기되었으나 1930년대 들어서면서 이 논점은 거의 사라지게 되었다. 신문의 기업화나 상품화에 대해서는 초기에는 매우 비판적이었지만 1930년대에는 하나의 필연적인 추세로 받아들이게 되었다. 반면 신문의 흥미 위주의 논조에 대해서는 일관되게 비판적이었다.[36]

이 시기 언론 비평에서 나타나는 특징 중 하나는 상당수의 글이 필자의 본명을 밝히지 않고 필명을 사용하였다는 점이다. 예를 들면 경운동인慶雲洞人(《개벽》, 1926, 2월호), 무명거사(《동광》, 1931, 12월호), 만담자(《제일선》, 1932, 9월호), 벽상생壁上生(《혜성》, 1931, 3월호) 등이다. 필명을 많이 사용했던 것은 예로부터 이름보다 호를 즐겨 사용하던 전통의 탓도 있겠지만 당시 여러 가지 사회적 분위기상 공개적으로 비판하기에 다소 껄끄러웠기 때문으로도 볼 수 있다. 언론인들이나 비평자들이나 대부분 제한된 지식인 그룹 내 인물들이었기에 필명을 사용함으로써 신분을 드러내지 않고 비평하려 했다.[37]

당시 잡지들이 이처럼 신문 비평에 대해 적극적이었던 것은 신문이 본궤도를 벗어나는 것을 감시하고 독려하는 것은 독자들의 권한이라는 인식 때문이었다. 〈개벽〉 1923년 7월호에 실린 벽아자壁啞子의 글[38]은 〈동아일보〉에 대해 논평하면서 "신문 발행의 본령은 영리 추구가 아니라 그 사회의 공론을 대표하며 각종 사건을 공평한 태도로 보도하는 것이 그 사명"이라고 전제한 뒤 "이 본령을 망각한 신문은 지극히 위험하야 우리가 예상치 못할 죄악을 사회에 미친다. 그러고 보면 우리 일반 독자는 이를 감시하고 독려할 권한이 있다. 기회 있는 대로 비평을 가하여 신문으로 하여금 충실한 태도를 가지게 함이 오히려 당연한 일이다"라고 주장하였다. 이와 같이 수용자로서 독자의 권리 의식이 생겨나기 시작했다는 점은 매우 주목할 만하다. 수용자의 권리 의식을 바탕으로 언론에 대한 비평 활동이 활발하게 이루어졌던 것이다.

5. 라디오 방송의 도입

1) 경성방송국의 설립

1920년대의 언론에서 특기할 만한 점은 바로 라디오 방송의 도입이 이루어져 라디오 시대의 막이 올랐다는 사실이다. 1926년 11월에 일본방송협회의 도쿄, 오사카, 나고야 방송국에 이어 제4의 방송국으로 경성방송국(호출 부호 JODK, 주파수 690KHz, 출력 1KW)이 설립되어 이듬해 2월 16일부터 방송을 시작하였다.

1차 세계 대전 당시 군수용으로 개발, 생산된 라디오는 대전이 끝나자 수신기 판매를 위한 목적에서 전파에 음악을 실어 보내는 방송을 실시하였다. 1920년 미국에서 처음 시작된 이 방송은 예상 외로 엄청난 인기를 끌며 폭발적 성장을 보였다. 이 성공을 바탕으로 다른 나라에도 급속히 퍼지면서 일본은 1925년도에 동경방송을 시작하였고 이어서 경성에까지 방송이 확산되기에 이른 것이다.

이보다 앞서 조선총독부는 일본에서 라디오 방송 설립이 추진되자 총독부 체신국에 무선 실험실을 설치하여 1924년 1월 무선 시험 방송을 시작하고, 1925년 6월부터 매주 4회 정기적인 시험 방송을 출력 20w로 실시하였다. 뒤이어 조선일보사도 1924년 12월 18일부터 3일간 서울에서 독자와 일반 시민들 7000여 명이 참여한 가운데 모두 7차례 라디오 시연회를 개최하였다. 당시 인산인해를 이룬 군중은 멀리 떨어진 곳에서 전해 주는 소리에 신기함을 느끼며 감탄했다고 한다.[39]

이처럼 라디오에 대한 사회적 관심이 고조되는 가운데 총독부 체신국에 방송 사업 허가 신청서를 제출한 민간 단체만 11개에 이르렀다고 한다. 하지만 이들의 활동은 총독부에 의해 무산되고 총독부 주도로 1926년 12월 11일 자본금 40만 원으로 사단법인 경성방송국을 설립하였다. 총 11명의 이사 중에는 8명이 일본인이었고 한국인으로는 이용문李容汶, 방태영方台榮, 김한규金漢圭의 3인이 참여하였다.[40]

이때의 라디오 방송 도입 목적은 1차적으로는 조선에 거주하는 일본인들의 정보 및 문화적 욕구에 부응하기 위한 것이었다고 보인다. 일반적으로 식민 정책의 수단이었던 것으로 많이 논의하지만 이러한 해석은 초기 방송이 일본어 위주였으며 청취자도 일본인이 대다수였다는 사실과는 맞지 않는다. 도입 이후의 발전 과정을 거치면서 경성방송은 보급도 점차 확대되고 한국인 청취자도 늘어나면서 식민 정책의 수단으로서 역할을 했던 것으로 평가할 수 있다.

2) 방송 편성과 운영

초기의 편성은 하루 뉴스 2회, 일기예보, 9~10회에 이르는 주식과 쌀값 시세, 그리고 일용품 시세와 강연 및 음악 중심이었다. 뉴스는 일본 동맹통신의 기사를 그대로 낭독하는 것이었다. 아침 9시 40분에 시작하여 오후 9시 반의일 프로그램 예고 및 시보로 종료되었는데, 그 사이 계속 방송하는 것은 아니고 하루 6시간 반 정도 방송하였다.

경성방송국 개국 당시 등록된 청취자 수는 1440명에 불과했으며 그중

> **라디오 방송과 시보**
>
> 서양 근대를 상징하는 문화 코드로서 라디오 방송은 시보 방송을 통해 근대적 시간 개념을 도입, 확산시키는 메커니즘이 되었다. 경성방송국의 시보는 동경방송국의 것을 받아 표준 시계에 맞춘 스톱워치를 보면서 아나운서가 차임벨을 쳐서 알리는 방식이었다. 정오 시보가 방송되면 광화문 소방서 옥상에서 사이렌을 울려 정오를 알렸다. 라디오 시보가 정착되기 이전에는 정오에 울리는 오포午砲가 대표적 표준 시간이었다. 오포는 1908년 4월 1일 당시 통감부가 시작하였는데, 한국과 일본의 시간 차이를 무시하고 일본의 12시에 오포를 쏘아 정오를 알렸다. 이로써 일본과 식민지 간의 동시성이 구축되었으며 이 시간 구조가 현재까지 유지되어 일본 표준시를 그대로 사용하고 있다.
>
> 출처: 유선영 외(2007), 앞의 책, p.328.

한국인은 275명뿐이었다. 초기에는 주로 한국 내에 거주하는 일본인들을 상대로 일본어 위주로 방송이 되었으며 약 30% 정도 조선어 프로그램이 방송되었다. 당시 경성방송에서 보급하는 수신기 가격은 10~60원 사이로 굉장히 고가였다. 1929년경 50인 이상 기업의 남자 평균 임금이 하루 1원이었고 사무직과 전문직의 1930년대 월급이 60~80원 정도였으니 평범한 사람들로서는 라디오 수신기 구입을 꿈도 꾸기 어려운 형편이었다. 게다가 월 2원의 청취료도 물어야 했다.[41] 이러한 상황에서 수신기 보급은 어려움을 겪을 수밖에 없었다. 청취료에 의존하던 당시의 경영 방식하에서는 수신기 보급이 지지부진하자 경영난을 면할 수가 없었다.

3) 이중 방송의 실시

2개 국어로 실시한 초기의 혼합 방송은 양측의 청취자들 모두에게 불만이었다. 당시 세간에는 2개 언어로 이루어지는 방송을 일컬어 '비빔밥 방송'이라고 불렀다고 한다. 청취자 확대가 뜻대로 이루어지지 않고 경영난이 심화되자 1927년 10월 1일부터 청취료를 1원으로 인하하였으나 이도 근본적인 해결책이 될 수는 없었다.

1932년 4월에는 사단법인 조선방송협회라 개칭하면서 출력도 10kw로

표 10 일제기 라디오 수신기 보급 현황

연도	한국인		일본인	
	등록 대수	보급률	등록 대수	보급률
1926	336	0.01	1481	1.27
1927	949	0.03	4161	3.50
1928	1353	0.04	7102	5.79
1929	1573	0.05	8558	6.72
1930	1448	0.04	9410	7.45
1931	1754	0.05	12493	9.58
1932	2738	0.07	174641	13.58
1933	6401	0.17	25444	18.75
1934	9584	0.25	30660	21.68
1935	14537	0.37	37958	26.21
1936	22777	0.56	49349	32.28
1937	40107	0.99	71168	44.93
1938	48966	1.19	78433	49.38
1939	75909	1.84	90425	56.23
1940	116935	2.76	109694	66.28
1941	144912	3.31	125882	73.35
1942	149653	3.26	126047	70.28
1944	168884	3.7	131348	71.8

출처: 김영희(2009), 앞의 책, p.128.

높였으며 이어 1933년 4월부터는 조선어 방송을 독립시켜 이중 방송을 실시함으로써 조선인을 상대로 하는 방송도 실시하였다. 이에 따라 조선인들의 라디오 보급도 눈에 띄게 늘어나기 시작하였다. 표 10은 라디오 보급의 추이를 보여 준다. 이중 방송을 실시한 1933년부터 비약적인 증가율을 보여 준다.

이중 방송의 실시를 계기로 조선인 청취자가 늘어나면서 일어 강좌를 개설하여 일어 교육을 하고 일본의 정치인이나 저명인사들의 강연을 방송하는 등 한국 민중에 대한 선전 기관으로서의 역할도 담당하게 되었다. 나아가 만주사변과 중일전쟁 그리고 2차 세계 대전을 일으키면서는 라디오 방송이 중국과 소련에 대항하는 사상전 수행의 전진 기지로서 역할을 하였다.

4) 지방 방송망의 확충

한편 지방에서도 라디오 방송을 실시하려는 움직임이 태동되었다. 가장 먼저는 부산에서 1930년 11월경 어업 종사자들에 의해서 이루어졌다. 이들은 어업 기상 방송을 위해 총독부에 신청하였으나 실현되지 못했다. 1933년 8월에는 기상 방송에 대한 지역 사회의 요구가 너무나 높아서 경상남도가 자체적으로 측후소에 간이 방송국을 설치하려 시도했다. 그러나 이 계획도 실행되지는 못하였다. 자체 방송국 설립이 여의치 않자 중계 방송국을 유치하려는 움직임이 태동하였다.[42]

이러한 지역 사회의 움직임을 바탕으로 1934년 조선방송협회는 '제1기 방송망 구성 계획'에 따라 지방의 방송망 확충에 착수하였다. 이 계획에 따라 부산에 가장 먼저인 1935년 9월 21일에는 첫 전파를 발사하며 정규 방송을 개시하였다. 호출 부호는 JBAK, 출력 250w였다. 여기서 호출 부호 JB는 일본 식민지의 고유 호출 부호 중 하나로,[43] 부산을 비롯한 지방의 방송국에는 모두 이 호출 부호가 사용되었다.

부산을 시초로 전국의 방송망 구성 계획에 따라 평양(JBBK, 1936. 4)과 청진(JBCK, 1937. 6), 이리(JBFK, 1938. 10), 함흥(JBDK, 1938. 10) 등지에 방송국이 속속 개국하여 지방의 방송망이 확충되어 갔다.

1937년 중일전쟁이 발발하자 조선방송협회는 바로 2차 지방 방송국 건설에 착수하였다. 이는 사업 확장의 일환일 뿐만 아니라 중일전쟁을 치르면서 전시 선전의 필요성 등에 따라 서두르게 되었다. 1937년 4월에는 경성방송국의 제2방송 출력을 50Kw로 증강하였다. 이는 조선어 방송의 수신 확대를 위한 것도 있지만 중국이나 만주 지역에서 오는 전파를 차단하기 위한 것이 주된 목적이었다. 이로써 전국적으로 조선어 방송 수신이 가능해졌다. 2차 계획의 핵심은 대구와 광주에 2원 방송이 가능한 방송국을 건설하고 이미 건설된 부산과 청진, 이리의 단일 방송을 2원화하는 것이었다. 이때부터 대구(JBGK, 1941. 4. 19)와 광주(JBHK, 1942. 3. 21), 대전(JBIK, 1943. 7. 15), 원산(JBJK, 1943. 7. 15), 해주(JBKK, 1943. 8), 신의주(JBLK, 1943. 8) 방송국이 연이어 개국하였다.

1943년경부터 2차 세계 대전이 점차 치열해짐에 따라 방송 전파전과 전파 관제에 대한 대책도 더욱 강화되어 한국 일대의 전파 강도를 균일하게 하기 위한 기술적 조치를 취하여야만 했다. 그 방법으로 각 지방에 소출력 방송국을 건립함으로써 동시에 난청 지역 해소도 효과적으로 해 보자는 계획이 추진되었다. 따라서 일본어 방송만을 하는 소출력 방송국이 목포(JBNK)와 마산(JBOK), 춘천(JBMK), 성진(JBPK), 강릉(JBRK), 청주(JBQK)에 잇따라 건설되어 방송을 개시하였다.[44]

8장

1930년대의 언론

1. 일제의 통제 강화와 민간지의 대응

1) 일제의 언론 통제 강화

1920년대 말부터 전 세계적으로 몰아닥친 경제 대공황의 위기를 대륙 침략으로 타개하려 했던 일제는 1931년에는 급기야 만주사변을 일으키면서 식민지 조선을 대륙 침략의 병참 기지화하는 정책을 펼쳐 나아갔다. 또한 1929년의 광주 학생 의거를 계기로 해서 국내의 민족 운동에 대해서도 일제는 탄압의 고삐를 더욱 조여 나갔다. 일제는 황국신민화, 내선일체 등을 내세우며 한국 민중에 대한 선전 활동을 보다 강화해 나가며 한국의 언론에 대해서도 탄압의 기준을 더욱 강화하였다.

총독부는 1936년 8월 9일에는 그해 6월부터 일본에서 시행하던 불온문서임시취체령을 공포하여 조선에도 적용토록 하였다. 이 법의 시행에 즈음하여 다나카田中 경무국장은 다음과 같은 담화를 발표하였다.

> 요즈음 소위 괴문서란 것의 횡행은 특히 심하여 이것 때문에 현저하게 사회 인심의 불안을 조성하고 치안상에 중대한 지장을 자아내는 바가 있고 (……) 조선에 있어서도 그 사례가 적지 않은 것에 비추어 같은 취체 법규를 제정하여 내외 공히 이것이 취체를 행한다는 것은 참으로 긴급 필수지사로 인정하여 (……) 본령 시행령에 따라 음험한 수단 목적을 위한 차종의 소위 괴문서의 출판 및 그 횡행은 금압 배제하여 인심의 불안을 제거하고 치안을 확보하려는 취지인 것이다.[1]

이 담화문에서 말하는 괴문서란 곧 지하 신문의 형태를 말하는 것으로 해석할 수 있으며 당시에 이 지하 신문이 꽤 융성했었음을 알 수 있다. 이러한 지하 신문의 융성은 바로 당시 제도권 언론인 민간지들이 제 소임을 다하지 못하여 민중의 정보 욕구를 제대로 채워주지 못했기에 나타나는 현상으로 볼 수 있다.

1936년부터는 신문지법의 관련 조항을 바탕으로 검열 표준을 만들었다. 검열 표준은 일반 검열 표준과 특수 검열 표준으로 나누어진다. 일반 검열 표준은 안녕 질서 방해에 관한 규제 28개항과 풍속 괴란 규제 11개항이 규정되었으며 특수 검열 표준은 출판의 목적, 독자의 범위, 출판물의 발행 부수 및 사회적 세력, 발행 당시의 사회 사정, 반포 구역 등을 검열에 반영하기 위한 것이었다.

또한 같은 해에 언문 신문용 지면 개선 사항을 시달하였다. 이는 황실 기사 등을 성의를 다하여 게재하여 일반 민중을 지시할 것, 총독부 등 관청의 시정 방침은 힘써서 게재할 것, 사상범인 국외의 불령 운동자 등의 행위를 과대하게 보도하여 공산 또는 민족주의를 선동하는 것 같은 일이 없도록 할 것 등을 언론사에 지시했다.[2]

2) 일제의 통제에 대한 민간지의 대응

이러한 통제 강화에 대해 민간지들은 별다른 저항의 모습을 보여 주지 못했다. 신문들은 과거와 달리 발행 부수도 많아졌고 지면도 늘어 압수를 당하면 손실이 많아지고 또 압수가 거듭되면 정간 또는 폐간의 가능성도 커지므로 이러한 기업적 측면을 고려하여 자연히 검열에 걸리지 않도록 하려는 경향이 짙어갔다. 표 11에서도 알 수 있듯이 1930년대 이후로는 검열의 강화에도 불구하고 총독부에 의해 압수 처분을 받은 기사의 건수는 1920년대에 비해서도 현저히 줄어 대부분 1년에 10건 미만을 기록하였다.

당시 일제의 언론 검열 실무 책임자였던 다치다 키요다쓰立田清辰는 총독부 당국과 민간지의 협력 관계가 아주 잘 이루어지고 있다고 탄복하면서 "총독정치와 잘 공명하여 조선의 개발 지도 기타 문화의 향상 발전에 노력하고

표 11 1930년대 민간지의 압수 건수

연도	동아일보	조선일보
1930	21	16
1931	17	9
1932	7	8
1933	6	10
1934	12	4
1935	2	3
1936	9	13
1937	2	8
1938	5	7
1939	8	5
계	89	83

출처: 정진석(1990), 《한국언론사》, 나남, p.451에서 발췌.

있다는 실로 반가운 경지에 들어가고 있다"고 술회했다.[3] 총독부 관리의 이러한 말로부터도 우리는 당시의 언론 상황을 단적으로 알 수 있다.

2. 민간지의 상업적 경쟁

1) 민간지의 상황

1930년대 민간지는 식민 지배의 극복이라는 민족적, 시대적 과제는 뒷전으로 한 채 기업 경영의 측면에서 상업적인 상호 경쟁에만 몰두하였다. 먼저 당시 언론계의 상황부터 살펴보기로 하자. 〈동아일보〉는 앞에서도 지적한 바 있지만 1920년대 후반과 1930년대에 들어서도 경영 면에서는 계속 안정을 유지하였다. 반면 〈조선일보〉는 계속되는 재정난과 회사 내의 내분으로 어려움이 계속되었다. 1932년 11월에는 홍사단계의 조병옥과 주요한이 인수하여 조만식을 사장으로 추대하였으나 다음해 3월 사원들의 배척 운동으로 3월 5일부터 휴간에 들어갔다.

이러한 난맥상의 〈조선일보〉를 1933년 3월에 방응모가 인수하였다. 방응모는 〈동아일보〉 정주 지국장을 하다가 금광으로 일약 부를 축적한 사람이었다. 그는 1933년 1월 16일 주식회사 조선일보사를 세워 1933년 3월에 인수를 완료하면서 이광수 등 〈동아일보〉의 인사를 초빙하여 지면 강화에 힘썼다. 이때 사시도 정비하여 정의 옹호, 문화 건설, 산업 발전, 불편부당을 4대 사시로 내걸었다. 이와 같이 〈조선일보〉는 방응모가 인수하면서 오랜 경영난과 내분을 종식시키고 안정된 경영을 유지하면서 〈동아일보〉와 대등한 경쟁 체제로 돌입하였다.

한편 〈시사신문〉 이래 제3의 신문은 오래 지속되지 못하고 자주 얼굴이 바뀌었다. 1924년 3월 31일 최남선에 의해 〈시대일보〉가 창간되었다가 1926

년 8월 폐간되고 말았다. 1926년 11월 15일 이상협이 〈중외일보〉를 창간하였으나 경영난으로 1931년 9월 2일 폐간되고 말았다. 1931년 11월 27일에는 노정일이 〈중외일보〉의 지령을 계승하고 제호를 〈중앙일보〉라 바꾸어 속간하였다. 이 〈중앙일보〉가 1933년 2월 사장에 여운형, 부사장에 이상협이 취임하면서 1933년 3월 7일부터는 '민중의 신문'을 표방하고 제호도 〈조선중앙일보〉로 개제하였다.[4] 〈조선중앙일보〉는 시장의 후발 주자였지만 〈동아일보〉 및 〈조선일보〉와 어깨를 나란히 하며 함께 치열한 경쟁을 펼쳐 나갔다.

2) 문화 사업의 전개

이 시기의 세 민간 신문은 각종의 문화 사업을 경쟁적으로 전개하였다. 1930년대 민간지가 문화 사업을 통한 계몽 운동에 주력하게 된 것은 당시 독립운동의 한 분파로서 일제의 정책에 의해 더욱 조장된 실력양성론과 맥이 닿아 있는 것이다. 일제의 식민 지배에 직접 대항하여 독립의 쟁취를 노리는 독립운동론들이 일제의 탄압과 전반적인 민족 운동의 침체 속에서 지하화하면서 오로지 실력양성론만이 일제에 의해 보호되고 장려되던 것이 당시의 상황이었다. 이와 같이 실력을 양성하여 독립에 대비하자는 실력양성론의 맥락에서 신문들의 문화 사업도 이해할 수 있다.

당시 민간지는 경쟁적으로 여러 문화 사업을 벌여 나갔다. 〈동아일보〉는 1931년부터 문맹 타파를 위한 브나로드 운동을 전개하였다. 브나로드란 '민중 속으로'라는 의미를 지닌 러시아말로, 1850년대 러시아에서 전개된 바 있는 농민 계몽 운동을 모델로 한 것이었다. 그 외에도 〈동아일보〉가 벌였던 중요 문화 사업들로는 조선의 노래 공모(1931), 만주 재해민 구호 금품 모집(1931), 한글 강습회(1931~1932) 등이 있다.

〈조선일보〉도 1929년부터 학생 문자 보급 운동을 전개하였으며 1931년에는 편집국 안에 문화부를 신설하고 춘계 문자 보급반을 개설하여 문자 보급에 주력하였다. 1935년에는 신문 전람회를 개최하였으며 일본과 만주에 산업 시찰단을 파견하였다. 음악과 미술 분야에서도 1935년부터 매년 전조선 음악 콩쿠르를 개최하였으며 1936년부터는 매년 전조선학생미술전람회를 개최하였고 1937년부터는 사진 현상 모집, 1938년도부터는 신인 음악회를 매년 개최하였다.

이처럼 각 신문들이 경쟁적으로 벌인 사업 중에서도 문자 보급 운동은 핵심적인 부분을 차지하고 있다. 이 운동이 앞에서도 지적한 대로 실력 양성론의 입장에서 국민 계몽을 통해 우리 민족의 역량을 키워 나간다는 명분을 지니고 있는 것은 사실이다. 하지만 그 이면에는 신문의 상업적 측면도 무시할 수 없는 요인으로 자리 잡고 있다. 문자 해독층이 늘어난다는 것은 신문의 잠재적인 독자층이 늘어나는 것이며, 이는 장기적으로는 신문의 발행 부수 증대로 이어지는 것이기 때문이다.[5]

사진 21 〈동아일보〉의 브나로드 운동 포스터(왼쪽)와 〈조선일보〉의 문자 보급 운동 교재.

출처: 한국프레스센터(1995), 《한국 100년 신문 100년》, 한국프레스센터, pp.100~101.

이러한 측면에 대해서는 당시의 잡지를 통해서도 문제 제기가 되었다. 〈삼천리〉 1934년 8월호에 실린 한양과객이라는 논자의 글을 보면 "8할에 해당하는 문맹층을 계몽하여 놓으면 현재의 독자 비율은 여름날 수은주 올라가듯 해마다 격증할 것"이라고 비판하고 있다.[6] 신문들이 문자 보급 운동을 적극적으로 벌인 이면에는 이러한 상업적 의도도 자리하고 있었다는 지적이다. 신문사들의 문화 사업은 문화와 계몽이라는 명분을 앞세우기는 하지만 이와 같이 신문 홍보를 통해 기반을 확대하고 발행 부수를 늘리려는 상업적 측면도 중요한 의미를 지닌다.

3) 출판 사업 진출

민간지는 출판 사업에도 본격적으로 진출하였다. 신문을 발행하는 외에 여러 종류의 잡지를 발행하였으며 단행본 출판도 시작했던 것이다. 〈동아일보〉는 1931년 11월 종합지인 〈신동아〉를 창간하였으며 1933년 1월에는 여성 교양지 〈신가정〉을 창간하였다. 〈조선일보〉는 출판부를 독립시켜 1935년 10월 월간 교양지 〈조광〉을 창간하였으며, 1936년 3월 여성지 〈여성〉, 1937년 4월 소년들을 대상으로 하는 〈소년〉, 1937년 9월 어린 아이를 대상으로 하는 〈유년〉을 창간하였다. 단행본 출판에도 착수하여 《현대조선 여류문학선집》, 《야담전집》, 《호암전집》, 《임꺽정전》, 《조선속담사전》 등을 발간하였다. 3사 중 제일 열세에 있던 〈조선중앙일보〉도 1933년 2월 〈소년중앙〉을 창간하였으며 1936년 11월 월간지 〈중앙〉을 창간하였다.

4) 3증 경쟁

당시 신문들 간의 치열했던 경쟁을 일컬어 '3증 경쟁'이라고 불렀다고 한다. 3증 경쟁이란 자본 증자와 증면, 그리고 사옥 증축의 세 가지 부문에서의 치열했던 경쟁 양상을 일컫는 말이다.[7] 이 중 가장 두드러진 경쟁은 증면 경쟁이었다. 〈동아일보〉는 1932년 11월 21일부터 조석간 8면제를 단행한 이래 1933년 9월 10일자부터 10면제로, 1936년 1월 1일부터는 조간 4면 석간 8면의 12면제까지 나아갔다.[8] 〈조선일보〉는 경영난 속에 증면과 감면을 거듭하다가 방응모 체제 이후인 1933년 4월 29일 조석간제를 부활하면서 조간 4면 석간 4면 총 8면을 발행하였다. 1934년 10월 6일부터는 조간 4면 석간 6면 총 10면으로 하였다가 1936년 1월 7일 조간 4면 석간 8면 총 12면으로 증면하였다.[9]

이러한 증면 경쟁은 〈조선중앙일보〉도 예외가 아니었다. 창간 초기의 4면 체제에서 1933년 7월에는 6면으로 증면하였으며 1934년 7월에는 조석간 8면 체제로 늘렸다. 1936년 4월 1일에는 10면이 되었다가 동년 7월 1일에는 12면으로 증면하였다. 특히 〈조선중앙일보〉는 경쟁지들보다 구독료를 싸게 하여 후발 주자의 어려움을 극복하려 하였다.[10]

이처럼 신문들의 증면 경쟁은 한 신문이 먼저 시도하면 다른 신문들도 바로 뒤이어 따라가는 경쟁적 양상으로 전개되었다. 일반적으로 신문의 증면은 보다 많은 정보와 내용을 제공하려 한다는 명분을 표면적으로 내세우지만 실제로는 보다 많은 광고를 유치하기 위한 목적이 더욱 직접적인 요인이 된다.

민간지의 사옥 증축도 경쟁적으로 펼쳐졌다. 〈동아일보〉는 1926년 12월에 광화문 신사옥을 완공하여 1927년 4월에 대대적인 기념식까지 열었다.[11] 1933년 5월에는 증축 계획을 발표하였으나[12] 뜻대로 추진하지 못하고 1935년에 창간 15주년 기념 사업의 일환으로 사옥 증축 계획을 다시 발표하기에 이르렀다.[13] 방응모가 인수한 직후인 1933년 4월 사옥을 견지동에서 연건동으로 옮긴 조선일보사는 그해 12월 다시 태평로로 옮겼다. 태평로에 다시 새 사옥을 신축하여 1935년 6월 10일 완공하였으며 7월 6일 낙성식을 개최하였다.[14] 〈조선중앙일보〉도 1936년 3월 25일자를 통해 사옥 신축 계획 발표하였다. 이 날의 공지는 자본금 30만 원에서 50만 원으로 증자한 것을 계기로 5대 확충 사업을 벌인다며 그 일환으로 사옥을 신축하기로 결정하였다는 것이다.

당시 해마다 발행된《신문총람》자료에 의하면 이 시기〈동아일보〉는 자본금의 증가 없이 계속 70만 원을 유지하였다.〈조선일보〉는 방응모 인수 이후 1933년 자본금 30만 원의 주식회사로 재출발하여 1934년에는 50만 원으로 증자하였다.〈조선중앙일보〉도 1934년의 자본금은 20만 원이었으나 1935년 30만 원으로 1936년에는 50만 원으로 증자하였다.[15]

이처럼 세 민간지 간에 자본금과 면수, 사옥을 둘러싸고 치열한 3중 경쟁 양상이 펼쳐졌음을 알 수 있다.

5)〈동아일보〉와〈조선일보〉의 싸움

〈동아일보〉와〈조선일보〉의 치열한 경쟁은 1935년 급기야 두 신문 간의 싸움으로 비화되며 불매 운동까지 벌어졌었다. 직접적 도화선이 된 것은〈동아일보〉의 김성수가 운영하던 보성전문의 정원 초과 문제였다. 당시 보성전문이 정원을 초과하여 신입생을 받은 것이 문제가 되어 총독부 당국은 그 전해에도 같은 문제가 있었기에 교장 김성수만 인책, 사직하게 하였다.[16]

〈조선일보〉는 이 사실을 1935년 6월 7일자 2면에 김성수가 사직하고 후임에 김용무가 취임했다는 사실과 함께 '입시에 합격된 37명 희생'이라는 제목으로 사건의 경과를 설명하면서 이를 학교 당국의 부당한 조치에 의해 학생들이 억울하게 희생되었다는 논조로 보도하였다. 다음 날인 6월 8일에는 '학교 당국의 반성을 촉함'이라는 제목의 사설을 통해 이 사실을 언급하면서 매우 강도 높게 비판하였다. 학교 당국의 이러한 행동은 "투기사들 모양으로 요행을 바라는 행동이 아니면 대사를 대사로 알지 못하는 ㅇㅇ 경솔자의 하는 행동이요 결단코 학교 당국으로서는 할 일이 아니다"라고 주장하면서 "교육계의 불미사를 근절하기 위하여는 이러한 사이비적 교육자를 직접은 물론 간접으로도 학원으로부터 격리시키는 하등의 방도가 있어야 된다"고 목소리를 높였다. 이를 시작으로 〈조선일보〉는 이후 3일간을 연속으로 사설란을 통해 교육계의 문제를 거론하면서 보성전문학교와 교육계 문제를 직간접적으로 공격하였다.

격앙된 논조의 기사들이 자연스럽게 〈동아일보〉와 보성전문학교의 신경을 자극했음은 물론이다. 〈동아일보〉는 바로 지면을 통해서 보복성의 기사를 게재하였다. 〈조선일보〉의 사주 방응모가 함경북도 영흥군의 국유림을 대규모로 대부 신청하여 8000여 주민들이 생활 근거를 위협하고 있다는 사실을 6월 20일자 2면에 톱기사를 비롯하여 여러 개의 기사로 커다랗게 보도하였다. 이 기사를 보복성 기사라고 볼 수 있는 이유는 이미 〈동아일보〉 5월 30일자 조간에 게재된 바 있기 때문이다. 이 기사에서는 대부 신청자의 이름을 '경성 모 씨'라고 익명으로 보도하였는데, 20여 일이 지난 후 〈조선일보〉 사장 방응모라는 실명을 밝히며 다시 보도하였던 것이다. 뿐만 아니라 〈동아일보〉는 그다음 날인 6월 21일자 조간에서는 "국유 임야 처분을 신중히 하라"는 제목의 사설에서 이 문제를 다루며 '당국자가 주민의 이익을 위하여 신중 고려해야 한다'고 주장하였다.

보성전문 교우회도 6월 16일과 19일 임시 총회를 소집하고는 〈조선일보〉의 보도 태도와 사옥 신축 축하 광고금 문제를 비판하면서 비매동맹과 간부의 사퇴를 요구하는 성명서를 채택하였다. 여기서 축하 광고금 문제란 당시 조선일보사의 신사옥 완공을 기념하여 광고로 협찬해 달라고 조선일보사의 서춘 주필이 김성수에게 요구하였으나 김성수가 이를 거절했던 사건을 말한다. 보전 교우회는 이 과정에서 조선일보사 측이 광고를 강요했다며 문제를 제기하였던 것이다.[17]

이에 〈조선일보〉도 발끈하였다. 6월 21일자 사설에서 "동아일보의 광태난무狂態亂舞"라는 선정적 제목으로 보전 교우회가 〈조선일보〉 비매동맹을 결의한 사실에 대해 "조선일보가 1인의 독자도 없었으면 좋겠다는 동아일보의 제1희망의 표현이 아니고 무엇"이겠냐고 비판하였다. 2면에서도 전체 면의 3분의 2정도를 할애하여 〈동아일보〉를 공격하였다. 톱기사의 제목부터 아주 자극적이었다. "비열·타기唾棄할 차거조此擧措, 허구적 중상에 광분"이라는 주제에 '공적 책임을 폐이弊履가치 버리고/동아일보의 단말마적 광태'라는 부제를 달았다. 이외에도 총 9건의 기사로 〈동아일보〉와 보성전문 교우회를 공격하였다. 박스 처리한 공지를 통해서는 〈동아일보〉의 공격에 일일이 대응하여 지면을 어지럽히지 않고 사회적 판단에 맡기겠다고 하였지만 실제 〈조선일보〉의 보도 내용도 그렇지 않았다. 사설의 내용 중 '위풍당당 압인색기壓人塞氣의 감을 주는 신사옥'을 바라보고 '공포심을 느꼈다'라든가 〈동아일보〉의 자본금은 '근근 35만 원인데 대하여 아사我社는 50만 원이다'라는 등의 표현이 등장한다. 이러한 내용을 두고 한 잡지는 "마치 아이들 싸움에서 '너의 집이 좋으냐? 우리 집이 좋지,' '너 따위는 5전 밖에 없지만 나는 10전 있어' 하는 식의 유치한 싸움이라는 혹평을 들을 정도였다.[18]

이 싸움은 그 후 두 신문의 타협으로 유야무야 끝나고 말았다. 〈동아일보〉와 〈조선일보〉의 치열한 경쟁 관계가 두 신문의 지면을 통한 흥분된 논조의 비방전과 관련 단체들이 나선 불매 운동으로까지 비화되었음을 알 수 있다.

6) 민간지의 발행 부수

신문 간의 치열한 경쟁은 결국 기업 경영의 개선을 위해 발행 부수를 확대시키려고 독자를 놓고 벌인 경쟁이었다. 그리하여 창간 이래 민간지들이 보여 준 굴절과 한계에도 불구하고 발행 부수는 꾸준히 확대되어 왔다. 표 12는 식민지 시대 신문 발행 부수의 규모와 변천 과정을 보여 준다.

다음의 표에서 알 수 있듯이 1920년대 후반 이후 각 신문들은 모두 발행 부수가 꾸준히 늘어 갔다. 신문들 중에는 1935년까지는 〈동아일보〉가 다른

표 12 일제하 신문의 발행 부수

신문	1929	1931	1933	1934	1935	1936	1937	1939
동아일보	37,802	41,293	49,947	52,383	55,924	31,666	55,783	55,977
조선일보	23,486	28,192	29,341	38,653	43,118	60,626	70,981	59,394
조선중앙	14,267	19,162	18,194	24,521	25,505	32,782	–	–
매일신보	23,033	23,186	27,119	27,400	30,937	34,592	44,600	95,939

출처: 정진석(1990), 앞의 책, p.553 자료의 일부를 재구성한 것임.

신문에 비해 우위에 있었으나 1936년 이후 〈조선일보〉가 〈동아일보〉를 제치고 선두로 부상하였다. 이는 1936년도에 〈동아일보〉가 바로 일장기 말소 사건에 의해 279일간이나 정간을 당했던 때문이다.

1930년대 민간지들이 치열한 경쟁 속에서 출판이나 문화 사업으로까지 사업 영역을 확대해 나가는 모습은 마치 현대 자본주의 사회에서의 언론의 전개 양상과 흡사하다. 이러한 경영의 다각화 현상은 기존의 축적된 기술과 정보를 이용하여 관련 분야에 진출함으로써 이윤을 극대화하고 또한 한 분야에서 발생하게 될지도 모르는 손실을 다른 부문에서의 이윤으로 만회할 수 있는 장점이 있기 때문이다. 다시 말해 1930년대 한국의 언론 기업들은 초보적이나마 복합 미디어 기업으로서의 면모로 볼 수 있다.[19]

3. 일장기 말소 사건

1) 일장기 말소 사건에 대한 기존의 논의

일장기 말소 사건은 〈동아일보〉와 〈조선중앙일보〉의 일선 기자들에 의해 이루어졌던 식민지 시대 최대의 필화 사건이다. 이 사건은 그동안 〈동아일보〉

가 자신들의 과거를 식민 지배에 저항한 역사로 미화하면서 그때마다 전면에 즐겨 내세운 대표적인 사건이었다. 하지만 최준은 자신의 저술에서 〈동아일보〉에 앞서서 〈조선중앙일보〉가 먼저 일장기를 말소한 사진을 게재하였다는 사실을 날짜를 밝히지 않은 채로 처음으로 제시하였다.[20] 〈조선중앙일보〉의 일장기 말소를 날짜도 확인하고 구체적으로 논한 것은 정진석이었다. 정진석은 "8월 13일, 조선중앙일보는 '두상頭上에 빛나는 월계관, 손에 꼭 쥔 견묘목樫苗木, 올림픽 최고영예의 표창을 받은 아손자我孫子'라는 설명과 함께 손 선수의 사진을 실었다. 이 사진은 원체가 선명치 못하므로 일제 검열관도 미처 주의를 하지 못하고 넘어갔다. 그러나 며칠 후인 8월 25일, 〈동아일보〉 석간에 실린 '영예의 우리 손군'이라는 제하에 머리에 월계관을 쓰고 있는 손 선수의 사진이 실린 것은 드디어 크게 문제가 되고 말았다"고 서술[21]하여 논의를 진일보시켰다. 이후 대부분의 논자들이 이 주장을 따르면서 사실로 받아들여지고 있다. 하지만 이 주장도 사실 관계에서도 일부 오류가 있으며 그 배경과 맥락을 제대로 파악하지 못한 가운데 나온 논의다.

이러한 논의를 진일보시키고 새로운 사실도 제시한 것이 바로 최인진의 연구[22]다. 이 연구에서 최인진은 사진의 원본 출처가 〈오사카 아사히 신문〉의 남선판과 조선 서북판이었다는 사실을 밝혀냈다. 또한 그는 〈조선중앙일보〉가 먼저 일장기가 삭제된 사진을 실었던 것으로 알려진 1936년 8월 13일에 〈동아일보〉도 동일한 사진을 오려서 부분 게재하면서 일장기를 삭제하였다는 새로운 주장을 제기하였다.

최인진의 이러한 주장은 지금까지 알려져 왔던 사실과는 다른 새로운 주장임에는 틀림없다. 그러나 그의 주장에서도 여전히 밝혀지지 않은 또 다른 사실이 존재한다. 그러면 이 사건의 전말에 대해서 자세히 알아보자.

2) 손기정 우승의 초기 보도

잘 알려진 대로 1936년 8월 9일 밤 베를린 올림픽 마라톤에서 손기정 선수가 우승을, 남승룡 선수는 3등을 차지하는 쾌거를 이루었다. 언론도 바로 이 쾌거를 보도하며 적극적으로 나섰다. 당시 민간지들은 8월 10일자 호외부터 시작하여 연일 대서특필하면서 이 사실을 보도하였다. 총독부 기관지 〈매일신보〉도 8월 10일 호외를 발행한 데 이어 8월 11일자 2면에 "장연한 운동조선의 역사적 기록"이라는 주 제목으로 이 사실을 톱기사로 보도하였다. 톱기사에 이어 "약진반도의 위대성/전일본적 영예!"라는 두 줄의 주 제목과 함께 '백림에 일장기 두 번 날리다'라는 부제를 달아 보도하였다. 손기정 선수의 우승은 공식적으로는 일본 선수의 우승이므로 〈매일신보〉도 이를 환영하며 '전일본적 영예'라고 제목을 붙인 것이다.

손기정의 우승 이후 각 신문들은 경쟁적으로 이 사실에 대해 집중적이며 대대적으로 보도하였다. 〈동아일보〉는 8월 11일자 석간의 사설에서 두 사람의 입상은 바로 "조선의 우승이요 제패"라면서 "이제 손, 남 양 용사의 세계적 우승은 시드는 조선의 자는 피를 끓게 하였고 깔진 조선의 맥박을 뛰게 하였다"고 민족적인 관점을 부각시키고 있다. 〈조선일보〉도 마찬가지로 11일 조간의 사설을 통해 이 우승은 "손남 양군의 영예일 뿐 아니라 이천오백만 조선 민족의 일대 역사적 광영이라 안할 수 없다"고 민족적인 관점에서 커다란 의미를 부여하면서 관련 기사에 많은 지면을 할애하였다. 이러한 초기의 보도 태도는 〈조선중앙일보〉도 대동소이하다.

3) 8월 13일의 〈조선중앙일보〉와 〈동아일보〉 보도

이러한 분위기 속에서 〈조선중앙일보〉는 1936년 8월 13일자 조간의 제4면에서 손기정 선수 가슴의 일장기를 삭제한 사진을 게재하였다. 사진 22에서

사진 22 〈조선중앙일보〉 1936년 8월 13일자 조간 4면.

출처: 국립중앙도서관 전자도서관 원문DB(http://www.dlibrary.go.kr/WONMUN/ 2015. 2. 24)

보는 바와 같이 오른쪽 하단에 손기정 선수의 시상식 장면 사진이 게재되었다. 이때에는 총독부 당국도 문제 삼지 않고 넘어갔다.

앞서 인용한 최인진의 주장대로 〈동아일보〉도 같은 8월 13일자 조간 2면에 〈조선중앙일보〉에 게재된 것과 같은 사진의 일부를 오려서 게재하였다. 그의 주장이 틀린 것은 아니지만 여기에는 보다 복잡한 맥락이 존재한다.

〈동아일보〉 1936년 8월 13일자 조간 지면은 두 개의 서로 다른 판이 존재한다. 사진 23은 두 개의 서로 다른 판을 보여 준다. 둘 다 발행 일자는 소화11년 8월 13일자 지령은 5645호라고 인쇄되어 있으며 같은 신문 1면을 보면 위는 2판 아래는 1판이라고 명기되어 있다. 같은 발행일임에도 면의 내용은 판갈이라고 보기 어려울 정도로 판이하게 구성되어 있다. 여기서 주목할 것은 아래쪽 판의 왼쪽 상단에 실린 사진이다. 이는 바로 〈조선중앙일보〉의 같은 날짜 지면에 게재되어 나중에 문제된 사진과 동일한 사진으로 보인다. 다만 남승룡 선수 가슴 부분은 〈조선중앙일보〉와 차이가 있다. 〈조선중앙일보〉 사진에서는 남 선수 가슴의 일장기 마크가 안 보이나 〈동아일보〉 지면에서는 선명하지는 않지만 남 선수 가슴에 일장기 마크 같은 것이 보인다. 최인진의 주장대로 위쪽 지면의 사진은 아래쪽 사진의 일부를 오려서 게재한 것으로 보인다.

그렇다면 이 서로 다른 2개의 판을 어떻게 해석하고 받아들일 것이냐 하는 문제가 뒤따른다. 지면의 내용을 자세히 분석해 보면 위쪽이 특정 지역, 즉 경성 일원에만 배포된 판이며 아래쪽은 지방에 배포된 판인 것으로 보인다. 이렇게 판단할 수 있는 근거는 사진 24와 비교해 보면 알 수 있다. 이는 〈동아일보〉 1936년 8월 13일 석간 2판의 2면인데, 사진 23의 오른쪽 지면과 왼쪽 상단의 기사 등 일부만 다르고 전체적인 레이아웃이나 내용은 대체로 같다. 사진 24의 지면을 보면 왼쪽 중간쯤에 "금조각지천기今朝各地天氣"라는 제목으로 일기예보가 실려 있는데, 경성뿐만 아니라 중강진부터 평양, 대구, 부산 등 전국 14개 주요 도시의 날씨가 실려 있다. 반면 사진 23 위쪽의 지면

榮州伊山面에水亂
六百災民山中避身
江景에浸水二百戸
錦江漸漸增水
危險은洛東江에
朝鮮의아들 孫基禎
西江蘇島災民의
食事供給에注力
抱川에疑問의殺人
淋疾
네오가루고노-겐

漢江에濁浪滔滔·受難의沿岸蒼生
蘇島千五百戸全沒
避難民五千餘名
西江一帶에濁浪
清涼里水國化
罹災民八百名
洛東江刻刻增水
西江千五百災民의
食事供給에注力
江景에浸水二百戸
錦江漸漸增水
淋疾
네오가루고노-겐

사진 23 〈동아일보〉 1936년 8월 13일자 조간 2면의 두 가지 판. 위부터 경성판, 지방판.

출처: 국사편찬위원회 한국사데이터베이스(http://db.history.go.kr/ 2015. 2. 24)

漢江에濁浪滔滔·受難의沿岸蒼生

纛島千五百戶全沒
避難民五千餘名
往十里普校로배로移送中
附近各里도全部浸水

西江一帶에濁浪
避難民은三百餘名
麻浦堤防은補强工事中

清凉里水國化
罹災民八百名
競馬場에應急收容
交通聯絡은舟楫으로

孫, 南兩君學資保障
育英會의玄俊鎬氏의特志
本社는兩君에게電報로通知

洛東江刻刻增水
慶北地方에도水亂

公州
錦江도增水卄八尺
沿岸一帶가水國化

今日부터개고
따豪雨再襲할듯

漂着家屋卄三
漢江人道橋의水亂

사진 24 〈동아일보〉 1936년 8월 13일 석간 2판 2면.

출처: 국사편찬위원회 한국사데이터베이스(http://db.history.go.kr/ 2015. 2. 24)

에는 왼쪽 맨 하단에 "오늘의 천기"라는 제목으로 '흐렸다 개었다'라고만 소개하고 있다. 이를 보면 사진 23의 위쪽 지면은 특정 지역에만 배포된 판, 즉 경성판임을 알 수 있다.

당시 조석간 체제에서 석간은 발행 일자보다 하루 전날 인쇄되었다. 이는 신문 지면 중 1면의 제호 아래를 보면 확인할 수 있다. 1936년 8월 13일자 석간의 1면에 8월 12일에 인쇄되었다는 사실을 명기하고 있다. 따라서 위의 사진 23와 사진 24를 종합적으로 비교해 보면 8월 13일자 석간인 사진 24를 8월 12일에 인쇄하고 이를 일부 수정하여 사진 23의 아래쪽, 즉 지방판 8월 13일자 조간으로 발행하고 경성판 조간인 사진 23의 위쪽 지면은 8월 13일 새벽에 발행했던 것으로 볼 수 있다.

이러한 사실로부터 우리는 〈동아일보〉도 〈조선중앙일보〉와 같은 1936년 8월 13일 조간 지방판에 동일한 손기정의 시상식 장면 사진을 게재하였음을 알 수 있다. 앞의 〈조선중앙일보〉 사진은 조간 2판이다. 현재로서는 조간 1판을 확인할 수가 없어서 문제의 사진이 1판부터 실린 것인지 아니면 2판부터 실린 것인지는 분명치 않다. 만일 〈조선중앙일보〉의 8월 13일자 조간 1판에 이 사진이 없었다면 〈동아일보〉가 더 먼저였다는 결론도 가능하다.

4) 당시 사회의 경축 분위기

8월 13일자의 사진 게재 이후로도 총독부 당국은 아무런 제재도 가하지 않았고 민간지들의 민족주의적 관점의 보도는 지속되었다. 지면의 보도에 그치지 않고 신문들은 손기정 우승을 기리기 위한 여러 가지 기념 사업을 시도하였다. 〈동아일보〉는 8월 15일자 조간 3면의 사설에서 "체육관을 건설하라, 세계 제패의 차此 기회에"라는 제목으로 손기정의 세계 제패를 기념하는 체육관을 건립하자고 주장하였다. 또한 손기정의 세계 제패를 기념하는 노래 공모를 벌이기도 하였다.[23] 〈조선일보〉도 발 빠르게 8월 11일자 석간 1면을 통해서 두 선수에게 조선일보사 명의의 상패를 수여하면서 부상으로 금일봉을 전달하기로 결정하였으며 시상식은 두 선수의 귀국 후에 거행하겠다고 공지하였다.

당시 언론뿐만 아니라 거의 한국 사회 전체가 두 선수의 세계 제패를 계기로 홍분과 축제의 도가니에 빠져 들었다. 우승 축하 대회가 전국 각지에서 열리고 두 선수에게는 전국 각지의 각계각층으로부터 축전과 성금이 신문사로 몰려들었다. 당시 사회의 경축 분위기를 잡지 〈삼천리〉는 그해 11월호 지면을 통해 "그러면 신문사만 이렇게 열광했던가, 부否라. 전 조선 민중이 열병에 걸린 것 같이 이 명예에 취하였든 것은 사실"이라고 하면서 다양한 경축 행사와 분위기를 전하였다.[24]

경축 분위기는 경축 대회 등의 군중집회로 발전하였다. 〈동아일보〉 8월 11일자 석간 1면은 이어서 평양의 열광적인 분위기를 "10일은 비가 줄기차게 내리고 있음에도 불구하고 기쁨에 취한 군중은 가두로 진출하여 전승 기분에 극도로 홍분"되고 있다고 전하였다. 〈동아일보〉 8월 11일 조간 2면을 보면 두 선수의 고향 등 연고지의 잔치 분위기를 보도하였다. 이러한 경축 집회는 전국 각지로 퍼져 나갔다. 8월 15일까지 신문에 보도된 것들만을 보아도 강화, 원산, 인천, 정주, 진남포[25] 등과 부산, 함흥 신고산,[26] 영덕, 마산, 청진, 안동[27] 등에서 경축 집회가 열렸다.

뿐만 아니라 우승 기념 축구 대회나 마라톤 대회도 열렸다. 평안남도 안주군에서는 기념 축구 대회를 개최했고(8. 22), 대구(8. 23), 경기도 개성과 함경도 북청(8. 25)에서 각각 축하 마라톤 대회가 열렸다. 이 밖에도 대표적인 연극 극장인 동양극장은 청춘좌가 긴급히 만든 연극 〈손기정 만세〉를 무대에 올렸고(8. 23), 단성사와 제일관에서는 오사카 아사히사가 제공한 올림픽 실황 뉴스 영화를 상영하였다.[28]

경축의 분위기는 각계의 성금으로 이어졌다. 이는 우승 소식이 전해지자마자 바로 시작되었다. 광주의 최남주라는 사람이 10일 성금 1000원을 들고 광주 지국을 찾은 것을 시초로[29] 성금이 줄을 이어 조선육영회와 호남은행 사장 현준호 씨는 각기 손기정과 남승룡의 학비를 대기로 하였으며[30] 조선교육협회는 손기정의 부모에게 성금[31]을 전달하였다.

축하 분위기는 일회성 이벤트로만 그치지 않고 무언가 기념물을 남기려는 움직임으로 이어졌다. 앞에서 언급한 대로 〈동아일보〉가 체육관 건립을 주장하며 준비에 착수하였다. 8월 16일에는 손기정체육관 기성위원회가 종로에 위치한 기독교청년회관에서 열렸고[32] 함흥에서도 시민들이 예산 2만 원으로 기념 체육관을 건립하기로 했다.[33] 양정고보 동창회는 세계 제패 기념 탑을 건설하기로 하였으며, 또한 각지에서 손기정의 우승을 기념하는 체육관, 동상의 건설이 논의되었다.[34]

이처럼 손기정의 우승 이후 전 사회적으로 경축 분위기가 다양하게 확산되면서 침울하게 가라앉아 있던 식민지의 분위기가 민족적 자부심으로 아연 활기를 띄기 시작하였다. 이러한 사회적 분위기는 총독부 당국으로서는 결코 반가울 리가 없다. 총독부는 이러한 사회적 분위기가 더 이상 정치적인 차원으로까지 승화되는 것을 차단하기 위해 규제의 필요성을 느끼기 시작한 것으로 볼 수 있다.

손기정 마라톤 우승을 축하하는 기상천외한 제안

손기정의 우승을 경축하는 사회 분위기 속에서 기상천외한 제안으로 화제를 불러일으킨 사례도 적지 않았다. 일생 동안 구두를 무료로 제공하겠다는 종로 양화점의 제안이 있었으며 손기정의 일생 동안 양품을 제공해 주겠다는 양품점도 있었고 평생 머리를 무료로 깎아 주겠다는 이발소도 등장하였다. 이 사실을 보도하면서 〈조선중앙일보〉는 두 선수의 승리를 '상업 선전에 이용하려는 영리한 상인들까지 나게 되었다'고 꼬집었다.

출처: 〈조선중앙일보〉, 1936. 8. 14, 조간 2면.

5) 8월 25일 〈동아일보〉의 일장기 말소와 일제의 규제

이러한 분위기 속에서 〈동아일보〉의 8월 25일자에 일장기가 말소된 문제의 사진이 게재된 것이다. 널리 알려진 대로 〈동아일보〉는 1936년 8월 24일에 인쇄된 8월 25일자 석간에서 손기정 선수의 시상식 장면 사진을 게재하면 1판에서는 일장기를 그대로 인쇄하였다가 2판에서 일장기 마크를 삭제하였다. 삭제가 이루어진 과정은 당시 총독부 경찰 조사에 의하면 이길용이 이상범에게 사진을 건네주며 일장기를 흐리게 해달라고 처음 발의했다고 한다. 이상범이 이를 수용하여 원 사진에 착색을 하여 흐리게 하였지만 사회부 기자 장용서가 사진과장 신낙균과 사진부 서영호에게 보다 확실하게 말소시키자고 제의하여 서영호가 청산가리를 사용하여 추가로 말소했다는 것이다.

일장기 마크를 말소한 8월 25일자 석간 2판이 발행되자 총독부 당국은 바로 대응에 나섰다. 먼저 신문의 발매 반포 금지를 시키고 관계자에 대한 소환에 착수하였다. 8월 13일의 두 신문 보도는 그대로 넘어갔던 일제가 이번에는 즉각 규제에 나선 것이다. 일제가 이처럼 방침을 바꾸었던 것은 그동안의 논의대로 8월 13일자의 사진이 흐려서 검열 담당자가 못 알아 본 것이 아니라 당시 민간지들의 보도와 이에 이은 사회적 경축 분위기가 민족주의적으로 흘렀기 때문으로 보아야 할 것이다. 기존의 해석대로 검열 담당자가 8월 13일자의 사진을 미처 보지 못했을 가능성도 배제할 수는 없지만 전술한 대로 그 시점에는 일본의 신문들도 손기정의 마라톤 우승을 일본의 승리라고 축하하던 분위기였기에 인쇄 상태도 불분명한 사진을 규제할 이유가 별로 없었던 것이다.

앞서 인용한 〈동아일보〉 8월 11일자 사설에서 손기정의 우승이 조선의 피를 끓게 하고 맥박을 뛰게 한다는 등의 표현을 사용하자 이에 대해 일제는 "명백히 민족의식의 앙양이라고 인정한다 하더라도 아직 노골적으로 제국을 때려누이고 독립의 의지를 달성할 수 있음을 강조한 것이라고는 생각키 어

榮譽의 우리孫君

猛烈한 颱風發生

災地三南에驀進

進路變치안흐면數日行程

一夜의歡樂에驅疾맛고

漢江蒼波에投身

暗澹한貧困의悲劇

女商基礎完成

廿萬圓財團法人組織

耕地被害二萬一千町步

死傷失踪二百卅二名

罹災戶數實로一萬一千餘戶

全北道水災被害額四百萬圓

北滿의朝鮮農民

三年동안에廿三萬

今曉仁川에大火

廿四日現在

十六名出馬

霖後病魔跋扈한때

糞尿와塵埃沙汰

保健上에重大問題

國境에反滿軍

警官과交戰三時

ミシン界王・プロトス

사진 25 문제의 일장기 말소 사진이 게재된 〈동아일보〉 1936. 8. 25. 석간 2판 2면, 맨 오른쪽의 기사는 검열에서 삭제된 채로 인쇄되었다.

출처: 국사편찬위원회 한국사데이터베이스(http://db.history.go.kr/ 2015. 2. 24).

려움으로써 특히 계고를 주어 불문에 부하였다"고 기록하고 있다.[35] 〈동아일보〉의 보도 태도가 아직 근본적인 변화로 보이지 않는다는 판단에 따라 초기에는 문제 삼지 않는다는 방침이었다.

그러나 이러한 보도 태도가 지속되며 사회 분위기도 함께 달아오르자 일제의 방침이 바뀌었다. 신문들의 보도가 민족 감정의 자극, 확산으로 이어질 것을 두려워하여 일제 당국이 제동을 걸고 나섰던 것이다. 총독부 경찰 당국은 손기정 관련 축하회도 금지, 기념 체육관 설립 발기도 금지, 연설회도 금지 조치[36]함으로써 손기정의 우승을 민족적 활로로 승화시키려는 분위기를 차단하고 나섰다. 이로써 〈동아일보〉가 중심이 되어 추진하려던 기념 체육관 건립도 창립 발기회가 한 차례 연기되더니 당분간 추진을 중지한다고 선언하기에 이르렀다.[37] 이러한 흐름 속에서 〈동아일보〉 8월 25일자에 실린 문제의 사진에 대해서 총독부가 바로 통제에 나서게 되었던 것이다.

총독부는 신문이 발행된 8월 24일 밤부터 기자들 연행을 시작하여 27일까지 총 11명을 연행하였다. 8월 27일에 경찰은 조사 결과를 발표하며 동아일보사에 대해 정간 조치를 내리고 "진실로 혁정革正의 가능성이 생긴 후 해정시킬 방침"이라며 다음과 같은 6개항을 요구하였다.

① 동아일보 사장 송진우는 인책 사임할 것

② 발행 겸 편집인 명의는 새로 사장되는 자로 변경하는 수속을 이행할 것

③ 사장, 부사장, 주필, 편집국장의 임용에 대해서는 미리 당국의 승인을 받을 것

④ 당국에 의해서 부적당하다고 인정되는 간부와 사원, 그리고 사건 책임자는 면직시켜 다시 같은 회사 내의 다른 직무에 종사하지 못한다. 그 성명은 좌와 같다.
송진우宋鎭禹(사장, 정요), 장덕수張德秀(부사장, 정요), 양원모梁源模(영업국장, 정요), 김준연金俊淵(주필, 특요), 설의식薛義植(편집국장, 정요), 이여성李如星(조사부장, 정요), 박찬희朴瓚熙(지방부장, 특요), 최승만崔承萬(잡지부 주임, 보요), 이길용李吉用(운동부장), 신낙균申樂均(사진과장), 현진건玄鎭健(사회부 기자), 장용서張龍瑞(동상), 서

영호徐永浩(사진부원) 이상 13명[38]

⑤ 새로 동아일보 발행 명의인이 되는 자는 당국이 지정하는 항목에 따른 지면 쇄신에 대해서 서약할 것

⑥ 우의 지시 사항은 사장 송진우 또는 양원모에 대하여 시행하고 김성수, 송진우와 양원모의 3인은 금후 책임을 지고 일체의 처리를 수행할 것

사건 관계자의 처벌뿐만 아니라 간부 및 임원의 면책 사임에서 더 나아가 앞으로 간부진 임용의 사전 승인, 지면 개선 약속까지 요구하고 나선 것이다. 이 사건을 계기로 언제 다시 고개를 들지 모를 민족주의적 언론의 싹을 아예 제거하려는 탄압 의도라고 평가할 수 있다. 이 조치에 따라 주필과 편집국장이 정간 직후인 8월 28일 사임한 것을 시초로 이길용을 비롯한 사건의 직접 관련자 8명 중 6명은 9월 25일자로 사임하였다. 사장 송진우는 11월 11일에 사임하였으며 대신 양원모가 전무 취체역이자 사장 사무대리로 선임되었다. 김성수는 11월 19일 취체역을 사임하였다.

뒤이어 9월에 들어서면서 〈조선중앙일보〉에도 수사가 시작되어 당사자인 유해붕이 9월 1일경 경찰에 소환되었다. 이러한 분위기 속에서 〈조선중앙일보〉는 9월 5일자 석간에서 "당국의 처분이 있을 때까지 근신의 의미로 당분간 휴간한다"는 사고를 내고는 자진 휴간에 들어갔다. 이후 이 신문은 내부 사정에 의해 끝내 속간되지 못하고 말았다.[39]

6) 〈동아일보〉의 정간 해제

이때 〈동아일보〉 정간은 9개월 6일간 지속되어 이듬해인 1937년 6월 2일에야 속간될 수 있었다. 이처럼 장기간 지속된 것은 총독부로서는 이 기회에 〈동아일보〉를 김성수와 송진우의 영향으로부터 벗어나게 하여 근본적으로 체질을 바꾸려고 시도하였으나 이를 김성수와 송진우로서는 받아들이기 힘

들었기 때문이었다.

양자 간에 대립이 답보 상태를 못 면하자 총독부는 최후의 수단을 강구하고 나섰다. 1937년 5월에 들어서면서 총독부 방침에 응하지 않으려면 폐간계를 제출하라고 통고하였다. 만일 발행 정지 상태가 계속되어 1년 2개월을 넘게 되면 당시 신문지법 제7조에 의해 발행 허가가 취소될 수도 있는 상황이었다. 이 최후통첩을 〈동아일보〉가 수용하여 타협적 태도로 나오게 되었다. 동아일보사로서는 장기 정간에 따른 회사의 재정 손실, 사원들의 개인적 어려움 등으로 정간이 더 이상 계속된다면 여러 모로 어려운 형국이었을 것이다.

동아일보사는 바로 중역 회의를 소집하여 백관수白寬洙와 옥선진玉璿珍 2명을 사장 후보로 제시하고 이어 5월 12일 총독부에 청원서御願書를 제출하였다. 총독부는 서약서 제출을 비롯하여 전 사장 소유 주식을 새 사장에 넘기고 앞으로 취체역을 맡지 않으며 속간에 즈음해 사고를 게재하라는 네 가지 조건을 이행하는 것을 전제로 백관수가 사장되는 것에 동의하기로 하였다.[40] 동아일보사는 이를 수용하여 서약서를 제출하고 속간호인 1937년 6월 3일자 석간 1면에 사고로 다음 내용을 게재하였다.

사고

낭자*曩者 본보에서 일장기 마크 말소사건을 야기하여 당국의 기위忌諱에 촉觸하게 된 것은 실로 공축불감恐縮不堪하는 바이다.

이제 당국으로부터 발행 정지 해제의 관대한 처분을 받아 금후부터 일층 근신하여 경更히 여사如斯한 불상사를 야기치 않도록 주의할 것은 물론이어니와 지면을 쇄신하고 대일본제국의 언론기관으로서 공정한 사명을 다하야써 조선 통치의 익찬을 기하려 하오니 독자제위께서는 특히 조량照亮하시와 배전 애호하여 주

* 지난번이라는 뜻.

시기를 바라나이다.

이로써 〈동아일보〉는 오랜 정간에서 벗어나 다시 신문을 발행할 수 있게 되었다. 하지만 그 성격은 과거와는 판이한 모습이었다. 창간 이후 많은 우여곡절을 겪기도 했지만 그래도 유지하고 있던 '민족 언론의 간판'을 내리고 스스로 '대일본제국의 언론 기관으로서 사명을 다하겠다'고 선언하기에 이르렀던 것이다.

4. 일제 말기의 친일 언론과 민간지의 폐간

1) 전시 체제의 언론 통제

〈동아일보〉가 일장기 말소 사건 이후 오랜 정간에서 해제된 이후 한 달여 만인 1937년 7월 7일 일제는 마침내 중국 침략을 시도하는 중일전쟁을 일으켜 식민지 조선도 전시 체제로 돌입하였다. 일제는 1938년 5월에는 국가총동원법을 공포하고 이어 1939년부터는 이 법에 의해 언론을 통제하기 시작하였다. 이 법 제20조는 국가 총동원상 필요한 때에는 신문지 기타 출판물의 게재에 대하여 제한 또는 금지를 할 수 있도록 규정하였다.

1941년 12월 8일의 진주만 기습으로 태평양전쟁을 일으킨 일제는 12월 13일 신문사업령, 12월 18일 언론 출판 집회 결사 등 임시취체법을 공포하였다. 신문사업령은 신문의 운영이 국책의 수행에 중대한 지장을 초래하거나 또는 그럴 우려가 있을 때 신문 사업주에게 그 폐쇄 또는 휴지를 명할 수 있게 하였다. 이로써 총독부는 자의적으로 신문을 없앨 법적 근거를 마련한 것이다. 임시취체법 역시 행정 관청이 필요하다고 인정할 경우 신문의 허가를 취소하거나 발행을 정지시키고 또한 발매 반포를 금지할 수 있게 하였다.[41]

2) 민간지의 친일 논조

일장기 말소 사건에서 풀려난 것을 계기로 해서 1930년대 후반 민간지는 앞장서서 친일을 권유하고 강요하는 논조를 적극적으로 펼쳐 나갔다. 예컨대 1938년 한국인에 대하여 지원병 제도가 실시된 것을 계기로 〈동아일보〉는 1938년 4월 3일자 사설을 통하여 이를 획기적인 제도라고 평가하면서 다음과 같이 주장하였다.

> (……) 제국의 대륙 정책의 확충은 더욱 조선의 중요성의 증대를 의미하는 것이어서 이에 따라서 조선 민중도 나서 중대 임무를 지지하지 않을 수 없게 되었다. 이러한 정세에 있어서 미나미 총독의 영단은 역대 총독이 상상도 하지 않던 병역의 의무를 조선 민중에게 부담시키는 제일보를 내딛게 한 것이다. 이에 조선 민중도 이 제도가 실시되는 제1일부터 당국의 지도에 순응하여 그 운용에 협륙協戮하지 않으면 아니 될 것이다.

〈조선일보〉도 1938년 6월 15일자 사설에서 지원병 훈련소 개소식을 맞이하여 이것은 국가의 성사聖事요 경행慶幸이라면서 "황국신민된 사람으로 그 누가 감격치 아니하며 그 누가 감사치 아니하랴"고 목청을 높였다. 또한 1939년에는 지원병 최초의 전사자가 발생하자 두 신문은 앞 다투어 그의 죽음을 미화하는 데 앞장섰다. 〈조선일보〉는 1939년 7월 8일자 조간에서 "지원병 이인석군 최초로 영예의 전사/장렬! 적진 중으로 돌입 분투"라는 제목으로 전사 사실을 미화하였다. 특히 〈동아일보〉는 7월 9일자 조간에서 "영예의 전사한 이인석 가정방문기/전사는 남자의 당연사"라는 제목으로 다음과 같이 보도하였다.

> 이군의 가정에는 (……) 생활은 곤란함에도 불구하고 지원병을 자원하엿을 터인데

이군의 부인은 "전선에서 돌아가셨다는 소식을 들었습니다마는 남자의 당연한 일이오니 슬픈 것은 조금도 없습니다"하고 부군에 못지않은 굳은 뜻을 보였다.

전사자의 가정을 직접 방문하여 그의 부인을 인터뷰한 내용을 인용하며 그 죽음은 국가를 위해 당연한 것이라고 미화하고 있다. 그러나 이는 문화방송이 1997년 8월 14일 8·15 특집으로 방영한 다큐멘터리 〈반도의 영예, 이인석〉에 의하면 사실과 다른 것으로 드러났다. 방영 당시 생존한 이인석의 부인은 기자가 찾아 온 적도 없으며 자기 남편이 죽었는데 당연한 일이라 할 사람이 어디 있겠냐고 진술하였다. 당시 신문들은 사실을 왜곡해 가며 친일에 앞장섰음을 보여 준다.

뿐만 아니라 일본의 개천절에 해당하는 기원절이나 천황의 생일인 천장절 등에는 온갖 미사여구를 동원하여 일본을 찬양하기에 여념이 없었다. 〈조선일보〉 1939년 4월 29일자 조간의 사설은 천황의 생일인 천장절을 맞은 감회를 다음과 같이 술회하고 있다.

춘풍이 태탕하고 만화가 방창한 이 시절에 다시 한 번 천장가절을 맞이함은 억조신서億兆臣庶가 경축에 불감不堪할 바이다. 성상 폐하께옵서는 옥체가 유건하옵시고 ㅇㅇ가 유강하옵시다고 배승하옵는 바 실로 성황성공誠惶誠恐 동경동하同慶同賀 할 바이다. 1년에 1번 이 반가운 날을 맞이할 때마다 우리는 홍원한 은恩과 광대한 인仁에 새로운 감격과 경행이 깊어짐을 깨달을 수가 있다. 뿐만 아니라 적성봉공赤誠奉公 충과 의를 다하여 일념보국의 확호한 결심을 금할 수가 없는 것이다. (……) 억조億兆일심으로 극충극성 상으로 성명聖明에 보답하고 하로 간난한 시국에 대처하여 신동아건설의 성업을 수행하여야 될 것이다. 이것이 황도 일본의 위광을 한층 더 만방에 빛나게 하는 소이요 또 신서臣庶의 당연한 의무일 것이다. 이날을 당하여 성수聖壽의 어무강御無疆과 황실의 어번영을 봉축하면서 끝으로 우리가 경행하는 소이를 강조하여 둔다.

천황의 성스러운 은혜에 감격하며 나라에 몸 바칠 각오를 더욱 굳건히 하여 신동아 건설에 나서는 것이 모두의 당연한 의무라고 강조하고 있다. 〈동아일보〉도 같은 날짜 1면에서 톱으로 천황 부부의 사진과 함께 "봉축 천장가절"이라는 제목으로 비슷한 내용으로 천황의 생일을 경축하였다.

3) 민간지의 폐간

중일전쟁을 일으킨 일제는 1938년 5월에는 국가총동원법을 공포하고 이어 1939년부터는 이 법에 의해 언론을 통제하기 시작하였다. 태평양전쟁이 한창이던 1940년도부터 일제는 전시 동원 체제를 강화하기 위해 조선총독부로 하여금 언론 통폐합을 실시하도록 하였다. 이때 적용된 기본 방침은 1도 1사로서 1도에 하나의 신문만 남기고 나머지는 통폐합을 한다는 것이었다. 일본인들이 발행하던 신문들도 이 원칙에 따라 각 도마다 1개의 신문만 남게 되었다.

이 통폐합 이전인 1939년경부터 일제는 한국의 두 민간지에 대해 폐간 방침을 정하였다. 이 시기에 작성된 '언문신문 통제안'이라는 극비 문서에 의하면 민간지 통제의 필요성을 8가지로 제시하였다. 먼저 황국신민화를 통해 내선일체를 이루기 위해서는 한국 민간지에 대한 통제가 필요하다는 것이었으며 전시기에는 자유주의적 편집보다는 국책 수행의 충실한 협력자가 더 필요하고 일본어 보급을 확대하고 기관지 〈매일신보〉의 강화를 위해서 언문 신문의 통제가 필요하다는 것이었다. 이어 광고주와 구독자의 부담을 덜어 주고, 물자 절약, 신문의 경영난을 덜어 주기 위해서도 신문의 통제가 필요하며 신문 간 차별성이 없어지고 획일화된 상황에서 여러 종의 신문이 발행될 필요가 없다는 것을 통제의 이유로 제시하였다.

이에 따라 총독부는 〈동아일보〉와 〈조선일보〉를 하나의 신문으로 만들거나 혹은 각기 지방으로 내려 보내는 등 여러 형태의 통폐합 안을 고민하였으나 끝내 민간지 폐간의 방침을 정하였다. 이에 따라 1939년 말부터 두 민간지의 인수 교섭에 나서 자진 폐간을 종용하기 시작하였다. 총독부의 방침이 정해지자 〈동아일보〉는 폐간을 막기 위해 매우 적극적으로 나섰다. 사장 송진우가 일본에 건너가 관계 요로에 협조를 부탁하였으며 국내에서도 윤치호를 통해 미나미 총독에게 폐간을 철회하도록 부탁하기도 하였다. 이에 총독부는 동아일보사의 간부들을 탈세와 배임 혐의로 구속하기에 이르렀고 뒤이어 동아일보사도 7월 26일에 폐간 결정을 받아들이게 되었다. 이에 따라 조선일보사도 폐간을 결정하여 두 신문사는 8월 10일자를 마지막으로 문을 닫고 말았다. 이때 〈동아일보〉와 〈조선일보〉는 매일신보사로부터 영업권에 대한 보상금조로 각각 15만 원과 20만 원을 받았으며 총독부로부터 시설 인수 비용으로 50만 원과 80만 원을 각각 받았다.[42] 이로써 일제하 민간 언론의 시대는 막을 내리게 된 것이다.[43]

4) 민간지 폐간 이후의 언론 상황

민간지들이 모두 폐간당하자 당시 사회에는 총독부의 기관지와 라디오 방송만이 남게 됨으로써 다시금 총독부에 의해 언로를 독점당하는 상황이 전개되었다. 이러한 상황에서 총독부 기관지들의 발행 부수는 급증하였다. 민간지 폐간 이전인 1939년 말 95,939부를 발행하던 〈매일신보〉는 1944년 9월 388,337부로 늘어 네 배 정도로 급성장하였다. 〈매일신보〉의 발행 부수는 그 이후에도 계속 증가하여 1945년 6월경에는 50만 부에 이르게 되었다. 이처럼 〈매일신보〉의 발행 부수가 급증한 것은 당시 전쟁 상황이었음에도 민간지의 폐간으로 정보를 얻을 마땅한 매체가 없었기 때문으로 볼 수 있다. 이 시기 일어판 기관지 〈경성일보〉도 발행 부수가 급증하였다. 1939년 말 61,976부이던 〈경성일보〉의 발행 부수가 1941년 말에는 18만 부를 넘어서더니 1944년 9월에는 373,158부로 급증하였다. 이는 이 시기에 오면 일본어 해

독이 가능한 한국인들의 숫자가 크게 늘어났기 때문으로 볼 수 있다.[44]

일반적으로 전쟁기에는 정보에 대한 욕구가 대폭 상승하게 마련이다. 따라서 신문의 발행 부수도 급증하는 등 매체 의존이 급격히 늘어나게 되는 것이다. 일제 말기에는 총독부가 발행하는 기관지와 지방의 일본인 신문들만이 발행되며 언로를 독점하며 전쟁 목적에 총동원하는 상황이 전개된 것이다.

라디오의 보급도 이 시기 급증하였다. 전술하였듯이 1933년 이중 방송 실시 이후 조선인의 보급이 지속적으로 성장하였으며 1930년대 말부터 다시 비약적인 성장을 기록하였다. 1938년 48,966대이던 것이 1939년 75,909대로 늘어나더니 1940년 116,935대, 1944년 168,884대로 늘었다. 보급률로 보아도 1938년 1.19%를 기록하여 1%를 처음으로 넘어서더니 1940년 2.76%, 1941년 3.31%로 각기 2%와 3%를 넘어서서 1944년 3.7%를 기록하였다.[45]

당시의 방송도 전시하에서 일제의 가혹한 통제 아래 모든 정보가 완벽하게 통제되고 있었다. 1942년 4월 27일 총독부는 '국내방송비상태세요강'을 발표하고 이에 따라 보도 제1주의를 채택하고 총독부 정보국의 직접적인 통제를 받게끔 하였다. 또한 전파 관제를 실시하여 주간 방송은 정지되고 야간 방송만 소출력으로 시행하였고 조선어 제2방송도 중단하였다.[46]

총독부는 직접 관장하는 경성방송 외의 해외 방송 수신을 불가능하도록 하기 위해 모든 단파 수신기를 압수하였다. 그러나 일부 방송인들이 수신기를 보유한 채 몰래 '미국의 소리Voice of America' 한국어 방송을 청취함으로써 전쟁에 대한 정보 욕구를 충족시키고 있었다. 그러다가 1942년 12월 24일 '미국의 소리' 방송 청취 내용을 사석에서 이야기하는 것이 고등계 형사의 귀에 들어감으로써 많은 관련 인사들이 일제에 의해 검거되는 사건이 발생하였다. 이것이 바로 유명한 단파 방송 청취 사건이다. 일제는 바로 관계자 소환과 수사에 착수하여 경성뿐만 아니라 부산을 비롯한 지방에서도 관계자를 검거하기 시작하였다. 당시 몰래 수신한 정보들이 독립운동가들에게도 전달되었다는 것이다. 이에 따라 수백 명이 검거되어 그중 75명이 2년 징역형부터 벌금형에 이르기까지 실형을 선고받았다.[47] 이 단파 방송 청취 사건은 식민 지배와 전시 체제에서 실시한 극단적인 언론 통제하에서 대안적 정보를 추구하며 저항의 의지를 보여 준 사건으로서 역사적 의미를 지닌다.

3부

정부 수립 전후의 언론사

9장

미군정기의 언론

1945년 8월 15일 한국은 36년에 걸친 일본의 식민 지배로부터 해방되었다. 하지만 탈식민이 바로 독립을 의미하는 것은 아니었다. 한국은 강대국들의 이해관계에 따른 결정에 의해 바로 미국과 소련의 분할 통치에 들어갔다. 미군정의 3년간 통치를 통해 한국 사회는 시간적으로는 길지 않은 기간이었지만 식민 지배에서 벗어나 우리 역사의 새로운 주체로 나서려는 민족의 시대적 욕구가 좌절된 채, 강대국의 이해관계에 따라 분단 체제로 귀착되고 말았다. 미군정 3년은 언론 부문에서도 이후 한국 언론의 발전 방향과 틀을 규정짓는 결정적인 계기가 되었다.

1. 해방 직후의 언론 상황

1) 좌익 주도의 언론계

1945년 8월 15일 마침내 일제는 연합국에 무조건 항복을 선언하였다. 일본

천황의 항복 선언은 그날 정오 라디오 전파를 타고 중계되며 전국으로 퍼져 나갔다. 물론 당시에도 라디오의 보급은 제한되었지만 이러한 중대 뉴스는 구두 커뮤니케이션 등 다른 보조 채널이 총동원되어 금세 널리 확산되었을 것이다.

이제 일제의 식민 지배에서 벗어나자, 한국 사회에는 식민지의 모순을 청산하고 독립된 민족 국가를 새로 건설해야 한다는 시대적 과제에 직면하게 되었다. 이 과제를 둘러싸고 정치적, 이념적 지향을 달리하는 여러 정당과 단체들이 생겨나면서, 그동안 억눌려 왔던 각종의 주의·주장들이 봇물처럼 쏟아져 나오기 시작하였다. 이들은 각종 매체들을 동원하여 자신들의 목소리를 담아내기 시작하였다. 이른바 정치 신문의 시대가 도래하였던 것이다.

이러한 현상은 인류 역사 발전에서 보편적으로 나타나는 현상이다. 역사 발전이 새로운 단계로 접어들면 새롭게 주어진 역사적 가능성과 시대적 과제를 둘러싸고 다양한 주의, 주장이 전개되게 마련이다. 이 다양한 세력들은 정당이나 정파를 형성하며 자신들의 정치적 입장을 강화하기 위해 언론 매체를 이용하여 선전 활동을 펼치게 된다. 언론들은 정당이나 정파의 자금 지원을 받으며 지면을 통해 그들의 정치적 입장을 대변해 주는 것이다. 이로써 언론의 역사상 정치 신문의 시대가 펼쳐지게 되는 것이다. 서구 언론의 역사에서는 근대 시민 혁명을 전후한 시기가 여기에 해당된다. 중세적 질서를 극복하고 새로운 근대 사회를 만들어 가는 단계에서 여러 정당과 정파들이 등장하며 이들이 신문을 통해 적극적인 선전 활동을 전개하였던 것이다.

해방과 함께 그동안 일제에 의해 억눌려 왔던 한국 사회의 커뮤니케이션 욕구는 바로 표출되기 시작하였다. 가장 먼저는 대전에서 일제기부터 발행되던 〈중선中鮮일보〉가 활자를 국문으로 바꾸어 1945년 8월 15일부터 발행하였으며, 8월 17일 서울에서 16절지에 한 쪽 면만 인쇄한 〈독립신문〉이 창간되었다.[1] 전주에서는 〈건국일보〉가 8월 17일자로 창간되었고 광주의 〈전남신보〉도 1945년 8월 31일자로 창간되었다.[2] 9월 1일에는 부산에서 〈중보〉가 창간되었다. 이처럼 오랫동안 일제에 의해 금지되어 오던 우리말 신문들이 해방과 함께 전국 각지에서 속속 창간된 것이다.

해방 직후의 정국을 주도한 것은 좌익 세력이었다. 주지하는 바와 같이 여운형을 중심으로 한 세력이 건국준비위원회(이하 건준)를 결성하여 정국을 주도할 수 있었다. 반면 우익 세력들은 일제 치하에서 타협적인 자세를 보여왔기에 해방 직후의 정세를 관망하고 있었다.

이러한 상황에서 먼저 활기를 띠기 시작한 것은 좌익계의 언론들이었다. 건준은 8월 16일 총독부의 우리말 기관지 〈매일신보〉를 접수하여 〈해방일보〉를 창간하려고 시도하였으나 잔존해 있던 일본군에 의해 17일 다시 탈취되었다. 건준은 방송국도 접수를 시도하였으나 역시 일본군에 의해 저지되었다. 〈매일신보〉는 한국인 기자들이 중심이 된 자치위원회에 의해 기존 제호 그대로 발행되다가 10월 2일 미군정이 접수하였으며 11월 23일 제호를 〈서울신문〉으로 바꿔 계속 발간하였다.[3]

좌익 계열은 9월 8일 건준과 인민공화국 지지를 선언한 〈조선인민보〉가 창간된 것을 필두로 조선공산당 중앙위원회의 기관지 〈해방일보〉(9. 19)와 〈중앙신문〉(11. 1) 등이 창간되어 활발한 언론 활동을 펼쳐 나갔다.

우익 진영도 미군의 진주와 함께 활동을 시작하여 9월 16일에는 한민당이 결성되었다. 뒤이어 9월 22일 〈민중일보〉가 창간되고, 〈동신일보〉(10. 4), 〈자유신〉(10. 5), 〈신조선〉(10. 5) 등이 창간되었으나 좌익 계열의 신문을 능가하지는 못했다. 1940년 폐간되었던 〈조선일보〉는 11월 23일 복간되었으며 이어서 〈동아일보〉도 12월 1일에 복간되었다.

이러한 상황에서 1945년 10월 12일 결성된 조선출판노조의 주도권도 좌익이 장악하게 되었으며, 10월 23일과 24일에 열린 전조선기자대회에서도 조선인민공화국을 지지하는 성명이 발표되었다. 이 대회에서는 24개사 기자 250명이 참석하여 조선신문기자회를 결성하기로 하고[4] 다음과 같은 선언문을 채택하였다.[5]

반세기 동안이나 우리 동포를 야만적으로 강압하고 착취하던 일본 제국주의의 철쇄鐵鎖는 마침내 절단되고 말았다 그러나 일방으로 우리 동포의 살과 뼈 속에는 아직도 그 악독한 쇄편鎖片이 얼마나 남아 있는지 모르며 타방으로 일본 제국주의자의 조선 사정에 대한 기만적 선전은 연합국으로 하여금 조선의 현하 정세에 대한 정확한 판단을 곤란케 하고 있다. 이러한 일본 제국주의의 잔재로서 남아있는 흔적은 우리의 힘찬 건설로써만 퇴치될 것이요 이에 대한 모든 지장이 완전히 배제되고서야만 씩씩한 건국도 있을 것이다

우리들 붓을 든 자 진실로 우리의 국가 건설에 대한 제 장애물을 정당히 비판하여 대중 앞에 그 정체를 밝힘으로써 민족 진로의 등화가 될 것을 그 사명으로 한다. 단순한 춘추의 필법으로서는 우리는 만족치 않는다. 때는 바야흐로 우리에게 필봉의 무장을 요구한다. 모든 민족적 건설에 한 개의 추진이 되고 다시 민중의 지향을 밝게 하는 거화가 되지 못한다면 우리의 붓은 꺾어진 붓이며 연약한 붓이며 무능력한 붓이다. 민중이 갈망하는 바는 우리의 힘 있고 바르고 용감한 필봉일 뿐이다. (……) 신문이 흔히 '불편부당'을 말하나 이것은 흑백을 흑백으로서 가리어 추호도 왜곡치 않는 것만이 진정한 '불편부당'인 것을 확신한다. 엄정 중립이라는 기회주의적 이념이 적어도 이러한 전 민족적 격동기에 있어서 존재할 수 없음을 우리는 확인한다. 우리는 용감한 전투적 언론진을 구축하기에 분투함을 선언한다.

강령: 1. 우리는 민족의 완전 독립을 기한다.
1. 우리는 언론 자주의 확보를 기한다.

이 기자 단체에는 좌익지뿐만 아니라 일부 극우지를 제외하고는 우익지의 기자들도 참여하였다. 그러나 인민공화국을 지지한 것에서 잘 드러나듯이 좌익 인사들이 주도하였다.

표 13은 미군정청의 자료를 바탕으로 1946년 10월 30일의 전국 정기간행물 발행 현황을 정리한 것이다. 일간 신문이 서울의 39종을 비롯하여 전국

에서 68종이 발행되고 있었으며 주간이 79종, 월간 및 기타가 127종으로 274개의 정기간행물이 발행되었다. 발행 부수는 일간이 전국적으로 1,015,590부로, 신문당 평균 14,935부로 약 1만 5000부 정도였다. 그중 서울이 757,420부로 전국의 74.6%를 차지하였다. 해방 직후 서울의 인구가 100만 정도였음을 감안하면 엄청난 보급률이라 할 수 있다. 서울의 집중도는 전체 간행물의 경우 84.0%로 일간 신문의 집중도보다도 더 높은 결과를 보여 준다.

표 13 미군정기 정기간행물 현황(1946. 10. 30. 현재)

		일간	주간	월간, 기타 정기간행물	전체
서울	종수	39	62	101	202
	발행 부수	757,420	489,050	478,700	1,725,170
부산	종수	8	5	5	18
	발행 부수	32,225	2,175	30,450	64,850
대구	종수	6	4	5	15
	발행 부수	71,100	2,525	13,100	86,725
경상	종수	2	3	5	10
	발행 부수	10,520	900	3,500	149,200
전라	종수	8	1	5	14
	발행 부수	91,100	불명	2,180	93,280
충청	종수	2	1	1	4
	발행 부수	40,000	300	불명	4,300
경기	종수	2	2	5	9
	발행 부수	12,000	6,000	9,000	27,000
기타	종수	1(춘천)	1(제주)		
	발행 부수	1,225	220		
전체	종수	68	79	127	274
	발행 부수	1,015,590	501,170	536,930	2,053,690

출처: 김영희(2009), 앞의 책, p.158.

이와 같이 해방 직후의 상황은 인쇄 시설이나 용지 등의 제작 여건과 문자 해독 인구 등의 기본적인 여건이 제대로 갖추어지지 못한 상태였음에도 불구하고 식민 치하에서 억압되어 온 커뮤니케이션 욕구의 분출과 새로운 국가 건설에 관한 공개적 논의 등을 위해 서울뿐만 아니라 지방에서도 많은 신문과 잡지, 출판사 등이 생겨나서 이를 통해 활발한 이념 투쟁이 전개되었다.

2) 언론계의 친일 청산 시도

전술한 대로 해방 직후의 한국 사회가 직면한 가장 시급하고 우선적인 과제는 식민 지배의 모순을 청산하는 문제였다. 언론계에서도 1945년 하반기에 이 문제가 제기되기 시작하였다. 이 문제를 본격적으로 제기한 것은 전술한 좌익 주도의 조선신문기자회의 경남 지부에 의해서였다. 12월 1일에 열린 조선신문기자회 경남 지부 결성식에서 참석자들은 민족의 완전 독립을 달성하기 위하여 최대의 장애물은 민족 반역자들이라는 데 인식을 같이 하고 이를 철저히 조사하여 관계 기관에 제출하자는 동의를 만장일치로 결의하고 민족 반역자에 대해서는 1주일 내에 선언문을 도 내 각 신문에 게재하기로 결정하였다.[6]

이때 경남 지부가 친일파 청산이라는 문제를 들고나오게 된 것은 이것이 식민 지배로부터 막 해방된 당시 사회의 당면 과제로 부상하고 있었기 때문이다. 1945년 11월 대한독립협회는 사회적 이슈가 되고 있던 친일파와 민족 반역자 문제를 조사하기 위해 '친일파와 민족반역자 실정조사위원회'를 설치하여 활동에 들어갔다.[7] 또한 임시 정부와 인민공화국도 모두 친일파와 민족 반역자에 대해 엄단할 것임을 천명한 바 있다.[8]

뿐만 아니라 당시 청년 단체에 의해 신문 기자 중 과거 친일 활동을 한 인물들이 버젓이 활동하고 있다는 문제가 제기되기도 하였다. 1945년 11월 20일 좌익의 행사를 우익 청년 단체들이 습격하려다 미수에 그친 사건이 발생하여 좌익 신문들이 이를 일제히 비판하자 우익 청년 단체는 "악덕 신문업자는 맹성하라"는 제목의 전단을 뿌려 "신문 기자 중에 과일過日에 일본 제국주의의 주구로서 황도주의를 선전하고 총독부 관리들의 공사 충견이던 자로서 소위 인민공화국을 지지한다면 여등의 죄악은 일층 심할 것"이라고 주장하였다.[9] 바로 언론계가 친일파와 민족 반역자 처단의 직접적 대상으로 지목되었던 것이다. 물론 이 내용은 당시 좌우익 단체의 대립 속에서 상대방을 흠집 내기 위한 목적으로 이루어진 것이기는 하다. 하지만 친일 분자로 몰아부치는 방법이 동원된 것은 그만큼 당시 사회에서 이것이 먹혀들어갈 가능성이 크다고 보았기 때문일 것이다.

한편 〈조선일보〉는 1945년 12월 3일자 사설에서 "친일파와 민족 반역자"라는 제목으로 이 문제에 대해 사회적, 역사적 입장에서 검토하여 해결할 필요가 있음에도 불구하고 친일파와 민족 반역자들이 오히려 설침으로써 이 문제의 해결을 어렵게 만든다고 강하게 비판하였다. 이와 같은 사회적 분위기 속에서 조선신문기자회 경남 지부가 창립과 동시에 이 문제에 대한 조사 활동에 착수하기로 결정하였던 것이다. 창립 총회에서의 결의에 따라 조선신문기자회 경남 지부는 전형위원회를 구성하여 논의를 거친 끝에 12월 9일 민족 반역자를 성토하는 결의문을 발표하였다. 결의문의 주요 부분은 다음과 같다.

> 지난날 제국주의 일본과 결탁하여 동족을 도탄의 고품에 빠지게 한 반역에 대한 증오와 오늘까지도 뉘우침이 없이 민족의 영예를 침해하는 범죄에 대하여서는 반드시 이를 처단할 날이 가까워진 것을 선언함과 동시에 이들 친일파 전쟁 범죄인 등과 아울러 일부 악질 신관료 등의 민족 반역자의 엄중한 처단이 없이는 신국가의 건설은 물론 민족 천년의 건전한 재출발이 절대로 불가능한 것을 언명하는 바이다.

친일파들이 여전히 활보하고 있으며 새로운 정세에 변신을 시도하기까지 하는 악행에 대하여 강도 높게 비판하고 있다. 이 선언문은 이어서 친일파와 민족 반역자의 유형을 일곱 가지로 제시하면서 이들의 척결을 위해 전력을 기울이겠다고 선언하였다. 구체적으로 경남 지부는 도내 200여 명의 지부원을 동원하여 8·15 이전과 이후의 민족 반역자들을 '공정한 입장에서 철저히 조사하여 내년 1월 하순경에 팸플릿을 발행'하기로 결정하였다. 1946년 1월 조사 결과를 발표하기로 하고 조사 활동에 착수한다는 것이다.

그러나 언론계의 이와 같은 친일 청산 시도는 결실을 보지 못했다. 바로 뒤이어 1945년 12월 말부터 신탁 통치 문제를 둘러싸고 정국이 그야말로 엄청난 회오리를 겪으면서 이 친일 청산 문제는 묻혀 버리고 말았다.

3) 신탁 통치안과 좌우 언론의 대립

해방 직후의 정국과 언론계는 좌익이 주도하며 활발한 활동을 전개하였으나 1945년 말에 접어들면서 상황은 바뀌기 시작한다. 미군정의 후원 속에서 10월 이승만도 귀국하고 한민당이 성장하면서 우익이 그 세력을 확장하기 시작하며 언론에서도 좌우익의 이데올로기 대립이 나타나게 되었던 것이다. 특히 1945년 말부터 쟁점이 되었던 신탁 통치안을 둘러싸고 좌익과 우익의 대립은 첨예화되어 갔다.

1945년 12월 27일 국내 각 언론은 모스크바 3상회의에서 소련이 신탁 통치를 주장하였으며 미국은 즉시 독립을 주장하였다고 대서특필하였다. 그런데 문제는 이날은 모스크바 3상회의의 공식 결정도 발표되기 이전이며 소련과 미국의 입장에 관한 내용도 잘못된 것이었다.

12월 28일에 이루어진 모스크바 3상회의의 결정 사항은 첫째, 민주주의적 원칙하에 한국을 독립 국가로 재건설하며, 일본 통치의 잔해를 빨리 청산할 조건들을 조성할 목적으로 민주주의 임시 정부를 수립한다. 둘째, 한국

임시 정부의 수립을 원조·협력할 목적으로 미소공동위원회를 설치하고 이 위원회는 조선의 민주주의 정당 및 사회단체들과 협의한다. 셋째, 5년 이내를 기한으로 하는 미, 영, 소, 중 4대 강국에 의한 후견의 협정은 한국 임시 정부와의 협의를 거쳐 4개국이 심의하도록 한다. 이상의 결정 내용에는 신탁 통치에 관해서는 한국 임시 정부와 미소공동위원회의 협의를 거쳐 실시한다고 규정하고 있다.

더구나 이 결정 내용은 대부분 소련의 제안이 많이 반영된 것이었다. 반면 미국은 4개국에 의한 5년의 신탁 통치를 주장하였으며 필요시 5년을 더 연장할 수 있도록 하자는 주장이었다.[10]

그럼에도 불구하고 공식 결정도 이루어지기 하루 전인 12월 27일부터 도하 각 언론들은 여러 가지 오보를 양산해 냈다. 그동안 학계의 논의는 이 오보를 〈동아일보〉에 의한 오보라고 주장하였다.[11] 그러나 12월 27일에 신탁 통치 관련 보도가 등장한 것은 〈동아일보〉[12]만이 아니었다. 〈조선일보〉[13]와 〈서울신문〉, 〈중앙신문〉, 〈신조선보〉 등을 비롯하여 대부분의 주요 신문들이 같은 날짜에 대동소이한 내용을 1면 톱기사를 비롯해 대대적으로 보도하였으며 일부 신문들은 사설까지 게재하였다.

〈조선일보〉는 "조선의 자주 독립은 어데로/독립, 신탁론 대립?/미국은 즉시 독립을 주장"이라는 제목으로, 〈동아일보〉는 "소련은 신탁 통치주장/소련의 구실은 38선 분할점령/미국은 즉시 독립주장"이라는 제목으로 보도하였다. 두 신문 모두 기사의 출처를 '워싱턴 25일발 합동지급至急'이라고 밝히고 있으며, 특히 제목에 이어지는 리드는 두 신문이 한 글자도 틀리지 않고 동일하게 다음과 같은 내용을 보도하였다.[14]

> 모스크바에서 개최된 3국 외상 회담을 계기로 조선 독립 문제가 표면화하지 않는가 하는 관측이 농후하여 가고 있다. 즉 번즈 미 국무장관은 출발 당시에 소련의 신탁 통치안에 반대하여 즉시 독립을 주장하도록 훈령을 받았다고 하는데, 3국 간

에 어떠한 협정이 있었는지 없었는지는 불명하나, 미국의 태도는 카이로 선언에 의하여 조선은 국민 투표로써 그 정부의 형태를 결정할 것을 약속한 점에 있는데, 소련은 남북 양 지역을 일괄한 일국 신탁 통치를 주장하여 38도선에 의한 분할이 계속되는 한 국민 투표는 불가능하다고 하고 있다

이 기사는 미, 소의 주장을 사실과 정반대로 보도하고 있다. 미국은 신탁 통치를 주장했음에도 불구하고 즉시 독립을 주장한 것으로 보도하면서 소련이 신탁 통치를 주장했다고 보도한 것이다. 이 두 신문 외에 〈신조선보〉와 〈중앙신문〉, 〈서울신문〉의 같은 날짜 지면에도 거의 동일한 내용이 보도되었다.[15] 사설로까지 다룬 〈조선일보〉는 신탁 통치에 대한 절대 반대의 의견을 명백히 하며 "신탁보다 차라리 우리에게 죽음을 주는 것이 나을 것이다"라고 단호한 입장을 표명하였다.

왜 이런 오보 사태가 벌어졌는지는 현재로서 규명이 불가능하다. 하지만 이 보도는 당시 사회에 엄청난 후폭풍을 불러일으켰다. 신탁 통치를 받아야 한다는 내용에 대해 전 한국 사회가 들고 일어나 한 목소리로 신탁 통치 반대의 뜻을 분명히 하였다. 좌익 세력도 일부 인사를 제외하고는 모두 반탁에 목소리를 같이 했다. 인민공화국은 12월 28일 신탁 통치반대투쟁위원회를 조직하였으며 40여개 정당 및 사회단체는 12월 29일 반파쇼공동투쟁위원회를 결성하여 반탁 결의를 분명히 하였다.[16]

신문들도 연일 이 문제에 많은 지면을 할애하였다. 〈동아일보〉는 최초 보도 다음날인 12월 28일자에서 "민족적 모독"이라는 제목의 사설에서 신탁 통치 운운하는 것은 민족적 모독이며 우리는 이에 '피로써 항쟁'할 것이며 '소련의 맹성猛省을 경고'하였다. 이뿐 아니라 연일 지면의 상당 부분을 할애하여 이에 대한 각계의 의견과 결의, 반대 운동의 상황을 보도하였다. 〈조선일보〉도 마찬가지로 연일 지면을 대거 할애하였다. 특히 12월 29일자 사설에서는 "죽엄이냐 독립이냐"라는 제목으로 독립이 아니면 죽음을 달라며 '3

천만이 하나되어 싸우자'고 목소리를 높였으며 1면 한가운데 '우리에게 즉시 자주 독립을 달라'는 구호를 검은 컷으로 장식하여 게재하였다.

이러한 반탁 보도는 우익 신문만이 아니었다. 중도 내지 좌익지로 평가되는 〈서울신문〉도 1945년 12월말에는 반탁의 논조가 두드러졌다. 12월 29일자 1면을 보면 면 중앙에 '질서잇게 투쟁! 신탁 통치절대반대/동포상쟁은 금물, 혼란과 자멸 초치할 뿐'이라는 슬로건을 박스 처리하였으며 톱기사 등 여러 기사를 통해 반탁 운동의 열기를 보도하였다. 1946년 1월 1일자도 면 중앙에 '신춘벽두 · 맹서하자! 탁치철폐'라는 구호를 검은 컷과 함께 배치하고 여러 관련 기사를 게재하였다. 한편 조선공산당 중앙위원회 기관지였던 〈해방일보〉는 전혀 다른 보도 태도를 보였다. 1945년 12월 말 거의 전 사회적으로 반탁의 물결이 회오리칠 때에도 〈해방일보〉는 모스크바 3상회의 관련 내용을 보도하지 않았다. 이는 조선공산당이 당시에는 소련의 입장을 고려하여 모호한 태도를 취했기 때문으로 보인다.

1946년 1월 2일 조선공산당은 '모스크바 3상회의 결정을 지지'한다고 입장을 결정하였다. 그러나 당시 신탁 통치는 민족적 모독이며 목숨 걸고 맞서 싸우겠다는 분위기에서 모스크바 3상회의 결정을 지지한다는 것은 결국 신탁 통치에 찬성하는 것으로 받아들여졌다. 우익은 이를 두고 '국론 통일의 교란자'나 '매국노'라고 거세게 몰아부쳤다. 또한 당시 즉시 독립을 갈망하던 대중에게 이러한 복잡한 정치적 입장이 제대로 먹혀들 리 없었다.[17]

이러한 상황에서 정국은 급격하게 반탁과 찬탁 구도로 진영이 명백하게 갈리며 우익과 좌익이 극단적인 대립 양상을 보여 주었다. 이에 따라 언론도 이념 성향에 따라 우익지들은 반탁, 좌익지들은 찬탁으로 갈리며 치열한 정론 투쟁을 벌였다. 이리하여 해방 직후 좌익계가 주도하던 정국과 언론계도 이 신탁 통치 문제를 둘러싸고 좌우익의 대립이 첨예화되는 과정을 겪게 되었다.

이 시기 주요 신문들의 이념 성향은 대체로 표 14와 같이 극우부터 극좌

표 14 미군정기 주요 신문의 이념 성향

극우	우익	중도	좌익	극좌
동아일보 대동신문	조선일보 한성일보	서울신문 자유신문	조선인민보 독립신보	해방일보 노력인민

까지 다양한 스펙트럼을 보여 주었다. 이 중 우익과 극우 신문들은 반탁의 입장을 중도와 좌익, 극좌의 신문들은 찬탁의 입장을 표명하였다.[18]

이때 좌익과 우익 언론을 중심으로 한 찬탁과 반탁 진영의 언론 대립은 극단적인 양상으로까지 전개되어 상대 진영에 대한 공격과 테러까지 난무하였다. 이 기간 중 신문사들이 습격을 당한 횟수를 보면 반탁의 우익 신문들로서는 〈동아일보〉가 3회로 가장 많았으며 〈대동신문〉이 2회, 그리고 〈민주일보〉와 〈전북일보〉가 각각 1회씩 테러를 당하였다. 좌익 진영에서는 〈조선인민보〉와 〈자유신문〉이 5회로 가장 많았으며, 〈중앙신문〉과 〈서울신문〉이 3회, 그리고 〈문화일보〉 외 전국 7개 신문이 1회의 테러를 당하였다.[19]

이러한 극단적 대립 양상은 1946년 5월경부터 미군정이 본격적인 언론 통제에 나서면서 다소 진정되고 언론계는 새로운 국면에 접어들게 되었다. 미군정은 좌익 언론은 탄압하고 우익 언론은 비호하는 정책을 펼쳐 나가면서 언론계도 좌익 언론은 침체하고 우익 언론이 활기를 띠게 되었다.

이렇듯 언론계 지형이 변화되면서 우익 언론인들의 모임도 출범하였다. 미소공위가 별 성과 없이 끝나가던 1947년 8월 10일 출범한 조선신문기자협회가 그것이다. 이승만과 한민당을 지지하는 6개 신문사만이 참여한 이 단체는 출범과 함께 다음과 같은 선언문과 강령을 발표하였다.

> 언론 도탄 속에서 극히 적은 수의 언론인만이 역사적 당면 과제인 조국 광복을 위하여 부단한 노력과 투쟁을 계속하여 왔으나 정의가 승리한다는 금언은 아직도

혼탁한 이 현실 속에서는 실현되기 어려운 운명을 가졌음인가? 반민족적 언론 기관이 그 다수를 악용하여 조선 공론의 정체를 왜곡시킬 뿐만 아니라 조선의 운명을 국제 신탁 관리하로 끌고 가서 자파의 세력과 정권 획득에 온갖 불순한 행동을 다하고 있으니 예를 들어 해방하 언론계가 걸어 온 그 모습과 과정을 살펴보라.

강령 1. 공정 신속 정확한 언론 사명의 완수를 기함
1. 일체의 허위 보도와 모략 선전을 배격함
1. 조국의 완전 자주 독립을 신문인의 신조로 함
1. 세계 인류 평화를 위하여 진정한 민주주의 건설을 기함

이때 조선신문기자협의회가 결성될 수 있었던 배경은 미군정의 좌익 언론에 대한 탄압으로 우익 언론의 활동이 강화될 수 있었고, 미소공위 결렬이 기정사실화되면서 그 대비책이 필요해졌다는 데에서 찾을 수 있다. 특히 남한만의 단독 정부 수립을 위해 미국이 웨드마이어 사절단을 보내기로 결정한 즈음에 이 단체의 결성이 추진되어 이승만과 한민당에 유리한 여론을 조성할 목적이었다는 평가를 받고 있다. 이 결성 대회에서 이승만은 축사를 통해 남한 총선거를 주장하였다는 사실에 주목할 필요가 있다.[20]

2. 미군정의 언론 정책

이와 같은 대립 양상은 미군정의 정책에 의해 서서히 정리되어 갔다. 2차 세계 대전의 종전과 함께 한반도는 미국과 소련에 의해 분할 점령되어 분단된 구조 속에서 각기 미, 소의 강력한 영향하에 사회 구조가 형성되어 갔다. 미국은 남한에 대해 그들의 전략적 이익을 실현시키기 위한 정책, 즉 자유 민주주의의 이식이라는 명분하에 소련에 대항하는 반공의 전진 기지를 남한에

구축하려는 대한 정책 속에서 언론 정책도 펼쳐 나갔다.

남한에 진주한 직후 미군은 표면적으로는 언론 자유를 절대 보장한다고 표방하였다. 미군정 초기 공보 업무 책임자였던 헤이워드 대령은 기자 회견에서 다음과 같이 밝혔다.[21]

> 신문, 방송 등 보도 관계에 대하여 서로 좀 더 명확한 규정을 하려 한다. 언론의 자유는 절대 보장하겠다. 그리고 연합군에 불리한 것 이외에는 제출이나 검열을 받지 않더라도 관계없다. 그러나 언론의 자유라고 하여도 조선 독립을 방해하는 것은 이에서 제외될 것은 당연한 일이다.

몇 가지 단서를 달기는 했지만 언론 자유를 보장한다는 입장 표명이었다. 하지만 실제 미군정이 펼친 언론 정책은 좌익 언론을 탄압하고 우익 언론은 점령 정책 수행에 방해가 되지 않는 범위 내에서 비호하는 성격의 언론 정책이 시행되었다. 미군정 언론 정책의 이러한 성격은 귀속 재산의 처리 과정과 법적 및 정치적 통제를 통해서 잘 드러난다.

1) 법적 통제의 강화

미군정은 언론 정책의 기본이 되는 법령을 여러 차례 발표하여 정책의 골격을 만들어 가며 언론에 대한 통제를 점차 강화하여 나갔다. 1945년 10월 9일에 공포된 미군정법령 제11호를 통하여 일제 치하에서 민족 운동을 탄압하기 위해 만들어진 여러 법령을 폐지하며 언론 탄압의 도구가 되었던 출판법과 치안유지법도 폐지하였다. 그러나 이때의 조치에서 신문지법은 제외되어 존속하게 되었다.

뒤이어 1945년 10월 30일에는 미군정법령 제19호를 공포하여 신문, 출판물의 등록제를 실시하였다. 이 등록제는 해방과 함께 각종 매체가 봇물을 이루는 상황에서 미군정이 우선 실태를 파악하려는 목적에서 이루어진 것으로 평가되고 있다. 이러한 평가가 가능한 것은 얼마 뒤인 1946년 5월 29일 미군정법령 제88호를 공포하여 신문 등 정기간행물의 허가제를 실시한다고 변경하였기 때문이다. 이때의 허가제는 용지난을 표면적인 이유로 내세웠지만 언론에의 신규 참여를 제한하기 위한 조치였던 것으로 볼 수 있다. 특히 이 조치 이후로는 좌익 계열의 신문은 일체 허가되지 않았기에 결국 그 의도가 좌익 언론에 대한 통제를 강화하기 위한 것이었다고 평가되고 있다.

미군정법령 제88호에 앞서 1946년 5월 4일에는 군정법령 제72호 '군정에 대한 범죄'를 공포하여 언론 통제를 시도하였다. 이는 유언비어의 유포나 포스터, 삐라(전단) 등의 방법으로 질서를 교란하는 행위를 처벌할 수 있도록 한 내용이었다.

1947년 3월 26일에는 공보부령 제1호를 공포하여 미군정법령 제88호를 더욱 강화하였다. 그 내용은 정기간행물의 신규 허가를 당분간 중지하고 이미 허가된 신문이나 잡지도 일정 기간 이상 발행하지 못하면 그 허가를 자동 취소하도록 규정하였다. 이 법령은 해방 후 난립한 신문, 잡지 등을 일제히 정비하기 위한 강경한 조치였다고 할 수 있다.

미군정은 법령 제88호가 벌칙 규정이 미비하여 언론 통제에 효율적이지 못하다고 보아 보다 강화된 언론 통제법의 제정을 시도하였다. 이에 따라 과도 입법의원은 1947년 9월 19일 신문기타정기간행물법을 통과시켰다. 허가제를 그대로 유지한 이 법은 문제가 있을 경우 공보부 장관이 허가를 취소하거나 발행을 정지시킬 수 있도록 규정한 언론 탄압법이었다. 이에 대해 좌, 우익 신문들 대부분이 강력히 반발[22]하여 일부 내용을 수정하였으나 언론계의 반발은 여전하여 공포되지 못하다가 과도 입법의원이 해산됨으로써 자동 폐기되고 말았다.[23]

양키 문화의 유입

해방 후 미군이 진주하면서 한국 사회에는 미국의 대중 문화가 급격히 밀려 들어왔다. 오랫동안 일본의 식민 지배를 받으면서 일본의 강력한 영향하에 있다가 해방 후에는 미국의 영향권으로 편입된 것이다. 미국 문화의 전위 역할을 했던 것이 미군들과 함께 유입된 이른바 '추잉검' 문화로, 한국 사회에 껌을 씹고 초콜릿을 먹으며 사교춤을 즐기는 새로운 문화적 풍조를 낳게 되었다. 이후 미국 문화는 영화와 드라마 등 여러 매체를 통해 해방 이후 한국 사회에 커다란 영향을 미치게 되었다. 이러한 미국 대중 문화의 유입은 미국에 대해서 그리고 미국의 상품에 대해서 우호적이고 긍정적인 이미지를 심어 줌으로써 미국의 자본과 상품, 그리고 정치적 영향력이 발휘될 든든한 기반이 되는 것이다.

2) 좌익 언론의 탄압

법적 통제 장치를 만드는 외에도 미군정은 여러 가지 방법을 동원하여 좌익 언론을 탄압하였다. 좌익 언론에 대한 탄압은 1946년 5월경부터 시작하였다. 전술한 군정법령 제72호가 공포된 직후인 5월 7일 〈인천신문〉이 첫 번째 적용 대상이 되었다. 인천 시청 적산 과장의 부정행위를 5월 5일자부터 3일간 연속으로 보도하자 미군정 방첩대는 5월 7일 〈인천신문〉을 급습해 사장 이하 60여 명을 전격 연행하였으며 편집국장 등 5명의 간부들이 실형을 선고 받았다.[24]

이어 1946년 5월 18일 〈해방일보〉에 정간 조치를 내렸다. 이 신문을 인쇄하던 정판사에서 조선공산당이 위조지폐를 발행하였다고 하여 정판사도 폐쇄하였으며 〈해방일보〉는 그 후 폐간되고 말았다.

그해 8월부터는 전국적으로 좌익 언론의 단속에 나서 8일자 〈조선인민보〉에서 서울 시민들의 식량 배급 청원 데모의 관련 기사가 선동적이라고 사장과 편집국장을 구속하여 3개월 징역과 3만 원의 벌금형을 선고하였다. 8월 18일에는 전남의 〈동광신문〉과 〈호남신문〉에 정간 처분을 내렸으며 9월 6일에는 〈조선인민보〉와 〈현대일보〉, 〈중앙신문〉이 미군정을 비방하였다는 이유로 기자 다수를 구속하고 정간 처분을 내렸다. 이 처분으로 〈조선인민보〉는 끝내 폐간되고 말았으며 〈현대일보〉는 미군정 당국에 의해 우익인 대한독립청년단의 서상천이 발행하게 되었다. 〈중앙신문〉도 다음해인 1947년 4월 19일 경영과 편집진을 우익 인사로 바꾸어 속간하였다. 한편 1946년 9월 7일에는 군산의 좌익지 〈남선일보〉가 군정을 비방했다는 이유로 정간 처분을 받았다.

위에서 살펴본 몇 가지 대표적 사례들에서 보는 바와 같이 대부분 미군정에 대해 비판적인 기사가 문제가 되었다. 이즈음부터 미군정은 군정 당국에 대한 비난 보도를 일절 금했으며, 위반한 신문에 대해서는 엄벌주의로 나갔다. 물론 미군정의 언론 탄압이 좌익 신문에만 해당되는 것은 아니었다. 극우 신문으로 알려진 〈대동신문〉도 1946년 5월 15일에 3주간 정간 조치를 당했다. 이 신문의 기사에서 여운형 암살을 시도했던 범인을 미화한 것을 좌익에서 살인을 교사, 선동하였다고 비난하며 이 신문을 엄단하라고 미군정청에 항의하자 내려진 조치였다.[25]

이처럼 우익 신문에 대해서도 탄압 조치가 없지는 않았지만 대부분 좌익 언론들이 탄압의 대상이 되었다. 물론 탄압의 명분은 신문의 이념을 문제 삼는 것이 아니라 전술한 대로 미군정에 대한 비판적 기사들을 문제 삼았다. 당시 우익 언론들은 대부분 미군정에 대해 긍정적이었으며 좌익 언론들이 대부분 미군정에 비판적이다 보니 이러한 탄압 조치가 주로 좌익 언론을 대상으로 이루어졌던 것이다.

3) 귀속 재산의 처리 과정

좌익 언론을 탄압하고 우익 언론을 비호하는 미군정 언론 정책의 성격은 일본인들이 남기고 간 귀속 재산의 처리 과정에서도 잘 드러났다. 이 문제는 해방 정국의 언론 산업의 물적 기반을 재배치하는 중대한 문제였다. 이 과정에서도 미군정은 좌익 언론은 배제하고 우익 언론의 물적 토대를 확고하게 만들어 주었다.

해방 직후부터 9월에 미군이 진주하기까지는 앞의 〈매일신보〉 사례에서 보는 바와 같이 소속 노동자들이 공장을 접수하여 자주 관리하는 움직임이 많았다. 진주 이후 미군은 곧바로 일본인 소유의 기업과 공공 기관 등 귀속 재산의 접수에 착수하였다. 1945년 9월 25일 법령 제2호로 '패전국소속재산의 동결 및 이전 제한의 건'을 발표하여 조선 내 일본인의 국공유 재산을 동결하였으며 다시 그해 12월 6일 군정법령 33호로 조선 내 일본인의 사유재산까지 접수하였다. 1946년 2월에는 관재령 8호를 공포하여 귀속 공장의 관리와 감독권을 군정청 각 부처 또는 그 대행 기관의 담당 미국인 고문관에게 이관시켰다. 그러나 군정의 조선인 장관과 귀속 공장 관리인이 반발하자 1947년 3월 관재령 9호를 발표하여 감독권을 조선인에게 넘기되 미국인 고문관의 동의를 얻도록 하였다. 이로써 1948년 언론 관련 귀속 사업체는 116개소에 달했다. 방송사는 조선방송협회 1개소이며 신문사는 서울의 〈매일신보〉와 〈경성일보〉를 비롯하여 각 도마다 1개씩 총 9개사였다. 이 밖에 출판사가 5개, 인쇄소가 78개, 극장 및 영화사가 23개소였다.

이 귀속 재산을 처리하는 과정에서 미군정은 주로 건준과 연계하고 있던 언론사의 자치위원회를 부정하고 친일파나 친미 우익 세력 가운데 미군정의 의중에 맞는 인사를 선택하여 관리권을 주거나 불하하였다.

주요 언론사들의 처리 과정을 보면 먼저 경성방송국은 전술한 대로 건준이 접수하려는 시도는 좌절되었고 미군정이 직접 접수하여 관리하다가 1946

년 3월 29일 군정청 공보부 산하로 흡수하여 국영 방송의 형태를 취하도록 하였다. 〈경성일보〉와 〈매일신보〉도 군정청이 접수하여 일본인 직원들을 그만 두게 하고 한국인을 관리자로 임명하여 발행토록 하였다. 〈동아일보〉와 〈조선일보〉는 속간을 위해 〈매일신보〉를 접수하려 시도했지만 실패하고 각기 〈경성일보〉와 〈매일신보〉의 인쇄 시설을 이용하여 속간할 수 있었다. 그 외에 사유 재산이던 지방의 신문사들은 대부분 조선인이 접수하여 관리하던 것을 군정청이 회수하여 다른 사람에게 관리권을 이양하는 방식으로 처리하였다. 이 과정에서 건준 세력이 중심이던 자치위원회는 배제되고 미군정에 우호적인 우익 인사들 중심으로 귀속 재산을 처리하였다.[26]

4) 미군정의 공보 활동

미군정은 한국 언론에 대해 여러 수단을 동원하여 통제하였을 뿐만 아니라 자체적인 공보 활동에도 매우 적극적이었다. 미군정은 공보 활동을 통하여 미국식 자유 민주주의의 이념과 제도를 홍보함으로써 대소 전략 차원의 역할도 수행하였으며 점령 정책에 대한 대국민 선전의 주요 수단이 되었다.

이러한 미군정의 공보 활동은 주로 군정청 공보부에 의해 이루어졌다. 공보부는 여론의 동향을 파악하는 역할과 함께 정책 수행의 효율성을 높이기 위해 미군정 직속 매체를 통한 홍보 활동도 전개하였다. 직접 운영한 라디오 방송을 통해서는 자유 민주주의 제도 및 그 이념을 보급하기 위한 제반 프로그램과 군정청의 제반 정책 홍보를 위한 프로그램에 주안점을 두었으며 자신들의 정책 목적에서 벗어난 일체의 보도에 대해서는 통제를 가하였다.

또한 2개의 인쇄 매체를 직접 발행하였다. 1945년 10월 16일에는 〈주간신보〉를 창간하여 주로 군정청 산하 각 기관의 발표문과 공지, 인사 등 정책을 주로 보도하였다. 〈주간신보〉는 일반 신문과 방송이 도달하지 않는 외딴 지역에 필요한 정보의 공급을 주된 목적으로 한 것으로, 40만 부로 시작하여 나중에는 80만 부까지 발행하였다. 1945년 12월 17일에는 농민들을 대상으로 한 〈농민주보〉를 발행하여 농업과 관련된 정책의 홍보를 주로 담당하였다. 이 매체도 약 80만 부 발행되었다. 이 매체들의 특징은 첫째 주된 목적은 정책 홍보였지만 내용 면에서는 다양성을 보였다는 점이며, 둘째 일반 신문들이 대체로 국한문 혼용체를 사용한 데 반해 이 매체들은 순 한글을 사용하였다는 점이다. 배포는 지방 행정 조직을 통하거나 비행기에서 공중 살포하는 방식으로 무료로 배포되었다.[27] 이러한 사실을 통해 미군정이 자신들의 정책 홍보에도 매우 적극적이었음을 알 수 있다.

3. 미군정기의 신문 독자

1) 미군정기 신문의 보급 확대

미군정기에는 해방과 함께 억눌렸던 커뮤니케이션 욕구가 분출하면서 각종의 신문과 잡지가 다수 발행되었을 뿐만 아니라 한글의 보급도 급격히 늘어났다. 해방 직후 한글 해독률은 20%에 못 미쳤지만 1947년의 한 조사에 의하면 남자의 경우 83.8%, 여자는 60.2%로 늘어났다고 한다. 해방 직후부터 펼쳐진 적극적인 문맹 퇴치 운동이 성과를 거둔 것이라고 볼 수 있다.[28] 이처럼 문자 해독층도 증가하였으며 발행되는 신문의 종수도 증가함으로써 자연스레 독자층도 확대되었다.

일제 말기인 1940년 국문과 일문 신문의 한국인 독자 수가 20만여 명이던 것이 미군정기로 오면 남한 지역만 해도 그 2배 이상으로 늘어났다. 표 15는 미군정청의 자료를 바탕으로 당시 신문들의 발행 부수와 이념 성향을 정리한 것이다. 전체 독자 수가 1946년 5월 56만 2000부를 기록하더니 1947년에는 7월에 46만 5000부로, 9월에는 27만 1800부로 감소하였으나 1948

표 15 미군정기 신문의 발행 부수와 이념 성향

신문	1946. 5. 31	1946. 10. 30	1947. 7. 31	1947. 9. 26	1948. 1. 16	1948. 8.
대동신문	60,000(극우)	60,000(극우)	23,000(우)	13,000(우)	33,800(우)	
동아일보	60,000(극우)	60,000(극우)	43,000(우)	43,000(우)	60,000(극우)	60,000 (온건우)
가정신문	40,000(극우)	40,000(극우)		2,000(우)		
부인신보					14,000(극우)	
현대일보			25,000(우)	25,000(우)	20,000(극우)	
대한일보					30,000(극우)	
평화일보						15,000(극우)
경향신문			61,500(중립)	61,300(중립)	71,000(극우)	71,000(우)
민주일보		35,000(우)	20,000(우)			
민중일보			12,000(우)	12,000(우)	23,000(극우)	
조선일보	70,000(우)	70,000(우)	25,000(우)	35,000(중립)	58,000(우)	58,000 (온건우)
한성일보	35,000(우)	35,000(우)	23,500(우)	23,500(우)	26,500(우)	26,500 (온건우)
독립신문			6,000(우)	6,000(우)	30,000(우)	
대공일보					5,000(우)	
문화시보					2,000(우)	
중앙신문	20,000(좌)	20,000(좌)	10,000(중립)	10,000(중립)	32,000(중립)	
자유신문	35,000(좌)	35,000(좌)	40,000(좌)	40,000(중립)	50,000(중립)	
서울신문	92,000(좌)	92,000(좌)	52,000(좌)	52,000(중립)	76,000(중립)	76,000 (온건우)
세계일보	10,000(우)	10,000(우)	6,000(중립)	6,000(중립)	16,000(중립)	16,000(좌)
중외신보	36,000(중립)	36,000(중립)				
Seoul Times	3,000(중립)	3,000(중립)		2,000(중립)	3,000(중립)	3,000(좌)
공업신문				4,000(중립)		
수산경제신문				10,000(중립)		
제일신문					17,000(좌)	
조선중앙일보			2,000(중립)	2,000(좌)	15,000(좌)	15,000(좌)

현대일보	6,000(좌)	6,000(극좌)				
조선인민보	35,000(극좌)					
해방일보	50,000(극좌)					
독립신보	10,000(좌)	10,000(좌)	40,000(좌)	25,000(좌)	20,000(극좌)	20,000 (공산주의)
우리신문	5,000(중립)				5,000(극좌)	
노력인민			32,000(좌)			
광명일보			25,000(좌)			
중외신보			20,000(좌)			

출처: 김영희(2009), 앞의 책, p.160.

년에 다시 증가세를 보여 1월에 60만 7300부로 최고를 기록하였다. 그 이후 신문 숫자가 줄어들면서 독자 수도 감소하여 1948년 6월에는 36만 500부를 기록하였다.[29] 일제기에 비해 폭발적인 증가세라고 할 수 있다. 이처럼 신문의 발행 부수가 감소와 증가로 부침을 보인 것은 경영난이나 미군정의 통제로 문을 닫는 신문들도 많았던 때문으로 볼 수 있다.

개별 신문의 발행 부수를 보면 극우나 극좌의 신문보다는 중립적 입장의 신문이 더 많았음을 알 수 있다. 중도 좌 혹은 중립적인 것으로 평가되던 〈서울신문〉이 신탁 통치를 둘러싼 대립이 극단적이던 1946년에 92,000부로 가장 많았으며 1947년에는 가톨릭계 신문이던 〈경향신문〉이 6만 부를 상회하며 가장 많은 발행 부수를 기록하였다.

2) 미군정기의 정치적인 신문 독자

정치적인 입장에 따라 신문의 입장이 극명하게 갈라지는 정치 신문의 시대에는 일반적으로 독자들의 입장도 이에 따라 극명하게 대립되는 양상을 보인다. 1945년 말부터 신탁 통치 문제를 둘러싸고 정계와 언론계가 극명하게 대립됨에 따라 독자들도 분열상을 보이며 극단적인 대립 양상을 보여 주었다. 신문사에 대한 테러가 난무하는 시대가 펼쳐진 것이다. 신문의 보도와 논조를 문제 삼아 반대 입장의 단체들이 중심이 되어 신문사와 언론인에 대한 물리적 공격이 빈번하게 빚어졌다.

1946년 1월 2일 〈조선인민보〉에 테러가 발생한 것을 시초로 하여 그해 7월에는 역시 기사에 불만을 품은 청년 단체 회원들이 〈현대일보〉에 몰려가 언쟁을 벌이다 기자를 구타하는 사건이 벌어졌다. 10월에는 부산의 〈민주중보〉, 〈부산매일신문〉, 그리고 〈인천신문〉이 청년 단체의 습격을 받았으며 〈대한독립신문〉에는 폭발물을 든 괴한이 난입하여 거액의 돈을 요구한 사건이 벌어졌다. 이외에도 언론사와 언론인에 대한 테러는 빈번하게 발생하였다.

언론사와 언론인 단체들은 이러한 테러 행위는 언론 자유에 대한 심각한 위협이라며 이에 대해 엄중한 조치를 취하고 근원적 대책을 강구해 줄 것을 당국에 요청하곤 하였다. 1946년 11월에는 남조선노동당 결성식장에서 테러가 발생하여 취재 중이던 기자들이 부상을 입는 사건이 발생하자 법조기자단이 검찰총장에게 결의문을 전달하여 적극적인 조치를 요청하였다. 1947년 7월에도 남조선과도정부 출입기자단이 미군사령관 하지 중장에게 테러 행위 근절에 대한 대책을 강력히 요구하였다.[30]

이처럼 언론에 대한 테러까지 난무했던 것은 정치 과잉 시대의 산물이라고 평가할 수 있다. 정치적인 격변기로서 미래의 방향을 가늠하는 당시의 시기적 특성 때문에 정론 투쟁에 목숨을 걸었던 신문들이 있었기에 정치적인 독자들의 과잉 행동들도 뒤따랐던 것이다.

3) 미군정기 일반 독자의 신문 인식

정치의 시대라고 해도 모든 독자들이 정치적이었던 것은 결코 아니다. 대다수의 독자들은 오히려 정파적 보도 일색인 당시 언론에 대해 불만과 불신이 높았다. 독자들은 정치적인 견해도 중요하지만 그보다 생활에 필요한 기본적인 정보들이 더 긴요했을 것이다. 그러나 당시의 신문들은 용지난과 인쇄 기술의 문제로 대부분 타블로이드 2면 발행이 대부분이었는데, 그 지면이 정치기사 일색으로 채워지니 생활에 필요한 기본적인 정보들은 지면에 반영되기 어려웠다. 따라서 독자들의 기본적인 정보 욕구는 충족되기 어려울 수밖에 없었을 것이다. 〈신문평론〉 1947년 4월호가 신문에 대한 불평과 희망을 묻기 위해 실시한 조사에서 기업체 간부인 한 독자의 다음과 같은 말은 당시 대다수 독자들의 인식과 평가를 잘 보여 준다.[31]

> 뻔연한 사실을 왜곡해 버리는 데는 질색할 노릇이다. 이래서 오늘날 조선의 신문이 대개는 유치한 선전 삐라의 영역을 벗어나지 못하고 있다. (……) 나는 아침에 눈을 뜨면서 신문부터 찾든 오랜 습관을 근자에 와서 고쳐버렸다. (……) 신문을 펴보면 우선 지면에서 발견되는 것은 모략과 중상이요 편협한 주장이요 사실의 불충실한 보도요 기껏 공정한 편이래야 우유부단이요 결단의 직필이 없다. 이런 것을 읽고 나면 그만 불유쾌해서 하루 종일 울적하다. 그래서 신문을 아침에 읽는 습관을 고칠 수밖에 없게 되었다.

극단적인 정파적 보도에 대해 일반 독자가 갖는 평가를 잘 보여 준다. 이 조사에서 어느 의사는 신문을 "민족의 일인으로서 찢어버리고 싶다"고 응답할 정도였다. 이러한 인식과 평가가 일부 독자들만이 아니라는 사실은 미군정 당국의 자료를 통해서도 확인할 수 있다. 미군 공보당국이 1946년 3월에 조사한 결과에 의하면 응답자의 90%가 신문에 불만을 표한 것으로 나타났다. 신문들이 정치적 의도에 따라 매우 편파적이고 서로 내용도 모순된 경향이 심하다는 것이 불만의 주된 내용이었다.[32]

이처럼 정치 일변도의 신문에 대해 독자들은 '찢어 버리고 싶을 정도'로 염증을 느꼈지만 독자들로서는 신문 외에는 필요할 정보를 얻을 마땅한 매체도 없었던 것이다. 소설가 염상섭의 회고[33]에 의하면 저녁 무렵 시내에서 '내일 신문'이라 큰 소리로 외치며 신문 파는 모습에 짜증을 느끼지만 전차에 올라 타보니 "여기저기서 '내일 신문'을 펴들고 본다. 환한 불빛이 반가워서도 펴드는 것이요 집에 가면 석유등잔 밑에서 눈을 찌그리고 보는 것보다는 편하니 급히 보는지도 모른다"고 술회하였다. 짜증스러워 하면서도 전차에서 여러 사람이 신문을 펴든 모습을 보며 교차되는 상념을 털어 놓고 있다. 대다수 독자들은 정치 일변도의 신문에 대해 매우 비판적이면서도 다른 정보원도 없고 이미 신문 읽는 것이 습관화되었기에 신문을 외면할 수도 없었을 것이다. 이에 염상섭은 〈동아일보〉 창간 당시 독자들의 뜨거웠던 관심과 열기를 회고하고는 "민족정신을 한곳으로 다시 모을 엄정하고도 권위 있는 신문이 나와야 할 때도 되었다"고 소망을 밝혔다. 이러한 그의 술회는 당시 신문에 대한 독자들의 불만과 인식을 잘 집약한 것으로 볼 수 있다.

4. 미군정기의 방송

1) 미군정의 방송 정책

앞에서도 언급한 바와 같이 일제기부터 방송을 실시하던 경성방송국은 해방 이후 미군정이 직접 인수하여 관리, 감독하였다. 이는 미국에서의 경험을 토대로 미군정은 라디오가 가장 많은 수의 사람들에게 접근할 수 있다는 영향력을 고려한 것으로 볼 수 있다. 미군은 1945년 9월 15일 방송국을 정식으로 접수하였다. 주한미군사령부가 9월 14일부터 모든 서류에서 '경성'을 '서울'로 바꾸도록 함에 따라 경성방송국도 서울중앙방송국이라는 새 이름을 갖게 되었다. 오늘날의 KBS(Korean Broadcasting System)라는 영어 명칭을 사용하기 시작한 것도 이때부터다.

미군정청은 10월 2일 일본인 직원을 전원 해임하고 한국인을 임명했으며 고문관 자격으로 수석인 퍼시블 대위를 비롯해 미군과 민간인 몇 명을 파견하였다. 10월 24일에는 윌리엄 글라스 중령을 조선방송협회 감독관으로 임명하여 사실상의 방송협회장 직무를 수행토록 했다. 글라스 감독관은 미국 플로리다 대학 공학 박사이자 미국 공공전기회사 국제판매부장 및 TV 방송 부장 등을 역임한 사람이었다.[34]

미군정 초기 제도적으로는 조선방송협회가 방송을 관장하였으나 1946년 4월 미군정청에 공보부를 설치하여 방송국을 흡수해 직접 운영하였다. 조선방송협회는 기술과 사업 분야만을 맡아 수신기 보급과 청취료 징수 등을 맡고 방송 현업과 관련된 제반 사항을 군정청 공보부가 직접 관장한 것이다.[35]

일제기 방송에 대한 관리는 총독부 체신국 방송감독과의 검열과 감독을 받는 일원적 통제 구조였다. 하지만 미군정기에는 공보부와 체신부에 의해 이중으로 관리되는 이원적 관리 구조로 바뀌었다. 공보부는 방송 업무를 담당하고 체신부는 시설과 운영을 맡았다.[36] 이러한 이원적 관리 체제는 정부 수립 이후에도 그대로 유지되다가 2008년 방송위원회와 정보통신부가 방송통신위원회로 통합되면서 일원화되었다.

2) 방송의 편성과 운영

미군정 초기 방송의 편성은 식민 지배를 받으며 억압되었던 한국 문화를 소생시키고, 미군정의 통치 필요성에 대한 선전, 공보를 수행하는 방향에서 실시되었다. 〈국어 강좌〉, 〈국사 강좌〉, 〈문화 강좌〉 등이 전자에 해당된다면 〈군정청 뉴우스〉, 〈군정청 영어 뉴우스〉, 〈민주주의 시간〉, 〈군정청 시간〉 등이 후자의 대표 프로그램들이다.

미군의 관리를 받게 되면서 한국 방송에는 미국식의 프로그램 형식과 내용이 도입되기 시작하였다. 1946년 3월과 10월, 1947년 8월 세 차례에 걸쳐 프로그램 개편이 대대적으로 이루어졌는데, 이 과정을 통해 미국식 프로그램 형식이 도입되었다. 첫 번째 개편에서 미국식의 후원자 프로그램sponsored program 방식이 도입되었다. 이는 미국의 라디오 전성기라 할 1920~1930년대에 광고주나 광고 회사가 광고만이 아니라 방송사를 대신해 프로그램을 직접 제작하던 방식을 말한다. 이는 당시 방송국의 재정적 어려움에도 도움이 되었지만 미군정청 공보부는 이 형식을 이용해 미군의 점령 정책을 널리 홍보하였다. 〈군정청 시간〉을 비롯해 〈노동의 시간〉, 〈교화국 시간〉, 〈서울시의 시간〉, 〈경기도 시간〉, 〈체신부 시간〉 등 군정청 부처에 배정된 후원자 프로그램을 통해 군정의 정책을 한국인들에게 널리 알리려 시도하였다.

1946년 10월의 개편을 계기로 정시 방송과 고정 편성 체제가 처음으로 실시되었다. 그 이전에는 뉴스와 강좌, 어린이 시간 등을 제외하고는 그날그날의 형편에 따라 프로그램 담당자가 임의로 방송하는 유동 편성 체제였다고 한다. 이때를 계기로 주간 기본 방송 순서를 미리 만들어 고정 편성제를 실시함으로써 청취자들은 정해진 시간에 원하는 프로그램을 선택할 수 있게 되고 방송국도 계획적으로 프로그램을 제작하여 질을 높일 수 있었다.

1947년 8월의 세 번째 개편에서는 미국 상업 방송의 프로그램 내용과 형식을 모방한 것들이 본격적으로 도입되었다. 대표적인 프로그램으로는 〈스무고개〉와 〈천문만답〉, 〈거리의 화제〉, 〈방송토론회〉 등을 들 수 있다. 이들은 각기 미국의 인기 프로그램이었던 〈스무고개*Twenty Questions*〉, 〈인포메이션 플리즈*Information Please*〉, 〈맨 온 더 스트리트*Man on the Street*〉, 〈원탁 토론*Round Table Discussion*〉의 형식을 모방한 것이었다.[37]

3) 취재와 보도 기능의 도입

이 시기 방송의 보도 기능이 도입되었다. 일제기의 방송에서도 뉴스 프로그램이 방송되기는 하였지만 일본의 동맹통신 뉴스를 받아서 아나운서가 그대로 읽어 주는 형태였다. 그렇기에 뉴스의 취재와 보도를 전담하는 기자 직종도 필요하지 않았다. 당시 경성방송국 방송과에는 보도 관계 요원이 8명 있었지만 모두 내근이었다.

그러나 해방 이후 상황이 급변하였다. 뉴스를 공급해 주던 일본의 통신사가 없어진 것이다. 당시의 상황은 뉴스 기능을 포기할 수 없었다. 긴박하게 돌아가는 정세 속에서 뉴스를 하지 않는다는 것은 상상하기 어려웠다. 해방 다음날인 8월 16일부터 시민들은 새로운 소식을 기대하였다. 신문은 〈매일신보〉밖에 없었기에 시민들은 라디오 뉴스에 귀를 기울였으나 통신사의 뉴스 공급도 끊어진 상황에서 라디오가 이에 부응하기도 불가능했다. 이러한 상황에서 방송의 저널리즘 기능이 처음으로 도입되었던 것이다.

방송 기자라는 직종이 처음 나타난 것은 1945년 9월 16일이었다. 이날 문제안과 조동훈 두 사람이 방송 기자로 임명되어 활동을 시작하였다. 문제안은 그동안 아나운서로 근무하면서 외근 경험을 쌓은 바 있으며 조동훈은 만주 신경방송국에서 기자 활동을 했던 적이 있었다. 문제안은 우익 정당을 조동훈은 좌익 정당을 담당하여 취재 활동을 벌였다고 한다.[38] 이들이 한국 방송 사상 최초의 기자로서 취재와 보도의 기능을 맡게 되었던 것이다.

미군은 방송국을 접수하자마자 즉각 보도 방송에 대한 검열을 실시하였다. 점령 정책에 악영향을 미칠 우려가 있는 내용에 대해서는 보도 금지 조치를 취했다. 1947년 5월 미소공동위원회에 관한 방송의 보도 내용이 문제가 된 것을 계기로 미군정청 공보부는 9개 항목의 '공지 사항 및 보도를 위한 방송 규칙'을 제정하였다.[39] 이 규칙은 보도에서 미국식 객관 보도의 양식과 중립성 원칙을 도입한 것으로 평가되고 있다. 이에 의해 보도 말미에 기자의 이름을 밝혀 책임 소재를 분명히 하고 신뢰도를 높이고자 하였다.

4) 정당 방송의 실시

정치의 시대였던 미군정기에 라디오도 예외는 아니었다. 각 정당에게 '정당 방송' 시간을 할애해 주요 정치 매체 역할을 하였다. 첫 방송은 이승만이었다. 귀국 직후인 1945년 10월 17일 저녁 8시 30분 이승만은 서울중앙방송국의 전파를 통해 방송하였으며 그 후에도 11월 7일과 21일에 방송 연설을 하였다. 김구도 귀국 후 제일 먼저 11월 24일 중앙방송을 통해 전 국민에 인사하였다.

'정당 방송' 시간은 좌우익 정당 모두에게 방송 시간을 배정하였다. 그러나 실제로는 우익이 좌익에 비해서 우대를 받았다. 예를 들면 1945년 하반기에 인공과 그 지부에 30분을 할당하면 임정이나 이를 지지하는 집단에게는 매달 4시간 30분을 할당했다.

이 프로그램은 군정청의 공보부 강연과가 원고를 사전에 검열하였다. 하지만 워낙 예민한 문제라서 각 정당도 불만스러웠고 청취자들도 불만이 많았다. 불만이 방송국에 집중되자 프로그램이 끝나면 아나운서가 '지금 들으신 방송 내용은 연사의 의사이며 본 방송국의 의사가 아닙니다'라는 문구를 읽고는 마쳤다고 한다.[40] 이 정당 방송은 1947년 8월에 폐지될 때까지 활발하게 이루어졌다.

5) 전파 주권의 획득

2차 세계 대전의 종전으로 독립을 획득한 한국은 전파 사용에서도 독립 국가의 지위를 국제적으로 인정받게 되었다. 1947년 9월 3일 미국 애틀랜타에서 개최된 ITU(국제무선통신연맹) 총회에서 무선 호출 부호 HL을 부여 받았다. 이로써 식민 지배하에서 사용하던 일본의 호출 부호 JO와 JB를 탈피할 수 있게 되었다. 이에 따라 10월 2일부터 이 호출 부호를 사용하였다. 한국의 방

표 16 새로 부여받은 각 방송국 호출 부호

방송국	호출 부호	방송국	호출 부호
중앙방송국	HLKA	부산방송국	HLKB
이리방송국	HLKF	대구방송국	HLKG
광주방송국	HLKH	대전방송국	HLKI
목포방송국	HLKN	춘천방송국	HLKM
마산방송국	HLKO	청주방송국	HLKQ
		강릉방송국*	HLKR

* 강릉은 당시 송신소였으나 12월 1일부터 방송국으로 승격키로 되어 있어 호출 부호를 미리 할당함.

송계는 전파 주권을 인정받은 9월 3일을 '방송의 날'로 정하여 기념하고 있다. 이때 할당된 각 지역의 콜 사인은 표 16과 같다.[41]

6) 수신기의 보급과 청취자의 반응

미군정기 라디오 수신기의 보급은 일제기에 비해 감소하였다. 1945년 해방 당시 38선 이남에는 215,951대가 등록되어 있었으나 미군정 기간 동안 등록자 수는 오히려 감소하였다. 이는 일본인이 빠져 나간 것이 가장 큰 요인일 것이다. 그 외에도 당시 부품 조달이 어려워 고장이 나도 수리가 어려웠다는 사정과 혼란기이다 보니 등록을 기피하는 사례가 늘었기 때문이기도 하다. 이밖에도 당시의 경제적 혼란과 물자 부족에 따른 물가 앙등과 함께 라디오 수신기 가격도 대폭 상승되었다. 1945년 12월 15일 조선방송협회는 수신기 판매 가격을 2.5배로 올렸으며 부품의 가격도 대폭 인상하였다. 이어 1946년 3월에도 또다시 인상하였다.[42] 이러한 상황에서 청취자의 증가는 기대하기 어려웠다.

1947년 말 현재 남한 지역의 라디오 보급 현황은 표 17과 같다. 전체

표 17 미군정기 라디오 청취자 현황(1947년 8월 말 현재)

도별	내국인	외국인	합계
경기도	114,740	3,496	118,236
충청북도	2,865	442	3,307
충청남도	7,956	952	8,908
전라북도	10,128	1,104	11,232
전라남도	10,036	767	10,803
경상북도	10,936	1,574	12,504
경상남도	12,992	1,767	14,759
강원도	5,406	545	5,951
합계	175,053*	10,647	185,700

출처: 조선통신사(1947), 《조선연감》, 조선통신사, p.387.

* 내국인의 자료는 합계가 맞지 않는다. 무언가 오류가 있는 것으로 보인다.

185,700대로서 해방 직후의 215,951대에 비해 3만여 대가 감소하였다. 도별 보급을 보면 서울이 포함된 경기도가 전체의 63.7%를 차지하고 있으며 그 뒤를 경상남도가 잇고 있다.

라디오 수신기 보급이 난관에 부닥치자 방송협회는 1946년 2월 15일 당시의 전기상공조합과 협조하여 일제기의 라디오 상담소를 모두 폐지하고 각 방송국 관할 지역 내에 새로이 상담소를 지정, 설치하였다. 당초 계획은 방송협회 직할의 상담소와 라디오 수리를 담당하는 일반 상담소로 이원화하려 하였다. 그러나 일반 상담소를 하겠다는 업자들도 적어서 그해 7월 협회 직할의 상담소를 전국 10개소에 설치하였다.

이러한 노력에도 불구하고 당시 청취료도 물가 앙등과 함께 계속 인상되었다. 미군정 초기에는 가구당 1개월에 10원이던 것이 1946년 8월부터는 라디오 1대당 10원으로 바뀌었다. 1947년 4월 15일에는 청취료가 40원으로 무려 4배로 인상되었으며 1948년 4월 15일에는 50원, 대한민국 정부가 출범한

1948년 8월 15일에는 100원으로 인상되었다. 그리하여 1948년 정부 수립 당시 라디오 등록 대수는 156,733대로 1년 전에 비해서도 약 3만 대 가까이 감소하였다.[43] 이처럼 청취료가 3년 사이에 10배로 뛰게 된 것은 당시의 경제 혼란 속에서 나타난 물가 앙등과 직접적인 연관이 있는 것이라 하겠다.

당시 라디오에 대해서 청취자들은 많은 기대를 갖고 있었다고 한다. 1945년 말 청취자들의 반응을 조사한 결과에 의하면 새로운 뉴스를 더 많이 보도하고 대중 가요를 더 많이 방송해 달라는 응답이 많았다고 한다. 뉴스에 대한 청취자들의 욕구가 매우 컸으며 라디오가 뉴스를 전해 주는 저널리즘 매체로 인식되기 시작했음을 알 수 있다. 1946년에 조사한 결과에 의하면 응답자의 70% 이상이 라디오에 대해 호의적으로 평가하였다. 당시 신문들은 대부분 정파적이었음에 반해 라디오 뉴스는 공정한 것으로 평가되었다는 것이다.

비판적인 의견으로는 드라마가 흥미를 느끼기 어려우며 잘 모르는 서양 고전 음악을 너무 많이 틀어 준다는 지적이 많았다. 또한 중도 좌파적인 신문들은 방송이 미국의 선전 기관으로서 지나치게 반소반공적이라고 비판하였다.[44]

5. 한국 언론 구조의 형성

1) 단선 단정과 한국 언론

임시 정부의 수립과 신탁 통치 문제를 협의하기 위해 시작된 미소공동위원회는 1947년 5월에 속개되었으나 7월 10일 다시 결렬되어 아무런 결실도 얻지 못한 채 끝나고 말았다. 이제 한국 문제의 해결은 유엔으로 넘어가게 되었다. 미국의 입장에서는 한국의 독립을 위해 노력한다는 명분을 내세우면서도 한국 문제로부터 빠져 나올 수 있고 자신들을 위한 기계적 다수가 확보되어 있는 유엔이야말로 가장 명분 있게 고민을 해결할 수 있는 방안이었다. 1947년 9월 23일 미국의 제안으로 유엔 총회는 한국 문제를 토의할 것을 가결한 다음 11월 14일에는 한국 총선안을 가결하고 유엔한국임시위원단설치와 정부 수립 후 미소 양군의 철수를 결정하였다.[45] 반면 소련은 한국 문제를 유엔에 제의하는 것은 미소 간 협정을 직접적으로 위반하는 것이라며 반대하였다. 소련 대표는 한국 문제는 미, 영, 소 3국의 협정에 의해서만 해결되어야 하며 최선의 해결책은 미소 양군이 물러간 후 한국인 자신들의 손으로 장래 문제를 해결토록 하는 것이라고 주장했다. 이러한 입장에서 소련은 유엔위원단의 입국을 거부함으로써 유엔의 결정은 벽에 부딪치고 말았다.[46]

이러한 상황에서 미국은 남한만의 단독 선거에 의한 단독 정부 수립으로 방침을 정하였다. 이에 대해 많은 반발이 뒤따랐다. 단정 추진은 결국 분단의 고착화로 이어진다고 하여 좌익 세력들은 이를 강하게 비판하며 반대 투쟁을 전개하였다. 김구와 김규식을 중심으로 한 우익 민족주의 세력도 미소 주둔군 철수 후 총선거를 실시할 것을 주장하며 남북 협상 운동을 전개하였다. 이로써 우익 세력도 남북 협상과 5·10 총선거 지지로 양분되며 대립하였다. 신탁 통치에 대한 찬반 입장이 좌우익을 분리시키는 역할을 했다면 단선 단정에 대한 입장은 우파 진영에서 민족주의 세력을 분리시키는 역할을 했다.[47]

단독 선거를 가장 적극적으로 지지하는 데 앞장선 것은 〈동아일보〉였다. 1948년 3월 30일자 "남북 협상의 비자주성"이라는 제목의 사설에서 〈동아일보〉는 일련의 공산주의자와 중간파들이 주장하는 남북 협상은 소련의 사주를 받아 그 위성국을 만들자는 비자주적인 것이라고 강하게 비판하며 총선거에 매진하는 것만이 '일체의 모략을 분쇄하고 독립을 전취하는 첩경'이라고 목소리를 높였다. 〈동아일보〉는 1948년 2월 3일부터 5월 10일 선거일까지 10회의 사설을 통해 이를 절대 지지하는 논조를 펼쳤다.

반면 김구의 임정계를 지지하던 〈조선일보〉를 비롯하여 〈자유신문〉과

〈서울신문〉은 남북 협상에 찬성하는 입장이었다. 〈자유신문〉은 남북 협상이 사대주의와 타력他力 의존주의를 배제하는 자율적인 것으로 보고 적극 찬성하였으며 〈서울신문〉은 김구가 일부의 반대를 무릅쓰고 남북 회담에 참가한 점을 부각시켰다.[48]

이즈음부터 미군정은 단선 단정에 비판적인 언론을 통제하기 시작하였다. 1948년 1월 유엔한국임시위원단이 서울에 들어오고 활동을 개시하자 이에 대해 비판적 성명을 게재했다는 이유로 〈조선중앙일보〉와 〈우리신문〉, 〈독립신보〉, 〈공립통신〉 등이 경찰에 의해 신문을 압수당하고 말았다. 이러한 분위기 속에서 1948년 5월 10일 총선거가 실시되어 대한민국 정부가 수립될 토대가 만들어졌다.

이에 따라 그동안 단선 단정에 비판적이던 신문들은 대부분 폐간되거나 논조의 전환을 강요받게 되었다. 즉 남북 협상을 지지했던 중도계와 우익계 일부 신문들은 차선으로 단독 선거 지지 또는 그 불가피함을 강조하는 입장으로 논조를 전환하게 된 것이다. 구체적으로 좌익계인 〈독립신보〉는 총선거 하루 전인 5월 9일 총선을 반대하는 내용으로 타블로이드 4면의 임시 증면호를 내고는 자진 휴간하였다. 또한 총선거가 자유로운 분위기에서 이루어지지 않았고 대다수 남한 사람들의 의견을 반영한 것도 아니라며 총선 결과에 비판적이었던 〈우리신문〉과 〈신민일보〉는 미군정 법령 88호를 위반했다는 이유로 5월 26일 미군정 공보부장 명에 의해 폐간되고 말았다.[49]

한편 남북 협상에 긍정적이었던 〈조선일보〉와 〈서울신문〉, 〈자유신문〉은 남북 협상이 무위로 돌아가고 5·10 총선이 강행되자 논조를 바꾸었다. 〈서울신문〉은 다섯 차례의 사설을 통해 선거 방법상의 문제와 선거 윤리 문제, 입후보자의 자격 등을 거론하며 총선의 공정성을 강조하였다. 〈자유신문〉도 역시 사설을 통해 자유 선거의 원칙을 해설하고 대립의 격화에 따른 국민의 자중을 호소하였다.[50] 〈조선일보〉도 1948년 4월 27일자 사설에서 남북협상안을 다룬 것을 끝으로 현실을 수용하게 되었다. 이처럼 미군정은 우익 언론 중에서도 자신들의 점령 정책에 비판적인 신문들에 대해서는 통제를 시도했음을 알 수 있다.

2) 미군정 3년의 역사적 의미

미군정기 3년의 역사적 경험을 통해 한국의 언론은 식민 지배를 벗어났지만 다시 미국의 영향권하에 들어가면서 분단 체제로 들어서고 말았다. 미국의 영향하에 한국은 세계 자본주의 체제에 편입하게 되었으며 공산 진영에 대항하기 위한 냉전 체제의 전진 기지가 되어 분단 체제로 귀착되고 말았다.

언론 부문에서도 이 3년의 역사가 해방 이후 최근에 이르기까지 현대 한국 언론의 기본 구조를 형성하는 중요한 계기가 되었다. 미군정 3년을 통하여 역사의 주체로서 참여하려던 다양한 논의들이 미군정의 개입과 통제로 봉쇄되고 대신 미국의 전략적 이익에 부합되는 언론들만 살아남게 된 것이다. 좌익 언론들은 갖가지 탄압에 의해 모두 문을 닫아야 했고 우익 언론들만이 살아남게 되었으며 우익과 중도 언론 중에 일부는 살아남기 위해서 논조를 바꾸어야 했다. 결국 미군정 점령 정책의 기본 목적에서 벗어난 언론들은 대부분 자취를 감추게 된 것이다. 이러한 과정을 통해 한국의 언론은 반공과 친미 이데올로기를 중심축으로 하는 구조로 형성되었다. 이 반공과 친미의 이데올로기는 해방 이후 한국 언론이 좀처럼 넘어서기 어려운 한계로서 커다란 영향력을 발휘하였다.

10장

제1공화국의 언론

1. 자유당 정권의 언론 통제

1) 언론 통제 법령의 제정 시도

1948년 8월 15일 이승만을 수반으로 하는 대한민국 정부가 수립되면서 자유당 정권이 출범하였다. 이승만 정권 이후 한국 언론사 전개의 특징은 정치권력의 정당성에 대부분 문제가 있었기에 언론을 철저하게 탄압하고 나아가서 언론을 적극적 이용하여 정당성의 공백을 메우려 시도했다는 데 있다.

미국의 지원을 등에 업고, 통일된 민족 국가의 수립을 원하는 시대적 과제를 외면한 채 분단 체제 속에서 성립한 이승만 정권은 정당성의 기반이 취약하여 민중을 탄압하면서 독재의 길로 나아갔다. 이승만을 정점으로 한 자유당 정권은 권력을 유지·강화하기 위해서 언론에 대해 강도 높은 탄압을 펼쳐 나갔다.

자유당 정권의 언론 통제는 먼저 언론 자유를 제한하는 각종 법률의 제정 시도로 나타났다. 정부 수립 직후인 1948년 9월 22일 정부는 언론 정책 7

개항을 발표하였다. 그 내용은 7개항에 대하여 언론 보도를 금지한 것이다. 세부 항목은 ① 대한민국의 국시, 국책을 위반하는 기사, ② 정부를 모략하는 기사, ③ 공산당과 이북 괴뢰 정권을 인정 내지 비호하는 기사, ④ 허위 사실을 날조, 선동하는 기사, ⑤ 우방과의 국교를 저해하고 국위를 손상하는 기사, ⑥ 자극적인 논조나 보도로써 민심을 격앙 소란케 하는 외에 민심에 나쁜 영향을 미치는 기사, ⑦ 국가의 기밀을 누설하는 기사다. 광범위하고 추상적으로 규정하고 있지만 내용상 용공, 반미적 성격의 기사를 통제하겠다는 의도를 내포하고 있는 것으로 볼 수 있다.

이후에도 언론을 통제하는 법률의 제정 시도는 계속되었다. 1952년 3월 19일에는 일제기에 제정되어 미군정기에도 살아남았던 광무 신문지법을 폐지하였다. 그 대체법으로 '출판물법안'의 국회 상정을 시도하였으나 언론계의 강력한 반발로 실패하였다. 1954년 12월에는 광무 신문지법과 거의 다를 바 없는 '출판물에 관한 임시조치법'을 제정하려다가 역시 언론계의 반발로 실패하였다.

정권의 말기로 가면서부터는 탄압도 더욱 극심해졌다. 1957년 12월부터는 민의원 선거법을 개정하여 선거 관련 언론 보도를 통제하려 하였다. 이에 언론계는 악용될 소지가 많다며 반대하였으나 1958년 1월 1일 밤에 여야 공동으로 기습 통과시켰다. 이에 언론계는 1월 11일 서울을 필두로 전국 5개 도시를 순회하며 언론인대회를 개최하여 법 개정을 성토하고 반대 결의를 다졌다. 그해 12월에는 다시 국민의 비판 통로를 원천적으로 봉쇄하기 위해 보안법 개정을 시도하였다. 이는 기존의 국가보안법에 새로운 독소 조항, 즉 제17조 5항에서 '허위의 사실을 적시 또는 유포하거나 사실을 왜곡하여 적시 또는 유포함으로써 인심을 소란케 하여 적을 이롭게 하는 자는 5년 이하의 징역형에 처한다'는 조항을 삽입한 것이었다. 이에 언론계는 반대 운동에 적극 나섰으나 정부는 야당과 언론의 맹렬한 반대에도 불구하고 1958년 12월 24일 경위권을 발동하여 야당 의원들을 감금한 채 날치기 통과시켰다.[1]

2) 구악법을 동원한 언론 탄압

언론규제법의 제정을 시도한 외에도 자유당 정권은 구악법들을 동원하여 신문에 대한 정간, 폐간 조치를 강행하였다. 대표적인 예가 바로 유명한 '견통령' 사건이다. 이는 전쟁 중이던 1950년 8월 29일 〈대구매일신문〉이 1면 머리기사 본문에서 '대통령'을 한자로 '견통령犬統領'으로 오식하여 발행인이 구속되고 끝내 발행권도 가톨릭 대구교구재단으로 넘어가게 되었다. 전북 이리의 〈삼남일보〉도 1953년 7월에 같은 견통령 오식 사건으로 관련자가 사법 처리되고 신문은 정간 처분을 받았던 일이 있다.[2] 또한 청주에서 발행되던 〈국민일보〉도 역시 1953년 5월 20일자에서 '대통령'을 '견통령'으로 오식하여 편집국 간부들이 구속되었으며, 같은 해 11월 28일 '한·일韓日'을 '일·한日韓'으로 잘못 표기해 군정법령 제88호에 의해 폐간되었다.[3]

1955년 3월 15일에는 〈동아일보〉가 한미석유협정에 관한 기사에서 '고위층 재가 대기 중이라는 제목을 다는 데 난데없이 '괴뢰'라는 단어가 추가되어 '괴뢰 고위층 재가 대기 중'이라고 나가고 말았다. 이에 따라 〈동아일보〉는 정간 처분과 함께 관계자가 사법 처리되었다.[4]

이어 1959년 4월에는 당시 비판적 언론의 선두 주자 격이었던 〈경향신문〉에 폐간 조치를 취했다. 〈경향신문〉은 부패로 치닫는 독재 정권에 대해 매우 비판적인 논조를 보임으로써 정권의 입장에서는 눈에 가시 같은 존재였다. 폐간 조치의 결정적 빌미가 된 것은 4월 15일자 석간에서 이승만 대통령 기자회견을 보도하면서 대통령이 헌법 개정이 불필요하며 국보법 개정도 반대라 말했다고 보도하였다. 그러나 이것이 오보임이 밝혀지자 바로 다음 날인 4월 16일자 조간에서 1면 머리기사로 정정 보도하였다. 부제로 "'보안법 개정도 반대'는 착오"라고 정정하는 내용의 기사를 내보낸 것이다. 하지만 이 오보가 정부로 하여금 폐간 조치를 취하게 한 결정적 빌미가 되고 말았다.

이 기사 외에도 〈경향신문〉은 특히 1959년 들어 정부의 부정과 부패상을 폭로하는 기사를 연이어 보도하였다. 정부가 폐간 조치를 내리면서 문제로 지적한 기사로는 그해 1월 11일자에 실린 "정부와 여당의 지리멸렬상"이라는 사설부터였다. 사설 내용 중 당시 정부에 비판적이던 스코필드 박사에게 이승만이 직접 방문하여 본국으로 돌아갈 것을 종용하자 거세게 화를 냈다는 내용이 사실과 다르다는 것이었다. 이에 〈경향신문〉은 12일자 사고를 통해 정정하고 20일 석간 사설을 통해 다시 한 번 사과하였다. 그러나 2월 4일자 '여적餘滴'란에서 다수의 횡포를 지적한 칼럼이 필화를 불러 오고 말았다. 바로 다음 날이 5일에 전격적인 신문사 압수 수색을 거쳐 사장 한창우와 칼럼의 필자 주요한을 내란 선동 혐의와 1월 11일자 사설을 명예훼손으로 걸어 불구속 기소하였다.

이후에도 2월 16일자 3면에 실린 "사단장이 기름을 팔아먹고"라는 사회면 기사를 문제 삼아 홍천 지국장과 기자 2명을 구속하였으며 4월 3일자 조간 3면에 실린 "간첩 하모를 체포"라는 기사로 기자 2명을 국가보안법 위반 혐의로 구속하였다.[5]

정부의 폐간 조치에 대해 〈경향신문〉은 즉각 법정 투쟁을 벌였으며 언론계와 야당은 언론 탄압이라며 강력하게 비판하였다. 법원은 6월 26일 행정처분 집행을 정지한다는 가처분 결정을 내렸다. 이에 따라 〈경향신문〉은 속간호를 준비하였으나 정부는 6월 26일부로 폐간 조치를 철회하고 다시 무기 정간 조치를 내렸다. 〈경향신문〉은 다시 대법원까지 가는 법정 투쟁을 벌였으나 4·19 혁명으로 이승만이 하야 성명을 발표한 1960년 4월 26일에야 대법원이 정간 처분 집행 정지 처분을 내려 속간될 수 있었다.[6]

〈동아일보〉와 〈경향신문〉의 정간 및 폐간 조치는 모두 미군정법령 제88호를 적용한 것이었다. 자유당 치하 12년간 폐간이나 정간 등 행정 처분을 받은 일간 신문과 통신은 10여 개로, 모두 이 미군정법령 88호가 적용되었다. 미군정이 한국의 언론을 탄압하기 위해 공포한 것으로서 당시에는 거의 사문화되다시피 했던 군정법령 제88호를 다시 적용시켜 언론을 탄압했던 것이다. 자유당 정부는 다른 법적 통제 장치를 만들려고 여러 차례 시도하였지만 언론계의 반대로 뜻을 이루지 못하자 이미 사문화되다시피 한 미군정 법령을 끌어들여 정간과 폐간 등 언론에 대한 부당한 탄압 조치를 내린 것이다.

3) 언론에 대한 물리적 탄압

이 외에도 자유당 정권은 언론인에 대한 각종의 제재 조치와 신문사에 대한 테러나 신문 배포 방해 등 갖가지 방법을 동원하여 언론을 탄압하였다. 1955년에는 신문의 내용을 빌미로 신문사에 대한 테러가 자행되었다. 〈대구매일신문〉은 1955년 9월 13일자 "학도를 도구로 이용하지 말라"는 사설에서 이승만 측근 임병직이 대구를 방문하자 무더운 날씨에 학생들을 서너 시간씩 거리에 동원하여 환영 행사를 벌인 것을 비판하였다. 이에 경상북도 경찰은 주필 최석채를 보안법 위반 혐의로 구속하였다. 여기에 그치지 않고 괴한 30여 명이 신문사를 습격하여 문선 케이스를 뒤집고 윤전기에 모래를 뿌리는 사건이 벌어지고 말았다. 이 괴한들은 자유당 경상북도 도당과 우익 단체 소속 회원들로 밝혀졌다. 사건이 벌어지자 각 신문들이 나서서 언론 자유에 대한 위협이라며 관계자를 엄단할 것을 요구하였다. 그러나 자유당 일부에서는 이를 의거라고 찬양하는가 하면 '백주의 테러는 테러가 아니다'라는 망언까지 등장하였다.[7] 최석채는 결국 무죄를 선고받았으며 이 사건으로 〈대구매일신문〉의 발행 부수는 1955년 초 4200부이던 것이 1955년 말 1만 부를 넘어섰다고 한다.[8]

경찰이 나서서 신문 배포를 방해한 사례가 많았다. 1956년의 선거를 앞두고 주로 야당지들을 대상으로 빈번하게 발생하였다. 4월 4일 부통령으로 입후보한 백성욱의 추천장이 강탈된 사건을 보도한 부산의 〈자유민보〉가 발송 도중 경찰에 의해 부산진구에서 무단으로 내려져 다시 본사로 되돌린 사건이 발생하였다. 4월 21일자 〈동아일보〉와 〈조선일보〉, 〈중앙신문〉 등 여러 신문이 발송 도중 열차 안에서 절취당했으며 24일에는 〈국도신문〉 등이 대구와 경주 사이에서 사라져 버렸다.[9]

이승만 정권의 언론 통제는 독자들에게까지 자행되었다. 야당지를 중심으로 정권에 대한 비판 논조가 대중적 지지를 받자 야당지의 기반을 약화시키려는 목적으로 야당지 독자에 대한 여러 가지 규제를 시도한 것이다. 휴전 직후인 1953년 하반기 일부 지방에서 경찰이 야당지의 구독자를 조사한 사실이 이슈화되었다. 이에 내무부장관은 기자 회견을 열어 신문 구독의 자유는 기본적 권리에 속한다는 사실을 다시금 천명하면서 만일 그러한 경찰이 있다면 엄중 단속하겠다고 말하였다.[10]

그러나 그 이후에도 야당지 독자에 대한 탄압은 공공연하게 자행되었다. 1956년 5·15 선거를 앞두고 경찰서와 일선 행정 기관이 앞장서서 각 지역별로 야당지 독자를 조사하고 구독 중지를 강요한 사례가 있었으며 1957년에는 전남 함평에서 파출소가 야당지 구독자의 명단과 신상 정보를 제출하라고 요구하는 일이 벌어졌다. 〈경향신문〉 1957년 3월 6일자는 사설에서 이러한 사례들은 일선 행정 기관이 벌인 일로 보기는 어렵다며 "보지 말라는 신문은 더 보고 싶고 보아 달라는 신문은 더 안 보는 것이 현실이라면 이러한 명단 따위로 위협해서 될 법이나 한 일인가"라고 강도 높게 비판하였다.

2. 언론계의 대응과 발전

1) 야당지와 여당지

제1공화국 시기의 신문들은 미군정기 정치 신문의 전통이 남아 있었다. 미군정을 거치면서 좌익 언론은 자취를 감추고 우익 언론만 살아남았지만 이제는 정치권력에 대한 입장과 태도를 중심으로 여당지와 야당지로 나뉘게 된 것이다. 여당지들은 정치권력에 우호적인 입장에서 긍정적인 논조를 보인 반면 야당지들은 비판적 입장을 견지하였다.

대표적인 야당지로는 〈동아일보〉와 〈경향신문〉을 들 수 있다. 미군정기 〈동아일보〉는 이승만과 한민당의 입장을 대변해 왔으나 이승만이 집권하고 정부를 수립하는 과정에서 한민당을 소외시키자 한민당은 야당의 뿌리가 되었으며 이에 따라 〈동아일보〉도 자연스레 야당지의 길을 걷게 된 것이다. 1946년 10월 6일 천주교 세력이 창간한 〈경향신문〉도 민주당의 장면을 지지하는 대표적 야당지로 자유당 정권 비판에 앞장섰다.

한편 대표적인 여당지로는 〈서울신문〉과 〈연합신문〉을 들 수 있다. 〈서울신문〉은 미군정기 중도적 입장으로 가장 많은 발행 부수를 기록하기도 하였으나 1949년 5월 3일 뚜렷한 이유도 없이 정간 조치를 당했다. 이를 계기로 주식 48.8%에 이르는 귀속 재산을 빌미로 6월 15일 임시 주총을 열어 정부가 귀속 재산의 주주 권리를 행하도록 결정하고 경영과 편집진을 친정부적인 인사로 교체하였다.[11] 더욱이 1952년 4월부터는 정관 개정에 따라 정부의 공보처장이 공식적으로 서울신문사 회장으로 취임하였다.[12] 이로써 〈서울신문〉은 정부 기관지로 탈바꿈하게 되었다.

이처럼 자유당 정권기 신문들의 성향은 신문사 소유주의 정치적 성향이나 정치권력과의 관계에 따라 결정되었다. 이 시기의 야당지들은 정부의 언론탄압에 대응하여 언론 자유를 위한 투쟁과 부패한 독재 정권에 대한 투쟁을 전개해 나갔다. 언론인들은 1957년 4월 7일에는 보다 집단적이고 효율적으로 대처해 나가기 위해서 '한국신문편집인협회'를 결성하기도 하였다. 이 단체는 〈독립신문〉 창간일인 4월 7일을 제1회 신문의 날로 정하여 기념하였으며 신문윤리강령을 선포하였다.[13] 1958년 정부가 선거법 개정을 시도할 때 이 단체는 전국을 순회하며 언론인대회를 개최하는 등 반대 운동의 중심이 되었다.

그러나 이 시기의 신문들은 물적 토대가 매우 취약한 상태에 있었다. 신문 기업의 소유주들은 대개 신문 용지와 윤전기 등의 구입 비용을 원조 자금에 의존함으로써 국가로부터의 독립이라는 점에서는 일정한 한계를 지닐 수밖에 없었다.

자유당 정권기 야당지를 중심으로 한 비판적인 논조는 결국 1960년 4·19 혁명으로 독재 정권을 무너뜨리는 기반이 될 수 있었다. 야당지의 비판적 논조로 국민의 비판 의식이 살아 있었으며 이것이 당시의 여러 가지 객관적 조건과 맞물리면서 독재 정권을 무너뜨리는 4·19 혁명이 성공할 수 있었던 것이다.

2) 한국 전쟁기의 언론계

남북으로 분단된 조국은 1950년 6월 동족상잔의 비극으로 치닫게 되었다. 전쟁 발발과 함께 남한은 일방적으로 밀리며 수도도 옮겨야 하는 상황이 전개되었다. 정부는 수도를 6월 27일에는 대전으로 옮겼다가 7월 16일에는 다시 대구로, 그리고 8월 18일에는 부산으로 이전하였다. 이러한 상황 속에서 영남 지방을 제외한 전국의 언론들은 정상적으로 발행할 수 있는 여건이 되지 못했다. 3개월 뒤 9월 28일에 서울이 수복되면서 대부분 언론들은 서울에 복귀하여 속간할 수 있었다. 하지만 1951년의 1·4 후퇴 이후에는 상황이 달랐다. 중공군의 개입 이후 후퇴가 시작되었기에 이때에는 정부도 바로 부산으로 이전하였고 신문들도 이번에는 미리 어느 정도 대책을 세울 수 있었다. 그리하여 비교적 빠르게 부산으로 이전하여 임시 사무실을 마련하고는 부산 언론사의 시설을 빌어 속간하였다. 부산에서 〈동아일보〉는 1월 10일, 〈조선일보〉는 2월 1일에 전시판을 속간했고, 〈서울신문〉도 1월 16일에 속간호를 발행하였다. 1월 12일부터 대구에서 전시판을 발행했던 〈경향신문〉도 그 뒤 4월 8일부터는 부산으로 옮겨 발행하였다.[14]

〈동아일보〉는 1·4 후퇴 전부터 일부 사원들이 부산에 피난 내려와서 이미 〈민주신보〉 측의 협조를 받을 수 있도록 합의가 되어 있었다. 신문 용지도 서울에서 마지막으로 내려오는 사원들이 1, 2연씩 말아서 총 33연의 용지를 가져 왔기에 빠르게 속간할 수 있었다. 〈민주신보〉가 발행 부수 3만 부를 모두 인쇄하고 난 이후 같은 인쇄기로 〈동아일보〉를 인쇄했던 것이다. 이에 따라 서울에서는 석간으로 발행하였지만 부산에서는 조간으로 타블로이드 2면을 발행할 수밖에 없었다.

당시 전시판은 별다른 배급망을 이용하기 어려운 형편이므로 주로 가판에 의존하였다. 이러한 상황은 다른 중앙 일간 신문들도 마찬가지였다. 그러나 〈동아일보〉의 비판적 논조 때문에 정부가 민주신보사에 압력을 넣었다. 이에 〈동아일보〉는 1951년 9월 1일부터는 연락사무소는 중앙동에 있는 삼양사 2층을 사용하면서 〈부산일보〉와 〈자유민보〉의 공장을 전전하며 신문을 제작하였다. 이듬해인 1952년 2월 2일부터는 시내 토성동 2가 7번지에 임시 사옥을 신축하여 자체 인쇄 시설도 갖추고 여기서 신문을 제작할 수 있게 되었으며 2월 15일부터는 지면도 배대판 2면으로 확대 발행하였다.[15]

〈서울신문〉도 1950년 후반 전선에서 후퇴가 계속되자 편집국장 우승규를 비롯한 일부 사원을 선발대로 부산에 보내 전시판 신문을 발행할 준비를 하였다. 부산의 〈국제신보〉에서 인쇄를 하기로 협의가 되어 1951년 1월 16일부터 타블로이드 2면으로 전시판 신문을 발행하였다. 하지만 〈서울신문〉은 〈국제신보〉에서의 인쇄가 지속되기 어려운 지경에 이르러 3월 8일부터는 더 이상 발행되지 못했다. 그 후 〈서울신문〉은 전쟁 중인 서울로 복귀하여 4월 6일부터 서울에서 24일까지 진중 신문을 발행하였으며 7월부터 다시 속간호를 발행하였다.[16]

한편 〈조선일보〉는 1950년 12월 26일 차후 직원들의 피난을 책임질 테니 최후까지 신문을 만들어 달라는 공보처의 요청에 1951년 1월 3일까지 신문을 발행하다가 늦게 피난 감으로써 다른 신문처럼 사전 준비를 하지 못했다. 대표 취체역이던 전택보全澤珤의 소유로 되어 있던 부산 남포동 소재 창고에 간판을 걸고 인쇄는 〈민주신보〉 공장을 빌어 2월 1일에 타블로이드 2면의 전시판 신문을 발행할 수 있었다. 그러나 인쇄 공장 사정으로 2월 18일부터 휴간에 들어갔다가 2월 22일자부터는 중앙동 4가 35번지에 있던 〈자유민보〉로 옮겨 2월 28일까지 발행하였다. 그 이후 〈조선일보〉는 3월 14일 서울이 다시 탈환되자 복귀하여 4월 21일부터 서울에서 속간호를 내다가 다시 전세가 밀리자 수원에서 전시판을 발행하였다.[17]

〈경향신문〉은 가톨릭 교회의 배려로 인쇄소를 임시 마련하여 신문을 제작하였지만 한계가 있어 신창동에 있던 대한적십자사 부산지사 건물을 임대받아 5월 19일부터 인쇄를 시작하였다. 휴전 후인 1953년 8월 2일 서울 본사로 복귀할 때까지 이 사무실을 계속 사용하였다.[18]

이 외에도 거의 대부분의 중앙 매체들이 부산에서 임시 발행을 시도하였다. 그러나 위에서 살펴 본 바와 같이 제한된 인쇄 시설 등 여건의 미비로 정상적인 발행은 어려웠다. 단지 〈동아일보〉와 〈경향신문〉만이 전쟁 기간 중 부산에서 지속적으로 신문을 발행하였다. 특히 〈동아일보〉는 임시 사옥까지 짓고 사원도 54명에 이르는 등 규모 있는 경영을 유지하였다.[19]

한편 전쟁으로 인한 언론인들의 직접적인 피해도 매우 컸다. 8만여 명에 이르는 전체 납북 인사 중 언론인이 총 225명이었으며 피살된 언론인도 31명이었다. 납북자 중에는 〈동아일보〉의 백관수, 〈조선일보〉의 방응모, 〈한성신문〉의 안재홍, 〈현대일보〉의 서상천 등 전현직 언론사 사장 11명을 비롯하여 편집국장을 역임한 인사들도 다수 포함되어 있었다.[20]

이러한 중앙지들의 위기와 어려움은 지방, 특히 부산의 신문들에게는 기회였다. 부산의 신문들은 이 시기에도 정상적인 제작과 판매가 가능했기에 발행 부수 면에서 비약적인 성장을 할 수 있었다. 부산의 신문들은 피난 온 서울의 쟁쟁한 언론인들을 논설이나 칼럼 필진으로 참여시켜 신문의 판매 확대와 위상 강화에 큰 도움을 받았다. 이러한 여건 속에서 부산의 〈민주신보〉와 〈국제신보〉는 〈동아일보〉, 〈경향신문〉, 〈한국매일신문〉과 함께 전국 5대지로 손꼽히는 위치로까지 부상하게 되었다. 발행 부수 면에서 이들 신문

〈사상계〉

〈사상계〉는 1960년대까지 한국의 잡지계뿐만 아니라 지성계를 대표하는 잡지로 평가되었다. 원래 〈사상〉이라는 제호로 발행되다가 중단된 것을 이 잡지사에 근무하던 장준하가 인수하여 1953년 4월에 피난지 부산에서 제호를 바꾸어 재창간한 것이다. 〈사상계〉는 신망 있는 대표적 학자와 문인들로 편집위원회를 구성하면서 그 영향력과 권위를 높여 나갔다. 특히 박정희 정권기에는 정부 비판에 앞장서면서 한국 사회의 민주화에도 많은 영향을 미친 것으로 평가되고 있다. 1963년에는 발행 부수가 6만 5000부를 기록할 정도로 늘어났다. 하지만 1970년 5월호에 게재된 김지하의 시 '오적'이 박정희 정권에 의해 문제가 되면서 필자가 구속되고 잡지는 결국 지령 205호로 강제 폐간되어 역사 속으로 사라지고 말았다.

출처: 한국잡지협회(1995), 《한국잡지 100년》, 한국잡지협회, p.100.

은 3만 부 이내를 발행했던 중앙의 세 신문을 넘어서 8만 부까지 기록하게 되었다.[21] 특히 1947년 9월 1일 〈산업신문〉으로 창간하여 1950년 8월 19일에 이름을 바꾼 〈국제신보〉는 이 시기 외국의 통신사나 방송 등을 활용하여 뉴스의 속보성 면에서 타 매체와 차별화함으로써 급성장하여 당시 최대 발행 부수를 기록하기까지 하였다. 이를 기반으로 하여 〈국제신보〉는 휴전 후 서울로 진출하여 전국지화를 시도하였으나 정부의 불허로 뜻을 이루지는 못하고 말았다.[22]

3) 휴전 후의 언론계

휴전과 함께 한국의 언론계는 전쟁의 피해로부터 복구하고 원상을 회복해야 한다는 과제를 안게 되었다. 어려운 여건 속에서도 신문을 비롯한 간행물은 꾸준히 늘어갔다. 표 18은 1948년부터 1960년까지 정기간행물의 현황을 시도별로 정리한 것이다. 이 시기는 라디오가 있기는 했지만 그 보급이 아직 제한되어 인쇄 매체가 독점적인 지위를 누리던 시기였으므로 이 기간 중 지속적인 증가세를 보였다. 1948년도에는 전국 248종이었으나 1959년 668종으로 늘어 2.7배가량으로 증가하였다. 지역별로 보면 이 시기에도 서울이 가장 많았으며 경남은 1954년 이후로는 서울에 이어 2위를 차지하였다. 경남 지역은 1953년 24종이던 것이 1950년대 후반에는 36종으로 1.5배로 증가하였다. 이 시기에도 전국의 정간물 중 서울이 차지하는 비중은 점차 늘어갔다. 1953년에는 서울이 전체 411종 중 277종으로 67.4%의 비중이었으나 1959년에는 전국 668종 중 서울이 489종으로 73.2%를 차지하였다. 한편 2위를 기록한 경남의 비중은 1953년 전체 411종 중에서 24종으로 5.8%의 비중이었으나 1959년 약 5.4%로 다소 감소하였다.

중앙 일간지들의 발행 부수는 1954년 8월 말 기준으로 총 50만 부가 발

표 18 제1공화국기 시도별 정기간행물 현황

	1948	1953	1954	1956	1957	1958	1959
전국	248	411	299	465	508	558	668
서울	–	277	–	343	377	414	489
경기	–	12	–	10	12	15	23
충북	–	3	–	13	14	13	15
충남	–	10	–	15	9	12	11
전북	–	14	–	9	12	12	15
전남	–	16	–	19	20	20	26
경북	–	21	–	21	20	22	31
경남	–	24	–	24	32	36	36
강원	–	27	–	5	6	8	14
제주	–	7	–	6	6	6	8

출처: 국가통계포털(http://www.kosis.kr/ 2015. 4. 20).

행되었는데, 〈동아일보〉 8만 부, 〈서울신문〉 6만 3000부, 〈조선일보〉 6만 부, 〈경향신문〉 4만 3000부, 〈한국일보〉 3만 8000부였다. 당시 서울의 인구가 150만 명 정도였음에 비해 신문의 수는 너무 많았다고 할 수 있다. 이에 당시 정부는 1954년 10월 14일 중대 담화를 발표하여 서울의 신문사를 2~3종으로 정비할 것을 제의하였다. 그러나 이러한 제안이 언론들에 받아들여질 리가 없었다. 언론계의 강력한 반발에 부딪쳐 백지화되고 말았다.[23]

이와 같이 어려운 상황에서도 1954년 6월 9일 〈한국일보〉가 창간되었다. 이 신문은 은행가 출신으로 방응모 납북 이후 조선일보사 사장을 역임한 장기영이 경영난을 겪던 〈태양신문〉을 인수하여 이름을 바꾸어 창간한 것이다. 〈한국일보〉는 창간하면서 공개적으로 상업주의를 표방하고 나섰다는 점에서 주목할 만하다. 창간호 사설에서 "신문은 누구도 이용할 수 없다"라는 제목으로 다음과 같이 주장하였다.[24]

> 우리는 세력과 탐욕에 동요되지 않는 반석 같은 신문의 독립성은 신문 경영의 경제적 기반 위에서만 이루어질 수 있는 것이며 신문의 질적 향상 또한 그 기업적 자활로써 이루어진다는 신념을 새롭게 하고자 한다. 우리는 근대 경제학 이론을 신봉하고 새로운 자유 경영 사회의 옹호를 자각하면서 리얼리즘에 입각한 상업 신문의 길을 개척하여 나가지 않으면 안 될 것이다. 진실하다고 확인된 사실만을 보도함으로써 시대와 호흡을 같이하는 독자의 귀와 입과 눈이 될 명랑한 신문의 본도本道를 가고자 한다. 시시비비의 필봉을 가다듬기 전에 감히 다시 한 번 신문은 누구도 이용할 수 없고, 누구도 억제할 수 없다는 신조를 거듭 선언하여 둔다.

미군정기부터 시작된 정치 신문의 시대가 정부 수립 이후에도 야당지와 여당지의 대립으로 나타나고 있는 상황에서 상업적 경영을 통해 독립적 위상을 확보하고 독자 노선을 걷겠다는 의지의 표명으로 볼 수 있다. 〈한국일보〉는 창간 직후인 1954년 8월에 기자 1기를 선발한 것을 시초로 하여 공채를 정례화하여 정착시켰다. 공채 제도를 통해 우수한 인재를 정기적으로 공개 모집한 〈한국일보〉는 한국 언론계에 많은 인재를 배출한 것으로 평가되고 있다. 그 밖에도 장기영의 적극적인 경영으로 〈한국일보〉는 편집과 인사 등 여러 면에서 언론계에 새로운 바람을 불러일으키며 빠르게 성장해 갔다.

전쟁의 피해로부터 복구하여 안정기에 접어들며 각 신문들은 증면 경쟁에 돌입하였다. 〈조선일보〉가 1956년 4월 1일 석간 4면 조간 2면의 조석간제를 부활한 것을 계기로 다른 신문들도 경쟁적으로 뒤를 이었다. 〈경향신문〉이 1957년 7월부터 조석간 6면제를 도입하였으며 〈동아일보〉는 1958년 11

부산역전 대화재와 부산의 언론계

전쟁의 피해로부터 제대로 복구도 하기 전인 1953년 11월 27일 부산역 앞에서 대화재가 발생하여 당시 부산 역전 주변에 있던 언론사들도 커다란 피해를 입었다. 그날 저녁 영주동의 한 주택에서 난로 과열로 시작된 화재는 때마침 불어온 강풍을 타고 급속히 번져 부산 역전 일대를 화마로 뒤덮었으며 14시간 만에야 완전히 진화되었다. 그해 1월 국제시장 화재의 100배에 이르는 엄청난 피해를 안긴 이 화재로 부산의 〈자유민보〉와 〈민주신보〉, 〈부산일보〉, 부산방송국, 그리고 합동통신과 동양통신, 경제통신 지사의 사옥이 전소되었다. 남포동에 사옥이 있던 〈국제신보〉만이 화재의 피해를 입지 않았다. 사옥을 잃은 이들 언론사들은 다른 언론사의 시설을 빌리는 등의 방법으로 신문 발간을 이어갔다. 〈부산일보〉는 〈국제신보〉의 사옥에서, 〈민주신보〉는 〈중앙일보〉의 사옥에서 타블로이드판으로 명맥을 이어갔으며 부산방송국은 수영에 있는 미군 방송국을 이용하여 11월 28일 오후 5시부터 방송을 재개하였다. 미군의 시설을 빌려 임시 방송을 하던 부산방송국은 급기야 방송이 중단되는 사태까지 벌어지고 말았다. 1955년 6월 1일에는 미군 장비가 고장 남으로써 방송이 여러 날 중단되는 초유의 사태가 빚어지게 된 것이다.

출처: 채백(2012), 앞의 책, pp.388~400.

월 1일부터 조석간 6면제를 시행하였다. 뒤이어 〈서울신문〉이 1958년 10월 1일부터 조석간 8면제를 도입하자 〈동아일보〉, 〈조선일보〉, 〈경향신문〉, 〈연합신문〉도 그해 12월부터 조석간 8면제로 뒤를 따랐다. 〈한국일보〉도 1959년 1월 6일부터 조석간 8면제를 도입하였으며 〈세계일보〉도 뒤를 따랐다. 이러한 증면 경쟁은 지방에서도 벌어져 부산의 〈국제신문〉과 대구의 〈대구매일신문〉, 〈대구일보〉, 〈영남일보〉 등도 1957년부터 종전의 2면제에서 4면제로 전환하였다. 조석간 8면제 실시로 한국 언론계의 연간 신문 용지 소비량은 약 2만 3500톤에 이르렀으나 당시 고려제지를 비롯한 삼풍, 대한 등 세 제지회사의 생산량으로는 이를 충당할 수 없어 수입에 의존할 수밖에 없었다.[25]

3. 제1공화국의 방송

1) 국영 방송의 출범

정부 수립과 함께 한국의 방송은 국영화되었다. 미군정 말기인 1948년 6월 1일 군정청은 그동안 공보부가 운영하던 방송국을 조선방송협회로 복귀시켰다. 조선방송협회는 8월 6일 명칭도 대한방송협회라 고쳤으나 바로 다음날 제정된 정부조직법에 따라 방송국은 정부 공보처의 일개 부서로 다시 흡수되고 말았다. 이에 대한방송협회는 독립된 이사회에 의한 방송을 운영하고 국가는 관리만 하며 청취료 수입을 기반으로 운영할 것을 주장하는 건의서를 제출하는 등 반대 운동을 벌였으나[26] 소용이 없었다. 이에 따라 대한방송협회도 공보처의 행정국으로 통합되었으며 직원들은 공무원 발령을 받았다.

국영으로 운영된 자유당 정권기의 방송은 거의 절대적으로 국가의 영향력하에 있었다고 해도 과언이 아닐 것이다. 그러나 1950년대는 방송의 발전도 아직 미약한 상태였기 때문에 정부의 방송 정책도 일관성 있게 확립되지 못한 상태였다. 관련 법규도 제대로 정비되지 않아 기본적인 인허가 절차도 제대로 갖추어지지 못했다.

2) 방송 관련 법제의 정비

1950년 4월 10일 지방방송국 설치법을 공포함에 따라 서울중앙방송국이라는 명칭은 사라지고 다른 지방 방송국들과 마찬가지로 지명만을 붙여 서울방송국이라 불리었다. 하지만 1953년 공보처에 방송관리국이 신설될 때까지 서울방송국은 사실상 공보처 방송국 기능까지 담당하여 방송 현업을 수행하는 동시에 행정 관리 및 지방 방송국 총괄 업무까지 겸하였다. 초기에는 국영방송임에도 1949년부터 시행된 방송사업 특별회계법에 따라 정부 예산이 아니라 여전히 청취료에 의존하였다. 하지만 청취료만으로는 운영이 어렵고 그 인상도 쉽지 않자 1951년 4월 30일 청취료를 폐지하고 그 이듬해부터 정부의 일반회계 예산에 의존하여 방송을 운영하도록 하였다.[27]

한국 전쟁 발발과 함께 방송은 국방부가 관장하게 되어 정규 방송을 완전히 폐지하고 24시간 임시 편성 체제로 들어갔으며 국방부가 제공하는 전황 뉴스 외의 모든 프로그램은 정훈국 보도과의 검열을 받게 되었다. 그러나 개전 초 방송은 중대한 오보를 함으로써 국민에게 큰 혼란과 고통을 초래하는 오점을 남기고 말았다. 대전으로 피난 온 이승만 대통령이 6월 27일 밤 9시 특별 방송을 하였는데, 그 내용이 사실과 전혀 다른 것이었다. 이승만 대통령은 방송을 통해 국군이 이미 의정부를 탈환하였으며 서울을 사수할 것이니 서울 시민들은 안심하라고 말하였다. 이 내용을 녹음하여 그날 밤 여러 차례 재방송하였다.[28] 이 방송 내용을 믿고 서울에 남았던 많은 시민들이 희생당해야 했던 것이다.

휴전 이후인 1953년 8월 15일 자유당 정부는 방송의 기구 개편을 단행하였다. 서울방송국을 '서울지방방송국'으로 개칭하는 동시에 서울을 포함한 각 지방 방송국을 통괄하는 기구로 방송관리국을 공보처에 신설하였다. 신설된 방송관리국은 송신소, 중계소, 및 기타 방송 시설을 관장하며 각 지방 방송국의 관리와 편성 업무를 담당하게 되었다. 이 개편에 의해 KBS는 방송 실무만을, 방송관리국은 서울을 비롯한 각 지방 방송국의 지도, 관리 등을 맡아서 하게 되었다.[29]

전쟁 이후 한국 방송이 직면한 가장 큰 과제는 전쟁의 피해로부터 복구하는 것이었다. 피해 복구는 후방 전투가 소강상태에 들어간 1951년부터 시작되어 휴전 이후 본격화되었다. 1956년 10월 1일부터는 이중 방송을 실시하였다. 제1방송 HLKA는 970KHz로, 제2방송 HLSA는 710KHz로 방송을 실시하였다.

이 기간 중 해외 방송도 개시되어 점차 확장되었다. 그 출발은 1953년 8월 15일 국내 거주 외국인을 대상으로 하는 영어 방송이었다. 같은 해 12월 1일부터는 국내 화교와 중국을 대상으로 하는 중국어 방송을 시작하였다. 1955년 12월 1일 일본 국민과 재일 동포를 대상으로 하는 일본어 방송을 중파로 시작하였다. 1957년에는 수원송신소 50kw 단파 2대가 완성되어 9월 2일부터 북미주 서해안과 하와이에 보내는 단파 방송을 시작하였다. 1958년 4월 10일에는 동남아를 대상으로 한 영어와 프랑스어 방송, 그리고 1960년 3월 1일에는 유럽을 대상으로 한 해외 방송을 개시하였다.[30]

한편 1957년 12월에는 서울지방방송국이 다시 '서울중앙방송국'이라는 명칭으로 환원되었다. 1953년도의 직제 개편 이후에 다른 지방과 마찬가지로 '서울지방방송국'이 되었으나 실질적으로는 전국을 커버하는 중앙 방송국의 기능을 여전히 수행하면서도 명칭을 지방 방송국이라 하는 것은 모순이라는 비판이 많았다고 한다. 그리하여 다시 서울중앙방송국으로 환원된 것이다.[31]

1958년 1월 25일 공보실은 '방송의 일반적 기준에 관한 내규'를 제정하였다. 이때의 방송계는 후술하겠지만 기독교방송이라는 민간 방송과 HLKZ-TV도 생겨났지만 방송에 관한 기본법이나 편성에 관한 어떠한 기준도 만들어지지 않은 상태였다. 이러한 때에 방송 운영의 원칙을 언급한 내규가 제정되었던 것이다. 총 13개조로 이루어진 이 내규의 주요 골자는 방송의 역할과 사명을 포괄적으로 규정하고 있다. 이 내규는 비록 선언적 의미에 그친 것이었지만 방송의 운용에 관한 바람직한 기준을 최초로 만들려 했다는 점에서 그 의의를 찾을 수 있다.[32]

방송의 발전을 위해서는 수신기 보급 확대가 필수적이다. 1950년대의 라디오 수신기 보급은 매우 열악한 상황이었다. 1957년에 와서야 수신기의 국내 생산이 가능해진 것을 계기로 정부가 라디오 수신기 보급에 적극적으로 나섰다. 당시 공보실이 1957년부터 추진한 수신기 보급 정책은 크게 두 가지로 추진되었다. 먼저 1957년부터는 앰프촌을 설치하여 유선을 통해 라디오 방송을 들을 수 있게 하였으며 1958년부터는 수신기 없는 농어촌 부락에 라디오를 무상 배급하였다. 당시 무상 배급된 라디오 수신기는 약 2만 대에 달한 것으로 알려졌다.[33] 자유당 정부의 적극적인 라디오 수신기 보급 정책은 라디오 방송의 기반을 확대하여 방송 발전의 밑거름이 되었다고 볼 수 있다.

3) **기독교방송의 설립**

1954년 12월 15일에 개국한 기독교방송(CBS)은 이 땅의 방송 제도에 변화를 가져 오는 계기가 되었다. 종교 방송이라는 제약이 있기는 했지만 국영 방송 체제에 민간 방송이 등장한 것이다. 기독교방송이 설립 허가를 받은 것은 1949년 6월 15일이었다. 1948년 12월 17일 기독교연합회가 산하에 '음영위원회音影委員會'를 설치하고 방송국 설립을 추진하기 시작하였다. 그러나 한국전쟁으로 중단되었다가 휴전 후 1954년 4월 2일 체신부 장관으로부터 호출부호 HLKY, 주파수 700KHz, 출력 5kw로 허가를 얻어 그해 12월 15일에 CBS가 개국할 수 있었다. 초대 사장에는 설립의 주역을 담당했던 미국인 감의도(Otto E. Decamp)가 취임하였다. CBS의 운영 자금은 미국 개신교계의 매스컴위원회(RAVEMCO)에 의존하였다. 이 위원회는 방송 선교를 위해 설립된 단체였다. 이러한 재정적 뒷받침이 있었기에 기독교방송은 특수 방송으로서 선교와 음악 중심이었지만 수준 높은 방송을 할 수 있었고 지방에도 방송망을 확장해 나갈 수 있었다.[34]

출범 이후 기독교방송은 1955년 1월 1일 주파수를 840KHz로 바꾸었고 1957년 8월 15일에는 출력도 10kw로 증강하였다. 지방 방송망 확장에도 힘을 기울여 1959년 3월 26일 대구, 12월 23일 부산, 1961년 8월 1일 광주, 11월 1일 각각 지방 기독교방송국을 개국하였다.[35]

당시 기독교방송은 무엇보다도 깨끗한 음질 때문에 청취자들의 인기를 끌었으며 이것이 KBS의 경쟁 심리를 자극하였다고 한다. 미국으로부터 LP판을 기증받아 이것으로 음악을 틀어주니 청취자들의 호감을 샀다는 것이다. 이에 KBS에도 비상이 걸려 오재경 공보실장의 지시로 LP판 1만 장을 긴급 구입하는 소동을 빚기도 했다는 것이다.[36] 이와 같이 기독교방송의 개국은 제한적이나마 국영 방송 독점의 체제를 와해시킴으로써 방송 발전의 계기가 되었다고 할 수 있다.

4) 텔레비전 시대의 개막

1950년대의 방송에서 빼놓을 수 없는 역사적 사건이 있다면 바로 텔레비전의 도입이다. 1956년도 HLKZ-TV가 개국함으로써 이 땅에 텔레비전의 시대가 막을 열었던 것이다. 이는 세계에서는 17번째이며 아시아에서는 필리핀, 일본, 태국에 이어 4번째였다.

(1) 텔레비전 도입의 배경

1950년대의 한국 사회는 텔레비전이라는 매체를 운영하기에는 여러 가지로 미흡한 상태였다. 정치적으로나 사회 경제적으로 조건이 제대로 성숙되지 못한 채 텔레비전의 도입이 서둘러 이루어졌다. 당시 국민 소득이 100달러에도 못 미치는 수준이었으며 수신기를 생산하거나 프로그램을 제작할 능력도 없었고 텔레비전 발전의 밑거름이 되는 라디오 방송도 전쟁의 피해로부터 복구해야 할 시점이었다.

이러한 상황에서 서둘러 텔레비전의 도입이 이루어진 것은 미국 TV 산업의 시장 논리와 밀접한 관련을 맺고 있다. 미국의 텔레비전 산업은 2차 세계 대전 이후 급성장하였다. 특히 1950년대 들어와서 TV의 보급은 급격히 증가하였다. 1950년대 중반에 오면 전 국토의 97%가 가시청권에 포함될 정도로 방송망이 확충되었으며 수상기의 가구당 보급률도 80%를 넘어섰다. 이를 계기로 시장은 포화 상태에 이르러 수상기 판매는 1956년부터 감소 추세를 보이기 시작하였다.[37]

이러한 상황에 직면하여 미국의 TV 산업이 새로운 돌파구로 채택한 전략은 두 가지였다. 미국 국내 시장에는 컬러 TV를 서둘러 도입하고 흑백 TV는 새로운 시장을 창출하기 위해 해외로 진출하는 것이었다. 이때 해외 시장으로는 이미 미국과는 다른 방식으로 TV 방송을 실시하고 있던 유럽이나 동구권이 대상이 될 수는 없었기에 아직 TV를 도입하지 않은 제3세계가 대상이 될 수밖에 없었다. 이에 따라 제3세계 국가들 중 상당수가 1950년대 중반에 TV를 도입하게 되었다.[38] 당시 제3세계의 국가들은 대부분 정치적으로도 매우 불안하였으며 경제적으로도 극심한 어려움을 겪고 있었다. 하지만 미국의 TV 산업은 제3세계에 기본 설비의 외상 구매와 프로그램 제공 등 유혹적인 조건을 제시하였다. TV가 갖는 전시 효과 등의 정치적 측면을 고려한 제3세계 지도자들이 이 조건을 받아들임으로써 제3세계의 여러 나라들에 이때에 TV가 도입되었다. 이러한 맥락에서 한국에도 TV의 도입이 이루어졌던 것이다.

(2) 텔레비전의 도입 과정

당시 미국 RCA사의 국내 대리점을 경영하던 황태영은 1954년 공보부의 의뢰로 전쟁으로 파괴된 라디오 시설 복구에 필요한 자재를 구하기 위해 미국을 가게 되었다. 이때 미국의 TV 방송을 보고 관심을 갖게 된 황태영은 RCA 측이 제의한 수상기 200대와 방송 기본 설비 15만 달러어치를 외상 구매에 합의하였다. 황태영은 귀국 후 당시의 이승만 대통령에게 직접 TV 방송의 설치 필요성과 효과 등에 대해 건의서를 올렸다. 이에 이승만은 쾌히 승낙을 하였으며 동시에 체신부, 재무부, 관세청 등에 TV 방송 설치에 대한 요구에 협조해 주라는 공문이 내려졌다. 당시의 주역 황태영은 자유당 정부가 허가해 준 배경을 1956년에 있게 될 제3대 대통령 선거를 의식해서였다고 회고한 바 있다. 여기서 자유당 정부가 선거를 의식했다는 것은 선거에 텔레비전을 이용하려 했다는 것은 아니고 단지 선거 전에 국민에게 치적의 산물로 텔레비전이라는 새로운 문물을 제시하려 했던 것으로 보인다.

이러한 과정을 거쳐 황태영은 1956년 5월 12일 미국 RCA와 합작으로 한국RCA배급회사(KORCAD)를 설립하여 서울 종로구 관철동의 동일빌딩에서 한국 최초의 상업 TV 방송인 HLKZ-TV를 개국하였다. 초대 사장에는 미국인 J. 밀러J. Miller가 취임하였으며 황태영은 초대 국장을 맡았다.

(3) HLKZ-TV의 개국과 운영

1956년 5월 12일 첫 전파를 발사하는 데 성공한 HLKZ-TV는 6월 1일부터 격일로 저녁에 두 시간씩 정규 방송을 실시하였으며 11월 1일부터는 금요일을 제외하고는 매일 2시간씩 방송을 실시하였다. 그러나 제반 여건이 미비한 가운데 출범한 HLKZ-TV이었기에 여러 가지 어려움에 직면할 수밖에 없었다. 초기의 편성은 뉴스, 어린이, 주부 시간과 교양 좌담, 영어 교실, TV 스포츠, 퀴즈, 버라이어티 등 주로 라디오 방송의 패턴에 의한 편성이었으며 프로그램의 상당 부분을 미국 공보원과 RCA에 의존하였다.

당초 수상기 판매가 주된 목적이었으나 차질을 빚게 되었다. RCA의 수상기를 도입하는 과정에서 사치품으로 분류되어 세관에서 엄청난 관세가 부과되었기 때문이다. 17인치 수상기 한 대의 가격이 당시 시세로 쌀 21가마 값에 해당하는 비싼 가격이었다.[39] 이러한 상황에서 TV 수상기의 보급이 뜻대로 이루어질 수 없었다. 그래서 개국 초부터 사람들의 왕래가 많은 서울 시내 11개 지점에 40대의 수상기를 설치하여 방송을 실시하였다.[40]

HLKZ-TV는 상업 방송이었으므로 기본적으로 재정의 대부분을 광고에 의존해야 했다. 그러나 산업적 기반도 취약한 가운데 광고주가 될 만한 기업도 별로 없었고 그나마 수상기 보급도 얼마 안 되었기에 광고가 많을 수 없었다. 초창기 프로그램 중 광고주 제공 프로그램은 20%에 불과하였다고 한다. 이러한 여건 속에서 적자 운영을 피할 수 없었다.

결국 HLKZ-TV는 개국 1년이 채 안 된 1957년 5월 6일 〈한국일보〉 사장이던 장기영에게 운영권이 넘어 갔다. 장기영은 KORCAD의 TV 방송을 대한방송주식회사(DBC)로 개편하였으나 여전히 재정난에 시달려야 했다. 그러던 중 1959년 2월 2일 원인 불명의 화재로 송두리째 소실되고 말았다. 그 후 3월 1일부터는 AFKN과 미 공보원의 지원으로 AFKN-TV를 통하여 하루 30분씩 임시 방송을 하다가 1961년 12월 31일 KBS-TV가 개국하게 되자 HLKZ-TV는 그 채널 9와 제작 요원들 대부분을 KBS-TV에 넘겨주고 막을 내렸다.[41]

(4) HLKZ-TV 개국의 의의와 영향

여건도 제대로 갖추어지지 않은 채 서둘러 도입되었던 HLKZ-TV는 단명에 그치고 말았지만 그 의의와 영향은 적지 않았다. 미국의 기술 방식과 운영 체제를 도입함으로써 한국의 TV 방송이 현저하게 미국의 영향하에 놓이게 되었다. 기술적인 면에서도 미국식 NTSC 방식이 도입됨으로써 그 이후에 설립된 TV 방송들도 모두 이 방식을 채택할 수밖에 없었으며 1980년도 컬러

TV가 도입될 때도 마찬가지였다.

운영 체제 면에서도 미국식의 상업 제도가 도입됨으로써 이후 한국의 TV 방송 문화에 적지 않은 영향을 미쳤다. 당시는 라디오 방송도 아직 상업화되지 못했던 시점인데 미국의 영향하에 TV 방송을 도입하면서 상업 방송 제도가 채택되었던 것이다. 또한 HLKZ-TV의 연출부장이던 최창봉이 미 국무성의 초청으로 현지 연수를 받았다. 초창기 백지 상태에서 미국의 연수를 통하여 방송 제작에 관해 배워 온 것들이 그대로 우리 방송에 적용되었던 것이다. 당시 연수에 직접 참여했던 최창봉도 "그때 연수의 성과가 우리나라 방송의 기본이 되었다"고 회고하였다.

또한 HLKZ-TV는 이 땅에 TV 문화 발전을 앞당기는 하나의 요인이 되었다. HLKZ-TV가 개국하자 주한 미군들이 '우리에게도 TV를'이라는 구호로 텔레비전 방송국 설치 요구 시위를 벌여 1957년 9월 15일 AFKN-TV가 개국하게 되었다. 결국 HLKZ-TV가 AFKN-TV 개국을 앞당기는 요인이 되었던 것이다. 이 AFKN-TV는 주지하는 대로 미국의 상업주의적 대중 문화를 한국 사회에 유포하는 주요 메커니즘이 되었다. 또한 5·16 이후 군사 정부가 서둘러 KBS-TV 도입을 추진한 것도 HLKZ-TV에서 실무 경험을 쌓았던 요원들이 있었기 때문에 가능했던 것이다.

그뿐 아니라 자유당 정권은 1959년 초 국영 텔레비전을 설립하겠다는 구상을 발표하기까지 하였다. 당시 공보실장이던 오재경은 신년사에서 "HLKZ와 미8군에서 텔레비전을 시작한 이래 텔레비전에 대한 국민의 관심이 높아져 새해에는 서울중앙방송국에서도 텔레비전 방송 시설을 마련"하겠다는 계획을 발표하였다. 당시 이 구상은 반대 여론도 만만치 않았고 오재경 공보실장이 물러남으로써 실현되지는 못했다. 그러나 HLKZ-TV의 개국이 이와 같이 정부 차원에서 TV 방송을 운영하겠다는 계획에도 자극 요인이 되었음을 알 수 있다.[42]

5) 민간 상업 방송의 출현

(1) 부산문화방송 개국의 배경과 과정

1959년에는 라디오 방송에서도 상업 방송국이 등장하였다. 그해 4월 15일 부산문화방송이 개국한 것이다. 부산에서 최초의 상업 방송이 생긴 것은 일본의 방송과 밀접한 관련이 있다. 지리적으로 일본과 인접한 부산 지역에서는 1951년 개국한 후쿠오카의 '라디오 큐슈(RKB)'와 1954년에 개국한 '큐슈 아사히방송(KBC)'이 수신 가능했다.[43] 따라서 부산 지역민들은 일본의 상업 방송에 어느 정도 익숙해 있으면서 일본 방송의 영향에 노출되어 있던 상황이었다. 이러한 상황에서 부산의 실업인 김상용은 라디오 상회를 운영하던 정환옥의 권유를 받아들여 상업 방송을 세울 결심을 하게 되었다. 당시 이들은 일본 방송이 인기를 끌었던 상황이기에 사업적 가능성이 있다고 판단했던 것이다.

그러나 1957년 8월 체신부에 제출한 설립허가원은 그해 12월 '시설 및 구비 조건 미비'라는 이유로 반려되었다. 1958년 1월에도 부산문화방송국 창립발기인회를 조직하여 재차 허가 신청을 했으나 좀처럼 허가는 나지 않았다. 정부가 이처럼 허가를 꺼린 것은 정부의 직접 관장하에 있지 않는 방송을 달갑지 않게 생각하고 또 상업 방송은 저속해질 우려가 있으며 광고 방송으로 인해 낭비 풍조가 만연할 수 있다고 우려했기 때문으로 보인다.[44]

그러나 김상용과 정환옥과 주변 인사들이 백방으로 노력한 끝에 1958년 7월 14일부로 '상업용방송 무선전화시설허가'와 '상업용방송 송신무선전화시설허가'를 받아 내어 그해 8월 25일에 자본금 2억 원의 주식회사 부산문화방송국을 설립하고 마침내 1959년 4월 15일 개국할 수 있었다.

(2) 부산문화방송의 운영

부산문화방송은 시험 방송 기간부터 '즐거운 프로그램,' '무료 봉사' 등 국민에게 즐거움을 선사하고 봉사하는 방송국이라는 이미지를 강조하였다. 상업 방송으로서 연예·오락 프로그램을 강화하여 청취자들의 인기를 끄는 데 주력하였다. 대중 음악 방송에 치중하면서 서구 문물의 수용에도 적극적인 자세를 취했다.[45]

그럼에도 불구하고 부산문화방송의 경영은 순조롭지 못했다. 창사 이후 주식 대금 불입이 순조롭지 못한 가운데 시설 투자만 일방적으로 계속되었다. 또한 인기가 높은 프로그램을 서울에서 제작해 오는 데서 생기는 과다한 비용 부담 등으로 인해 경영은 날로 악화되었다. 뿐만 아니라 이미 광고를 계약한 광고주들도 광고 요금이 비싸다는 이유로 방송 중단을 요청해 오는 사례까지 나타났다. 그리하여 개국 첫해인 1959년 말까지 800만 환의 적자를 기록했다.[46] 이러한 경영난 속에 부산문화방송의 경영권은 1960년 4월 7일 〈부산일보〉와 조선견직을 경영하던 김지태에게 넘어가고 말았다.

(3) 부산문화방송 개국의 의의

1959년도에 개국한 부산문화방송은 한국 방송사에서 최초의 상업 방송이었다는 점에서 의의를 지닌다. 1954년도에 기독교방송이 최초의 민간 방송으로 등장하기는 하였지만 선교를 주목적으로 하는 종교 방송이었다. 이런 의미에서 1959년 부산문화방송의 개국은 본격 상업 방송의 시대를 열었다는 의의를 지닌다. 부산문화방송의 개국을 계기로 민간 상업 방송들이 속속 뒤를 이었다. 부산문화방송 사장인 김상용은 4·19 전인 1959년 6월 18일에 서울에 방송국을 설치할 수 있다는 허가를 받았다. 그러나 4·19로 개국 준비에 차질을 빚더니 5·16 이후에 허가가 취소되어 버렸다.[47] 그리하여 후속 상업 방송의 개국은 5·16 이후로 미루어졌다. 이와 같이 부산문화방송의 개국은 국영 라디오가 독점적으로 운영하던 시대를 벗어나서 상업 방송과 공존하며 경쟁의 시대로 들어가게 되는 계기가 되었다.

6) 라디오 수신기의 보급

1950년대 들어 라디오 수신기의 보급도 전술한 정부의 무상 보급 정책 등에 의해 꾸준히 증가하였다. 1950년대 초만 하더라도 실태조차 제대로 파악하지 못하였으나 1959년에는 31만 6000대, 1960년에는 42만여 대로 늘어났다. 그나마 대부분 도시에 집중되어 있고 증가율도 도시가 농촌보다 훨씬 높았다. 농촌에는 수신기가 한 대도 없는 부락들도 많았다. 이러한 격차를 조금이나마 바로 잡아 보기 위해 1950년대 말부터 농어촌에 라디오를 보내는 정책이 시행된 것이다. 특히 1957년부터는 라디오 수신기의 국내 생산이 가능해졌다. 1957년에 삼양전기, 그리고 1958년에 금성사가 생산업체를 설립함으로써 국내 생산에 돌입한 것이다.[48] 이로써 라디오의 보급이 본격화될 수 있는 기반이 마련된 셈이다.

표 19는 제1공화국 시기 라디오 수신기 보급의 추이를 정리한 것이다. 정부 수립 직후인 1948년 15만 6000여 대로 출발하였으나 이후 감소하여 1957년경 13만 7000여 대로 줄었다. 이는 한국 전쟁이 커다란 요인이 되었

표 19 제1공화국기 라디오 수신기의 보급

<table>
<tr><th rowspan="2">연도</th><th colspan="2">라디오 수신기</th><th rowspan="2">인구 1000명당 보급 대수</th></tr>
<tr><th>각종 라디오</th><th>유선 방송 스피커</th></tr>
<tr><td>1948</td><td colspan="2">156,733</td><td>7.83</td></tr>
<tr><td>1949. 3.</td><td colspan="2">144,412</td><td>7.15</td></tr>
<tr><td>1957. 1.</td><td colspan="2">137,031</td><td>6.43</td></tr>
<tr><td>1959. 12.</td><td colspan="2">346,154</td><td>15.07</td></tr>
<tr><td>1960</td><td colspan="2">420,414</td><td>16.82</td></tr>
<tr><td rowspan="2">1961. 9</td><td colspan="2">707,033</td><td rowspan="2">27.44</td></tr>
<tr><td>588519</td><td>118514</td></tr>
</table>

출처: 김영희(2009), 앞의 책, p.227.

을 것이다. 그 이후 비약적인 성장세로 전환하였다. 1959년에는 34만 6000여 대로 2년여 만에 2.5배로 증가하였으며 이러한 증가세는 그 이후에도 지속되었다. 1950년대 후반의 이러한 급증세는 전술한 대로 정부의 적극적 보급 정책의 결과라고 볼 수 있다.

이와 같이 제한된 보급 상황이었지만 라디오 방송의 보급이 꾸준히 확대되며 1950년대 후반부터 국민의 사랑을 받으면서 새로운 문화생활이자 오락 수단으로 정착되어 갔다.

11장

제2공화국의 언론

1. 4·19 혁명과 언론

자유당 독재 정권의 부정부패는 1960년 3월 15일의 선거에서 극에 달했다. 이 3·15 부정 선거는 곧 민생고에 시달리던 민중의 직접적인 저항을 불러일으켰다. 이것이 바로 4·19 혁명이다. 4·19 혁명에서 중요한 역할을 한 것이 바로 당시의 언론이다. 자유당의 엄중한 탄압 속에서도 권력에 대한 비판적인 논조를 견지해 온 당시의 언론들이 없었다면 4·19 혁명의 과정에서 나타난 민중의 적극적인 참여는 아마도 불가능했을 것이다. 당시 야당지를 중심으로 한 언론의 비판적인 논조가 있었기에 민중도 독재 정권에 대한 비판적인 인식이 가능했으며 이를 토대로 하여 민중이 4·19 혁명에 주체적으로 참여할 수 있었던 것이다.

4·19 혁명의 과정에서는 부산 지역의 언론이 두드러진 역할을 하였다. 이는 4·19의 도화선이 되었던 마산과 지리적으로 가까웠다는 점도 있지만 부산의 신문들이 자유당 독재 정권에 대해 비판적 논조를 견지하였으며, 당시 막 생겨난 상업 방송인 부산MBC가 국영 방송인 KBS와는 다르게 신속

하고 공정한 보도를 통해 기민한 대응을 보여 주었기 때문이다.[1]

당시 〈부산일보〉는 3·15 마산 의거 때 행방불명된 김주열 군이 시체로 마산 앞 바다에 떠 오른 사진을 신문으로서는 최초로 보도하였다. 3·15 마산 의거 이후 행방불명이던 김주열 군이 4월 11일 마산 앞바다에서 머리와 눈에 최루탄이 박힌 참혹한 시체로 떠올랐다. 이 참혹한 시체의 적나라한 사진을 〈부산일보〉가 4월 12일자 지면에 가장 먼저 보도하였다. 이 사진이 AP 통신을 통해 전 세계에 전파되어 자유당 정부의 무자비한 탄압과 한국 사태의 심각성을 널리 알리게 되었다. 당시 미국 대통령 아이젠하워는 이 사진에 충격을 받고 국무장관에게 성명 발표를 지시한 것으로 알려졌으며 이 사진은 그해 퓰리처상 후보로까지 거론될 정도였다.[2] 이 사진은 3·15 부정 선거에 대한 항의 시위를 더욱 격렬하게 만들어 4·19 혁명의 불씨가 되었다고 평가되고 있다.[3]

방송 매체의 경우도 부산의 매체들이 4·19 혁명에 적지 않은 기여를 하였다. 4·19의 전개 과정에서 국영 방송인 KBS는 침묵으로 일관해 청취자들로부터 외면당한 반면 민간 방송인 부산문화방송과 CBS는 기민한 대응으로 사태 전개에 중요한 역할을 하면서 국민의 호응을 불러일으켰던 것이다.[4]

부산문화방송은 기동성과 현장성을 충분히 살린 속보로 방송 매체의 장점을 최대한 발휘하였다. 3·15 마산 의거 첫날부터 현장의 상황을 녹음하여 이 테이프를 부산으로 보내어 방송하였다. 4월 11일에는 전술한 김주열 군 시체의 인양 소식을 부산문화방송이 4월 11일 최초로 특종 보도하였다. 이후 시위가 더욱 격화되는 가운데 부산문화방송은 이 상황을 계속 녹음을 통해 생생한 현장을 중계하였으며, 김주열 군 어머니의 육성 인터뷰도 전파를 통해 방송하였다.[5] 4월 18일의 고려대생 데모 상황이나 4월 19일의 서울 상황도 부산문화방송은 서울 지사에서 현장을 녹음해 방송하였다.[6] 그해 4월 초 부산일보사의 김지태가 부산문화방송 주식을 인수하고 회장에 취임하여 자매 회사 관계가 되자 4·19 혁명의 전개 과정에서 부산문화방송의 마이크를

부산일보 사장실에 설치해 놓고 양사 합동으로 신속한 보도에 총력을 기울였다.[7]

이처럼 4·19 혁명의 전개 과정에서 부산의 신문과 방송이 커다란 기여를 하였다. '4·19는 부산의 신문 방송들이 불 지른 것이다'라는 평가까지 나올 정도다. 이러한 부산 언론의 활약은 당시 자유당 정권의 엄중한 언론 탄압 속에서 나온 것이었기에[8] 더욱 그 의의를 높게 평가할 수 있다.

2. 제2공화국의 신문

1) 언론 자유의 만개

4·19의 승리로 쟁취된 자유의 바람은 언론계에도 불어왔다. 허정을 수반으로 한 과도 정부는 1960년 7월 1일 법률 제553호로서 '신문 및 정당 등의 등록에 관한 법률'을 공포하였다. 이것은 신문, 잡지 등에 대한 등록제를 의미하는 것이었다. 이로써 미군정 법령 제88호는 사실상 폐기되었고 정기간행물에 대한 허가제도 폐지되었다.

문호가 개방되자 전국 각지에서 신문을 비롯한 각종 통신과 잡지들이 쏟아져 나왔다. 등록제 이후 5개월 만인 1960년 12월 말 현재 일간 신문은 41개에서 389개로 10배 가까이 늘어났다. 주간지는 136개에서 476개로, 월간지는 400개에서 470개, 통신사는 14개에서 274개로 늘어났다.[9] 그야말로 폭발적인 증가라 할 수 있다. 물론 이 매체들이 전부 살아남았던 것은 아니다. 표 20은 4·19 혁명 직전부터 1961년 2월 말까지 언론 발행 상황의 변화를 정리한 것이다. 4·19 전에는 41종에 불과하던 일간 신문의 수가 1961년 2월 28일 현재 112개로 늘어났으며 주간 신문이나 잡지 등 다른 정기간행물들도 이 기간 중에 2배 내지 3배로 늘어났다. 표 중 '고발' 항목은 창간 예정

표 20 제2공화국기 정기간행물 등록 및 발행 상황

구분	4·19 전 등록	4·19 후 등록	자진 폐간	고발	제호 변경	발행 중
일간지	41	83	12	30	3	112
주간지	136	377	44	60	38	469
통신	14	271	24	32	9	261
월간	400	88	30	–	8	458
기타	118	66	9	–	10	175
계	709	885	119	112	95	1,475

출처: 〈편집인협회보〉, 제6호, 1961. 4. 5.

일을 세 차례나 지키지 못하거나 휴간 신고도 없이 납본 의무를 다하지 않은 간행물에 대해 국무원 사무처가 검찰에 고발 조치한 정기간행물들을 말한다. 1961년 현재 발행 중인 간행물만 해도 4·19 혁명 이전의 2배가 넘는다.

시장이 갑자기 폭증할 리는 없는데 이처럼 매체가 단기간에 급격히 늘어나는 것은 누구든 발행인의 이력서로 신고만 하면[10] 매체를 발행할 수 있는 제도에서 1차적인 원인을 찾을 수 있겠지만 자유당 독재 시대의 억압과 통제에 대한 반작용이 밑바탕에 있었다. 또한 초창기부터 정치적, 사회적으로 커다란 영향력을 발휘하는 언론을 권력으로 보는 인식도 중요한 요인이 되었다. 사회적으로나 정치적으로 끗발 있는 기관이 될 수 있는 언론사를 설립하여 이를 바탕으로 여러 이권에 개입하려는 사람들도 많았기에 전국적으로 많은 매체들이 생겨나게 되었던 것이다.

그러나 제한된 시장에 이처럼 과도한 매체가 발행된다는 것은 여러 가지 부작용이 뒤따르게 됨을 의미한다. 사이비 기자 문제가 대표적이다. 산업적 기반도 없는 가운데 우후죽순격처럼 생겨난 신문사들 중 상당수는 기자들 월급도 제대로 지급하지 않는 상황이었다. 여기서 심각한 사회 문제가 배태될 수밖에 없었다.

지나친 경쟁은 필연적으로 선정주의를 부르게 마련이다. 독자들의 시선을 사로잡아야 살아남을 수 있다는 인식에서 근거도 희박한 사안을 뻥튀기하여 대서특필하는 보도가 남발하였다. 정부에 대한 비판을 경쟁적으로 펼쳐 나갔으며 각급 공기관을 비판하면서 이권을 챙기려는 행태가 만연하였다. 이로 인해 본연의 업무에 지장을 초래하는 사례가 빈번할 정도였다고 한다. 이러한 상황은 '언론망국론'이라는 논의까지 등장[11]하게 만들 지경이었다.

2) 언론 자유의 이면

제2공화국 언론 자유가 가져온 가장 큰 부작용으로는 사이비 기자의 문제를 들 수 있다. 1961년 초 국무원 사무처 출판과에 의하면 기자라고 칭하며 활동하는 사람이 전국적으로 10만 명에 이른다.[12] 앞서 인용한 1961년 말경 등록 매체 수는 월간지와 통신사까지 합치면 1600개를 약간 넘는다. 단순 계산해 보면 매체사별로 평균 62명이 넘는 기자가 있었다는 말이 된다. 아마 이 수준을 유지하는 언론사는 규모 있는 일간지들뿐이었을 것이다. 국무원 출판과에 의하면 이 중 90% 정도가 '민폐 또는 관폐로 생활을 유지'하는 사람들이라는 것이다. 다시 말해 이들 대부분이 사이비 기자로서 사회 문제를 야기시켰던 것이다.

사이비 기자 문제는 이때에 비롯된 것은 아니었다. 해방 직후부터 언론사의 수가 급증하면서 언론인 숫자도 늘었지만 그와 함께 가짜 기자증을 가지고 다니면서 공갈과 협박을 일삼는 사이비 기자들이 생기기 시작하였다. 한국 전쟁기에도 어렵고 혼란스러운 국면에서 기자증이 남발되곤 하였다. 이때부터 경찰이나 정치권도 나서서 사이비 기자를 구속하기도 했지만 이것만으로 근절되기는 불가능할 만큼 뿌리가 깊어서 지속되다가 제2공화국에 들어서 다시 이 문제가 커다란 사회적 이슈로 비화된 것이다. 이때의 사이비 기자 문제는 제도가 바뀌자 언론사들이 갑자기 불어난 탓이기도 했지만 이러

한 부작용이 먹혀들고 뿌리를 내릴 만큼 사회의 부정과 부조리도 심했기 때문이었다.[13]

급기야는 시민들이 사이비 기자를 몰아내자는 시위에 나서기까지 했다. 1961년 2월 21일 논산에서 400여 명의 시민이 '악덕 기자 물러가라'는 플래카드를 들고 시위를 벌였다. 이는 2월 15일자 〈동아일보〉가 제2훈련소의 급식 비리 사건을 보도하자 훈련소 당국이 '동아일보 구독 금지'에서부터 시작하여 군인 가족들을 타 지역으로 이주시킴으로써 상권을 잃게 된 주민들이 시위에 나섰다는 것이다. 〈경향신문〉 1961년 2월 23일자 사설은 "악덕 기자 배척 데모를 보고"라는 제목으로 이 사실을 언급하며 훈련소 당국이 보도에 문제가 있으면 다른 방식으로 문제 제기하면 될 텐데 구독 금지 조치까지 내린 것은 과잉 조치라며 비판하였다. 이는 사이비 기자들의 악폐에 직접 피해를 당한 주민들이 시위에 나선 것이지만 그 이면에는 당시 한국 사회의 부정과 부조리가 자리하고 있었음을 잘 보여 준다.

이러한 사이비 기자 문제는 독재 정권 치하에서 권력과 야합했던 언론에 대한 숙청론과 함께 언론계 정화 문제로 비화되어 한국신문편집인협회(이하 편협)가 나서게 되었다. 편협은 부정으로 금품을 수수했거나 부정 선거에 곡필을 휘둘러 협조한 자들에 대한 조사에 착수하였다. 그러나 이 조사에 대해 언론계는 비협조적으로 나와서 소기의 성과를 거둘 수는 없었다. 이에 따라 편협은 1960년 10월 28일 부정 선거 관계자의 자숙과 앞으로는 기자가 출입처에서 금품을 받는 일이 근절되어야 한다는 호소의 성명을 내는 데 그치고 말았다.[14]

3) 언론 노조 운동의 대두

4·19 혁명 이후의 민주화 분위기 속에서 언론계가 활성화되며 언론 노조 운동도 싹을 틔우게 되었다. 언론 부문에서 가장 먼저 노동조합이 결성된 곳은

대구의 〈대구일보〉로, 그해 5월 15일에 노동조합을 결성하였다.[15] 6월에 들어서면서 이 움직임이 확산되어 6월 17일에 서울의 〈연합신문〉에 노조가 결성되었으며[16] 6월 22일에는 서울의 〈평화신문〉에도 노조가 결성되었다.[17]

부산에서도 6월 19일 언론 노동조합이 결성되었다. 〈국제신보〉 1960년 6월 19일자를 보면 "오늘 하오 결성/언론출판노조"라는 1단의 제목으로 "부산지구 언론출판노동조합 결성대회가 19일 하오 2시 시내 중구 광복동 미화당 홀에서 열린다. 부산 지구의 모든 언론 출판계인이 참가하게 될 이 노동조합은 4월 혁명의 선봉을 선 언론출판인의 권익을 옹호하기 위한 것이다"라고 짤막하게 전하고 있다. 이는 언론인들의 노동조합이 아니라 부산의 출판과 인쇄 분야 노동자들이 결성한 조직으로 보인다.[18] 여기에 신문사 공무국 종사자들도 함께 참여했던 것으로 볼 수 있다.

부산 지역 언론인들의 노조가 결성된 것은 그해 9월 4일이다. 이날 부산 지역의 일간 신문과 방송사의 소속 언론인들은 오후에 각 단위 노동조합을 결성하고 저녁 6시에 시내 동광국민학교 강당에 모여 부산 지구 신문방송종업원노동조합연합회를 결성하였다. 이날 대회에서 언론인들은 '언론의 창달과 그들의 사회적 경제적 지위 향상을 위해 투쟁할 것'을 널리 선언하고 강령과 규약을 채택하였다.[19]

이때의 언론 노조들은 교원과 금융 종사자들의 노동조합이 결성되는 등 지식인 노조 운동이 활성화되는 분위기 속에서 이루어진 것으로서 주로 대우 문제나 기업 경영의 문제에 치중하였다. 하지만 다음해 5·16 쿠데타로 군부 세력이 집권하여 교원 노조에 대대적인 탄압을 가하면서 언론 노조도 유명무실해지고 말았다.

4) 독자들의 신문에 대한 집단행동

언론 자유를 만끽하던 이 시대에는 독자들의 과도한 집단행동도 줄을 이었다. 신문의 보도가 문제가 있거나 마음에 들지 않으면 바로 집단행동에 나섰던 것이다. 1960년 5월 21일 연세대생 400여 명이 한국일보사 앞에서 연좌시위를 벌였다. 연대생들은 당시 〈한국일보〉가 연재하던 정비석의 소설《혁명전야》의 내용에 불만을 품고 시위를 벌인 것이다. 문제 삼은 내용은 돈이 생기면 "고대생은 막걸리를 마시고 연대생은 구두를 닦고, 서울대생은 노트를 산다"며 각 대학교 학생들의 분위기와 성향을 비교, 풍자한 것이었다. 연대생들이 시위를 벌이며 거세게 항의하자 〈한국일보〉는 소설 연재를 사흘만에 중단하였다.[20]

1960년 6월 1일에는 부산의 동아대생 1000여 명이 부산일보사 편집국에 몰려들어가 서류와 기물을 파괴하여 그날 석간을 발행하지 못하는 초유의 사태가 발생하였다. 동아대생들이 난동을 부린 이유는 〈부산일보〉 5월 31일자 "총장배척운동/동아대생들이"이라는 제목의 기사가 사실과 다르다는 불만 때문이었다. 이 기사는 "동아대학교 문리과대학을 위주로 한 전교생이 동교 총장 정재환 씨의 독재성을 지적하고 사퇴를 요구하는 연판장 서명을 31일 상오부터 전개했다"는 내용이었다.

〈부산일보〉의 편집국에 몰려온 동아대생들은 언론인들에게 폭력을 행사하여 부상자가 발생케 하였으며 취재 중이던 다른 언론사 기자들에게도 폭력을 휘둘렀다. 뿐만 아니라 학생들은 언론인들을 협박, 강요하여 자신들이 작성한 내용으로 호외 10만 장을 발행하여 부산 시내에 배포하기까지 하였다.[21] 신문사 편집국을 폭력으로 점거하고 파괴하는 것도 있어서는 안 될 일이었지만 더구나 언론인들을 협박하여 자신들의 요구대로 호외를 발행토록 하여 이를 배포까지 했다는 것은 그야말로 유례를 찾아보기 힘든 폭거라 하지 않을 수 없다.[22]

이 사건이 당시 한국 사회에 던진 충격파는 대단히 컸다. 서울의 각 언론들도 연일 이 사건을 톱기사와 사설 등으로 집중적으로 다루면서 강도 높게 비판하였다. 정치권도 이 문제에 대해 즉각 반응을 보였다. 과도 정부 수반 허정은 1960년 6월 2일 열린 정례 기자회견에서 폭력으로 법질서를 파괴하는 것은 단호히 처단할 것이라고 강경한 입장을 발표하였다. 국회에서도 문제가 되어 사태를 방치한 치안 당국에 책임을 추궁하였다.[23]

사태의 여파가 이처럼 크게 확산되자 동아대 정재환 총장은 6월 2일 오후 1시경 옥외 농성 중인 〈부산일보〉 사원들에게 무조건 사과하고 학생들의 잘못은 학교 측에서 책임질 것을 약속하였다. 이로써 12시간 동안 농성을 계속했던 200여 명의 〈부산일보〉 사원들은 이날 오후 1시 반 해산하였다.[24]

검찰의 수사 결과 이 사건은 동아대 측이 학생들을 동원해서 빚어진 사태로 밝혀졌다. 학교 재단 측과 인척 관계인 교수가 주도하였다는 것이다. 이 교수는 재단에 대한 빗나간 충성심에서 학생들을 배후 조종하였으며 학교 직원들이 버스를 대절하여 학생들을 수송하고 점심도 제공하였다는 것이다. 사건을 배후 조종한 혐의로 문제의 동아대 교수 1명이 구속되었고 학교 직원 등 4명이 입건되었으며 법대생 1명도 구속되었다.[25] 이 사건은 사학의 비리를 보도한 언론의 내용에 불만을 품은 대학이 학생들을 부추겨서 한국 언론의 역사에 커다란 오점을 남긴 사례라 할 수 있다.

이 외에도 〈대전일보〉가 청주대 학생들의 집단 항의와 압력을 받아 보도에 어려움을 겪기도 하였으며 부산의 〈민주신보〉에도 100여 명의 부녀자가 신문사에 침입하여 난동을 부린 일도 있었다. 〈동아일보〉도 숭문고 학생들의 데모 위협과 박태선 장로가 교주로 있는 전도관의 습격을 받아 신문 제작에 지장을 초래하기도 하였다.[26] 이러한 사례들은 제2공화국의 언론 자유가 낳은 또 하나의 그늘이라 할 수 있다.

5) 독자들의 〈국제신보〉 돕기 운동

독자들이 신문을 공격하기만 한 것은 아니었다. 다른 한편으로 경영난 때문에 신문 발행이 어려울 지경에 처한 신문을 독자들이 나서서 격려와 성금을 보낸 사례도 있었다. 계속된 경영난으로 부산의 〈국제신보〉가 신문 발행이 어려울 지경에 이르렀다. 1961년 4월 24일자 신문을 인쇄하는 과정에서 용지가 떨어져 일부 지역에 신문이 배달되지 못했고 4월 25일자 조석간은 전혀 인쇄를 못하였다. 이에 〈국제신보〉는 1961년 4월 26일자 1면 왼쪽 상단에 "삼가 사과를 올립니다"라는 제목의 공지를 통해 그동안의 어려움과 경위를 설명하였다.

이를 보고 바로 부산의 부민동에 사는 이권기李權基라는 독자가 '속간 격려금'이라는 명목으로 일금 2만 환을 보내 왔다. 〈국제신보〉는 4월 27일자에 1면에 이 사실을 보도하면서 바로 옆에 '삼가 아뢥니다'라는 종업원 일동의 메시지를 게재하여 독자들의 성원을 호소하였다. 이를 계기로 〈국제신보〉를 돕기 위한 독자들의 격려 편지와 성금이 쇄도하기 시작하였다. 4월 28일자 1면에도 "본보 속간 격려금"이라는 제목으로 작게는 500환부터 많게는 2만 환까지 격려금을 보내준 세 사람과 함께 제과점으로 보이는 '부산 뉴욕'에서 양과자 7뭉치를 보낸 사실을 기록하고 말미에는 4만 1500환과 양과자 7뭉치라는 집계도 기록하였다. 또한 바로 옆에는 종업원 일동의 '감사합니다'라는 제목의 인사말을 통해 감사를 표하며 벅찬 감정을 숨기지 않았다.

그 후로도 〈국제신보〉는 매일 1면이나 3면에 '감사합니다'라는 제목으로 독자들의 성금 내역을 5월 2일자까지 게재하였다. 주로 부산 지역의 시민들이 계층을 초월하여 의연금에 참여하였다. 4월 27일부터 5월 2일까지 6일간에 걸쳐 총 89건의 성금과 격려품이 접수되었다. 이 중에는 서울 지사를 통해 접수된 성금도 4건 있었다. 그 외에 격려 편지도 여러 통이 접수되어 그 중 일부는 지면을 통해서도 소개하였으며 신문사를 격려차 방문하는 사람들도 122명에 이르렀다.[27]

〈국제신보〉 살리기 운동은 부산 지역을 중심으로 시민들의 자발적 참여가 중심이 되었다. 이러한 독자들의 운동은 신문의 역할에 대한 긍정적 평가가 밑바탕이 되어야 비로소 가능한 것이다. 개화기 언론사를 보면 1903년

〈황성신문〉, 1907년 〈제국신문〉이 경영난으로 신문을 정간할 지경에 이르자 전국의 독자들이 격려 편지와 함께 의연금을 보냈던 선례가 있기는 하다. 〈국제신보〉의 사례는 해방 이후 한국 언론사에서 수용자들이 자발적으로 나서서 언론 돕기 운동을 펼친 최초의 사례로 평가할 수 있다.

6) 언론 자유의 한계

제2공화국기 언론에서 가장 큰 변화 중 하나는 혁신계 세력을 대변하는 〈민족일보〉의 창간이었다. 전술한 대로 미군정 3년을 거치면서 자취를 감추었던 진보적 신문이 이때에 다시 모습을 드러냈던 것이다. 4·19 혁명 이후 혁신계 세력들은 그때까지 금기시되어 오던 반외세 자주화 운동과 민족 통일 운동을 주장하며 그들의 입장을 대변할 신문의 창간을 시도하였다. 이에 따라 재일교포 출신의 조용수를 사장으로 하고 간부는 각 계파가 고루 참여하여 1961년 2월 13일 〈민족일보〉를 창간하였다. 〈민족일보〉는 '민족의 진로를 가리키는 신문,' '부정과 부패를 고발하는 신문,' '근로 대중의 권익을 옹호하는 신문,' '조국의 통일을 호소하는 신문'이라는 네 가지를 사시로 표방하였다. 이 신문은 한때 3만 5000부를 발행할 정도로 큰 반향을 불러일으켰다.

하지만 보수 세력의 반발도 만만치 않았다. 창간 이전부터 조총련계 자금 유입설이 유포되며 국회에서 논란이 되기도 하였다. 창간 후에도 민주당 정부는 여러 수단을 동원하여 〈민족일보〉를 탄압하였다. 당시 서울신문사의 시설을 빌어 인쇄하고 있었는데, 민주당 정부가 압력을 넣어 〈민족일보〉의 인쇄를 중단토록 하였다.[28] 또한 그해 4월 하순에는 동경 지사로의 수출 신청을 기각하였다. 해외 동포들에게 나쁜 영향을 미친다는 이유였다.[29]

이와 같은 탄압에도 불구하고 〈민족일보〉는 계속 발간되다가 5·16 쿠데타 이후 사장 조용수는 사형당하고 7명의 간부들이 실형을 선고받고는 폐간되고 말았다. 조총련계 자금으로 발간되어 괴리 집단이 지향하는 목적 수행에 적극 활약해 왔다는 이유였다. 하지만 조용수를 사형까지 시킨 이유는 쿠데타에 성공한 박정희가 과거 남로당에 가입했던 자신의 경력 때문에 미국으로부터 쿠데타를 인정받지 못할까봐 자신이 과거와는 다르다는 것을 보여 주기 위한 것이었다.[30] 다시 말해 박정희의 권력 야욕에 젊은 청년 조용수가 제물이자 희생양이 되고 말았던 것이다.

〈민족일보〉의 사례는 제2공화국기 언론의 자유가 꽃피었다고는 하나, 이것도 분단 체제하에서 지배 이데올로기의 한 축을 이루는 반공 이데올로기의 한계를 벗어나지는 못했음을 잘 보여 준다.

3. 제2공화국의 방송

제2공화국기 방송에는 커다란 변화는 없었다. 당시 정부도 방송에 대해서는 뚜렷한 정책조차 수립하지 못한 상태였다. 단지 이 기간 중에는 두 개의 민간 상업 방송 허가가 났다. 먼저 상업 방송 허가를 받은 곳은 동아일보사였다. 1961년 1월 16일 '라디오 동아'는 체신부로부터 상업용 방송 무선 전화 시설 허가를 받았다. 호출 부호는 HLKJ, 주파수는 1230KHz였다. 그다음이 서울민간방송주식회사였다. 이 서울민간방송은 1961년 1월 28일 호출 부호 HLKV, 주파수 1380KHz로 허가를 받았다. 이 두 방송이 개국한 것은 5·16 쿠데타 이후로, 동아방송이 1963년 4월 25일, 서울민간방송이 1961년 12월 2일에 각각 개국하였다.

한편 이 시기에는 독재 정권하에서 국영 방송이 보여 주었던 편파 방송에 대한 반작용으로 4·19 혁명 직후 방송 중립화 내지는 민영화 움직임이 태동하였다. 이는 4·19 혁명의 물결 속에서 이승만 대통령이 하야 성명을 발표한 4월 26일 서울중앙방송국의 아나운서들이 방송 중립화와 편파 방송 거부를 선언하면서 시작되었다. 28명이 서명한 선언에서 아나운서들은 국영 방

송의 과거에 대해 '한없는 자괴를 금치 못한'다면서 다음과 같은 4개항을 결의하였다.[31]

一. 방송은 본연의 자세로 돌아가 불편부당 공정성을 유지해야 한다.

一. 우리들은 방송의 중립화를 요구한다.

一. 우리들은 앞으로 공정성을 잃은 일체의 편파적인 방송을 거부한다.

一. 우리들의 이 요구가 관철되지 않을 경우에는 총 사직도 불사한다.

방송인들의 선언에 신문들도 호응하며 경찰의 중립화와 함께 방송의 중립화 내지는 민주화가 필요하다고 주장하였다. 이는 그만큼 자유당 정권하에서 국영 방송이 보여 주었던 왜곡된 모습에 대해 비판적인 공감대가 존재했었음을 말해 준다. 그러나 이 선언은 구체적인 행동으로 뒷받침되지 못했다. 따라서 이 선언의 성격은 당시 공무원 신분이었던 KBS 직원들이 부끄러운 과거에 대한 양심선언과 같은 의미를 지니는 것으로 볼 수 있다.

왜곡된 방송을 바로 잡자는 움직임은 다른 주체들에 의해 지속되었다. 1960년 5월에 들어서 경찰 중립화 움직임에 때를 맞추어 과거 방송에 근무했던 사람들이 중심이 된 '방송민영화추진동지회'라는 단체가 결성되어 방송의 중립화를 촉구하는 성명을 발표하였다. 이 성명은 공보실에 의해 운영되는 관영 방송이 공공성을 발휘할 수 없으므로 차제에 방송을 민영화할 것을 다음과 같이 요구하였다.[32]

1. 현 국회는 해산하기 전에 방송의 민영화를 기할 수 있게 입법화할 것.

1. 정부는 방송의 민영화를 의결하였던 제3대 국회의 결의 정신을 존중, 추인하여 현 관영 방송의 모든 기구를 민영체에 이관하도록 필요한 조치를 할 것.

이러한 움직임들이 있자 드디어 이 문제는 국회에서 논의가 시작되었다.

당시 민의원의 이종남 의원 외 11명이 전문 40조로 된 방송관리법안을 1960년 5월 31일 국회에 제출하였다. 이 법안은 방송의 중립화를 규정하고 국영방송을 특수법인체로 하는 것을 규정하고 있었다. 그러나 법안의 전반부에서만 방송의 민주화를 언급하고 있을 뿐 주무 부처 장관의 방송에 대한 감독권이 막강하여 방송의 독립성을 위협할 우려가 있다는 이유로 방송인과 평론가들로부터 강한 반발을 불러일으켰다.[33] 이 법안은 곧 4대 국회가 해산됨에 따라 자연스럽게 폐기되고 말았다.

4부

군부 독재 시대의 언론

12장

박정희 정권기의 언론

1. 박정희 정권의 언론 정책과 통제

1961년 5월 16일 새벽을 울린 총성은 4·19 혁명으로 불기 시작한 자유와 민주의 바람에 찬물을 끼얹고 오랜 기간에 걸친 군부 독재의 서막을 알리는 신호탄이 되고 말았다. 5·16 쿠데타로 집권한 박정희 정권도 쿠데타라는 불법적인 방법으로 집권하여 정당성에 문제가 있기 때문에 필연적으로 언론에 대해 강압적인 정책을 펼치게 되었다. 박정희 정권은 언론을 탄압만 한 것이 아니라 양면적이면서 체계적인 통제 정책을 펼쳐 나갔다. 양면적 정책이란 바로 탄압과 회유를 말한다. 강압적 수단을 동원하여 언론을 탄압하면서 다른 한편으로는 언론 기업에 경제적 혜택을 제공하는 이른바 채찍과 당근을 의미하는 것이다. 박정희 정권은 이 채찍과 당근을 동원하여 언론을 굴복시킴으로써 권언 유착을 이루어 언론을 정권 유지와 강화를 위한 효과적인 홍보 수단으로 이용할 수 있었다.

1) 박정희 정권의 언론 정책

(1) 군사 정부 언론 정책의 기본 방침

1961년 5·16 쿠데타로 집권한 군부 세력은 바로 계엄령을 선포하고 언론 검열에 착수하였으며 뒤이어 언론에 대한 정비에 착수하였다. 5월 23일 최고회의 포고 제11호로 '사이비 언론인 및 언론기관 정화'라는 명분으로 제2공화국기에 언론 자유를 누리던 많은 언론사들을 통폐합하는 조치를 취하였다. 이 포고령에는 다음과 같은 4개의 항목이 포함되어 있었다.

① 신문을 발행하려는 자는 신문 제작에 소요되는 제반 인쇄 시설을 완비한 자에 한함
② 통신을 발행하려는 자는 통신 발행에 필요한 송수신 시설을 구비하여야 함
③ 등록 사항을 위반한 정기 및 부정기간행물은 이를 취소함
④ 신규 등록은 당분간 접수치 않음

시설을 갖춘 자만이 언론사를 운영할 수 있으며 이 시설을 갖추지 못했거나 등록 사항을 위반한 경우 이를 취소한다는 내용이다. 뒤이어 군사 정부는 5월 28일에 공보부령 제1호를 발표하여 시설 기준을 구체화하고 이에 따라 존속할 언론사의 명단을 발표하였다. 이에 따라 시설 기준을 갖추지 못한 언론사를 일제히 정비한다는 것이다. 정비 대상 언론사는 이에 따라 등록증을 지체 없이 공보부장에게 반납하고 각사 발행인은 기자증 등을 즉시 회수하고 일체 취재 활동을 하지 말라고 공포하였다. 이 발표에 의하면 일간 신문은 중앙지 49개, 지역 신문 27개 등 76개사가 등록 취소 대상이었고, 통신은 305개, 주간지가 453개가 취소 대상에 포함되었다. 살아남을 언론 기관은 신문사 중 중앙지 15개, 지역 신문 24개였으며, 통신사가 중앙의 11개였고 지방에는 하나도 없었다. 주간지는 중앙 31개, 지방 1개가 잔존 언론사로 발표되

民願書類받는다

新任 李市警局長治安確保를다짐

裁判도平常대로

法院·檢察 17日부터機能회복

銀行一齊開店

鐵道旅客激減

學校授業繼續

特檢계속業務

通告있을때까지 特裁公判을停止

市內軍人署長들出勤

前署長과 한房서 視務

書內務 서울로押送

쌀값주춤

무궁화 T샤쓰

사진 26 5·16 쿠데타 직후 검열로 인해 톱기사가 삭제된 〈동아일보〉 1961년 5월 18일 조간 3면.

었다.[1] '사이비 언론인 및 언론 기관을 정화'한다는 명분을 내걸기는 하였지만 사실상 언론을 약화시키고 통제 구조를 단순화하기 위한 조치였다.

군사 정부는 이어서 1962년 6월 28일 언론 정책의 근간을 공포하였다. 이는 '언론을 기업으로 육성하고 그 내용을 향상'시킨다는 것을 요지로 하면서 '언론 자유와 책임, 언론인의 품위와 자질, 언론 기업의 건전성, 신문 체제의 혁신, 언론 정화'의 기본 방침 5개항을 제시하고 있다. 이 5개항의 주요 내용을 요약하면 첫 번째 항목에서는 언론의 자유보다 책임을 강조하면서 언론의 윤리와 책임을 권장하고 있으며, 두 번째 '언론인의 품위와 자질'에서는 언론인의 품위와 자질을 시급히 향상시키기 위하여 각종 연수 활동이나 재교육, 그리고 언론인 단체 등에 대한 지원을 약속하였다. 세 번째는 언론을 하나의 기업으로 파악하고 건전한 기업으로 육성해 나갈 대책을 강구하겠다고 밝히고 있다. 신문 체제와 관련해서는 보도 위주의 지면에서 교양 위주의 지면 제작으로 유도하고 단간제로의 전환을 적극 권장하였다. 마지막 언론 정화 항목에서는 언론인의 과거는 불문에 붙이되 앞으로의 부정과 비행은 의법 조치한다는 것을 천명하였다.[2] 이러한 5개항을 바탕으로 이를 구체화한 세부 지침 20개항이 함께 공포되었다. 이 내용들은 바로 박정희 정권 언론 정책의 기본 구조를 형성하는 것이다.

(2) 군사 정부 언론 정책의 시행 기준

뒤이어 1962년 7월 30일에는 언론 정책 시행 기준을 발표하였다. 이 시행 기준은 민정 이양 직전에 공포된 '신문 · 통신 등의 등록에 관한 법률'의 근간을 이루는 것으로서 이때 이미 박정희 정권 언론 정책의 핵심적 골격이 마련된 것이라 할 수 있다. 그 주요 내용은 다음과 같다.[3]

① 언론인 단체 구성: 직능별 단체와 그 총연합회를 사단법인으로 할 것을 인정

② 단간제 및 증면: 모든 일간 신문은 8월 13일까지 자율적 결정으로 조간 또는 석간의 단간제를 실시하고 일요일에는 신문 제작 중지, 서울특별시에 본사를 둔 신문은 일 12면 이상, 인구 30만 이상 도시는 일 8면, 기타 지역은 일 4면 이상의 지면 확보

③ 일요지 발행: 독립된 일요지를 발행하되 일간 신문사가 발행하는 것은 불가

④ 통신사 정비: 장기간 휴간 중인 통신사는 자진 정비. 무선 텔레타이프로 발수신하는 외국 통신 3사 이상과 계약하지 않은 통신사는 자체 정비하거나 통합

⑤ 일간 신문의 시설 기준: 서울특별시는 윤전기 3대 혹은 시간당 7만 부 이상의 윤전기 1대 이상, 인구 30만 이상 도시는 윤전기 2대 혹은 시간당 4만 부 이상의

윤전기 1대 이상, 기타 지역은 윤전기 1대 이상으로 시설 기준을 정하고 미달 사는 60일 이내에 자체 정비 또는 통합

⑥ 기자 보수 기준: 서울의 일간지, 통신사의 3년 이상 경력 기자의 봉급은 월 1만 원 이상, 인구 30만 이상 도시는 서울의 80%, 기타 지역은 70%를 기준 액수로

⑦ 지사 지국의 취재: 지사장이나 지국장 또는 본사의 특파원만 취재 활동 가능

⑧ 용지 대책: 부족량을 엄격한 실수요자 쿼터제로 수입하고 관세를 인하

⑨ 자금 융자: 시설 확장 자금과 경영 자금을 융자하고 금융 기관에 대한 채무 변제 기간을 완화

⑩ 신문연구소의 지원: 서울대학교에 설치될 신문연구소를 적극 지원 육성

위의 내용을 보면 앞의 언론 정책 근간에서 언급되었던 '언론을 기업으로 육성하고 그 내용을 향상시킨다'는 방침이 구체화되고 있음을 알 수 있다. 자금 융자나 용지 대책, 기자의 보수 규정 등을 통해 기업적 측면에서 지원하면서 동시에 여러 측면에서 언론에 대한 규제를 시도하고 있다.

(3) 단간제와 시설 기준

이 시행 기준의 규제 내용 중 이후 한국 언론에 커다란 영향을 미친 항목은 바로 단간제와 시설 기준이다. 단간제란 그 이전까지 한 신문이 조간 및 석간을 함께 발행하던 방식에서 둘 중 하나를 선택해서 하루에 한 번만 발행하도록 한 것을 말한다. 당시 군사 정부가 단간제를 추진했던 배경은 최고회의 공보 담당 위원이었던 강상욱의 말에서 확인할 수 있다. 그는 "지나치게 정치기사가 많아 국민의 정치의식이 과도히 민감하게 되었으며, 지면에 정서가 부족하고, 종업원이 혹사당하며, 따라서 신문이 재미없게 되어 독자가 늘어나지 않는다"고 말하였다는 것이다.[4] 당시 군사 정부가 단간제를 추진한 목적이 신문의 비판적 정론성 보도를 줄이자는 데 있었던 것이다. 이 단간제가 실시됨으로 인하여 언론들은 보도의 양과 신속성, 그리고 정론성이 감소할 수밖

에 없었다.

단간제는 군사 정부가 제시한 기한 8월 13일까지도 대부분의 신문사들은 눈치를 보며 결정을 미루고 있었다. 이에 공보부장관이 8월 14일 서울의 6개 일간지 사장을 불러 협의하고 종용하여 〈한국일보〉와 〈조선일보〉는 조간으로 나머지 〈동아일보〉, 〈경향신문〉, 〈서울신문〉, 〈대한일보〉는 석간을 선택하여 8월 20일부터 시행키로 결정하였다.[5] 서울이 결정되자 지방도 뒤이어 선택이 이루어졌다. 이때 지방에서 발행되던 일간지들 중 단간제 전환 형태가 알려진 사례는 〈부산일보〉, 〈국제신보〉, 〈전남일보〉, 〈대구일보〉, 〈매일신문〉인데, 모두 석간을 선택하였다.[6]

서울의 경우 석간과 조간이 균형을 맞추게 된 것은 정부 당국이 조정 역할을 하기도 하였지만 기본적으로 경쟁 상황을 고려하여 시장을 안배하기 위한 조치였다고 볼 수 있다. 하지만 지방의 경우는 지역 내 경쟁 관계에 있는 신문들도 모두가 석간을 선택하였다. 그 이유는 중앙지와의 직접 경쟁을 피해가기 위한 전략이었던 것으로 보인다. 당시 중앙지의 지방판은 대부분 그 전날 인쇄되어 아침에 각 지방에 배달되었다. 서울의 석간이 지방의 독자들에게도 저녁에 배달하기 위해서는 오전에 인쇄를 해야 하는데, 이는 당시의 여건상 불가능하였다. 따라서 서울의 석간들도 지방에는 아침에 배달되는 형태를 취했던 것이다. 이렇듯 군사 정부의 단간제 정책에 의해 지방의 신문사들은 조간 시장은 중앙지에 내어 주고 석간을 취하는 형태로 나아가게 되었던 것이다. 결론적으로 군사 정부의 단간제가 지방의 신문 시장의 형태를 결정하고 왜곡하는 요인으로 작용했다고 할 수 있다.[7]

시설 기준은 고성능 윤전기 등 일정한 시설을 갖춘 자만이 신문을 발행할 수 있도록 한 것이다. 위에 인용한 대로 도시 규모에 따라 구체적 인쇄 능력의 기준을 정하였다. 이 기준을 충족시키지 못하는 신문사들은 60일 이내에 정리한다고 발표하였다. 시설 기준에 못 미치는 신문사들을 강제로 문을 닫게 만든다는 것이다.

하지만 이 시설 기준의 적용은 군사 정부의 뜻대로 이루어지지 않았다. 당초 이 기준을 충족시키는 일간 신문사는 전국에 16개사뿐이었다.[8] 나머지 통폐합 대상 신문사 중에는 부산의 〈민주신보〉만이 1962년 8월 1일자를 발행하고는 자진 폐간하였다.[9] 1961년 12월 31일에는 전국에 일간지가 38개였으나 시행 기준 발표 직전인 1962년 7월 1일에는 33개로 줄었으며, 1963년 12월 31일에는 34개가 등록되어 있었다.[10] 시행 기준이 발표된 이후 1년 6개월 동안 오히려 일간 신문의 숫자가 하나 더 증가한 것이다.

이처럼 시행이 당초 군사 정부의 의도대로 되지 못한 것은 법적 근거가 없는 권고 사항이었을 뿐 강제력이 없었기 때문이었다.[11] 해당 언론사들 중 다수가 현실적인 여건이 뒷받침되지 않았기에 이를 따르기가 어려웠다. 신문사들 실정이 대부분 이렇다 보니 군사 정부로서도 강제로 집행하지 못했던 것이다. 이에 최세경 공보부 차관은 시설 기준 미달 신문사에 대해 별도의 행정 조치를 취하지는 않겠다고 밝혔다.[12] 군사 정부는 이를 별도의 법으로 만들려고 시도하였으나 1963년 12월 12일에 제정된 '신문·통신 등의 등록에 관한 법률'에 포함시켰다.[13] 이로써 이 시설 기준은 자본력을 갖춘 자만이 신문을 경영할 수 있게 하고 새로운 시장 참여를 봉쇄하는 진입 장벽으로서의 역할도 하여 1992년 위헌 판결을 받을 때까지 한국 언론의 발전을 제약하는 규제 요인으로 작용하였다.

2) 언론 관련 법제의 정비

박정희 정권은 자신들의 언론 정책을 법제화하였다. 그 첫 번째가 바로 1963년 12월 12일에 공포된 '신문·통신 등의 등록에 관한 법률'이다. 이 법은 시설 기준에 관한 조항을 포함하고 있을 뿐만 아니라 공보부 장관에게 등록 취소의 권한도 부여하고 있다. 시설 기준이나 발행 실적을 유지하지 못했을 때 공보부 장관이 등록 취소할 수 있도록 재량권을 부여한 것이다. 이는 정당한 사법적 절차를 거치지 않고도 행정적 조치만으로 언론사를 등록 취소할 수 있도록 하여 언론 자유를 침해할 소지가 있는 독소 조항이라 할 수 있다.[14]

1964년에는 언론의 윤리와 책임이라는 명분하에 언론에 대한 통제를 시도하는 '언론윤리위원회법'의 제정을 추진하였다. 민정 이양 직후부터 한일 회담을 반대하는 시위가 빈발하자 정부는 6월 3일 계엄령을 선포하였다. 원래부터 언론에 대해 부정적인 생각이 많았던 것으로 알려진 대통령 박정희는 계엄령을 선포한 뒤 국회에서 행한 교서에서 다음과 같이 언론에 대한 불신을 직설적으로 표현했다.[15]

> 언론이 없는 시간부터 세상은 암흑천지가 되는 것도 사실이요. 언론의 창달 여부는 문화의 척도가 된다는 것도 사실이지만 세상에는 신문이 나라를 망쳤다는 소리도 있고 이 사회의 혼란은 신문도 상당한 책임을 져야 한다는 소리도 있다. …… 우리나라 신문은 지난 18년간 선의건 악의건 너무나 많이 자극적, 선동적인 언사를 써 왔다. 이렇게 해서 경영 수지는 맞추어 왔을는지는 몰라도 국가 사회에 유익한 일만 해 왔다고 단언할 사람이 누가 있겠는가?

언론에 대해 매우 부정적임을 알 수 있다. 뿐만 아니라 박정희는 6·3 사태의 원인도 언론에 일부 책임이 있다고 보았다. 6·3 사태의 원인을 일부 정치인의 무궤도한 언론, 일부 언론의 무책임한 선동, 일부 학생들의 불법적인 행동, 그리고 정부의 지나친 관용에 있다[16]고 보았던 것이다. 박정희의 이러한 인식이 바로 언론윤리위원회법이 태동하게 된 직접적인 배경이 되었다.

언론윤리위원회법은 언론윤리위원회를 설치하여 이를 통해 언론의 활동을 규제하자는 것이 주된 골자다. 자율적으로 추구해야 할 언론의 윤리를 법에 의해 타율적으로 규제하려는 문제를 안고 있는 법이었다. 그해 8월 2일 이 법이 국회를 통과하자 한국신문편집인협회는 바로 다음 날인 8월 3일 '언론윤리위원회법은 위헌적이며 비민주적인 악법'이라고 규정하고 전 국민과 더불어 이 악법 폐기 운동을 강력히 전개할 것을 선언하였다. 이렇게 시작된 반대 운동에 각 언론 단체와 사회단체들이 참여하여 언론윤리위원회법철폐투쟁위원회를 구성함으로써 반대 운동은 점차 확산되어 갔다. 그리하여 이 언론윤리위원회법은 결국 보류됨으로써 시행되지는 못했다.[17] 이 파동은 박 정권 초기에 언론계가 사회단체들의 지지와 참여를 등에 업고 언론 통제의 시도를 저지하였다는 의미를 지니지만 이를 계기로 해서 언론은 서서히 권력의 채찍과 당근에 굴복하기 시작하였다.

1972년 10월 유신을 단행하여 장기 집권 체제로 돌입한 박정희 정권은 언론에 대한 통제도 더욱 강화하였다. 이 시기에는 특히 '국가보위에관한 특별조치법'을 기반으로 내려진 긴급 조치를 통해 언론을 강력하게 통제하였다. 유신체제에 대한 국민적 저항을 원천 봉쇄하기 위해 동원된 이 긴급 조치는 국민적 비판과 저항의 강도가 높아짐에 따라 그 수위도 점차 높아졌다. 1975년 5월부터 시행된 긴급조치 제9호는 유신 후반기의 언론을 강력하게 통제하는 수단이었다. 그 내용 중 언론과 밀접한 관련이 있는 제1항과 제2항에서 다음의 사항을 금한다고 규정하고 있다. ① 유언비어를 날조, 유포하거나 사실을 왜곡하여 전파하는 행위, ② 집회·시위 또는 신문, 방송, 통신 등 공중 전파 수단이나 문서, 도화, 음반 등 표현물에 의하여 대한민국 헌법을 부정·반대·왜곡 또는 비방하거나 그 개정 또는 폐지를 주장·청원·선동 또는 선전하는 행위, ③ 학교 당국의 지도, 감독하에 행하는 수업, 연구 또는 학교장의 사전 허가를 받았거나 기타 예외적 비정치적 활동을 제외한 학생의 집회·시위 또는 정치 관여 행위, ④ 이 조치를 공연히 비방하는 행위, ⑤ 이상 4개항에 위반한 내용을 방송·보도 기타의 방법으로 공연히 전파하거나, 그 내용의 표현물을 제작·배포·판매·소지 또는 전시하는 행위.[18] 헌법에 대한 비판적 언론 행위를 원천적으로 차단하려는 조치임을 알 수 있다. 이 조치에 의해 많은 지식인과 대학생 그리고 일반 국민들까지 구속되어 실형을 살아야만 했다.

3) 언론에 대한 통제와 탄압

(1) 언론인 구속과 사이비 기자 단속

5·16 쿠데타 직후 계엄령하에서 언론인에 대한 구속이 줄을 이었다. 5월 17일 〈민국일보〉 사회부장 이혜복을 쿠데타 관련 기사가 계엄법을 위반했다고 구속한 것을 필두[19]로 뒤이어 〈대한일보〉의 편집부장과 정경부 차장을 구속하였다.[20] 이 밖에도 부산의 〈국제신보〉와 〈부산일보〉 논설위원들이 구속되는 등 여러 언론인들이 보도 내용이나 과거에 쓴 글 때문에 구속되었다. 5·16 쿠데타 이후 1962년 6월 22일까지 기자의 신분으로 체포되거나 재판에 회부된 인원은 총 960여 명에 이르렀다. 이 중 신문, 통신의 제작 과정에서 포고령이나 반공법, 기타 법을 어겼다고 구속된 인원이 141명에 달할 정도였다.[21]

쿠데타에 성공한 직후부터 군사 정부는 사이비 기자 단속에 나섰다. 5월 26일 전방 계엄사령부가 강원도 지역 관내에서 사이비 기자 70명을 구속[22]한 것을 시초로 각 지역에서 사이비 기자 구속이 줄을 이었다. 당시 내무부 장관은 1961년 6월 3일에 열린 기자 회견에서 당면 문제에 대해 언급하며 사이비 기자 문제에 대해서도 일반 기자와 구분하여 철저히 단속하겠다는 방침을 밝혔으며 6월 5일에는 심흥선 공보부장도 언론의 협조를 당부하는 담화를 발표하며 "사이비 언론인의 행패는 반국가적인 것"이라면 엄벌 방침을 밝혔다.[23]

당시 사이비 기자에 대한 검거 선풍이 전국적으로 불었다. 5월 30일 경남 경찰국은 사이비 기자 20명을 트럭에 태우고 '나는 공갈 기자입니다'라는 플래카드를 내걸고 20명 모두 등에 자기 이름과 '공갈 기자'라고 써 붙이고는 부산 시내를 일주하여 계엄사무소 고등군법회의에 인계했다고 한다.[24]

이러한 사이비 기자 문제 때문에 군사 정부는 1962년 6월 28일에 언론 정책 기본 방침 5개항과 세부 방침 20개항을 발표하면서 세부 방침 제20항으로 무보수 기자의 채용과 존속을 엄금한다고 규정하고 기본 방침 제5항의

'언론 정화' 조항에서 "언론인의 과거를 일절 불문에 붙이되" 새로운 부정과 비행, 과거 부패 언론인이 다시 비행을 저지를 경우는 더욱 엄격히 의법 조치한다고 규정하였던 것이다.[25] 7월 30일에 공표된 언론 정책 시행 기준에서 지사, 지국의 취재 활동을 제한한 것도 바로 이 사이비 기자의 발생 소지를 차단하려는 의도라고 볼 수 있다.

(2) 〈부산일보〉와 부산문화방송의 소유권 강탈

1962년 6월 20일 김지태는 자신이 소유한 〈부산일보〉와 부산문화방송, 한국문화방송의 주식 전부와 부일장학회 운영권, 그리고 부산 서면 일대의 토지 10만 평을 포기한다는 각서에 서명하였다. 이는 당시 박정희의 지시에 의해 중앙정보부가 나서서 강압적인 분위기 속에서 이루어진 것이었다. 이 자산을 모태로 하여 5·16장학회가 출범하였으며 이 장학회가 〈부산일보〉와 문화방송의 소유주로 부상하게 되었다.

1961년 5월 16일의 거사를 앞둔 그해 3월 부산의 2군 부사령관으로 있던 박정희는 대구사범 동창이던 당시 〈부산일보〉 주필 황용주를 통해 〈부산일보〉 사장 김지태에게 거사 자금 500만 환을 구해 달라고 요청하였고 나중에는 직접 찾아가기까지 하였으나 뜻을 이루지 못했다.[26] 이것이 빌미가 되어 이른바 괘씸죄로 〈부산일보〉는 5·16 쿠데타가 성공한 이후 엄청난 불이익을 당하게 되었던 것이다. 5·16 쿠데타 주체 세력은 부정 축재자를 조사하면서 김지태를 압박해 들어갔다. 6월 15일 국가재건최고회의 부정 축재 조사단이 발표한 제3차 조사 결과에 김지태는 정치 자금 5100만 환을 제공하였다는 혐의로 포함되었다.[27] 계속된 조사에서 김지태의 부정 축재 금액은 조세 포탈도 추가되면서 더 늘어나 8월에 발표된 최종 금액은 9억 2000만 환으로 발표되었으나 이후 최고회의 측은 축재 금액을 대부분 탕감해 주었는데, 김지태도 최종 확정된 것은 4억 환이었다.[28]

이렇게 일단락되는 듯 했으나 1962년 군사 정부는 다시 김지태를 압박하기 시작했다. 당시 중앙정보부 부산 지부는 치밀하게 사전 조사를 하여 1962년 3월 28일 부산일보사의 김지태 사장과 윤우동 전무를 비롯하여 부일장학회 및 한국생사, 조선견직의 관계자 11명이 입건되었다. 이 중 김지태에게 적용된 혐의는 부정축재처리법 위반과 국내재산해외도피방지법 위반 등 9개 항목에 걸친 것이었다.[29] 김지태의 부인도 해외 여행에서 돌아올 때 시가 100만 원 상당의 다이아몬드를 신고 없이 가져 왔다는 이유로 구속되었다. 당시 김지태는 일본에 체류 중이었다. 김지태는 자신에 대한 조사가 은밀히 진행되는 것을 알고 일본으로 피신차 출국하였던 것이다. 이에 정보부는 김지태의 측근을 통해 회유하여 귀국을 종용하고는 귀국과 함께 구속한 것이다.[30]

이어 1962년 5월 24일 경남지구 계엄고등군법회의는 김지태에게 징역 7년을, 김지태의 부인 송혜영에게는 벌금 1600만 환, 윤우동에게는 5년 등 관계자 9명에 실형을 구형하였다.[31] 그러나 얼마 뒤인 6월 22일에 경남 지구 계엄고등군법회의의 검찰관은 피고 전원에 대한 공소를 취하하였다. 취하 사유는 "피고 전원이 그들의 죄상을 뉘우치고 경제 개발 계획 등 혁명 대열에 적극 참여할 가능성이 보이기 때문"이라는 것이다.[32] 그러나 검찰이 공소를 취하하기 이틀 전인 6월 20일에 전술한 바와 같이 언론사 등의 재산을 포기하고 국가에 헌납한다는 각서에 서명을 한 것이다.

사후에 밝혀진 바에 따르면 당시 박정희의 직접 지시에 의해 당시 중앙정보부 부산 지부장이던 박용기가 실제 조사 과정을 주도했다고 한다. 박용기의 증언에 의하면 박정희가 1962년 연초에 만난 자리에서 김지태를 조사하라고 직접 지시했다는 것이다. 당시 박정희는 김지태에 대해 '〈부산일보〉 및 문화방송을 미끼로 부정 축재 및 탈세자'이며, '혁명 사업에 비협조적'이라는 인식을 가지고 있어 '철저하게 조사'하라고 지시했다는 것이다.[33]

몰수된 김지태의 재산 중 서면의 토지는 국방부에 무상으로 양도하였으며 나머지 재산을 바탕으로 1962년 7월에 5·16장학회를 설립하였다. 5·16장학회는 부산일보사가 운영하던 부일장학회를 개편하는 형식으로 부산일보사와 부산문화방송, 한국문화방송의 전 주식을 기부 받아[34] 1962년 7월 7일 창립 총회를 개최하여 이사장 이관구李寬求와 윤일선尹日善 등 7명의 이사를 선임하고는 발족하였다.[35]

소유권의 변화는 지면에도 영향을 미쳐 〈부산일보〉는 이후 독자들로부터 '여당지'라는 평가를 면치 못하게 되었다.[36] 5·16장학회 소유가 되어 버리니 박정희 정권에 대한 비판과 견제는 전연 기대하기 힘든 관계가 되어 버린 것이다. 뿐만 아니라 이 문제는 민주화 이후 김지태의 유족들에 의해 문제 제기가 되었으며 최근까지 선거 때면 정치적 이슈로 등장하는 문제가 되고 있다.

(3) 야당지에 대한 탄압

법적, 제도적 장치뿐만 아니라 박정희 정권은 여러 가지 강압적 수단을 동원하여 언론, 그중에서도 야당지들을 탄압하여 굴복시켰다. 먼저 대표적 야당지였던 〈경향신문〉은 1966년 강제로 경매 처분에 넘겼다. 1947년 창간된 〈경향신문〉은 세계적인 조직과 영향력을 가진 가톨릭을 배경으로 하고 있기 때문에 정치권력의 압력으로부터 어느 정도 보호받을 수 있었다. 이러한 배경을 바탕으로 〈경향신문〉은 이승만 정권 이래 대표적인 야당지로서 정부 비판에 앞장서왔다. 1963년 천주교 소유에서 이준구 개인 소유로 넘어간 이후에도 〈경향신문〉은 '3분 폭리 사건'을 폭로한 것을 비롯하여 한일 협상에 대해서도 비판적 보도를 하였으며 언론윤리위법 반대에서도 앞장서는 등 정부에 대한 비판적 입장을 견지하였다.[37]

이러한 〈경향신문〉에 대해 박정희 정권은 기사를 문제 삼아 기자를 구속하는 등의 탄압 조치에 착수하였다. 1965년에는 〈경향신문〉 소속 언론인들이 간첩단 사건에 연루되는 일이 발생하자 이를 계기로 박정희 정권은 〈경향신문〉의 경영권을 장악하기 위한 조치를 취하기 시작하였다. 거래 은행에 압력을 가하여 융자금의 회수에 나서도록 하고 경향신문사 측의 대출금 상환 연장을 받아주지 않도록 함으로써 마침내 1966년 1월 경매로 넘어가게끔

했던 것이다. 경매에서 박정희 정권은 대리인을 내세워 낙찰 받음으로써 〈경향신문〉의 소유권을 탈취하다시피 하였다.[38] 이로써 박정희 정권은 대표적 야당지 중 하나를 처리한 것이었다.

〈조선일보〉에 대해서는 박정희 정권은 코리아나 호텔을 건축하는 과정에서 여러 가지 특혜를 베풀어 포섭하였다. 코리아나 호텔의 건립 자금은 언론사에 대한 상업 차관으로서는 첫 번째 사례로, 당시 국내 금리가 연 26% 정도였던데 비해 연 7~8%의 파격적인 조건이었다. 조선일보사는 이 차관을 가지고 호텔을 건축하였다. 건축 후에도 관광객이 예상 외로 적어서 매출에 차질을 빚게 되자 본점 신축을 계획 중이던 주택은행에 압력을 행사하여 본점 신축을 취소하고 호텔 건물에 입주하게 하는 부당 행위를 하기도 하였다.[39] 이러한 특혜 조치를 통해 〈조선일보〉도 권력의 영향권에 들어가고 만 것이다.

1968년에는 마지막 야당지 〈동아일보〉도 굴복시키고 말았다. 〈동아일보〉의 자매지 〈신동아〉에 실린 기사를 반공법 위반으로 문제 삼았다. 반공법은 1962년 9월 24일에 제정되어 〈동아일보〉를 굴복시키는 데 결정적 수단이 되었다. 1968년 12월호에 실린 차관 관련 특집과 10월호에 실린 '북괴와 중소 분쟁'이라는 기사가 반공법을 위반했다고 〈신동아〉의 홍승면 주간과 손세일 부장을 구속하였다. 이들은 3일 만에 석방되었으나 이 사건의 부당성을 사설로 반박한 〈동아일보〉 천관우 주필과 함께 퇴사하게 되었으며 발행인 겸 부사장이던 김상만도 사퇴하였다. 이 사건으로 마지막 남은 야당지 〈동아일보〉도 박정희 정권에 굴복하고 말았다.[40]

당시 신문편집인협회 회장이던 최석채는 언론계의 중견 간부 3명이 동시에 타의에 의해 사직해도 효과적인 대처를 하지 못한 점에 대해 도의적인 책임을 지고 회장직을 사퇴하였다. 사퇴하면서 그는 〈기자협회보〉와 인터뷰를 통해 이러한 사태가 벌어지게 된 것은 "신문이 편집인과 기자의 손에서 떠났기 때문"이라고 토로하였다.[41] 권력의 통제와 회유 속에 신문의 성격과 위상이 변화되기 시작한 당시의 상황을 집약적으로 표현한 선언이다.

언론윤리위법 파동을 전후한 1960년대 중반 이후로는 이른바 기관원, 중앙정보부의 요원이 언론사 편집국 내에 상주하면서 구체적 내용에 대해서까지 간섭하였다. 당시 야당이었던 신민당이 1967년 4월 7일 성명을 발표하여 이 문제를 제기하고 국제언론인협회(IPI)와 유엔 한국통일부흥위원단에 소명서를 제출키로 하는 한편 국내의 각 언론인 단체에도 격려문을 보내기로 하였다. 그런데 이에 대해 대부분 신문들이 오히려 신민당을 공격하고 나섰다. 언론들은 이에 대해 '터무니없는 악선전'이라고 일축하는가 하면 어떤 신문은 '한국 언론에 대한 중대 모독'이라고 역공을 가하기도 했다.[42] 이러한 가운데 이 기관원의 상주는 기정사실화되면서 이들이 지면의 편집에 간섭함으로써 실제로는 사전 검열과도 같이 언론을 통제하는 장치가 되었다. 후술할 1970년대 기자들의 언론 자유 수호 운동에서 이 문제는 언론 자유를 위협하는 가장 핵심적 이슈가 되곤 하였다.

(4) 언론인에 대한 테러

언론인에 대한 테러도 줄을 이었다. 1965년 8월에는 대학생들의 한일회담 반대 데모를 취재하던 기자들이 경찰이나 군인들에 의해 테러를 당하는 사건이 빈발하였다. 그해 9월에는 〈동아일보〉 편집국장 대리의 집 앞에서 폭발물 사건이 일어났으며 동아방송 제작 과장은 괴한에게 납치되어 폭행당하는 사건도 있었다. 1966년에도 테러는 계속되어 4월과 7월에 〈동아일보〉 기자들이 괴한들에게 테러를 당했다.[43] 이러한 언론인에 대한 테러는 가장 직접적이고도 폭력적인 탄압 방법이라고 할 수 있다.

기자 테러는 서울의 언론에만 가해진 것이 아니었다. 1965년 7월 29일 김해에서 신문 보도에 불만을 품은 부산 방첩대의 무장 군인들이 김해 경찰서에 난입하여 취재 중이던 〈부산일보〉의 최임조 기자와 〈경향신문〉 강한필 기자 2명을 방첩대로 강제 연행하여 가혹 행위를 가한 사건이 발생하였다.[44]

1969년 6월 23일에는 문화방송 김광조 기자가 부산 북부서 수사계장에게 폭행당하는 사건이 발생하였다.[45] 기자 폭행 사건은 비단 부산만의 문제가 아니라 다른 지역에서도 빈발하였다. 이에 한국기자협회는 1969년 9월 각 시도 지부에도 법률 고문 1명씩을 위촉하여 기자 폭행 사건에 대처하도록 하였다.[46]

4) 1970년대 초반의 언론 통폐합

(1) '언론 자율 정화에 관한 결정 사항'과 지역 신문

박정희 정권은 1971년에도 다시 언론계를 대폭 수술하였다. 1971년 12월 17일 각 언론사들이 자율 결의하는 형식으로 '언론 자율 정화에 관한 결정 사항'을 발표하였다. 여기서는 프레스카드제를 도입하여 기자들의 숫자를 대폭 줄이는 것과 함께 지방 신문의 취재와 보급 활동을 대폭 제한하는 조치가 이루어졌다. 이 조치는 그해 12월 7일 박정희 정권이 국가 비상사태를 선포한 데 즈음하여 언론인들이 정부 시책에 호응한다는 명분으로 결의, 발표한 것이었다.[47]

7개항에 이르는 이 결정 사항의 주요 내용은 프레스카드제 실시 외에도 신문의 유형과 발행 지역별로 취재와 보급 범위를 제한하는 조치들이 대부분을 차지하였다. 지사, 지국, 보급소의 위치와 범위를 한정시키면서 지방 일간지의 경우는 서울에 지사를 설치하고, 그 외에는 해당 도 내에만 설치하여 보급할 수 있도록 제한하였다. 또한 지사장과 지국장, 보급소장은 취재 활동을 못하도록 금지시켰다. 지사와 지국의 취재 기능은 앞서 군사 정부 시절 지사장이나 지국장, 혹은 본사의 특파원만 취재 기능을 하도록 했던 것을 이 조치로 전면 차단한 것이다. 대신 주재 기자를 두어 취재 활동을 할 수 있게 하였으나 그 숫자도 엄격히 제한하여 자도 내 시와 군의 숫자를 넘지 못하도록 일률적으로 규제하였다.[48]

이는 자본주의 사회에서 자유로워야 할 언론 기업의 활동이 정치권력이라는 외부적 강제에 의해서 그 활동과 배포 범위까지 제한당하는 폭압적 조치였다. 이 조치에 따르면 부산에서 발행하는 두 신문들은 부산과 경남 지역에만 배포할 수 있다는 말이 된다. 이는 신문의 경영뿐만 아니라 편집과 운영 전반에 커다란 타격을 주는 조치인 것이다.

이 조치의 결과 직접적인 타격을 입게 된 신문들은 지방 전국지들이었다. 지방에서 발행되지만 전국적 배포를 지향했던 5개 신문들, 즉 〈부산일보〉, 〈국제신보〉, 〈매일신문〉, 〈전남일보〉, 〈전남매일신문〉이 배포 지역을 제한받게 됨으로써 가장 큰 타격을 받게 된 것이다. 반면 해당 지역에만 배포되던 나머지 지역 신문들로서는 별다른 타격을 받지 않았으며 타 지역의 신문 유입이 차단됨으로써 발행 부수가 늘어난 사례도 있었다고 한다.[49]

지방 전국지들은 이 조치에 반발하였다. 한국신문협회는 1972년 1월 18일 이사회를 열어 이 조항의 내용을 개정하였다. 개정 내용은 지방에서 발행하는 전국지 5개사는 2개도에 한해서 지사와 보급소를 둘 수 있도록 하였다. 인접도에도 보급소를 설치할 수 있도록 바꾼 것이다. 추가된 도에 대해서도 자도의 경우와 마찬가지로 시청 소재지에 지사, 기타 지역에 보급소를 설치할 수 있도록 하였다.[50] 이어 그해 3월에 열린 신문협회 이사회에서는 이 관련 조항을 다시 수정하여 위의 5개 지방 신문사들의 경우 인접도에도 주재 기자를 둘 수 있도록 바꾸었다. 이에 따라 경남북에서 발행되는 신문은 영남 전역에, 전남북에서 발행되는 신문은 호남 전역에 주재 기자를 둘 수 있게 되었다. 그러나 전체 주재 기자의 숫자는 그대로 유지한 채 설치 지역만 인접 지역까지 허용함[51]으로써 그 의미는 제한적일 수밖에 없었다.

이 조치로 신문들은 주재 기자 중 상당수를 해고하지 않을 수 없었다. 서울에서 발행되는 중앙지와 경제지의 주재 기자 816명 중 절반이 넘는 411명이 해고되었다. 지방의 신문사들도 모두 주재 기자의 상당수를 해고해야 했다.[52]

이러한 조치로 인하여 지역의 신문들은 시장이 대폭 축소되면서 그야말로 지역의 신문으로 남을 수밖에 없는 결과가 되고 만 것이다. 1960년대 후반

신문 배달 소년의 신화

1970년대까지만 하더라도 새벽에 신문을 배달하는 고학생의 모습은 전형적인 인간 승리의 표상이었다. 어려운 가정 형편에도 꿋꿋하게 신문을 배달하며 학비를 벌어 공부하는 모습이 산업화와 근대화를 추구하는 당시 사회의 분위기와 잘 맞아떨어졌던 것이다. 신문 배달이 원래부터 고학생들의 몫은 아니었다. 개화기에는 분전인分傳人이라 하여 서울 지역의 배달과 수금을 맡았던 사람들이 있었지만 어떠한 사람들이 이 일을 했는지는 알 수 없다. 일제기에 이 일을 전담하는 직업이 생겨나서 이들이 신문배달부조합을 만들기도 하였다. 1950년대부터 고학을 위해 신문 배달하는 학생들이 생겨나기는 했지만 이때만 해도 신문 배달의 대부분은 거리의 부랑아 집단들이 맡았으며 범죄의 온상이라는 부정적 인식이 많았다. 그러나 〈한국일보〉가 가정 배달제를 정착시키고 〈중앙일보〉가 신문들 사이의 판매 경쟁을 불러일으키면서 상황이 바뀌었다. 신문사들도 지분국 관리를 엄격하게 하였으며 정부의 청소년 선도 정책이 추진되면서 1960년대 말부터 신문팔이 소년에 대한 사회적 인식이 기존의 부정적 이미지를 탈피하여 '역경 극복'의 긍정적 이미지로 전환되기 시작하였다. 그러나 핵가족화와 생활 수준의 향상으로 이 '고학생'이 사라지면서 1990년대부터 신문은 배달의 어려움에 봉착하게 되었다. 이를 극복하기 위해 공동 배달제를 도입하기도 하였으나 제반 조건의 변화로 신문 산업의 위기는 점차 깊어지고만 있다.

출처: 박용규 외(2013), 앞의 책, 3장 참조.

부터 중앙지들이 전국 주요 도시를 대상으로 도시판과 각도를 대상으로 한 도민판을 발행하면서 지방의 언론 시장 잠식을 가속화하고 있던 상황이었다.[53] 이러한 상황에서 1971년도의 조치에 의해 중앙 일간지에 의한 지방 시장 잠식이 더욱 가속화되었다. 특히 1970년 7월 경부고속도로가 개통함으로써 중앙 일간지의 지방 시장 잠식이 한결 수월해졌다. 고속도로의 개통으로 전국 시장을 목표로 하는 중앙 일간지들의 신문 배송 시간이 단축됨으로써 지역 신문

들이 지방의 시장 내에서도 상대적 우위를 잃어 버렸던 것이다.[54]

(2) 프레스카드제의 실시

1971년 12월의 조치에서 또 다른 주요 변화는 바로 프레스카드제의 도입이었다. 당시의 결정 사항에서 5번째 항목으로 기자의 사회적 공신력을 높이기 위해 프레스카드제를 도입한다면서 카드의 발행은 '각사 발행인의 신청에 따라 한국신문협회 추천에 의거 문공부가 발행한다'고 규정하였다. 이는 국가가 기자의 자격을 심사, 허가하고 나아가 기자의 동태에 관한 제반 사항을 파악하기 위한 장치로서 파시즘 체제에서 전형적으로 나타나는 기자 통제의 방식이다.

이 제도의 실시로 수많은 기자들이 해고되어야 했다. 1971년 12월 당시 전국의 기자 7090명 중 프레스카드를 발급받은 기자는 공무원 신분이던 KBS를 제외하고 3975명이었다. 카드를 발급하지 않기로 한 잡지 기자 828명을 제외하면 모두 2287명이 프레스카드를 발급받지 못해 기자직을 그만 두어야 했다. 뿐만 아니라 이 제도는 시행 과정에서 많은 부작용을 야기하였다. 집단 해고에 항의하여 소송으로 번지는 사례가 빈발하였으며 사주가 카드 발급을 미끼로 도리어 기자들에게 보증금을 받는 일까지 벌어지게 되었다.[55]

(3) 지역 신문 통폐합

지역 신문들의 배포와 취재 범위를 제한하는 조치 이후 지역 신문의 경영난은 더욱 가중될 수밖에 없었다. 이미 군사 정부 시절부터 정부가 요구한 기준을 충족시키기 위해 윤전기를 추가로 도입하고 증면 및 급여 인상을 위해 타인 자본을 끌어 들임으로써 적자를 면키 어려운 재정 구조였다. 여기에 1971년의 여러 조치들은 지역 신문의 경영 불안을 더욱 가중시키는 요인이 되었다. 이러한 상황에서 통폐합 논의가 시작되었다. 광고와 판매 시장이 한정된 지역 신문의 경우 복수의 신문이 경쟁을 벌이는 것은 부작용이 많다는 논의가 고

개를 들며 통합 논의가 나오기 시작하여 1도 1사 원칙론까지 등장하였다.[56]

이러한 때에 1972년 3월 30일 〈대구일보〉가 회사 내부 사정을 이유로 자진 폐간하였다. 이 신문은 기자들에게 출판물 판매 등의 상행위를 강요하고 프레스카드 발급을 미끼로 보증금을 받는 등의 비위 사실로 인해 그해 3월 22일 신문협회로부터 프레스카드 추천을 취소당하는 제재를 받았다. 당시 기자 월급도 신문 강매 대금으로 공제하던 이 신문은 결국 3월 30일자를 끝으로 자진 폐간하고 말았다. 곧이어 4월 1일에는 〈대구경제일보〉가 경영난을 이기지 못하고 자진 폐간하였다.

표 21 1972~1973년 신문 및 통신사 통폐합 실태

언론사	발행지	일시	비고
대구일보	대구	1972. 3. 30	프레스카드 발급과 관련된 비위 사실로 자진 폐간
대구경제일보	대구	1972. 4. 1	경영난을 이유로 자진 폐간
한국경제일보	서울	1973. 3. 28	자금난 및 운영난을 이유로 자진 폐간
동화통신	서울	1973. 4. 30	재정난을 이유로 자진 폐간
대한일보	서울	1973. 5. 15	사장의 수재의연금 횡령 혐의와 관련 자진 폐간
호남매일	목포	1973. 5. 31	경영상의 이유로 자진 폐간
AK뉴스	서울	1973. 6. 30	자진 폐간
대전일보	대전	1973. 5. 25	충남일보로 통합
중도일보	대전		
전북일보	전주	1973. 6. 1	전북신문으로 통합
전북매일	전주		
호남일보	군산		
경기일보	인천	1973. 9. 1	경기신문으로 통합
경기매일	인천		
연합신문	수원		

출처: 김해식(1994), 앞의 책, pp.372~373.

이러한 상황은 지역 신문 통폐합의 분위기로 이어지면서 대전과 전북, 경기 지역에서 신문사 통폐합이 추진되었다. 지역 신문 통폐합을 포함하여 당시에 이루어진 신문 및 통신사 통폐합 실태는 표 21과 같다. 대전의 두 신문이 〈충남일보〉로 통합하였으며 전주와 군산의 세 신문이 〈전북신문〉으로, 인천과 수원의 세 신문이 〈경기신문〉으로 통합, 출발하였다.[57] 한편 목포에서 발행되던 〈호남매일신문〉도 1973년 5월 31일자로 경영난을 이유로 자진 폐간하였다. 경영 합리화를 위해 두 차례 감원을 실시하였으나 8000여만 원에 이르는 부채를 감당하지 못하고 끝내 폐간하고 말았다.[58]

이때의 통폐합으로 경기와 충남, 전북에서는 하나의 일간지만이 남게 된 것이다. 한편 강원도와 충북, 제주에서는 원래 하나의 일간지밖에 없었고, 부산과 경북, 전남만 2개의 일간지가 발행되는 상황으로 정리가 된 것이다.

5) 언론 기업과 언론인에 대한 혜택

(1) 언론 기업에 대한 혜택

박정희 정권은 한편으로 언론에 대하여 여러 가지 수단을 동원하여 탄압하면서 다른 한편으로는 언론을 건전한 기업으로 육성한다는 명분하에 갖가지 경제적 혜택을 제공하였다.

첫째로는 언론사의 운영 자금에 대한 재정적 지원이다. 이는 앞서 지적한 언론 정책 시행 기준에도 포함되었던 내용으로 시설 확장을 위한 융자, 운영 자금 융자, 금융 기관에 대한 채무 변제 기간의 완화, 신문 용지 수입 관세 인하 등을 내용으로 한다. 기업을 경영하는 입장에서는 이처럼 운영 자금을 융자해 주는 등의 조치가 대단한 특혜가 아닐 수 없다. 특히 이 기간 중 신문사들에 대해서는 외국 차관이 저리에 장기 등의 유리한 조건으로 제공되었다. 이 차관이 고속 윤전기의 도입이나 사옥 증축, 호텔 건설 등에 사용되었다. 신문에 대한 차관 지급 현황과 사용처는 표 22와 같다. 〈조선일

표 22 신문사에 대한 차관 지급

시기	사업명	신문사	도입선	금액($ 1000)	연리(%)
1968. 11.	코리아나호텔 건설	조선일보	일본	4,000	6
1970. 4.	고속윤전기 도입	동아일보	독일	1,060	3.5
1970. 7.	고속윤전기 도입	서울신문	일본	592	6.5
1970. 12.	고속윤전기 도입	경향신문	일본	605	6.5
1970. 12	고속윤전기 도입	중앙일보	스위스	1,270	8.5

출처: 김해식(1994), 앞의 책, p.130.

보〉를 제외하고는 모두 고속윤전기를 도입하는 데 사용하였으며 이자율도 3.5~8.5% 정도로 당시로서는 파격적인 조건이었다.

둘째로는 언론의 다각 경영을 허용하고 지원하였다. 여기에는 다른 매체의 겸영을 허용, 지원한 경우와 다른 산업 부문에 진출하는 것을 허용하고 지원한 것이 포함된다. 먼저 전자의 경우를 보면 이 시기 대부분의 신문사들이 주간 신문이나 잡지, 월간지들을 창간, 발행했다. 특히 한국일보사가 1964년 9월 〈주간한국〉을 창간하자 다른 신문사들도 뒤이어 경쟁적으로 주간지를 창간하였다. 1965년 3월에 창간한 〈중앙일보〉가 1968년 8월 〈주간중앙〉을 창간하였고 〈조선일보〉도 같은 해 10월 〈주간조선〉을 창간하였다. 이들 세 신문사가 창간한 것은 주간 신문이었으나 주간 잡지도 속속 창간되었다. 1968년 9월 〈서울신문〉이 〈선데이서울〉을 창간했으며 〈경향신문〉도 그해 11월 〈주간경향〉을 창간했다.[59]

이처럼 주간지들이 뒤를 이어 시장에 선보이면서 이들 간에 치열한 경쟁이 벌어지게 되었다. 그 경쟁은 바로 선정성의 경쟁으로 치닫는 양상을 보여주었다. 대표적인 것이 〈선데이서울〉이었다. 오늘날까지도 선정적 언론의 대명사로 불리는 〈선데이서울〉은 창간과 함께 "대중의 구미에 맞는 '넘치는 멋'과 '풍부한 화제' 그리고 '감미로운' 내용을 담은" 대중 잡지라는 기치를 내걸었다. 창간호부터 선정적인 기사로 넘쳐나는 편집을 하였다. 세미 누드 화보와 함께 스트립 걸을 인터뷰한 '눈초리에 몸이 아파요,' '퇴근 뒤의 애정 관리' 등 당시로서는 낯 뜨거운 내용을 다뤄 창간호 6만 부가 발매 2시간 만에 매진되는 대성공을 거두었다.

〈선데이서울〉의 성공으로 다른 언론사의 주간지들도 유사하게 야한 기사와 흥미 위주의 오락성 기사들에 많은 지면을 할애했다. 〈선데이서울〉은 1975년 1월에 이르러 월 1억 원의 순수익을 올려 〈서울신문〉의 어려운 재정에 큰 도움이 되었으며 1978년엔 발행 부수가 23만 부를 돌파하였다. 〈주간경향〉도 창간 3주 만에 10만 부를 넘어 서는 등 당시 주간지의 인기는 대단했다.[60] 주간지들이 이처럼 지나친 선정성 경쟁을 벌이자 급기야는 1969년 대학생들에 의해 주간지 화형식이 벌어지는 사태까지 빚어지게 되었다. 이에 관해서는 뒤에서 상술할 것이다.

주간지 외에 월간지도 줄을 이었다. 1964년 〈동아일보〉가 〈신동아〉를 복간한 것을 필두로 하여 1968년 3월에는 〈중앙일보〉가 〈월간중앙〉을 창간했다. 여성지도 〈동아일보〉가 〈여성동아〉를 복간(1967. 11)한 것을 비롯하여 〈중앙일보〉가 〈여성중앙〉(1969. 11)을 창간하였다. 한편 소년 신문의 겸영도 허용되어 〈동아일보〉가 〈소년동아일보〉(1964. 7)를, 그리고 〈조선일보〉가 〈소년조선일보〉(1965. 2)를 각기 창간했다.[61]

이처럼 각 신문사들이 잡지 부문에 경쟁적으로 뛰어 들었던 것은 대부분 차관을 통해 고속 윤전기를 도입한 결과 과잉 인쇄 능력을 보유하게 되어 이를 해소하기 위한 방책의 하나였던 것으로 평가되고 있다. 당시 신문사들의 인쇄 시설 증가 상황을 정리한 것이 표 23이다.

표에서 알 수 있는 바와 같이 1956년에는 〈서울신문〉과 〈조선일보〉만이 고속 윤전기를 구비하고 있었지만 1970년에는 모든 중앙 일간 신문사들이 3～6대의 고속 윤전기를 갖추게 되었다. 이처럼 고속 윤전기를 도입함으로써 인쇄 능력은 몇 배로 늘어나게 되지만 발행 부수는 이에 맞추어 급격하게 늘

표 23 신문사의 인쇄 시설 증가 현황

신문사	1956			1970		
	고속 윤전기	윤전기	주조기	고속 윤전기	윤전기	주조기
경향		2	5	5	2	10
동아		2	4	6		11
서울	2		3	3	7	10
조선	1	1	4	4	1	8
한국		1	4	6	1	11
중앙				5	1	6

출처: 김해식(1994), 앞의 책, p.130.

어나지는 않는다. 그만큼 윤전기를 놀리는 시간이 늘어난다는 말이다. 이 과잉 인쇄 능력으로 인한 감가상각을 메우기 위해 또 다른 인쇄 매체인 잡지를 경쟁적으로 창간하였던 것이다. 각 신문사들이 잡지를 창간하여 종류가 많아지고 상호 경쟁이 치열해지다보니 선정성의 경쟁으로 치닫는 수밖에 없었다.

잡지뿐만 아니라 신문사들이 전파 매체를 소유, 경영하는 것도 허용되었다. 1963년 〈동아일보〉가 동아방송을 개국한 것을 비롯하여 〈중앙일보〉는 창간 첫해인 1965년 12월부터 동양라디오와 동양TV방송을 통합 운영하였다. 경매로 소유권이 넘어간 〈경향신문〉이 문화방송과 통합한 것도 여기에 해당된다.

이 시기 언론들은 언론 분야 이외의 유관 분야나 다른 업종에 진출하는 것도 허용되었다. 예를 들면 신문 기업이 제지업이나 광고업뿐만 아니라 호텔업, 문화 사업 등에까지도 진출하였다. 정부는 이를 금융 지원 등의 방법으로 지원하였다. 재벌 기업이 언론에 진출하여 이른바 재벌 언론이 출현하게 된 것도 바로 이 시기다. 바로 삼성 재벌이 〈중앙일보〉와 동양방송을 소유, 운영하게 된 것이 이에 해당한다. 이처럼 언론사들은 유관 분야나 다른 분야에 진출하여 경영을 다각화하여 수입원을 다변화함으로써 적자나 도산의 부담을 덜고 이윤을 극대화하기 위한 매우 유리한 조건을 갖추게 되는 것이다.

(2) 언론인에 대한 혜택

언론인에 대해서도 정권이 제공하는 혜택이 주어졌다. 언론인들에게는 정계와 행정부의 고위직으로 진출할 수 있는 기회가 제공되었다. 이는 특히 유신체제하에서 두드러지게 나타났다. 유신 헌법은 국회의원 정수의 3분의 1을 대통령이 추천하게 하였다. 이렇게 선출된 국회의원들이 만든 단체가 유신정우회(유정회)였다. 이 유정회 국회의원들의 일정 부분은 항상 언론계 부장급 이상의 간부 출신으로 채워졌다. 1973년의 제9대 국회의 경우를 보면 유정회 의원으로 당시 방송 3사를 제외한 나머지 주요 신문사와 통신사에서 각 1명씩 국회로 진출하여 그 숫자는 21명에 이르렀다. 4년 뒤의 제10대 국회에서는 언론인 출신 유정회 의원이 13명이었다.[62]

행정부 쪽으로는 주로 각 부처의 대변인을 비롯하여 문공부나 청와대 등으로 진출하였다. 특히 언론인들이 문공부 장차관과 관리로 진출한 사례가 많았다. 박정희 정권 당시 행정부 진출 언론인의 34.2%가 문공부로 진출하였다고 한다. 대변인 제도는 1973년 3월 기왕의 공보 담당관제를 개정하면서 직급을 격상시키고는 이 자리를 모두 언론계 인사로 충원하였다. 대변인의 주 업무가 각 부처 출입 기자를 상대하는 것이라는 점을 고려할 때, 대변인과 출입 기자 사이에는 언론계 선후배 관계가 성립되는 것이다. 또 대변인은 경험을 통해 언론의 생리와 관행을 잘 알기 때문에 언론을 통제하기에 용이한 법이다. 이처럼 대변인 제도는 언론인을 동원하여 언론인을 통제하려는 이언제언以言制言의 통제 방식이라고 할 수 있다. 이러한 현상에 대해 당시 한 언론인은 "언론계에서 관계官界와 정계로 일대 엑소더스가 장관을 이루었다"고 술회하면서 이로 인해 한국 언론은 "언론의 생명인 감수성을 위협하다 싶을 만큼 잃고 말았다"고 평가하였다.[63]

정관계로 진출했던 언론인들 중 상당수는 임기를 마치고 다시 언론계로 복귀하였다. 제3, 4공화국 기간 중 정관계에 진출하였다가 복귀한 언론인은 국회의원 출신 14명과 행정부 출신 41명 등 모두 55명이었다.[64] 언론계에 복귀한 이들에게서 권력에 대한 감시와 견제를 기대하기는 불가능한 것이었다. 또한 현장의 후배 언론인들 중에도 정계나 관계 진출을 꿈꾸는 사례가 제법 나오게 마련이다. 이들에게도 역시 권력에 대한 비판이나 견제는 뒷전일 수밖에 없을 것이다.

이외에도 박정희 정권은 언론인에 대한 재교육과 복지를 제공하였다. 1977년과 1978년 3차례에 걸쳐 문공부 주관으로 언론인을 위한 강좌를 마련하여 실시하였다. 교육 대상은 각 언론사의 중견 기자급이었는데 참가 인원은 총 2076명이나 되었다. 또한 1974년 12월에는 기금 5억 원으로 한국언론인금고를 발족시켜 언론인에게 자금을 저리로 대부해 주고 후생 복지 사업 등을 시행하도록 하였다.[65] 이러한 재교육과 복지는 언론사 자체적으로 해야 할 사업들임에도 불구하고 이를 문공부가 정부 예산으로 대신해 주었다는 것은 커다란 특혜가 아닐 수 없다.

2. 언론의 대응과 수용자의 비판

1) 언론의 기업적 성장과 상업화

(1) 신문사의 기업적 성장

이처럼 권력이 제공한 경제적 혜택에 힘입어 각 언론사들은 기업으로서 비약적 성장을 기록하였다. 먼저 1970년대 주요 신문사들의 자산 및 자본의 성장 추이를 살펴보면 표 24와 같다.

당시 주요 중앙 일간지들은 표에서 보는 바와 같이 시설 투자의 확대와

표 24 1970년대 주요 중앙 일간지의 자산 및 자본 성장 추이

(단위: 억 원)

		1971	1972	1973	1974	1975	1976	1977	1978	1979	1980
자산	동아	22.3	45.1	41.7	41.1	39.8	49.5	61.5	87.8	155.2	176.5
	서울	8.8	10.8	14.7	19.0	16.5	24.9	27.9	42.5	51.2	75.6
	중앙	21.3	30.5	37.1	45.3	123.3	203.4	324.9	434.2	575.1	771.4
자본	동아	9.7	24.7	25.4	25.9	24.8	27.2	31.5	38.3	46.6	58.8
	서울	−4.2	−4.1	−4.4	−4.0	−3.5	2.6	2.8	5.5	8.5	10.2
	중앙*	3.9	8.1	7.8	5.4	43.1	93.1	110.3	127.9	158.3	350.9

출처: 주동황(1993), "한국 정부의 언론 정책이 신문 산업의 변천에 미친 영향에 관한 일고찰," 서울대학교 대학원 박사 학위 논문, p.132.

* 〈중앙일보〉의 경우 1975년 이후는 동양방송을 포함.

이윤의 증대로 자산과 자본의 규모가 확대되어 갔다. 〈동아일보〉는 자산 규모에서 1971년에 비해 1980년에는 7.9배로 늘어났고 같은 기간 중 〈중앙일보〉와 〈서울신문〉의 자산 규모는 각각 36.2배와 8.6배로 늘어났다. 특히 〈중앙일보〉의 자산의 규모가 급격히 확대된 것은 1975년에 동양방송을 합병하였기 때문이다.

같은 기간 중 이 신문사들의 매출액 규모도 급성장을 거듭하였다. 〈동아일보〉가 1971년에 28억 5600만 원에서 1980년에는 9.3배인 265억 3600만 원으로 늘어났으며, 같은 기간 중 〈서울신문〉도 10억 7100만 원에서 132억 9700만 원으로 12.4배로 늘었다. 〈중앙일보〉는 1971년 21억 5300만 원에서 1975년 동양방송과 합병하여 1980년에는 594억 500만 원으로 늘어났다. 이 기간 중의 연평균 성장률을 산출해 보면 〈동아일보〉가 연 29.8%, 〈서울신문〉이 32.9%, 〈중앙일보〉가 동양방송과의 합병 전에는 연 25.6%, 합병 후에는 34.8%의 성장률을 기록하였다.[66]

물론 이러한 신문 기업들의 고도성장은 박정희 정권이 추진한 산업화의

결과로 1960~1970년대 전반적인 경제 성장에 힘입은 바 크다. 그러나 당시 GNP의 성장률이 연평균 7~16.5% 정도였는데 반해 언론 기업들은 연평균 30% 안팎의 고속 성장을 거듭하였던 것은 바로 권력의 혜택이 있었기 때문에 가능했던 것이다.

이 시기 신문들의 기업화가 이처럼 가속화된 데에는 삼성 재벌에 의해 1965년 9월 22일 〈중앙일보〉가 창간된 것도 중요한 계기가 되었다. 또한 같은 해 5월 6일에 창간된 〈신아일보〉도 처음부터 상업주의를 표방하고 나섰다. 〈중앙일보〉는 재벌의 자본력을 바탕으로 공격적 경영을 하여 판매 경쟁을 시도함으로써 신문 시장의 상업화를 가속화시켰다. 무가지가 등장하였으며 신규 독자 확보를 위해 확장지라는 명목으로 비구독 가정까지 신문을 투입하거나 경품을 주는 상황이 벌어졌다. 이로써 신문사들은 단순한 배달을 넘어 판매 경쟁에 돌입하게 된 것이다.[67]

(2) 신문 카르텔과 탈정치화, 그리고 획일화

박정희 정권기의 언론을 논할 때 또 하나 빠뜨릴 수 없는 것은 바로 카르텔의 문제다. 1962년 10월 13일 신문사 사주들이 모여 한국신문발행인협회(1966년 신문협회로 개칭)를 결성하였다. 신문사들은 이 단체를 통해 구독료 및 광고 요금 산정, 증면 등 주요 사항에 대해 공동보조를 취하였다. 이는 상호 경쟁을 배제하고 시장 속에서 안정적으로 확보된 독과점적 이익을 통해 공존 공생을 모색하는 카르텔로서 일종의 담합 체계라 할 수 있다. 이에 따라 당시 신문들은 구독료나 면수, 광고 요금 등을 발행 부수와 아무런 관련 없이 똑같이 산정, 집행하였다.

정부도 이 카르텔 체제에 대해서 처음부터 방조 내지 묵인하였으며 나중에는 보다 적극적으로 이 체제의 유지를 도모했다. 〈중앙일보〉가 창간 당시부터 신문협회의 규제를 받지 않고 독자적으로 발행 면수를 결정하겠다고 하였으나 이는 문공부의 강력한 권유로 실현되지 못했다.[68] 박정희 정권이 카르텔에 대해 이처럼 적극적인 태도를 가졌던 것은 이것이 언론 통제를 보다 용이하고 효율적으로 할 수 있게끔 해 주기 때문이었다.

이처럼 기업적 성장의 단꿈 속에서 국민의 알권리나 권력에 대한 견제와 비판 기능은 실종되고 말았다. 박정희 정권의 독재와 급격한 산업화가 낳는 여러 모순은 심화되어 가는데 이러한 측면은 언론에는 전혀 보도조차 되지 않았다. 언론이 스스로 우리 사회의 문제점을 발굴하여 사회적 이슈화함으로써 해결 방안을 찾아가는 역할보다는 정부나 기업 측이 제공하는 자료에 의존하는 직업 관행이 이때부터 생겨나서 오늘날까지 이어지게 되었던 것이다.

신문의 기업화가 진전되면서 내용도 급격히 연예, 오락에 치중하는 상업주의적 경향을 드러내기 시작하였다. 반면 비판적 논조는 필연적으로 약화되었다. 정부에 불리하거나 비판적 내용에 대해서는 사실 보도조차 제대로 이루어지지 않게 되었다.[69]

더구나 당시 신문들은 독자와 광고를 위한 상업적 경쟁은 벌이지만 내용면에서는 차별성을 잃고 비슷해지고 말았다. 이는 권력의 통제 때문이기도 했지만 그보다 당시 신문사들이 카르텔 체제를 형성하여 불필요한 경쟁을 배제하고 공생을 모색하던 결과였다. 신문들이 카르텔을 통하여 내용 면에서도 서로 차별성을 줄여 나가기까지 함으로써 당시 독자들 사이에는 '그 신문이 그 신문이다'는 세평이 널리 퍼졌다. 신문마다 지면의 내용이 차별성이 없어져 제호와 연재 만화, 연재 소설만 제외하고는 다를 게 없다는 평가까지 받게 된 것이다. 한 독자는 〈동아일보〉 지면에 실린 신문평[70]을 통해 '일간지 체제의 평준화'를 지적하였다. 신문마다 면수뿐만 아니라 면 배치도 똑같으며 외신 같은 경우 글자 하나 안 틀리고 똑같은 경우도 있음을 비판하였다.

신문이 개성을 잃고 획일화되어 간다는 문제점에 대해 기자들도 잘 알고 있었다. 1979년 연초에 한국신문연구소가 전국의 언론인들을 대상으로 시행한 의식 조사에서 이러한 인식이 잘 드러났다. 표 25는 이 조사에서 신문이 개성을 잃고 있다는 데에 대한 의견을 조사한 결과다.

표 25 신문의 개성에 대한 언론인들의 의식 조사 결과(1979)

	중앙사	지방사	계
1. 그것은 부당하다	1.8	1.2	1.6
2. 그런 면이 없는 것은 아니다	44.1	50.3	45.9
3. 전혀 그렇지 않다	0.9	0.9	0.9
4. 사실 개성이 없다	49.2	45.7	48.2
5. 일부 신문에 국한된 것이다	3.6	1.5	3.0
6. 기타	0.5	0.3	0.5
	100.0(785)	100.0(324)	100.0(1,109)

출처: 〈신문과방송〉, 제100호, 1979. 3, p.31.

신문 간 개성이 없다는 판단에 대해 중앙지나 지방지 기자들 모두 긍정적인 의견이 94.1%로 압도적으로 많았다. 반대로 일부 신문의 문제라거나 부당한 판단이라는 부정적인 견해는 전체의 4.6%에 그쳤다. 이는 당시 기자들도 신문의 지면이 획일화되어 몰개성화되고 있음을 잘 알고 있었다는 말이다. 이처럼 개성을 잃고 획일화된 1970년대의 신문에 대해 한 언론인은 "서울 바닥에 신문이 딱 한 개만 있어도 될 뻔했던 게 1970년대"라고 회고할 정도였다.[71]

이렇게 탈정치화되고 획일화된 한국의 언론은 급기야 '연탄가스 중독'에 걸렸다는 비판까지 받게 되었다. 당시의 대표적 논객이며 〈동아일보〉 주필로 있다 1968년 〈신동아〉 필화 사건으로 그만 둔 천관우가 펴낸 《언관 사관》이라는 제목의 평론집에서 당시의 언론을 '연탄가스에 중독'되었다고 평가한 것이다.[72] 하지만 천관우가 이런 평가를 내린 이후로도 한국의 언론 상황은 더욱 악화되었다. 한 언론인도 1970년대를 마무리하는 시점에서 한국 언론을 평가하면서 천관우 당시의 언론이 연탄가스 중독이었다면 그 이후의 한국 언론은 '가사 상태'로 보아야 할 것 같다고 평가하였다.[73] 이와 같은 현역 언론인들의 말은 당시 언론의 상황과 문제점을 상징적으로 보여 주는 평가라고 하겠다.

(3) 언론의 상징 조작과 레드 콤플렉스

박정희 정권의 통제에 언론은 순응할 뿐만 아니라 앞장서서 권력을 홍보하는 나팔수의 모습까지 보여 주었다. 부패한 독재 정권은 권력을 유지하기 위해 언론을 동원하여 상징 조작을 함으로써 권력에 위협적인 요소들을 무마 내지는 제거해 나갔다. 당시 사용한 상징 조작의 대표적인 것이 바로 레드 콤플렉스다. 분단 체제하에서 북의 남침 위협을 과장하여 전쟁이 임박했다는 분위기를 조성하여 국내의 모순을 덮어버림으로써 권력의 유지와 강화를 도모했던 것이다.

〈동아일보〉와 〈경향신문〉에서 '김일성'과 '남침'이라는 키워드로 검색해 보면 유신정권기에 집중된 검색 결과가 나타난다. 특히 1975년에는 〈경향신문〉 199건, 〈동아일보〉 121건[74]이 검색되는데, 박정희 정권기 언론에서 북한이 곧 남침을 강행할지 모른다는 정보나 그런 동향이 있다는 보도는 어렵지 않게 찾아볼 수 있다. 잊혀질 만하면 간첩단 사건이 1면과 사회면을 장식하곤 했다. 이 시기 간첩이란 '한반도의 분단 체제가 만들어 낸 특별한 인간 존재이자 특산물'로서 '군과 정보기관을 정점으로 대북·대민 반공주의 선전과 대중 매체가 만들어 낸 표상의 집합체'이며 '한국식 반공주의의 대표 기표'라고 규정된다.[75] 레드 콤플렉스를 자극하는 상징 조작에 핵심적인 키워드가 바로 이 간첩이었던 것이다.

그뿐 아니라 가끔 북한이 남침을 위해 판 땅굴이 발견되었다는 보도가 지면을 장식하고 우리 사회를 뒤흔들었다. 땅굴이 발견되면 동원된 국민은 여의도 광장에 모여 북괴의 남침 야욕을 규탄하는 대규모 궐기 대회를 열어 결전의 의지를 다졌으며 신문들은 이를 1면 톱기사로 대서특필하곤 했다. 전쟁이 목전에 있어 우리의 목숨이 위태로워지고 나라의 명운이 풍전등화인데,

개인의 말할 자유와 칸막이 문화

유신 정권하에서의 언론 탄압은 대중 매체에만 국한된 것이 아니었다. 개인의 말할 자유까지 통제되던 상황이었다. 개인이 사적인 자리에서 하는 발언도 극도로 탄압받아야 했다. 사석에서의 발언 때문에 긴급조치 위반 등의 죄목으로 처벌받는 사례가 비일비재하였다. 술자리에서 한 발언 때문에 구속되는가 하면 택시에서 기사와 나눈 대화 때문에 구속되기도 하였다. 반면 승객이 기사의 발언을 문제 삼아 신고한 사례도 있었다. 사적인 공간에서 나누는 대화마저 보이지 않는 손에 의해 억압받던 게 유신 시대의 상황이었다.

이러한 상황에서 나타난 현상이 바로 칸막이 문화였다. 술집뿐만 아니라 찻집, 레스토랑에도 칸막이가 등장하면서 확산 일로였다. 숨 막히는 통제 상황에서 사석이라도 하고 싶은 얘기를 마음껏 할 수 없던, 주변을 살피고는 목소리를 낮춰 얘기해야만 했던 사회 분위기가 바로 칸막이 문화를 낳게 한 것이다. 칸막이 쳐진 밀실에 들어가야 사람들은 비로소 안도감을 느끼며 친구, 가족들과 주위 눈치 안 보고 개인적인, 때로는 정치적인 이야기를 나눌 수 있는 상황이었다.

이 칸막이 밀실이 상업주의와 연결되면서 퇴폐의 온상이 되어 또 다른 사회 문제를 낳고야 말았다. 이에 정부는 술집에 칸막이를 없앤다고 칼을 빼들었지만 당시의 정치 사회적 분위기 속에서 소비자들의 욕구에 딱 맞아떨어지는 이러한 현상을 행정 조치만으로 근절할 수는 없었다. 칸막이는 오히려 더 늘어나면서 이에 따라 퇴폐 문화도 더욱 확산되어 갔다. 정치권력이 엄단한다고 큰소리는 쳤지만 이는 말뿐이었다. 이러한 퇴폐풍조는 국민의 탈정치화를 유도하는 독재 정권의 3S 정책과도 맞닿아 있었던 것이다.

출처: 채백(2014), “박정희 시대 신문 독자의 사회문화사,” 〈언론정보연구〉, 제51권 2호, pp.28~29.

자유니 인권이나 하는 '배부른 소리'는 뒷전으로 밀려나며 그 울림이 위축될 수밖에 없었다.

2) 수용자의 참여와 저항

(1) 언론윤리위원회법 반대 운동

전술한 대로 1964년 정부가 언론윤리위원회법(이하 윤리위법)을 제정하려 하자 언론계가 나서서 반대 운동을 펼쳤다. 8월 2일 이 법안이 국회를 통과하자 8월 3일 한국신문편집인협회는 성명서를 발표하여 이 법이 위헌적이고 비민주적인 악법이라고 규정하고는 "동법 시행에 대한 일체의 협력을 거부할 것"을 천명하면서 "각 언론 단체 및 민주주의를 수호하는 전 국민과 더불어 이 악법 폐기 운동을 강력히 전개하겠다"고 선언하였다. 발행인협회, 통신협회, 편집인협회, IPI한국위원회, 신문윤리위원회 등 언론 5단체 대표는 언론윤리위원회법 철폐투쟁위원회를 결성하여 반대 운동에 적극 나섰다. 이 단체들은 1964년 8월 10일 신문회관에서 악법철폐 전국언론인대회를 개최하고 윤리위법에 대한 반대와 투쟁 의지를 밝힌 선언문과 결의문을 채택하였다. 8월 17일에 새로 출범한 한국기자협회도 반대 투쟁 대열에 합류하였다.

반대 운동에도 불구하고 정부가 언론윤리위원회의 구성을 강행하자 발행인협회가 8월 19일 회원사를 대상으로 언론윤리위 소집에 찬반 여부를 서면으로 조사할 것을 결정하였다. 이 조사에서 21개사는 찬성하여 투쟁 대열에서 이탈하고 〈대한일보〉는 기권하였으며 〈경향신문〉, 〈동아일보〉, 〈조선일보〉, 〈대구매일〉의 4개사만이 반대 의사를 고수하였다. 정부는 이 4개 신문사에 대하여 여러 가지 압력과 보복을 가했다. 정부 기관에서 9월 1일부터 4개 신문을 구독하지 말 것을 지시했고, 신문 용지 배정과 융자 등을 금지하겠다고 공언했다. 또한 해당 신문에 광고를 하지 말도록 각계에 유형, 무형의 압력을 가하였다. 이에 네 신문사 편집국장들은 9월 1일 공동 성명을 통해 정부의 보복 조치를 비난하면서 악법 철폐를 위해 끝까지 투쟁할 것을 선언했다. 9월 3일에는 서면 조사에 기권하였던 〈대한일보〉도 투쟁 대열에 가세하여 5개사가 공동으로 투쟁을 다짐하는 성명을 발표하였다.

언론윤리위원회법에 대한 언론계의 반대 운동에 각종 사회단체들도 참여하기 시작하였다. 8월 3일 대한변호사협회가 반대 성명을 발표하였으며 서울제일변호사회는 9월 2일 언론윤리위원회법 특별위원회를 구성하고 이 법의 문제점을 검토하여 그 위헌 및 비민주성을 지적하였다. 이 밖에도 한국예술문화단체총연합회는 9월 1일 윤리위법 반대 4개사에 대한 보복 조치를 즉각 철회하라는 성명을 발표하였으며, 9월 3일에는 한국기독교연합회도 보복 조치를 즉각 중단하라는 성명을 발표하였다.[76]

한편 9월 2일에는 정계, 종교계, 법조계, 학계 등 각 사회단체 대표들이 모여 자유언론수호국민대회 발기위원회를 열고 '대통령에게 보내는 공개장'을 채택하였다. 이 공개장은 "언론윤리위원회 구성을 반대하는 4개 신문사에 대한 혹심한 조치는 비민주적인 동시에 공평성을 잃은 처사"라고 규정하며 "각하의 현명한 결단으로서 이러한 불행한 사태가 즉각 해소될 수 있기를 희구"한다고 천명하였다.

정부의 보복 조치에 대해 각계의 비난 성명이 이어지자 박정희는 9월 4일 특별 담화를 발표하고 "정부가 취한 지나친 조치는 즉각 시정토록 하겠지만 언론법은 강력히 시행하겠다는 방침에는 변함이 없음"을 재천명하였다. 언론의 자유는 법을 부정할 수 있을 만큼 무제한한 것은 아니라고 주장하면서 "과연 이 법을 악법으로 규정할 수 있을 만큼 우리의 언론은 과거에 책임을 느껴볼 필요는 전혀 없겠습니까?"라고 반문하였다.[77]

자유언론수호국민대회 발기준비위원회는 9월 3일 2차 회의를 열어 언론탄압을 규탄하는 강연회를 개최하며, 윤리위법 찬성 신문 안보기 운동, 언론수호 서명 운동, 5개 신문에 대한 의연금 모금 운동을 전개하기로 결의하였다. 나아가서 9월 10일에는 각계 인사 300여 명이 참가한 가운데 자유언론

수호연맹이라는 상설 기구의 결성 대회를 열고 윤리위원회법이 악법임을 재확인하고 이의 철폐를 요구하는 결의문과 대통령에 보내는 메시지 등을 채택하였다.[78]

대학생들도 반대 운동에 참여하였다. 그해 9월 3일 건국대, 경희대, 고려대, 동국대, 서울대, 성균관대, 연세대, 중앙대, 한양대 등 서울 시내 9개 대학의 신문 기자 일동은 결의문을 발표하여 언론윤리위원회법에 대한 반대 의사를 천명하였다. 결의문을 통해 학생 기자들은 "언론윤리위법이 민주주의에 역행하는 위헌적인 악법임을 주장하면서 동법의 시행에 일체의 협력을 거부할 것은 물론 나아가 동법의 폐기를 위하여 끝까지 우리의 입장을 고수할 것을 결의한다"고 밝혀 이 법에 대한 거부와 투쟁 의지를 명백히 하였다.[79]

이와 같이 윤리위법을 둘러싼 파동이 확대되고 참여 단체들이 늘어가자 정부 측과 투쟁위원회 간에 막후에서 비공식적으로 접촉이 이루어지기 시작하였다. 윤리위법 철폐투위 대표들은 9월 8일 유성에서 박정희 대통령을 만나 동법의 시행을 보류해 줄 것을 주된 내용으로 하는 건의서를 전달하였다. 이로써 정부는 바로 다음날 언론윤리위원회법의 시행을 전면 보류한다고 발표하기에 이르렀다. 이렇게 언론 통제법을 보류시키는 성과를 거두기는 했으나 한국의 언론은 이후 권력에 굴복해 가는 과정을 밟게 되었다.

이 언론윤리위원회법 반대 운동은 신문사 내에서 경영과 편집의 갈등이 표출되는 계기로서도 중요한 의의를 지닌다. 앞서 서술한 대로 윤리위원회 소집에 대한 서면 조사에서 4개사를 제외한 21개사의 발행인들이 찬성을 표시한 것에 대해 기자들이 집단적으로 이의를 제기함으로써 기자들과 경영진 사이의 갈등이 표출되었던 그것이다. 경영과 편집의 갈등이 표출되는 것은 신문이 기업화되면서 나타나는 현상이다. 기업화와 함께 조직 규모도 확대되며 내부의 기능 분화가 이루어지기 시작한다. 이와 함께 경영 수지에 민감해지면서 언론의 내용이나 방향을 놓고 경영진과 편집진의 의견 대립 및 갈등이 나타나게 되는 것이 일반적이다. 한국의 언론들이 본격적으로 기업화되기 시작한 것은 1960년대 들어서면서 박정희 정권의 고도성장 정책과 함께였다. 이러한 점에서 박정희 정권의 성장 정책이 본격적으로 펼쳐지기 전인 1964년에 경영진과 편집진의 갈등이 나타나기 시작했다는 점은 주목할 만하다.[80]

(2) 탈선 주간지 화형식

신문은 정치적 기능을 상실하였지만 독자들은 여전히 정치에 대한 관심이 매우 높았다. 1971년 〈경향신문〉이 실시한 독자 조사 결과를 보면 기사 코너별 열독률에서 정치 관련 기사들이 대부분 상위를 차지하였다. 같은 신문사가 1972년에 행한 조사에서는 어떤 기사를 가장 많이 읽느냐는 질문에 정치 기사가 12.7%로 1위를 차지하였다.[81]

독자들의 관심은 여전히 정치 문제에 가장 집중되고 있지만 당시의 신문들은 독자들의 욕구는 외면한 채 상업적 경쟁에만 몰두하고 있었다. 이러한 상황은 결국 독자들의 저항을 불러 오고 말았다. 특히 신문사들이 1960년대 후반부터 주간지의 창간 붐을 이루며 선정적 경쟁이 과열되는 양상까지 빚어지자 이에 대한 대학생 독자들의 비판과 저항이 지속되었다.

먼저 표적이 되었던 것은 선정성의 경쟁을 치열하게 벌이던 주간지들이었다. 〈선데이서울〉을 비롯해서 각 신문사의 주간지들에 대해 대학생 종교 단체가 가장 먼저 반기를 들었다. 서울대 문리대 기독학생회는 1969년 6월 10일 교내에서 집회를 열어 탈선 매스컴 화형식을 벌이고는 불매 운동을 벌일 것을 결의하였다. 결의문에서 학생들은 이 주간지들을 규탄하고 "현대 문명을 좀먹는 방종한 섹스와 난폭한 레크리에이션은 매스컴을 통해 순진한 동심을 타락시키고 사회 윤리를 매몰시키고 있다"고 주장하며 탈선 매스컴 화형식을 갖고 불량 간행물 60여 권을 불태웠다.[82]

(3) 대학생들의 언론 규탄

학생들의 극단적인 저항에도 불구하고 언론은 별다른 변화가 없었다. 오히려 이즈음부터 정계의 핵심 쟁점이 되었던 3선 개헌을 둘러싸고 언론이 보여 준 무비판적 보도 태도는 수용자들의 기대와는 너무나도 거리가 멀었다. 이렇듯 언론이 왜곡된 모습을 보여 주자 독자들의 불만은 높아만 갔다. 특히 대학생들의 언론에 대한 불신이 더욱 심했다. '사실을 왜곡'하거나 '사실을 묵살'한다는 것이 불신의 주된 내용들이었다. 기자들로서는 대학가의 집회나 시위를 취재하는 데에도 어려움을 겪을 정도였다. 학생들이 "취재해도 지면에 보이지 않는데" 무엇 때문에 취재하려 하느냐며 취재를 거부하기 일쑤였다고 한다.[83] 대학생들은 집회나 성명서 발표 등의 형태로 언론을 노골적으로 규탄하기 시작하였다.

1969년 7월에 고려대생들은 '언론인들에게 보내는 공개장'을 채택하였다. 공개장에서 학생들은 "언론마저 좌절당하고 무력화해 버리고 또는 아첨해 버리는 그런 오늘의 한국 현실을 통곡한다"며 "내적, 외적 압력을 의연히 박차고 일어서라, 궐기하라"고 요구하였다.[84] 연대생들도 언론을 질타하는 메시지를 발표하였다. '범연세호헌투쟁위원회' 명의로 1969년 7월 2일 발표된 성명은 "이 나라 양심의 극한이며 지성의 심벌인 한국 언론이 맥없이 쓰러져 가는 모습을 볼 때 한국 언론 반세기 역사에 오늘만큼이나 무력함이 더 컸던 때가 있었나 생각할 때 우린 더할 수 없는 괴로움과 절망의 나락에서 울부짖을 수밖에 없다"고 당시 언론에 대한 심한 불신감을 표현하였다. 이들은 한국 언론에 대해 "그 무기력과 나태를 박차고 일어나 이 민족, 이 나라를 살리는 '시일야방성대곡'으로 민주 헌정 수호 투쟁에 과감히 참여하라!"고 강력한 투쟁에 대한 기대를 표명하였다.[85] 한편 9월 3일에는 연세대 총학생회가 언론인들에게 보내는 메시지를 채택해 "외부의 압력이나 제재로 인한 언론의 타락은 바로 민주주의의 죽음이므로 언론인들은 다시 한 번 냉정한 언론인의 양심과 지성과 용기를 찾아야 한다"고 호소했다.[86]

이러한 학생들의 규탄에도 불구하고 1970년에 들어서는 두 가지 언론계 추문 사건이 터졌다. 하나는 전북 이리 지역의 중앙지 및 지방지 기자 20명이 공갈·사기·폭력행위등처벌에관한 법률위반 혐의로 무더기로 실형을 선고받은 사건이다.[87] 이처럼 언론인이 대거 구속되어 실형을 받은 일은 사상 유례를 찾아보기 힘든 사건이었다. 다른 하나는 그해 9월 각 언론사 부장단의 외유와 관련된 추문 사건이었다. 9월 23일 8개 중앙 일간지와 3개 통신사의 부장들 11명이 동남아 순방을 다녀오면서 이들 중 일부가 상당량의 녹용을 밀반입하려 해서 말썽을 빚게 되었다.[88] 이 사건으로 갖가지 불미스러운 소문들이 떠돌게 되면서 언론인에 대한 최소한의 신뢰마저 무너지고 말았다.

이 두 사건은 언론계 내의 치명적인 치부의 문제이므로 각 언론은 다루지 않았다. 그러나 소문을 통해 사건이 알려지면서 언론의 위신은 그야말로 땅에 떨어지고 언론에 대한 불만을 넘어서 불신의 골은 더욱 깊어만 갔다. 1970년 11월 서울대 총학생회는 이 사건을 전해 듣고는 언론을 맹렬하게 규탄하는 성명을 발표하였다. "점잖은 언론인들이여 거칠게 저항하라"는 제목의 성명에서 학생들은 "스스로 신문사의 문을 닫고 참회하라. 삼천만 민중 앞에 속죄하라. 무슨 글을 쓰겠다는 것이냐"고 질타하면서 "오늘날 당신들의 노예적 굴종 상태가 당신들이 뒷구멍으로 항용 불어대던 그 외부 압력 때문만이 아니었음을 알았다. 스스로 썩었음을 알았다. 한 가닥 언덕마저 허물어졌다"는 말로 언론에 대한 강한 불신을 토로하였다. 이어서 학생들은 "저항하라, 저항처럼 순수하고 고결한 생의 모습이 또 있는가. 자유는 주어지는 게 아니라, 쟁취해야 한다는 것을 당신들이 더 잘 알고 있지 아니한가. 당신들 뒤엔 삼천만 민중이 있고 반만년의 민족사가 있고 또 자유에의 세계사가 있지 아니한가"라고 하면서 저항을 촉구하였다. 또한 "언론계를 발판으로 세속 출세를 탐하는 사이비 언론인들이여, 당장 펜대를 던져라. 권력이 그리우면 직접 정치판에 뛰어들라. 돈을 벌려는 자는 장사판에 들어가라. 기회주의자처럼 보기 싫은 것이 없다"라고 하여 왜곡되고 굴절된 언론을 강도 높게 규탄하였다.

(4) 언론 화형식

대학생들의 언론 규탄은 급기야 언론 화형식을 벌이는 사태로까지 이어졌다. 1971년 3월 24일 서울대 법대생들은 교내에서 언론인을 규탄하는 성토 대회를 열고 이어서 법대 도서관 뒷마당에서 대학신문, 일간 신문, 잡지 등을 소각하는 언론 화형식을 거행하였다. 학생들은 이에 그치지 않고 시내로 진출하여 신문사 앞에서 화형식을 시도하였다. 서울대학교 문리대, 법대, 상대의 학생회장단 10여 명은 3월 26일 오후 3시 서울 시내 동아일보사 앞 세종로 지하도 입구에서 언론을 규탄하는 집회를 열어 언론규탄준비위원회 명의의 성명서를 낭독하고 화형식을 거행하려고 시도하였다. 그러나 긴급 출동한 경찰들에 의해 집회는 10분여 만에 무산되고 말았다.

> 언론화형선언문
>
> 오늘의 언론은 민중의 지표를 설정하는 지도적 기능커녕 사실마저 보도하지 않아 보도적 기능까지 몰각해 가고 있다. 와우아파트, 정인숙 여인 사건 당시 언론은 무엇을 얼마만큼이나 파헤치고 진실되게 보도했던가? 일부 극소수의 반민주, 반민족 행위자들에 대한 사회 고발은 물론 수많은 영세민들의 생활 참상 한번 진실되게 보도했던가?
>
> 대학마저 군부에 예속시키고 병영화하며 온 국가를 침묵과 암흑의 세계로 바꾸려는데 조상님 신주 모시듯 하는 부·차장들, 그들은 외면에 그치는 것이 아니라 민주주의를 암장시키고 있다.
>
> 이제 권력의 주구, 금력의 시녀가 되어 버린 너 언론을 슬퍼하며, 조국에 반역하고 민족의 부름에 거역한 너 언론을 민족에 대한 반역, 조국에 대한 배신자로 규정하여 반세기의 찬연한 전통에 한을 남긴 채 전 민중의 이름으로 화형에 처하려 한다.

1971년 3월
언론규탄준비위원회
출처: 〈기자협회보〉, 제175호, 1971. 4. 2.

학생들은 선언문을 통해 "이제 권력의 주구, 금력의 시녀가 되어 버린 너 언론을 슬퍼하며, 조국에 반역하고 민족의 부름에 거역한 너 언론을 민족에 대한 반역, 조국에 대한 배신자로 규정하여 반세기의 찬연한 전통에 한을 남긴 채 전 민중의 이름으로 화형에 처하려 한다"고 밝혔다. 이날 서울대 문리대 학생회는 "언론인에게 고한다"라는 제목의 성명서를 발표하였다. 성명서에서 학생들은 "앞으로도 민중의 소리를 외면하고 권력과 금력에 아부하면 역사의 단두대가 그대들을 기다릴 것이다"고 극단적인 표현을 사용하여 경고하고는 "언론인들이여! 기자들이여! 궐기하라!"고 촉구하였다. 이어서 학생들은 결의문도 발표하였다. 결의문에서 학생들은 언론인들에게 노조를 결성하고 중앙정보부원을 신문사에서 축출할 것 등 구체적인 요구 사항을 제시하면서 그렇지 않을 경우 불매 운동 등의 강력한 수단을 동원하겠다는 결의를 밝혔다.[89]

박정희 정권의 철권 통치하에서 대학생들에 의해 이루어진 언론 규탄과 화형식은 언론계에 커다란 충격을 던져 주었다. 젊은 세대를 대표하는 대학생들에 의해 바로 언론사 문 앞에서 화형식이라는 극단적 행동이 이루어지자 언론인들에게 적지 않은 충격과 자괴감을 심어 주었던 것이다. 이렇듯 언론에 대한 불신이 노골화되자 언론계는 이를 그대로 방치할 수 없다는 위기감이 팽배하기 시작하였다. 그 결과로 1970년대 초반 각 언론사 기자들의 언론 자유 수호 운동이 펼쳐지게 된 것이다.

3) 기자들의 언론 자유 수호 운동

대학생들의 언론 화형식이 현장의 언론인들에게 던져 준 충격은 대단히 큰 것이었다. 〈기자협회보〉 1971년 4월 2일자는 "이제 언론이 답변할 차례다"라는 제목으로 언론 화형식을 접한 신참 기자의 소회를 게재하였다. 이 글에서 당시 〈동아일보〉 수습 기자이던 강정문姜正文은 "3월 26일의 언론 규탄은 '일부 학생의 소리'로 흘려버릴 수 없는 심각한 문제의 표출로 봐야 한다"면서 "다음은 언론의 답변이 있어야 할 차례다"라는 견해를 피력하였다.

이 신참 기자의 기대대로 언론은 답변을 하였다. 바로 기자들의 언론 자유 수호 선언이 나오게 된 것이다. 언론 화형식이 시도된 얼마 뒤인 그해 4월 15일 〈동아일보〉 기자들이 '언론 자유 수호 선언'을 발표하였다. 〈동아일보〉 기자들은 이 선언에서 앞으로 기자적 양심에 따라 진실을 진실대로 자유롭게 보도할 것을 천명하면서 당국의 압력을 배격하고 기관원의 상주 내지는 출입을 거부한다고 선언하였다. 이를 계기로 바로 뒤이어 4월 16일에는 〈한국일보〉 기자들이 참여하였으며 4월 17일에는 〈조선일보〉, 〈대한일보〉, 〈중앙일보〉 기자들도 언론 자유 선언 대열에 참여하였다. 서울의 모든 신문사와 방송사, 통신사 기자들이 언론 자유 수호 선언에 동참하였으며 일부 지방의 신문들도 참여하였다. 편집인협회도 기자들의 이러한 움직임에 호응하였으며 5월 15일에는 기자협회가 '언론 자유 수호 행동 강령'을 채택하였다. 이 행동 강령은 "우리는 언론의 자유가 언론인 스스로의 피나는 투쟁에 의해서 확보되어야 한다는 것을 진리로 알고 있다"고 전제하면서 진실을 진실대로 기사화할 것, 관계 기관의 불법 부당한 임의 동행 형식의 연행 거부, 기사가 깎이거나 게재되지 않았을 때에는 편집인과 더불어 그 타당성 여부를 논의, 정보 기관원의 상주나 출입 거부 등을 제시하였다.[90]

그러나 이때의 언론 자유 수호 운동은 그해 10월의 위수령 발동과 12월의 국가비상사태 선언, 그리고 1972년 10월의 계엄령 및 10월 유신 선포 등 정부의 초강압적인 정책이 연이어 펼쳐지면서 위축되고 말았다.

그러자 대학생들이 또다시 언론인의 각성을 촉구하고 나섰다. 대학가의 시위 현장에서는 언론이 거의 빠짐없이 규탄의 대상으로 등장하곤 했다. 그리하여 1973년 10월에는 〈경향신문〉부터 언론의 본분을 다할 것을 선언하기 시작하였다. 이때에도 〈경향신문〉을 기점으로 해서 각 언론사 기자들이 뒤를 이어 같은 취지의 언론 자유 수호 선언문을 채택하였다. 이렇게 시작된 기자들의 2차 언론 자유 수호 운동은 1974년에 들어서면서 보다 근본적이고 효율적인 투쟁을 위해 언론 노조 설립 운동까지 나아갔다. 1974년 3월 〈동아일보〉가 전국출판노조 산하로 노조 결성을 시도하였으며 12월 10일에는 〈한국일보〉가 노조 창립 대회를 열었다. 그러나 동아일보사는 3월 8일 노조 간부 전원을 해임하였으며 서울시는 4월 5일 노조 설립 신고서를 반려하였다.

〈동아일보〉의 노조 결성 시도는 바로 그해 하반기 언론 자유 실천 운동의 밑거름이 되었다. 10월 23일 서울대 농대생들의 데모 관련 기사를 문제삼아 간부들이 정보 기관에 연행되어 조사를 받게 되자 기자들 150여 명은 편집국에 모여 농성하며 대책을 논의하였다. 바로 그다음 날인 10월 24일 오전에 180여 명의 기자들이 모여 '자유 언론 실천 선언'을 발표하였다. 선언을 통해 기자들은 다음과 같은 내용의 결의를 밝혔다.[91]

> 一. 신문, 방송, 잡지에 대한 어떠한 외부 간섭도 우리의 일치된 단결로 강력히 배제한다.
>
> 一. 기관원의 출입을 엄격히 거부한다.
>
> 一. 언론인의 불법 연행을 일체 거부한다. 만약 어떠한 명목으로라도 불법 연행이 자행되는 경우 그가 귀사할 때까지 퇴근하지 않기로 한다.

1971년의 언론 자유 수호 선언과 거의 같은 내용이다. 다만 불법 연행에 대처 방법이 보다 구체적으로 제시되고 있다. 한편 〈한국일보〉도 10월 22일과 23일 편집국 간부들이 정보 기관의 소환을 받고 출두하여 '월남 사태'에 관한 기사 내용에 대해 조사를 받고 23일 밤 귀사하였다. 기자들은 이 내용을 기사화하였으나 간부들의 만류로 지면에 실리지 못했다. 이에 기자들은 10월 25일 새벽 민주 언론 사수를 선언하는 내용의 결의문을 채택하였다.

〈동아일보〉와 〈한국일보〉 기자들의 이 선언은 다시 다른 언론사로 파급

1960, 1970년대 기자의 임금 수준

한때 기자직은 업종별 임금 수준에서 최상위를 기록함으로써 젊은 층의 희망 직종에서 상위를 기록하여 '언론 고시'라는 신조어를 만들어 내기도 하였다. 하지만 언론인이 이처럼 고소득을 보장받게 된 것은 제5공화국 이후의 일이었다. 그 이전에는 심각한 저임금에 시달려야 했다. 1965년 기자협회가 조사한 자료에 따르면 부장급이 되어야 겨우 도시 생활 최저 생계비 수준을 받았으며 나머지 대부분의 기자들은 최저 생계비에도 못 미치는 수준이었다. 그나마 무보수 기자들도 많았다. 1965년 11월 발표된 자료에 의하면 전체 기자 7009명 중에 1567명이 무보수로 22.4%를 차지하였다. 기자 4~5명 중에 1명은 무보수 기자였다는 말이다.

이러한 심각한 저임금은 필연적으로 사이비 기자와 촌지의 문제를 야기할 수밖에 없었다. 이에 기자협회는 거의 해마다 임금 인상의 문제를 역점 사업으로 내걸고 추진할 정도였다. 이러한 노력에 의해 임금 수준이 다소 개선되기는 하였다. 1969년에는 전년 대비 25% 가까이 인상되었다. 하지만 저임금은 여전하였다. 경력 4년차 기자의 월 평균 임금이 겨우 최저 생계비 2만 5000원 정도에 그쳤다. 중앙 일간지 본사의 차장급이 3만~4만 원, 부장급이 5만 원을 약간 웃도는 수준이었다. 이는 당시 대기업의 초봉이 3만~5만 원 사이였음을 감안하면 신문사 차장, 부장이 겨우 대기업 초봉 수준이었음을 말해 준다.

출처: 주동황 외(1997), 앞의 책, pp.123~124.

되어 갔다. 전국 30여 개 언론사 기자들이 언론 자유 수호를 결의하였다. 이들의 결의는 사실 보도, 기관원 출입 금지, 언론인 연행 거부 등 거의 동일한 내용이었다. 기자협회도 25일 기자들의 언론 자유 수호 선언을 지지하는 성명서를 발표하고 26일에는 상설 기구로 '언론자유수호특별위원회'를 설치하였다.[92] 각 언론사들도 선언을 실천에 옮기기 위해 특별위원회를 설치하였다.

그러나 선언 이후에도 언론의 보도 경향은 별로 달라지지 않았다. 단지 학생들의 데모와 종교계 움직임에 대한 보도가 조금씩 이루어지기 시작하는 정도였다. 이에 〈동아일보〉 기자들은 제작 거부에 들어가 11월 12일자 신문이 휴간되는 진통을 겪기도 하였다.[93]

이러한 맥락에서 기자들의 언론 자유 실천 운동을 탄압하기 위한 새로운 수단으로 광고 탄압 방법까지 동원되기 시작하였다. 이로 인하여 이른바 〈동아일보〉 광고 사태가 빚어지게 된 것이며 이것이 바로 〈동아일보〉 격려 광고 운동이 태동하게 된 직접적인 배경이 되었다.

4) 〈동아일보〉의 광고 사태

(1) 광고 사태의 발단

언론 자유를 위한 일선 기자들의 투쟁에 대해 정부는 강력한 억압 정책으로 일관하였다. 1974년 말경부터는 〈동아일보〉에 대해 광고 탄압이라는 전례 없는 탄압 조치를 취하였다. 광고주에 압력을 가하여 이미 계약된 광고를 해약하고 싣지 못하도록 함으로써 신문의 경영에 압박을 가하여 언론 활동을 위축시키려는 통제 방법이었다. 1974년 12월 20일 한일약품이 떨어져 나간 것을 시초로 해서 1975년 1월 25일까지 98%의 광고주가 해약함으로써 〈동아일보〉는 경영에 심대한 타격을 받게 되었다. 동아방송의 경우도 건수로는 88.7%, 금액으로는 91.7%의 광고주가 떨어져 나갔다.[94]

(2) 각계의 지지와 성원

광고 탄압으로 말미암아 〈동아일보〉는 1974년 12월 26일자부터 백지 광고가 나갈 수밖에 없는 지경이 되었다. 가장 먼저 가톨릭계가 나섰다. 천주교정의구현전국사제단은 백지 광고가 나간 바로 다음 날인 1974년 12월 27일 성명을 발표하여 당국의 언론 탄압을 규탄하면서 광고를 기피하는 기업에 대해서는 상품 불매 운동을 벌이며 부당하게 탄압받고 있는 신문사에 대해서는 범국민적 구독 운동을 벌일 것을 제안하면서 국민의 동참을 호소하였다.

바로 다음 날인 12월 28일에는 기독교계도 성명서를 발표하였다. 한국기독교교회협의회 인권위원회는 성명을 통해 〈동아일보〉에 대한 언론 탄압을 중단할 것을 촉구하는 한편 기독교 실업인들로 하여금 〈동아일보〉에 광고를 실을 것을 권유하였다. 또한 12월 30일에는 한국교회여성연합회가 성명을 내고 〈동아일보〉 구독 운동, 광고 해약 업체 상품 불매 운동, 구독료 1년분 선납 운동 및 부수 확장 운동 등 〈동아일보〉를 돕는 운동을 전개할 것을 호소하였다. 1975년 1월 1일에는 천주교 정의구현전국사제단이 비슷한 내용으로 〈동아일보〉 돕기 운동을 전개할 것을 제의하는 호소문을 발표하였고, 신민당도 "〈민권의 시대〉를 창조하자"는 제목의 광고를 통해 민주 언론 돕기 운동을 제의하였다.[95]

(3) 격려 광고 운동의 전개

이러한 상황에서 원로 언론인 홍종인이 나섰다. 그는 1974년 12월 30일자 1면 하단에 "언론 자유와 기업의 자유"라는 제목의 글을 의견 광고 형식으로 게재하였다. 이 광고는 그가 개인적으로 10만 원의 광고료를 지불하였다고 한다. 이 글을 통해 홍종인은 "민주주의의 길을 닦아 나가기 위한 우리 사회의 기본적인 과제요 또 당면한 최대의 고민은 언론 자유의 보장과 신문 기업의 독립성의 확보에 있다"고 전제하면서 〈동아일보〉의 광고 탄압은 권력 자신에 대해서도 자해 행위가 될 것이라고 경고하면서 원상회복을 주장하였다.

한편 이 날짜 신문 1면 하단에는 돌출 광고 형식으로 동아일보사 광고국장 김인호 명의로 개인의 의견 광고나 협찬 광고를 모집하니 적극적인 성원을 바란다는 안내 광고가 게재되었다.

그러자 곧이어 백지 광고 면을 각계의 격려 광고가 채우기 시작하였다. 1975년 신년호에는 1면에 천주교정의구현사제단, 7면에 야당인 신민당의 광고가 5단으로 게재되었다. 1월 7일자부터 독자들의 의견 광고가 실리기 시작하여 1월 8일부터는 '언론자유수호격려'난을 4면의 광고란에 고정시켰다.[96] 이때부터 전국의 각계각층 인사들이 참여하여 개인, 혹은 집단으로 의견 광고를 게재함으로써 〈동아일보〉의 언론 자유 수호를 위한 투쟁을 격려하였다.

첫날인 1월 8일자의 4면에는 하단 광고란의 1단을 할애하여 "본난은 동아일보사원의 언론자유수호를 지원하는 광고입니다"라는 안내와 함께 모두 12개의 격려 광고가 게재되었다. 이를 순서대로 옮겨 보면 다음과 같다.

- 불의는 짧고 정의는 영원하다 / 익명
- 동아일보 만만세 / 홍원길
- 동아일보 격려함 / 청주동산교회 홍정흠
- 대전시 중동 모 은행원 2인
- 장충동 1가 전씨
- 언론의 자유를 수호하는 동아일보 / 一日本人여행자
- 건투 동아일보 건승 정의구현사제단 / 충북 음성 감곡 안야고보
- 자유의 횃불을 밝히는 기름 한방울의 성의를 표한다 / 경남 창녕군 아미사 하도암
- 언론자유수호 / 천주교 춘천교구 주교좌성당 주임 방영구 신부 및 신도 일동
- 우리는 애독자 동아가족 언론자유 보장하라 / 아빠는 동아일보 김석규 엄마는 여성동아 이순애 나는 소년동아 김호영
- 언론자유없이 종교자유없다 / 한국기독교장로회 여교역자협의회 일동

– 언론자유 투쟁 격려 / 천도교 용담연원회 회장 강금성 나태화 최병제 이병래 등

12건 중 절반에 해당하는 6건이 종교계의 격려 광고였다. 종교계 중에서도 천주교, 기독교, 불교, 천도교 등 고르게 분포되어 있었다. 나머지 6건은 개인들이 낸 것이었다. 그중에는 일본인이 낸 것도 있었으며 일가족이 함께 낸 것도 있었다.

이렇게 해서 시작된 〈동아일보〉 격려 광고 운동은 급속도로 확산되어 갔다. 해외의 교포들까지 참여하게 되어 날이 갈수록 건수가 늘어나면서 1월 10일경부터 3~5개 면의 광고난을 차지하기 시작했다. 정당·사회단체의 큰 광고에서부터 개인의 1단 1cm짜리 광고에 이르기까지 끊임이 없었다. 쇄도하는 광고를 다 싣지 못해 1월 27일자에는 광고국장 명의로 "오늘 격려 광고 일부는 지면 부족으로 내일로 미룹니다"라는 광고문을 내야 할 정도였다.

이처럼 전국의 각계각층 인사들이 참여하여 개인, 혹은 집단으로 의견 광고를 게재함으로써 〈동아일보〉의 언론 자유 수호를 위한 투쟁을 격려하고 지지하였다. 정부의 극단적인 언론 탄압에 대해 국민이 격려 광고라는 형태로 언론 자유를 위한 투쟁에 성원을 보내고 동참했던 것이다.

한국기독학생총연맹의 분석에 의하면 1975년 1월 한 달 동안 게재된 격려 광고의 총 건수는 2943건이었으며 그중 익명의 광고가 1734건으로 59%를 차지하였다고 한다.[97] 이처럼 익명의 광고가 많았던 것은 언론 자유를 위한 〈동아일보〉의 투쟁에는 공감하지만 당시 군부 독재의 철권 통치하에서 격려 광고를 낸 사실이 알려지면 개인적으로 불이익이 돌아올 것을 염려한 사람들이 많았기 때문이었다.

표 26은 1975년 1개월 동안 접수된 격려 광고 중 직업을 밝힌 것만을 대상으로 그 분포를 정리한 것이다. 학생이 전체의 절반 정도를 차지하기는 했지만 농민과 군인에 이르기까지 다양한 직업이 포함되어 있어 그야말로 각계각층이 광범위하게 참여했음을 알 수 있다.

표 26 〈동아일보〉 격려 광고의 직업별 분포(1975. 1)

직업	건수	비율(%)	직업	건수	비율(%)
학생	650	52.4	교수	19	1.5
종교인 및 단체	171	13.8	운전기사, 안내원	16	1.3
주부 및 가족 단위	94	7.6	의약사, 간호사	16	1.3
문학·언론인	51	4.1	은행원	15	1.2
상업	39	3.1	사회단체	15	1.2
교사	33	2.7	변호사	6	0.5
국회의원 및 정당	32	2.6	농민	5	0.4
회사원	24	1.9	예술인	5	0.4
실업가 및 광고인	22	1.8	군인, 예비군	2	0.2
근로자 및 노동자	21	1.7	축산업, 뱃사람, 공무원	각 1명	

출처: 동아일보사(1990), 《동아일보사사 권4》, pp.130~131.

격려 광고 운동과 함께 〈동아일보〉 구독 운동도 전개되었다. 1974년 12월 28일 한국기독교교회협의회 인권위원회는 〈동아일보〉에 대한 광고 탄압을 규탄하는 성명에서 〈동아일보〉 구독 운동을 벌일 것을 촉구하였다. 이를 계기로 기독교 단체를 중심으로 한 사회단체들이 나서기 시작하였다. 1975년 2월 1일에는 한국기독교전국청년연합회협의회가 〈동아일보〉 사태 관련 결의문을 발표하면서 여러 단체와 공동으로 "새 독자 10만 구독 운동을 전개할 것을 재천명한다"고 선언하였다.[98]

그러나 이 〈동아일보〉 광고 사태로 정점을 맞이했던 1970년대의 언론 자유 수호 운동은 〈동아일보〉의 경영진이 정부의 압력에 굴복하여 기자들을 대량 해고함으로써 마무리되고 말았다. 3월 17일 경찰과 폭력배를 동원하여 농성 중이던 언론인들을 강제로 해산하고 기자들을 대량으로 해고하고 말았다. 강제로 해산된 언론인들은 보다 강도 높은 투쟁을 위해 동아자유언론수호투쟁위원회(이하 동아투위)를 결성하였다. 회사 측에 의해 1975년 4월 12일까지 해임이나 무기 정직된 기자, 아나운서, 프로듀서는 모두 131명이었다. 그 후 일부 무기 정직자가 회사로 복귀해 동아투위 창립 1주년이 되었을 때 회원 수는 113명이었다.[99]

당시 〈조선일보〉에서도 기자들의 언론 자유 실천 운동과 관련하여 회사 측이 기자들을 대량으로 해고하는 사태가 발생하였다. 〈조선일보〉는 1974년 12월 18일 기사에 대해 항의하는 백기범과 신홍범 두 기자를 '편집권 침해'라는 이유로 전격 해고하였다. 이에 〈조선일보〉 기자들은 1975년 3월 6일 자유 언론 실천 선언을 재천명하고 두 기자의 복직을 요구하며 제작을 거부하고 농성에 들어갔다. 농성 6일째인 3월 11일 농성 기자들을 강제로 해산시킨 후 33명의 기자를 해고했다. 해고된 기자들은 조선자유언론수호투쟁위원회(이하 조선투위)를 구성하였다.[100]

〈동아일보〉의 광고 사태는 1960년대 이후 정권의 비호 아래 언론의 기업화가 진행되면서 언론사 내에서 경영진과 편집진의 분화가 상당한 정도로 진척되었음을 보여 준다. 정권의 언론 탄압에 대해 편집진에 속하는 기자들은 저항하였지만 경영진이 굴복하여 기자들을 대거 해고함으로써 언론 자유 실천 운동을 무력화시키고 기업의 이익을 수호해 가려는 태도를 보여 주었던 것이다.

이때 해직된 기자들이 구성한 동아투위와 조선투위는 언론사 밖에서 언론 자유를 위한 투쟁을 지속적으로 전개하였다. 이 중 동아투위는 진짜 동아일보라는 뜻의 '진동아'라는 대안적 매체를 발행하기도 하였다. 이 조직들은 박정희 정권기의 극단적인 언론 탄압이 낳은 비극적 성격의 집단이기는 하지만 이들이 지속적인 투쟁을 전개함으로써 1980년대 들어 월간 〈말〉지나 〈한겨레신문〉 등 새로운 형태의 언론 매체를 만들어 언론 발전에 기여하는 모태가 되기도 하였다.

〈동아일보〉 광고 사태를 계기로 해서 한국 언론은 유신 체제 내에 안주하면서 권력의 시녀이자 나팔수로서의 역할을 벗어나지 못하였다. 독재 권력은 더욱 부패해 가고 사회의 제반 모순은 더욱 심화되어 가는 와중에서도 언론들은 장밋빛 미래만을 제시하며 현실의 문제는 전혀 도외시하였다. 유신 직후부터 박정희 정권이 제시한 '대망의 1980년대와 1000불 소득, 100억 불 수출'이라는 슬로건을 열심히 되풀이하며 정권의 정치적 상징 조작을 충실히 수행하는 홍보 역할만을 하였던 것이다.

5) 신문 보급의 확대와 독자의 인식

(1) 독자층의 확대와 대중화

박정희 정권이 추진한 산업화 정책이 성공적으로 추진되면서 당시 한국 사회는 빠른 속도로 경제 성장을 이루어갔다. 이와 함께 소득 수준도 점차 높아지면서 독자층도 꾸준히 확대되어 갔다. 박정희 정권 초창기의 신문 보급은 1961년 747,256부였으며 1963년에는 790,261부로 4만 3000부가량 늘었다.[101] 그 이후 경제 성장 및 교육의 확대로 말미암아 신문 보급은 지속적인 성장세를 보였다. 1969년 말 문공부가 시행한 전국 신문 구독자 현황 조사 결과에 의하면 전국적으로 267만 8155부가 발행되어 1967년에 비해 52만 부가 늘어 33.8%의 가파른 증가율을 보였다. 전국 가구의 50%가 신문을 정기 구독하고 있는 것으로 밝혀졌다. 특히 서울의 경우는 0.9가구당 1부를 정기 구독하는 것으로 나타나 상당수의 가구가 2종 이상을 정기 구독하는 것으로 밝혀졌다.[102] 이러한 발행 부수는 1961년의 발행 부수 74만 7256부[103]와 비교하면 10년이 채 안 되는 기간 동안 약 3.6배로 증가한 것이다.

이처럼 국민 대부분이 신문을 구독하게 되었다는 사실은 신문 보급이 엘리트 중심의 단계를 넘어 대중화의 단계로 들어섰음을 의미한다. 이는 전술한 생활 수준의 향상 외에도 교육 기회의 확대와 이에 따른 문맹률 감소도 중요한 기반이 되었다. 1970년에는 농촌 지역도 주민의 57%가 의무 교육을 받은 것으로 나타났다. 1973년에 전국의 65세 이상 노인들을 대상으로 실시한 조사 결과에 의하면 노인들의 문맹률도 14%에 불과할 정도로 감소하였다.[104] 이처럼 문자 문화의 기반이 확대된 가운데 신문들의 독자 확보를 위한 상업적 경쟁이 치열하게 전개되면서 독자층의 확대와 이로 인한 독자의 대중화가 가능했던 것이다.

(2) 독자의 신문 비판과 행간 읽기

권력의 통제에 굴복, 협조해 가면서 경제적 혜택과 상업화의 단물에 빠져 있는 언론에 대해 불만을 갖게 된 것은 대학생들만이 아니었다. 일반 독자들도 왜곡된 언론에 대해 매우 비판적이었다. 〈경향신문〉 1965년 4월 6일자 5면에는 '신문의 날' 특집으로 다양한 계층 독자들의 신문 지면에 대한 평가가 게재되었다. 한 복덕방 주인은 "관권과 대결해서 민권을 옹호해 온 것이 한국의 신문인데 요즘은 형편없이 무기력해진 것 같다"며 그래도 매일 보기는 하지만 안타까움을 느낀다고 비판하였다.

1972년의 10월 유신 이후 언론의 상황은 더욱 악화되었다. 당시 신문에 대한 독자들의 인식은 〈경향신문〉이 1979년 4월 7일 신문의 날을 맞아 기획한 3면의 기사에서 잘 드러난다. "독자가 참여하는 오늘의 신문"이라는 제목의 기획은 당시 신문에 대한 독자들의 인식과 바람직한 참여 방안을 묻는 설문 조사 형식의 기사였다. 언론학 교수부터 주부와 농민, 학생에 이르기까지 각 직종별로 8명이 참여한 이 기사의 응답을 보면 당시 신문에 대한 인식을 단적으로 확인할 수 있다. 가장 지배적이었던 의견은 신문의 특성과 개성이 없이 천편일률적, 획일적이라는 내용이다. 의사와 대한체육회 이사를 제외한 6명의 응답자가 표현을 달리하였지만 같은 의견이었다. 특히 주부 조재현은 "조간에서 본 기사를 그대로 다시 석간에서 보는 것은 여간 짜증스러운 일이 아니다"라고 목소리를 높였다.

다음으로 두드러진 지적은 독자들의 참여가 부족하다는 점이었다. 각 신문들이 독자 투고란을 운영하며 지면에 반영은 하고 있지만 실제 지면 제작

이 독자들의 욕구나 기대와 거리가 있음을 말해 준다.

이 기사에서 당시 서강대 교수이던 최창섭의 발언은 당시 신문이 처한 현실을 집약적으로 보여 준다. 당시 신문에 대한 인식과 평가를 묻는 질문에 대해 최창섭은 "신문을 읽기는 하되 신문에 대한 신뢰도가 약해졌다. 기사의 겉 내용보다 행간의 의미를 찾으려고 하는 풍조가 강해진 것은 그만큼 신문이 신뢰도를 잃은 까닭이다"라고 응답하였다.

바로 이 행간을 읽는다는 것이 당시 신문과 정치권력, 그리고 독자의 관계를 집약적으로 보여 준다. 비록 언론은 권력의 통제에 순응하여 현실을 외면하지만 독자들은 그래도 기자들이 본연의 임무를 전연 도외시하지는 않고 무언가 암시하는 것이 있으리라고 기대했던 것이다. 그 무언가를 찾으려는 노력이 바로 이 '행간을 읽는다'로 표현되는 것이다. 소설가 박완서도 〈동아일보〉 1979년 4월 6일자 5면에 게재된 '나의 신문평'에서 지면에 가득한 활자를 읽어도 채워지지 않는 허전함을 느끼게 된다며 이 때문에 "행간을 더듬게 된다"고 술회하였다.

독자들이 신문의 행간을 애써 찾아 읽으려고 시도한다는 것은 역설적으로 그래도 신문의 역할에 대한 기대가 기본적으로 자리하고 있음을 말해 준다. 정치권력의 탄압이 무서워서, 그에 굴복한 사주가 가하는 유형, 무형의 압력을 뿌리칠 수는 없지만 그래도 양심이 살아 있는 기자들이 무언가 감추어진 단서를 남겨 놓지 않았을까 하는 기대가 있기에 행간을 읽으려는 독자들의 눈물겨운 노력들이 나타나게 된 것이다.[105]

행간을 찾아서 읽는 독자들의 이 노력은 독자들도 언론인들이 처한 현실에 대한 이해와 공감에 기초한 것이었다. 언론인들이 어떤 현실에 처해 있는지, 그들이 왜 올바른 역할을 하지 못하는지를 대부분의 독자들도 알고 있다는 말이다. 또한 이 현실이 좀처럼 넘어서기 어려운 것이라는 인식도 있었기에, 독자들은 언론을 외면해 버리는 것이 아니라 그 안에서 무언가를 찾아내려고 노력하게 되었던 것이다. 이러한 인식은 1973년 신문의 날을 맞아 〈동아일보〉 4월 6일자 지면에 게재한 소설가 손장순의 글에서 잘 드러난다. 신문이 읽을거리가 없다는 문제를 지적하며 시작한 손장순은 언론의 어려움과 고민이 무엇인지 알고는 있지만 가능한 출구가 어딘가에는 존재할 거라며 언론은 이를 찾아야 한다고 주장하였다. 이어서 손장순은 "그렇다고 우리가 신문에 무모한 모험이나 희생만을 강요하는 것은 아니다. 자신은 안전한 위치에 피신을 하고 안일과 속된 번영을 다 꾀하면서 남에게 저항의 전초를 서지 않는다고 공박한다거나 (……) 혼자서 십자가를 메라고 짐을 떠맡기지는 않겠다"고 덧붙였다. 언론인들의 책무를 강조하면서도 여기에 독자들도 함께하리라는 연대 의식을 보여 준다. 이러한 독자들의 연대 의식이 〈동아일보〉가 광고 탄압으로 어려움을 겪을 때 격려 광고 운동으로 나타났던 것이다.

(3) 부마항쟁과 언론

독자들의 기대에도 불구하고 언론들은 요지부동이었다. 10월 유신으로 종신 집권 체제를 마련한 박정희 정권은 국민의 비판과 저항을 잠재우기 위해 긴급조치를 통해 강력히 억압하였다. 언론은 이에 순응 내지 협조하는 태도를 견지하였다. 사회 각 부문에서는 독재 정권의 모순이 심화되어 갔지만 언론에 비치는 세상은 천하태평이었다. 이에 대해 시민들의 불만과 비판도 더욱 깊어만 갔다.

이러한 시민들의 불만과 비판은 급기야 1979년 10월의 부마항쟁에서 언론사에 대한 공격으로 나타났다. 그해 10월 16일과 17일 양일간 전개된 항쟁 과정에서 모두 28회에 걸쳐 공공기관이 피습을 당했는데, 그중 언론사는 세 곳이 다섯 차례에 걸쳐 공격을 받았다. 피습당한 언론사는 부산문화방송과 KBS부산, 부산일보사였다. 16일에는 부산일보사와 부산문화방송이 공격을 받아서 기물이 파손되었으며 17일에는 이 두 언론사뿐만 아니라 KBS부산도 공격을 당했다. 당시 시위대가 외친 구호는 '유신 정권의 시녀 노릇을 하지 말라'는 것이었다.

〈국제신보〉와 기독교방송은 피습당하지 않았다. 〈국제신보〉는 사옥의 위치가 부산시 경찰서 바로 옆이라는 이유도 있었고, 그래도 〈부산일보〉보다는 야당지적 성격이 있었다는 요인도 작용했을 것으로 해석되고 있다. 기독교방송은 10월 16일에 항쟁의 발발 사실을 유일하게 보도했다는 점이 작용해서 공격당하지 않았다는 것이다.[106] 독재 권력의 치하에서 제 역할을 하지 못한 언론들은 끝내 시민들의 공격을 받고야 말았던 것이다.

3. 방송의 발전

1) 제3공화국의 방송 정책과 제도적 발전

(1) 방송 관련 법제의 정비

5·16 쿠데타 직후 군사 정부는 먼저 정부의 방송 주무 부처를 강화하였다. 1950년대 후반 방송을 관할하던 공보실이 1961년 5월 20일 국가재건최고회의령 제3호에 따라 공보부로 승격하였으며 6월 22일에는 정부조직법 개정에 따라 공보부장을 장관으로 승격시켰다.[107] 이러한 조치는 바로 정부 홍보와 선전 기능의 강화를 위한 것이라 하겠다. 이어 군사 정부는 그해 7월 1일 KBS 제2방송이 맡던 대북 방송을 서울국제방송국(HLCA)으로 독립시켜 대공 방송과 해외 방송을 전담케 하였다. 이는 대공 및 대외 선전을 강화하려는 조치였다. 또한 군사 정부는 자유당 정권 후반기부터 시작된 라디오 수신기와 스피커 보급 운동도 계속 추진해 나갔다. 이는 강력한 홍보 매체가 되는 라디오 수신기 보급의 확대를 통해 방송의 저변을 강화하고 그 영향력을 확대하려는 조치라 할 수 있다.[108]

군사 정부는 방송 관리를 법제화하려는 시도를 본격화하였다. 먼저 1961년 8월 24일 법률 제692호로 '유선방송수신관리법'을 제정하였다. 농어촌에 라디오 수신기와 스피커 보내기 운동의 연장선상에서 제정된 이 법은 유선 방송 수신 사업을 하고자 하는 자는 공보부 장관의 허가를 받아 국영 방송의 중계나 재방송만을 하도록 규정하고 있다. 유선으로 연결된 소규모의 방송 시설이 국영 방송 중계 외의 다른 목적에 이용되지 못하도록 법으로 제한한 것이다.

1961년 말 서둘러 개국한 KBS-TV의 재정적 어려움을 해결하기 위해 1962년 12월 2일에는 '국영텔리비전 방송사업 특별회계법'과 '국영텔리비전 방송사업에 관한 임시조치법'을 공포하였다. 전자는 KBS 텔레비전을 특별회계로 하여 독립 채산제로 운영하도록 한 것이며 후자는 유료 광고 방송도 하고 시청료도 징수할 수 있도록 규정한 법이다.[109] 국영 텔레비전 방송이면서도 광고 방송도 할 수 있는 법적 근거를 마련한 것이다. 이러한 법적 장치들에 의해 KBS-TV는 1963년 1월부터 광고 방송을 실시하게 되었으며 동시에 시청료도 징수할 수 있게 되었다. 이러한 조치들로 KBS-TV는 재정난을 벗어나서 운영에 활기를 띨 수는 있었지만 국영 방송으로서 시청료도 받으면서 유료 광고 방송도 실시하는 왜곡된 방송 형태를 지니게 되었다.

이어 1961년 12월 20일에는 전파관리법이 국가재건최고회의를 통과, 이 날짜로 공포되었다. 전파의 효율적인 관리를 위해 제정된 이 법은 방송의 인허가와 관련된 기본 사항을 규정하고 있다. 즉 무선국을 개설하려는 자는 체신부 장관의 허가를 얻도록 규정하였다.[110] 1962년 6월 14일에는 방송의 자율규제 기관인 방송윤리위원회가 발족하였다. 이 위원회의 초대 위원장으로는 종교계의 강원룡이 선출되었으며 1963년 1월 18일 '방송윤리규정'을 제정하여 본격적인 활동에 들어갔다. 방송윤리위원회는 자율 규제 기관으로 출발하였으나 1964년 1월 1일부터는 방송법이 효력을 발생함에 따라 법정 기관으로 바뀌었으나[111] 그해 언론윤리위원회법의 시행 유보로 보류되었다.

방송에 대한 관리를 제도화하려는 시도들은 방송법의 제정으로까지 이어졌다. 1963년 12월 16일 국회를 통과하여 1964년 1월 1일부터 시행된 방송법은 한국의 방송을 규제하는 기본법으로 자리 잡게 되었다. 이와 같이 방송 관련 법제들이 속속 제정, 공포된 것은 방송에 대한 관리를 법제화하여 방송에 대한 국가의 영향력을 유지하고 강화하려는 시도로 볼 수 있다.

유신 이후인 1973년 2월 6일에는 방송법을 개정하여 국가의 개입을 강화하였다. 이때 개정된 주요 내용은 첫째 각 방송국에 심의실을 신설, 사전에 방송 프로그램을 심의하고 그 결과를 매달 1회 문공부 장관에게 보고하도록 하였다. 둘째, 광고 방송의 시간과 횟수를 대통령령으로 규제하도록 하였다. 셋째, 방송윤리위원회를 다시 신설하여 심의하여 위반 사항이 있으면 이를 통고하여 조치를 취하도록 하였다. 이 통고 사항이 제대로 지켜지지 않으면 문공부장관은 해당 방송사의 재허가 보류를 체신부장관에게 요청할 수 있도록 하였다.[112]

(2) KBS–TV의 개국

5·16 쿠데타 이후의 한국 방송계에서 가장 두드러진 변화라면 바로 TV 시대가 본격적으로 막을 올렸다는 사실이다. 1956년도에 출범한 HLKZ–TV는 여러 가지 어려운 여건 속에서 단명에 그치고 말았다. 그러나 5·16 쿠데타 직후 국영인 KBS가 1961년 12월 31일 텔레비전 방송을 개국함으로써 이 땅에 본격적인 텔레비전 시대가 개막된 것이다.

1961년 5월 16일의 쿠데타로 집권한 군부 세력이 서둘러 몇 달 만에 TV를 개국한 것은 정치적 필요에서였던 것으로 알려지고 있다. 당시 군사 정부의 공보부 장관을 맡고 있던 오재경은 "군사 혁명을 어떻게 국민 혁명으로 승화시킬 수 있는가, 이에 대한 방안을 연구하다가 미디어로는 가장 새롭고 강력한 TV가 필요하다고 주장해서 TV국을 창설하기로 했다"고 회고하였다.[113] KBS–TV의 도입에 대해서는 문시형도 같은 주장을 펴고 있다. 그는 당시 외환 부족에 시달리면서도 2만 대의 수상기를 수입하여 면세로 보급했던 점 등을 지적하면서 KBS–TV의 도입은 국민의 필요에 의해서가 아니라 위정자의 의사에 의해 무리하게 이루어진 것이라서 광고도 하고 시청료도 받는 제도를 가져오게 되었다고 주장하고 있다.[114] 다시 말해 자신들의 쿠데타 행위를 정당화시키기 위해 대국민 홍보의 필요성에서 새로운 매체인 TV를 서둘러 도입했다고 볼 수 있다.

당시 정부는 1961년 8월 14일 국영 텔레비전 창설 계획을 확정하고 공보부와 서울 중앙방송국이 중심이 되어 12월 24일 크리스마스 전야 개국을 목표로 텔레비전 방송국 설립 작업을 적극적으로 추진하기 시작하여 공보부 방송관리국 안에 KBS-TV 프로덕션 준비실을 두고 설립 책임자로 최창봉을 임명했다. 당시 일간 신문들은 TV 설립이 시기 상조라며 반대하는 주장을 펼쳤지만 홍보와 선전 목적의 필요성을 인정한 군사 정부에 의해 강행되었던 것이다.

10월 6일에는 체신부로부터 HLKZ-TV가 쓰던 채널 9를 할당 받고 2kw 송신기 등 최소한의 텔레비전 방송 시설 도입을 위한 22만 달러의 방송기기 매매 계약을 미국 RCA사와 체결했다. 그리고 10월 10일에는 남산 중앙방송국 맞은편 한양 교회터인 대지 1236평 위에 텔레비전 스튜디오 신축 공사가 착공되었다. 개국 준비 요원들로는 주로 HLKZ-TV에서 제작 실무 경험을 쌓은 사람들이 중심이 되었으며 여기에 신규 요원들을 선발하여 보충하였다. 이들 중 일부가 11월 말경부터 약 1개월간 일본방송협회에 파견되어 최신 제작 기술을 배워 오기도 하였다.[115]

당시 설립에 필요한 자금은 북한의 자금이 중앙정보부를 통해 사용된 것으로 알려지고 있다. 박정희의 친형인 박상희의 친구로서 함께 좌익 활동을 하다 월북했던 황태성은 당시 북한의 무역성 차관이었다. 박정희가 집권했다는 소식을 듣고는 김일성의 밀사로 남하하여 박정희를 만나려고 시도했다. 하지만 〈민족일보〉의 조용수를 사형시킨 것에서도 드러나는 바와 같이 자신의 과거 사상 행적에 매우 예민하던 박정희로서는 그를 만날 수 없었다. 황태성은 중앙정보부에 의해 검거되었고 그가 가져 온 공작금 25만 달러는 중앙정

보부가 보관하다가 KBS-TV 설립을 위한 자금으로 사용되었다는 것이다.[116]

창설 계획이 확정된 지 약 4개월 만에, 그리고 본격적인 준비 작업 2개월 만인 1961년 12월 24일 시험 전파를 발사하는 데 성공했으며, 12월 31일에는 호출 부호 HLCK, 채널 9로 정식 개국하였다. 개국 후에도 KBS-TV의 정식 기구가 마련되지 않아 한동안 개국준비실 팀이 그대로 방송을 담당했다. 1962년 2월 5일에 가서야 정식 직제가 공포됨에 따라 방송을 담당할 기구를 갖출 수 있게 되었다.[117]

이와 같이 KBS-TV가 개국하자 뒤를 이어 상업 텔레비전 방송국들이 등장하기 시작하였다. KBS-TV의 개국 꼭 1년 만인 1962년 12월 31일 김용우는 텔레비전 방송국을 위한 무선국 설립 가허가를 받았다. 이것이 바로 동양텔레비전방송의 모태가 되었다. 이때의 가허가 내용은 서울(호출 부호 HLCX, 채널 7, 출력 10kw)뿐만 아니라 부산(호출 부호 HLSX, 채널 9, 출력 5kw)에서도 방송을 할 수 있도록 되어 있다. 김용우는 이와 같이 허가는 받았으나 자본이 없어 삼성 재벌의 이병철에게 공동 설립을 제의하였으며 이것이 받아들여져 삼성 재벌이 1963년 2월에 동양텔레비전방송주식회사를 설립하고 1964년도에 동양TV를 개국할 수 있었다.[118]

동양TV가 개국함으로써 삼성 재벌의 TV 방송 참여가 이루어졌다. 이로써 삼성은 1965년 창간한 〈중앙일보〉와 후술할 라디오서울을 인수한 중앙방송에 텔레비전 방송까지 참여함으로써 재벌 언론 시대를 열어 가게 되었다. 동양TV는 개국 초기에 4가지 경영 방침을 천명하였다. 첫 번째 항목에서 "대중 문화의 향상을 뒷받침하는 데 온갖 노력을 기울인다"라고 하였으며 네 번째에서는 "의욕적이고 진취적인 생산 기업 운영을 위한 매개자로서 최선의 봉사를 다한다"라고 선언하였다. 이는 상업 방송으로서의 성격과 지향점을 명확하게 하면서 소유 주체인 자본의 이해와 목표를 위해 방송을 운영하려는 정신을 반영하고 있는 것으로 평가할 수 있다.[119]

또한 1969년 8월 8일에는 MBC-TV(호출 부호 HLAC, 채널 11)도 뒤를 이어 개국하였다. MBC-TV는 후발 주자였지만 상대적으로 유리한 입장에서 경쟁할 수 있었다. 무엇보다도 당시 집권 세력이 설립한 5·16장학회가 실제 운영의 주체라는 점이다. 이로써 MBC-TV는 전국을 연결하는 네트워크 구성도 용이하게 이룰 수 있었다. 또한 다른 방송사에서 훈련된 인력을 스카우트할 수 있었다는 이점도 있었다. MBC-TV는 서울과 함께 허가를 받은 부산에 1970년 1월 24일 TV 방송국을 개국한 데 이어 1972년까지 7개 지역국과 제휴 및 가맹 체제를 맺었다.[120]

이와 같이 국영인 KBS가 텔레비전 방송을 시작함으로써 이것이 계기가 되어 상업 TV도 뒤를 이어 이 땅에 본격적인 TV 시대가 막을 열게 되었다.

(3) 민간 상업 방송국의 출현

1960년대 초반 방송계에 나타난 새로운 흐름은 민간 상업 방송의 시대가 본격화되었다는 점이다. 이미 1959년도에 부산문화방송이 상업 방송의 시대를 열기는 하였지만 서울에서 상업 방송이 속속 생겨나면서 본격적인 활동을 벌인 것은 1960년대 초반부터의 일이다.

1960년대에 가장 먼저 개국한 민간 상업 방송은 한국문화방송이다. 1961년 1월 28일 고희동 명의로 호출 부호 HLKV, 출력 10Kw, 주파수 900KHz의 설립 인가를 받아 서울민간방송주식회사를 설립하고 본격적인 개국 준비에 착수하였다. 이후 회사명이 1961년 3월 8일에는 한국방송주식회사로, 그리고 같은 해 6월 7일에는 한국문화방송주식회사로 변경되었다. 문화방송이 정규 방송을 시작한 것은 1961년 12월 2일이다.

문화방송은 부산문화방송에 이어 두 번째로 설립된 민간 상업 방송으로, 부산문화방송과는 처음부터 네트워크 체제로 했다는 점이 특징이다. 부산문화방송국과는 운영 및 기구는 독립성을 지닌 별개의 회사로 존재하지만 계약에 의해 프로그램의 반 정도를 제공하는 관계를 정립한 것이다. 1963년 4월 12일에는 대구, 광주, 대전, 전주에 지방국 설치 허가를 받아 8월 8일 대구문화방송국(HLCT, 1kw, 810KHz) 개국을 필두로 하여 지방 방송망의 확충에 착수하였다.[121]

문화방송의 허가에 앞서 1961년 1월 16일, 〈동아일보〉는 당시 사장이던 최두선 명의로 체신부로부터 허가 제9402호로 '상업용 방송무선전화시설'을 허가받았다. 호출 부호는 HLKJ, 주파수 1,230KHz, 출력 10kw였다. 동아방송은 독립된 회사나 법인을 설립한 것이 아니라 동아일보사 내의 일개 국으로 출발하였다. 허가는 문화방송보다 먼저 받았지만 개국 준비는 더 느리게 진행되었다. 1962년 12월 14일에야 시험 전파를 발사할 수 있었으며 정규 방송 시작은 1963년 4월 25일에야 가능했다. 그리하여 서울에 두 번째 민간 상업 방송이 태동했던 것이다.

동아방송은 전술한 바와 같이 동아일보사의 하위 기구로 출발하였다. 다른 민간 방송사와는 달리 전적으로 방송 사업을 목적으로 설립된 것이 아니라 주식회사 동아일보의 한 부수 사업으로 출발했던 것이다. 따라서 초기에는 영리 면에 집착하지 않는 경향을 보여 주었다. 심지어 방송 초기에는 "권위 있는 동아의 뉴스를 광고주 제공으로 내보낼 수 없다"는 이유로 뉴스 프로그램의 판매를 기피하기까지 했을 정도였다.[122]

군사 정부하에서 허가를 받은 제3의 민간 상업 방송은 라디오서울이었다. 1962년 12월 31일 김규환은 체신부로부터 무선국 설치 허가를 받았다. 당시 허가 내용은 호출 부호는 HLCZ, 주파수 1,380KHz, 출력 10kw였다. 이 인가를 바탕으로 1963년 6월 25일에는 라디오서울방송주식회사가 설립되어 개국 준비에 착수하였다. 이 라디오서울은 1964년 4월 15일부터 시험 방송에 들어가 5월 9일부터 정규 방송을 시작하였다. 이 라디오서울이 후에 삼성 재벌에 인수되어 동양방송의 모태가 되었다.

이와 같이 1960년대 초반에는 군사 정권하에서 여러 민간 상업 방송들이 허가를 받고 개국함으로써 본격 상업 방송이 시작되었다. 그리하여 국영 방송 독점의 제도에서 국영 방송과 상업 방송이 공존하고 경쟁하는 시대로 돌입하게 된 것이다.

1960년대 후반부터 민간 상업 방송은 전국적으로 확산되었다. 1968년부터 1971년 사이 전국 주요 도시에 지역 연고가 있는 정치 실세들과 실업인 그리고 지방 신문사들이 제휴하여 지역의 상업 방송 개국이 줄을 이었다. 그 자세한 내역은 표 27과 같다.

표에서 보는 바와 같이 전국 16개 지역에 방송국이 등장하였다. 당시 공화당 정권이 이처럼 지역 방송을 대폭 허가해 준 법적 근거는 1963년 9월 2일 공보부 내규 제9호 '민간방송국 설립 허가 합의 기준'과 이를 대신하여

표 27 1968~1971년의 지역 민영 방송 설립 실태

방송국	개국 일자	호출 부호	설립 도시
울산민간방송(주)	1968. 4. 10	HLSS	울산시
진주민방주식회사	1968. 5. 31	HLAK	진주시
영동방송주식회사	1968. 6. 22	HLAP	강릉시
강원방송주식회사	1968. 7. 13	HLAN	춘천시
(주)라디오목포	1968. 8. 17	HLAM	목포시
남양방송주식회사	1968. 9. 14	HLAJ	제주시
경남방송주식회사	1969. 2. 1	HLAP	마산시
(주)서해방송	1969. 10. 2	HLAS	군산시
남해방송주식회사	1970. 8. 27	HLAT	여수시
안동방송주식회사	1970. 9. 12	HLAW	안동시
원주방송주식회사	1970. 9. 19	HLSB	원주시
충청방송주식회사	1970. 10. 23	HLAX	청주시
중원방송주식회사	1970. 11. 12	HLAO	충주시
동해방송주식회사	1971. 4. 10	HLAQ	삼척시
전일방송주식회사	1971. 4. 24	HLAA	광주시
영해방송주식회사	1971. 10. 1	HLAV	포항시

출처: 한국방송개발원(1995), 앞의 책, p.103.

1966년 2월 1일부터 실시한 '방송국 신설 허가 합의 기준'이었다. 이 내용은 인구를 기준으로 도시 규모에 따라 방송국을 1개에서 4개까지 허가해 주도록 규정하였다. 즉 인구 20만 이상 50만 미만의 도시에는 1개, 50만~150만은 2개, 150만~300만은 3개, 300만 이상 도시는 4개까지 허가해 줄 수 있게 한 것이다. 방송이라는 중요한 사회 문화적 기구를 도시 규모에 따라 기계적으로 허가를 남발해 줄 수 있게 한 행정 편의주의적 발상이라고 하겠다. 이에 따라 독자적인 제작 능력도 없이 방송을 허가 받은 경우가 대부분이어서 자연히 서울의 방송국들과 프로그램의 제휴 관계를 맺지 않을 수 없었다. 그 결과 서해방송과 전일방송은 동양방송과 나머지 다른 방송사들은 모두 문화방송과 제휴를 맺게 되었다. 문화방송과 제휴한 방송사들은 1971년 10월 문화방송 네트워크 가맹 계약에 따라 회사명을 문화방송으로 변경하고 ㅇㅇ문화방송주식회사로 바꾸게 되었다.[123] 이렇듯 방송국 허가가 남발됨으로써 그 이후 지역 방송들은 고질적인 경영난을 벗어나기 어렵게 되었으며 또한 이를 해소하기 위해 최근 광역화가 추진되면서 이에 따른 진통을 겪게 되는 것이다.

(4) 지방 및 해외 방송망의 확충

1960년대 들어 와서 KBS는 기존의 서울중앙방송국 외에 서울국제방송국이 독립하고 서울 텔레비전 방송국이 개국함으로써 세 방송국을 거느리는 체제를 갖추게 되었다. 1962년 1월 27일에는 보다 효율적인 운영을 위해 정동에 소재하고 있던 서울국제방송국도 남산으로 이전함으로써 세 방송국이 인접한 자리에 위치하게 되었다.

방송 매체를 정부 홍보에 적극적으로 이용하겠다는 군사 정부의 정책은 난청 해소에도 발 벗고 나서 1962년부터 방송 중계소 설치를 추진하였다. 전국적으로 난청 지구 20개소를 선정하여 5년에 걸쳐 연차적으로 중계소를 설치한다는 계획이었다. 그 결과 1962년까지 6개 지역에 중계소를 설치하였다.[124]

부산의 일본 TV 붐

1960년대 초반부터 부산에서 일본 TV의 붐이 일었다. 일본의 라디오 방송도 꾸준히 청취되었지만 1962년 9월 1일 일본 대마도에 TV 중계소가 설치됨으로써 부산에서 일본 TV 방송의 NHK와 ABC(朝日放送)의 두 채널 시청도 가능해졌다. 이렇게 붐이 일면서 수상기 가격도 덩달아 올라 TV 방송 이전보다 2~30% 정도가 올랐음에도 없어서 못 팔 정도였다고 한다. KBS-TV가 아직 지방에는 전혀 시청이 불가능한 상황에서 일본 TV 방송의 수신이 가능해지자 붐이 일었던 것이다. 1963년부터는 일본의 상업 TV 방송들도 중계하기 시작하면서 일본 TV 붐이 더욱 확산되었다. 일본 TV 프로그램이 인기를 끌면서 청소년 사이에 일본 사무라이를 모방하는 문화가 성행하였으며 어른들 사이에는 일본의 대중 가요가 애창되곤 했다는 것이다.

일본 TV 붐은 1964년 동경 올림픽을 맞아 더욱 확대되어 서울의 부유층들이 올림픽 경기를 시청하기 위해 부산에 셋방을 얻는 기현상까지 낳았다고 한다. 동경 올림픽을 서울의 KBS-TV 시청자들은 하루에 39분 시청하는 정도였지만 부산의 시청자들은 일본 방송을 통해 거의 하루 종일 시청할 수 있었다는 것이다. 1968년 멕시코 올림픽 당시에는 일본 TV를 수신하여 부산을 거쳐 서울까지 중계하기로 양국 방송 관계자가 합의하기에 이르렀다.

부산의 일본 TV 붐은 한국 TV 방송이 본격적으로 방송을 실시하고 난 이후에도 여전하였다. 1971년도에 부산 지역 시청자들을 대상으로 한 조사에 의하면 저녁 황금 시간대에 일본 TV 방송을 시청하는 비율이 22% 정도로 나타났다. 심지어 일어를 해독 못하는 젊은 층들도 일본 TV 방송을 즐겨 본다는 것이다. 한국 TV 방송이 안 나올 때에는 대체재적 역할로 붐이 조성되었지만 한국 TV 방송이 본격화한 이후에도 비교 우위의 차원에서 붐이 그대로 유지되었던 것이다. 이처럼 부산의 일본 TV 붐이 식을 줄 모르자 정부는 1972년 9월 부산 지역 TV 방송의 채널을 변경하여 일본 TV 방송을 차단하려 시도하였다. 종래 채널 12이던 MBC-TV를 채널 11로, 9번이던 TBC-TV를 채널 7로 변경하여 각기 일본의 NBC-TV, NHK-TV와 채널을 중복되게 조정하였다.

그러나 1973년 또 다른 맥락에서 일본 TV 붐이 재점화되었다. 그해 12월 3일부터 정부는 오일 쇼크를 맞이하여 자원 절약 차원에서 TV 방송 시간을 대폭 줄여 오전 방송을 전면 폐지하고 저녁 방송도 오후 6시부터 11시까지로 단축하였다. 그러자 부산 시민들 중 상당수는 낮 시간 동안 일본 TV를 보게 되었으며 새로이 일본 TV 시청을 위해 수직 안테나를 설치하는 사람들도 부쩍 늘어났다는 것이다.

출처: 채백(2012), 앞의 책, pp.502~505.

한편 1961년 기독교방송도 광주(HLCL, 250w)와 이리(HLCM, 1kw)에 새로 지방국을 개국하였다. 또한 1961년 7월 서울국제방송국이 독립하면서 해외 방송도 대폭 강화되었다. 1961년 말 현재로 서울국제방송국은 우리말을 비롯하여 영어, 일본어, 중국어, 프랑스어, 러시아어 등 6개 국어로 북한, 중공, 소련, 일본, 아시아 지역, 하와이, 북아메리카, 유럽 그리고 국내에 거주하는 외국인(특히 주한 미군) 등 9개 지역을 대상으로 하여 중파, 단파 동시 방송 혹은 단파 방송을 통해 하루 21시간을 방송했다. 이 방송들은 자체 제작 프로그램 외에도 VOA(미국의 소리), VUNC(유엔군 총사령부 방송) 등 외부로부터 제공되는 프로그램을 포함하여 총 21시간 방송하였다.

국제 방송 중 가장 많은 비중을 차지한 것은 역시 대북 방송이었다. 이는 북한을 상대로 선전전을 펼치기 위한 방송이었다. 1961년 말 총 21시간의 방송 시간 중 3분의 1이 넘는 8시간 5분이 대북 방송에 할애되었다. 대북 방송의 비중은 계속 강화되어 다음 해인 1962년에는 1월과 4월, 6월, 8월 등 4번에 걸쳐 방송 시간이 연장되어 총 15시간 40분으로 확대되었다.[125]

1965년 6월 26일에는 최초의 FM 방송인 서울FM방송주식회사가 개국하였다. 그러나 수신기 보급이 제대로 이루어지지 않은 상태에서 경영난에 허덕이다 결국 운영권을 삼성에 넘겨 동양방송에 흡수되었다. 1967년 12월부터는 광고 방송을 시작하였고 1970년 2월부터 FM 스테레오 방송을 시작하였다. 부산문화방송은 1970년 4월부터 FM 방송을 시작하여 1972년 3월부터 스테레오 방식으로 전환하였으며 서울의 문화방송은 1971년 9월 19일 FM 방송을 시작하였다.[126]

(5) KBS의 공사화와 MBC의 확대

유신 체제하의 방송에서 중요한 변화는 바로 KBS의 공사화였다. 1972년 12월 유신 체제의 비상국무회의는 한국방송공사법을 공포하였다. 한국방송공사는 자본금 248억 원을 국가가 전액 투자하고 TV 시청료를 받는 체제로 1973년 3월 출범하였다. 이로써 국영 체제를 벗어나 제도상 공영화의 길을 열게 된 것이다. 하지만 실제로는 여전히 국가의 감독과 규제를 받아야 하는 체제로서 공영제의 본질과는 거리가 먼 것이었다. 인사와 운영, 예산 모든 측면에서 정부의 감독과 규제를 그대로 유지하였다.

KBS의 공사화와 함께 MBC도 그 규모를 대폭 확대하였다. 1974년 7월 MBC는 주식회사 경향신문을 통합함으로써 TV와 라디오, FM, 신문, 잡지 등 5개 매체를 단일 법인이 공유하는 체제로 출범하게 된 것이다. 이로써 전국 20개의 라디오 방송과 9개의 TV 방송, 2개의 FM 방송, 그리고 927개의 신문 지사, 지국을 확보한 국내 최대의 매스컴 기구로 등장하게 된 것이다. 통합 이후 1년 만에 MBC는 자산 규모가 64% 증가하였으며 유신 체제가 끝나는 1980년도에는 유신 초기에 비해 그 자산 규모가 10배 정도로 늘어나게 되었다. 그러나 이러한 외형 확대에도 불구하고 언론으로서의 역할이나 방송의 성향은 별다른 변화를 보여 주지 못했다.[127]

2) **방송의 편성과 운영**

(1) 5·16 쿠데타와 방송

5·16 쿠데타는 방송 편성에도 많은 변화를 가져 왔다. 쿠데타 세력이 표방

했던 공약이 공개적으로 천명된 것도 바로 1961년 5월 16일 아침 새벽 5시 KBS 전파를 통해서였다. 쿠데타의 주체 세력들은 자신들의 정치적 입장을 널리 홍보하는 데 방송 매체를 적극적으로 이용한다는 정책을 가지고 있었기에 방송 특히 국영인 KBS는 홍보의 중심이 되었다. 이러한 정책적 입장이 편성 면에도 구체적으로 반영되었다. 쿠데타의 주체 세력들은 자신들이 공약으로 내걸었던 '구악을 일소하고 국가 재건을 위한 참신한 국민 기풍을 진작한다'는 명분하에 자신들의 입장을 지지, 고무하는 내용과 시책 홍보에 주력하였다. 당시 군사 정부는 군인인 김창파 대령을 KBS 감독관으로 파견하여 직접, 간접으로 자신들의 의사를 방송에 반영시켰다.

이와 같이 4·19 혁명으로 한때 방송 저널리즘으로서의 제자리를 찾자는 움직임은 아무런 결실도 거두지 못한 채 5·16 쿠데타로 완전히 원점으로 돌아가고 말았다. 특히 불법적인 쿠데타라는 방법으로 집권한 주체 세력들에 장악되어 그들의 정치 선전과 홍보에 주요 매체로 동원되었던 것이다. 이러한 정치적 상황 속에서 KBS는 1960년대 들어 속속 생겨나기 시작한 상업 방송과의 경쟁이라는 또 다른 과제를 떠안게 되었다.[128]

(2) 라디오 방송의 편성과 운용

1960년대 초반 KBS 라디오 방송 편성에서는 제1방송의 경우 오락이 크게 강화되었다. 1961년 말경 음악까지 포함하면 오락 프로그램이 전체 방송 시간의 43%를 차지하였다. 이는 1961년 8월 10일부터 제2방송이 사회 교양을 위주로 하는 방송을 시작했기에 제1방송은 보다 대중에 가깝게 접근하려는 시도로 볼 수 있다. 또한 이때는 민간 상업 방송인 문화방송이 개국을 눈앞에 두고 있던 때라 상업 방송과의 경쟁을 의식한 것이기도 했다. 이러한 사실들은 라디오 매체가 아직 보급도 보편화되지 못한 상태였지만 국민의 오락 매체로 자리 잡아 가고 있음을 말해 준다. 즉 정치권력은 이를 홍보와 선전의 수단으로 이용하려 하지만 다른 오락거리가 없던 국민 입장에서는 이를 오락 매체로 수용하고 있다는 말이다.

1960년대 방송에서 가장 중요한 특징 중 하나는 바로 보도 기능이 강화되기 시작했다는 점이다. 정부 수립 직후 초창기의 KBS에는 보도를 전담하는 부서도 없었다. 모든 프로그램을 방송계와 편집계로 구성된 방송과에서 담당하였다. 1953년 직제 개편을 거치면서 방송과에 보도계가 신설되어 보도 방송을 전담하는 기구가 생겨났다. 이 보도계가 확대 개편되어 보도부가 된 것은 1968년의 일이었다.[129]

초창기 한국 방송에서 저널리즘의 기능은 민간 상업 방송들이 주도하였다. 4·19 혁명 과정에서는 부산문화방송이 시위의 보도에서 선도적인 역할을 하였다. 부산문화방송은 마산과 부산의 소식뿐만 아니라 서울의 시위를 보도하는 데에도 당시의 현장음을 녹음 방송하는 등 앞서가는 모습을 보였다.[130] 1961년 12월 2일 개국한 문화방송은 개국 초 보도부를 설치하여 1970년 직제 개편에서 보도국으로 확대하였다.[131]

신문사가 소유한 동아방송은 그 특성을 충분히 이용하여 보도 방송 분야에서 차별화된 모습을 보여 주었다. 1963년 4월 25일 개국 당시 동아방송은 방송부 산하에 뉴우스실을 두었으나 이듬해 10월 1일 이를 방송뉴우스부로 승격시켜 신문사 편집국에 귀속시킴으로써 보도 기능을 강화하였다. 개국 당시 하루 14회의 뉴스가 방송되어 전체 방송 시간의 10.0%를 차지하였으며 뉴스 외에도 시사 문제를 소재로 한 해설, 대담 프로그램 등으로 청취자들의 관심을 끌었다. 동양방송의 전신으로서 1964년 5월 9일 개국한 라디오 서울도 마찬가지였다. 개국 초 보도과를 두어 하루 15회 뉴스를 방송하기 시작하여 1965년에는 보도부로 승격시켰다.[132]

이렇게 민간 상업 방송이 연이어 개국하면서 보도 부문에서도 치열한 경쟁이 전개되었다. 다른 방송을 의식하여 시보 후에 혹은 전에 뉴스를 편성하여 피해 가거나 맞대결을 펼치는 편성 전략들을 선보였다.[133] 이러한 상황에서 KBS도 1968년에는 보도계를 보도부로 확대 개편하였다.[134] 이와 같은 경쟁 체제 속에서 라디오 방송의 저널리즘적 기능은 점차 강화될 수 있었다.

이처럼 활발한 보도 활동을 펼친 민간 상업 방송들은 1964년 언론윤리위원회법 파동을 계기로 출범한 한국기자협회에도 창립 멤버로 참여하였다. 신문사, 통신사와 함께 동아방송, 라디오서울, 문화방송의 기자들이 기자협회 창립에 참여하였던 것이다. 공무원 신분이던 KBS 기자들이 기자협회에 참여하게 된 것은 공사화 이후인 1973년 6월 21일이었다.[135]

당시에도 방송의 운영은 서울 중심으로 이루어지고 있었다. 1962년도 KBS의 총예산 구성을 보면 시설비가 43.6%로 가장 많고, 서울중앙방송국이 17.4%, 서울TV방송국이 11.4%, 서울국제방송국이 9.3%인데 비해 부산방송국은 2.6%, 광주방송국은 1.0%, 남원방송국이 0.5%였다. 시설비가 이렇게 많은 비중을 차지한 것은 텔레비전의 도입으로 여러 가지 설비와 장비들이 요구되었기 때문이다. 반면 지방 방송들은 매우 취약한 구조임을 알 수 있다.[136]

1960년대 초반 새로이 출범한 민간 상업 방송들은 기본적으로 광고에 의존하기 때문에 청취율에 민감하지 않을 수 없다. 후발 주자로 시장에 참여하는 이들은 국영 KBS도 의식해야 했고 새로운 매체인 KBS-TV도 의식하지 않을 수 없었으며 상업 방송 상호 간에도 경쟁해야 했다. 민간 라디오의 개국 초 편성을 보면 MBC와 DBS 모두 재방송과 음악 방송을 포함하여 오락이 69%를 넘어 압도적 비중을 차지하였다. 이는 청취자들의 관심과 흥미를 끌어야 하는 상업 방송의 경우에는 필연적인 귀결이라 할 수 있다.

상업 방송들은 청취자 위주의 편성을 표방하면서 청취자 참여 프로그램들을 대거 편성하였다. 그 유형은 노래 자랑, 퀴즈 등 공개 방송에 청취자가 직접 출연하는 형태와 전화로 상담을 하거나 어떤 문제에 대해 의견을 말하는 형태, 그리고 녹음 취재에 응하여 발언하는 형태 등이 있었고 간접적으로는 엽서나 작품을 투고하는 형태가 있었다.[137]

TV 시대가 막을 열고 보급이 점차 확산되어 가면서 라디오는 오락 매체

1960, 1970년대의 한국 영화

1960년대 한국 영화는 국민의 사랑받는 오락 수단이었다. 스타 시스템이 본격적으로 도입되어 대중의 인기를 끌며 많은 작품들이 양산되었다. 대표적 스타 신성일은 1962년 5편 출연을 시작으로 1963년에는 22편, 1965년에는 38편으로 늘려가더니 1967년에는 65편에 출연하여 그해 제작된 185편 중 35%에 출연하였으며 평균 5.6일에 1편을 찍는 그야말로 초인적인 기록을 세웠다. 1969년에는 총 229편의 영화가 제작되어 1억 9400만 명의 관객을 동원하며 전성기를 구가하였다. 국민 한 사람이 1년에 평균 6회 정도 극장에 갔다는 말이다. 1970년에는 제작 편수는 231편으로 다소 늘었지만 관객 수는 줄어들기 시작하여 매년 평균 13%씩 감소하였다. 1977년에는 관객 수가 6500만 명으로까지 줄어들었다. 이러한 영화의 위축은 무엇보다도 TV가 성장한 때문이었다. TV 보급이 늘어나면서 극장으로 향하던 국민의 발길이 그냥 안방에서 TV를 시청하는 형태로 바뀌기 시작한 것이다.

출처: 강준만(2007), 앞의 책, p.466.

적 성격을 TV에 넘겨주고 새로운 변모를 모색해야 했다. 오락 프로그램이 축소되고 뉴스 및 정보 프로그램이 강화되며 퍼스낼리티가 중요한 요인이 되는 DJ 프로그램의 보강, 그리고 대상 청취층을 향한 전문화 경향 등의 변화가 나타나기 시작하였다. 국민의 중심적 오락 매체이던 시절의 종합 편성을 벗어나 전문 편성을 통하여 목표 청취자를 겨냥한 프로그램들, 예컨대 운전자 대상 프로그램이나 농어촌 대상 프로그램 등과 같은 형식이 등장하게 되었다.[138]

(3) TV 방송의 편성과 운용

1961년 12월 31일 서둘러 개국한 KBS-TV는 다음해 1월 14일까지 영화를 주축으로 하루 4시간씩 임시 방송을 했다. 정규 방송을 시작한 것은 1962년 1월 15일로서 저녁 6시부터 10시 30분까지 하루 4시간 30분 정규 방송을 시작하였다.

KBS-TV는 과거 HLKZ-TV의 제작 요원들을 거의 그대로 물려받았다. 따라서 그 편성 패턴도 자연히 HLKZ-TV의 그것과 매우 흡사하게 되었다. 미국식 상업 텔레비전 방송의 종합 편성 패턴을 따른 것이다. 쿠데타 주체 세력의 정치적 필요에 따라 서둘러 개국한 KBS-TV였기에 역시 군사 정부의 정치 선전과 홍보에 동원되어야 했다. 정부가 주도하는 주요 정책이 발표될 때나 기념일마다 특집 프로그램을 편성하였다. 당시 보도는 자재와 기술 및 요원의 부족으로 인하여 TV 매체가 갖는 장점을 전혀 살리지 못했다. 뉴스의 대부분을 라디오로부터 지원받았기 때문에 뉴스는 라디오적이라는 평가를 면치 못했다.[139]

이와 같이 KBS-TV는 국영으로 출발하였음에도 불구하고 편성이나 프로그램 면에서는 미국식 상업 방송의 패턴을 따랐다. 또한 출범할 때 기술적인 면에서도 미국 기업인 RCA를 통해 도입함으로써 미국의 영향을 유지하게 되었다.

TBC-TV는 개국 초기 보도 9.9%, 오락 57.6%, 교양 32.1%, 기타 1%의 편성을 보였다. 그러나 MBC-TV가 개국한 1969년에 가면 교양은 15.5%로 대폭 줄며 보도와 오락은 각각 16.9%, 64.8%로 늘었다. 이는 MBC-TV가 개국함으로써 시청률 경쟁이 나타나게 되었음을 말해 준다. 시청률을 높이기 위해 오락 프로그램의 비중이 늘어났다는 말이다. MBC-TV도 개국 초기 보도 11.5%, 오락 61.2%, 교양 20.9%, 기타 6.4%로 오락의 비중이 가장 큰 것으로 나타났다.

오락 프로그램 중에는 TV 방송 초기에는 영화의 비중이 높았으나 1970년대 들어서면서 드라마가 가장 큰 비중을 차지하게 되었다. 1964년에는 영화가 35% 이상의 높은 비중을 차지하였으나 1970년에는 10% 미만으로 줄어든 반면 드라마는 5%대에서 25%로 대폭 확대되었다. 이는 시설과 인력 면에서 확충되면서 제작 능력이 개선된 때문으로 볼 수 있다. 이와 함께 TV

드라마가 시청자들의 인기를 독차지하게 되었다. 1970년대 초반 프로그램 장르별 시청률은 드라마가 47.6%로 1위를 차지하였으며 쇼와 오락이 20.2%로 2위를 차지하였다. 그 뒤를 보도(13.1%), 영화(11.1%)가 이었으며 사회 교양은 7.9%로 제일 낮았다.[140] 이러한 과정을 거치며 TV는 대표적인 오락 매체로 자리매김하며 대중 문화의 총아로 부상하게 되었다.

당시 가장 인기를 끌었던 프로그램은 외화였다. 개국 당시부터 KBS-TV는 외화가 29.0%를 차지하였으며 그것도 대부분 프라임 타임에 편성하였다. 상업 TV 방송의 경우는 그 비중이 더 높았다. TBC-TV의 경우 1970년경 외화가 31%를 차지하였으며 역시 저녁 8시대 프라임 타임에 편성되어 인기를 끌게 되었다. 특히 〈보난자〉, 〈전투〉, 〈나폴레옹 솔로〉, 〈도망자〉, 〈디즈니랜드〉 등은 TBC가 인기를 끌게 만든 핵심 프로그램들이었다.

1970년대 들어서는 정부의 개입으로 외화의 비중이 다소 줄어들었다. 1971년 6월에는 외래 문화의 무분별한 도입을 막고 민족 문화의 전승, 발전을 도모하며 연예, 오락 프로그램의 저속화를 방지한다는 명분으로 '방송 정화 11개항'을 발표하여 편성에 직접 개입하였다.[141]

박정희 정권의 언론 통제에 언론은 순응하며 협조하였을 뿐만 아니라 앞장 서서 홍보하는 나팔수의 역할까지 하였다. 유신 선포 직후인 1972년 10월 17일부터 11월 21일까지의 한 달 남짓한 기간 동안 텔레비전 방송 3사가 해설이나 좌담, 드라마 등 여러 유형의 유신 관련 프로그램을 방영했던 횟수를 보면 KBS가 386회, MBC가 161회, TBC가 131회 등 총 678회에 이르고 있다.[142] 하루 평균 약 20회 정도 유신을 홍보하는 내용이 텔레비전 3개 채널을 통해 방영되었다는 말이다. 당시의 방송이 정권의 홍보 수단으로 집중적으로 동원되었음을 잘 보여 주는 사례다.

유신 시절의 방송은 새마을 방송을 통해 당시 정부가 추진하던 새마을 운동의 홍보에도 앞장섰다. 1972년부터 각 방송사마다 새마을 방송 전담 기구를 설치하여 새마을 홍보를 위한 프로그램을 강화하기 시작하였다. 1975년에 문공부는 새마을 정신의 생활화와 퇴폐성 프로그램 배제, 외화에서 모방이나 호기심을 자극할 내용 금지 등을 골자로 하는 편성 개편의 구체적 지침을 내려 보냈다. 이어서 1976년에도 문공부는 각 방송사에 시간대별 편성 지침을 내려 보내기도 하였다. 그 내용 중에는 오후 8시대에 민족 사관 정립 드라마 및 캠페인을 편성하도록 하는 내용이 포함되었다.[143] 방송에 대한 이러한 조치들은 방송을 정책 홍보를 위한 수단으로 동원하려는 목적에서 이루어진 것이라 할 수 있다. 이처럼 박정희 정권은 텔레비전 방송을 통해 새마을 정신과 유신 이념 등을 홍보하면서 독재 정권의 유지, 강화를 도모했던 것이다.

유신기 TV 방송의 편성에서 나타난 특징 중 하나는 띠 편성의 등장이다. 이는 특정 시간대에는 매일 특정 장르의 프로그램을 편성하는 것을 말한다. 이는 프로그램의 안정된 소비를 확보하려는 장치로 상업성의 중요한 측면이었다. 방송들의 경쟁 속에서 상업성이 강화되면서 일본 방송의 프로그램을 모방하는 경향이 등장하였다. 편성을 개편할 즈음에는 방송사 간부들이 부산에 출장하여 일본 방송을 보면서 인기 있는 프로그램 포맷을 베끼는 관행이 오랫동안 지속되었다.

이러한 편성 경향에서 드라마의 인기는 더욱 높아져 TV 방송들의 프라임 타임대를 드라마가 독차지하게 되었다. 1973년을 예로 들면 프라임 타임대에 연속극을 KBS가 4개, TBC가 5개, MBC가 6개를 편성할 정도였다.[144] 1970년대 초반 일일 연속극 〈아씨〉나 〈여로〉 등이 공전의 히트를 기록하면서 장안의 인기와 화제를 독차지하였다. 이 드라마가 방송되는 시간에는 도둑이 들끓어 〈아씨〉의 방송 시작 전에는 "문단속을 잘해 도둑을 조심하고, 수도꼭지가 꼭 잠겨 있는지 한번 점검한 뒤에 프로그램을 시청해 달라"는 서울 시경의 안내가 나갈 정도였다. 〈여로〉 역시 방송 시간에는 거리에 사람들이 눈에 띄게 줄어들 정도였다고 한다. 이러한 드라마의 인기는 또한 많은 비판의 대상이 되기도 하였다. 신문들은 비평 기사나 때로는 사설을 통해서까지 이 드라마들을 비윤리적이고 퇴폐적인 저속 문화를 담고 있다가 비판하였다.[145]

(4) 광고

박정희 정권기 상업 방송들이 줄을 이어 개국함으로써 광고의 중요성이 점차 커지게 되었다. 또한 이 시기 정부가 추진한 경제 개발 계획에 의해 산업화가 진척되면서 매체에 광고를 해야 할 산업적 기반이 점차 확대되어 갔다. 1966년 약 30억 원 정도이던 광고비 총액이 1969년에는 70억 원 규모로 2배 이상으로 성장하였다. 1970년대 이후 광고 시장은 폭발적 성장을 이루어 1979년에는 2185억 원에 이르렀다.[146] 10년 만에 30배가 넘는 규모로 성장한 것이다.

표 28은 1970년대 광고비의 현황을 정리한 것이다. 표에서 알 수 있는 바와 같이 이 시기 총 광고비는 152억 원에서 2752.5억 원으로 18배가 넘게 급증하였다. 이 기간 중 해마다 전년에 비해 100%가 넘는 급성장을 보인 것이다. 매체별로 보면 대체적으로 신문이 가장 높은 비중을 차지했지만 1974년과 1975년 그리고 1977년에는 TV에 역전당하였다가 그 이후 다시 신문이 1

표 28 1970년대 광고비의 현황

구분/연도	총 광고비 (억 원)	전년 대비 (%)	GNP 대비 (%)	매체별 구성비(%)					광고비 성장률(%)		
				신문	잡지	라디오	TV	기타	신문	라디오	TV
1971	152.0	119.7	0.48	44.8	7.0	17.3	18.5	12.4	14.1	−0.1	58.2
1972	190.2	125.1	0.49	35.9	7.7	15.6	24.6	16.2	0.0	12.5	65.8
1973	231.0	121.5	0.47	35.3	6.9	15.2	28.4	14.2	19.8	18.6	40.7
1974	430.0	186.1	0.59	32.0	4.5	22.9	34.5	6.1	68.7	180.5	126.1
1975	650.0	151.2	0.66	32.0	2.7	16.8	41.3	7.1	51.2	10.9	80.9
1976	935.0	143.8	0.70	33.7	3.8	15.8	32.5	14.1	51.5	35.3	13.2
1977	1,203.0	128.7	0.71	31.4	3.1	14.5	34.1	17.0	19.6	17.8	34.7
1978	1,699.4	141.3	0.74	33.8	3.4	12.5	32.1	18.2	52.3	22.5	33.3
1979	2,185.5	128.6	0.74	34.9	3.7	13.8	28.9	18.7	32.9	41.6	15.7
1980	2,752.5	125.9	0.76	35.9	3.9	12.5	29.8	17.9	29.7	14.0	30.0

출처: 주동황(1993), 앞의 논문, p.138.

위를 회복하였다.

이처럼 광고의 비중이 높아지면서 광고 방송에 대한 심의 문제가 제기되었다. 이에 따라 1968년 1월부터는 방송윤리위원회 산하에 방송광고소위원회가 구성되어 광고 방송에 대한 사후 심의를 실시하였으며 1972년 12월에는 민간방송협회도 광고방송자율심의위원회를 구성하여 자율 심의 체제를 갖추었다.[147]

광고에 대한 규제도 강화되었다. 1973년 방송법을 개정하면서 광고 방송의 시간과 회수를 대통령령으로 정하여 규제하도록 하였다. 그 이전에도 방송윤리위원회가 정한 한국방송윤리규정에 광고 방송 세칙을 두어 광고량을 프로그램의 10/100으로 정하기는 하였지만, 이 규정은 법적 구속력도 없었고 당시 광고 시장의 공급이 태부족이던 상황이어서 별 의미를 지니기 어려웠다. 1973년의 개정 이후 첫 시행령에서는 프로그램 광고는 10/100 이내로 정하고 중간 광고는 할 수 없도록 하였다. 이 규정은 그 후 두 차례 개정되는데 1976년 10월의 두 번째 개정으로 프로그램 광고를 8/100 이내로 축소하였다.[148]

3) 방송 매체의 보급과 수용자

1960년대 정부가 펼친 경제 개발 계획에 의해 경제 성장이 이루어지면서 방송 매체의 보급도 급격히 확대되어 갔다. 박정희 정권도 5·16 쿠데타 직후인 군사정부 시절부터 자유당 정부가 시행하던 라디오 보급 확대 정책을 계속 추진하였다. 특히 앰프 보급에 역점을 두어 1961년 8월 24일에는 '유선방송수신관리법'을 공포하였다. 이 법으로 앰프촌 사업의 범위와 앰프 방송의 성격, 운영 범위를 규정하였다. 이로써 앰프촌은 국가 시책의 신속 정확한 보급 수단으로서 고립되었던 산간벽촌을 뚫고 들어가는 매체로 기능하게 되었다.[149]

표 29는 박정희 정권기 라디오 수신기의 보급 추이를 정리한 것이다. 이 기간 동안 라디오 수신기 보급이 비약적으로 성장하였음을 알 수 있다.

표 29 박정희 정권기 라디오 수신기 보급 현황

연도	라디오		인구 1000명당 보급 대수
	각종 라디오	유선 방송 스피커	
1961. 9	707,033		27.44
	588,519	118,514	
1963. 1	1,414,834		51.90
	815774	599,060	
1967. 7	2,455,797		81.50
	1,658,456	896,341	
1970. 1	3,053259		97.03
	2,540,375	512,884	
1971	3,769,384		114.63
	3,400,350	369.034	
1972	4,300,000		128.34
	4,000,000	300,000	
1973. 9	4,958,041		145.38
	4,892,018	66,023	

출처: 김영희(2009), 앞의 책, p.268.

1961년의 707,033대에서 1973년 4,958,041대로 7배 정도로 늘어났다. 인구 1000명당 보급 대수는 27.44에서 145.38로 5.3배로 늘었다. 특히 1960년대 초반은 유선 방송 스피커의 보급이 1961년의 118,514대에서 2년 만에 599,600대로 5배로 폭증하였다. 이는 전술한 대로 군사 정부가 정책적으로 역점 추진한 결과로 볼 수 있다. 앰프의 보급은 1967년 896,341대를 정점으로 다시 감소세로 돌아섰다. 이는 농촌 지역에서도 이때부터 각 가구별 소유로 대체되기 시작했음을 말해 준다. 1973년 라디오 보급률이 인구 1000명당 145.38대라는 것은 6.9명당 1대로서 거의 대부분 가정에 라디오가 보급되었음을 말해 준다.

那知乎

'那知乎'. 이는 라디오의 한자식 표기다. 라디오 발음을 살려 한자를 차자借字한 표기다. 뜻을 풀이하자면 '어찌 알리오'라 해석할 수 있다. 1962년 라디오를 생전 처음 접한 경상북도 문경의 한 촌로가 그 신기함을 한시로 적으며 남긴 표현이다. 바로 저자의 조부께서 지으신 한시다. 제목을 那知乎라 적고 다행히 괄호 안에 '라디오'라고 적어 주셨기에 이것이 라디오에 대한 것임을 알 수 있었다. 이는 당시 라디오라는 새로운 문명의 이기를 처음으로 접했던 일반 국민이 어떻게 반응하고 받아들였는지를 보여 주는 귀중한 자료가 될 것이다. 1920년 라디오 방송을 처음 시작한 미국에서는 당시 대부분의 사람들이 그 신기함에 매료되어 전 사회적으로 뜨거운 열풍이 몰아쳤다고 한다. 한국 사회에서도 이 신기한 물건을 처음 본 사람들은 비슷한 감흥을 느꼈을 법한데 이를 알려주는 자료는 거의 없다. 조부께서 1962년에 라디오를 처음 접하게 된 것은 본문에서 서술한 대로 1950년대 후반부터 1960년대 초반 정부에 의해 추진된 농어촌에 라디오 보내기 운동의 결과였던 것으로 보인다.

非人非鬼亦無眼 사람도 아니고 귀신도 아니며 눈도 없는 것이
奇怪形容落彼天 기괴한 모습은 딴 세상에서 온 것 같구나
列國放聲新世慮 여러 나라 얘기로 새로운 세상과 생각을 알게 해 주고
淸歌一曲洗叢烟 맑은 노래 한 곡으로 이 흐린 세상을 씻어 주는구나

原型製作知何日 원형이 만들어지는 것은 어느 날에나 알까
此地洨來過我年 밀려오는 궁금증으로 나의 세월 다 지나겠네
遠近珍聞術速報 멀고 가까운 곳의 진기한 소식을 신속히 알려 주며
五洋時事又相傳 온 세상일을 때맞추어 계속 서로 전하네

(1962. 4. 19)

듣도 보도 못한, 그리고 사람도 아니고 귀신도 아닌 신기한 물건을 난생 처음 접한 촌로의 경이로움과 신기함이 잘 드러나고 있다. 세상 곳곳의 여러 소식을 신속하게 전해 주며 음악 등 오락 기능에 대해서도 잘 표현해 준다. 또한 이 신기한 것이 어떻게 만들어져서 어디서 온 것인지를 궁금해 하는 모습도 잘 드러나고 있다.

이 시기 텔레비전의 보급도 급속히 확대되어 갔다. 표 30은 박정희 정권기 텔레비전 수상기의 보급 추이를 정리한 것이다. 1950년대 후반 HLKZ-TV 시절은 3000대의 수준을 넘어서지 못했으나 개국 이후 비약적 성장을 보였다. 개국 초창기라 할 1960년대 초는 3만 대를 약간 넘는 수준이었으나 1966년 4만 대를 넘어 선 이후 급속히 증가하였다. 특히 1968년과 1969년 사이에는 1년 만에 2배 가까이 늘었다.

이러한 TV 수상기 보급 추세는 1970년대에도 급성장을 거듭하여 사회적으로 영향력을 발휘할 수 있는 기반을 갖추게 되었다. 1970년에는 TV 등록 대수가 379,564대로 전체 가구의 6.3%에 보급되는데 그쳤지만 바로 그 다음 해인 1971년에 보급률이 10.1%(등록 대수 616,392대)를 기록하더니 1973년에는 등록 대수가 100만 대를 넘어서 1,282,122대(보급률 19.9%)로 증가하였으며 1979년에는 5,967,952대로 전체 가구의 79.1%의 보급률을 기록하였다.

이처럼 TV 수상기 보급이 급격히 증대하게 된 것은 정부의 정책과 함께 경제 성장으로 인한 소득 수준의 증가 등 여러 요인이 작용한 결과로 볼 수 있다. 1966년 수상기의 국내 조립 생산이 가능해졌으며 1969년의 전자산업 육성법으로 국내 전자 산업의 발전 기반이 갖추어졌다. 이러한 상황 속에서 텔레비전은 주류 중산층으로 편입됨을 알리는 중요한 아이콘으로 자리하게 되었다. 이에 각 가전업체들은 장기 할부 판매제를 도입하여 소비를 촉진하였으며 소비자들도 텔레비전 계를 조직하여 구매하는 등 붐을 이루었다. 이와

표 30 박정희 정권기 TV 보급의 추이

연도	등록 대수	가구당 보급률(%)	분포율			
			서울	지방	도시	농촌
1957	3,000		100		100	
1960	15,000		100		100	
1962	30,000		100		100	
1963	34,774	0.7	100		100	
1964	32,402	0.6	100		100	
1965	31,710	0.5	100		100	
1966	43,684	0.8	100		100	
1967	73,224	1.3	88.8	11.2	100	
1968	118,262	2.1	75.0	25.0	100	
1969	223,695	3.9	67.0	33.0	100	
1970	379,564	6.3	63.7	36.3	94.5	5.5
1971	616,392	10.1	59.7	40.3	92.0	8.0
1972	905,363	14.3	56.2	43.8	90.1	9.9
1973	1,282,122	19.9	49.3	51.7	86.7	13.3
1974	1,618,617	24.2	43.6	56.4	82.5	17.5
1975	2,061,072	30.3	40.3	54.7	77.3	22.7
1976	2,809,131	41.1	35.3	64.7	71.7	28.3
1977	3,804,535	54.3	32.5	67.5	69.7	30.3
1978	5,135,496	70.7	29.5	70.5	66.6	33.4
1979	5,967,952	79.1	26.6	73.4	63.3	36.7

출처: 김영희(2009), 앞의 책, p.281.

함께 TV는 각 가정의 안방을 차지하며 안방에 다양한 콘텐츠를 제공하는 '안방극장'으로 군림하게 되었다.[150]

13장

전두환 정권기의 언론

널리 알려진 바와 같이 전두환 정권은 박정희 독재 정권이 끝나고 민주화를 열망하는 우리 사회의 욕구를 무력을 동원하여 억압하고 집권하였다. 그 과정에서 언론에 대해서도 유례를 찾아보기 힘들 만큼 폭압적인 탄압 조치를 자행하였다. 제5공화국의 이러한 언론 정책은 제3·4공화국이 펼쳤던 강압적 언론 정책의 연장이자 체계적인 확대라고 할 수 있다.

1. 전두환 정권의 언론 정책

1) 1980년 '서울의 봄'과 언론

(1) 민주화의 실패와 언론

1979년 10월 26일 박정희의 죽음은 18년에 걸친 독재의 종말을 고하는 것이었다. 이는 곧 민주화에 대한 기대로 이어졌다. 이른바 '서울의 봄'이었다. 하지만 민주화의 기대는 이루어지지 못하고 신군부로 대표되는 전두환 정권이 출범함으로써 군부 독재가 연장되는 결과를 가져 오고 말았다. 이러한 1980년의 상황은 1960년의 4·19 혁명과 대비된다. 4·19 혁명은 자유당의 독재를 무너뜨리고 민주화를 이루어냈지만 1980년에는 그렇지 못했던 것이다. 이와 같은 차이를 가져 온 원인 중에는 그 이전 시대의 언론이 중요한 몫을 차지한다. 전술한 대로 자유당 정권기에는 야당지를 중심으로 권력에 대한 비판적 논조가 있었기에 국민도 비판적 인식을 가질 수 있었고 이를 바탕으로 1960년 부정 선거에 대한 저항의 과정에 참여할 수 있었다. 그렇기에 4·19 혁명은 자유당 독재를 무너뜨릴 수 있었던 것이다.

하지만 1980년의 봄에도 재야 세력과 지식인, 대학생을 중심으로 민주화에 대한 욕구가 강하게 표출되었지만 일반 국민의 반응은 냉담했다. 국민의 참여가 이루어지지 못한 데에는 그 이전 박정희 정권기의 언론들이 부패한 독재 권력에 대한 비판은 도외시한 채 북한의 남침 위협을 앞세우며 여론을 오도했던 데에서 커다란 원인을 찾을 수 있다. 전술한 대로 박정희 정권기에 간첩단 사건, 땅굴 사건 등을 통해 레드 콤플렉스를 조장하며 독재 정권의 유지, 강화에 기여했던 언론은 1980년에도 이러한 논조를 유지했다. 예컨대 〈경향신문〉 1980년 1월 10일자는 1면 왼쪽에 박스로 "북괴는 뭔가 바쁘다/10·26 이후 심상치 않은 동향"이라는 제목으로 북한의 군사적 모험 가능성이 어느 때보다도 커졌다고 보도하였다. 2면의 사설에서도 "한국 정세 오판 말라는 경고"라는 제목으로 북한에 대해 경고를 보냈다.

뿐만 아니라 이 시기에는 국내 정치가 혼란스러우면 외국의 바이어들이 돌아가기 때문에 수출에 타격을 받을 수밖에 없고 경제가 위험하다는 논리도 언론에 자주 등장하였다. 〈경향신문〉 1980년 5월 15일자 2면의 '기자석'이라는 칼럼에서 "되돌아가는 외국 바이어들 많다"는 제목으로 외국의 바이어들이 상품 주문을 위해 왔다가 이런 혼란을 보고 되돌아간다는 기업인들의 호소가 많다고 아쉬움을 표명하였다. 〈동아일보〉도 그해 5월 16일자에서 "통상사절 초청해놓고 안절부절"이라는 제목으로 "최근 방한 예정인 외국 바이어들은 학생 데모와 관련, 방한을 취소하는 사례가 속출하는가 하면 현재 체한 중의 바이어들도 예정을 앞당겨 귀국하겠다고 보따리를 싸는 경우가 많다"고 보도하였다.

이러한 상황에서 일반 국민도 숨 막히는 독재 정권하에서 벗어나고픈 욕구는 강렬했지만 민주화 요구에 쉽사리 동참하기 어려웠던 것이다. 이처럼 민주화를 요구하는 재야 세력과 대학생들을 일반 국민으로부터 분리시키는 데 성공한 전두환 중심의 신군부 세력은 제5공화국 정권을 창출해 낼 수 있었던 것이다.

(2) 광주 항쟁과 언론

1979년의 12·12 사태로 실권을 장악한 신군부 세력이 전면에 부상하는 계기는 1980년 5월의 광주 항쟁이었다. 신군부 세력은 이 비극적 사태를 무력으로 제압하며 권력의 전면에 부상하는 계기로 삼았다. 이 과정에서 언론도 지면과 프로그램을 통해 일등 공신이 되었다.

5월 18일부터 시작된 광주 항쟁을 언론이 보도한 것은 5월 21일부터였다. 당시는 계엄령에 의한 검열이 실시되던 때이기에 당시 언론의 보도는 계엄사의 발표를 그대로 인용, 보도하는 수준이었다. 그 과정에서 '광주 사태'라는 용어가 대부분 언론에 의해 사용되기 시작하며, 군인들이 시민들을 무자비하게 진압하고 실탄까지 발사한 데 분노하며 저항한 시민들의 항쟁은 폭력적 소요 사태로 규정되고 말았다.

나아가서 〈중앙일보〉는 5월 19일자에서 "자제와 화합으로 국가적 시련을 극복하자"는 사설을 통해 "이런 시점에서 보면 계엄령의 확대 시행은 그 목적이 사회 질서, 사회 활동의 정상화를 위한 불가피한 수단일 수밖에 없다"고 5·17 조치의 정당성을 역설했다. 〈조선일보〉도 5월 25일자 사회면 톱기사로 "무정부상태 광주 1주/바리케이드 너머 텅 빈 거리엔 불안감만……" 제목으로 "광주시를 서쪽에서 들어가는 폭 40m의 도로에 화정동이라는 마을이 있다. 그 고개의 내리막길에 바리케이드가 처져 있고 그 동쪽 너머에 '무정부 상태의 광주'가 있다. 쓰러진 전주 각목 벽돌 등으로 쳐진 바리케이드 뒤에는 총을 든 난동자들이 서성거리고 있는 것이 멀리서 보였다"고 보도했다. 민주화를 요구하는 시민을 '난동자'로 규정하고 있는 것이다. 같은 날 사설에서는 "도덕성을 회복하자"라는 제목으로 "비극의 나라를 우방으로 둔 그 나라에 대해서 목하 거추장스런 짐이 돼 있는 우리로선 당혹스런 착잡한 심정마저 누를 길 없다"며 안보 공약을 재확인한 미국에 누를 끼친 데에 '착잡한' 심경이라고 토로하고 있다. 또한 이 사설은 말미에서 시민들을 분별력을 상실한 군중으로 비유하며 "57년 전 일본 관동대지진 때 조선인 학살의 역사가 반교사적으로 우리에게 쓰라린 교훈을 준다"고 일본인 폭도들에 비유하기도 하였다. 5월 27일 계엄군의 진압으로 항쟁이 진정되자 〈조선일보〉는 5월 28일자 사설에서 "악몽을 씻고 일어나자"라는 제목으로 군이 자제를 거듭하여 희생자를 최소화하였다며 "신중을 거듭했던 군의 노고를 우리는 잊지 않는다"고 주장하였다.

언론들의 이런 일방적이고 편파적인 보도는 수용자들의 불신과 비판을 불러일으키는 주된 요인이 되었다. 항쟁 과정에서 일부 언론사들은 편파, 왜곡 보도에 항의하는 시민들의 공격을 받기도 하였다. 광주 시민들은 5월 26일에 발표한 '전국 언론인에게 보내는 글'을 통해 "계엄 당국과 이의 허수아비인 일부 언론은 순수한 광주 시민의 의거를 불순배의 선동이니, 폭도의 소행이니 난동이니 하여 일방적으로 몰아붙이고만 있습니다"라면서 "이번 광주 의거를 몇십 년 뒤의 '사건 비화'나 '남기고 싶은 이야기'들로 만들지 않기 위해 목숨 걸고 사실 그대로 보도하여 주시기를 600여 사망자들의 피맺힌 원혼과 80만 광주 시민의 이름으로 간절히 촉구하는 바입니다"라고 당부하였다.[1]

(3) 기자들의 저항

신군부의 계엄령하에서 언론 검열이 장기화되자 기자들이 검열을 거부하며 언론 자유를 주장하고 나섰다. 3월 19일 〈동아일보〉 기자들이 가장 먼저 '언론 검열 철폐와 자유 언론 실천'을 주장하였으며 같은 날 한국신문편집인협회도 계엄 당국의 검열에 유감을 표명하는 성명서를 발표하였다. 이어 4월 17일에는 〈동아일보〉 기자들이 검열 철폐와 언론 자유를 주장하는 4개항의 결의를 발표하였으며 4월 28일에는 동양통신 기자들이 자사 기자 2명이 계엄사에 연행된 데 항의하며 언론 자유와 신분 보장을 요구하는 결의문을 채택하였다. 5월에 들어서 이러한 움직임은 여러 언론사로 확산되었다. 8일에 〈중앙일보〉와 동양방송 기자들이 언론 자유를 주장하는 결의문을 채택한 것을 계기로 9일에는 기독교방송과 합동통신, 〈국제신문〉, 10일에는 〈경향신문〉, 동아방송, 12일에는 〈현대경제〉, 13일에는 MBC 기자들이 일제히 검열 거부를 결의하며 검열 철폐 운동에 합세하였다. 5월 16일에는 기자협회가 검열을 전면적으로 거부한다고 선언하기에 이르렀다. 선언문에서 기자협회는 민주화를 위해 검열을 거부한다고 선언하며 '모든 기자들은 검열 철폐를 위해 극한 투쟁을 불사한다'와 '검열 지침을 무시한다'는 두 가지 행동 지침까지 제시하였다.

그러나 바로 다음 날인 5월 17일 신군부는 비상계엄을 전국으로 확대하는 조치를 발동하면서 재야 민주 인사 검거에 나섰다. 언론계에서도 기자협회 간부들이 대부분 체포되어 5명이 군법회의에서 실형을 선고받았다. 바로 이어진 광주 항쟁 기간에도 당국의 공식적 발표 외에는 보도조차 제대로 할 수 없자 기자들이 나서 제작 거부를 선언하기 시작하였다.

광주의 언론인들은 항쟁의 초기인 5월 18일과 19일의 상황을 사실대로 취재하여 작성한 기사들이 편집 과정에서 대부분 폐기되자 5월 20일 제작 거부, 나아가서 퇴사를 선언하였다. 〈전남매일신문〉의 기자들은 "우리는 보았다. 사람이 개 끌리듯 끌려가 죽어가는 것을 두 눈으로 똑똑히 보았다. 그러나 신문에는 단 한 줄도 싣지 못했다. 이에 우리는 부끄러워 붓을 놓는다"는 짤막하지만 강렬한 내용으로 기자 일동의 공동 사직서를 사장에게 제출하였다.

기자들의 제작 거부는 서울의 대부분 언론사들에도 파급되어 5월 19일부터 제작 거부 선언이 줄을 이었다. 〈동아일보〉, 〈중앙일보〉, 〈한국일보〉, 문화방송이 5월 20일부터 제작 거부에 들어갔으며 21일에는 〈경향신문〉과 동양통신, 22일에는 〈조선일보〉 기자들이 제작 거부에 합류하였다.[2]

(4) 용비어천가와 전두환의 집권

이처럼 젊은 기자들을 중심으로 신군부의 언론 검열에 저항하면서 민주화를 향한 열망에 기여하려는 움직임이 있기는 하였지만 별다른 성과를 거두지는 못했다. 오히려 언론은 신군부의 실력자이던 전두환을 전면에 내세우며 그의 집권을 위한 프로그램에 지대한 공헌을 하였다.

10·26 사건 이후 가끔 언론에 등장하던 전두환은 1980년 8월 4일 국가보위비상대책위원회가 전국 불량배 일제 소탕 방침을 발표하면서 국보위 상임위원장으로서 각 신문의 1면 머리기사에 동시에 등장하기 시작하였다. 이어 8월 16일에는 최규하 대통령을 물러나게 하고 전두환을 대통령 후보로 추대하는 작업이 뒤를 이었다.

이와 함께 전두환 개인에 대한 미화 작업이 시작되었다. 〈경향신문〉은 "새 역사 창조의 선도자 전두환 장군"이란 제목으로 8월19일부터 3회에 걸쳐 연속 기획을 게재하였다. 8월 19일자 3면에 실린 첫 회의 편집자 주를 통해 〈경향신문〉은 "새 시대 새 영도자가 될 것이 확실한 전위원장"이라고 소개하며 사진과 함께 전면을 장식하였다. 이 기사는 전두환을 "서릿발 같은 결단력 뒤에 훈훈한 인정"이 있으며 "사생관이 선 의리와 정직의 성품"을 갖고 있다고 묘사하며 그의 인간적 풍모와 지도자로서의 능력을 부각시키기에 나섰다. 이를 계기로 모든 신문들이 앞 다투어 '인간 전두환' 찬양 시리즈에 뛰어들었다.

〈조선일보〉는 8월 23일자의 '인간 전두환/육사의 혼이 키워낸 신념과 의지의 행동'이라는 제목의 기사에서 그를 "동기생일지라도 어쩌다 그를 대할 때면 감히 범접할 수 없는 거대한 암벽을 대하는 느낌이 들 때가 있"으며, "불의를 보고 참지 못하는 천성적인 결단은 그를 군의 지도자가 아니라 온 국민의 지도자상으로 클로즈업시키기에 부족함이 없었다"고 미화하고 있다. 이어 〈조선일보〉 8월 24일자의 "길/새로운 길잡이가 나타나는데 붙여"라는 제목의 사설에서는 군의 정치 개입을 정당화하고 신군부의 집권에 정통성을 부여하고 있다. 이 사설은 대학생들의 데모와 광주 사태가 "순리에 의하여 정치 발전을 이룩하라는 국민적인 약속을 무참히 짓밟고 말았"으며 "자유민주주의가 사이비 민주 정치인들이 정권을 탈취하기 위한 미끼로 악용되었다"면서 군의 정치 참여를 필연적인 것으로 만들고 있다. "군이 안보의 견지에서 정치에 관심을 가지는 것은 당연하며…… 군이 진일보하여 나라의 강력한 구심체를 형성하고 지도력을 발휘하는 것 또한 이 나라에 있어서 현실을 사는 논리의 필연적인 귀결인 것이었다"고 주장하여 전두환 집권의 정당성을 주장하였다.

〈동아일보〉도 8월 23일자 3면에서 '새 시대가 바라는 새 지도자상/전두환상위장 추대로 본 각계 여론'이라는 제목으로 각계 명사들의 입을 빌어 전두환 집권의 정당성을 부여하기에 앞장섰다. 지금 이 시대가 원하는 지도자상은 전두환밖에 없다는 요지였다. 이어 8월 29일자에서도 〈동아일보〉는 "새 시대의 기수 전두환 대통령/우국충정 30년 — 군생활을 통해 본 그의 인간관"이라는 제목으로 전두환 영웅 만들기에 동참하였다.

〈한국일보〉도 8월 23일부터 3회에 걸쳐 "전두환 장군 의지의 30년/육사 입교에서 대장 전역까지"를 연재하였으며 〈중앙일보〉는 8월 27일 전두환 대통령의 당선 이후 8월 28일부터 네 차례에 걸쳐 "솔직하고 사심 없는 성격 전두환 대통령 어제와 오늘/합천에서 청와대까지"를 연재하였다.

방송의 경우도 마찬가지였다. 각 방송사가 모두 각종의 특집 프로그램들을 제작, 편성하여 경쟁적으로 전두환 영웅 만들기를 시도하며 집권 정당성을 제공하기에 나섰다. 가장 앞장선 것은 MBC였다. 당시 5·16장학회의 소유로 〈경향신문〉을 함께 운영하던 MBC는 전두환 대통령 만들기에 어느 언론보다 먼저 발 빠르게 나섰다. 8월 11일 당시 국보위 상임위원장이던 전두환을 직접 출연시켜 사장 이진희와 대담을 진행하였다. 이 프로그램에서 이진희는 전두환이 "새 시대를 영도해야 할 역사적 책무를 좋든 싫든 맡아야 한다"며 최규하 대통령이 사임하기도 전임에도 불구하고 전두환 대통령 만들기에 노골적으로 나섰다.[3]

KBS도 1980년 8월 22일 밤 9시 45분부터 〈전두환 장군의 이모저모〉라는 60분짜리 프로그램을 방송하였다. 긴급 편성된 이 프로그램은 "해가 솟는다. 동해의 푸른 바다를 뛰어넘어 붉은 해가 솟는다. 새 시대 새 역사의 장이 열리는 오늘, 이 땅에 곳곳마다 용솟음치는 기운이 솟는다. (……) 시대가 영웅을 낳듯 혼돈의 시대를 이끌어갈 새 지도자상은 어느 날 갑자기 그 모습을 드러냈다. (……) 산세조차 남에서 북으로 엎드리듯 웅크리고 있어 그 수려한 산세와 수세는 예로부터 큰 인물이 태어난다는 전설을 지녀왔으며 아마도 오늘의 난국을 이끌어갈 전두환 장군의 탄생을 알린 것이 아닐까"라는 내레이션과 함께 시작하였다.[4] 그 밖에도 〈새 시대를 창조하는 지도자〉, 〈새 시대의 개막〉, 〈새 시대의 새 지도자〉 등의 프로그램을 통해 전두환의 집권을 정당화하는 데 커다란 기여를 하였다.[5]

뒤늦게 나섰던 TBC는 전두환을 '하늘이 내려주신 대통령'이라고까지 표현하였다. 1980년 8월 31일 방송한 〈내가 본 전두환 대통령〉이라는 프로그램에서 TBC의 진행자 박종세 아나운서는 "우리나라는 지척에 악랄한, 호시탐탐 남침을 노리는 북괴와 대치하고 있습니다"라면서 "바로 이런 우리나라에 전두환 대통령을 내려주신 하늘에 감사드리는 것입니다"라고 주장한 것이다. 언론들의 행태가 경쟁적으로 펼쳐지면서 그 수위를 높여 가더니 급기야는 전두환의 대통령 당선을 '하늘이 준 선물'로까지 미화하기에 이른 것이다.

물론 언론들의 이러한 행태는 당시 집권을 노리는 신군부 세력의 기획으로 보아야 할 것이다. 12·12 사태로 실권을 장악한 신군부 세력은 3김 씨를 타도하고 권력을 장악하기 위해서는 언론을 통한 대중 조작이 가장 중요하다고 판단하여 보안사에 언론대책반을 구성하고 1980년 3월부터 가동하였다. 중앙 언론사의 간부들을 포섭 대상으로 선정하고 이들을 동원하여 신문 지면과 방송 프로그램을 통해 전두환 영웅 만들기를 시도한 것이다.[6] 이 대책반이 만든 K공작에 입각해 각 언론사에 지침이 내려오면 경영진과 간부들을 중심으로 새로운 권력과 우호적인 관계를 맺기 위해 앞장서서 경쟁적으로 미화하고 영웅 만들기를 하면서 정당성을 제공하려 눈물겨운 노력을 한 것이다. 언론들의 이러한 행태를 일컬어 이성계의 조선 건국을 정당화하기 위해 만들어진 용비어천가에 비유하는 표현이 등장하게 되었던 것이다.

2) 언론인 대량 해직

1980년 5월 광주 항쟁을 통해 집권의 계기를 마련한 신군부는 이미 그해 3월 경부터 보안사 언론대책반이 준비한 이른바 'K공작'을 토대로 언론에 대한 정비에 착수하였다. 제5공화국에서 정부의 언론 장악은 이 언론인 강제 해직으로부터 시작되었다. 이는 현재적 및 잠재적인 저항 세력의 제거를 목적으로 한 것이었다.

언론인 강제 해직은 1980년 두 차례에 걸쳐 단행되었다. 그해 7~8월에 각 언론사별로 진행된 언론인 강제 해직이 있으며 같은 해 12월 언론사 통폐합에 뒤따르는 대량 해직이 또 있었다. 1차 언론인 강제 해직은 1980년 7월 29일과 31일 두 차례에 걸쳐 신문협회와 방송협회, 통신협회 등 3개 단체가 '언론 자율 정화 및 언론인의 자질 향상에 관한 결의문'을 발표한 후 8월 2일부터 전국 언론사에서 단행되었다. 당시 이 결의는 외형상 '자율 결의'라는 형식을 취했지만 신군부의 강압과 언론사주의 굴복에 의해 가능했던 강제 해직이었다. 3개 언론 단체의 결의문 내용도 문공부가 써 준 그대로였다. 결의문이 채택되기 이전인 7월 중순경부터 각 언론사주에게는 7월 말까지 기자 전원의 사표를 받도록 지시가 내려와 있었다.[7]

당시 문공부를 통해 전달된 언론인 해직 기준은 부패 언론인, 정치 성향이 강한 언론인, 시국관이 오도된 언론인, 검열 거부 운동에 앞장선 언론인 등이었다. 이 중 두 번째와 세 번째의 것은 그 기준이 모호해서 매우 자의적으로 적용될 소지를 원천적으로 안고 있었다. '정치 성향이 강하다'거나 '시국관이 오도'되었다는 것은 객관적인 기준이 존재하지 않는다. 마지막 조항은 권력 측의 보복적 의도에서 설정된 것이라고 할 수 있다.[8]

3개 언론 단체들이 자율 정화 결의문을 발표한 직후인 8월 2일부터 각 언론사별로 해직이 단행돼 불과 며칠 사이에 전국 37개 언론사에서 717명이 강제로 해직되었다. 그런데 이 해직 기자들 중에는 보안사가 각 언론사에 해직 대상자로 지목하여 통보한 명단에 따라 해직 처리된 경우 외에도 각 언론사 내부의 자체 결정에 따라 해직된 경우가 상당수 있었다. 1988년 11월 국회 언론 청문회에서 폭로된 '언론인 정화 결과'라는 당시 문공부 문건에 따르면 보안사가 지목한 해직 대상자는 336명이고 이 중 38명이 언론사의 보류 요청에 의해 구제되어 지목 대상자 가운데 실제 해직된 언론인은 298명이었다. 따라서 나머지 400명이 넘는 해직자는 언론사가 자체적으로 해직시켰다는 말이 된다. 이들은 언론사주의 눈 밖에 난 자이거나 언론사 내부의 파벌 싸움의 희생자이거나 봉급이 고액인 고령자들인 것으로 드러났다. 결국 언론인 강제 해직은 보안사에 의한 해직뿐만 아니라 언론사주의 끼워 넣기식 자체 해고가 곁들여진 것으로 결국 신군부 세력과 언론사주의 이해관계가 맞아 떨어지면서 단행되었던 것이다.

2차 언론인 대량 해직은 그해 12월의 언론 통폐합에 따른 것이었다. 방송사 통폐합으로 모두 1000여 명이 민간 방송에서 KBS로 옮겼는데, 이 과정에서 직장을 잃게 된 언론인들과 지방지의 1도 1사제 도입, 지방 주재 기자 폐지 등으로 대거 해직된 언론인들이 여기에 포함된다. 이 언론사 통폐합 과정에서 해직된 언론인은 모두 305명에 이르는 것으로 알려지고 있다.

이처럼 1980년의 언론인 강제 해직은 신군부가 정권 장악을 위해 언론 내부의 저항 세력을 약화시키고 결과적으로는 언론 통제를 손쉽게 수행하기 위한 언론 장악 전략의 일환이었으며, 여기에 언론사주의 '끼워 넣기식 대량 해직'이 곁들여진 언론 사상 유례없는 대규모의 참극이었다.[9]

3) 언론 통폐합

언론인 대량 해직으로 언론계 내의 현재적 및 잠재적 저항 세력을 제거한 신군부 세력은 뒤이어 통제 구조를 단순화하기 위해 대대적인 언론 통폐합에 착수하였다. 이 언론 통폐합의 기본적인 목적은 언론의 체질을 '저항 체질'에서 '순응 체질'로 바꾸기 위한 것이었다. 이 같은 사실은 지난 1988년 언론 청문회에서 이철 의원이 폭로한 '건전언론육성 종합방안보고'라는 문건을 통해서 확인된다. 이 문서는 당시 언론 실태에 대해서 '저항 의식이 체질화되어 있으며 국가관 및 사명감이 희박하고, 전후 세대인 30대 이하가 65%를 차지하고 있다'고 분석하였다. 계엄령하의 보도 검열과 '협조 유도 작용'으로 '타율적 협조' 체제를 유지하고는 있으나 30%의 저항 세력이 잠재하고 있어 계엄령이 해제되고 정치 활동이 재개되면 저항 세력이 표면화할 것으로 예상되므로 이에 대한 대처 방안으로 언론 통폐합이 필요하다는 것을 역설하고 있다. 이 자료는 언론의 '타율적 협조'를 '자율적 협조'로 바꾸고 다시 '자발적 협조'로 전환시키는 것을 언론 정책의 궁극적 목표로 삼아야 한다는 점을 강조하면서 대외적으로 한국 언론이 후퇴하고 있다는 인상을 극소화하는 범위에서 국익 증진을 최우선으로 하는 방향으로 통폐합을 추진하도록 규정하고

있다.[10]

대대적인 언론 통폐합에 앞서 전두환 정권은 1980년 7월 31일 일간지를 제외한 정기간행물을 무더기로 등록 취소하였다. 당시 문공부는 부조리, 외설, 사회 불안을 조성하는 간행물을 '사회 정화'한다는 명분으로 172종을 등록 취소하였다. 전체의 12.0%에 달하는 양이다. 표 31은 당시 조치로 등록 취소된 간행물의 현황이다

등록 취소당한 간행물 가운데는 〈기자협회보〉, 〈저널리즘〉, 〈월간 중앙〉, 〈창작과비평〉, 〈문학과지성〉, 〈뿌리깊은나무〉, 〈씨올의 소리〉 등 당시 상당한 영향력을 갖고 있던 정론성 잡지들이 대거 포함되었다. 이 잡지들은 대부분 당시 지식인들이 즐겨 읽던 잡지들이었다. 이 잡지들을 폐간한 것은 사이비 정기간행물의 정화를 구실로 저항적인 논조의 정기간행물을 제거하고자 한 것이었음을 말해 준다.

1980년의 언론 통폐합은 보안사 언론대책반과 함께 국보위 문공분과위원회가 주도하였다. 1980년도 봄부터 양측에서 만든 통폐합 계획을 토대로 하여 보안사는 11월 12일 통폐합을 전격적으로 시행하였다. 당시 언론 통폐

표 31 1980년 7월 정기간행물 등록 취소 현황

	총수	정화 대상수			비율(%)
		유가지	무가지	계	
주간	121	15	–	15	12.3
월간	771	80	24	104	13.5
격월간	150	3	10	13	8.7
계간	225	8	8	16	7.1
연간	167	14	10	24	14.4
계	1,434	120	52	172	12.0

출처: 〈동아일보〉, 1980. 7. 31, 1면.

합도 신문협회와 방송협회의 자율 결의의 형식으로 이루어졌다. 11월 14일 신문협회와 방송협회는 '건전 언론 육성과 창달을 위한 결의문'을 발표해 전국의 신문사, 방송사, 통신사의 대대적인 통폐합을 통한 언론 구조 개편을 실시할 계획을 결의했다. 그 내용은 '우리 언론이 지난날의 잔재와 불합리한 요소를 제거하고 공익을 우선시키는 근대적인 공론 기관으로서의 체제를 갖추도록 자기 혁신을 단행한다'는 요지였다.

외형상 자율 결의의 형식을 취했지만 이는 철저히 전두환 정권의 강압과 협박에 의해 이루어진 것이었다. 양 협회의 결의문 발표 이틀 전인 11월 12일에 통폐합 대상 언론사 대표들은 보안사에 불려가 강압적인 분위기 속에서 이미 원문이 마련된 포기 각서를 자필로 작성하고 이에 서명한 상태였던 것이다. 결의문안도 이수정 당시 청와대 정무비서관이 직접 작성해 당일 양 협회에 전달한 것으로 밝혀졌다. 결의문 발표 바로 다음날인 11월 15일 통폐합 대상 신문, 방송 통신사들은 일제히 양 협회의 결의문을 사고社告로 내보내고 즉시 회사별로 구체적인 통합 내용을 지면 또는 방송을 통해 발표했다. 언론사 통폐합은 12월 15일까지 모든 실무 작업을 마무리 지었다.[11] 매체별 통폐합의 결과는 표 32와 같다.

언론 통폐합으로 전국의 신문 숫자가 대폭 축소되는 바람에 살아남은 신문들의 시장 점유율은 크게 늘어나게 되었다. 뿐만 아니라 조간과 석간의 비율이 균형적으로 조정되어 중앙지나 경제지는 각각 신문 시장을 양분하면서 일종의 과점 체제를, 그리고 지방지는 지역 신문 시장에서 독점 체제를 누리게 되었다. 새로운 신문의 시장 진입도 전혀 없었으며 조석간 발행의 변동도 없었고 신문 카르텔이 존속했기 때문에 살아남은 신문 기업들은 안정된 시장 구조 속에서 괄목할 만한 성장을 이룰 수 있었다.

이 통폐합 조치로 방송은 공영 방송 체제로 일원화되었다. 상업 방송이던 DBS와 TBC를 KBS에 흡수하고 지방의 MBC들은 서울MBC가 주식의 51%를 인수하고 계열화하였다. MBC 주식의 70%를 KBS가 인수함으로써

표 32 1980년 중앙지 통폐합 현황

	신문사	개편 내용
일간지	경향신문	MBC와 분리, 신아일보 흡수
	동아일보	종전대로 석간
	서울신문	석간에서 조간으로
	신아일보	경향신문에 통합
	조선일보	종전대로 조간
	중앙일보	종전대로 석간
	한국일보	서울경제를 흡수
경제지	매일경제	종전대로 석간
	서울경제	한국일보에 통합
	내외경제	코리아헤럴드에 통합
	현대경제	종전대로 조간, 한국경제신문으로 개제
기타	일간스포츠	변동 없음
	코리아타임즈	변동 없음
	코리아헤럴드	내외경제 흡수

출처: 김해식(1994), 앞의 책, p.157.

표 33 1980년의 지방지 통폐합 현황

신문사	개편 내용
부산일보 국제신문	1도 1지의 원칙에 따라 양사 합의에 의해 주식 51 대 49의 비율로 1개사로 통합 (위쪽에 있는 신문사가 아래쪽의 신문사를 통합)
매일신문 영남일보	대구매일신문으로 개제
경남매일 경남일보	경남신문으로 개제
전남일보 전남매일	광주일보로 개제

출처: 김해식(1994), 앞의 책, p.158.

표 34 1980년 방송사 통폐합 현황

방송국	개편 내용
KBS	TBC-TV, TBC 라디오를 흡수 DBS, 전일방송, 서해방송, 대구FM을 흡수 MBC의 주식 70% 인수
DBS	KBS에 흡수
TBC	KBS에 흡수
MBC	21개 지방사(부산문화, 부산문화TV, 춘천, 원주, 강릉, 삼척, 청주, 충주, 대전, 대구, 포항, 안동, 울산, 마산, 마산TV, 진주, 전주, 광주, 목포, 여수, 남양)의 주식 51%를 소유주로부터 인수, 지방망을 계열화
CBS	보도 기능을 없애고 복음 방송만 전담케

출처: 김해식(1994), 앞의 책, p.158.

공영인 KBS가 MBC를 소유하는 형태가 됨으로써 상업 방송들은 자취를 감추고 공영 방송 단일 체제가 구축된 것이다.

통신사의 경우는 기존의 동양통신과 합동통신을 합병하여 연합통신을 새로 발족시키고 3개 특수 통신들, 즉 시사통신, 경제통신, 실업통신을 여기에 흡수시켰다. 연합통신은 전국의 일간지와 방송들이 지분 참여하는 회원제 통신사였으나 실제로 전두환 정권의 통제하에 들어간 KBS와 MBC가 전체 지분의 74.5%를 차지, 사실상 정부 장악의 통신이나 다름없었다.

연합통신의 출범과 함께 지방 뉴스의 취재는 연합통신과 양대 방송사에게만 허용되었다. 일간 신문의 지방 주재 기자 제도가 폐지되고 지방부도 사라졌다. 그 과정에서 300여 명의 지방 주재 기자들이 대거 해고되는 사태도 벌어졌다. 이로써 연합통신은 중앙지에게는 지방 뉴스를, 지방지에게는 중앙 뉴스를 독점 제공하게 되었다. 외신의 국내 공급도 연합통신을 거쳐 각 언론사에 제공되었기 때문에 전두환 정권은 연합통신을 통해 국내외 정보의 흐름을 통제할 수 있도록 만들었다.[12] 이처럼 5공화국 정권은 언론 통폐합을 단행함으로써 자신들의 통치에 유리한 언론 구조를 만들어 놓았던 것이다.

전두환 정권의 3S 정책

전두환 정권은 집권 초기 철저한 탄압 정책으로 일관하였다. 집권 정당성에 문제가 많은 전두환 정권의 입장에서는 필연적인 결과였다. 하지만 탄압 일변도의 정권은 반드시 저항을 불러일으켜 오래 가지 못하는 법이다. 이에 다른 한편으로 국민에게 유화적인 조치를 취하고 오락 거리를 제공하여 탈정치화시키는 정책도 펼쳐 나갔다. 1982년에는 오랫동안 유지해 온 야간 통행금지를 해제하였다. 또한 같은 해 프로 야구가 출범하였으며 1983년에는 프로 축구가 시작되었다. 영화에서도 성적인 표현을 대폭 허용하였다. 1982년에 개봉되어 흥행에 성공하고 이후 시리즈로 제작된 〈애마부인〉이 대표적이다. 이렇게 전두환 정권은 스포츠와 섹스, 스크린 부문에서 국민에게 즐거움을 선사하는 3S 정책도 펼쳐 나갔던 것이다.

4) 언론 통제 기구의 정비

전두환 정권은 언론인 해직과 통폐합을 통해 언론의 체질을 순응형으로 만드는 작업을 마무리하고는 앞으로 발생할지도 모르는 저항의 가능성을 차단하기 위한 제도적 안전판으로서 언론기본법을 제정하였다. 이 법은 1980년 12월 26일 국보위 입법회의 문공분과위원회를 통과하여 1980년 12월 31일 공포되었다.

언론기본법의 골격은 크게 언론의 공적 기능 보장, 언론의 책임과 의무, 등록과 취소에 관한 규정의 3개 부분으로 구성되어 있다. 이 법은 그 제정 의도가 언론을 통제하려는 데 있었던 만큼 여러 가지 독소 조항을 포함하고 있었다. 언론의 취재와 보도의 자유에 제한을 가할 수 있도록 하면서 '더 중한 공익'(제6조), '현저한 지장'(제6조), '상당한 이유'(제7조), '정당한 사유'(제53조), '중대한 과실'(제53조) 등 애매모호한 표현을 사용하여 제한을 가할 수 있도록 하였다. 이는 집행 과정에서 자의적 판단에 따라 언론 자유에 제한을 가할 수 있는 위험을 안고 있는 것이다. 가장 큰 문제로 지적되는 것은 제24조다. 문공부 장관이 신문 통신의 등록을 취소하거나 발행을 정지할 수 있도록 규정한 것이다. 정기간행물의 내용이 등록된 발행 목적을 위반하거나 공공질서를 문란케 하는 위법 행위를 고무 찬양해서는 안 된다는 공적 책임을 반복하여 현저하게 위반한 때에는 그 등록을 취소하거나 1년 이하의 발행 정지를 명할 수 있도록 하였다. 이는 사법적 판단 없이 행정부의 자의적 해석만으로도 언론의 생존권 자체를 박탈할 수 있게 한 것이다.[13]

5) 보도 지침을 통한 상시적 감독과 통제

이처럼 제도적 차원에서 통제 시스템을 갖추어 놓은 후 전두환 정권은 언론의 일상적인 보도 활동에 대해서도 일일이 보도 지침을 통해 간섭하고 통제하였다. 1980년 봄의 계엄령하에서 검열 지침을 통해 언론을 통제하던 관행이 5공 출범 이후에도 보도 지침이라는 형태로 지속된 것이다. 이 보도 지침은 문화공보부 내의 홍보조정실이 담당하였다. 1981년 1월 9일 신설된 홍보조정실은 종전에 각 정보 기관이 분담하던 언론 통제 창구를 단일 창구로 수렴하고 동시에 통제를 공식화하기 위한 목적에서 출발하였다.

이 홍보조정실은 청와대 정무 수석실 언론 담당의 지시를 받고, 대공 및 군 관계 기사는 안기부와 보안사의 지시를 받아 각 언론사에 매일 보도 지침을 내려 보냈다. 지침의 내용은 구체적인 기사의 보도 여부뿐만 아니라 크기나 위치 등 세부적인 사항에 대해서까지 통제하는 내용을 담고 있다. 다시 말해 정권에 유리한 기사들은 톱으로 혹은 어느 크기 이상으로 다루라고 지시하였으며 불리한 기사들에 대해서는 보도 불가 혹은 보도하더라도 1단으로 하라는 등의 내용이었다.

당시 언론들은 대부분 이 보도 지침의 지시를 그대로 따랐던 것으로 밝혀지고 있다. 보도 지침의 내용과 실제 지면의 내용을 비교한 연구 결과에 의하면 중앙 6개 신문의 보도 지침 이행률은 평균 77.8%로 매우 높은 것으로 나타났다. 정부의 영향이 더 직접적이던 〈서울신문〉과 〈경향신문〉의 경우 이행률은 92.9%로 더욱 높게 나왔다.

방송의 경우도 예외는 아니었다. 하지만 신문은 문공부 홍보조정실을 통해 일괄적으로 지침이 하달된 반면 방송에 대한 보도 지침은 안기부와 문공부에 의해 직접 하달되었다. 방송도 마찬가지로 이렇게 하달되는 보도 지침에 충실히 따라서 보도한 것으로 밝혀지고 있다.[14]

이 보도 지침은 1985년 9월 해직 언론인들의 단체였던 민주언론운동협의회의 기관지 〈말〉의 특집호를 통해 그 실상이 공개되었다. 〈한국일보〉의 김주언 기자가 매일 편집국으로 전달되는 보도 지침을 비밀리에 계속 모아 공개한 것이다. 공개된 보도 지침은 1985년 10월 9일부터 1986년 8월 8일까지 10개월 동안 584개의 지침 내용이 수록되었다. 이를 통해 전두환 정권의 상상을 초월하는 언론 통제 실상이 만천하에 공개될 수 있었다. 정부는 〈말〉지를 압수하고 김주언 기자와 민언협 간부 2명을 국가보안법 위반, 국가 모독 혐의, 국가 기밀 누설 혐의로 구속하였다. 이들은 1987년 6월 3일 1심에서 유죄 판결을 받았으나 항소 끝에 무죄를 선고받았다.[15]

6) 언론사와 언론인에 대한 경제적 혜택

전두환 정권이 시행한 강제 해직과 통폐합 등의 폭압적인 조치에도 불구하고 살아남은 언론사 및 언론인들에게는 각종 경제적 특혜가 제공되었다. 가장 큰 혜택은 앞에서도 언급하였지만 언론 통폐합을 통해 독과점 체제를 구축해 주었다는 점이다. 뿐만 아니라 신생 언론사의 시장 진입도 봉쇄해 놓아서 중앙 일간지들은 신문 카르텔 체제를 유지하면서 독과점을 기반으로 안정 속에서 눈부신 기업적 성장을 거듭할 수 있었다. 지방 신문들도 1도 1사 원칙에 의해 독점 체제를 이룸으로써 경쟁의 부담 없이 안정된 가운데 급성장할 수 있었다.

새로운 신문의 창간은 봉쇄한 반면 기존 언론사들의 다각 경영을 지원하였다. 신문사들의 잡지 발행을 대폭 허용하여 대부분 신문사들이 여러 종류의 잡지를 창간하였다. 이 시기 신문사들이 창간한 잡지는 〈조선일보〉가 4종(〈가정조선〉, 〈월간조선〉, 〈월간산〉, 〈월간낚시〉)으로 가장 많았으며 〈경향신문〉(〈레이디경향〉, 〈소년경향〉, 〈사상과 정책〉)과 〈동아일보〉(〈음악동아〉, 〈월간멋〉, 〈과학동아〉), 〈중앙일보〉(〈영레이디〉, 〈이코노미스트〉, 〈음악세계〉)가 각기 3종씩을, 〈한국일보〉(〈월드테니스〉, 〈스포츠레저〉)와 〈서울신문〉(〈TV가이드〉, 〈예술과 비평〉)이 2종씩이었다. 그 밖에도 중소기업의 고유 업종인 상업 인쇄, 각종 문화 사업, 스포츠 사업, 부동산 임대 등에까지 진출을 허용하였다. 당시 다각 경영을 통한 언론사의 수입이 평균 20%에 육박할 정도였다.[16]

다음은 세제 혜택이다. 신문사의 윤전기 도입을 위해 1981년 말에는 관세법 부칙을 개정하여 1982년 1년간 20%의 관세를 4%로 대폭 인하하였다. 이 기간 중 전국 12개 신문사가 30여 대의 윤전기를 도입함으로써 도합 수십억 원의 감세 혜택을 볼 수 있었다. 뿐만 아니라 언론사가 부동산을 매매하는 경우 세금을 면제해 주기도 하였다.

이러한 특혜 조치를 바탕으로 해서 신문 기업들은 괄목할 만한 성장을 기록하였다. 1960년대 박정희 정권기 성장 위주의 경제 정책 토대 위에서 정권이 제공하는 특혜를 바탕으로 기업화의 기반을 닦아 온 신문 기업들은 제5공화국 시기를 통해서는 여러 개의 계열 기업까지 거느리면서 대기업에 버금가는 수준으로까지 성장하였다. 제5공화국이 끝나는 1987년까지 4대 신문 기업의 매출액을 보면 1980년에 비해 3.26배로 증가했다.

기자에게도 여러 혜택이 주어졌다. 우선 급료가 다른 업종에 비해 훨씬 높은 수준으로 상승하였으며, 취재 수단에 대한 면세, 방송광고공사의 공익자금에 의한 해외 연수와 취재 여행, 언론인 금고의 주택 자금 및 생활 안정 자금의 저리 융자, 자녀 학자금 지원 등이 제공되었다.[17]

여기서 공익 자금이란 제5공화국에서 새로 만들어 낸 제도다. 한국방송광고공사라는 유례를 찾아보기 힘든 기관을 만들어 방송 광고 영업을 독점 대행하면서 그 대행 수수료의 일부로 조성한 것이 바로 이 공익 자금이다. 이 공익 자금이 문화 예술의 진흥을 위한 자금으로도 쓰였지만 그 상당 부분이 언론인들에게 후생 복지, 재교육 등의 혜택을 제공하는 데에도 사용되었다. 이는 사적 기업의 형태로 존재하는 언론 기업에 대해서까지 공적 자금을 통해 종업원 후생 복지를 제공하였다는 점에서 문제가 있는 것이며 수혜 대상이 되는 언론인뿐만 아니라 언론 기업에 대해서도 커다란 특혜가 된다.

언론인들에 대해서도 세제 혜택이 주어졌다. 1982년 1월 1일부터 시행된 소득세법 시행령에 의거하여 기자들의 봉급 가운데 20%를 실비 변상적인 성격의 급여, 즉 취재 수당으로 보고 비과세토록 한 것이다. 이로써 기자들은 세금 면에서 약 3분의 1을 덜 내게 된 셈이다. 한국기자협회는 1984년 서울 지역 기자들로 주택 조합을 구성하여 문공부와 건설부의 도움으로 토지개발공사 땅을 불하받아 800가구의 기자 아파트를 건립하기도 했다.[18]

박정희 정권기부터 체제 정당화에 적극 협조한 언론인들을 정관계로 불러 들여 국회의원 등의 고위직을 제공하는 방법은 5공화국에서도 유지되었다. 전두환 찬양과 미화에 앞장섰던 언론인 21명은 1981년 3월의 제11대 총선에서 여당인 민정당의 지역구 및 전국구 공천을 받아 국회의원에 당선된 것이다. 4년 뒤 12대 총선에서는 23명이 민정당의 지역구 및 전국구로 국회에 진출하였다.[19]

2. 언론 통제에 대한 언론의 대응

1) 용비어천가와 땡전 뉴스

정치권력의 통제와 회유에 대해 언론은 아무런 저항도 없이 순응하면서 체제 내화 되어 갔다. 침묵을 넘어서서 정권 홍보에 적극적으로 앞장서면서 '정권의 시녀'니 '권력의 나팔수'니 하는 불명예스러운 명칭까지 얻게 되었다.

신군부의 집권 과정에서 신문과 방송은 앞 다투어 전두환을 미화하고 영웅시하는 이른바 '용비어천가'를 소리 높여 외치더니, 5·18 광주 민중 항쟁의 왜곡, 편파 보도 등으로 전두환의 집권에 결정적인 기여를 하였다. 이 용비어천가는 5공 출범 이후에도 지속되었다. 제5공화국 출범 이후 언론들의 이러한 행태는 바로 '땡전 뉴스'와 '또한 뉴스'라는 말이 잘 집약해 준다. 이 말은 당시 텔레비전 방송의 뉴스를 빗대어 나온 말이다. 저녁의 메인 뉴스인 〈9시 뉴스〉에서 시보가 땡하고 울리고 나면 바로 첫마디는 매일 '전두환 대통령은'으로 시작한다고 해서 '땡전 뉴스'라는 말이 나왔다. 이 첫 뉴스가 끝나고 나면 대부분 '또한 이순자 여사는'으로 이어진다고 해서 '또한 뉴스'라는 말이 생겨났다.[20] 정치권력의 이미지 메이킹과 관리를 위해 언론의 일반적인 관행과 뉴스 가치가 전적으로 무시되면서까지 그야말로 총동원된 측면을 잘 나타내 준다.

2) 언론의 기업적 성장

권력에 대한 비판과 견제라는 본질적 기능은 도외시한 채 언론들은 정부의 여러 혜택 속에서 기업으로서 성장을 거듭하였다. 이러한 성장은 사옥과 인쇄 시설, 사주 및 친인척의 주식 소유 집중, 자산과 자본 규모, 매출액 및 광고비 성장 등 여러 측면에서 나타났다.

언론 구조 개편이 마무리되자 1981년 1월 1일을 기해 증면을 단행하였다. 1970년 3월 이후 11년 만에 8면에서 12면으로 증면된 것이다. 이에 따라 인쇄 시설의 확충이 절실해졌다. 이에 한국신문협회는 윤전기 도입에 따른 신문 기업의 재정 부담을 줄이기 위해 정부에 지원을 요청하였다. 정부는 1981년 말 관세법 부칙을 개정하여 20%이던 수입 관세율을 1982년 1년에 한해 4%로 대폭 감면해 주는 조치를 취했다. 이로써 이 기간 중 12개 신문사가 모두 30여 대의 윤전기를 도입해 합계 수억 원대에 달하는 감세 혜택을 받게 되었다. 중앙 일간지의 윤전기 보유 대수는 그 이후에도 계속 늘어났다. 1981년에 6대 중앙지 윤전기는 모두 69대였으나 1986년에는 111대로 늘어나 1.6배의 규모로 증가하였다.[21]

이와 함께 신문 기업들의 자산 및 자본 규모도 빠르게 성장하였다. 표 35는 제5공화국 기간 중 5대 중앙 일간지의 자산 및 자본 규모의 성장 추이를 정리한 것이다. 이 기간 중 자산과 자본 모두 지속적인 성장세를 유지하였음을 알 수 있다. 5대 중앙 일간지의 1981년 총자산액은 1158.8억 원이었으나 1987년에는 3936.5억 원으로 늘어 3.4배로 증가하였다. 연평균 23.48%의 성장세를 기록한 것이다. 회사별로 1981년과 1987년의 자산 규모를 비교하면 〈동아일보〉가 2.7배로 늘어났으며 〈서울신문〉은 3.7배, 〈조선일보〉는 3.5배, 〈중앙일보〉는 2.8배, 〈한국일보〉는 24.2배의 성장을 기록하였다.

5대 일간지의 총자본금 규모는 같은 기간 중 2.2배로 늘어났으며 연평균 14.75%의 성장률을 보였다. 각 사별로는 〈동아일보〉가 5.2배로 늘어났으며 〈서울신문〉은 2.2배, 〈조선일보〉는 3.35배, 〈중앙일보〉는 1.1배, 〈한국일보〉는 17.3배의 성장을 기록하였다. 언론 통폐합 직후인 1981년에서 1983년에 걸쳐 중앙 일간지들은 새로운 언론 구도에 따라 시설 투자를 확장하면서 자본의 증자나 외부 차입금을 통해 규모가 집중적으로 확장되면서 대형화하기 시작했던 것이다.[22]

표 35 제5공화국기 5대 중앙 일간지의 자산과 자본의 증가 추이

(단위: 억 원)

		1980	1981	1982	1983	1984	1985	1986	1987	성장률
자산	동아	176.5	261.7	328.6	521.0	590.7	606.1	630.4	710.2	
	서울	75.6	149.0	176.2	207.1	360.1	428.9	475.2	547.0	
	조선	–	176.4	230.8	270.9	324.7	375.7	526.3	610.1	
	중앙	771.4	549.4	751.1	1102.6	1376.9	1542.8	1561.9	1528.8	
	한국	20.7	22.3	207.9	232.3	341.6	368.4	432.0	540.4	
5사 합계(성장률)		–	1158.8	1694.6	2333.9	2994.0	3321.9	3625.8	3936.5	
		–	–	46.2%	37.7%	28.3%	11.0%	9.1%	8.6%	23.48%
자본	동아	58.4	71.2	126.8	274.2	302.2	316.6	340.2	370.3	
	서울	10.2	42.8	44.1	51.3	88.0	79.4	82.6	92.9	
	조선	–	46.4	62.4	90.6	121.0	133.7	159.4	208.8	
	중앙	350.9	357.0	360.1	370.3	372.4	378.9	376.9	386.8	
	한국	6.0	6.5	53.3	62.5	84.2	93.8	101.7	111.8	
5사 합계(성장률)		–	523.9	646.6	849.0	967.7	1002.3	1061.1	1170.5	
		–	–	23.4%	31.3%	14.0%	3.6%	5.9%	10.3%	14.75%

출처: 주동황(1993), 앞의 논문, p.172.

표 36 제5공화국기 5대 중앙 일간지 매출액의 증가 추이

(단위: 억 원)

	동아	성장률 (%)	서울	성장률 (%)	조선	성장률 (%)	중앙	성장률 (%)	한국	성장률 (%)	5사 합계	성장률 (%)
1980	265.4	–	133.0	–	161.3	–	214.7	–	217.1	–	991.5	–
1981	312.6	17.8	188.9	42.3	264.3	36.9	294.0	36.9	304.0	40.0	1363.8	37.5
1982	373.1	19.4	232.8	23.2	335.0	26.7	375.6	27.8	343.6	13.0	1660.1	21.7
1983	451.5	21.0	282.8	21.5	405.8	21.1	441.2	17.5	419.1	22.0	2000.4	20.5
1984	519.7	15.1	316.3	11.8	475.4	17.1	534.2	21.1	479.1	14.3	2324.7	16.2
1985	556.1	7.0	364.5	15.2	543.0	14.2	655.1	22.6	456.6	−4.7	2584.3	11.2
1986	611.3	9.9	525.9	44.3	572.2	5.4	736.0	12.3	501.3	9.8	2947.6	14.1
1987	710.8	16.3	605.1	15.1	690.2	20.6	830.3	12.8	564.1	12.5	3400.5	15.4
연평균		15.2%		24.8%		24.1%		21.6%		15.3%		19.5%

출처: 주동황(1993), 앞의 논문, p.174.

표 36은 제5공화국기 중앙 일간지들의 매출액 변화를 정리한 것이다. 1980년의 총매출액 991억 5000만 원에서 1087년 3400억 5000만 원으로 3.4배로 늘어 연평균 19.5%의 성장률을 기록하였다. 같은 기간 중 국민 총생산은 2.89배, 연평균 성장률은 16.4%이었던 것과 비교해도 중앙 일간지들의 매출액 성장은 두드러졌다. 신문사별로는 같은 기간 중 〈동아일보〉 2.7배, 〈서울신문〉 4.5배, 〈조선일보〉 4.3배, 〈중앙일보〉 3.9배, 〈한국일보〉 2.6배의 성장을 기록하였다. 〈서울신문〉과 〈조선일보〉, 〈중앙일보〉의 성장이 두드러진 반면 〈동아일보〉와 〈한국일보〉는 상대적으로 저조했다고 할 수 있다. 연평균 성장률도 〈서울신문〉이 24.8%로 가장 높았으며 〈조선일보〉가 24.1%, 〈중앙일보〉가 21.6%를 기록하였음에 비해 〈동아일보〉와 〈한국일보〉는 각각 연평균 15.2%와 15.3%로 상대적으로 낮았다.

이러한 신문 기업들의 고속 성장으로 법인세 납부 실적을 기준으로 하였을 때 국내 100대 기업에 언론사들이 포함되기에 이르렀다. 1980년에는 〈동아일보〉가 전국 62위를 기록하였으며 1981년에는 〈동아일보〉가 77위를 기록한 외에 문화방송이 전국 7위로 뛰어 올랐다. 문화방송은 1982년 6위, 1983년 9위를 기록하였다. 〈동아일보〉는 1982년 80위를 기록한 뒤로는 100위권 밖으로 밀렸으며 대신 〈조선일보〉가 1982년 87위로 100대 기업에 진입한 뒤 1983년 65위, 1984년 77위를 기록하였다.

이처럼 중앙 일간지들의 매출액이 크게 증가한 것은 1차적으로 경제 성장의 결과 국내 광고 시장이 확대되는 등 신문 외적인 요인도 중요하게 작용한 것으로 볼 수 있다. 신문 경영의 측면에서도 재무 구조가 개선되고 순이익이 증가하며 시설 투자를 확대하였을 뿐만 아니라 여러 분야에 걸친 다각 경영의 결과라고 할 수 있다. 자매지와 전문 잡지를 발행하는 외에도 레저 산업, 문화 산업 등에도 참여해 다각적인 경영을 펼친 사실도 중요한 요인이 되었다는 말이다.[23]

박정희 정권기부터 시작된 경제 성장이 본격화되고 특히 1980년대의 저

표 37 제5공화국기 광고비의 현황

연도	총광고비 (억 원)	전년 대비(%)	GNP 대비(%)	매체별 구성비(%)					광고비 성장률(%)		
				신문	잡지	라디오	TV	기타	신문	라디오	TV
1980	2,752.5	125.9	0.76	35.9	3.9	12.5	29.8	17.9	29.7	14.0	30.0
1981	3,183.6	115.7	0.74	38.8	4.1	9.7	30.1	17.3	25.0	−10.1	16.7
1982	4,326.2	135.9	0.88	39.1	4.3	7.1	31.6	17.9	36.7	−0.4	42.9
1983	5,653.1	130.7	0.97	38.7	4.0	6.3	34.1	16.9	29.6	15.5	41.0
1984	6,833.5	120.1	1.06	37.8	3.5	6.2	37.1	15.4	17.9	20.3	31.5
1985	7,393.1	108.2	1.03	37.7	4.2	5.8	36.1	16.2	8.1	0.1	5.3
1986	8,185.4	110.7	0.98	36.7	4.2	5.4	36.5	17.2	7.5	3.6	12.0
1987	9,723.5	118.8	1.00	35.0	4.8	4.8	36.4	19.0	13.3	6.5	18.3

출처: 주동황(1993), 앞의 논문, p.179.

유가, 저금리, 저환율의 이른바 3저 호황에 힘입어 1980년대 광고 산업은 급성장했다. 표 37은 제5공화국기 광고 산업의 성장과 매체별 광고비 현황이다.

제5공화국 기간 중 총광고비는 1980년의 2,752.5억 원에서 1987년 9,723.5억 원으로 7년 만에 3.5배의 규모로 증가하였다. 연평균 23.7%의 성장률을 기록하며 1984년부터는 GNP의 1%를 넘는 규모를 차지하게 되었다. 매체별로 보면 신문과 라디오, TV의 광고비 연평균 성장률이 각각 24.0%, 7.1%, 28.2%로서 TV 광고비의 성장이 가장 높게 나왔다. TV 광고비는 같은 기간 중 4.3배로 증대하였음에 비해 신문 광고비는 3.4배로 늘어났다. 반면 라디오의 광고 점유는 1980년의 12.5%에서 지속적으로 감소하여 1987년에는 4.8%까지 낮아졌다.[24] 이는 라디오 매체의 상대적 위상이 갈수록 약화되고 있음을 보여 준다.

3. 언론에 대한 수용자의 대응

1) 언론의 침묵과 유언비어

1980년의 봄, 민주화의 기회를 무산시키고 새로운 군부 정권의 출현에 용비어천가로 앞장섰던 언론은 제5공화국 출범 이후에도 변함이 없었다. 땡전 뉴스로 권력에 충성하며 군부 정권의 든든한 협조자가 되었다. 이처럼 비판이 실종된 당시의 언론은 "존재할 수도 없고 존재 가치도 없다"는 평가를 받아야 했다. 1983년 정기 국회에서 야당인 민한당의 오홍석 중앙상위의장은 대표 연설을 통해 한국 사회 모든 병리의 근원 중 하나로 언론 문제를 언급하면서 "정부는 언론의 책임을 강조하지만 언론의 책임은 곧 비판이다. 비판 없는 언론은 존재할 수도, 존재할 가치도 없는 것"이라면서 당시 사회는 언로가 막혀 '만성적 경화증'에 걸렸다고 평가했다.[25]

언로가 막히고 불신 받는 사회에서 대부분 나타나게 되는 현상이 바로 유언비어다. 유언비어는 중요한 일이 발생하였음에도 궁금증을 해소시켜 줄 정보가 부족할 때에 생겨난다. 정보에 대한 욕구는 높은 반면 실제 제공되는 정보가 부족할 경우 그 욕구와 정보의 격차를 메우기 위해 자연 발생적으로 생겨나는 것이 유언비어다. 유언비어는 그 출처는 확인 불가능하지만 나름대로 사건이나 대상에 대한 설명의 틀을 갖추고 있다. 다시 말해 공적 언로가 막힌 경우 대체재로서의 기능을 한다는 말이다.

유신기부터 전두환 정권기까지 권력의 통제에 의해 언론이 침묵하는 가운데 중요한 사건이 터질 때면 이 유언비어가 생겨나면서 정보에 목말라하던 사람들에게 급속도로 퍼져 나갔다. 특히 1979년의 12·12 사건과 1980년의 광주항쟁기가 이 유언비어의 정점을 보여 준 사건이었다. 역사의 물줄기를 바꾸는 사건들이었고, 대도시 한복판에서 군인들이 민간인을 향해 총을 발사하여 수많은 생명을 앗아간 사건이었음에도 정부의 발표만을 앵무새처럼 반복하는 언론은 독자들의 정보 욕구와는 너무나도 멀다. 그 격차를 온갖 유언비어들이 메우면서 독자들은 정부의 공식 발표보다 유언비어를 오히려 더 신뢰하는 현상까지 생겨났던 것이다.

전두환 정권기에는 1982년의 장영자 사건이나 1983년의 신민당 김영삼 총재 단식 사건 등 굵직한 사건들이 잇따라 터졌지만 언론이 이를 제대로 보도하지 못하자 유언비어들이 생겨나는 현상이 반복되었다. 정부는 유언비어가 횡행하는 현상을 개탄하며 엄단한다고 엄포를 놓곤 했다.[26] 신문들도 이에 맞장구치며 유언비어는 사회적 불신만을 높여 국민 총화에 역행한다고[27] 구두선만을 되풀이하였다.

2) 독자의 침묵과 침묵 속의 비판

암울한 시대 상황에 한마디 말도 못하는 언론에 대해 독자들도 할 말을 잃었다. 아니 할 말이 있어도 그 말을 담아낼 매체나 채널도 없었으며 이를 엮어낼 조직도 없었다. 그런 상황에서 독자들은 침묵할 수밖에 없었다. 신문에 대한 비판과 항의는 개인적인 차원에서 언론인이나 언론사를 향해서 전화나 편지로 이루어질 뿐이었다. 이러한 상황을 당시의 대표적 논객이던 동아일보사 김중배 논설위원은 〈동아일보〉 1983년 6월 18일자의 "신문기자, 당신들"이라는 제목의 칼럼에서 언론에 대해 항의하는 독자들의 전화나 편지를 가끔 받는다면서 대구의 한 독자가 보낸 편지의 내용을 소개하였다. "언젠가 당신은 '국회의원, 당신들' 이래서야 되겠느냐고 쓴 일이 있지요. 이제 나는 '신문기자, 당신들' 이래서야 되겠느냐고 말하고 싶습니다"라고 뼈아프게 질타당했던 사실을 토로하였다. 이어서 그는 "침묵하는 민중은 할 말이 없어서 침묵을 지켰던 건 아니다. 침묵은 결코 무성無聲이 아니었다. 침묵은 오히려 대성大聲이었다"고 아프게 실토하였다. 독자들의 침묵은 무성이 아니라 오히려 대성이었다는 현역 언론인의 뼈저린 말이 당시 언론계와 독자의 상황을 상징적으로 보여 준다.

침묵하고 있지만 독자들은 당시의 신문에 대해 불만과 비판을 점차 키워가고 있었다. 이와 같은 독자들의 불만과 비판은 당시 시행된 여러 여론 조사 결과에서도 나타났다. 각 신문사들이 창간 기념일 등을 맞아 특집의 일환으로 실시한 여론 조사에서 언론에 대한 평가를 묻는 항목에 부정적인 결과가 나온 사례가 많았다. 〈조선일보〉가 1982년에 실시한 조사에서는 전체의 58.7%가 중립 내지는 부정적인 반응이었으며 1984년 〈한국일보〉의 조사에서도 전체의 44%가 '신문이 원래의 역할을 다하지 못하고 있다'고 평가하였다. 1984년 한국언론연구원이 행한 조사에서는 77%가 '언론에 대해 못마땅한 느낌을 가진 적이 있다'고 응답하여 상당히 불만이 많았음을 보여 주었다. 〈조선일보〉가 1985년 시행한 조사에서는 민주주의가 발전하기 위해 가장 필요한 것을 묻는 질문에 약 43%가 '언론 자유'라고 응답하여 당시의 언론 상

1982년의 출판 붐

1982년 2월 문공부는 《칼 마르크스: 그의 생애, 그의 시대》라는 제목의 책에 대하여 납본 필증을 발부함으로써 출판을 허용하였다. 영국의 이사야 벌린Isaiah Berlin의 1939년 저서를 번역한 이 책이 평민사에서 발행됨으로써 출판계에 새로운 바람을 불러일으켰다. 오랫동안 분단 체제하에서 철저하게 금기시 되어 오던 마르크스주의 관련 서적 등 이념 서적의 출판이 가능해진 것이다. 이를 계기로 사회과학 전문 출판사들이 대거 생겨나고 이들에 의해 이념 서적들이 대량으로 출판되기에 이르며 사회과학 출판의 붐을 일으켰다. 이에 5공 정권은 1985년 5월 이념 서적에 대한 무기한 단속 방침을 발표하였다. 각계의 반발 속에서도 단속을 강행하여 233종의 서적을 압수하였다. 그럼에도 불구하고 이 시기의 출판 붐은 당시 언론들이 제 역할을 못하는 상황에서 출판이 수용자들의 정보와 지식에 대한 욕구를 일정 부분 감당하면서 출판 문화의 한 단계 성장을 가져온 것으로 평가되고 있다.

황을 간접적으로 웅변해 준다.[28] 이처럼 이 시기 독자들은 침묵 속에서 신문에 대한 불만과 비판 의식을 축적해 가고 있었다.

3) 대학생의 언론 규탄

언론이 이처럼 왜곡되고 굴절된 모습을 보여 주자 이에 대한 수용자들의 불만과 불신은 높아만 갔다. 박정희 정권기부터 시작된 언론에 대한 불신은 더욱 깊어졌다. 제5공화국기의 언론의 모습에 대해 현장의 언론인들은 '국민과 정부, 어느 쪽으로부터도 호응 받지 못하는 불신 언론'이라고 자평하였다.[29] 국민으로부터는 언론의 제 역할을 다하지 못한다고 외면당하면서 정부로부터도 기대에 못 미친다고 외면당하고 있다는 것이다. 수용자들의 불신 때문에 취재원으로부터 외면당하는 것은 물론 시위 현장 등에서는 경찰로부터 폭행당하고 학생들로부터도 거부당하는 등 심각한 애로 사항을 느낄 정도였다고 한다.

대학가와 노동계의 시위에서 언론은 거의 빠짐없이 규탄의 대상으로 등장하였다. 1984년 5월 5일 서울 시내 6개 대학 학원자율화추진위원회와 4개 대학 학도호국단이 공동으로 발표한 '시국선언문'에서도 언론은 규탄당해야 했다. 선언문은 "언론은 권력의 시녀로 전락하여 진실 보도와 비판 의식이라는 발언의 임무를 내동댕이 쳐버리고 국민의 눈과 귀를 가리고 있다. 학생들의 정당한 주장을 은폐하고, 경찰 폭력에 대한 최소한의 의사 표시와 항의조차도 소수 불순 분자의 파괴 행위로 매도하고 있다. 비이성적인 가공할 폭력을 은폐하고 본질을 호도하는 작금의 언론 현실이야말로 통탄할 일이고 반드시 응징되어야 할 것이다"라고 목소리를 높였다.[30] 1984년 4월에는 대학생들의 시위 현장에서 다시금 언론에 대한 화형식이 거행되었다.

4) 대안 언론의 모색

대학생들과 노동자들은 왜곡된 언론을 총체적으로 거부당하면서 자체적으로 대안 언론을 모색하기 시작했다. 영등포산업선교회는 1984년 〈노동자신문〉을 창간하면서 "모든 언론이 압살당한 채 제 구실을 다하지 못하고 있고, 우리 노동자들은 그나마도 접할 기회가 거의 없는 것이 이 땅의 언론과 노동자의 현실입니다"라며 노동자들이 주체가 되는 신문을 창간한다고 선언하였다. 서울대생들도 1984년 9월 17일 〈전진〉이라는 매체를 창간하면서 창간사를 통해 "이 땅에 언론이 존재하는가? 정부는 국민을 '일방 언론'하고 국민은 정부에 '무언론'하며 대학 언론은 국민 대중의 언론에 대한 불신, 무관심 속에 자기 표현의 길을 찾아 안간힘을 쓰고 있는 실정이다. 언론이 부재하는, 부재하게끔 강제된 오늘의 현실을 보라! 국민들 상호 간의 자유로운 의사소통의 길은 차단되고, 오직 제도 언론만이 길들여진 획일성과 기계성을 발휘, '사고 아닌 사고,' '비판 없는 비판'을 양산하는 아이러니를 빚어내고 말았다"고 절규하고 있다.[31]

이처럼 수용자들에 의해 언론의 존재가 부정되다시피 할 정도로 불만이 팽배했던 것이 제5공화국의 언론 상황이었다. 이 시기에는 대학생들이나 노동자들이 비판에만 머물지 않고 대안 언론을 모색하고 실천하기 시작하였음을 알 수 있다.

1984년 말에는 해직 언론인들의 단체가 출범하였다. 1974년의 자유언론실천운동과 관련해서 〈동아일보〉와 〈조선일보〉에서 대량으로 해직되었던 언론인들의 단체인 동아언론자유수호투쟁위원회와 조선언론자유수호투쟁위원회, 그리고 1980년에 대량으로 해직된 언론인들의 단체인 80년해직언론인협의회가 합쳐서 민주언론운동협의회를 결성한 것이다. 그해 12월 19일 창립 총회에서 채택된 선언문을 통해 민언협은 당시의 상황을 '언론을 박탈당한 캄캄한 암흑 시대'라면서 "오늘의 언론 현실은 민중의 표현 수단이 소수의 반민중적인 언론 기관에 의해 독점되어 있는 데서, 그리고 그 언론이 지배체제에 편입되어 권력의 소리와 의지만을 일방적으로 강요하는 지배 도구로 전락한 데서 단적으로 대변되고 있다"고 규정하였다. 이어서 민언협은 "제도 언론의 횡포에 대한 분노와 더불어 지금 이 땅에서 전개되고 있는 당면한 위기에 대한 민중의 각성은 어느 때보다도 더 절실하게 참다운 민주 민족 언론에 대한 요구로 나타나고 있다"면서 "우리 민주언론운동협의회는 이 같은 새로운 언론에 대한 요구에 부응하여 일찍이 우리가 가져보지 못했던 참다운 민주·민족 언론을 창조하고자 한다"고 선언하였다.[32]

이에 따라 민언협은 1985년 6월 〈말〉지를 창간하였다. 당시의 답답한 언론 현실에서 이 새로운 매체는 독자들에게 신선함을 가져다주었다. 창간호가 배포되자 하루 만에 매진되어 바로 재판에 들어갈 정도였다. 〈말〉지 창간호에서는 '새로운 언론 기관의 창설'을 제안하며 새로운 언론은 소수 또는 개인이 소유하는 형태가 아니라 민주 언론을 갈망하는 민중 스스로가 출자하여 공동으로 소유하고 함께 움직이는 민중의 표현 기관이 되어야 한다고 주장하였다.[33] 이것이 바로 6월 항쟁 이후인 1988년 〈한겨레신문〉이 창간되는 출발점이 되었다.

5) KBS 시청료 거부 운동

언론에 대한 수용자들의 불만과 비판은 1986년 KBS 시청료 거부라는 전국적인 운동으로 나타났다. 이 KBS 시청료 거부 운동은 언론사의 측면뿐만 아니라 우리 사회의 민주 발전에서도 적지 않은 몫을 하였던 대사건이었다.

(1) KBS 시청료 거부 운동의 발단

KBS 시청료 거부 운동은 농민 단체로부터 비롯되었다. 1984년 4월 28일 천주교 전주교구 고산 천주교회와 한국카톨릭농민회 전주교구연합회는 "TV

시청료는 민정당과 정부만 내라"는 제목의 성명서를 발표하였다. 성명서를 통해 농촌 현실의 왜곡·편파 보도를 중단하고 시청료 사용처를 공개하라고 KBS에 요구하였다.[34]

이렇게 시작된 KBS 시청료 거부 운동은 1985년 기독교 단체와 재야 단체, 여성 단체들이 참여하면서 점차 확산되었다. 재야 단체인 민주화추진협의회는 1985년 6월 27일 TV시청료문제소위원회를 구성하였으며 한국기독교교회협의회(KNCC)의 시국대책위원회는 동년 9월 2일 교회와 기관 단체가 연합하여 KBS-TV 시청료 거부 운동을 범국민적으로 전개할 것을 결의하였다.[35] 이어 11월 15일에는 KNCC 회원 교단을 비롯한 18개 단체 관련자들이 참여하여 범국민운동본부를 만들기로 결정하였다.

1985년 말에는 여성 단체들이 시청료 거부 운동에 적극 참여하기 시작하여 1986년 3월 KBS-TV시청료폐지운동여성단체연합을 결성하여 구체적인 활동에 들어갔다.[36] 1986년 2월 11일에는 한국기독교교회협의회 가맹 6개 교단과 교회여성연합회 등 기독교 단체들이 시청료거부운동기독교범국민운동본부를 결성하였다.[37] 이렇듯 농민 단체에서 시작되어 종교와 여성 단체를 중심으로 KBS 시청료 거부 운동이 추진되고 있었다.

(2) KBS 시청료 거부 운동의 전국적 확산과 〈동아일보〉

1986년에는 농촌 지역에서 시작된 시청료 거부 운동이 전국적으로 확산되는 전기를 맞았다. 그 직접적인 계기는 신문에 의해 만들어졌다. 〈동아일보〉가 그해 4월 2일자 7면에서 "TV시청료 거부 확산/'KBS는 안봅니다' 스티거도 배포"라는 2단 크기의 제목으로 각지에서 전개되고 있는 시청료 거부 운동을 처음으로 보도하였다. 보도 내용은 기독교계를 중심으로 진행되고 있던 시청료 거부 운동의 사실을 전달하는 성격이었다. 그러나 직접적인 발단이 된 것은 이 보도 자체보다는 이에 대한 KBS 측의 반응이었다. KBS가 그날 저녁 〈9시 뉴스〉에서 〈동아일보〉의 보도에 대해 유감의 뜻을 표명하는 반박성 언급을 한 것이 도화선이 되었다. 이를 계기로 〈동아일보〉는 그다음 날인 4월 3일자 사설을 통해 시청료 거부 운동에 대한 원론적인 지지 의사를 표명하였다. 사설은 "시청자로서의 국민들의 당연하고도 기본적인 권리인 이런 바람이 헛되지 않기를 기대해 본다"고 마무리 지었다.

이를 계기로 〈동아일보〉는 시청료 거부 운동의 보도에 발 벗고 나서기 시작했다. 4월 5일자에서는 1면의 부톱기사로 "시민도 KBS 시청 거부 선언"이라는 제목으로 야당의 움직임을 상세하게 보도하였다. 뿐만 아니라 사회면에서는 한 복판에 5단 크기의 "KBS 시청료 거부 운동 확산"이라는 제목으로 스티커의 사진과 함께 독자들의 눈길을 끌어 모으는 편집을 선보였다. 그 다음 날에는 사회면의 2개면 전면을 관련 기사에 할애했다. 〈동아일보〉의 보도를 계기로 다른 신문들도 시청료 거부 운동을 보도하기 시작하면서 이 운동은 일약 전국적인 관심사이자 쟁점으로 부상하게 되었다. 농민 단체와 종교 단체, 여성 단체 등을 중심으로 전개되던 시청료 거부 운동에 각계의 여러 세력들이 참여하기 시작하였다.

야당인 신민당은 4월 5일 이민우 총재와 김영삼 고문의 기자 회견을 통해 KBS 시청료 거부 운동에 동참하여 시청료 거부와 뉴스 안보기 운동을 대대적으로 벌여 나가겠다고 천명하였다. 4월 7일에는 시청료 폐지를 골자로 하는 한국방송공사법 개정안을 마련하여 국회에 제출키로 결정하였고 이어 4월 8일 열린 정무회의를 통해 KBS뉴스 안보기 및 시청료 거부 운동 전개를 당론으로 결정하여 전국 92개 지구당에 곧 지침을 마련하여 시달키로 결정하였다.[38]

4월 9일에는 천주교도 한국천주교정의평화위원회 명의로 성명을 발표하여 시청료 거부 운동에 대한 지지를 표명하였다. 대학생들도 참여하기 시작하였다. 〈동아일보〉 1986년 4월 11일자 보도에 의하면 고려대를 비롯한 서울 시내 9개 대학 총학생회가 참여를 결정하였다고 한다. 그해 4월 중에만 모두 36개 대학이 운동에 대한 지지와 참여를 결의하였다. 그 밖에도 당시 민주화 운동을 표방하던 대부분의 단체들이 시청료 거부 운동에 참여를 표명하였다.

1986년 9월 시청료 거부 운동의 조직은 한층 확대되었다. 1986년 9월까지 범국민운동본부는 모두 28개의 지역 본부를 설치할 정도로 확산되어 갔다. 1987년에 들어서면서 시청료 거부 운동의 조직은 더욱 확대되었다. 그해 5월 범기독교국민운동본부가 KBS시청료거부범시민운동여성연합과 민주헌법쟁취국민운동본부와 연대하기로 한 것이다. 이는 시청료 거부 운동이 사회 민주화를 지향하는 세력과 보다 구체적인 연대를 선언하였다는 점에서 중요한 의미를 지닌다.[39]

시청료 거부 운동이 전국적으로 확산되어 가자 정부와 KBS는 KBS의 운영 쇄신안을 마련하였다. 민정당은 1986년 4월 25일 KBS 1TV의 광고를 폐지하고 협찬, 공익 광고만을 하도록 하며 시청료 징수를 공과금에 통합하여 고지하는 안을 당론으로 확정하였다.[40]

이 시청료 거부 운동은 KBS의 수입에 커다란 타격을 주었다. KBS의 시청료 수입은 1984년 1256억 원을 정점으로 하여 점차 감소하기 시작하여 1985년에는 1196억 원이었으며 1986년에는 1013억 원으로 전년 대비 183억 원이 감소하였다. 이러한 감소 추세는 이후에도 계속되어 1987년 918억 원, 1988년 790억 원으로까지 줄었다.[41]

이와 같이 KBS 시청료 거부 운동은 그 참여 범위가 유례를 찾아보기 힘들 정도로 전국 각지의 각계각층이 함께 참여하였다는 점에서 한국의 수용자 운동 사상 역사적인 사건으로 기록될 만하다. 또한 기존의 여러 사회단체들이 참여하였으며 이 단체들이 연대하여 추진 조직을 만들어서 운동을 전개해 나가는 조직적인 운동 양상을 보여 주었다는 점에서도 중요한 의의를 지닌다.

KBS 시청료 거부 운동은 또한 제5공화국 치하에서 권력의 시녀 노릇을 하던 방송에 대해 국민적 심판이 이루어졌던 사건으로서도 커다란 의의를 지닌다. 국민을 외면하고 권력의 눈치만 보던 언론에 대해 국민이 직접 나서서 단죄하려 시도했던 것이다.

이러한 KBS 시청료 거부 운동은 6월 항쟁 이후 활발하게 진행되는 언론 노조 운동이나 시민 언론 운동에도 상당한 영향을 준 것으로 평가할 수 있다. 왜곡된 언론에 대한 국민의 심판은 현장의 언론인들에게 적지 않은 심리적 타격을 안겨 주었으며 이것이 6월 항쟁 이후 언론 노조 운동의 밑바탕이 되었다. 또한 시청자들 입장에서도 정치권력 혹은 언론 권력이라는 막강한 상대와의 싸움에서도 시청자들이 단결하여 광범위하게 참여하면 성과를 거둘 수 있다는 경험은 소중한 자산이 될 수 있다. 이러한 역사적 경험이 이후 시민 언론 운동의 기반이 되었다.

뿐만 아니라 이 운동은 우리 사회 전반의 민주화 운동에도 적지 않은 기여를 하였으며 바로 1987년 6월 항쟁의 중요한 밑거름이 되었던 것으로 평가되고 있다.[42] 군부 독재 치하에서 시청료 거부라는 일종의 저항 운동에 참여하고 성과를 얻는다는 것은 매우 중요한 경험이 될 수 있다. 이 경험이 바로 뒤이은 6월 항쟁에 광범위한 시민적 참여가 가능했던 밑거름이 된 것이다.

4. 방송의 발전

1) 방송 정책

제5공화국 방송 정책의 가장 큰 특징은 공영화를 시도하였다는 점이다. 물론 KBS는 유신 직후 공영화를 시도하여 1973년 한국방송공사로 재출범하였지만 상업 방송과 공존하는 형태였다. 그러나 제5공화국의 출범 과정에서 전술한 대로 언론 통폐합을 실시하면서 상업 방송을 없애고 공영으로 일원화하였다. 제도상의 외형은 공영의 형태를 취했지만 실제로는 공공성을 최대한 살리는 공영 방송으로 운영되지는 못하였다. 실질적으로는 정부의 통제하에 놓여 있는 국영적 공영이면서 상업주의적 패턴으로 운영되었다고 평가할 수 있다.

방송의 공영화를 표방한 제5공화국 정권은 언론기본법을 통해 이를 뒷받침할 제도적 장치들을 만들었다. 먼저 방송위원회가 설치되었다. 언론기본법 제34조에 의거해 설립된 방송위원회는 총 9인의 위원으로 구성되었다. 위원은 대통령이 임명하되 국회의장과 대법원장이 각 3인을 추천하도록 하였다. 방송위원회의 직무는 방송 운영과 편성에 관한 기본 사항을 비롯하여 방송 전반을 관장하도록 하였다. 방송위원회 산하에 방송심의위원회를 두어 방송 프로그램에 대한 사후 심의를 맡도록 하였다. 방송위원회는 방송에 관한 주요 사항을 심의, 결정하는 의결 기관적 성격을 갖는 동시에 방송국에 대한 법적인 감독을 통해 방송의 공공성이나 독립성을 유지하도록 하는 기능을 가지고 있었다. 방송심의위원회는 방송의 내용이 품위와 건전성을 잃지 않도록 유도하는 기능을 수행하였다.[43]

또한 한국방송광고공사를 설립하여 방송 광고 업무를 독점적으로 관장하고 광고 수입금의 일정 부분을 공익 자금으로 조성케 하였다. 전술한 대로 이 자금은 언론인 후생 복지와 기타 공공사업에 사용되었다. 공익 자금의 사용을 위해 언론기본법 제44조 2항은 '방송광고에 의한 수익은 언론의 공익사업, 언론인의 복지 증진, 언론인의 연수를 위하여 사용할 수 있다'고 규정하였다. 이 조항을 근거로 공적으로 조성된 자금을 신문사처럼 사적 기업에 고용된 언론인들에게도 사용할 수 있도록 한 것이다. 이 자금은 무주택 언론인 주택 자금 융자를 비롯해서 언론인 금고의 생활 안정 대부, 자녀 학자금 지원, 언론인 휴양 시설 건립, 언론인 클럽 운영, 언론인 해외 연수와 시찰, 언론인 지망생 장학금, 언론 기관 운영 지원, 언론인 연수 제도 운영 등의 다양한 방법으로 언론인 복지 증진에 사용되었다.[44]

또한 언론기본법은 방송의 소유에 관한 규정을 통해 겸영을 금지하였다.

제31조에서 방송의 공공성을 규정하며 그 4항으로 "개인이나 영리를 목적으로 하는 단체가 소유하는 방송 기업의 주식 또는 지분은 49%를 초과할 수 없다"고 규정하였다. 이로써 특정 개인이나 집단이 방송을 소유할 수 없게 된 것이다. 박정희 정권기에 신문사나 재벌이 방송을 소유, 운영하였던 것을 원천적으로 차단한 것이다. 그 밖에 각 방송사마다 방송자문위원회를 의무적으로 설치하도록 규정하였다. 이는 방송 내용에 대한 자문 기능을 맡도록 되어 있었다. 이 기구는 1987년 이후에 시청자위원회로 개칭되었다.

공영화를 구현한다는 명분으로 언론기본법의 규정에 의해 이러한 기구들이 신설되기는 하였지만 대부분 형식에 그쳤다. 실질적으로 방송의 운영은 정부의 강력한 통제와 방송사들의 자발적인 협조에 의해 이루어졌다. 전술한 '땡전 뉴스'와 '또한 뉴스'가 이 시기 방송의 핵심적 단면을 집약적으로 보여준다.

2) 컬러 TV 방송의 실시

한편 이 시기 방송에서 중요한 변화 중 하나는 컬러 시대가 개막되었다는 점이다. 1980년 12월 1일 KBS의 시험 방송을 필두로 1981년 1월에는 KBS와 MBC의 정규 TV 방송을 컬러로 방영하게 되었다. 이로써 컬러 TV 시대가 막을 열게 되었다. 이때에 컬러 TV 방송이 도입된 것은 1차적으로는 전자 산업의 필요 때문이었다. 1976년부터 컬러 TV 수상기 국내 생산이 가능해졌으나 박정희 정권은 국민 위화감을 이유로 컬러 방송 실시를 보류해 왔기에 생산된 전량을 수출에 의존할 수밖에 없었다. 그러나 자국에서는 방송도 하지 않으면서 많은 양을 수출만 한다고 수입 규제를 강화하겠다는 미국 등의 통상 압력이 거세지기 시작하였다.[45] 이러한 산업적 측면 외에 정치적 배경도 주된 요인이 되었다. 집권 정당성이 취약한 전두환 정권의 입장에서는 국민에게 줄 선물이 필요했던 것이다. 결국 쿠데타로 집권한 박정희가 국민에게 TV 방송을 선물했다면 역시 쿠데타로 집권한 전두환은 컬러 TV를 국민에게 선물한 것이다.

컬러 TV 도입 과정에서 TV 방식을 바꾸자는 논의도 있었다. HLKZ-TV 시절부터 미국식의 NTSC 방식을 사용하고 있었지만 컬러 TV 도입을 기점으로 화질 면에서 더 우수한 PAL 방식으로 전환하자는 주장이 제기되었던 것이다. 그러나 컬러 TV를 새로운 방식으로 하면 이미 보급된 700만 대의 수상기로는 수신이 안 되며 그렇다고 흑백과 컬러 방송을 이중으로 하는 것도 너무나 많은 비용이 소요되는 일이다. 결국 컬러 TV도 역시 NTSC 방식으로 갈 수밖에 없었던 것이다. 이처럼 테크놀로지 시장에서는 한 번 도입된 것을 나중에 바꾸기는 매우 어려운 일이다.

이러한 배경 속에서 1980년 8월부터는 컬러 수상기의 국내 시판을 허용하였으며 11월부터는 이에 부과되던 특별소비세를 인하하였다. 이에 따라 컬러 TV 수상기도 점차 보급되기 시작하였다. 전자업계도 각종 할부 판매나 중고 흑백 수상기 보상 판매 등 다양한 판촉을 시도하여 보급 확대에 주력하였다. 이에 따라 컬러 TV 수상기는 급속도로 확산되었다. 1982년에는 200만 대를 넘어서더니 1983년에는 300만 대, 1984년에는 400만 대를 넘어서는 급증가세를 보여 주었다.

컬러 TV 방송의 실시는 단순하게 방송 프로그램이 흑백에서 컬러로 바뀌며 프로그램이 다양화, 대형화하는 데 그치지 않았다. 가장 큰 타격을 받은 것은 영화였다. 안 그래도 1970년대 TV 보급 확대와 함께 침체기에 접어 든 한국 영화계는 컬러 TV의 도입으로 더 깊은 침체의 늪에 빠져 들었다. 1981년 들어 영화의 관람객 수는 전년도의 5300만 명에서 4400만 명으로 줄었으며 전국의 영화관 수도 447개에서 423개로 줄었고, 제작 편수도 87편에 그치고 말았다.

한편 신문사들도 광고 시장을 TV에 빼앗길 것을 우려했지만 실제는 그게 아니었다. 가전업계의 판매 경쟁이 치열해지면서 광고를 통한 경쟁이 격화되었기 때문이다. 삼성전자와 금성사 간에 광고 전쟁이 벌어지면서 신문사들의 광고 수입이 늘었던 것이다. 이 밖에도 컬러 TV 방송의 실시는 화장품 업계와 광고업계에 변화를 몰고 온 것을 비롯하여 사회 전반에 색의 혁명을 일으키면서 소비 패턴의 고급화와 다양화를 가져 와 본격적인 소비 자본주의 체제로의 편입을 가속화하였다.[46]

3) 광고 방송과 아침 방송의 재개

이 시기부터 KBS는 1969년부터 중단되었던 광고 방송을 다시 재개하였다. 이는 통폐합으로 TBC와 지역 라디오를 인수하여 규모가 커짐으로써 늘어난 지출을 충당한다는 명분으로 이루어졌다. 이를 위해 1980년 12월 한국방송공사법의 관련 조항을 개정하여 1981년 3월부터 광고 방송을 개시하였다. 초기에는 프로그램 광고 형식이 아니라 광고 시간을 따로 편성해서 운영하는 블록 광고제를 도입하였다. 그러나 이 제도는 시청자들이 다른 채널로 돌려 버린다며 광고주들로부터 외면당해 실시 3개월 만에 프로그램 광고와 혼용 체제로 갔다가 1982년 1월부터는 블록 광고제는 폐지되고 다시 프로그램 광고 형식으로 운영되었다. 또한 1973년 12월부터 극심한 에너지 파동으로 중단되었던 아침 방송도 부활되었다. 1981년 5월 25일부터 아침 방송을 재개하여 뉴스 프로그램과 아침 연속극, 주부 대상의 정보 프로그램을 방송하였다.[47]

이처럼 수신료도 받고 광고도 하는 이중적 수입 구조에다 방송 시간도 늘어나면서 KBS의 매출액은 이 시기 폭발적으로 성장하였다. 1980년에 529억 원이던 매출액이 1981년에는 1051억 원으로 2배 가까이 늘어났으며 1986년에 가면 2531억 원으로 5배 가까이 성장하였다. 광고 수입만을 보면 1981년 395억 원에서 1982년 639억 원으로 1.6배로 늘어났으며 그다음 해에는 1000억 원을 돌파하였다.[48]

4) 교육방송

이 시기 방송의 또 다른 변화 중 하나는 교육 전담 TV 채널이 도입되었다는 사실이다. 1981년 2월 2일 KBS가 제3TV로 UHF 주파수대를 이용하여 교육방송을 발족시켰다. 교육방송은 일찍이 1969년부터 시작되어 편성의 일부를 할애하여 운영해 왔으나 1973년 봄 개편 때 폐지되었다. 1980년 들어 KBS 라디오를 통해 가정 고교 방송이 재개되어 6월 16일부터는 KBS 1TV를 통해 심야와 새벽 시간에 방송하였다. 이 방송 내용은 장안의 인기 강사들을 동원한 입시 위주의 TV 과외 형식이었는데, 당시 인기 드라마 〈토지〉의 시청률에 필적할 정도로 인기를 끌었다. 당시 신군부는 교육 정상화 및 과열 과외 해소 방안을 발표하기에 이르렀고 그 일환으로 KBS 제3TV로 교육방송이 탄생하게 되었던 것이다.

교육방송은 개국 이후 대입 중심의 방송만이 아니라 일반인 대상의 어학 강좌나 일반 교양, 교육 프로그램들을 방송하며 지식층의 욕구에 부응하였다. 이 채널은 초중고 과정 프로그램은 한국교육개발원이 제작하고, TV공개대학은 한국방송통신대학이, 일반 교육, 교양 프로그램은 KBS가 제작을 담당하는 식으로 운영되었다. 1990년 방송법이 개정되면서 교육방송은 그해 12월 26일 교육부의 한국방송개발원 교육방송국으로 인계되었고 KBS는 송출만을 담당하게 되었다.[49]

5) KBS 이산가족 찾기 방송

1980년대 방송의 역사에서 빼놓을 수 없는 중요한 사건이 바로 1983년의 KBS 이산가족 찾기 방송이다. 그해 6월 30일 밤 10시 15분부터 6·25 특집 프로그램의 일환으로 생방송된 〈이산가족을 찾습니다〉는 원래 1회 95분 방송으로 예정되어 있었다. 하지만 당초 계획대로 마무리 지을 수가 없었다.

첫 방송부터 이튿날 새벽 2시 30분까지 연장 방송하지 않을 수 없는 상황이었다. 그걸로도 끝내지 못하고 그해 11월 14일까지 138일 중 55일에 걸쳐 총 453시간 45분을 방송해야 했다. 이 프로그램을 통해 신청자 10만 952명 중 5만 3536명이 출연하여 1만 189명이 이산가족을 찾아 상봉하는 대기록을 세웠다. 이산가족 150명을 초청한 방청석에 무려 1000명이 넘는 이산가족이 몰려들었고 방송 도중에도 전화가 폭주하여 방송사 업무가 마비될 정도였다고 한다.

첫날의 방송을 통해 850가족이 출연하여 36가족이 상봉하는 기쁨을 누렸다. 이 장면이 TV 화면을 통해 전국에 생중계되면서 늦은 시간까지 TV 앞을 지키던 전국의 수많은 시청자들도 이산가족의 아픔과 상봉의 기쁨을 함께하며 뜨거운 눈물을 흘려야 했다.

이튿날 KBS 본관 앞에는 이른 시간부터 1만여 명의 이산가족이 몰려들었다. 이에 KBS는 연장 방송을 결정하고 이산가족찾기추진본부를 긴급 설치하였으며 방송 시간도 대형 편성으로 바꾸었다. 7월 6일까지 1주일간은 매일 10시간 내외를 편성하였으며 9일부터는 주간 편성으로 바꾸어 밤 10시 15분부터 다음 날 오후까지 철야 생방송을 실시하였다. 7월 10일부터는 위성을 통해 해외 교포들까지 생방송에 참여하였다. 방송이 진행되면서 서울 여의도의 KBS 본관 앞에는 만남의 광장이 형성되어 혈육을 찾는 이산가족들의 안타까운 사연이 대자보로 등장하여 광장을 메웠다. 이 광장에서는 라디오가 동원되어 이산가족 찾기를 진행하였다.

이 이산가족 찾기 방송은 국내외적으로 지대한 관심의 대상이 되었다. 당시 한국갤럽이 조사한 바에 의하면 53.9%가 새벽 1시까지 이 방송을 시청한 경험이 있으며 88.8%가 이 프로를 보면서 눈물을 흘린 경험이 있다고 응답하였다. 해외 언론들의 관심도 집중되었다. 세계의 대형 통신사들과 각국의 주요 일간지, 방송사들은 서울발 특파원 기사를 통해 연일 보도하였다. 1983년 7월 23일까지 4대 통신사가 총 46회에 걸쳐 76건의 기사를 다루었으며 TV 방송은 9개국 18개 매체가 26회를 보도하였다. 신문도 27개국 84개 매체가 총 138회에 걸쳐 이산가족 찾기 이벤트를 다루었다. 각국의 주요 매체들이 경쟁적으로 보도할 정도로 세계적인 관심의 대상이 되었던 것이다.

이산가족 찾기는 그 이전에도 신문과 라디오, 그리고 민간 단체에 의해 추진된 바 있다. 〈한국일보〉가 1961년부터 '10만 어린이 부모 찾기 운동'을 펼쳐 일정한 성과를 거둔 바 있다. 〈서울신문〉도 1980년 KBS와 공동으로 '공산권 동포 혈연 찾기 운동'을 전개하였다. 1971년부터는 남북 이산가족 찾기를 위한 적십자회담이 열렸으나 별 성과가 없자 KBS 라디오 방송은 1973년부터 남한 내의 이산가족들만이라도 만나도록 해 보자고 10월 27일부터 제1라디오의 프로그램 〈오후의 교차로〉를 통해 이산가족 찾기 방송을 시작하였다. 그 외에도 민간 기구들이 나서서 이산가족을 연결시키려는 시도들이 이루어지고는 있었다.[50]

이러한 시도들도 일정한 성과를 거두기는 했지만 사회적으로 커다란 반향을 불러일으키지는 못했다. 하지만 1983년의 이산가족 찾기 방송은 과거의 시도들과는 차원이 다르게 전개되며 전국을 뜨겁게 달구었다. 이는 바로 컬러 TV라는 매체의 위력을 생생하게 보여 준 것이라 할 수 있다. 1970년대 흑백 TV는 거의 보편적으로 보급이 되었으며 1980년 컬러 방송으로 전환한 이후 컬러 수상기도 빠르게 확산되고 있던 시점이기에 TV라는 매체가 갖는 위력이 극대화되어 나타날 수 있었던 것이다.

KBS의 이산가족 찾기 방송은 국제적으로도 높은 평가를 받았다. 1983년 9월 콜롬비아에서 열린 제6차 세계언론인대회에서 이 프로그램은 '1983년의 가장 인도적인 프로그램'으로 선정되어 회의장에서 이를 소개하는 20분짜리 영화가 상영되기도 하였다. 1984년 2월에는 가봉에서 열린 제24차 세계평화회의 총회에서 세계 방송 중에서는 최초로 '84 골드 머큐리 애드 오서램상'을 받았다.[51]

6) 편성과 운영

1980년대 방송들은 통폐합으로 인한 독과점 체제 속에서 경제적인 호황을 누렸다. 독과점 체제 외에도 TV 광고의 컬러화와 지방 방송망의 확충, '86아시안게임과 '88올림픽 등 대형 이벤트 개최 등도 방송사의 호황을 가져오는 주요 요인이 되었다. 표 38은 제5공화국기 방송사들의 매출 추이다.

두 방송사 모두 1980년대 초반에는 급성장세를 보였다. MBC가 1981년에 전년 대비 감소한 것은 그해에 KBS가 광고 방송을 시작하면서 일정 부분 시장을 잠식당한 때문이었다. 그 이후로는 해마다 증가세를 기록하였다. KBS는 1985년부터 수신료 수익이 줄고 광고 수익도 정체되면서 전체 매출도 감소세로 돌아섰다. 이는 전술한 대로 방송의 편파적 운영에 대한 시청자들의 불만과 비판이 1984년경부터 KBS 시청료 거부 운동으로 전개되면서 나타난 결과로 볼 수 있다.

언론 통폐합의 결과 KBS는 TV 3개 채널, 라디오 8개 채널, 그리고 사

표 38 제5공화국기 방송사별 매출액 현황

(단위: 100만 원)

연도	KBS 매출액 (증가율)	수신료 수익	광고 수익	MBC 매출액 (증가율)
1980	52,880(0.35)	52,118		173,615(0.23)
1981	105,116(0.69)	63,276	39,555	138,890(−0.28)
1982	156,466(0.40)	90,942	63,915	151,937(0.05)
1983	210,465(0.30)	109,058	100,085	185,501(0.20)
1984	265,152(0.23)	125,562	136,756	215,917(0.17)
1985	259,029(−0.02)	119,605	136,479	234,985(0.06)
1986	253,147(−0.02)	101,254	148,710	268,563(0.23)

출처: 한국방송개발원(1995), 앞의 책, p.191.

회 교육 방송 2개 채널과 9개 국어의 해외 방송용 중단파 채널을 거느린 대형 방송사가 되었다. 이에 따라 채널별 특성화 문제가 자연스럽게 대두되었다. 이에 KBS는 1981년 2월 교육방송 개국과 함께 개편을 실시하면서 과거 TBC를 인수한 2TV의 성격을 오락 중심의 종합 편성으로 하면서 보도와 교양 중심의 1TV와 차별화를 시도하였다.[52]

이 시기 TV 방송에서는 보도 프로그램의 비중이 늘어나면서 전문 앵커 체제가 정착되었다. 앵커 체제는 1970년 MBC에서부터 시도되었지만 본격적으로 도입되고 정착된 것은 1980년대인 것으로 평가되고 있다. 컬러화와 함께 드라마의 질적 향상도 이루어졌다. 특히 KBS의 〈TV문학관〉과 MBC의 〈베스트셀러 극장〉은 작품성을 인정받으며 인기를 끌었다. 또한 대형 스포츠 이벤트에 대한 위성 중계도 대폭 강화되었다.[53]

7) TV 수상기의 보급

1980년에 컬러 TV 방송을 시작함으로써 컬러 TV 수상기도 새로이 보급되기 시작하였다. 표 39는 이 시기 수상기 보급 현황의 추이를 정리한 것이다. 1980년 13만여 대, 즉 1.6%의 보급률로 시작하였으나 해마다 급증세를 보였다. 특히 1980년부터 1984년까지는 해마다 100만 대 내외의 증가세를 보였다. 그리하여 제5공화국 후반인 1987년에 가면 539만 대를 상회하여 54.7%의 보급률을 기록하게 되었다. 이는 정부의 컬러 TV 도입 정책이 빠르게 정착되고 있음을 말해 준다. 당시의 경제 호황으로 말미암아 시청자들의 컬러 TV 구입이 순조롭게 확산되어 간 것이다. 이를 바탕으로 전술한 KBS의 이산가족 찾기 방송의 사례에서 나타난 바와 같이 TV의 사회적 영향력이 점차 커져 가게 된 것이다.

표 39 전두환 정권기의 TV 수상기 보급 현황

연도	등록 대수			가구당 보급률		
	흑백	컬러	계	흑백	컬러	계
1980	6,128,835	138,749	6,267,584	81.5	1.6	83.1
1981	5,523,874	1,197,908	6,721,782	70.3	14.7	85.0
1982	4,820,009	2,299,243	7,119,252	62.1	27.3	89.4
1983	4,032,842	3,173,345	7,206,187	47.9	37.9	85.8
1984	3,421,685	4,178,730	7,600,415	38.4	45.9	84.3
1985*	–	4,773,993	–	–	52.4	–
1986	–	4,925,413	–	–	51.4	–
1987	–	5,390,075	–	–	54.7	–
1988	–	6,019,131	–	–	59.2	–

출처: 한국방송공사(1997), 앞의 책, pp.733~734.

* 흑백 수상기는 1984년 12월부터 시청료가 폐지되어 이후 집계가 되지 않음.

5부

제6공화국의 언론

14장

언론 자유의 확대와 언론의 권력화

1987년의 6월 항쟁은 한국 사회 전반에 걸쳐 민주화를 가져오는 중대한 전환점이 되었다. 이른바 민주화 시대가 열리게 된 것이다. 이와 함께 언론 분야에서도 많은 변화들이 야기되었다. 6월 항쟁으로 군부 독재가 끝나고 민주화 시대를 열어가는 기점이 되었던 6·29 선언에는 "정부가 언론을 장악해서도 안 되고 장악하려고 시도해서도 안 된다"는 내용이 포함되었다. 곤경에 처한 독재 권력이 표명하지 않을 수 없었던 정치적 수사임에는 틀림없지만 역사의 큰 흐름을 상징해 주는 선언이었음에도 틀림없다. 언론이 과거와 같은 정치권력의 통제에서 벗어나 새로운 시대를 열어 가는 계기가 된 것이다.

6월 항쟁 이후 한국 언론에 나타난 변화는 크게 세 가지로 요약할 수 있다. 국가 개입이 감소하고 언론의 자유와 자율성이 증대되었으며 시장의 개방으로 언론 매체가 양적으로 팽창하고 이로 인해 경쟁이 심화되었다. 또한 시민 사회가 활성화됨에 따라 언론 노조와 시민 단체를 중심으로 언론 민주화를 위한 사회적 노력이 증대되었다는 점을 들 수 있다.[1] 이제 이 세 가지 측면을 중심으로 제6공화국의 언론을 살펴보기로 하자.

1. 국가 권력의 언론 통제 감소

1) 6월 항쟁 직후의 제도적 변화

6월 항쟁 이후 언론 부문의 가장 큰 변화는 국가 개입이 감소하고 언론의 자유와 자율성이 증대되었다는 점이다. 다수 시민들의 참여로 6월 항쟁을 민주화의 주요 계기로 삼을 수 있었기에 새로이 집권한 노태우 정부도 이러한 민심의 커다란 흐름을 거스를 수는 없었다. 이에 따라 6·29 선언에서도 밝힌 바대로 언론에 대한 정치권력의 직접적 통제와 개입은 현저하게 줄어들었다.

제5공화국 언론 통제의 상징이자 핵심적 메커니즘이 되었던 언론기본법이 1987년 11월 23일 폐지되었다. 그 대체 입법으로 제정된 것이 정기간행물등록에관한법률이었다. 방송에 관한 내용들은 방송법으로 분리, 제정되었다. 정기간행물등록에관한법률에서는 언론기본법의 문제 조항들이 일부 수정되었다. 가장 문제가 되었던 문공부 장관이 간행물의 등록을 취소할 수 있도록 한 조항은 장관이 법원에 등록 취소 심판을 청구할 수 있도록 하였다. 다만 등록 후 1년 이내 발행하지 않거나 1년 이상 발행을 중단한 경우에는 공보처 장관이 직권으로 등록을 취소할 수 있게 하였다. 이 경우에도 장관 소속하에 설치된 등록취소심의위원회의 결의를 거치도록 하였다.

가장 핵심적이라 할 정기간행물의 등록에 관한 조항은 두 법이 모두 등록제를 규정하고 있다. 하지만 5공화국 정권은 언론기본법의 등록제를 사실상 허가제처럼 운영하였다. 새로 제정된 정기간행물 등록법은 법 조항대로 소정의 요건만 갖추어 등록하면 '공보처 장관은 지체 없이 등록증을 교부하여야 한다'고 명시하였다. 이에 따라 그동안 권력의 통제 때문에 빛을 볼 수 없었던 수많은 간행물들이 새로 창간되었으며 권력에 의해 강제로 통폐합되었던 간행물도 줄을 이어 복간함으로써 붐을 이루게 되었다. 그 밖에도 정기간행물등록법은 겸영 금지를 그대로 유지하였으며 수용자의 반론보도청구권을 처음으로 규정하였다.

또한 5공화국 치하에서 언론의 자유를 제약하던 그 밖의 여러 가지 제도적 장치들이 폐지되거나 개선되었다. 먼저 1987년 7월 20 신문협회는 중앙지 기자의 지방 주재 및 지방지 기자의 서울 주재 제도를 8월 1일부터 부활하고 9월 1일부터 신문의 증면과 구독료를 인상하며 프레스카드제를 폐지할 것을 결의하였다. 이 제도들은 법률상 규정된 것들이 아니었기에 신문협회의 결의만으로도 충분히 실천 가능한 문제들이었다.[2] 그 외에도 10월에는 기독교방송의 뉴스 방송이 재개되었으며 보도 지침을 통해 언론의 내용을 통제하던 문공부의 홍보정책실도 폐지되었다.[3] 이러한 조치들을 통해 국가가 언론을 직접 통제할 수 있는 법과 제도가 대부분 폐지되었으며 이는 곧 언론의 자유와 자율성의 증대를 의미하였다.

2) 노태우 정권의 언론인 개별 접촉 보고서

국가의 언론 개입이 전부 사라진 것은 결코 아니었다. 과거처럼 직접 개입하면서 권력의 의도대로 통제하는 것이 어려워졌을 뿐 다른 형태의 간접적 방식으로 정치권력은 여전히 언론에 영향력을 행사하려 시도하였다. 노태우 정권이 언론에 영향력을 행사하려 시도했던 방식은 언론인 개별 접촉 보고서였다. 이 보고서에 의하면 문공부 홍보정책실은 매체 조정 활동 계획을 세우고 이에 따라 언론사별로 접촉 대상자를 선정하여 홍보정책관이 요식업소 등에서 개별 접촉해 보도 협조 요청 사항을 알리고 해당 언론사의 주요 동정을 전해 듣는 활동을 해왔다는 것이다. 개별 접촉의 구체적 내용을 월별로 작성해 대외비로 보관해 오던 것이 바로 개별 접촉 보고서다. 이 내용을 〈한겨레신문〉이 1988년 12월 13일자를 통해 그 실상을 공개하기 시작하였고 뒤를 이어 〈기자협회보〉가 12월 16일과 23일 두 차례에 걸쳐 그 전문을 보도하였다. 보고서의 내용을 보면 접촉 대상은 언론사 간부에서부터 노조 간부, 평기자에 이르기까지 광범위하였다. 이들을 대상으로 접촉하여 언론사의 동정에서부터 노조와 소장 기자들의 동향, 사설과 논조의 흐름까지 자세히 기록하였다.

이 보고서는 언론계에 상당히 큰 충격을 안겨 주었다. 언론 노조와 소장 기자들을 중심으로 항의 움직임이 일었으며 공보처 협력관들과 접촉한 언론인들의 윤리 문제가 심각하게 제기되었다. 이처럼 비난 여론이 거세지자 당시 공보실장과 5명의 공보 협력관이 사표를 제출했고 이들에 대한 감사도 실시되었다.[4]

또한 제3공화국기부터 문제가 되었던 기관원의 언론 사찰이 노태우 정부 들어서도 존속되었던 것으로 밝혀졌다. 언론 노조가 발행한 〈언론노보〉 1989년 11월 2일자는 "기관원 200여 명 언론 사찰"이라는 제목으로 그 실태를 보도하고 확인된 언론사 담당 기관원 59명의 명단을 발표하였다. 밝혀진 담당 기관원은 안기부 23명, 보안사 13명, 치안본부 및 시도 경찰국 8명, 관할 경찰서 15명 등 총 59명이었다.[5] 각급 정보 기관이 모두 다 언론 사찰에 관여하고 있었다는 사실이 밝혀진 것이었다.

이처럼 과거 권위주의 정권 시절처럼 직접적인 개입과 통제는 어려워졌지만 간접적인 방식으로 언론에 영향력을 행사하려는 정치권력의 시도는 여전히 남아 있었다.

2. 언론의 권력화

1) 언론의 자유와 신뢰

언론의 자유가 확대되고 그 자율성도 대폭 신장되었으며 또한 시장 속에서 치열한 경쟁을 전개해야 하는 상황에서 언론들의 영향력은 점차 강화되어 갔다. 이는 과거 권력의 억압 속에서 왜곡되고 편파적인 언론으로 일관하여 수용자들의 불신과 비판을 사던 행태에서 벗어나면서 나타나게 된 자연스러운 귀결이었다. 수용자들은 언론이 이제는 권력의 눈치를 보지 않아도 되니 제대로 기능을 할 것이라는 기대 속에서 신뢰도가 올라가게 된 것이다.

한국언론연구원이 조사한 결과를 토대로 신문에 대한 신뢰도의 추이를 보면 5공 시절에는 신문을 신뢰한다는 응답자의 비율이 49.9%(1984)와 48.5%(1986) 정도이었으나 6공화국에 들어서는 58.6%(1990)와 62.2%(1992)로 늘어났다. 반면 불신한다는 응답자의 비율은 11.5%(1982)와 25.1%(1986)에서 5.6%(1990)와 8.2%(1992)로 대폭 감소하였다. TV에 대한 신뢰도도 6공화국 들어 지속적으로 상승하였다. 한국언론연구원 조사에 따르면 5점 만점의 척도로 조사한 결과 1990년에는 3.24점이었으나 1992년에는 3.38점, 1993년에는 3.52점, 1994년에는 3.80점으로 지속적인 상승세를 기록하였다.[6] 이러한 조사 결과들은 제6공화국 당시 신문과 방송에 대한 국민의 신뢰도가 과거 권위주의 정권 시절보다 상승하여 상당히 높은 수준이었음을 보여 준다.

2) 언론의 권력화와 조중동

일반적으로 민주화가 진전되면 모든 정책 결정이 국민 다수의 의사에 따라 이루어져야 하므로 정치권은 더욱 여론에 민감해지고 따라서 언론의 영향력은 증대된다. 이러한 상황에서 과거에 비해 언론에 대한 신뢰도도 높아지면서 언론의 영향력도 더욱 커지게 되었다. 노태우 대통령에 이어 집권한 김영삼 대통령의 여론을 중시하는 통치 스타일도 언론의 여론 형성 기능을 극대화시킨 한 요인이 되었다. 김영삼 정부는 그 성격상 과거의 정권처럼 군부의 지지를 기반으로 하기도 어려웠으며 선거 과정에서 국민당의 정주영 후보와 극도로 불편한 관계를 갖게 되었기에 자본 세력과도 결코 호의적일 수 없었다. 집권 여당에서도 소수파였던 그가 자신의 권력 기반을 강화하고 개혁 작업을 이끌어 나가기 위해서는 언론을 앞세워 여론의 이름으로 추진해 가는 것이 최선의 방법이었을 것이다. 이러한 상황에서 개혁이라는 당위를 명분으로 언론의 협조를 구하는 동시에 언론을 최대한 방임 상태에 놓아둠으로써 여론 정치의 분위기가 더욱 살아 날 수 있었다.

당시 한국 언론의 영향력이 매우 컸다는 사실은 언론인들을 대상으로 한 조사 결과로도 뒷받침된다. 미국과 영국, 독일, 한국의 언론인들을 대상으로 언론이 여론 형성에 '얼마나 영향을 미쳐야 하는가'라는 당위성과 '현재 얼마나 많은 영향을 미치고 있는가'라는 현실의 영향력을 10점 만점 척도로 조사한 결과 한국의 언론인들은 당위와 현실의 차원 모두에서 다른 나라보다 언론의 영향이 큰 것으로 평가하였다. 당위의 차원, 즉 '이상적 영향력'에서 한국의 언론인들은 7.58점을 기록하여 독일(6.01점), 미국(5.96점), 영국(5.90점)보다 높았으며 실제 영향력도 8.60점으로, 미국(7.39점), 영국(7.30점), 독일(5.93점)보다 높은 점수를 기록하였다. 이는 언론 자유의 역사와 전통이 긴 서구의 나라들보다도 한국 언론의 영향력이 더 컸다는 사실을 보여 준다.[7]

이러한 영향력을 바탕으로 언론들은 현실 정치에 노골적으로 개입하고 나섰다. 1992년 대통령 선거부터 '언권 선거'라는 평가가 나올 정도였으며 이 선거에서는 이른바 '김영삼 장학생'이 뜨거운 논란을 불러일으켰다. 1992년 9월 9일과 10일 국민당이 각 일간지에 게재한 광고를 통해 처음 표면화된 이 김영삼 장학생은 곧이어 〈기자협회보〉가 10월 1일자를 통해 그 실체를 밝히는 물증을 공개함으로써 이슈가 되었다. 〈기자협회보〉에 의하면 김영삼을 지지하는 언론사 간부들이 각 언론사의 주요 간부와 기자들의 성향과 동향 등을 수시로 보고하고 조직적인 모임 등을 통해 이들을 친김영삼 쪽으로 끌어 들이기 위한 언론 공작을 치밀하게 해왔다는 것이다.[8]

언론인들이 선거 과정의 진행을 보도하고 유권자들에게 필요한 정보를 제공하는 역할을 넘어 실제 그 정치 게임에 참가하면서 언론의 영향력을 바탕으로 선거에 영향을 행사하려 시도한 것이다. 이러한 행태는 1992년 선거뿐만 아니라 그 이후에도 이어지면서 뜨거운 논란을 불러일으켰다. 언론사들은 자사의 이해관계에 따라 지면을 통해 특정 후보에 유리한 방향으로 보도하고 편집하면서 영향력을 행사한 것이다.

이처럼 언론 자유를 누리는 상황에서 현실 정치 과정에 영향력을 행사함으로써 한국의 언론은 권력화 되었다는 평가를 받게 되었다. 언론 자체가 막강한 사회적, 정치적 영향력을 행사하는 권력 기관이 되었다는 말이다. 권력화된 언론은 언론이라는 막강한 무기를 앞세워 자신들의 이해관계를 실현시키기에 노골적으로 나서게 되었다.

언론들의 이러한 정파적 행태는 급기야 '조중동'이라는 용어를 낳고 말았다. 한국 언론계에서 주류를 구성하고 있는 메이저 신문들, 즉 〈조선일보〉, 〈중앙일보〉, 〈동아일보〉가 보수적 성향을 바탕으로 선거 과정에서 집권 여당이나 보수 세력의 후보가 선거에 승리하도록 지면을 통해 노골적인 행태를 보여 주며, 그 외에도 현실 정치나 경제 등 제반 문제에서 정파성에 치우친 모습을 보이는 것을 일컬어서 '조중동'이라 부르게 된 것이다.

이 조중동의 상대 진영을 상징하던 것이 바로 '한경대'였다. '한경대'는 〈한겨레〉와 〈경향신문〉, 그리고 〈서울신문〉이 1998년 개제하여 〈대한매일〉(2004년에 다시 〈서울신문〉으로 원상 복귀)이라 하던 당시에 세 신문의 첫 글자로 생겨난 명칭이었다. 조중동이 보수 세력을 대변하는 신문이었다면 한경대는 반대로 개혁 세력을 대변하는 신문들이었다. 신문들이 이렇게 진영이 나뉘어 지면을 통해 극단적인 진영 논리를 전개하였다.

6공화국 들어 보수 세력만 집권한 것이 아니라 개혁 세력도 집권에 성공하면서 신문들의 정파적 보도는 더욱 두드러지게 나타났다. 보수 세력이 집권하면 개혁적 신문이 비판에 앞장서고 개혁 세력이 집권하면 보수 신문이 비판에 앞장서는 양상이 전개된 것이다. 권력에 대한 비판과 견제는 언론에 주어진 가장 중요한 기능 중 하나다. 그러나 이것이 도가 지나쳐 정당한 비판이라기보다는 사사건건 물고 늘어져 브레이크를 걸면서 헤게모니 투쟁을 벌이는 양태로 전개된 것이다.

이와 같은 주류 신문 중심의 개혁적 정부 비판은 모든 부조리를 정부의 책임으로 몰아가는 몰방향성 공격의 형태로 나타났다. 급기야는 언론의 성격이 과거 권위주의 정권하에서 권력에 순응적인 애완견의 역할에서 정부를 공격하여 최소한의 공적 신뢰를 훼손시키는 공격견의 모습으로 변모하였다는 평가까지 받게 되었다.[9]

3) 권력화된 언론과 언론 개혁

이와 같이 권력화 되어 가는 언론에 대해 견제의 필요성과 목소리도 점차 커져 갔다. 개혁적 정권들은 시민 사회와 연대하여 언론 개혁이라는 이슈를 제기하고 나섰다. 정치권력은 이러한 맥락에서 세무 조사라는 칼을 뽑았다. 집권 후반기에 들면서, 잇단 정치·정책 실패의 한 원인으로 적대적 신문을 꼽고 있던 김대중 정부는 2001년 마침내 신문에 대한 대책을 강구하기 시작했다. 연두 기자회견에서 언론에 '공정 보도와 책임 있는 비판'을 주문하면서 '투명하고 공정한 언론 개혁'의 필요성을 천명한 김대중 정부는 바로 세무 조사에 착수하였다. 이에 대해 주류 신문들의 반발은 매우 컸다. 여기에 야당과 일부 지식인들이 가세하고 이 조치에 긍정적인 방송과 일부 신문들 그리고 지식인들이 가세하면서 세무 조사를 둘러싼 갈등은 급기야 나라 전체를 양분하는 '세무 조사 정국'을 형성하게 되었다. 신문사 세무 조사는 김영삼 정부 시절인 1994년에도 시행된 바 있다. 하지만 김영삼 정부는 그 결과를 공개하지도 않았고 아무런 후속 조치도 취하지 않았었다. 이에 따라 김영삼 정부는 세무 조사를 개혁보다는 타협과 물밑 거래의 수단으로 삼았다는 평가를 받아야 했다.[10]

2001년 2월 8일부터 시작된 언론사 세무 조사 결과 국세청은 6월 20일

23개 언론사에 5056억 원의 세금을 부과하였다. 그중 절반에 해당되는 2541억 원이 〈동아일보〉와 〈조선일보〉, 〈중앙일보〉 3개사에 부과되었다. 또한 공정거래위원회도 13개 중앙 언론사가 지난 4년 동안 5434억 원 규모의 부당 내부 거래를 했다며 242억 원의 과징금을 매겼다. 6월 29일 국세청은 6개 신문사 및 사주들을 조세 포탈 혐의로 고발 조치하였으며 8월 17일에는 〈조선일보〉 사장 방상훈, 〈동아일보〉 전 명예회장 김병관, 〈국민일보〉 전 회장 조희준이 구속되었다. 구속된 사주들은 병보석 또는 구속집행정지 등으로 곧 풀려났고 세금 추징액도 일부는 환급되어 약 30% 정도 돌려받았으며 공정위 과징금도 취소되었다.[11]

김대중 정부에 의한 세무 조사는 당초 의도했던 언론 개혁이라는 성과를 가져 오지는 못한 것으로 평가되고 있다. 오히려 이 갈등을 계기로 개별 신문들의 이념적 색채가 보다 분명해지고 심화되었다. 더구나 뒤이은 2002년의 선거에서 개혁 성향의 노무현 정부가 탄생하자 주류 신문, 즉 조중동의 공격견적 역할은 더욱 심화되었다.

서울대 언론정보연구소가 KBS의 미디어 비평 프로그램 〈미디어 포커스〉의 의뢰를 받아 1980년부터 2007년 1월 말까지 〈조선일보〉와 〈동아일보〉, 〈한겨레〉의 대통령 관련 사설 1183건을 분석한 결과는 신문들의 공격적 행태를 잘 보여 준다. 〈조선일보〉와 〈동아일보〉는 전두환, 노태우, 김영삼 집권기까지는 대통령을 언급한 사설이 각기 50건 미만이었지만 김대중 대통령 시절 100건을 넘어서더니 노무현 정부에 대해서는 당시 임기가 1년가량 남은 시점이었음에도 276건으로 대폭 늘었다. 사설의 보도 태도를 분석한 결과도 아주 극명한 대비를 보여 준다. 전두환 대통령 시절에는 〈조선일보〉와 〈동아일보〉 관련 사설의 98%와 87%가 대통령을 긍정적으로 평가하였다. 반면 노무현 대통령에 대해서 다룬 두 신문의 사설 중 89%와 93%는 부정적으로 평가한 것이었다.[12] 노무현 정부에 비판적이었던 주류 신문들의 보도가 어느 정도였는지를 잘 보여 준다.

4) 노무현 정부의 신문법과 이명박 정부의 미디어법

집권 기간 내내 언론들의 집중 공격을 받아야했던 노무현 정부는 '언론과 전쟁'을 벌였다는 평가까지 나오고 있다. 대통령 노무현은 이러한 언론과의 관계에 대해 "싸움이 아니라 몰매였다. 언론은 때리고 정부는 맞았다"고 표현하였다.[13]

이에 노무현 정부는 조중동을 중심으로 한 주류 신문들이 신문 시장에서 무한 경쟁을 주도하면서 각종 경품으로 독자들을 유인하며 시장 질서를 어지럽힌다고 이에 대한 규제에 나섰다. 많은 논란 끝에 2004년 12월 31일 국회를 통과한 '신문등의자유와기능보장에관한법률(이하 신문법)'이 그것이다. 이 법은 제16조에서 신문사의 경영 정보 공개를 의무화하고 있으며 제17조에서는 1개 일간 신문사의 시장 점유율이 30% 이상, 3개 신문사 점유율이 60% 이상이면 공정거래법에 의해 과징금 부과가 가능하도록 하였다. 이 법은 또한 신문사가 통신사나 방송사를 겸영할 수 없도록 하였으며 다른 신문사의 주식도 2분의 1 이상을 소유할 수 없도록 규정하였다. 대기업이나 그 계열 기업은 신문사나 통신사의 주식 50% 이상을 취득할 수 없게 하였다.

그러나 이 법은 주류 신문을 규제하기 위한 것이라며 제정 과정에서도 많은 논란을 불러일으켰지만 공포 이후에 위헌 소송으로 비화되었다. 2005년 3월과 6월 〈동아일보〉와 〈조선일보〉 측이 헌법재판소에 헌법 소원을 청구하였다. 헌법재판소는 2006년 6월 30일 3개사 점유율이 60% 이상이면 독점 규제 대상으로 규정한 제17조를 위헌이라 판결하였으며 이에 따라 해당 신문들에 신문발전기금을 지원하지 못하게 한 제34조 2항 2호도 위헌이라고 결정하였다. 신문사 복수 소유 금지에 대해서는 헌법 불합치 결정이 내려졌으며 통신, 방송의 겸영 금지는 합헌으로 판정되었다.

신문법은 소기의 목적을 달성하지 못하고 오히려 보수와 진보 양 진영의 대립과 갈등만 심화시키고 말았다. 노무현 대통령에 이어 집권한 이명박 정부는 이 법을 전면 개정하여 2009년 7월 31일 '신문등의진흥에관한법률'을 공포하였다. 취임 전부터 신문법의 폐지를 공언한 이명박 정부는 이 법외에도 방송법, IPTV법을 함께 추진하는 이른바 미디어법을 밀어 붙여 언론계의 지형을 큰 폭으로 바꾸려고 시도하였다. 이 역시 많은 논란과 대립을 불러일으켰지만 그해 7월 22일 날치기로 통과시키고 말았다.

이 미디어법은 과거 언론 관계법에서 매체의 겸영과 재벌의 언론 소유를 금지하거나 제한했던 것을 폐지하여 신문사나 재벌이 방송 사업에 진출할 길을 열어 주었다. 이로써 신문사들이 CATV의 종합 편성 채널에 진출할 수 있는 법적 근거를 만들었으며 이를 토대로 이른바 주류 신문들인 조중동과 〈매일경제〉가 2011년 12월 1일 종합 편성 채널을 개국할 수 있게 되었다.

이명박 정권은 지상파 방송에도 깊숙이 개입하며 영향력의 확대를 시도하였다. 집권 직후인 2008년 8월 이명박 정권은 KBS의 정연주 사장을 적자 경영을 이유로 해임하고 그 잔여 임기에 이병순, 후임으로 김인규 등 측근 인사를 임명하여 방송에 대한 영향력을 확보하려 시도하였다. 언론 노조와 야당, 시민 단체들은 방송 장악이라며 거세게 반발하였지만 이명박 정부는 그대로 관철시켰다. 정연주 사장의 해임은 2012년 2월 대법원에 의해 부당한 해임이라고 판결되었다. 하지만 이미 되돌릴 수 없는 상황이었다.

정부의 방송 개입은 박근혜 정부에서도 계속되었다. 지상파 방송의 사장 인사에 영향력을 행사하여 친정부적인 인사들은 중용하였으며 출범 이후 당초의 허가 조건을 제대로 지키지 않고 파행적 운영으로 많은 논란을 불러일으켰던 종합 편성 채널들을 2014년 모두 재허가하였다.

이와 같은 보수 정권의 시도들은 결과적으로 방송의 편파성 논란을 낳게 되었다. 방송이 다시 옛날처럼 정권 홍보에 나선다는 비판이 높아졌던 것이다. 비판에만 머무는 것이 아니라 많은 시청자들이 지상파 방송에 등을 돌리는 결과를 가져왔다. 이제는 시간에 맞춰 TV 프로그램을 직접 보지 않더라도 인터넷 등의 수단으로 얼마든지 볼 수 있는 기술적 발전도 이러한 시청자의 이탈을 촉진하는 요인이 되었다. 이에 따라 시청률이 지속적으로 하락하며 지상파 방송의 위기도 점차 심화되고 있다.

15장

시장 경쟁 체제의 도래

제6공화국 이후의 언론에서 가장 큰 변화는 과거 언론에 대해 막강한 영향력을 행사하던 정치권력의 위상이 변화, 축소되고 대신 그 자리를 자본이 차지하게 되었다는 사실이다. 1991년 9월 〈동아일보〉 편집국장이던 김중배는 사주의 지면 간섭을 비판하고 기자직 사표를 제출하며 "언론은 이제 권력과의 싸움에서 보다 원천적인 제약 세력인 자본과의 힘겨운 싸움을 벌이지 않으면 안 되는 시기에 접어들었다"고 주장했다. 이 이른바 '김중배 선언'이 언론의 중요한 변화를 상징적으로 보여 준다. 김중배 선언 이후에도 언론은 날로 치열해져 가는 상업적 경쟁을 전개하며 자본의 논리에만 충실하여 '시장의 포로'[1]라는 평가까지 나오고 있다.

1. 정기간행물의 창간, 복간 붐

6월 항쟁 이후 시장의 개방으로 언론 매체가 양적으로 급증하였다. 군부 독재 체제에서 법적, 제도적 장치를 통해 언론 시장의 신규 진입을 차단해 오다가 이것이 풀리면서 새로운 매체가 연이어 등장하고 과거 강제로 폐간당했던 매체의 복간 붐이 일었다. 동일한 시장에서 단기간에 매체 수가 폭증하면서 필연적으로 경쟁이 심화될 수밖에 없었다.

1) 정기간행물 증가 현황

표 40은 6월 항쟁 이후부터 최근에 이르기까지 정기간행물의 증감 현황을 정리한 것이다. 정간물 전체 종수는 1987년의 2421종에서 2013년 16,042종으로 26년 만에 6.6배로 대폭 증가하였다. 특히 일간 신문은 1987년의 30종에서 1년 만에 65종이 되어 2배 이상으로 폭증하였다. 이후에도 꾸준히 증가세를 유지하여 2013년에 363종을 기록하였다. 1987년부터 26년 만에 12.1배로 증가한 것이다. 주간 이상의 정간물들도 대부분 비슷한 증가 양상을 보이고 있다. 1987년에서 1년 사이에 폭증하였고 그 이후 일시적인 감소도 없지 않았지만 전반적인 증가세를 유지하였다. 또한 새로운 매체라 할 인터넷 신문도 2000년대 들어서면서 급증하는 양상을 보여 준다. 통계 자료가 이용 가능한 2005년 286종에서 해마다 급증세를 기록하면서 2013년에는 5000종에 육박하여 6년 만에 17배가 넘게 증가하였다. 이처럼 정기간행물이 단기간에 폭증하는 양상은 그 이전 군부 독재 시대 여러 가지 정치적, 제도적 장치로 억압되어 왔던 사회적 욕구들이 일시에 분출하면서 나타났던 것이다.

2) 〈한겨레신문〉의 창간

6월 항쟁 이후의 민주화 국면에서 언론의 가장 큰 변화 중 하나로 국민주라는 새로운 형태의 〈한겨레신문〉이 창간된 사실을 지적할 수 있다. 전술한 대로 1985년 민주언론운동협의회가 출범하면서 새로운 유형의 언론이 필요하다는 점을 지적한 것이 출발점이 되었다. 하지만 그 배경에는 박정희 정권과

표 40 6공화국 이후 정기간행물 증감 현황

연도	계	일간 신문	통신	기타 일간	주간	월간	격월간	계간	연 2회	인터넷 신문
1987	2,421	30	2	–	226	1,298	865	–	–	–
1988	3,388	65	2	–	496	1,733	1,092	–	–	–
1989	4,402	70	2	–	819	2,137	1,374	–	–	–
1990	5,183	85	2	–	1,028	2,460	1,608	–	–	–
1991	5,952	98	2	–	1,338	2,672	1,842	–	–	–
1992	6,955	112	2	–	1,847	2,910	2,084	–	–	–
1993	7,869	114	2	–	2,236	3,146	2,371	–	–	–
1994	8,724	126	2	–	2,561	3,376	2,659	–	–	–
1995	9,720	148	2	–	2,865	3,701	3,004	–	–	–
1996	7,984	117	2	238	2,937	3,084	1,844	–	–	–
1997	7,233	105	2	257	2,412	2,863	1,851	–	–	–
1998	6,481	108	2	304	2,342	2,461	1,568	–	–	–
1999	5,927	113	1	333	1,956	2,271	372	669	212	–
2000	6,433	119	1	368	2,166	2,468	389	696	226	–
2001	6,882	123	2	409	2,354	2,644	398	710	242	–
2002	7,025	125	2	431	2,437	2,637	390	748	255	–
2003	6,689	134	2	423	2,335	2,434	361	745	255	–
2004	6,812	139	2	426	2,316	2,505	369	794	261	–
2005	7,536	168	2	395	2,426	2,744	410	838	267	286
2006	8,551	193	2	372	2,697	3,028	431	904	298	626
2007	9,456	282	3	364	2,891	3,272	455	969	319	901
2008	10,702	264	3	362	2,847	3,870	504	1,158	379	1,315
2009	12,975	299	4	360	2,658	5,262	670	1,514	510	1,698
2010	12,081	338	5	339	2,868	3,936	542	1,161	408	2,484
2011	13,268	352	12	336	2,891	4,209	584	1,266	425	3,193
2012	14,563	324	14	369	3,014	4,512	611	1,354	451	3,914
2013	16,042	363	15	353	3,138	4,697	646	1,408	506	4,916

출처: 문화체육관광 통계 포털.
(http://culturestat.mcst.go.kr/StatisticsPortal/McstPortal/statistics/statistics_01_b.jsp?oper=CLK_FIRST&f_code=STBL–1018126&classify=1 2015. 3. 6)

전두환 정권을 이어 오랫동안 지속된 군부 독재 체제에서 왜곡된 언론의 무기력한 모습에 심각한 문제를 느껴야 했던 한국 사회 전반의 시대적 요구가 자리하고 있었다. 민언협의 해직 기자들이 중심이 되어 6·29 선언 직후부터 발 빠르게 움직이기 시작하여 국민주 형식의 모금으로 창간과 운영 자금을 조달하는 새로운 신문 준비에 착수하였다.

창간위원회는 1987년 11월부터 창간 자금 50억 원 모금에 들어갔다. 그해 12월 대통령 선거에서 양 김 씨의 집권 실패는 새로운 신문 모금을 가속시켰다. 대선 전 한 달 동안 10억 원 정도가 모금되었지만 대선 끝나고 2달 만에 40억 원이 몰렸다는 것이다.[2] 민주적 정부에 대한 기대가 무산되자 민주적 언론에 대한 갈망이 더욱 커졌던 것으로 볼 수 있다. 이렇게 창간 자금 50억 원을 국민주 형태로 모금에 성공한 〈한겨레신문〉은 민주·민족·통일을 사시로 내걸고 1988년 5월 15일 창간호를 발행할 수 있었다. 창간 후에도 국민의 참여를 계속 받아들여 6만 3000여 명의 주주가 192억 5000만 원을 모금하여 새 사옥을 빠른 시일에 마련하고 발행 부수 50만 부를 돌파하는 저력을 보였다. 또한 내부 민주주의를 위해 편집국장 직선제를 채택하였으며 기자들은 촌지를 거부하는 등 새로운 언론 문화의 가능성을 열었다. 또한 '최소 이익 추구·공익성을 생명으로'라는 광고 영업 방침을 세우는가 하면 윤리 강령을 제정하여 '진실 보도·청탁 배격으로 참언론을 가꾸겠다'고 선언하였다.[3]

그러나 새로운 언론의 앞길이 순탄한 것만은 결코 아니었다. 창간 초기 고급지 전략을 채택했던 〈한겨레신문〉은 1996년 10월 제호를 〈한겨레〉로 바꾸면서 지면 혁신을 시도하였다. 이때의 혁신은 진보적 대중지를 지향하는 전략으로 평가된다. 이는 지면의 진보적 성격을 유지하면서 시장 속 경쟁력 강화를 도모한다는 특징을 지닌다.[4] 치열한 경쟁이 펼쳐지는 시장 속에서 살아남으면서도 이념적, 정치적 순수성을 유지하기 위한 시도의 일환이라 볼 수 있다. 여러 가지 어려운 여건 속에서도 〈한겨레〉는 새로운 소유 형태의 언론으로 창간되어 한국 사회에서 비판적 언론의 대표 주자로 자리매김하고 있다.

3) 재벌과 종교 세력의 신문 진출

6월 항쟁 이후에 새로 창간된 신문들 중에는 재벌과 종교 세력의 진출이 많았다. 먼저 재벌의 신문 참여를 보면 현대 그룹이 〈문화일보〉를 창간하였으며 한국화약 그룹은 〈경향신문〉을 인수하였다. 롯데그룹과 대우가 부산의 〈국제신문〉과 〈항도일보〉를 각각 인수하였다. 대농그룹은 〈내외경제신문〉과 〈코리아헤럴드〉를, 갑을그룹은 〈영남신문〉을 인수하였다. 또한 종교 세력의 언론 진출도 이루어졌다. 순복음교회가 〈국민일보〉를 창간하였으며 통일교 측은 〈세계일보〉를 창간하였다.[5]

재벌의 언론 소유가 늘어나면서 언론은 그 배경이 되는 독점 자본의 이해관계를 대변하는 양상도 나타나게 되었다. 재벌 소유의 일부 신문들은 소유주 재벌 기업의 관련 소식을 지면을 통해 노골적으로 홍보하는 모습을 보여 주기도 하였다.

언론이 자유를 누리는 국면이 전개되자 많은 재벌들이 이윤을 가져다 줄 새로운 사업으로, 그리고 기존의 사업을 보호해 줄 방어용으로 언론을 소유하고 나선 것이다. 하지만 후발 주자로서 시장의 상황은 만만치 않았다. 많은 신문들이 생겨나면서 치열한 경쟁이 전개되니 그 속에서 다수의 독자를 확보하여 이윤을 실현하기가 매우 어려워진 것이다. 그러다 보니 언론이 갖는 권력으로서의 성격에 기대는 방어용 수단으로서의 효용 가치도 기대에 못 미칠 수밖에 없었다. 이에 따라 재벌들은 대부분 언론 사업에서 손을 떼고 말았다. 1998년 한화그룹은 〈경향신문〉에서 손을 떼고 말았으며 〈내외경제〉와 〈코리아헤럴드〉는 2002년 (주)HMX에 의해 인수되었다. 대우 그룹의 지원을 받던 〈항도일보〉는 1991년 6월부터 〈부산매일〉이라 제호를 변경하였으나 경영난을 이기지 못하고 1998년 11월 18일부터 자진 휴간에 들어가 폐간되고 말았다. 〈국제신문〉도 1999년 9월에 롯데그룹으로부터 분리되었다.

2. 신문의 무한 경쟁

1) 신문의 경쟁 양상

새로운 신문들이 창간되고 통폐합 되었던 신문들도 복간되면서 신문계는 치열한 경쟁으로 돌입하였다. 오랫동안 신문계를 지배했던 카르텔은 더 이상 유지될 수가 없었다. 신문사들 간의 경쟁은 끝을 알 수 없는 무한 경쟁의 양상으로 전개되었다.

경쟁은 증면부터 시작되었다. 1988년 4월에 신문들은 함께 1일 16면 주 96면으로 증면하였다. 담합으로 이루어지는 증면은 이것이 마지막이었다. 1989년 7월 〈한국일보〉가 휴간일이던 월요일에도 휴일판을 발행하기 시작하였으며 그해 10월 〈조선일보〉가 1일 20면 발행 체제로 돌입하면서 신문들의 증면 경쟁은 불붙기 시작하였다. 1990년 3월에는 대다수 중앙지들에 확산되어 주 1회 휴간제가 없어지고 연중무휴로 하루 20면 발행 체제가 성립되었다. 더 나아가 주요 중앙지들은 경쟁적으로 주 1회의 특집 부록판을 발행해 지면을 다시 늘리기 시작하여 1990년 7월부터는 〈한국일보〉를 필두로 중앙일간지들이 모두 1일 24면을 발행하게 되었다.[6]

신문들의 증면 경쟁은 2000년대 들어서까지 지속되면서 더욱 증폭되었다. 이러한 증면 경쟁은 시장에서 우위를 점하고 있는 메이저 신문, 즉 조중동이 선도하여 2000년대에 들어서면 하루 평균 발행이 50면을 넘을 정도까지 확대되었다. 2005년 50.5면에서 2007년 54.4면으로 증가하였다가 그 이후 다소 감소 추세를 보였으나 2010년에 다시 증가세를 보여 준다. 나머지 종합 일간지들의 경우도 메이저 신문에는 못 미치지만 2000년대 후반 30면이 넘게 발행하는 수준에 이르렀다. 이 신문들은 2005년과 2007년 35.2면으로 최대를 기록하였다가 다소 감소하는 추세를 보이고 있다.[7]

신문들은 증면할 때면 으레 '독자들에게 더 알차고 풍부한 정보를 제공하기 위해서'라고 표방한다. 하지만 이것은 명분일 뿐 실제 의도는 보다 많은 광고를 유치하여 수익 극대화를 도모하기 위한 것이다. 인력은 거의 그대로 유지한 채 지면 수만 늘리다 보니 '더 풍부하고 알찬 정보'를 제공하기에는 많은 무리가 따르고 대신 그 늘어난 지면은 대부분 광고가 차지하며 활자는 커지고 컬러를 이용한 사진은 늘어나는 방식으로 지면을 구성했던 것이다. 인력은 한정된 가운데 면이 늘어나다보니 그 내용은 빈약해질 수밖에 없었다. 늘어나는 지면들은 증권 시세나 외국어 한마디, 오늘의 운세처럼 외부에서 제공하는 정보를 그대로 지면에 옮기는 형태로 채워졌다.

신문들의 경쟁은 증면에만 머물지 않았다. 1991년 8월 〈한국일보〉가 창원 분공장을 가동하며 서울과 지방에서의 동시 인쇄 시대가 막을 열었다. 그 이전 지방의 중앙지 독자들은 조간의 경우 그 전날 인쇄되어 지방으로 배송되어 온 신문을 아침에 보았으며 서울의 석간도 밤새 지방으로 배송되어 다음 날 아침에야 볼 수 있었다. 따라서 12시간 전의 신문을 보거나 아니면 같은 내용이면 12시간 후에 받아 보아야 했던 것이다. 그러나 동시 인쇄 시대에 들어서면서 지방의 독자들도 같은 시간에 일부 지역면만 다르고 대동소이한 내용을 받아 볼 수 있게 되었다.

〈한국일보〉의 뒤를 이어 〈조선일보〉와 〈동아일보〉, 〈중앙일보〉 등 중앙지들도 지방에 분공장을 설치하거나 지방지와 위탁 인쇄 계약을 통해 동시 인쇄 체제를 갖추었다. 이로써 중앙지의 지방지 시장 잠식은 점차 가속화되기 시작하였다. 어려운 경영 여건에 허덕이던 지방의 신문들은 중앙지들의 시장 공략에 그 경영난은 점차 심화되어 갔다.

1991년 12월에는 조간이던 〈한국일보〉가 석간까지 발행하며 조석간제를 30년 만에 부활시켰다. 그러나 조석간제는 다른 신문들에게 확산되지는 못했고, 얼마 후 자진 폐지되고 말았다. 조석간제가 확산되지 못한 것은 배달 인력을 구하기 어려웠다는 점이 가장 큰 문제였다. 해방 이후 신문의 배달은 고학생들이 중심을 이루었으나 경제 성장으로 생활 수준이 향상되고 가족계획으로 핵가족화가 진전되면서 고학 전선에 나설 학생들을 찾기 어려운 환경이 된 것이다.

신문 간 경쟁의 최전선은 조간 시장이었다. 조간이 석간보다 열독률이나 광고 효과의 측면에서 유리하다는 인식 때문에 기존의 석간도 조간으로 전환하였으며 새로 창간되는 신문들도 대부분 조간을 선택하였다. 1991년 4월 〈경향신문〉이 조간으로 전환한 것을 필두로 1993년 4월에는 〈동아일보〉도 조간으로 전환하였다. 〈중앙일보〉도 1995년 4월 조간화를 단행하였다. 동일한 조간 시장을 놓고 신문들 간에 사생결단의 치열한 경쟁이 펼쳐지게 된 것이다.

2) 경쟁의 부작용과 정부의 규제

경쟁이 과열되면서 신문들은 독자를 확보하기 위해 각종의 경품을 제공하기 시작하였다. 그 경품도 경쟁이 되니 점차 대형화, 고급화되어 갔다. 자전거, 선풍기에서 비데까지 제공하는 사례들이 나타나면서 '자전거일보,' '비데 신문'이라는 비아냥거림까지 들어야 했다. 이러한 신문들의 과열 경쟁은 급기야 지국장간의 살인 사건으로까지 비화되고 말았다. 1996년 고양시에서 신문 독자 확보 경쟁을 벌이던 중 〈중앙일보〉 지국의 사람들이 〈조선일보〉 지국을 찾아가 흉기를 휘둘러 1명을 숨지게 한 사건이었다. 이 사건은 당시 사회에 커다란 충격을 던져 주었으며 신문들의 지나친 경쟁에 대해 사회적 공분을 사게 되었다.

사태가 여기에 이르자 1996년 공정거래위원회는 '신문업에 관한 특별고시,' 즉 신문고시를 제정하였다. 그러나 별다른 실효를 거두지 못한 채 시행 2년 후인 1998년 12월 규제개혁위원회는 신문고시가 시장 원리에 어긋난다는 이유로 폐지하였다. 그 후 한국신문협회가 '신문판매 자율규약'을 만들어 회원인 신문사들로 하여금 이 규약을 준수하도록 하였다. 공정거래위원회는

2001년 7월부터 새로운 내용의 '신문고시안'을 제정, 시행하였다. 그 내용은 무가지와 경품, 신문 강제 투입, 끼워 팔기 등을 규제하되 신문업계의 자율 규제를 존중한다는 것이 주요 골자다. 신문 무가지 살포 한도는 무가지와 경품 제공을 합쳐 유가지의 20%를 넘지 못하도록 하였다. 공정거래위원회는 2005년 4월부터 신문고시 위반 행위를 신고, 제보하는 구독자에게 법 위반액의 5~50배에 달하는 포상금을 지급하는 제도를 도입하였다. 그러나 2012년 8월 공정거래위원회 발표에 따르면 지난 5년간 신문고시 위반 행위가 총 1276건 발생하였으며 그중 92%를 〈조선일보〉, 〈중앙일보〉, 〈동아일보〉가 차지한 것으로 집계되었다.[8] 법적 제도적 규제에도 불구하고 시장의 주류 신문들은 여전히 독자층 확대를 위해 사활을 걸고 경쟁하고 있음을 말해 준다.

3) 신문 위기의 심화

더 많은 독자를 확보하여 더 많은 수익을 올리려는 신문들의 몸부림은 광고 수입이 늘어나면서 경영 실적의 호조로 이어지기도 하였다. 증면으로 늘어난 지면은 대부분 광고로 채워졌다. 1988년 종합 일간지의 기사 대 광고량은 55.8 대 44.2였으나 1992년에는 광고량이 거의 50%에 육박하였고 1993년에는 54.1%로 늘었다. 1994년 일간지들이 40면을 발행하면서 광고량은 더욱 늘어 60%에 육박하였다. 주류 신문들의 경우 60%를 넘기도 하였다. 한국기자협회가 1994년 4월부터 5월 둘째 주까지 〈조선일보〉와 〈동아일보〉의 지면을 조사한 결과 〈조선일보〉는 60.4%, 〈동아일보〉는 60.2%로 나타났다. 광고 점유율이 60%를 넘어선 것이다. 이 정도면 정보를 전달하는 매체라기보다 광고를 전달하는 매체라고 하는 것이 더 적합할 것이다. 광고가 지면의 50%를 넘어섬에 따라 3종 우편물로 요금에 할인 혜택을 주던 대상에서 제외되기까지 하였다.[9]

그러나 신문들의 이러한 호황은 오래가지 못했다. 이제는 인쇄 매체가 과거와 같은 위상을 유지하기는 힘든 시대가 되었다. 가장 큰 요인은 각종 뉴미디어의 등장이다. 발달된 테크놀로지를 도입한 뉴 미디어가 등장하면서 인쇄 매체가 전반적인 사양길에 접어들어 가고 있는 것이다. 특히 컴퓨터의 발전과 보급 확대로 인터넷이 새로운 정보와 오락의 매체로 등장하면서 신문의 위기는 더욱 심화되고 있다.

1980년대 말 PC 통신 시대부터 시작하여 1995년경부터 월드와이드웹이 보급되기 시작하여 2000년대 들어서면서 인터넷 사용 인구는 폭발적으로 증가하였다. 2000년도의 국내 인터넷 사용 인구는 400만 명을 약간 넘는 수준이었으나 2002년 1000만 명을 돌파하였으며[10] 이후에도 지속적으로 증가하여 2012년에는 사용자가 3812만 명에 이르러 이용률 78.4%를 기록하였다. 2013년 7월 현재 전체 가구의 97.2%가 초고속 인터넷에 가입되어 있어 OECD 국가 중에서도 1위를 기록하였으며 2013년의 국민 이용률은 82.1%를 기록하였다.[11] 노인층 일부를 제외하고는 전 국민이 인터넷을 사용한다고 해도 과언이 아님을 말해 준다.

이처럼 인터넷이 폭발적으로 성장하면서 국민의 중요한 정보 채널로 자리매김하자 이는 곧 신문의 위기를 심화시키는 요인이 되었다. 변화되는 환경 속에서 신문들은 인터넷 포털 사이트에 콘텐츠를 제공하기 시작하였으나 이는 또한 신문의 위기를 더욱 악화시키고 말았다. 이제 인터넷에서 무료로 볼 수 있는데 굳이 구독료를 내고 신문을 보려는 독자가 점차 감소하는 것이다. 한국언론진흥재단의 조사에 의하면 국민의 신문 구독률은 1996년 69.3%에서 2000년 58.9%, 2004년 48.3%, 2008년 36.8%로 지속적 감소 추세를 보였다. 2010년에는 29.0%를 기록하여 30% 아래로 감소하더니 2013년에는 20.4%까지 떨어졌다. 이제는 종이 신문의 소멸이 멀지 않았다는 주장들을 가볍게 들어 넘기기 어려운 상황이 되고 말았다. 실제로 국내의 한 컨설팅 업체는 이러한 감소 추세가 지속되면 2026년이면 종이 신문이 사라질 거라는 전망을 내놓기도 했다.[12]

표 41 매체별 광고비 현황

매체	2009		2011	
	취급액(100만 원)	구성비(%)	취급액(100만 원)	구성비(%)
TV	1,650,345	26.2	2,148,146	25.7
라디오	218,727	3.5	282,095	3.4
신문	932,843	14.8	867,982	10.4
잡지	294,182	4.7	343,903	4.1
케이블	803,614	12.8	1,207,578	14.5
온라인	878,088	14	1,442,905	17.3
모바일	70,689	1.1	115,455	1.4
DMB	28,849	0.5	82,844	1
위성	15,326	0.2	9,079	0.1
IPTV	861	0	30,811	0.4
옥외	1,051,666	16.7	1,304,281	15.6
기타	342,289	5.4	511,944	6.1
전체	6,287,477	100	8,347,025	100

출처: 〈광고산업통계정보시스템〉. 한국방송광고진흥공사 홈페이지 (https://adstat.kobaco.co.kr/default.asp 2015. 4. 1).

이와 같은 언론 환경의 변화는 신문사 광고 수입의 감소를 가져왔다. 위의 표는 2009년과 2011년 매체별 광고비의 변화를 정리한 것이다. 5공화국기까지만 하더라도 광고 시장은 4대 매체와 옥외 광고 중심으로 운영되었지만 2000년대 들어서면서 매체의 종류가 과거와는 비교가 안 될 정도로 대폭 늘어났다. 케이블 TV를 비롯한 뉴 미디어들은 새로이 광고 시장에 출현하여 그 비중을 점차 높여 가고 있으며, 이는 필연적으로 기존 매체의 광고비 점유율 하락으로 이어질 수밖에 없다. 전체 광고비는 2009년 6조 2874억 원에서 2011년 8조 3470억 원으로 1.3배로 증가하였지만 신문의 광고비는 9328억 원에서 8679억 원으로 7% 정도 감소하였으며 전체 점유율도 14.8%에서

10.4%로 4.4% 감소하였다.[13] 콘텐츠진흥원이 발표한 2013년도 광고비 현황을 보면 신문 광고비는 8075억 4100만 원으로 또 7% 정도 감소하였으며 점유율도 6.0%를 차지하여 4.4% 정도 감소하였다. 이처럼 광고 수익이 점차 감소한다는 사실은 신문 산업의 수익 구조가 점차 악화된다는 것을 의미하며 이것이 신문이 처한 위기의 핵심이라 할 수 있다.

신문의 위기는 이러한 외부적 환경 변화에서 야기된 바도 적지 않겠지만 그 내부적 요인도 이에 못지않다. 구독률만 감소한 것이 아니라 신뢰도도 지속적으로 하락한 것이다. 한국언론진흥재단이 시행한 수용자 의식 조사에서 여러 매체가 동시 보도할 경우 어느 매체를 가장 신뢰하느냐고 물어 매체별 신뢰도를 조사한 결과 신문의 신뢰도는 6월 항쟁 직후에는 5공화국에 비해 상승하였다. 1984년 조사에서 49.3%로 조사되었지만 6·29 선언 직후 56.2%로 최고를 기록하고 1990년에도 55.4%로 약간 하락하였지만 그 이후 지속적으로, 급격한 하락세를 보여 주었다. 1992년 46.2%에서 1998년에는 40.8%로 하락하더니 2000년대에는 24.3%로 급격히 떨어졌다. 2002년 이후로는 19.9%로 10%대에 들어서면서 지속적인 하락세를 유지해 2010년 13.1%까지 기록하였다.[14]

이처럼 구독률도 떨어지고 신뢰도도 하락하는 것은 최근 심화되는 신문의 위기를 단적으로 잘 보여 준다. 신문의 신뢰도가 이렇게까지 급격하게 하락한 것은 전술한 대로 신문의 영향력이 증대되어 권력화되면서 자신들의 입장이나 이해관계에 따른 보도 태도를 보인 것이 가장 큰 요인이 되었을 것이다. 주류 신문들의 공격견적 비판으로 정부와 언론의 관계가 악화되면서 결과적으로 정부를 지지하는 국민에게는 언론의 비판이 정치적으로 편향된 부당한 것으로 느꼈을 가능성이 크며 이것은 다시 언론 신뢰도에 부정적으로 작용했을 것이다.

또한 이처럼 언론의 편향된 정파성을 견제하기 위해 정부가 세무 조사와 신문법 같은 입법을 통해, 그리고 시민 단체들에 의해 제기된 언론 개혁 운동이 소기의 성과를 거두지는 못하고 오히려 갈등과 분열만을 심화시켰다. 정부와 신문이 대립할 뿐만 아니라 신문과 신문이, 신문과 방송이 대립하는 초유의 언론 전쟁이 야기되었다. 언론 개혁 운동이 불러온 소용돌이 속에서 언론 개혁을 찬성하는 사람들이나 반대하는 사람들 모두가 상대방 진영의 언론은 정치적으로 편향되어 있고 공정하지 못하다는 인식을 갖게 되었고 이는 결과적으로 언론 전체에 대한 신뢰도 하락으로 연결된 것이다.[15]

3. 방송계의 변화와 발전

1) 1990년의 방송 구조 개편

6공화국 들어 불기 시작한 자본의 바람은 방송계도 예외가 아니었다. 전술한 대로 5공화국기부터 공영 방송 제도를 유지해 왔으나 노태우 정부는 상업 방송 도입을 시도하고 나섰다. 1990년 2월 공보처 장관이 대통령에 대한 새해 업무 보고에서 방송법을 개정하여 민간 TV 방송 설립을 추진하겠다고 언급하여 처음 표면화되었다. 이게 알려지자 각계의 반발이 뒤따랐다. 같은 시기 KBS 사장 서영훈을 예산 변칙 지출을 문제 삼아 해임시키고 〈서울신문〉 사장을 역임한 서기원을 임명하자 KBS 노조는 이 조치도 방송 구조 개편을 위한 작업의 일환이라며 강하게 반발하였다.

방송사 노조의 저지 투쟁을 진압한 노태우 정부는 1990년 6월 14일 새로운 방송 제도 개편안을 발표하고 7월 14일 방송법 개정안을 날치기 통과시켰다. 개정안의 핵심 내용은 민간 상업 방송 신설이었다. 이에 대해 MBC노조가 7월 12일 제작 거부에 돌입하고 KBS와 기독교방송, 평화방송 등 4개 방송사 노조가 연대 제작 거부에 나서는 등 반발이 이어졌다.[16]

하지만 정부의 신설 민방 허가는 예정대로 진행되어 그해 10월 건설회사

SBS의 드라마 〈모래시계〉 열풍과 지역의 소외

1995년 연초 SBS가 6주간 방송한 드라마 〈모래시계〉는 여러 가지 화제를 불러일으켰다. 신문들도 연일 이를 기사로 다루었다. 직장인들의 귀가 시간을 앞당긴 이 드라마에 '귀가 시계'라는 별칭도 만들어 주는가 하면(《동아일보》, 1995. 1. 14, 17면), '〈모래시계〉 열풍이 전국을 휩쓸었다'(《국민일보》, 1995. 2. 16, 21면)며 연일 화제를 쏟아 내었다. 하지만 이 드라마는 서울의 지역 방송인 SBS가 방영한 것이었다. 지역의 시청자들로서는 이 드라마를 제대로 볼 수 없었다. 당시에 존재하던 유선 방송을 통해 뒤늦게 재방영을 볼 수밖에 없었다. 서울의 중앙지 기자들 입장에서는 이러한 지역민들의 사정을 제대로 알지 못하는 가운데 기사를 써대니 지역민들은 이중의 소외를 느낄 수밖에 없었다. 인기 있는 드라마를 보지 못해서, 그럼에도 '전국에 열풍'이 분다는 신문들의 보도를 보면서 소외감을 느껴야 했던 것이다. 이는 과도하게 중앙 집중화된 한국 현실의 단면을 여실히 보여 주었던 사건이다.

태영이 지배 주주로 선정되었다. 이렇게 탄생한 서울방송 SBS는 1991년 3월 20일 AM 라디오 방송을 개국한 데 이어 그해 12월 9일 TV 방송도 개국하였다. 서울방송은 서울 지역을 대상으로 하는 방송으로 출발하였지만 그 이후 지역 민방과 제휴를 통해 사실상 전국 네트워크화되었다.

이 외에도 6월 항쟁 이후 방송 분야에서는 평화방송(1990. 4. 15)과 불교방송(1990. 5. 1), 교통방송(1990. 5. 1) 등 특수 방송들이 출현하였다. 이러한 방송 제도의 변화는 공영을 토대로 하던 제도에서 상업 방송을 허용하는 구조로 바뀜으로써 방송사들 간에도 치열한 경쟁을 유발하게 되었다.

2) 다매체 다채널 시대의 도래

테크놀로지의 발전이 가속화되면서 방송 분야에서도 여러 가지 변화들이 이루어졌다. 특히 1993년 김영삼 정권 이후 이러한 변화가 두드러지고 있다. 방송계의 변화로는 크게 네 가지를 들 수 있다. 케이블 TV 시대의 개막과 지역 민방의 출범, 무궁화 1호, 2호 발사와 위성 방송 실시, IPTV의 도입이 그것이다. 이러한 변화를 통해 이른바 다매체 다채널 시대가 도래하게 된 것이다.

케이블 TV는 1995년 3월 1일부터 본 방송을 시작했으며 5월부터 유료 방송을 실시하였다. 개국 초에는 보도, 영화, 스포츠 등 11개 분야 21개 채널로 시작하였으며 12월 1일부터 홈쇼핑, 만화, 문화 예술, 바둑, 기독교 채널 등 24개 프로그램 제작사와 48개 종합 유선 방송국이 방송을 시작하였다.

한편, 1994년에는 전국 4대 광역시에 지역 민방이 설치되었다. 부산의 부산방송(PSB, 한창기업, 2006년 KNN으로 회사명 변경), 대구의 대구방송(TBC, 청구건설), 광주의 광주방송(KBC, 대주건설), 대전의 대전방송(TJB, 우성사료)이 그것인데, 이듬해인 1995년 5월 14일부터 본 방송을 시작하였다. 또한 1997년에는 제2차 지역 민방으로 인천(OBS, 동양화학), 울산(UBC, 주리원백화점)과 전주(JTV, 세풍), 청주(CJB, 뉴맥스) 등 4곳에서 각기 지역 민방이 출범하였다.

지역 민방들의 출범은 지역 방송의 제도적 변화를 가져왔다는 점과 지역 주민의 다양한 문화적 욕구를 충족하는 계기가 됐다는 점에서 그 의미를 찾을 수 있다. 지역 민방들은 직할국 체제인 KBS나 계열사 체제인 MBC와 달리 자본과 운영의 독립성을 유지하면서 서울의 SBS와 프로그램 협력 체제만을 유지하는 새로운 모델로 출발하였다. 그러나 현실적으로는 여전히 서울의 SBS가 전국 네트워크화한 것에 불과하다는 비판도 만만치 않다.[17]

이 시기 위성 방송 시대도 막을 열었다. 1995년 8월 무궁화 위성 1호가 발사된 것을 시초로 1996년 1월 제2호, 1999년 9월 제3호가 발사됨으로써 본격적인 위성 방송 시대가 막을 열었다. 2001년에는 위성 방송 사업자로 스카이라이프가 선정되어 2002년 3월 1일 144개 채널로 개국하여 위성 방송 시대가 막을 열었다. 2003년에 가입자 100만 명을 넘었으며[18] 2014년 12월 말 현재 가입자 426만 명을 기록하고 있다.[19]

전술한 대로 인터넷이 급성장하면서 기존 매체들의 판도를 뒤흔들고 있다. 2008년에는 TV 방송의 콘텐츠도 인터넷을 통해 배급하는 IPTV가 도입되었다. 2008년 1월 17일 인터넷 멀티미디어 방송사업법이 통과되어 법적 기반을 마련한 IPTV는 2009년 1월부터 상용화가 시작되어 2014년 8월 가입자가 1000만 명을 넘어설 정도로 급성장하여 2014년 11월 현재 1047만 6445명을 기록하고 있다.[20]

이제는 인터넷이 네트워킹의 차원에만 머물지 않고 신문과 방송 등 기존 매체의 내용도 서비스하는 정보와 콘텐츠의 새로운 플랫폼을 형성하면서 커뮤니케이션 매체의 새로운 강자로 급부상하고 있다. "모든 문화는 인터넷으로 몰린다"는 구글 회장 에릭 슈미트Eric Schmidt의 말이 현실화되고 있음을 보여 준다.

3) 지상파 방송의 위기

디지털 시대의 도래는 신문뿐만 아니라 지상파 방송에도 위기를 불러 왔다. 지상파 방송의 위기는 무엇보다도 케이블 TV와 위성 방송, IPTV 등 유료 방송 시장의 개막과 확대에 따른 것이었다. 2000년 1.5%에 그쳤던 케이블 TV 등 비지상파 방송의 시청 점유율은 2004년 28.8%로 급증하였다.[21] 그 이후로도 IPTV가 도입되고 종합 편성 채널이 개국하면서 지상파 방송의 비중은 더욱 축소되었다.

이러한 방송 시장의 변화는 시청자들의 시청 패턴 변화를 가져 왔다. 지상파 방송의 프로그램도 케이블 TV나 위성 방송, IPTV로 시청하는 비율이 폭증하였다. 최근 지상파를 직접 수신, 시청하는 비율은 2014년 6.8%까지 떨어졌다고 한다.[22] 통신사들이 IPTV 결합 상품에 마케팅을 집중하면서 방송의 통신 종속이 본격화하고 있다. 유료 방송 가입자는 중복 가입을 포함, 침투율이 이미 140%를 넘어섰다는 것이다. 또한 주로 젊은 시청자들은 인터넷의 다시 보기 등을 이용한 VOD(주문형 비디오) 시장으로 대거 빠져나가고 있다.

모바일이 주류 콘텐츠 플랫폼으로 떠오르고 인터넷 포털 사이트의 집중도가 높아지면서 뉴스가 파편화되고 지상파 방송사들의 영향력은 급격히 위축되고 있다. 지상파 방송사들은 몇 년째 유료 방송 사업자들과 재송신 수수료를 두고 갈등을 벌이고 있지만 정작 콘텐츠 경쟁력은 계속 추락하고 있다. 지상파 방송사들은 이런 식으로 가면 수많은 프로그램 공급업자Program Provider 가운데 하나로 전락할 가능성마저 거론되고 있다. 콘텐츠 사업자에서 플랫폼 사업자로 권력이 넘어가면서 지상파 방송사들은 입지가 더욱 비좁아질 수밖에 없는 상황이다.

콘텐츠를 팔지 못하면서 광고를 팔려 하는 기형적인 비즈니스 모델은 필연적으로 광고주와의 유착을 부르고 이에 따라 콘텐츠의 왜곡을 가져 온다. 방송 뉴스에서는 이미 경제 기사를 찾아볼 수 없게 됐다. 얄팍한 재테크와 가십성 생활 정보가 넘쳐날 뿐이다. 매출에 영향을 미치는 광고주를 비판하기는 불가능하거나 정치권력을 비판하는 것보다도 훨씬 어렵다.[23]

더구나 이명박 정부나 박근혜 정부가 지상파 방송사의 사장에 영향력을 행사하여 친정부적인 인사를 임명한 결과 보도에서 공정성을 잃고 편향적인 행태를 보이게 되었다. 흡사 과거 독재 정권 시절의 편파적 방송을 떠올리게 하는 이러한 보도 태도는 젊고 개혁적인 국민의 반발을 불러일으키며 대거 이탈을 불러 오고 있다. 이와 같은 내외적인 조건들이 겹치면서 지상파 방송의 위기도 점차 심화되고 있는 것이다.

16장

시민 사회와 언론 민주화

1. 언론 노조 운동

1) 언론 노조의 결성과 확산

6월 항쟁 이후 한국 사회는 시민 사회가 활성화되면서 언론 노조와 시민 단체를 중심으로 언론 민주화를 위한 사회적 노력이 증대되었다. 먼저 각 언론사별로 노동조합이 결성되어 언론 민주화를 위한 투쟁을 전개하였다. 제2공화국기와 유신 체제하에서 언론사 노조 결성이 시도되기도 하였지만 실패하거나 단명에 그치고 말았다. 그러나 제6공화국기에 들며 언론사 노조들이 속속 결성되면서 본격화되었다. 1987년 10월 29일 〈한국일보〉 기자들이 노조를 설립한 것이 최초였다. 이를 계기로 각 언론사로 확산되며 노조들이 속속 결성되었다. 같은 해 11월 18일 동아일보사가 노조를 결성하였으며 뒤를 이어 〈중앙일보〉가 12월 1일, 서울MBC가 12월 9일, 〈코리아헤럴드〉가 12월 14일에 노조를 출범시켰다. 해가 바뀌어 1988년 1월 한 달 동안에도 11일에 마산MBC, 19일 CBS, 22일 〈부산일보〉와 목포MBC가 잇따라 노조를 설립하였으며 5월 28일에는 KBS도 노조를 결성하였다.

이를 바탕으로 1988년 4월에는 7개 신문사 노조와 7개 방송사 노조 그리고 연합통신 노조 등 15개 언론사 노조가 모여 전국언론사노동조합협의회(이하 언노협)를 결성하였다. 그러나 협의체 성격의 임의 단체였던 언노협으로는 여러 가지 제약이 뒤따르자 곧 이를 산별노련의 성격을 갖는 언론노조연맹으로 나아가는 게 시급하다는 주장이 제기되었다. 이에 따라 1988년 11월 26일에는 전국 41개 언론노조, 1만 3000명의 조합원들이 모여 전국언론노동조합연맹을 발족시켰다.[1] 이 연맹은 이후 산업별 노조로 확대되었다. 전국의 언론사 노조들이 모여 2000년 11월 24일 전국언론노동조합이 탄생한 것이다. 이 언론노조에는 2015년 3월 현재 전국 125개 언론사 노동조합이 참여하고 있다.[2]

2) 신문사 노조의 주요 활동

창립 초기 언론사 노조들은 언론 민주화가 사회 민주화의 핵심적 관건이 된다는 입장에서 언론 민주화 등 내부의 문제뿐만 아니라 정치적 성격이 강한 민주화 운동을 전개하였다. 신문사 노조들은 편집권 독립이나 지배 구조 개선, 노동 조건 개선 등의 문제를 중심으로 투쟁을 전개하였다.

편집권 독립의 문제는 여러 신문사 노조들에서 쟁점이 되었다. 1988년 7월 11일 부산일보사 노조는 편집권 독립과 사장의 퇴진을 요구하며 파업에 돌입하였다. 6월 항쟁 이후 민주화 국면에서 언론사 최초로 벌어진 이 파업은 전국적으로 관심이 집중되면서 쟁점이 되었다. 1988년 1월 22일 결성된 부산일보사 노동조합은 단체 협약에서 편집국장 추천제 등 3개항에서 회사 측과 타협을 이루지 못해 쟁의에 돌입하여 파업에까지 이르게 되었던 것이다. 6일간 지속된 이 파업에 7월 12일 전국 언론사 노조들이 연대하여 지지 성명을 발표하였다. 쟁점이 되었던 편집국장 3인 추천제를 회사 측이 수용하고, 윤임술 사장이 퇴진하면서 7월 16일 타결되어 7월 18일부터는 신문 발행이 정상화되었다.

〈부산일보〉 노조의 이 파업은 박정희 정권 당시부터 소유권이 정수장학회로 넘어 가면서 친정부 일변도의 논조를 벗어나지 못했다는 구성원들의 오랜 불만이 밑거름이 되어 민주화 국면에서 편집권 독립이라는 이슈를 제기하며 이루어진 것이었다. 또한 이 파업은 당시 언론사 노조 최초의 파업이었다는 점 외에도 편집국장 추천제를 성취하였다는 점에서도 그 의의를 높게 평가받고 있다. 이는 노조가 추천하는 3인 중에서 경영진이 편집국장을 임명하도록 하는 제도로, 이후 서울을 비롯한 전국의 다른 언론노조들에게도 직접적인 영향을 주었다. 〈부산일보〉의 사례가 선례가 되어 다른 언론사 노조들도 편집권 독립을 위한 제도적 장치들을 마련해 갔던 것이다.[3]

편집권 독립의 문제는 대개 편집 책임자의 임면에 일반 기자들의 의사를 반영하는 형태로 구체화되었다. 그 구체적 방식은 크게 네 가지 형태로 나타났다. 첫 번째는 편집국장을 기자들의 투표로 직접 선출하는 직선제다. 〈한겨레〉가 처음부터 이 제도를 채택하였으며 〈충청일보〉가 1988년 12월 5일 하루 동안의 파업을 통해 직선제를 도입하기로 결정되었다. 1990년 7월 1일에는 〈제민일보〉가 단체 협약을 통해 직선제를 도입하였다. 〈제민일보〉와 〈충청일보〉는 해임 건의제도 도입하였다. 그러나 편집국장 직선제는 더 이상 확산되지는 않았다.

두 번째는 〈부산일보〉가 파업을 통해 도입한 추천제다. 〈부산일보〉의 뒤를 이어 〈경남신문〉, KBS, 〈대전일보〉가 이를 도입하였으며 서울MBC도 1988년 10월 31일 편성·보도·제작·TV 기술 부문 국장 추천제 도입에 합의하였다. 〈매일경제신문〉과 〈전북일보〉도 각각 편집국장 2인 추천제를 도입하였다. 지방의 MBC도 대부분 서울MBC의 뒤를 이어 추천제를 도입했다. 〈서울신문〉도 편집국장 임면 시 소속국 기자 총의를 반영한다고 규정함으로써 1989년부터 사실상 편집국장 추천제를 도입하였다.

세 번째 임명 동의제는 〈매일경제〉에 이어 〈무등일보〉가 1989년 3월 18일 도입했으며 같은 해 〈중앙일보〉, 〈동아일보〉, 〈한국일보〉, 〈코리아헤럴드〉, 〈한국경제〉, 〈광주일보〉 등에서 잇따라 채택하였다. 1990년 이후에도 〈경인일보〉 등이 이 제도를 도입함으로써 편집 책임자 임면과 관련해서 가장 많은 언론사가 채택했던 제도다. 네 번째의 탄핵제 또는 중간 평가제 역시 〈매일경제〉와 서울MBC에 이어 〈전북일보〉, 〈중앙일보〉, 〈한국일보〉, 〈코리아헤럴드〉 등이 도입하였다.

이처럼 1980년대 말과 1990년대 초 거의 대부분의 언론사들이 편집 책임자 임면에 기자들의 의사를 반영하는 제도를 도입하였다. 이는 초기 언론사 노조 운동의 가장 큰 성과 중 하나로 평가할 수 있다. 그러나 파업과 같은 투쟁을 통해 쟁취한 이러한 제도적 장치들이 실제 운용에서는 그 정신이 제대로 구현되지 못하고 대부분 요식적인 절차에 그치고 말았다.

신문들의 무한 경쟁에서 내부의 갈등은 무조건 부정적인 것으로 치부되면서 노조는 회사와의 갈등을 피하게 되었고, 열악한 노동 환경 탓에 언론인들은 하루하루 일에 쫓기며 대의를 생각하기 힘들었다. 중앙 일간지 중 임명 동의제를 통해 편집국장 내정자의 임명이 취소된 사례는 1991년 〈중앙일보〉의 사례가 유일하다. 일부 언론사들은 찬반 투표가 형식에 흐르거나 아예 시행도 안한 사례도 적지 않았다고 한다. 중간 평가제 또는 탄핵제도 실제로는 잘 실시되지 않았으며 직선제를 최초로 노사 합의에 의해 도입한 〈충청일보〉는 제도 자체를 폐지하기도 하였다.[4] 명분과 이념을 앞세우며 제도를 도입하였지만 실제 현실에서는 치열한 무한 경쟁이 펼쳐지는 시장 속에서 그 명분과 이념이 제대로 구현될 여지를 찾지 못했던 것이다.

신문사 노조들의 소유 구조 개선 투쟁은 소유주를 중심으로 족벌 체제가 신문 운영의 전권을 행사하던 지배 구조를 바꾸려는 시도였다. 장 씨 일가가 운영하면서 신문들의 무한 경쟁에 앞장섰던 〈한국일보〉의 사례가 대표적이다. 공격적 경영에 연이어 실패하자 노조가 중심이 되어 소유권 개선 투쟁에 나서게 되었다. 소유주의 부실 경영과 배임 등으로 법정으로까지 비화된 〈한국일보〉 사태는 2014년 법원에 의해 공개 매각이 결정됨으로써 2015년 초 동화그룹에 의해 인수되었다.

그 외에도 1988년 〈제주신문〉이 사장 퇴진 운동을 벌여 두 차례에 걸쳐 48일과 78일간 장기 농성을 펼치며 다수 도민들의 지지 속에 도민주 신문을 탄생시켰다. 1990년 6월 2일 〈제민일보〉라 제호를 바꾸어 재창간한 것이다. 〈충청일보〉도 사주의 전횡에 1995년 8월부터 노조가 문제 제기하며 투쟁이 시작되었다. 사 측은 결국 2004년 10월 14일 직장 폐쇄를 강행하였으며 11월 10일의 임시 주주 총회에서 폐업을 결의하고 말았다. 그러나 〈충청일보〉의 노조가 중심이 되어 도민주 모금 운동을 전개한 끝에 2005년 8월 15일 〈새충청일보〉를 창간하였다. 〈강원일보〉는 동부그룹이 경영권 행사를 노골화 하자 전 사원이 반발하며 1992년 2월 21일에 노조를 결성하였다. 노조는 즉각 동부 그룹의 경영권 장악 시도에 반발하며 저지 투쟁에 나섰다. 회사는 이 투쟁에 주도적이었던 인사들을 대거 지방으로 발령하자 기자 43명과 6명의 부장이 집단 사표를 제출하고는 '참언론수호투쟁'에 나섰다. 이것이 밑거름이 되어 1992년 11월 26일 〈강원도민일보〉가 창간되었다.[5]

3) 방송사 노조의 주요 활동[6]

한편 방송사 노조들의 활동은 다소 다른 양상으로 전개되었다. 물론 신문사 노조들이 주력했던 편집권 독립이나 지배 개선의 문제도 사내 문제라고 할 수 없는 공적인 성격이긴 하다. 하지만 방송사 노조들이 주력했던 문제는 신문의 경우보다 더 공적인 성격을 강하게 띠었다. 이는 전통적으로 방송의 경우 신문보다 공공성이 더욱 강조되었으며 5공화국 이후 제도적으로도 공영제를 유지하고 있었던 때문으로 볼 수 있다. 또한 독재 정권 시절을 거치면서 왜곡된 방송의 모습을 견뎌야 했던 국민도 이 문제에 더욱 큰 관심을 가지게 되었다. 이에 방송사 노조들이 파업을 벌이면 시민 단체들의 연대나 지지도 더욱 광범위하게 전개된 것이다. 정치권력의 입장에서는 어떠한 형태로든 방송을 자신들의 영향권하에 두고 싶어 했다. 이러한 여러 요인들이 중첩되면서 방송사 노조들의 민주화 투쟁이 지대한 사회적 관심 속에서 전개되었다.

6공화국 이후 방송사 노조의 활동에서 가장 두드러진 이슈와 영역은 공정 방송을 실현하기 위한 투쟁과 방송법 개정을 둘러싼 제도의 문제였다. 1990년대 초반 방송계의 최대 관심사는 공정 방송 실현을 통한 공공성 강화의 문제였다. 이 문제틀 속에서 방송사의 사장 선임이 주요 이슈로 부상하곤 했다. 어떤 형태로든 방송을 자신들의 영향권하에 두고 싶어 하는 정치권력은 측근 인사를 방송사의 사장으로 임명하려 시도하게 마련이며 이를 노조들이 저지하면서 문제를 제기하곤 했던 것이다. 1990년 노태우 정부는 노조에 호의적이던 서영훈 사장을 법정 수당 변칙 지급을 문제 삼아 사퇴시키고 대신 〈서울신문〉 사장을 역임한 서기원을 사장에 임명하였다. 이에 KBS노조가 문제를 제기하며 새 사장의 출근 저지에서 시작하여 파업까지 시도하였다.

노무현 정부 초기인 2003년 3월에도 KBS 사장에 노무현 대통령의 측근 인사인 서동구를 임명하자 KBS노조가 문제를 제기하고 나섰다. 신임 사장의 출근 저지부터 시작한 KBS노조의 투쟁은 결국 사장의 사퇴로 마무리되었다. 이 투쟁을 통해 대통령의 측근을 KBS 사장에 임명하려는 것을 저지시키는 직접적인 성과를 거두었을 뿐만 아니라 KBS 사장의 선임 문제가 KBS만의 문제가 결코 아니라 방송계 나아가서 언론계의 판도를 좌우하는 중대한 문제로서 사회적 관심사로 부각시키는 결과를 가져왔다.

2000년에는 CBS노조가 지극히 정치적 성향을 노골적으로 드러내던 권호경 사장의 퇴진 운동에 나섰다. 그러나 사장은 이를 묵살하고 오히려 보복적 인사 조치와 징계로 대응하였다. 노조는 그해 10월 5일부터 전국 7개 CBS가 공동으로 파업에 돌입하여 2001년 6월 27일까지 267일간에 달하는 언론 노동 운동 사상 최장기 파업을 하였다. 파업 끝에 노조는 재단 이사회의 간섭을 최소화하고 권 사장의 자진 사퇴를 유도한다는 데에 합의하고 파업을 끝냈다. 그러나 권 사장이 약속을 깨고 다시 세 번째 연임을 시도하자 노조는 다시 시한부 파업을 벌이는 등의 투쟁을 벌여 권 사장의 연임을 저지하는 데 성공하였다.

1992년 9월부터 시작하여 50일간 파업을 벌인 MBC노조도 단체 협약의 공정 방송 관련 장치가 직접 원인이 되었다. 노사가 합의하여 1989년부터 시행해 오던 편집, 제작 부서 책임자 추천 제도를 인사권 침해라며 사 측이 폐지하려고 하면서 시작된 노사 갈등이 파업까지 비화되었던 것이다. 정부는 공권력을 투입하여 강제 진압을 시도하였으나 이는 오히려 17개 지방 MBC 사들의 연대 파업을 불러오고 말았다. 이 사태는 노조가 추천제를 포기하고 대신 그동안 유명무실했던 공정방송협의회를 활성화시키는 타협안으로 귀결되었다.

방송 노조의 활동에서 두 번째 주요 영역은 방송법을 중심으로 한 제도 개선 문제이다. 정치권력은 방송의 공공성 강화를 원하는 사회적 기대와는 달리 자신들의 영향력을 확대할 수 있는 방향으로 방송법 개정을 시도하여 그때마다 노조들을 중심으로 한 사회적 반발을 불러일으키곤 하였다. 1990년 6월 14일 정부는 상업 방송을 허용하고 KBS의 조직을 축소한다는 내용의 방송 구조 개편안을 확정, 발표하였다. 이는 그동안 유지해 오던 공영 방송 체제를 공민영 혼합 체제로 바꾸고, KBS는 그동안 3개의 TV, 8개의 라디오 채널에서 TV 2개, 라디오 4개 채널로 축소하고 교육방송을 독립시킨다는 것이었다. 이러한 방송법 개정은 방송에 대한 정부의 영향력을 확대하려는 정치적 의도에서 비롯된 것이라 하여 방송사 노조들을 중심으로 언노련과 기자협회, 야당 등이 공동대책위원회를 구성하고 저지 투쟁에 나섰다. 그러나 집권 여당이던 민자당이 이 법안을 7월 11일 날치기 통과시키자 방송사 노조들은 찬반 투표를 통해 제작 거부에 돌입하였다. 이러한 투쟁에도 불구하고 방송법 개정으로 새로운 상업 방송 SBS가 출범하게 되었다.

1996년에도 김영삼 정부는 방송법 개정을 시도하였다. 당시 개정의 핵심은 재벌과 언론사의 위성 방송 참여를 허용하는 것이었다. 이에 방송계가 반발하고 나섰다. 방송사 노조와 민주노총 등 36개 단체가 참여한 방송개혁국민회의는 9월 30일 이 개정에 강력히 반대하는 성명을 발표하였다. 방송사 노조들은 이 법안이 국회를 통과하면 총파업에 돌입하기로 결의하였다. 당시 정부는 이러한 분위기에 압박을 느껴 결국 1997년 국회로 넘기고 말았다.

1998년부터는 다시 통합 방송법안이 쟁점으로 부상하여 김대중 정부와 노조가 중심이 되어 협의를 진행하였다. 그 결과 방송 정책 행정권을 정부에서 방송위원회로 넘기고 종합 유선 방송도 방송위원회의 규제를 받도록 하는 등 합의안을 이끌어 냈다. 이 합의를 바탕으로 한 새로운 법안은 2000년 1월 12일 제정되었다.

2012년 3월에는 이명박 정부가 주요 방송사 사장에 측근 인사를 앉히며 방송을 자신들의 영향권하에 두려는 시도에 반발하며 방송사 노조들이 동시 파업을 벌였다. MBC와 KBS에 이어 YTN도 파업에 동참하며 사상 초유의 방송사 동시 파업이 벌어진 것이다. 이때 MBC노조는 170일간이라는 장기 파업을 벌였으나 6명이 해고당하고 38명이 정직 처분을 받았다. 이들은 법정 투쟁을 벌여 2심까지 승소 판결을 받았다.[7] 2014년 5월에도 KBS노조는 길환영 사장 취임에 반대하며 저지 투쟁을 벌였다. 그러나 이러한 시도들도 당초의 목적을 달성하는 데는 역부족이었다.

이처럼 6월 항쟁 이후 한국 사회가 민주화의 길을 걷는 국면에서 언론사 노조들은 언론의 독립성과 공공성을 강화하여 사회 민주화에 기여할 수 있는 제도로 만들기 위한 노력에서 상당한 성과를 거두었다고 평가할 수 있다. 그러나 개혁적인 정부가 출범하고 국가 개입에 의한 정치적 언론 통제가 완화되면서 언론 민주화 운동의 대상 목표도 정부에서 언론 자본 쪽으로 이동하게 되었다. 이에 따라 언론 노조 운동의 지향점도 언론사 내부 민주화와 근로 조건 개선을 주요 목표로 하는 방향으로 바뀌었다. 신문을 중심으로 언론사들이 상업적 경쟁에 사활을 거는 상황에서 노조들도 공적인 문제 제기를 하기 어려운 상황이며 공적인 문제 제기를 하더라도 사회적 공감을 이끌어 내기 어려운 분위기가 되고 말았다. 이러한 상황 속에서 2000년대 이후 최근의 언론사 노조 운동은 1990년대에 비해 활기를 띄지 못하고 있는 현실이다.

2. 시민 언론 운동의 전개[8]

1) 시민 언론 운동 단체의 결성과 확산

6월 항쟁 이후의 한국 사회는 시민 사회가 성숙하면서 시민들 중심의 수용자 운동도 활기를 띄게 되었다. 언론 민주화를 지향하는 시민 단체들이 생겨나면서 시민 언론 운동이 조직적이며 상시적으로 전개되는 양상을 보여 주기 시작했다. 6월 항쟁 이후 언론은 자유를 누리는 상황이 되었다. 그러나 과거 군부 독재 시절 언론이 권력에 굴종하며 타협하는 자세를 목격해야 했던 시민들은 그러한 과거가 되풀이되지 않도록 언론을 감시하고 견제해야 한다는 인식이 증대되기 시작하였다. 이러한 인식을 바탕으로 해서 1980년대부터 언론 모니터를 시행해 오던 YMCA 등의 사회단체를 중심으로 언론을 감시하고 견제하려는 모니터 운동이 시작되었다.

이렇게 시작한 시민들의 언론 견제는 1991년 중요한 계기를 맞이하게 되었다. 해직 언론인들의 단체였던 민주언론운동협의회가 시민 언론 운동 단체로 방향 전환을 하면서 상시적이고 조직적인 언론 전문 시민 운동의 구심점으로 부상하게 된 것이다. 1975년 〈동아일보〉와 〈조선일보〉에서 해직된 기자들의 단체 동아투위와 조선투위, 그리고 80년해직언론인협의회가 모여서 이룬 민주언론운동협의회의 구성원 중 상당수가 1988년 창간된 〈한겨레신문〉에 참여하게 된 것이 이러한 전환의 직접적인 계기가 되었다. 민언협의 주체를 이루던 해직 언론인들이 빠져 나가자 언론인 운동에서 방향 전환하여 시민 언론 운동 단체로 새로운 모색을 시도하게 된 것이다. 그 첫 번째 사업으로 그해 11월 6일 일반인을 대상으로 하는 언론학교를 개설하면서 시민 언론 운동 단체로 활동을 시작하였다.

1992년의 선거를 계기로 지방에서도 시민 언론 운동 단체들이 생겨나기 시작하였다. 1992년 10월 19일에는 '광주전남민주언론운동협의회'가 출범하였으며 부산에서도 1992년 10월 준비위원회가 결성되었고 1994년 4월에는 '부산민주언론운동협의회'가 정식으로 출범하였다. 1994년의 지역 민방 사업자 선정 과정에서는 대전에서도 '방송바로세우기대전시민위원회'가 5월 26일 출범하였다. 마산, 창원 지역에서도 1993년 여름부터 한겨레신문 독자주주 모임이 중심이 되어 '언론모니터를 위한 마창지역 준비모임'을 결성하여 꾸준한 활동을 벌이다가 1999년 6월부터는 '경남민주언론운동시민연합'으로 개편하였다. 1994년 2월 2일에 창립된 '바른언론을 위한 시민연합'도 한때 지방 여러 곳에 지부를 두고 활동을 벌인 바 있다.

그 외의 지역에서도 속속 시민 언론 운동 단체가 출범하였다. 1999년 12월 전주에서 '전북민주언론운동시민연합,' 2000년 대전에서 '대전충남민주언론운동시민연합,' 2001년 12월 1일 수원에서 '경기민주언론운동시민연합,' 2003년 11월 충북 청주에서 '충북민주언론운동시민연합,' 2005년 5월 춘천에서 '강원민주언론운동시민연합'이 각기 발족하였다. 이 전국의 단체들은 2006년부터 단체명을 '민주언론운동시민연합'에서 '민주언론시민연합'으로 바꾸었다. 단체명에서 '운동'이라는 단어를 제외한 것이다. 이는 그동안 언론 민주화 나아가서 사회 민주화를 추구하던 이 단체들의 목표가 일반 시민들로부터 거리감을 느끼게 했다는 판단에 따라 시민들에게 좀 더 가까이 다가가기 위한 조치로 볼 수 있다.

이와 같이 각 지역에 언론 운동 전문 단체들이 결성되어 활발한 활동을 벌이다가 1990년대 후반으로 오면서 새로운 양상이 전개되었다. 즉 전문 운동 단체별로 활동을 벌이다가 이슈가 있을 때 연대하던 방식과 달리 상설적인 연대 기구를 설립하여 각 부문의 시민 단체들이 언론 문제에 공동으로 대처하는 방식이 나타났다. 1998년에 구성된 '언론개혁시민연대'가 바로 그것이다. 1998년 8월에 서울에서 '언론개혁시민연대'가 출범한 것을 시초로 하여 지방에서도 이러한 연대 기구가 출범하였다. 9월에 광주에서, 그리고 11월에는 부산에서 각기 지역의 여러 시민 단체들이 참여한 가운데 언론개혁시민연대가 창립되었다. 이러한 상설적 연대 기구의 설립은 전문 운동 단체들의 노력에도 불구하고 언론의 가시적인 변화는 나타나지 않고 그 상업적, 정파적 부작용은 더욱 심화되어 가는 가운데 개별 전문 운동 단체로는 한계를 느껴 연대의 폭을 넓힘으로써 대응력을 높여 보려는 시도로 볼 수 있다.

2) 시민 언론 운동 단체의 주요 활동

이와 같이 전문 시민 단체들이 생겨나면서 1990년대의 시민 언론 운동은 과거 어느 때보다 더욱 조직적으로 전개될 수 있었다. 먼저 1990년대 시민 언론 운동에서 나타난 가장 중요한 활동 중 하나는 바로 대중 교육 사업이다. 이는 대중을 상대로 '언론학교' 혹은 모니터 강좌 등의 형태를 통해 언론과 관련된 주요 강좌들을 운영하면서 언론에 대한 문제의식과 비판적 시각을 가질 수 있도록 하려는 목적을 지니고 있다. 전술한 서울의 민언협이 시민 언론 운동 단체로 방향 전환을 하면서 제일 먼저 벌인 사업도 언론학교였다. 서울 외의 지역도 지역의 민언련들이 중심이 되어 시민 대상의 언론 학교 사업을 꾸준히 지속적으로 전개하고 있다. 특히 이 언론학교는 각 단체로서는 회원을 확대 재생산하는 주요 메커니즘이 되고 있다. 언론학교를 수강한 사람들이 각 단체의 회원으로 남아 단체의 여러 사업에서 중추적 역할을 담당하고 있는 것이다.

다음으로는 언론 모니터 사업이다. 이는 1990년대 시민 언론 운동 단체들이 가장 역점을 둔 사업 중 하나였다. 그 이유는 현실 언론의 문제점을 찾아내서 문제 제기를 하고 시정을 요구하기 위해서는 이 모니터 사업이 필수적이기 때문이다. 그러나 이러한 중요성과 욕구에도 불구하고 실제로는 여러 가지 어려움 때문에 각 단체들의 모니터 사업이 효과적으로 이루어지지는 못하였다. 인력의 부족이나 발표 매체의 부족, 분석 방법의 문제, 가시적 성과의 부족 등의 어려움이 겹치면서 모니터 사업이 그다지 활발하게 이루어지지는 못했던 것이다. 일상적인 모니터 활동은 부진했지만 선거와 같이 사회적으로 중요한 이슈가 있을 때에는 선거 보도를 집중적으로 모니터하여 거기서 나타나는 문제점을 이슈화하는 역할을 수행하였다.

세 번째로는 연대 사업이다. 각 지역의 시민 언론 운동 단체는 언론계 특히 언론 노조 및 관련 학계, 그리고 다른 영역의 시민 단체들이나 타 지역의 시민 언론 운동 단체들과 활발한 연대 활동을 전개해 왔다. 특히 사회적으로 중요한 이슈가 있을 때에는 연대 기구를 만들어서 공동 대처하는 양상을 보여 주었다. 그중 가장 중요한 사례로는 선거 때가 되면 '선거보도감시연대회의'를 구성하여 언론의 선거 보도에서 나타나는 불공정 및 왜곡 보도를 감시, 비판한 것을 들 수 있다. 이 연대회의가 가장 먼저 구성된 것은 1992년 3월의 총선기다. 그해 2월 민언협과 KNCC언론대책위원회, 한국여성민우회, 한국사회언론연구회, 중앙언론연구회 등 5개 단체가 중심이 되어 선거보도감시연대회의가 처음으로 출범하였다. 이후 중요한 선거가 있을 때마다 이 연대 기구가 구성되어 선거 보도를 감시, 비판하는 역할을 해왔다.

이 밖에도 시민 언론 운동 단체들이 벌였던 주요 연대 활동으로는 1990년의 '스포츠신문음란폭력조장공동대책위원회,' 1991년의 '촌지추방운동,' 1993년의 '텔레비전방송이대로는안된다 시청자대책회의'가 벌였던 'TV끄기운동'과 '방송바로세우기시청자연대회의,'[9] 1994년의 '지역민방대책을 위한 전국회의' 등을 들 수 있다.

1999년 〈중앙일보〉 사태와 시민 사회의 반응

1999년 10월 2일 중앙일보사의 홍석현 사장이 계열사 보광그룹의 탈세로 구속, 수감되었다. 그러자 〈중앙일보〉는 바로 그날부터 지면을 통해 연일 당시 김대중 정부의 언론 탄압을 폭로하며 맞섰다. "국민의 정부 언론 탄압 실상을 밝힌다"는 제목의 연속 기획으로 10월 7일까지 5회에 걸쳐 정부가 지면과 인사에 개입한 사례를 폭로하며 언론 탄압이라고 목소리를 높였다. 중앙일보사의 입장에서는 이렇게 지면을 통해 폭로하면 독자들과 일반 시민들이 나서서 권력을 비판하고 언론을 두둔해 줄 것으로 기대했을 것이다. 하지만 실상은 〈중앙일보〉의 기대와는 너무나 딴판이었다. 시민 단체나 언론 단체들의 반응은 냉담했다. 탈세라는 불법적 행위를 구속한 것은 정당하다는 반응이 대부분이었다. 이 사태는 여러 측면에서 1970년대 중반의 〈동아일보〉 광고 사태와 대비된다. 1970년대는 독재 권력의 탄압이 극심했지만 언론인들은 그 제약 속에서도 무언가 해 보려 한다는 독자들의 기대가 있었기에 어려움에 처한 언론을 나서서 도와주려 했던 것이다. 하지만 1990년대 언론의 상황과 이에 대한 시민들의 인식은 달랐다. 이때는 언론이 사회적으로 의미 있는 일을 하기보다는 상업적 경쟁에만 몰두하며 권력적 모습을 보여 주는 것에 대해 많은 독자들과 시민 사회가 매우 비판적이었다. 이러한 상황에서 권력이 탄압한다며 〈중앙일보〉가 SOS를 보내도 시민들의 반응은 냉담하기만 했던 것이다. 언론의 실제 모습에 대해 시민들의 인식과 행동도 달라지고 있음을 잘 보여 준 사례다.

이 중 1990년의 '스포츠신문음란폭력조장공동대책위원회'가 벌였던 운동은 수용자 운동에서 매우 중요한 사례다. 1990년 3월 21일 〈스포츠조선〉이 창간되면서 기존의 〈일간스포츠〉, 〈스포츠서울〉과 함께 스포츠 신문 3사가 극심한 선정성의 경쟁을 벌이자 시민 단체들이 문제 제기를 하고 나섰다. 이 운동에서는 스포츠 신문들에 광고하는 기업에 대해서 불매 운동을 벌이겠다고 선언한 새로운 운동 방법이 효력을 발휘하였다. 경제적 수단을 동원한 이 방법이 신문사에게는 효과적인 압력이 된 것이다. 그해 12월 20일 열린 '스포츠 신문 건전화를 위한 간담회'에 두 신문사는 사장이 그리고 한 신문사는 상무가 직접 참석하여 앞으로 자제하겠다고 약속하는 성과를 거두었다.[10] 이처럼 신문사의 최고위급 임원이 시민 단체에 나와서 잘못을 인정하고 앞으로 자제하겠다는 약속을 한 것은 유례를 찾아보기 힘든 성과라고 평가할 수 있다.

1993년에 벌어졌던 '텔레비전방송이대로는안된다 시청자대책회의'의 'TV끄기운동'도 수용자 운동의 역사에서 매우 중요한 의미를 지닌다. 서울 YMCA가 중심이 된 이 운동에서 초점은 방송사들이 지나치게 시청률 위주로 흐르면서 프로그램의 획일화와 저급한 오락화를 초래한다는 것이었다. 여기에 각 지역의 YMCA들 외에도 종교 단체, 여성 단체, 학부모 단체 등이 참여하면서 운동이 확대되어 6월 19일에는 '텔레비전방송이대로는안된다 시청자대책회의'로 확대되었다. 이 단체가 중심이 되어 벌인 캠페인이 7월 7일 "'TV끄기운동'이었다. 이 운동으로 시청률이 일주일 전 같은 수요일에 비해 7% 감소하였으며, 가구당 평균 시청 시간도 30분 정도 감소하는 효과를 가져왔다. 이 운동은 그 방법 면에서도 유례를 찾아보기 힘든 새로운 방식을 사용하였으며 누구나 참여할 수 있는 구체적인 실천 방법을 제시함으로써 상당한 참여를 이끌어 냈다는 점에서 그 의의를 높게 평가받고 있다.

1990년대 후반부터는 〈조선일보〉 반대 운동이 또 하나의 흐름을 형성하기 시작하였다. 그동안 〈조선일보〉는 주류 언론의 대표적 신문으로서 어느 언론 매체보다도 막강한 영향력을 행사해 왔다. 이러한 〈조선일보〉가 보수 세력의 선봉장으로서 우리 사회의 여론을 좌지우지하며 정치나 사회 문화 등 여러 부문에서 권력이라고 불릴 만한 영향력을 행사해 온 데 대해 청년층을 중심으로 한 진보 세력들이 문제를 제기하면서 제동을 걸고 나선 것이다. 이 운동은 1990년대 후반부터 급속히 보급이 확대된 인터넷을 매개로 하여 큰 파급력을 지니면서 시민 언론 운동의 주요한 축을 구성하게 되었다.

1998년 말경 〈조선일보〉가 최장집 교수 사상을 둘러싸고 집요하게 물고 늘어져 색깔 논쟁 시비를 불러일으켰던 사건을 계기로 해서 1999년 12월부터 사이버 공간에서 안티조선 사이트 '우리모두'(www.urimodu.com)가 활동을 본격화하였다. 2000년 들어 지식인들이 〈조선일보〉 반대 선언을 하는 것을 계기로 9월 조선일보반대시민연대가 출범하였다(http://www.antichosun.or.kr). 그 밖에도 조선일보없는아름다운세상(약칭 조아세www.joase.org), 물총닷컴www.mulchong. com) 등의 여러 인터넷 사이트들이 생겨나면서 안티조선 운동이 확산되어 갔다.

2000년대 들어 시민 언론 운동의 최대 현안은 '언론 개혁'이었다. 1990년대 시민 언론 운동을 통해 자연스럽게 언론 개혁의 필요성과 당위성이 제기되기 시작하였다. 이러한 바탕 위에서 김대중 정권부터 노무현 정권에 이르기까지 정치권력도 세무 조사 등의 방법을 동원하여 발 벗고 나서면서 우리 사회의 핵심적인 쟁점 중 하나로 부상하였다. 그러나 이를 둘러싸고 대립과 갈등만 더욱 심화되었다. 언론 개혁 운동이 언론의 개혁이라는 소기의 성과를 거두지는 못하고 오히려 갈등과 분열만을 심화시키고 만 것이다. 개혁의 대상으로 지목된 주류 언론들은 정부와 시민 단체에 대한 비판의 강도를 더욱 높여 갔다. 이에 따라 일부 개혁 성향의 신문과 방송도 동참하면서 신문과 신문이, 신문과 방송이 대립하는 초유의 언론 전쟁도 야기되었다. 이러한 소용돌이 속에서 언론 개혁을 찬성하는 사람들이나 반대하는 사람들 모두가 상대방 진영의 언론은 정치적으로 편향되어 있고 공정하지 못하다는 인식을 갖게 되었고 이는 결과적으로 언론 전체에 대한 신뢰도 하락으로 연결되었다.[11] 뿐만 아니라 시민 단체들도 이 과정에서 적지 않은 상처를 입어야 했다. 시민 단체 출신들이 공직에 임명되고 그 단체들이 정부의 지원을 받는 것을 두고 권력의 앞잡이가 되었다는 주류 언론들의 공격[12]에 이 시민 단체들은 타격을 받지 않을 수 없었던 것이다. 2000년대의 언론 개혁 논쟁은 결국 승자도 없고 성과도 없으며 모두가 패자가 되는 싸움으로 귀결되고 말았다.

17장

언론 지형의 변화와 미래

1. 한국 언론 역사의 몇 가지 특징

지금까지 한국 언론의 역사적 전개를 대중 매체 중심으로 살펴보았다. 한국 언론의 역사적 전개는 크게 보아 서구 언론 역사의 보편적 발전 과정과 흡사한 단계를 거쳤다고 할 수 있다.

먼저 테크놀로지의 발전과 함께 매체의 다양화가 이루어졌다. 인쇄 매체인 신문에 의해 대중 매체의 시대가 막을 연 이래 잡지가 기능 분화를 이루었으며 영화와 라디오 매체가 뒤를 이어 새로운 매체로 등장하였다. 해방 이후에는 텔레비전이 등장하여 산업화 및 경제 성장과 함께 급성장하며 영향력 있는 대중 매체로 새롭게 자리하였다. 1990년대 이후로는 CATV와 위성방송, IPTV 등 새로운 매체가 도입되었으며 PC 보급의 확대는 인터넷을 기반으로 하는 새로운 매체의 출현을 가능케 하였다. 이와 같이 인쇄 매체 독점의 시대에서 출발하여 테크놀로지의 발전으로 다매체 다채널 시대로 변모하게 된 것이다.

이러한 매체의 다양화 과정에서 한국의 언론은 정치의 영향을 가장 크게 받아야 했다. 개항 이후 제국주의 세력의 침략에 직면한 상황에서 시작된 이래 일제의 식민 지배와 미군정의 지배를 받으며 그들의 제국주의적 이해관계에 따른 통제와 탄압을 받아야 했다. 정부 수립 이후에도 정당성이 취약한 권위주의 정권들은 정당성의 공백을 메우기 위해 언론을 통제하고 탄압하고 나섰다. 이러한 통제와 탄압에 언론은 일면 저항도 없지 않았지만 대체로 순응하고 나아가서 협조하기도 하였다. 권위주의적 지배하에서 살아남으면서 언론은 위축, 왜곡될 수밖에 없었지만 언론 스스로도 권위주의적인 모습을 띠게 되었다. 권력의 눈치를 보며 살아야 했지만 그 권력의 비호 속에 스스로도 권력이 되어간 것이다.

그러나 6월 항쟁 이후 언론은 빠르게 변화되는 새로운 환경에 직면해야 했다. 과거와 같은 정치권력의 직접적 통제와 탄압은 눈에 띄게 줄어들고 대신 시장의 논리가 언론을 지배하기 시작하였다. 새로운 매체들도 연이어 등장하면서 기존의 매체들과 한정된 시장을 놓고 치열한 경쟁이 펼쳐진 것이다. 이제는 정치권력이 언론을 좌우하는 요인이 아니라 자본이라는 경제적 요인이 그 자리를 대신하게 되었다.

언론 환경의 변화에도 불구하고 대중 매체들은 권위주의 정권하에서 체질화된 권력적 태도를 벗어나지 못하였다. 오히려 권력화된 모습으로 치열한 경쟁 속에서도 군림하면서 수용자들을 여전히 계몽하며 이윤을 추구하려 들었다. 그러나 이러한 과거의 방식은 변화되는 환경에서는 더 이상 먹혀들지 않았다. 새로운 환경에 효율적으로 적응하지 못한 대중 매체들은 어려움을 겪을 수밖에 없었으며 그 위기는 점차 심화되고 있는 것이다.

한국 언론의 생성, 발전과 함께 수용자층도 많은 변화와 발전을 겪었다. 대중 매체의 도입과 함께 소수 엘리트 중심의 수용자층이 형성된 이후 점차 그 기반이 확대되어 갔다. 초창기 신문의 독자들은 주로 계몽의 대상이라는 수동적 존재로 간주되었지만 그 후 제반 사회적 조건의 성숙과 함께 수용자 참여의 수준과 범위도 점차 확대되며 행동하는 능동적 수용자의 모습으로 변모하였다. 6월 항쟁 이후에는 수용자 단체들이 등장하여 언론에 대한 비판과 견제의 역할을 하는 능동적 수용자의 모습을 보여 준다.

2. 기성 언론의 위기와 미래

최근 '언론의 위기'가 예사롭지 않다. 언론의 위기야 새삼스러울 것도 없기는 하다. 그러나 최근의 언론 위기는 과거와는 그 성격과 심도 면에서 훨씬 더 심각한 것으로 보인다. 널리 알려진 대로 2014년 세월호의 침몰로 야기된 사태에서 언론은 '기레기'라는 치욕적인 훈장(?)까지 받아야 했다. 신뢰도 위기라는 말만으로는 이 사태의 심각성과 깊이를 제대로 표현할 수 없을 것이다. 상업적 경쟁이 치열해 지던 1990년대 중반부터 '시장의 포로'가 되었다는 평가를 듣더니, 이제는 저널리즘의 실종이라는 평가까지 넘쳐 난다. 이제 저널리즘은 '영업의 도구'로 전락하고 말았다며 '자해 저널리즘으로는 미래 없다'는 한 언론인의 말[1]이 요즘 한국 언론이 처한 현실을 잘 집약해 주는 것으로 보인다. 영업의 도구가 되었다는 말은 보도해 주는 대가로 혹은 기사를 빼주는 대가로 광고를 유치하는 언론들의 행태를 일컫는다. 언론의 보도가 영업의 수단으로 전락해 버린 현실에서 저널리즘의 원칙과 이상을 찾기란 불가능할 것이다.

그러나 엄밀히 말하면 언론이 시장의 포로나 영업의 도구로 전락했다는 것도 비단 어제 오늘의 일만은 아니다. 이 책에서도 살펴보았지만 멀리는 일제기 언론에서도 공적 역할은 도외시한 채 상업적 이익만을 추구하며 시장의 포로가 된 단면을 볼 수 있었다. 저널리즘을 영업의 도구로 악용한 사례는 군부 독재 시절에도 실제 현장에서는 적지 않았던 것으로 알려지고 있다.

최근의 언론 위기가 과거의 그것과 차별화되는 점은 대안적 매체의 존재 여부에 있다. 과거에는 언론의 왜곡된 모습을 일반 대중 다수는 대부분 잘 모르기도 했다. 설령 알았더라도 삶에 필요한 정보를 구할 대안적 수단이 없었기 때문에 언론을 비판하면서도 의존할 수밖에 없었다. 그렇기에 언론의 내용은 정도의 차이는 있지만 기본적으로 신뢰의 대상에서 크게 벗어나지 않았던 것이다.

하지만 최근의 상황은 다르다. 이제는 기성의 대중 매체가 아니더라도 정보를 얻을 수 있는 대안적인 수단이 얼마든지 존재한다. 이 대안적인 수단에 의해 기성 대중 매체의 내용이 크로스 체크되면서 사실 여부와 타당성 등이 도마에 오르다 보니 신뢰를 잃고 나아가 비판과 공격, 조롱의 대상으로 전락하게 되는 것이다.

그 대안적 수단으로 최근 부상하고 있는 것이 인터넷이다. 무한한 정보가 자유롭게 생산, 유통되는 온라인의 공간이 현대인들의 최대 정보원으로 부상하면서 기성의 언론을 크게 위협하고 있다. 스마트폰까지 보편화되면서 이제는 언제 어디서라도 원하는 정보를 찾아서 구할 수 있는 시대가 되었다. 특히 소셜 네트워크 서비스(SNS)를 통해 수많은 정보들이 생산, 유통되면서 대중 매체의 내용이 신뢰할 만한 정보로 받아들여지는 것이 아니라 검증과 비판의 대상이 되면서 신뢰를 잃게 되고 이에 따라 그 권위도 땅에 떨어지게 되는 것이다.

'언론의 위기'를 많은 논자들이 이야기하지만 이것은 정확한 표현은 아닐 것이다. '기성 대중 매체들의 위기'라고 하는 것이 보다 정확할 것이다. 인간이 환경 속에서, 더구나 빠른 속도로 변화되고 있는 최근의 환경 속에서 살아가기 위해서는 정보란 필수적이다. 그 정보를 우리는 커뮤니케이션 행위를 통해서 구하고 얻게 된다. 과거에는 대부분의 정보를 기성 대중 매체로부터 얻을 수밖에 없었지만 이제는 그 대중 매체에만 의존하지 않아도 얼마든지 정보를 구할 수 있는 환경이 된 것이다. 이렇게 변화되는 환경 속에서 권력을 지향하며 자본에는 취약한 기성 대중 매체들의 설 자리가 자꾸만 줄어들고 있는 것이다. 환경의 변화에도 불구하고 기성의 언론들은 아직도 과거의 체질을 탈피하지 못하고 여전히 권위적이고 계몽적인 태도를 보이니 달라진 환경의 소비자들에게 먹혀들지 못하고 있는 것이다.

한때 언론의 현황과 문제를 논하는 논의들에서는 수용자들에게서 희망을 싹을 찾곤 하였다. 깨어 있는 수용자들의 역할이 언론을 바로 잡는 데 가장 큰 힘이 되리라는 인식과 기대에서 비롯된 논의들이었다. 그러나 최근에는 이러한 논의도 찾아보기 힘들게 되었다. 이제는 시민 단체들에게서 해결과 희망의 실마리를 찾기에는 기성 대중 매체들의 문제가 너무나 심각해졌으며 시민 단체들도 그 힘의 근원이 되는 다수 시민들의 참여를 기대하기 어려운 상황이 되고 말았다.

대중 매체에 대한 수용자들의 비판이 예사롭지 않지만 역설적으로 이는 그래도 대중 매체에 대한 기대가 아직은 남아 있음을 말해 준다. 무언가 기대하는 것이 있기에 비판도 하게 되는 것이다. 사회적으로 중요한 공공적 역할을 맡도록 역사적으로 규정되어 온 대중 매체를 이대로 사적 이익에 의해서 좌우되도록 방치하는 것은 사회적인 차원에서도 커다란 손실이 아닐 수 없다.

위기의 극복은 먼저 대중 매체 스스로 찾을 수밖에 없다. 지금의 방식과 태도로는 어려워 보인다. 기성의 대중 매체들이 더 이상 추락하지 않고 예전의 위상을 조금이라도 회복하려면 기본으로 돌아가서 기본에 충실한 것만이 유일한 길인 것으로 보인다. 눈앞의 단기적인 이익에만 몰두하여 기본을 도외시하다 보니 신뢰와 권위를 잃고 나아가서 모든 것을 잃게 되고 만 그동안의 행태로는 더 이상 미래를 기대하기 어렵다.

언론은 돈벌이의 수단만은 아니다. 정보를 바탕으로 여러 가지 공적이고 사회적인 역할을 담당해 줄 때 대중의 신뢰를 회복할 수 있으며 그렇게 되면 자연히 경제적 이득도 따라오게 마련인 것이다. 그게 잘 안 된다면 앞으로 언론 부문에는 더 큰 폭의 변화들이 밀어 닥칠 것이다. 기성 언론들의 위상은 갈수록 위축되고 최근 새로이 떠오르는 작은 매체들이 기성의 대중 매체를 대신하게 될 것이다. 온라인 공간을 활용하면서 자본과 권력으로부터 독립을 유지하기 위해 소규모 매체 형태로 운영하거나 협동조합 형태로 운영되는 매체들이 더욱 부상하게 될 것으로 보인다. 이 새로운 매체들이 중심이 되어 인간과 사회가 가지고 있는 커뮤니케이션 욕구의 대부분을 담당하게 될 것이다. 이와 같은 변화는 정보 소비자들의 이용 행태가 과거와 같은 매체 중심에서 벗어나 플랫폼 중심으로 바뀌어 가는 변화와 맞물리면서 한국 사회의 커뮤니케이션 지형에 커다란 변화를 불러 올 것으로 보인다.

1장

1 채백(1999), 《출판학》, 한나래, pp.74~76.

2장

1 이상의 내용은 유선영 외(2007), 《한국의 미디어 사회문화사》, 한국언론재단, 1장을 참조하였음.

2 김영주(2008), "조보에 대한 몇 가지 쟁점: 필사 조보의 기원, 명칭, 폐간 시기, 기문 기사 성격과 민간 인쇄 조보를 중심으로," 〈한국언론정보학보〉, 가을, 43호, p.247.

3 김영주(2007), "신문고 제도에 대한 몇 가지 쟁점: 기원과 운영, 기능·제도의 변천을 중심으로," 〈한국언론정보학보〉, 가을, 39호, p.250.

4 유선영 외(2007), 앞의 책, pp.40~70.

5 위의 책, pp.51~55.

6 아래의 내용은 채백(2014), "한글 고전 소설을 통해 본 조선 후기의 인간 커뮤니케이션 양태," 〈한국언론정보학보〉, 제65호, 봄, pp.46~47을 주로 참조하였음.

7 이이효재(2003), 《조선조 사회와 가족: 신분 상승과 가부장 문화》, 한울, p.78.

8 하영휘(2008), 《양반의 사생활: 조병덕의 편지 1,700통으로 19세기 조선을 엿보다》, 푸른역사, pp.210~212.

9 Walter J. Ong(1982), *Orality and Literacy: The Technologizing of the Word.* 이기우·임명진 옮김(1995), 《구술문화와 문자문화》, 문예출판사, pp.148~150.

10 강명관(2015), "조선시대의 일기들," 〈경향신문〉, 2015. 3. 27, 29면.

11 정진석(1990), 《한국언론사》, 나남, pp.29~32.

12 위의 책, pp.35~36.

13 임근수(1984), 《언론과 역사: 희관 임근수 박사 논총》, 정음사, p.42.

3장

1 강만길(1985), 《한국근대사》, 창작과비평사, pp.70~71.

2 조기준(1982), 《한국자본주의성립사론》, 대왕사, p.267.

3 황현(1978), 《매천야록》, 이장희 옮김, 대양서적, pp.117~121.

4 안병희(1985), "훈민정음 사용에 관한 역사적 연구," 〈동방학지〉 46/48, pp.819~820.

5 조동일(1986), 《한국문학통사 4》, 지식산업사, pp.117, 221~226.

6 〈동아일보〉, 1930. 1. 12.

7 역사학회 엮음(1980), 《한국사자료선집 5》, 일조각, pp.63~64.

8 Hwang, In K.(1978), *The Korean Reform Movement of the 1880s*, Cambridge: Schenkman, pp.83~115.

9 井上角五郎(1934), 《福澤先生の朝鮮御經營と現代朝鮮の文化とに就いて》, (舊韓末日帝侵略史料叢書 7권, 1984), 아세아문화사, pp.291~292.

10 青木功一(1980), 〈時事新報〉論說における朝鮮問題. 《慶應大新聞硏究所年報》 14號, pp.71~89.

11 《승정원일기》, 고종 20년 1월 21일조.

12 《고종순종실록》, 고종 20년 3월 4일과 3월 17일조.

13 최준(1987), 《한국신문사》, 일조각, p.17.

14 관훈클럽신영연구기금(1983), 《한성순보 한성주보: 번역판》, 관훈클럽신영연구기금, p.1.

15 정진석(1990), 앞의 책, pp.90~94.

16 채백(1990a), "한국 근대 신문 형성 과정에 있어서 일본의 역할에 관한 연구," 서울대학교 대학원 박사 학위 논문, pp.78~80.

17 채백(2005), 《한국 언론 수용자 운동사》, 한나래, pp.28~29.

18 《승정원일기》, 고종 22년 3월 28일조.

19 채백(1990a), 앞의 논문, pp.83~88.

20 황현(1978), 앞의 책, p.180.

21 채백(1991), "조선신보에 관한 일연구," 〈한국언론학보〉, 제26집, pp.345~374.

22 박용규(1998), "구한말(1881~1910) 지방 신문에 관한 연구," 〈한국언론정보학보〉, 제11호, pp.113~114.

23 채백(2012), 《부산 언론사 연구》, 산지니, p.92.

4장

1 한국사연구회 엮음(1985), 《한국 근대사회와 제국주의》, 삼지원, p.135.

2 구대열(1986), 《제국주의와 언론》, 이화여대출판부, p.73.

3 한국사연구회 엮음(1985), 앞의 책, pp.98~99.

4 조항래(1969), "일본의 대한침략정책과 구한말 친일단체 (1)," 《동양문화》, 제10집, p.113.

5 渡部學(1984), 《한국근대사》, 김성환 옮김, 동녘, p.59.

6 위의 책, pp.47~48.

7 주진오(1986), "독립협회의 대외 인식의 구조와 전개," 〈학림〉(연세대), 제8집, pp.77~78.

8 채백(1990b), "한성신보의 창간과 운용에 관한 연구," 〈신문연구소학보〉(서울대 신문연구소), 제27집, pp.107~129.

9 《고종시대사 3》, p.764.

10 위의 책, pp.926~929.

11 《고종순종실록》, 1894년 11월 21일조.

12 조동일(1986), 앞의 책, pp.227~230.

13 《윤치호일기》, 1896년 1월 28일조.

14 《윤치호일기》, 1896년 2월 2일과 4일조.

15 《윤치호일기》, 1896년 1월 28일.

16 김도태(1972), 《서재필 박사 자서전》, 을유문화사, p.244.

17 신용하(1976), 《독립협회연구》, 일조각, p.24.

18 채백(2006), 《독립신문 연구》, 한나래, p.113.

19 정진석(1990), 앞의 책, pp.68~69.

20 채백(2006), 앞의 책, p.114.

21 김도태(1972), 앞의 책, pp.229~245.

22 신용하(1976), 앞의 책, pp.65~66.

23 채백(2006), 앞의 책, pp.74~76.

24 위의 책, pp.199~201.

25 위의 책, pp.233~242.

26 위의 책, pp.215~219.

27 정선태(2004). "〈독립신문〉의 조선·조선인론: 근대 계몽기 '민족' 담론의 형성과 관련하여," 이화여대 한국문화연구원 엮음, 《근대계몽기 지식개념의 수용과 그 변용》, 소명출판사, pp.177~179.

28 전복희(1996), 《사회진화론과 국가사상》, 한울아카데미, p.124.

29 채백(1994), "〈독립신문〉 독자 투고의 현황과 특성에 관한 연구," 〈언론과 사회〉, 제3집, pp.53~54.

30 위의 논문.

31 예컨대, 〈세계일보〉, 1996. 2. 1, 사설; "한국 언론 100년 발자취," 〈경향신문〉, 1996. 4. 7; "더불어 생각하며," 〈한겨레신문〉, 1996. 4. 10 등.

32 "더불어 생각하며," 〈한겨레신문〉, 1996. 4. 10.

33 채백(2006), 앞의 책, pp.261~265.

34 김도태(1972), 앞의 책, p.245.

35 신용하(1976), 앞의 책, p.34.

36 김도태(1972), 앞의 책, p.245.

37 〈독립신문〉, 1898. 8. 26, 4면.

38 채백(1995). "통신 매체의 도입과 한국 근대의 사회 변화," 박정규 외, 《한국 근대사회의 변화와 언론》, 한국정신문화연구원, pp.188~189.

39 *The Independent*, 1896. 10. 3.

40 *The Independent*, 1897. 1. 5.

41 김은용(1989), "대한제국시대 신문광고에 대한 일고찰," 한국외국어대 대학원 석사 학위 논문, pp.26~35.

42 이광린(1975), "서재필의 독립신문 간행에 대하여," 〈진단학보〉 39집, p.88.

43 《고종시대사 3》, pp.926~929.

44 신용하(1976), 앞의 책, p.24.

45 채백(2003), 《신문》, 대원사, pp.36~37.

46 위의 책, pp.39~40.

47 위의 책, p.47.

48 위의 책, pp.43~44.

49 〈황성신문〉, 1900. 8. 25, 사고.

50 김민환(1996), 《한국언론사》, 사회비평사, pp.188~189.

51 정진석(1987), 《대한매일신보와 배설: 한국문제에 대한 영일 외교》, 나남.

52 이광린 외(1986), 《대한매일신보연구》, 서강대학교 인문과학연구소.

53 한국언론사연구회 엮음(2004), 《대한매일신보연구》, 커뮤니케이션북스, pp.128~129.

54 채백(2003), 앞의 책, pp.80~82.

55 최인진(1992), 《한국신문사진사》, 열화당, pp.43~53.

56 윤영옥(1986), 《한국신문만화사 1909~1985》, 열화당, p.16.

57 채백(2010), "애국계몽운동기 일제의 언론통제와 한국 언론의 대응: 노일전쟁부터 강제병합까지를 중심으로," 〈언론과학연구〉, 제10권 2호,

58 한국잡지협회(1995), 《한국잡지 100년》, 한국잡지협회, p.7.

59 유영렬(2007), 《애국계몽운동 I: 정치사회운동》, 독립기념관 한국독립운동사연구소, p.249.

60 정진석(1990), 앞의 책, pp.258~259.

61 〈대한매일신보〉, 1908. 12. 18.

62 채백(2008), "근대 민족주의의 형성과 개화기 출판," 〈한국언론정보학보〉, 제41호, pp.7~41.

63 박환(1995), 《러시아 한인 민족운동사》, 탐구당, pp.60~75.

64 〈대한매일신보〉, 1908. 4. 8, 3면 광고란.

65 최기영(1991), 《대한제국시기 신문연구》, 일조각, pp.222~223.

66 김규환(1978), 《일제의 대한언론선전정책》, 이우출판사, p.102.

67 최기영(1991), 앞의 책, pp.262~264.

68 위의 책, pp.284~285.

69 이중연(2001), 《'책'의 운명: 조선 — 일제 강점기 금서의 사회·사상사》, 혜안, pp.386~387.

70 계훈모 엮음(1979), 《한국언론연표 I》, 관훈클럽 신영연구기금, pp.1230~1231.

71 이중연(2001), 앞의 책, p.389.

72 채백(2005), "근대 민족국가관의 형성과 개화기 한국 신문," 〈언론과 사회〉, 13권 4호, pp.39~65.

73 권보드래(2004), "'동포同胞'의 역사적 경험과 정치성: 〈독립신문〉의 기사분석을 중심으로," 이화여대 한국문화연구원 옮김, 《근대계몽기 지식개념의 수용과 그 변용》, 소명출판사, p.103.

74 이나미(2001), 《한국 자유주의의 기원》, 책세상, p.117.

75 김동택(2004). "《국민수지國民須知》를 통해 본 근대 '국민,'" 이화여대 한국문화연구원 엮음, 앞의 책, p.216.

76 이 논설과 아래의 아시아주의에 관한 논설은 신채호가 쓴 것이라고 평가되고 있다(고미숙, 2001, 《한국의 근대성, 그 기원을 찾아서: 민족·섹슈얼리티·병리학》, 책세상, p.34; 박노자, 2005, 《우승열패의 신화》, 한겨레신문사, pp.393~394).

77 채백(1995), 앞의 논문, pp.188~189.

78 채백(2003), 앞의 책, p.59.

79 김은용(1989), 앞의 논문, pp.29~49.

80 〈독립신문〉, 1897. 8. 28, 잡보.

81 박환(1995), 앞의 책, p.61.

82 정진석(1987), 앞의 책, p.104.

83 〈제국신문〉, 1903. 3. 9, 논설.

84 〈황성신문〉, 1904. 5. 27; 1904. 7. 8; 1904. 7. 27.

85 김영희(2009), 《한국사회의 미디어 출현과 수용: 1880~1980》, 커뮤니케이션북스, p.34.

86 위의 책, pp.50~51.

87 차상찬(1936), "조선신문발달사," 〈조광〉, 11월호, p.11.

88 송호근(2011), 《인민의 탄생: 공론장의 구조 변동》, 민음사.

89 〈매일신문〉, 1898. 6. 25.

90 〈황성신문〉, 1902. 11. 25, 잡보.

91 채백(1998), "개화기 한국 신문의 간접적 구독 방식에 관한 연구," 〈언론과정보〉, 제4호, pp.243~245.

92 송호근, 앞의 책.

93 B. Anderson(1983), *Imagined Communities: Reflections on the Origin and Spread of Nationalism*. 윤형숙 옮김(2002), 《상상의 공동체》, 나남, pp.61~62.

94 채백(2006), 앞의 책, pp.142~176.

95 한국언론사연구회 엮음(2004), 앞의 책, pp.355~368.

96 채백(2003), 앞의 책, pp.54~55.

97 최준(1982), 《한국신문사논고》, 일조각, pp.269~271.

98 〈대한매일신보〉, 1908. 3. 27; 4. 14; 4. 23 등.

99 채백(2005), 앞의 책, 2장 참조.

100 위의 책, 2장 참조.

5장

1 채백(2003), 앞의 책, pp.88~90.

2 최준(1982), 앞의 책, pp.332.

3 최기영(1991), 앞의 책.

4 이중연(2001), 앞의 책, p.403.

5 김규환(1978), 앞의 책, p.149.

6 최준(1982), 앞의 책, p.313.

7 김민환(1996), 앞의 책, p.210.

8 윤병석(1979), 《한국근대사료론》, 일조각, pp.212~242.

9 위의 책, pp.226~228.

10 채백(2003), 앞의 책, p.94.

6장

1 한국민중사연구회 옮김(1986), 《한국민중사》, 풀빛, p.147.

2 위의 책, pp.147~151.

3 최민지(1978), 《일제하 민족언론사론》, 일월서각, pp.34~35.

4 위의 책, p.42.

5 동아일보사(1975), 《동아일보사사 권 1》, 동아일보사, p.75.

6 채필렬(1933), "십자가상의 동아일보," 〈비판〉, 제3권 5호, p.52.

7 최민지(1978), 앞의 책, pp.43~44.

8 강민길 외 엮음(1995), 《식민지 시기의 사회경제 2》, 한길사, p.280.

9 최민지, 1978. 앞의 책, p.50.

10 강만길 외 엮음(1995), 앞의 책, pp.280~281.

11 동아일보사(1975), 앞의 책, pp.71~72.

12 위의 책, pp.90~96.

13 강만길 외 엮음(1995), 앞의 책, p.282.

14 동아일보사(1975), 앞의 책, p.409.

15 채백(2003), 앞의 책, p.104.

16 금동(1935), "상구독고孀嫗獨孤 현 민간신문: 한 문예가가 본 민간 신문의 죄악," 〈개벽〉, 3월호, p.41.

17 황태욱(1935), "조선민간신문계 총평," 〈개벽〉, 3월호, p.16.

18 동아일보사(1975), 앞의 책, pp.134~138.

19 조선일보사(2010a), 《조선일보 90년사 상》, 조선일보사, p.43.

20 최민지(1978), 앞의 책, p.64.

21 "경성잡화," 〈개벽〉, 1924, 10월호, p.81.

22 최민지(1978), 앞의 책, p.63.

23 〈동아일보〉, 1920. 7. 15, 1면.

24 〈동아일보〉, 1923. 9. 16, 3면; 〈조선일보〉, 1925. 3. 29, 석간 2면.

25 〈동아일보〉, 1922. 6. 26, 3면; 〈조선일보〉, 1927. 2. 12, 조간 2면.

26 〈동아일보〉, 1924. 11. 10, 3면; 〈조선일보〉, 1926. 2. 5, 조간 1면.

27 〈동아일보〉, 1925. 11. 9, 4면; 〈조선일보〉, 1926. 7. 21, 조간 1면.

28 〈조선일보〉, 1925. 12. 19, 조간 1면; 〈동아일보〉, 1925. 12. 31, 3면.

29 김영희(2009), 앞의 책, p.95.

30 동아일보사(1975), 앞의 책, p.419.

31 〈경향신문〉, 1948. 12. 30, 3면.

32 김영희(2009), 앞의 책, p.97.

33 김규환(1978), 앞의 책, p.222.

34 〈매일신보〉, 1920. 5. 25, 3면.

35 동아일보사(1975), 앞의 책, pp.134~138.

36 〈동아일보〉, 1922. 1. 24.

37 〈매일신보〉, 1922. 2. 3, 3면.

38 〈동아일보〉, 1922. 2. 3.

39 김준엽 · 김창순(1986), 《한국공산주의운동사 2》, 청계연구소, p.235.

40 위의 책, pp.108~109.

41 〈매일신보〉, 1923. 4. 1, 3면.

42 〈개벽〉, 1924, 1월호, p.133.

43 동아일보사(1975), 앞의 책, pp.200~207.

44 채백(2005), 앞의 책, p.84.

45 동아일보사(1975), 앞의 책, pp.182~183.

46 〈동아일보〉, 1923. 1. 20.

47 〈조선일보〉, 1922. 12. 13, 《만주정보》.

48 "협회와 공민대회의 내막," 〈조선일보〉, 1923. 1. 15, 3면.

49 채백(2005), 앞의 책, p.78.

7장

1 최민지, 앞의 책, pp.132~133.

2 "동경유학생 등 동아일보 성토에 관한 건,"《일제 경성지방법원 편철문서 검찰 사무에 관한 기록 (1)》, 京鍾警高秘 第1851號의 2, 1924. 4. 22. Available:http://kh2.koreanhistory.or.kr/

3 김준엽 · 김창순(1986), 앞의 책.

4 최민지(1978), 앞의 책, p.128.

5 강동진(1980),《일제의 한국침략정책사》, 한길사, 3장.

6 동아일보사(1975), 앞의 책, p.235.

7 〈매일신보〉, 1924. 4. 13, 5면.

8 〈동아일보〉, 1924. 4. 14, 3면.

9 조선일보사(2010a), 앞의 책, p.137.

10 〈조선일보〉, 1924. 6. 30, 3면.

11 최민지(1978), 앞의 책, pp.137~139.

12 강만길 외 엮음(1995), 앞의 책, p.290.

13 조선일보사(2010a), 앞의 책, p.145.

14 강만길 외 엮음(1995), 앞의 책, p.291.

15 조선일보사(2010a), 앞의 책, pp.147~149.

16 위의 책, p.170.

17 XY생(1925), "현하 신문잡지에 대한 비판," 〈개벽〉, 11월호, p.46.

18 조선일보사(2010a), 앞의 책, p.171.

19 김현대(1987), "일제하 〈동아일보〉의 민족운동사적 고찰: 문화정치 기간(1920~1928)의 사설 분석을 중심으로," 한양대학교 석사 학위 논문, pp.101~102.

20 강만길 외(1995), 앞의 책, pp.294~295.

21 최민지(1978), 앞의 책, pp.378~379.

22 채백(2012), 앞의 책.

23 박용규(1994), 앞의 논문, pp.219~223.

24 채백(2012), 앞의 책, pp.135~141.

25 최민지(1978), 앞의 책, p.403.

26 김동진(1927), "신문기자의 사회적 고민," 〈별건곤〉, 1927, 12월호, pp.60~61.

27 박용규 외(2013),《한국신문의 사회문화사》, 한국언론진흥재단.

28 채백(2005), 앞의 책, pp.93~111.

29 양명(1924), “우리의 사상혁명과 과학적 태도,” 〈개벽〉, 제43호, 1월호, pp.37~38.

30 채백(1999), 《출판학》, 한나래, p.136.

31 한국잡지협회(1995), 앞의 책, pp.10~14.

32 채백(1999), 앞의 책, p.137.

33 한국잡지협회(1972), 《한국잡지총람: 한국잡지 70년사》, 한국잡지협회, pp.74~76.

34 위의 책, p.87.

35 채백(1999), 앞의 책, pp.139~140.

36 박용규(1995), “일제하의 언론 현실에 대한 인식과 비판,” 〈언론과사회〉, 제8호, pp.39~83.

37 채백(2003), 앞의 책, pp.126~127.

38 벽아자(1923), “동아일보에 대한 불평,” 〈개벽〉, 7월호, p.41.

39 〈조선일보〉, 1924. 12. 19.

40 KBS(1977), 《한국방송사》, KBS, pp.24~25.

41 위의 논문, p.316.

42 채백(2012), 앞의 책, pp.220~223.

43 정진석 외(2008), 《한국방송 80년, 그 역사적 조명》, 나남, p.223.

44 KBS(1977), 앞의 책, pp.110~113.

8장

1 김규환(1978), 앞의 책, p.275.

2 김민환(1996), 앞의 책, pp.301~303.

3 최민지(1978), 앞의 책, p.162.

4 박용규(1996), “일제하 시대 · 중외 · 중앙 · 조선중앙일보에 관한 연구: 창간 배경과 과정, 자본과 운영, 편집진의 구성과 특성을 중심으로,” 〈언론과정보〉, 제2호, pp.109~148.

5 채백(2003), 앞의 책, pp.135~136.

6 한양과객(1934), “3대 신문 참모장론,” 〈삼천리〉, 제6권 8호, p.32.

7 최민지(1978), 앞의 책, p.209.

8 동아일보사(1975), 앞의 책, pp.353~354.

9 조선일보사(2010b), 《조선일보 90년사: 화보 · 인물 · 자료》, 조선일보사, pp.392~393.

10 박용규(1996), 앞의 논문, pp.133~134.

11 동아일보사(1975), 앞의 책, pp.262~267.

12 〈동아일보〉, 1933. 5. 31, 1면.

13 〈동아일보〉, 1935. 2. 12, 1면.

14 조선일보(2010a), 앞의 책, pp.315~343.

15 한국언론연표 홈페이지(http://gate.dbmedia.co.kr/)에서 재인용.

16 심판자(1935), "동아 대 조선전東亞對朝鮮戰의 진상 급 기 비판眞相及其批判," 〈쩌-날리즘〉, 창간호, pp.22~23.

17 채백(2005), 앞의 책, p.114.

18 심판자(1935), 앞의 글, p.33.

19 강만길 외 엮음(1995), 앞의 책, p.303.

20 최준(1965), 《한국신문사》, 일조각, pp.318~321.

21 정진석(1975), 《일제하 한국언론투쟁사》, 정음사, p.90.

22 최인진(2006), 《손기정 남승룡 가슴의 일장기를 지우다: 조선중앙일보·동아일보 일장기 말소 사건의 새로운 진실》, 신구문화사, pp.94~104.

23 〈동아일보〉, 8. 20, 조간 2면; 8. 21, 조간 2면.

24 "삼천리특별시보," 〈삼천리〉, 1936. 11월호, p.16.

25 〈동아일보〉, 1936. 8. 14, 조간 2면.

26 〈조선중앙일보〉, 1936. 8. 14, 조간 2면.

27 〈조선중앙일보〉, 1936. 8. 15, 조간 2면.

28 채백(2008), 《사라진 일장기의 진실》, 커뮤니케이션북스, pp.86~88.

29 〈조선일보〉, 1936. 8. 11, 석간 2면.

30 〈동아일보〉, 1936. 8. 13, 석간 2면.

31 〈조선중앙일보〉, 1936. 8, 15. 조간 4면.

32 〈동아일보〉, 1936. 8. 16, 조간 2면.

33 천정환(2005), 《끝나지 않는 신드롬》, 푸른역사, p.67.

34 森田芳夫(1936), 《孫選手のマラソン優勝と日章旗マーク抹消事件》, 綠旗聯盟, p.2.

35 계훈모(1979). 앞의 책, p.755.

36 "중첩한 반도 언론계의 불상사," 〈삼천리〉, 제8권 11호, 1936. 11, p.27.

37 〈동아일보〉, 1936. 8. 19, 석간 2면.

38 여기서 정요政要, 특요特要, 보요普要는 각각 정치요시찰인, 특별요시찰인, 보통요시찰인

의 줄임말이다. 1930년대 총독부는 민족주의자는 정치, 공산주의자는 특별로 구분하고, 이념에 관계없이 '위험한 사상' 소지자는 '보통'으로 구분하였으며 이 구분은 위법 사실 유무에 따랐다고 한다(장신, 2005, "1930년대 언론의 상업화와 조선·동아일보의 선택," 〈역사비평〉, 70호(봄), p.194의 주 60).

39 채백(2008), 앞의 책, pp.130~145.

40 위의 책, pp.153~160.

41 김민환(1996), 앞의 책, p.300.

42 "언문신문통제안," 《일제하 전시체제기 정책자료총서》, 제37권, pp.257~290. http://www.kstudy.com/japan/html/list37.htm (2015. 1. 19).

43 박용규(2001), "일제 말기(1937~1945)의 언론통제정책과 언론 구조변동," 〈한국언론학보〉, 제46권 1호, pp.209~213.

44 위의 논문, pp.220~222.

45 김영희(2009), 앞의 책, p.128.

46 정진석 외(2008), 앞의 책, p.228.

47 유병은(1998), 《방송야사》, KBS문화사업단, pp.102~109.

9장

1 강준만(2007), 《한국대중매체사》, 인물과사상사, p.300.

2 박정규(1997), "한국 지방 신문의 역사," 김세철 외, 《지역사회와 언론》, 커뮤니케이션북스, pp.77~78.

3 송건호(1990), 《한국현대언론사》, 삼민사, pp.15~17.

4 박용규(1988), "미군정기 한국 언론 구조의 형성 과정에 관한 연구," 서울대학교 대학원 석사 학위 논문, pp.75~76.

5 〈매일신보〉, 1945. 10. 25, 2면.

6 〈민주중보〉, 1945. 12. 3, 2면.

7 〈조선일보〉, 1945. 11. 27, 2면.

8 〈민주중보〉, 1945. 12. 11, 사설.

9 박용규(2007), "미군정기 언론인 단체들의 특성과 활동," 〈한국언론학보〉, 51권 6호, 12월, p.145.

10 김동민(2010), "동아일보의 신탁 통치 왜곡 보도 연구," 〈한국언론정보학보〉, 52호, 겨울,

pp.141~142.

11 예컨대 위의 논문 외에도 정용욱(2003), "1945년 말 1946년 초 신탁 통치 파동과 미군정: 미군정의 여론 공작을 중심으로," 〈역사비평〉, 62호, 봄, pp.287~322; 강준만(2007), 앞의 책 등.

12 동아일보사(1978), 《동아일보사사 2권》, 동아일보사, p.43.

13 조선일보사(2010b), 앞의 책, p.788.

14 이는 아마도 같은 출처의 자료를 기사화하였기 때문일 것이다. 정용욱(2003, 위의 논문, pp.297~298)은 이 기사의 출처에 대해 자세히 추적한 바 있는데, 외신을 인용하기보다는 도쿄의 미육군 극동군 사령부와 서울의 주한 미군 사령부가 조직적으로 관련되어 있을 것으로 추정하였다.

15 이완범(2005), "조선공산당의 탁치 노선 변화 과정(1945~1946)," 〈한국근현대사연구〉, 제35집, 겨울호, p.194.

16 위의 논문, pp.195~196.

17 위의 논문, pp.218~224.

18 박용규(1988), 앞의 논문, pp.69, 100.

19 송건호(1990), 앞의 책, p.50.

20 박용규(2007), 앞의 논문, pp.148~149.

21 박용규(1988), 앞의 논문, p.38.

22 당시 언론 중에는 〈동아일보〉만이 유일하게 찬성 입장이었다고 한다. 〈동아일보〉는 당시 우익 세력의 중심이던 한민당의 대변지로서 미군정과 이승만 노선을 적극 지지하던 입장이었기에 이 법에 찬성했던 것으로 알려지고 있다(송건호, 1990, 앞의 책, p.64).

23 박용규(1988), 앞의 논문, pp.41~44.

24 강준만(2007), 앞의 책, p.309.

25 송건호(1990), pp.51~55.

26 이상의 내용은 주로 김민환(1996), 앞의 책, pp.335~341을 참고하였음.

27 박용규(1988), 앞의 논문, pp.27~30.

28 김영희(2009), 앞의 책, pp.171~172.

29 유선영 외(2007), 앞의 책, p.185.

30 《한국언론연표》 참조.

31 김영희(2009), 앞의 책, pp.176~177.

32 위의 책, p.176.

33 〈경향신문〉, 1948. 12. 30, 3면.

34 유선영 외(2007), 앞의 책, p.334.

35 KBS(1987), 《한국방송 60년사》, 한국방송공사, pp.184~195.

36 한국방송개발원(1995), 《광복 50년 한국방송의 평가와 전망》, 한국방송개발원, pp.12~13.

37 위의 책, pp.20~23.

38 김성호(1997), 《한국방송인물지리지》, 나남, pp.48~49.

39 한국방송개발원(1995), 앞의 책, pp.17~19.

40 강준만(2007), 앞의 책, pp.315~316.

41 KBS(1987), 앞의 책, p.200.

42 KBS(1977), 앞의 책, p.211.

43 위의 책, pp.212~214.

44 김영희(2009), 앞의 책, pp.265~266.

45 송건호(1990), 앞의 책, p.71.

46 강만길(1984), 《한국현대사》, 창장과비평사, pp.173~174.

47 주동황 외(1997), 《한국 언론사의 이해》, 전국언론노조연맹.

48 김민남 외(1993), 앞의 책, pp.306~307.

49 박용규(1988), 앞의 논문, pp.141~143.

50 김민남 외(1993), 앞의 책, p.308.

10장

1 채백(2012), 앞의 책, pp.381~385.

2 김영호(2004), 《한국언론의 사회 사상》, 지식산업사, p.207.

3 이 신문은 1954년 3월 1일 〈충북신보〉로 이름을 바꿔 속간했다가 1960년 8월 15일 〈충청일보〉로 제호를 바꾸었다. 다음백과사전(http://100.daum.net/encyclopedia/view.do?docid=b02g2545a 2015. 1. 16).

4 김영호(2004), 앞의 책, pp.204~209.

5 경향신문사(1996), 《경향신문 50년사》, 경향신문사, pp.134~144.

6 위의 책, pp.155~175.

7 송건호(1990), 앞의 책, pp.96~97.

8 강준만(2007), 앞의 책, p.349.

9 송건호(1990), 앞의 책, p.99.

10 〈동아일보〉, 1953. 10. 16, 2면.

11 송건호(1990), 앞의 책, p.82.

12 김해식(1994), 《한국언론의 사회학》, 나남, p.92.

13 강준만(2007), 앞의 책, p.360.

14 채백(2012), 앞의 책, pp.345~346.

15 동아일보사(1978), 《동아일보사사 2권》, 동아일보사, pp.116~151.

16 서울신문사(2004), 《서울신문 100년사》, pp.360~369.

17 조선일보사(2010a), 앞의 책, pp.592~599.

18 경향신문사(1996), 앞의 책, p.99.

19 동아일보사(1978), 앞의 책, p.150.

20 강준만(2007), 앞의 책, p.342.

21 김대상(1981), 《부산경남언론사》, 대왕문화사, p.205.

22 채백(2012), 앞의 책, pp.358~395.

23 강준만(2007), 앞의 책, p.343.

24 김영희(2013), "〈한국일보〉의 초기 성장과 성장 요인," 〈한국언론학보〉, 제57권 6호, p.301에서 재인용.

25 송건호(1990), 앞의 책, pp.117~118.

26 〈조선일보〉, 1948. 8. 21, 2면.

27 한국방송개발원(1995), 앞의 책, pp.31~34.

28 유병은(1998), 앞의 책, pp.183~186.

29 KBS(1977), 앞의 책, p.269.

30 위의 책, pp.219~221.

31 KBS(1987), 앞의 책, p.208.

32 위의 책, p.237.

33 KBS(1977), 앞의 책, pp.248~249.

34 위의 책, pp.747~749.

35 김민남 외(1993), 앞의 책, p.460.

36 정순일(1991), 《한국방송의 어제와 오늘》, 나남, pp.26~27.

37 채백(1986), "미국의 TV 산업이 한국의 TV 방송 도입 과정에 미친 영향에 관한 연구," 〈서울대 신문연구소학보〉, 제23집, pp.144~154.

38 한국방송개발원(1995), 앞의 책, pp.48~49.

39 KBS(1977), 앞의 책, pp.523~525.

40 〈동아일보〉, 1956. 5. 14.

41 KBS(1977), 앞의 책, pp.524~530.

42 한국방송개발원(1995), 앞의 책, pp.52~53.

43 박재용(1993), "한국 초기 민간 상업 방송의 발전 과정에 관한 연구," 서울대학교 대학원 석사 학위 논문, p.21.

44 부산문화방송(2009), 《부산문화방송 50년사》, 부산문화방송, p.20.

45 박재용(1993), 앞의 논문, pp.22~24.

46 부산문화방송(2009), 앞의 책, pp.29~30.

47 박재용(1993), 앞의 논문, p.41.

48 KBS(1977), 앞의 책, p.248.

11장

1 채백(2012), 앞의 책, pp.410~411.

2 3·15의거사편찬위원회(2004), 《3·15의거사》, 사단법인 3·15의거기념사업회, p.341.

3 김승현(2000). "신문 사진에 나타난 인본주의적 가치: 4·19혁명 보도 사진을 중심으로," 〈커뮤니케이션과학〉, 제17호, p.43.

4 정순일(1991), 앞의 책, pp.56~57.

5 부산문화방송(2009), 앞의 책, pp.32~35.

6 정순일(1991), 앞의 책, pp.57~58.

7 부산일보사(1996), 《부산일보 50년사》, 부산일보사, p.253.

8 부산직할시사편찬위원회 엮음(1991), 《부산시사 제4권》. 부산직할시, pp.568~569.

9 김민환(1996), 앞의 책, pp.404~405.

10 〈경향신문〉, 1961. 2. 4, 1면.

11 〈경향신문〉, 1961. 3. 17, 1면 사설.

12 〈경향신문〉, 1961. 2. 4, 1면.

13 박용규 외(2013), 앞의 책, pp.44~45.

14 송건호(1990), 앞의 책, pp.124~125.

15 한국노동조합총연맹(1979), 《한국노동조합운동사》, 한국노동조합총연맹, p.527.

16 〈동아일보〉, 1960. 6. 18, 3면. 이 기사에서 〈동아일보〉는 "우리나라에서 처음으로 신문사 노동조합을 결성하였다"고 언급하는 오류를 범하였다.

17 한국노동조합총연맹(1979), 앞의 책, p.527.

18 〈국제신보〉, 1960. 6. 20, 3면.

19 〈국제신보〉, 1960. 9. 5, 조간 3면.

20 강준만(2007), 앞의 책, p.387.

21 〈조선일보〉, 1960. 6. 2, 조간 3면.

22 채백(2012), 앞의 책, p.419.

23 〈경향신문〉, 1960. 6. 2, 1면.

24 〈조선일보〉, 1960. 6. 3, 조간 3면.

25 〈조선일보〉, 1960. 6. 4, 석간 3면; 1960. 6. 8, 조간 3면.

26 송건호(1990), 앞의 책, p.126.

27 채백(2012), 앞의 책, pp.425~427.

28 주동황 외(1997), 앞의 책, pp.75~76.

29 송건호(1990), 앞의 책, p.128.

30 강준만(2007), 앞의 책, pp.406~408.

31 〈동아일보〉, 1960. 4. 27, 석간 3면.

32 정순일(1991), 앞의 책, pp.61~62.

33 KBS(1987), 앞의 책, p.322.

12장

1 정태진 엮음(1961), 《5 · 16군사혁명요람 제1집》, 재정사, pp.66~68. 이 자료는 기존의 여러 문헌에도 많이 인용되면서 대부분 5 · 16 쿠데타 직후의 통폐합 결과인 것으로 논의되지만 이는 통폐합의 결과가 아니라 계획으로서 그 대상을 발표한 것이다. 후술하겠지만 당시 시설 기준에 따른 통폐합은 제대로 집행되지는 못했다.

2 김해식(1994), 앞의 책, pp.100~101.

3 〈동아일보〉, 1962. 8. 1, 조간 1면.

4 조선일보사(1990), 《조선일보 70년사 제1권》, 조선일보사, pp.2~279.

5 정진석(2012), "제3공화국의 언론: 구조 개편, 통제와 저항," 한국언론학회 커뮤니케이션과 역사분과 세미나 자료집 〈제3공화국 시기 매스 커뮤니케이션 현상 연구〉, p.8.

6 한국신문협회(1968), 《한국신문연감 1968》, 한국신문협회, pp.238~242.

7 채백(2013), "박정희 정권의 언론 정책과 지역 신문: 부산 지역을 중심으로," 〈한국언론정

보학보〉, 제62호, 여름, pp.144～145.

8 〈경향신문〉, 1962. 10. 13, 1면.

9 〈조선일보〉, 1962. 8. 1, 석간 1면.

10 한국신문협회(1982), 《한국신문협회 20년》, 한국신문협회, p.373.

11 〈경향신문〉, 1962. 12. 8, 1면.

12 〈경향신문〉, 1962. 9. 29, 7면.

13 김서중(1996), "정기간행물 관계법의 변천과 그 적용에 관한 연구: 광복 이후 제5공화국까지의 정치경제적 요인을 중심으로," 서울대학교 대학원 박사 학위 논문, p.71.

14 위의 논문, pp.53～54.

15 정진석(1995), "광복 언론 50년사: 언론윤리위원회법 파동," 〈신문과 방송〉, 3월호, p.36.

16 위의 논문.

17 채백(2005), 앞의 책, pp.151～162.

18 김해식(1994), 앞의 책, p.145.

19 〈경향신문〉, 1961. 5. 18, 석간 3면.

20 〈동아일보〉, 1961. 5. 30, 석간 3면.

21 송건호(1990), 앞의 책, p.131.

22 〈동아일보〉, 1961. 5. 27, 석간 2면.

23 〈경향신문〉, 1961. 6. 3, 석간 3면; 〈동아일보〉, 1961. 6. 5, 석간 1면.

24 〈조선일보〉, 1961. 5. 31, 조간 2면.

25 〈동아일보〉, 1962. 6. 29, 석간 1면.

26 〈시사저널〉, 771호, 2004. 7. 27. (http://www.sisapress.com/news/articleView.html?idxno=6087 2015. 2. 2).

27 〈동아일보〉, 1961. 6. 16, 석간 1면.

28 〈경향신문〉, 1961. 8. 13, 석간 1면; 〈동아일보〉, 1961. 12. 31, 석간 1면.

29 〈동아일보〉, 1962. 3. 29, 3면.

30 〈국제신보〉, 1964. 5. 2, 7면.

31 〈동아일보〉, 1962. 5. 25, 3면.

32 〈동아일보〉, 1962. 6. 23, 3면.

33 〈한겨레〉, 2004. 8. 16, 1면.

34 부산일보사(1996), 앞의 책, p.598.

35 〈부산일보〉, 1962. 7. 8, 조간 3면.

36 부산일보사(1996), 앞의 책, p.626.

37 주동황 외(1997), 앞의 책, p.93

38 위의 책, pp.93~96.

39 김해식(1994), pp.119~120.

40 주동황 외(1997), 앞의 책, pp.105~106.

41 〈기자협회보〉, 61호, 1968. 12. 27.

42 김해식(1994), 앞의 책, pp.124~125.

43 송건호(1990), 앞의 책, p.153.

44 한국기자협회(1994), 《한국기자협회30년사》, 한국기자협회, p.835.

45 〈기자협회보〉, 제87호, 1969. 7. 4.

46 〈기자협회보〉, 제97호, 1969. 9. 12.

47 한국신문협회(1982), 앞의 책, pp.484~486.

48 〈동아일보〉, 1971. 12. 20, 1면.

49 〈편집인협회보〉, 제78호, 1972. 5. 31, 3면.

50 〈기자협회보〉, 제216호, 1972. 1. 21.

51 〈기자협회보〉, 제223호, 1972. 3. 10.

52 〈기자협회보〉, 제220호, 1972. 2. 18, 2면.

53 〈편집인협회보〉, 제81호, 1972. 8. 31, 3면.

54 김남석(1994), "한국 신문 산업 구조개편에 관한 정치경제학적 연구," 서울대학교 대학원 박사 학위 논문, pp.108~109.

55 김해식(1994), 앞의 책, pp.135~137.

56 주동황(1993), "한국 정부의 언론 정책이 신문 산업의 변천에 미친 영향에 관한 일고찰," 서울대학교 대학원 박사 학위 논문, pp.115~116.

57 채백(2013), "박정희 정권의 언론 정책과 지역 신문," 〈한국언론정보학보〉, 제62호, p.154.

58 〈기자협회보〉, 제286호, 1973. 6. 8.

59 김민환(1996), 앞의 책, pp.476~477.

60 〈미디어 오늘〉, 1995. 12. 6; 주동황 외(1997), 앞의 책, pp.116~117에서 재인용.

61 김민환(1996), 앞의 책, p.477.

62 정진석(1992), "정계로 진출한 언론인들," 〈신문과방송〉, 3월호, pp.48~51.

63 〈편집인협회보〉, 1979. 12. 31, 2면.

64 김해식(1994), 앞의 책, pp.141~142.

65 위의 책, pp.139~140.

66 주동황(1993), 앞의 논문, pp.132~135.

67 박용규 외(2013), 앞의 책, pp.158~159.

68 김해식(1994), 앞의 책, p.131.

69 위의 책.

70 〈동아일보〉, 1979. 1. 12, 5면.

71 〈편집인협회보〉, 제141호, 1979. 12. 31, 2면.

72 〈동아일보〉, 1969. 9. 23, 5면.

73 〈편집인협회보〉, 제141호, 1979. 12. 31, 2면.

74 네이버 뉴스라이브러리 참조 http://newslibrary.naver.com/

75 권보드래 · 천정환(2012), 《1960년을 묻다》, 천년의상상, pp.173~175.

76 채백(2005), 앞의 책, pp.152~159.

77 〈신문평론〉, 1964. 10, pp.66~68.

78 김기태(1989), "한국 언론 수용자운동의 성격과 방향에 관한 연구: 시청료 거부운동을 중심으로," 서강대학교 대학원 박사 학위 논문, pp.60~62.

79 〈대학신문〉, 1964. 9. 7.

80 채백(2005). 앞의 책, pp.163~164.

81 〈경향신문〉, 1971. 10. 6, 15면; 〈경향신문〉, 1972. 4. 6, 5면.

82 〈조선일보〉, 1969. 6. 11.

83 〈기자협회보〉, 1969. 6. 27.

84 〈기자협회보〉, 1969. 7. 11.

85 〈편집인협회보〉, 1969. 8. 5.

86 강준만(2000), 《권력 변환: 한국 언론 117년사》, 인물과사상사, p.435.

87 〈편집인협회보〉, 1970. 10. 23.

88 〈기자협회보〉, 1970. 11. 6.

89 한국기독교교회협의회(1987a), 《1970년대 민주화 운동 I》, 한국기독교교회협의회, pp.187~188.

90 〈기자협회보〉, 1971. 5. 21.

91 〈기자협회보〉, 1974. 10. 25.

92 〈기자협회보〉, 1974. 10. 30.

93 〈기자협회보〉, 1974. 11. 15.

94 김해식(1994), 앞의 책, p.150.

95 채백(2005), 앞의 책, pp.194~197.

96 동아일보사(1990), 《동아일보사사 4권》, 동아일보사, p.126.

97 위의 책, p.130.

98 한국기독교교회협의회(1987b), 《1970년대 민주화운동 II》, 한국기독교교회협의회, pp.555~561.

99 동아자유언론수호투쟁위원회(2014), 《자유언론 40년: 실록 동아투위 1974~2014》, 다섯수레, p.67.

100 조선자유언론수호투쟁위원회(1993), 《자유 언론, 내릴 수 없는 깃발: 조선투위 18년 자료집, 1975~1993》, 두레출판사.

101 채백(2012), 앞의 책, pp.453~455.

102 〈경향신문〉, 1970. 4. 21, 7면.

103 공보부 조사국(1961), 〈전국신문보급 실태 조사보고서〉, 공보부, p.9.

104 〈경향신문〉, 1970. 10. 2, 5면; 〈경향신문〉, 1973. 2. 21, 7면.

105 박용규 외(2013), 앞의 책, p.50.

106 차성환(2011), "부마항쟁과 한국 언론," 〈항도부산〉, 제27호, pp.47~98.

107 KBS(1977), 앞의 책, p.340.

108 한국방송개발원(1995), 앞의 책, p.64.

109 KBS(1987), 앞의 책, p.317.

110 KBS(1977), 앞의 책, pp.361~363.

111 KBS(1987), 앞의 책, pp.317~318.

112 김해식(1994), 앞의 책, pp.145~146.

113 "원로탐방/요즘, 방송 어떻습니까: 오재경 박사 편," 〈방송연구〉, 1985. 여름, p.279.

114 문시형(1971). "중앙방송국 경영형태에 관한 소고," 〈신문학보〉, 제4호, p.44.

115 한국방송개발원(1995), 앞의 책, p.67.

116 〈일요신문〉(http://ilyo.co.kr/?ac=article_view&entry_id=66783# 2015. 2. 5).

117 KBS(1987), 앞의 책, pp.356~357.

118 위의 책, p.367.

119 한국방송개발원(1995), pp.105~106.

120 위의 책, p.105.

121 KBS(1977), 앞의 책, p.849.

122 KBS(1987), 앞의 책, p.325.

123 한국방송개발원(1995), 앞의 책, pp.101~102.

124 위의 책, pp.70~71.

125 KBS(1987), 앞의 책, pp.345~347.

126 한국방송개발원(1995), 앞의 책, pp.99~100.

127 위의 책, pp.141~144.

128 위의 책, pp.76~77.

129 KBS(1977), 앞의 책, p.398.

130 정순일(1991), 앞의 책, pp.56~58.

131 문화방송(1982), 《문화방송사사》, 문화방송, pp.715~716.

132 KBS(1977), 앞의 책, pp.783~817.

133 정순일(1991), 앞의 책, p.115.

134 KBS(1977), 앞의 책, p.398.

135 한국기자협회(1994), 앞의 책, p.867.

136 KBS(1977), 앞의 책, p.378.

137 KBS(1987), 앞의 책, pp.328~329.

138 한국방송개발원(1995), 앞의 책, p.119.

139 KBS(1987), 앞의 책, p.360.

140 한국방송개발원(1995), 앞의 책, pp.119~121.

141 김해식(1994), 앞의 책, pp.282~283.

142 조항제(1994). "1970년대 한국 텔레비전의 구조적 성격에 관한 연구: 국가 정책과 텔레비전 자본 간의 관계를 중심으로," 서울대학교 대학원 박사 학위 논문, p.108.

143 김해식(1994), 앞의 책, p.144.

144 한국방송개발원(1995), 앞의 책, pp.158~159.

145 유선영 외(2007), 앞의 책, pp.457~462.

146 김민환(1996), 앞의 책, p.494.

147 한국방송개발원(1995), 앞의 책, pp.108~109.

148 조항제(1994), 앞의 논문, pp.85~87.

149 위의 책, p.88.

150 유선영 외(2007), 앞의 책,

13장

1 윤재걸(1988), 《작전명령 화려한 휴가: 광주민중항쟁의 기록》, 실천문학사, pp.390~391.

2 한국기자협회·80년 해직언론인협의회 엮음(1997), 《80년 5월의 민주언론: 80년 언론인 해직 백서》, 나남, pp.64~79.

3 http://cafe.daum.net/_c21_/bbs_search_read?grpid=1IAZQ&fldid=Rxkp&datanum=108

4 정지환(2002), "대통령 선거와 언론: 개가 주인을 무는 풍경," 〈역사비평〉, 제60호, pp.125~126.

5 김종철(2013), 《폭력의 자유: 해직기자 김종철의 젊은이를 위한 한국 현대언론사》, 시사IN북, p.303.

6 김기철(1993), 《합수부 사람들과 오리발 각서: 80년 신군부의 언론사 통폐합 진상》, 중앙일보사, p.49.

7 주동황 외(1997), 앞의 책, pp.167~168.

8 김해식(1994), 앞의 책, p.155.

9 주동황 외(1997), 앞의 책, pp.169~170.

10 김해식(1994), 앞의 책, pp.156~157.

11 주동황 외(1997), 앞의 책, pp.174~176.

12 위의 책, pp.180~181.

13 한국기자협회·80년해직언론인협의회 엮음(1997), 앞의 책, pp.99~101.

14 김해식(1994), 앞의 책, pp.162~164.

15 김민환(1996), 앞의 책, p.503.

16 채백(2005), 앞의 책, p.239.

17 주동황 외(1997), 앞의 책, pp.186~188.

18 위의 책, pp.188~189.

19 정진석(1992), 앞의 글, p.52.

20 강준만(2000), 앞의 책, p.530.

21 주동황(1993), 앞의 논문, pp.169~170.

22 위의 논문, pp.172~173.

23 위의 논문, pp.172~176.

24 위의 논문, pp.179~180.

25 〈동아일보〉, 1983. 10. 25, 3면.

26 〈동아일보〉, 1982. 6. 5. 2면; 〈매일경제〉 1986. 11. 3, 11면.

27 〈동아일보〉, 1983. 5. 28, 3면.

28 〈신문과방송〉, 제172호, 1985. 4, pp.44~54.

29 〈기자협회보〉, 1985. 12. 17.

30 민중문화운동협의회 엮음(1989), 《80년대 민중·민주운동 자료집(II)》, 학민사, p.101.

31 위의 책, pp.70~73.

32 위의 책, pp.31~33.

33 한국기자협회·80년해직언론인협의회 엮음(1997), 앞의 책, pp.204~208.

34 김기태(1989), 앞의 논문, pp.104~105.

35 〈동아일보〉, 1986. 4. 4.

36 김기태(1989), 앞의 논문, pp.105~106.

37 〈동아일보〉, 1986. 4. 3.

38 〈동아일보〉, 1986. 4. 5; 4. 7; 4. 8.

39 김기태(1989), 앞의 논문, pp.107~110.

40 〈동아일보〉, 1986. 4. 25.

41 김해식(1994), 앞의 책, p.216.

42 김민남 외(1993), 앞의 책, p.400.

43 한국방송개발원(1995). 앞의 책, pp.185~186.

44 김민남 외(1993), 앞의 책, pp.485~486.

45 김민남 외(1993), 앞의 책, p.486.

46 강준만(2007), 앞의 책, pp.551~553.

47 KBS(1997), 앞의 책, pp.625~626.

48 한국방송개발원(1995), 앞의 책, pp.190~196.

49 KBS(1997), 앞의 책, pp.626~628.

50 이상의 내용은 KBS(1984), 《이산가족을 찾습니다: TV특별생방송 138일의 기록》, 한국방송공사를 참조하였음.

51 KBS(1997), 앞의 책, p.743.

52 위의 책, pp.621~631.

53 한국방송개발원(1995), 앞의 책, pp.197~202.

14장

1 유재천 외(1995), 《한국 사회 변동과 언론》, 소화, pp.113~138.
2 김해식(1994), 앞의 책, pp.180~181.
3 위의 책, p.113.
4 주동황 외(1997), pp.222~224.
5 김해식(1994), 앞의 책, p.180.
6 유재천 외(1995), 앞의 책, pp.116~117.
7 위의 책, pp.118~119.
8 강준만(2007), 앞의 책, p.604.
9 조항제(2003), 《한국의 민주화와 미디어 권력》, 한울아카데미, pp.166~181.
10 위의 책, pp.195~201.
11 강준만(2007), 앞의 책, pp.667~668.
12 김성재·김상철(2014), 《다시 보는 야만의 언론: 대통령 노무현과 조폭 언론 5년의 기록》, 책보세, pp.123~124.
13 위의 책, p.113.

15장

1 유재천 외(1995), 앞의 책, p.124.
2 강준만(2007), 앞의 책, pp.577~578.
3 주동황 외(1997), 앞의 책, pp.232~233.
4 임영호(1998), "'진보적 대중지'는 가능한가?" 창간 10돌 기념 심포지엄 '한겨레 10년 성과와 미래' 발제 논문, pp.43~45.
5 주동황 외(1997), 앞의 책, p.227.
6 위의 책, p.264.
7 미디어경영연구소(2010), 〈2010 상반기 발행면수 비교 분석〉(http://www.media21.or.kr/solution/bbs/smBoard.asp?bGroup=2&bid=da01&mode=view&idx=147 2015. 3. 27).
8 네이버 시사상식사전(http://terms.naver.com/entry.nhn?docId=935818&cid=43667&categoryId=43667 2015. 3. 27).
9 강준만(2007), 앞의 책, pp.621~622.
10 유선영 외(2007), 앞의 책, p.497.

11 정보화진흥원 홈페이지

12 〈미디어오늘〉 홈페이지(http://www.mediatoday.co.kr/news/articleView.html?idxno=121087 2015. 5. 23).

13 한국콘텐츠진흥원 홈페이지(http://www.kocca.kr/cop/bbs/view/B0000148/1824611.do?searchCnd=&searchWrd=&cateTp1=&cateTp2=&useAt=&menuNo=200907&categorys=0&subcate=0&cateCode=&type=&instNo=0&questionTp=&uf_Setting=&recovery=&pageIndex=2 2015. 4. 1).

14 한국언론재단(2010), 〈2010 언론수용자 의식조사〉, 한국언론재단, p.128.

15 임상원 외(2007), 《민주화 이후의 한국 언론》, 나남, pp.157~167.

16 강준만(2007), 앞의 책, pp.587~589.

17 주동황 외(1997), 앞의 책, pp.283~284.

18 한국디지털위성방송주식회사(2007). 《SkyLife 5년》, 한국디지털위성방송주식회사, 연표.

19 미래창조과학부 홈페이지(http://www.msip.go.kr/web/msipContents/contents.do?mId=MTQ2 2015. 5. 22).

20 〈전자신문〉, 2015. 1. 12.

21 강준만(2007), 앞의 책, p.688.

22 〈미디어오늘〉 홈페이지(http://www.mediatoday.co.kr/news/articleView.html?idxno=123231 2015. 5. 21)

23 〈미디어오늘〉 홈페이지(http://www.mediatoday.co.kr/news/articleView.html?idxno=121087 2015. 4. 1).

16장

1 새언론포럼(2009), 《현장 기록, 신문노조 민주화운동 20년》, 커뮤니케이션북스, pp.16~38.

2 언론노조 홈페이지(http://media.nodong.org/com/com-1.html 2015. 3. 6).

3 채백(2012), 앞의 책, pp.572~573.

4 새언론포럼(2009), 앞의 책, pp.47~49.

5 위의 책, pp.50~72.

6 이 부분은 새언론포럼(2008), 《현장기록, 방송노조 민주화운동 20년》, 커뮤니케이션북스

를 주로 참조하였음.

7 〈한겨레〉, 2015. 4. 30.

8 이 부분은 채백(2005), 앞의 책, 5장을 주로 참조하였음.

9 유재천 외(1995), 앞의 책, pp.239～240.

10 김기태(1991), "신문 독자 운동 사례 연구," 〈저널리즘〉, 봄호, pp.240～244.

11 임상원 외(2007), 《민주화 이후의 한국 언론》, 나남, pp.157～167.

12 예컨대 〈조선일보〉, 2006. 6. 29, 사설.

17장

1 이준희(2015), "자해 저널리즘으로는 미래 없다," 〈관훈저널〉, 봄, 통권 134호, pp.3～6.

참고 문헌

강동진(1980). 《일제의 한국침략정책사》. 한길사.

강만길(1984). 《한국현대사》. 창장과비평사.

강만길(1985). 《한국근대사》. 창작과비평사.

강민길 외 엮음(1995). 《식민지 시기의 사회경제 2》. 한길사.

강명관(2015. 3. 17). "조선시대의 일기들," 〈경향신문〉, 29면.

강준만(2000). 《권력 변환: 한국 언론 117년사》. 인물과사상사.

강준만(2007). 《한국대중매체사》. 인물과사상사.

경향신문사(1996). 《경향신문 50년사》. 경향신문사.

계훈모 엮음(1979). 《한국언론연표 I》. 관훈클럽 신영연구기금.

고미숙(2001). 《한국의 근대성, 그 기원을 찾아서: 민족 · 섹슈얼리티 · 병리학》. 책세상.

공보부 조사국(1961). 〈전국 신문 보급 실태 조사 보고서〉. 공보부.

관훈클럽 신영연구기금(1983). 《한성순보 한성주보: 번역판》. 관훈클럽 신영연구기금.

구대열(1986). 《제국주의와 언론》. 이대출판부.

권보드래(2004). "'동포同胞'의 역사적 경험과 정치성: 〈독립신문〉의 기사 분석을 중심으로," 이화여대 한국문화연구원 옮김, 《근대계몽기 지식개념의 수용과 그 변용》. 소명출판사.

권보드래 · 천정환(2012). 《1960년을 묻다》. 천년의상상.

금동(1935). "상구독고孀嫗獨孤 현 민간 신문: 한 문예가가 본 민간 신문의 죄악," 〈개벽〉, 3월호.

김규환(1978). 《일제의 대한 언론 선전 정책》. 이우출판사.

김남석(1994). "한국 신문 산업 구조 개편에 관한 정치경제학적 연구." 서울대학교 대학원 박사 학위 논문.

김대상(1981). 《부산경남언론사》. 대왕문화사.

김동민(2010). "동아일보의 신탁 통치 왜곡 보도 연구," 〈한국언론정보학보〉, 52호, 겨울.

김동진(1927). "신문기자의 사회적 고민," 〈별건곤〉, 1927, 12월호.

김기철(1993). 《합수부 사람들과 오리발 각서: 80년 신군부의 언론사 통폐합 진상》. 중앙일보사.

김기태(1989). "한국 언론 수용자운동의 성격과 방향에 관한 연구: 시청료 거부운동을 중심으로." 서강대학교 대학원 박사 학위 논문.

김기태(1991). “신문 독자 운동 사례 연구,” 〈저널리즘〉 봄호.

김도태(1972). 《서재필 박사 자서전》. 을유문화사.

김동택(2004). “《국민수지國民須知》를 통해 본 근대 ‘국민,’” 이화여대 한국문화연구원 엮음, 《근대계몽기 지식개념의 수용과 그 변용》. 소명출판사.

김민환(1996). 《한국언론사》. 사회비평사.

김성재 · 김상철(2014). 《다시 보는 야만의 언론: 대통령 노무현과 조폭 언론 5년의 기록》. 책보세.

김성호(1997). 《한국 방송 인물지리지》. 나남.

김승현(2000). “신문 사진에 나타난 인본주의적 가치: 4 · 19혁명 보도사진을 중심으로,” 〈커뮤니케이션과학〉, 제17호.

김영주(2007). “신문고 제도에 대한 몇 가지 쟁점: 기원과 운영, 기능 · 제도의 변천을 중심으로,” 〈한국언론정보학보〉, 가을, 39호.

김영주(2008). “조보에 대한 몇 가지 쟁점: 필사조보의 기원, 명칭, 폐간 시기, 기문기사 성격과 민간 인쇄 조보를 중심으로,” 〈한국언론정보학보〉, 가을, 43호.

김영호(2004). 《한국 언론의 사회사상》. 지식산업사.

김영희(2009). 《한국 사회의 미디어 출현과 수용: 1880~1980》. 커뮤니케이션북스.

김영희(2013). “〈한국일보〉의 초기 성장과 성장 요인,” 〈한국언론학보〉, 제57권 6호.

김은용(1989). “대한제국시대 신문광고에 대한 일고찰.” 한국외국어대 대학원 석사 학위 논문.

김종철(2013). 《폭력의 자유: 해직 기자 김종철의 젊은이를 위한 한국 현대 언론사》. 시사IN북.

김준엽. 김창순(1986). 《한국공산주의운동사 2》. 청계연구소.

김현대(1987). “일제하 〈동아일보〉의 민족운동사적 고찰: 문화 정치 기간(1920~1928)의 사설 분석을 중심으로.” 한양대학교 석사 학위 논문.

김해식(1994). 《한국 언론의 사회학》. 나남.

渡部學(1984). 《한국근대사》. 김성환 옮김. 동녘.

동아일보사(1975). 《동아일보사사 1권》. 동아일보사.

동아일보사(1978). 《동아일보사사 2권》. 동아일보사.

동아일보사(1990). 《동아일보사사 4권》. 동아일보사.

동아자유언론수호투쟁위원회(2014). 《자유언론 40년: 실록 동아투위 1974~2014》. 다섯수레.

문시형(1971). “중앙방송국 경영형태에 관한 소고,” 〈신문학보〉, 제4호.

문화방송(1982). 《문화방송사사》. 문화방송.

미디어경영연구소(2010). 〈2010 상반기 발행면수 비교 분석〉. http://www.media21.or.kr/solution/bbs/smBoard.asp?bGroup=2&bid=da01&mode=view&idx=147 2015. 3. 27.

민중문화운동협의회 엮음(1989). 《80년대 민중 · 민주운동 자료집(II)》. 학민사.

박노자(2005). 《우승열패의 신화》. 한겨레신문사.

박용규(1988). “미군정기 한국 언론 구조의 형성 과정에 관한 연구.” 서울대학교 대학원 석사 학위 논문.

박용규(1995). “일제하의 언론 현실에 대한 인식과 비판,” 〈언론과사회〉, 제8호.

박용규(1996). “일제하 시대 중외 · 중앙 · 조선중앙일보에 관한 연구: 창간 배경과 과정, 자본과 운영, 편집진의 구성과 특성을 중심으로,” 〈언론과정보〉, 제2호.

박용규(1998), “구한말(1881~1910) 지방신문에 관한 연구,” 〈한국언론정보학보〉 제11호.

박용규(2001). “일제 말기(1937~1945)의 언론 통제 정책과 언론 구조 변동,” 〈한국언론학보〉, 제46권 1호.

박용규(2007). “미군정기 언론인 단체들의 특성과 활동,” 〈한국언론학보〉, 51권 6호.

박용규 외(2013). 《한국 신문의 사회문화사》. 한국언론진흥재단.

박재용(1993). “한국 초기 민간 상업 방송의 발전 과정에 관한 연구.” 서울대학교 대학원 석사 학위 논문.

박정규(1997). “한국 지방 신문의 역사,” 김세철 외, 《지역사회와 언론》. 커뮤니케이션북스.

박환(1995). 《러시아 한인 민족운동사》. 탐구당.

벽아자(1923). “동아일보에 대한 불평,” 〈개벽〉, 7월호.

부산문화방송(2009). 《부산문화방송 50년사》. 부산문화방송.

부산일보사(1996). 《부산일보 50년사》. 부산일보사.

부산직할시사편찬위원회 엮음(1991). 《부산시사 제4권》. 부산직할시.

3 · 15의거사 편찬위원회(2004). 《3 · 15 의거사》. 사단법인 3 · 15의거기념사업회.

森田芳夫(1936). 《孫選手のマラソン優勝と日章旗マーク抹消事件》. 綠旗聯盟.

서울신문사(2004). 《서울신문 100년사》.

새언론포럼(2008). 《현장 기록, 방송노조 민주화운동 20년》. 커뮤니케이션북스.

새언론포럼(2009). 《현장 기록, 신문노조 민주화운동 20년》. 커뮤니케이션북스.

송건호(1990). 《한국현대언론사》. 삼민사.

송호근(2011). 《인민의 탄생: 공론장의 구조 변동》. 민음사.

신용하(1976). 《독립협회연구》. 일조각.

신용하 엮음(1984). 《사회사와 사회학》. 창작과 비평사.

심판자(1935). “동아 대 조선전東亞對朝鮮戰의 진상 급 기 비판眞相及其批判,” 〈쩌-날리즘〉, 창간호.

안병희(1985). “훈민정음 사용에 관한 역사적 연구,” 〈동방학지〉, 46/48.

양명(1924). “우리의 사상혁명과 과학적 태도,” 〈개벽〉, 제43호, 1월호.

역사학회 엮음(1980). 《한국사 자료 선집 5》. 일조각.

XY생(1925). “현하 신문 잡지에 대한 비판,” 〈개벽〉, 11월호.

유병은(1998). 《방송야사》. KBS문화사업단.
윤병석(1979). 《한국근대사료론》. 일조각.
유선영 외(2007). 《한국의 미디어 사회문화사》. 한국언론재단.
유영렬(2007). 《애국계몽운동 I: 정치사회운동》. 독립기념관 한국독립운동사연구소.
윤영옥(1986). 《한국신문만화사 1909～1985》. 열화당.
유재천 외(1995). 《한국 사회 변동과 언론》. 소화.
윤재걸(1988). 《작전 명령 화려한 휴가: 광주민중항쟁의 기록》. 실천문학사.
이광린(1975). "서재필의 독립신문 간행에 대하여," 〈진단학보〉 39집.
이광린 외(1986). 《대한매일신보 연구》. 서강대학교 인문과학연구소.
이나미(2001). 《한국 자유주의의 기원》. 책세상.
이완범(2005). "조선공산당의 탁치 노선 변화 과정(1945～1946)," 〈한국근현대사연구〉, 제35집, 겨울호.
이이효재(2003). 《조선조 사회와 가족: 신분 상승과 가부장 문화》. 한울.
이준희(2015). "자해 저널리즘으로는 미래 없다," 〈관훈저널〉, 봄, 통권 134호.
이중연(2001), 《'책'의 운명: 조선 — 일제 강점기 금서의 사회·사상사》. 혜안.
임근수(1984). 《언론과 역사: 희관 임근수 박사 논총》. 정음사.
임영호(1998). "'진보적 대중지'는 가능한가?" 창간 10돌 기념 심포지엄 '한겨레 10년 성과와 미래' 발제 논문.
임상원 외(2007). 《민주화 이후의 한국 언론》. 나남.
장신(2005). "1930년대 언론의 상업화와 조선 · 동아일보의 선택," 〈역사비평〉, 70호(봄).
전복희(1996). 《사회진화론과 국가사상》. 한울아카데미.
井上角五郎(1934). 《福澤先生の朝鮮御經營と現代朝鮮の文化とに就いて》(舊韓末日帝侵略史料叢書 7권, 1984). 아세아문화사.
정선태(2004). "〈독립신문〉의 조선 · 조선인론: 근대 계몽기 '민족' 담론의 형성과 관련하여," 이화여대 한국문화연구원 엮음, 《근대계몽기 지식개념의 수용과 그 변용》. 소명출판사.
정지환(2002). "대통령 선거와 언론: 개가 주인을 무는 풍경," 〈역사비평〉, 제60호.
정순일(1991). 《한국 방송의 어제와 오늘》. 나남.
정용욱(2003). "1945년 말 1946년 초 신탁 통치 파동과 미군정: 미군정의 여론 공작을 중심으로," 〈역사비평〉, 62호, 봄.
정진석(1975). 《일제하 한국언론투쟁사》. 정음사.
정진석(1987). 《대한매일신보와 배설: 한국 문제에 대한 영일 외교》. 나남.
정진석(1990). 《한국언론사》. 나남.
정진석(1992). "정계로 진출한 언론인들," 〈신문과방송〉, 3월호.

정진석(1995). “광복언론 50년사: 언론윤리위원회법 파동,” 〈신문과 방송〉, 3월호.
정진석(2012). “제3공화국의 언론: 구조 개편, 통제와 저항,” 한국언론학회 커뮤니케이션과역사 분과 세미나 자료집 〈제3공화국 시기 매스 커뮤니케이션 현상 연구〉.
정진석 외(2008). 《한국 방송 80년, 그 역사적 조명》. 나남.
정태진 엮음(1961). 《5 · 16군사혁명요람 제1집》. 재정사.
조기준(1982). 《한국자본주의성립사론》. 대왕사.
조동일(1986). 《한국문학통사 4》. 지식산업사.
조선일보사(1990). 《조선일보 70년사 제1권》. 조선일보사.
조선일보사(2010a). 《조선일보 90년사 상》. 조선일보사.
조선일보사(2010b). 《조선일보 90년사: 화보·인물·자료》. 조선일보사.
조선자유언론수호투쟁위원회(1993). 《자유 언론, 내릴 수 없는 깃발: 조선투위 18년 자료집, 1975~1993》. 두레출판사.
조항래(1969). “일본의 대한 침략 정책과 구한말 친일 단체(1),” 《동양문화》 제10집.
조항제(1994). “1970년대 한국 텔레비전의 구조적 성격에 관한 연구: 국가정책과 텔레비전 자본 간의 관계를 중심으로.” 서울대학교 대학원 박사 학위 논문.
조항제(2003). 《한국의 민주화와 미디어 권력》. 한울아카데미.
주동황 외(1997). 《한국 언론사의 이해》. 전국언론노조연맹.
주진오(1986). “독립협회의 대외 인식의 구조와 전개,” 〈학림〉(연세대), 제8집.
차상찬(1936). “조선신문발달사,” 〈조광〉, 11월호.
차성환(2011). “부마항쟁과 한국 언론,” 〈항도부산〉, 제27호.
채백(1986). “미국의 TV 산업이 한국의 TV 방송 도입 과정에 미친 영향에 관한 연구,” 〈서울대 신문연구소학보〉, 제23집.
채백(1991). “조선신보에 관한 일연구,” 〈한국언론학보〉 제26집.
채백(1990a). “한국 근대 신문 형성 과정에 있어서 일본의 역할에 관한 연구.” 서울대학교 대학원 박사 학위 논문.
채백(1990b). “한성신보의 창간과 운용에 관한 연구,” 〈신문연구소학보〉(서울대 신문연구소), 제27집.
채백(1994). “〈독립신문〉 독자 투고의 현황과 특성에 관한 연구,” 〈언론과 사회〉 제3집.
채백(1995). “통신 매체의 도입과 한국 근대의 사회 변화,” 박정규 외, 《한국 근대 사회의 변화와 언론》, 한국정신문화연구원.
채백(1998). “개화기 한국 신문의 간접적 구독 방식에 관한 연구,” 〈언론과정보〉, 제4호.
채백(1999). 《출판학》. 한나래.
채백(2003). 《신문》. 대원사.

채백(2005). "근대 민족국가관의 형성과 개화기 한국 신문," 〈언론과 사회〉 13권 4호.
채백(2005). 《한국 언론 수용자 운동사》. 한나래.
채백(2006). 《독립신문 연구》. 한나래.
채백(2008). "근대 민족주의의 형성과 개화기 출판," 〈한국언론정보학보〉, 제41호.
채백(2008). 《사라진 일장기의 진실》. 커뮤니케이션북스.
채백(2010). "애국계몽운동기 일제의 언론통제와 한국 언론의 대응: 노일전쟁부터 강제병합까지를 중심으로," 〈언론과학연구〉, 제10권 2호.
채백(2012). 《부산 언론사 연구》. 산지니.
채백(2013). "박정희 정권의 언론 정책과 지역 신문: 부산 지역을 중심으로," 〈한국언론정보학보〉, 제62호, 여름.
채백(2014). "한글 고전 소설을 통해 본 조선 후기의 인간 커뮤니케이션 양태," 〈한국언론정보학보〉, 제65호, 봄.
채필렬(1933). "십자가상의 동아일보," 〈비판〉, 제3권 5호.
천정환(2005). 《끝나지 않는 신드롬》. 푸른역사.
青木功一(1980). "〈時事新報〉論說における朝鮮問題," 《慶應大新聞研究所年報》. 14號.
최기영(1991). 《대한제국시기 신문 연구》. 일조각.
최민지(1978). 《일제하 민족언론사론》. 일월서각.
최인진(1992). 《한국신문사진사》. 열화당.
최인진(2006). 《손기정 남승룡 가슴의 일장기를 지우다: 조선중앙일보·동아일보 일장기 말소사건의 새로운 진실》. 신구문화사.
최준(1965). 《한국신문사》. 일조각.
최준(1982). 《한국신문사논고》. 일조각.
최준(1987). 《한국신문사》. 일조각.
KBS(1977). 《한국방송사》. KBS.
KBS(1984). 《이산가족을 찾습니다: TV 특별 생방송 138일의 기록》. 한국방송공사.
KBS(1987). 《한국 방송 60년사》. 한국방송공사.
하영휘(2008). 《양반의 사생활: 조병덕의 편지 1,700통으로 19세기 조선을 엿보다》. 푸른역사.
한국기독교교회협의회(1987a). 《1970년대 민주화운동 I》. 한국기독교교회협의회.
한국기독교교회협의회(1987b). 《1970년대 민주화운동 II》. 한국기독교교회협의회.
한국기자협회(1994). 《한국기자협회 30년사》. 한국기자협회.
한국기자협회·80년해직언론인협의회 엮음(1997). 《80년 5월의 민주언론: 80년 언론인 해직 백서》. 나남.
한국노동조합총연맹(1979). 《한국노동조합운동사》. 한국노동조합총연맹.

한국디지털위성방송주식회사(2007). 《SkyLife 5년》. 한국디지털위성방송주식회사.

한국민중사연구회 옮김(1986). 《한국민중사》. 풀빛.

한국방송개발원(1995). 《광복 50년 한국 방송의 평가와 전망》. 한국방송개발원.

한국사연구회 엮음(1985). 《한국 근대 사회와 제국주의》. 삼지원.

한국신문협회(1968). 〈한국신문연감 1968〉. 한국신문협회.

한국신문협회(1982). 《한국신문협회 20년》. 한국신문협회.

한국언론사연구회 엮음(2004). 《대한매일신보 연구》. 커뮤니케이션북스.

한국언론재단(2010). 〈2010 언론수용자 의식조사〉. 한국언론재단.

한국잡지협회(1972). 《한국잡지총람: 한국 잡지 70년사》. 한국잡지협회.

한국잡지협회(1995). 《한국잡지 100년》. 한국잡지협회.

한양과객(1934). "3대 신문 참모장론," 〈삼천리〉, 제6권 8호.

황태욱(1935). "조선민간신문계 총평," 〈개벽〉, 3월호.

황현(1978). 《매천야록》. 이장희 옮김. 대양서적.

Anderson, B.(1983). *Imagined Communities: Reflections on the Origin and Spread of Nationalism*. [윤형숙 옮김(2002). 《상상의 공동체》. 나남.]

Hwang, In K.(1978). *The Korean Reform Movement of the 1880s, Cambridge: Schenkman.*

Ong, Walter J. (1982). *Orality and Literacy: The Technologizing of the Word*. [이기우 · 임명진 옮김(1995). 《구술 문화와 문자 문화》. 문예출판사.]

《고종순종실록》

《고종시대사 3》

〈개벽〉

〈경향신문〉

〈국제신보〉

〈기자협회보〉

〈대학신문〉

〈대한매일신보〉

〈독립신문〉

〈동아일보〉

〈매일경제〉

〈매일신문〉

〈미디어 오늘〉
〈민주중보〉
〈방송연구〉
〈부산일보〉
〈삼천리〉
〈세계일보〉
《승정원일기》
〈시사저널〉
〈신문과방송〉
〈신문평론〉
《윤치호일기》
〈일요신문〉
《일제하 전시체제기 정책자료총서》 제37권. “언문신문통제안,” pp.257~290. http://www.kstudy.com/japan/html/list37.htm(2015. 1. 19).
《일제 경성지방법원 편철문서 검찰 사무에 관한 기록 (1)》, “동경유학생 등 동아일보 성토에 관한 건,” 京鍾警高秘 第1851號의 2, 1924. 4. 22. Available:http://kh2.koreanhistory.or.kr/
〈전자신문〉
〈제국신문〉
〈조선일보〉
〈조선중앙일보〉
〈편집인협회보〉
〈한겨레〉
〈한겨레신문〉
〈황성신문〉

네이버 뉴스라이브러리
네이버 시사상식사전
다음백과사전
미래창조과학부 홈페이지
언론노조 홈페이지
정보화진흥원 홈페이지
한국콘텐츠진흥원 홈페이지

찾아보기

가면극 35
〈각성호회보〉 155
각파유지연맹 191, 192
간접 구독 방식 134
갑신정변 50, 65, 145
갑오개혁 53, 58, 63, 64, 69, 78, 89
강상욱 339
〈강원도민일보〉 497
〈강원일보〉 497
강제 해직 423, 424, 425, 432
〈개벽〉 168, 182, 188, 197, 205, 208, 209, 210, 212
개조주의 208
개화사상 45, 49, 79
개화파 42, 43, 44, 45, 46, 51, 60, 61, 65, 72, 74, 93, 119
객관 저널리즘 76, 77
건국준비위원회 257, 272, 273
건전언론육성 종합방안보고 425
검열 표준 220
격려 광고 378, 379, 380, 381, 382, 387
격려 편지 328, 329
격쟁擊錚 27
견통령 293
겸영 356, 357, 450, 464, 472, 473
《경국대전》 26
〈경기慶記〉 203
〈경기신문〉 355
경남기자대회 203
경남기자동맹 203
〈경남신문〉 428, 495
〈경남일보〉 106, 132, 150, 151, 173
경성방송국 213, 214, 215, 218, 272, 279, 282
〈경성신보京城新報〉 113
〈경성일보〉 149, 150, 249, 272, 273
경주인京主人 48, 54
경품 129, 130, 362, 472, 482, 483
〈경향신문〉 106, 276, 293, 294, 296, 297, 298, 300, 303, 304, 305, 324, 340, 347, 348, 349, 356, 358, 365, 367, 370, 376, 385, 416, 419, 420, 422, 432, 433, 469, 479, 482
〈경향잡지〉 106
계몽의 대상 510
고급지 478
고정 편성 281
공격견 470, 471, 486
공공성 331, 449, 450, 451, 497, 498, 499, 500
공론 28, 32, 90, 212, 267, 427
공론장 134
〈공립신보〉 112, 113, 144
공보부령 제1호 269, 336
공영 방송 427, 429, 450, 487, 499
공익 자금 433, 434, 450
공정거래위원회 471, 482, 483
공정 방송 498, 499
공채 제도 304
과잉 인쇄 능력 357, 358
관람객 452
관세법 433, 436

관자關子 33
광고방송자율심의위원회 408
광고 산업 439
광고 탄압 378, 379, 382, 387
광문사 104, 131
광주방송 489
〈광주일보〉 428, 496
광주 학생 의거 199, 219
광주 항쟁 417, 419, 423
괘서掛書 33
교과용도서검정규정 118
교육방송 454, 458, 499
교통방송 488
교포 신문 112, 113, 114, 115, 116, 117, 144, 151
구독료 48, 54, 79, 80, 82, 85, 87, 107, 124, 125, 130, 168, 226, 362, 379, 465, 484
구언求言 27
구텐베르크, 요하네스Gutenberg, Johannes 20
국가보안법 292, 294, 432
국가보위비상대책위원회 420
국가총동원법 245, 248
국내방송비상태세요강 250
국내우체규칙 63, 82, 89, 125
〈국민신보〉 106, 146, 155
〈국민일보〉 293, 471, 479
국민주 476, 478
국민협회 164, 172
〈국민회보〉 155
국영 방송 273, 305, 306, 308, 309, 319, 320, 330, 331, 332, 389, 394
국영텔리비전방송사업에 관한 임시조치법 389
국영텔리비전 방송사업 특별회계법 389
〈국제신문〉 305, 419, 479
〈국제신보〉 299, 300, 301, 304, 325, 327, 328, 329, 340, 344, 351, 388
국제언론인협회(IPI) 349
국채 보상 운동 104, 105
국한문 혼용 47, 53, 55, 64, 86, 91, 103, 133, 274
군사 경찰 '훈령' 98
군정법령 제72호 269, 270
권병하 170
권언 유착 335
권위주의 110, 466, 467, 470, 510
귀속 재산 268, 272, 273, 297
〈그리스도신문〉 87, 89, 93, 107, 129, 137
기관원 349, 375, 376, 378, 466
기독교방송 307, 308, 309, 315, 388, 398, 419, 465, 487
기레기 511
기서寄書 141, 174
기자 운동 200
〈기호흥학회월보〉 111
긴급 조치 343
김구 283, 287, 288
김기수金綺秀 36
김단야 195
김동성 195, 198
김병관 471
김상만 348
김상용 314, 315
김성수 162, 165, 169, 178, 187, 190, 191, 192, 193, 194, 227, 228, 243
김영삼 장학생 468
김옥균 42, 50
김일성 365, 391
김주언 432
김준연 242
김중배 441, 475
김지태 315, 320, 345, 346, 347
김지하 301
김홍조金弘祖 106

난청 218, 396
남궁억 96, 103
남북 협상 287, 288
〈남선일보〉 205, 271
납본 118, 322, 442
낭독 35, 214, 373
내선일체 219, 248
〈내외경제〉 428, 479
내지연장주의內地延張主義 158
네트워크 393, 396, 488, 489
〈노동자신문〉 444
〈노력인민〉 266
노일전쟁 98, 101, 103, 106, 110, 114
〈농민주보〉 274
뉴 미디어 10, 18, 484, 485
능동적 수용자 510, 511

다각 경영 356, 433, 438
다매체 다채널 시대 488, 489, 509
단간제 338, 339, 340
단선 단정 286, 287, 288
단파 방송 청취 사건 250, 251
대간臺諫 제도 25
〈대구경제일보〉 354
〈대구매일신문〉 293, 295, 305, 428
대구방송 489
〈대구일보〉 305, 325, 340, 354
〈대동공보〉 112, 151
〈대동신문〉 266, 271, 275
〈대동일보大東日報〉 150
대륙 침략의 병참 기지화 219
대변인 제도 359
대북 방송 388, 398
대안 언론 444
대전방송 489
대정실업친목회 164, 170
〈대죠선독립협회회보〉 110
대중 문화 270, 313, 392, 405
대중 의례mass ceremony 139, 140
대중 조작 423
대중화 384, 385
〈대한매일신보〉 101, 102, 103, 104, 105, 110, 112, 114, 115, 116, 117, 119, 120, 121, 123, 129, 130, 131, 132, 133, 138, 139, 141, 149, 173, 175
〈대한민보〉 107, 108, 196
대한방송주식회사(DBC) 312
대한방송협회 305
〈대한신문〉 106
〈대한일보〉 130, 340, 344, 367, 368, 375
〈대한자강회월보〉 111
〈대한협회회보〉 111
〈데일리 크로니클*Daily Chronicle*〉 101
〈독립신문〉 53, 54, 57, 61, 62, 63, 64, 65, 66, 67, 68, 69, 70, 71, 72, 73, 74, 75, 76, 77, 78, 79, 80, 81, 82, 83, 84, 85, 86, 87, 88, 89, 90, 91, 93, 107, 120, 121, 123, 124, 125, 126, 127, 128, 130, 131, 132, 133, 134, 135, 137, 140, 141, 145, 155, 156, 188, 256, 297
〈독립신보〉 266
독립협회 57, 87, 91, 120, 260
독서 공중reading public 131, 138, 140
독자 투고 77, 140, 141, 142, 143, 173, 205, 385
〈동광〉 210, 212
동맹통신 214, 281
동시 인쇄 481
동아대 326, 327
〈동아무역신문〉 56
동아방송 330, 349, 358, 378, 394, 401, 402, 419
〈동아일보〉 162, 163, 164, 165, 166, 167, 168, 169, 170, 172, 174, 175, 176, 177, 178, 179, 180, 181, 182, 183,

184, 185, 186, 187, 188, 189, 190, 191, 192, 193, 194, 195, 196, 198, 199, 202, 204, 205, 212, 222, 223, 224, 225, 226, 227, 228, 229, 230, 231, 232, 234, 235, 236, 237, 238, 239, 240, 241, 242, 243, 244, 245, 246, 248, 249, 257, 263, 264, 266, 273, 279, 287, 293, 294, 295, 297, 298, 299, 300, 303, 304, 305, 324, 327, 337, 340, 348, 349, 357, 358, 361, 363, 364, 365, 367, 375, 376, 377, 378, 379, 380, 381, 382, 383, 386, 387, 394, 416, 419, 420, 421, 433, 436, 438, 441, 444, 446, 447, 469, 471, 472, 475, 481, 482, 483, 496, 501, 505
동아자유언론수호투쟁위원회(동아투위) 382, 383, 501
동양TV 358, 392
동양라디오 358
동양방송 358, 361, 394, 396, 398, 401, 419
동양통신 304, 419, 420, 429
동일시와 배제의 욕망 74, 120
동학혁명 57
등록제 268, 321, 464
등록 취소 336, 341, 342, 426, 464
등록취소심의위원회 464
등장等狀 32
땡전 뉴스 435, 440, 451
또한 뉴스 435, 451
띠 편성 406

라디오서울 392, 394, 401, 402
라디오 시연회 214
라디오 큐슈(RKB) 314
레드 콤플렉스 365, 416
로이터통신 86
류근柳瑾 165
마르크스주의 442
《만국공보》 36
《만국정표萬國政表》 85
〈만세보〉 106, 109, 129
〈말〉 383, 432, 445
매스컴위원회(RAVEMCO) 308
〈매일경제〉 428, 473, 495, 496
〈매일신문〉 71, 87, 90, 91, 92, 94, 95, 127, 128, 130, 136, 137, 340, 351
〈매일신보〉 133, 134, 137, 149, 150, 162, 165, 173, 174, 175, 176, 200, 232, 248, 249, 257, 272, 273, 282
《매천야록》 41
매체별 광고비 439, 485
매출액 361, 433, 435, 437, 438, 453, 457
〈멍텅구리 헛물켜기〉 196
명성황후 시해 사건 58, 62
명치유신 44, 76
명함 80, 83, 86, 87, 88, 127, 128
〈모래시계〉 488
모스크바 3상회의 262, 265
무가지 129, 362, 426, 483
무단 통치 149, 151, 152, 153, 156, 157, 159, 161, 166, 206, 207
무명회 200, 201, 202
무한 경쟁 472, 480, 496
묵독 35
문자 보급 운동 223, 224, 225
문제안 282
〈문학과지성〉 426
문화 말살 정책 209
문화방송 247, 346, 350, 358, 393, 394, 396, 399, 400, 401, 402, 420, 438
문화 사업 223, 225, 230, 358, 433
〈문화일보〉 266, 479
문화 통치 157, 158, 159, 161, 167, 189, 207
미국 TV 산업 310
미국의 소리Voice of America 250, 398

미군정법령 제11호 268
미군정법령 제19호 268
미군정법령 제88호 269, 294
미소공동위원회 263, 282, 286
민원식 164, 172
민의원 선거법 292
민족 개량주의 204
〈민족일보〉 329, 330, 391
민족적 경륜 186, 189, 190, 191, 193, 198
민족주의 74, 119, 120, 121, 122, 123, 139, 151, 172, 180, 182, 188, 194, 198, 208, 220, 237, 240, 243, 287
민족 협동 전선 198, 199
〈민주신보〉 298, 299, 300, 304, 327, 341
민주언론시민연합 502
민주언론운동시민연합 502
민주언론운동협의회 432, 444, 445, 476, 501, 502
〈민주중보〉 277
민화 35

박문국 39, 45, 46, 47, 48, 50, 51, 52, 54, 71, 85, 123, 145
박문서관 112
박영효 43, 44, 45, 46, 50, 165, 169, 178
박은식 103
박춘금 191, 192, 193, 195, 200
박헌영 195
반공 267, 289, 330, 344, 348, 365
반도키네마사 196
반론보도청구권 464
발매 반포 금지 116, 240
방榜 33
방각본 42
방상훈 471
방송관리법안 332
방송 구조 개편 487, 499
방송민영화추진동지회 331
방송법 389, 390, 408, 454, 464, 473, 487, 498, 499, 500
방송사업 특별회계법 306
방송심의위원회 450
방송위원회 280, 450, 500
방송윤리규정 389, 408
방송윤리위원회 389, 390, 408
방송의 날 284
방송의 일반적 기준에 관한 내규 307
방송자문위원회 451
방송 저널리즘 400
방송 정화 11개항 405
방송 중립화 330
방송협회 213, 216, 217, 218, 272, 280, 284, 285, 305, 391, 408, 423, 427
방응모 222, 226, 227, 228, 300, 303
배달 사고 138
배일排日 신문 172
백관수 244, 300
법인세 438
베델, 어니스트 토머스Bethell, Ernerst Thomas 101, 103, 104, 105, 110, 115
벽돌 신문 98, 99
〈별건곤〉 210
보도 지침 431, 432, 465
보부상 41, 93
보안사 423, 424, 426, 427, 431, 466
보증금 105, 114, 353, 354
복음 방송 429
봉수 29
부마항쟁 387
〈부산매일〉 479
부산문화방송 314, 315, 320, 345, 347, 387, 393, 399, 401
부산방송 489
부산상법회의소 55
〈부산상황釜山商況〉 56
부산역전 대화재 304

〈부산일보〉 299, 304, 315, 320, 326, 327, 340, 344, 345, 346, 347, 349, 351, 388, 493, 495
부일장학회 345, 346
부정 축재 345, 346
북경한인임시선전회 188
〈북선일보〉 205
불견 신문 172
불교방송 488
불매 운동 169, 177, 178, 179, 180, 181, 182, 183, 184, 188, 200, 205, 206, 227, 229, 370, 374, 379, 505
불온문서임시취체령 219
불편부당 76, 222, 258, 331
브나로드 운동 223, 224
VOD 491
블록 광고제 453
비각飛脚 30
비답批答 27
비도 78
비매동맹 179, 181, 190, 205, 228
비빔밥 방송 216
〈비판〉 162, 210
〈뿌리깊은나무〉 426

사간원 25, 26
사기 공산당 사건 180
〈사상계〉 301
사이비 기자 322, 323, 324, 344, 345, 377
사이토 마코토齋藤實 158, 161
4 · 19 혁명 294, 298, 319, 320, 321, 322, 324, 329, 330, 335, 400, 401, 416
사전 검열 98, 99, 100, 206, 349
사헌부 25, 26
〈산업신문〉 301
〈삼남일보〉 293
3선 개헌 371
삼성 재벌 358, 362, 392, 394
3 · 15 마산 의거 320
3 · 15 부정 선거 319, 320
3 · 1 운동 152, 153, 154, 156, 157, 159, 160, 161, 166, 193, 207, 209, 210
3저 호황 439
3증 경쟁 225, 227
〈삼천리〉 210, 225, 238
상무사 93
〈상무총보商務總報〉 93
상소 26, 27
상업 방송 281, 312, 313, 314, 315, 319, 330, 392, 393, 394, 395, 400, 401, 402, 404, 407, 427, 429, 449, 487, 488, 499, 500
상업주의 303, 313, 362, 363, 366, 450
상업 차관 348
상징 조작 365, 384
새마을 방송 405
〈새충청일보〉 497
〈서북학회월보〉 111
〈서우〉 111
〈서울경제〉 428
서울국제방송국(HLCA) 388, 396, 398, 402
서울대 언론정보연구소 471
서울민간방송 330, 393
서울방송 SBS 488, 489, 500
서울방송국 306
〈서울신문〉 257, 264, 265, 266, 276, 288, 297, 298, 299, 303, 305, 340, 356, 357, 361, 432, 433, 436, 438, 456, 469, 487, 495, 498
서울중앙방송국 279, 283, 306, 307, 313, 330, 396, 402
서울지방방송국 306, 307
〈서울프레스*The Seoul Press*〉 149, 150
서재필 65, 66, 67, 70, 71, 73, 80, 81
서해방송 395, 396, 429
선거보도감시연대회의 504

선문先文 33
선문판鮮文版 150
선정주의 323
설의식 242
〈세계일보〉 305, 479
세무 조사 470, 471, 486, 507
세제 혜택 433, 434
〈소년〉 206, 225
〈소년동아일보〉 357
〈소년조선일보〉 357
〈소년중앙〉 225
소비 자본주의 453
소셜 네트워크 서비스(SNS) 512
소유 구조 496
손기정 232, 234, 237, 239, 240, 242
송병준 172, 195
송진우 179, 182, 187, 190, 191, 192, 193, 194, 242, 243, 249
수용자 운동 51, 145, 448, 501, 505, 506
순보서旬報序 45, 47, 49
순 한글 67, 91, 103, 133, 274
숫신문 133
슈미트, 에릭Schmidt, Eric 490
스마트폰 512
스타 시스템 403
스포츠신문음란폭력조장공동대책위원회 504, 505
〈시대일보〉 185, 194, 222
시민 단체 463, 473, 486, 493, 498, 501, 503, 504, 505, 506, 507, 513
시민 사회 463, 470, 493, 501, 505
시민 언론 운동 449, 501, 502, 503, 504, 506, 507
시보 방송 215
시사 만화 108
〈시사신문〉 164, 172, 185, 222
〈시사신보〉 45
〈시사총보時事叢報〉 93
시설 기준 336, 338, 339, 340, 341
10월 유신 343, 375, 385, 387
시일야방성대곡是日也放聲大哭 78, 99, 100, 103, 371
시청료 389, 391, 399, 445, 446, 447, 448, 449, 457, 534
시청료거부운동기독교범국민운동본부 446
시청률 경쟁 404
시청자위원회 451
〈신가정〉 225
신간회 198, 199, 205
〈신동아〉 225, 348, 357, 364
신뢰도 207, 282, 386, 467, 486, 487, 507, 511
신문고 27
신문고시 482, 483
〈신문과 신문기자〉 176
신문관 207
신문기타정기간행물법 269
신문등의자유와기능보장에관한법률(신문법) 472, 473, 486
신문등의진흥에관한법률(미디어법) 472, 473
신문 및 정당 등의 등록에 관한 법률 321
신문발전기금 472
신문 비평 212
신문사업령 245
〈신문연구〉 210
신문연구소 339, 363
신문윤리강령 297
신문의 날 78, 297, 385, 386
신문잡지종람소 135, 136
신문 조례 95
신문지법 114, 115, 116, 151, 206, 207, 208, 220, 244, 268, 292
《신문총람》 227
신문 · 통신 등의 등록에 관한 법률 338, 341
신문협회 351, 353, 354, 362, 423, 427, 436, 465, 482

신미양요 37
신석우 195, 199
〈신아일보〉 362
신일본주의 164
〈신조선민보〉 155
신채호 103, 121
신탁 통치 262, 263, 264, 265, 276, 286, 287
〈신한국보〉 112, 151
〈신한민보〉 112, 113, 151, 156
실력양성론 223
3S 정책 366, 430
〈씨올의소리〉 426
CATV 473, 509

아관파천 59, 67
〈아성我聲〉 180
아시아주의 75, 120, 121, 122, 166
〈아씨〉 406
ITU(국제무선통신연맹) 283
IPTV 485, 489, 490, 509
IPTV법 473
아침 방송 453
아타치 겐조安達謙藏 62
안방극장 413
안재홍 195, 199, 202, 300
안티조선 507
안희제 162
RCA 311, 312, 391, 404
암신문 133
압수 99, 116, 117, 118, 119, 151, 154, 156, 169, 170, 171, 172, 197, 200, 208, 221, 250, 288, 294, 432, 442
애국 계몽 운동 109, 110
애완견 470
앰프촌 308, 408
앵커 체제 458
야당지 295, 296, 297, 298, 303, 319, 347, 348, 388, 416
야도 마사요시八戶順叔 36
양기탁 103, 104, 105, 165
양원모 242, 243
양키 문화 270
언관권 26
언권 선거 468
언론 개혁 470, 471, 486, 487, 507
언론개혁시민연대 503
언론계 정화 324
언론기본법 430, 450, 451, 464
언론 노조 325, 376, 449, 463, 466, 473, 493, 504
언론 노조 운동 324, 449, 493, 500
언론대책반 423, 426
언론망국론 323
언론 모니터 501, 504
언론 민주화 463, 493, 494, 500, 501, 502
언론 비평 197, 210, 212
언론윤리위원회법 342, 343, 367, 368, 369, 389, 402
언론의 권력화 466, 467
언론의 위기 511, 512
언론인 개별 접촉 보고서 465
언론인 금고 433, 450
언론인대회 292, 297, 367, 456
언론 자유 수호 선언 375, 376, 378
언론 자유 수호 운동 349, 374, 375, 376, 382
언론자유수호특별위원회 378
언론 자유 수호 행동 강령 375
언론 정책 7개항 291
언론 정책 시행 기준 338, 345, 355
언론집회압박탄핵회 192, 200
언론 출판 집회 결사 등 임시취체법 245
언론 통폐합 149, 248, 350, 424, 425, 426, 427, 429, 432, 436, 449, 457
언론학교 502, 503
언론 화형식 373, 375
언문 신문용 지면 개선 사항 220

〈에브리 새터데이*Every Saturday*〉 37
AFKN 312, 313
HL 283
HLKZ–TV 307, 309, 311, 312, 313, 390, 391, 404, 411, 452
FM 방송 398, 399
NTSC 방식 312, 452
MBC–TV 392, 393, 397, 404
여당지 296, 297, 303, 347
〈여로〉 406
여론 51, 93, 159, 179, 181, 187, 200, 267, 273, 313, 416, 421, 442, 466, 467, 468, 506
〈여성중앙〉 357
여운형 223, 257, 271
연재 소설 55, 109, 363
연정회 186, 187, 190
〈연합신문〉 297, 305, 325
연합통신 429, 494
염상섭 175, 279
〈영남신문〉 479
〈영남일보〉 305
영주인營主人 48
영화관 174, 452
예종석 164, 170
오락 매체 400, 402, 403, 405
오보 263, 264, 293, 306
5 · 16장학회 345, 346, 347, 393, 422
5 · 16 쿠데타 325, 329, 330, 335, 336, 337, 344, 345, 388, 390, 399, 400, 408
오재경 309, 313, 390
오포 215
온건 개화파 46, 47
YMCA 501, 506
외간 사업 87
외화 405, 406
용비어천가 420, 423, 435, 440
우역郵驛 제도 28
우체사郵遞司 83, 125, 140
위성 방송 489, 490, 500
위정척사 79
위헌 소송 472
유길준 46, 47, 65, 66, 67, 72
〈유년〉 225
유문환 170
유선방송수신관리법 388, 408
유신정우회(유정회) 359
유신 헌법 359
유언비어 41, 42, 269, 343, 440, 441
유엔한국임시위원단 287, 288
6월 항쟁 445, 449, 463, 464, 475, 476, 479, 486, 488, 493, 494, 500, 501, 510, 511
유해붕 243
6 · 29 선언 463, 464, 478, 486
윤음綸音 26
윤전기 198, 295, 298, 338, 339, 340, 353, 355, 356, 357, 358, 433, 436
윤치호 42, 65, 66, 80, 85, 91, 107, 249
을사 5적 99, 100
을사늑약 99, 100, 101, 103, 109, 111, 114, 120, 141, 153, 156
음영위원회音影委員會 308
의병 78, 79
의병 운동 57, 79, 109
의연금 104, 142, 143, 144, 145, 328, 329, 368
이광수 186, 188, 190, 222
이권 침탈 59, 93, 94, 95, 120
이길용 240, 242, 243
이노우에 카쿠고오로井上角五浪 46, 50, 145
이산가족 찾기 방송 454, 455, 456, 458
이상범 240
이상재 195, 197, 199, 202
이상협 162, 165, 190, 195, 196, 223
이승훈 190, 193, 194

이언제언 359
이종일 91, 154
이중 방송 215, 217, 250, 307
이진희 422
인센티브 제도 130
인정미人情米 141
〈인천경성격주상보仁川京城隔週商報〉 56
〈인천신문〉 270, 277
인터넷 신문 476, 477
〈일간스포츠〉 428, 505
1도 1사 150, 248, 354, 425, 432
《일동기유日東記遊》 36
일본방송협회 213, 391
1 · 4 후퇴 298
일요지 338
일장기 말소 사건 168, 171, 230, 245, 246
임원근 195

〈자유민보〉 295, 299, 300, 304
〈자유신문〉 266, 275, 287, 288
자유 언론 실천 선언 376, 383
자치권 186, 187
자치론 190, 196, 198
자해 저널리즘 511
작은 매체 513
잡지의 날 207
장기영 303, 304, 312
장덕수 165, 178, 180, 181, 182, 183, 242
장덕준張德俊 162
장준하 301
장지연 99, 106
재교육 338, 360, 434
재벌 언론 358, 392
재일본동경조선유학생학우회 188
저널리즘의 실종 511
전국언론노동조합 494
〈전남매일신문〉 351, 419
〈전남일보〉 340, 351
〈전북신문〉 355
전시판 298, 299, 300
전시 효과 310
전인專人 33
전일방송 395, 396, 429
전자산업육성법 411
전조선기자대회 200, 201, 202, 203, 257
전파관리법 389
전파 관제 218, 250
전파 주권 283, 284
정간 98, 99, 142, 143, 144, 161, 168, 170, 171, 172, 197, 198, 200, 208, 221, 230, 242, 243, 244, 245, 270, 271, 293, 294, 295, 297, 329
정기간행물등록에관한법률 464
정당 방송 283
정비석 326
정수장학회 495
정시 방송 281
정연주 473
정판사 270
정환옥 314
제3세계 310
〈제국신문〉 71, 85, 91, 92, 94, 96, 107, 124, 126, 127, 128, 129, 131, 133, 137, 143, 144, 154, 329
〈제민일보〉 495, 497
JODK(경성방송국) 213
〈제일선〉 210, 212
〈제주신문〉 497
〈조광〉 225
조동훈 282
조만식 222
조보 朝報 26, 39
조석간제 196, 226, 304, 481
조선노농총동맹 188, 190
〈조선독립신문〉 153, 155
조선방송협회 216, 217, 218, 272, 280, 284,

305
〈조선순보〉 56
조선신문기자협회 266
조선신문기자회 257, 260, 261
조선신문연구회 210
〈조선신보〉 54, 55, 56, 69, 109
조선어학회 208
〈조선인민보〉 257, 266, 270, 271, 277
〈조선일보〉 137, 138, 163, 164, 167, 168, 169, 170, 172, 173, 174, 176, 177, 183, 184, 185, 194, 195, 196, 197, 198, 199, 202, 205, 222, 223, 224, 225, 226, 227, 228, 229, 230, 232, 237, 246, 247, 248, 249, 257, 261, 263, 264, 266, 273, 287, 288, 295, 298, 299, 300, 303, 304, 305, 340, 348, 355, 356, 357, 367, 375, 383, 417, 418, 420, 421, 433, 436, 438, 442, 444, 469, 471, 472, 480, 481, 482, 483, 501, 506, 507
조선자유언론수호투쟁위원회(조선투위) 383, 501
〈조선중앙일보〉 223, 225, 226, 227, 230, 231, 232, 233, 234, 237, 239, 243, 288
조선청년연합회 180
조선출판노조 257
〈조선크리스도인회보〉 93, 137
〈조양보〉 111
조용수 329, 330, 391
조일동화주의朝日同化主義 164
조중동 467, 469, 471, 472, 473, 480
조진태 164, 170
종교 방송 308, 315
종합 편성 403, 404, 458
종합 편성 채널 473, 490
주간 기본 방송 순서 281
〈주간신보〉 273
〈주간조선〉 356
〈주간중앙〉 356
〈주간한국〉 356
주보서周報序 51
주요한 222, 294
주재 기자 350, 351, 425, 429
《주한일본공사관기록》 79, 81, 84, 86, 87, 124, 127
중립외교론 72
〈중앙〉 225
〈중앙일보〉 223, 304, 352, 356, 357, 358, 361, 362, 375, 392, 417, 419, 420, 421, 433, 436, 438, 469, 471, 481, 482, 483, 493, 496, 505
중앙정보부 345, 346, 349, 374, 391
〈중외일보〉 223
증면 경쟁 226, 304, 305, 480
지방방송국 설치법 306
지방 전국지 351
지상파 방송 473, 474, 490, 491
지역 민방 488, 489, 502
지하 신문 151, 153, 160, 220
진동아 383
진보적 대중지 478
진학문秦學文 162
〈쩌날리즘〉 210, 211, 212

참요 35
참정권 청원 운동 190
〈창작과비평〉 426
천관우 348, 364
천주교정의구현전국사제단 379
〈철필〉 210, 211
철필구락부 200, 201
청일전쟁 53, 54, 57, 58, 59, 61, 62, 65, 97, 120, 150
〈청춘〉 207
청취료 215, 216, 280, 285, 286, 305, 306

촌지 141, 377, 478, 504
촌지추방운동 504
최남선 185, 206, 207, 222
최석채 295, 348
최선익 195
최인진 231, 234
최창봉 313, 391
출판물법안 292
출판물에 관한 임시조치법 292
출판법 117, 118, 151, 206, 208, 268
출판사 52, 104, 111, 207, 260, 272, 442
〈충남일보〉 355
〈충청일보〉 495, 496, 497
《치도략론治道略論》 42
치안유지법 268
〈친목회회보〉 110
친미의 이데올로기 289
친일 청산 260, 262
카르텔 362, 363, 427, 432, 480
카이로 선언 264
칸막이 문화 366
컬러 TV 310, 312, 451, 452, 453, 456, 458
K공작 423
케이블 TV 485, 489, 490
KBS(Korean Broadcasting System) 279, 307, 309, 319, 320, 331, 353, 387, 388, 389, 390, 392, 393, 396, 397, 399, 400, 401, 402, 403, 404, 405, 406, 422, 425, 427, 429, 445, 446, 447, 448, 449, 451, 453, 454, 455, 456, 457, 458, 471, 473, 487, 489, 494, 495, 498, 499, 500
KBS 시청료 거부 운동 445, 446, 447, 448, 449, 457
KBS–TV 312, 313, 389, 390, 391, 392, 397, 402, 403, 404, 405, 446
코리아나 호텔 348
〈코리아 데일리 뉴스*Korea Daily News*〉 105
〈코리아타임즈〉 428
〈코리아헤럴드〉 428, 479, 493, 496
〈코리안 리포지터리*Korean Repository*〉 110, 135
큐슈 아사히방송(KBC) 314

탈선 매스컴 화형식 370
탈정치화 362, 364, 366, 430
탐보원 96
〈태서문예신보〉 207
〈태양신문〉 303
테라우치 마사다케寺內正毅 149, 151
테러 266, 277, 295, 349
텔레비전방송이대로는안된다 시청자대책회의 504, 506
통신협회 367, 423
특파원 101, 183, 339, 350, 455
TV끄기운동 504, 506
파발 29
파업 494, 495, 496, 498, 499, 500
판소리 30, 35
80년해직언론인협의회 444, 501
편집국장 직선제 478, 495
편집국장 추천제 494, 495
편집권 독립 494, 495, 497
편파성 473
평민 공론장 138
평화방송 487, 488
포털 사이트 484, 491
프라임 타임 405, 406
프레스카드 350, 353, 354, 465
플랫폼 490, 491, 514
PAL 방식 452

하세가와 요시미치長谷川好道 157, 160
〈한겨레〉 469, 471, 478, 495
〈한겨레신문〉 78, 383, 445, 465, 476, 478, 501

한경대 469
한국기자협회 350, 367, 402, 434, 483
한국방송공사 399, 447, 449, 453
한국방송공사법 399, 447, 453
한국방송광고공사 434, 450
한국신문발행인협회 362
한국신문편집인협회 297, 324, 342, 367, 419
한국신문협회 351, 353, 436, 482
한국언론연구원 442, 467
한국언론인금고 360
한국언론진흥재단 484, 486
〈한국일보〉 303, 304, 305, 312, 326, 340, 352, 375, 376, 377, 420, 421, 432, 433, 436, 438, 442, 456, 480, 481, 493, 496, 497
〈한글〉 208
〈한성순보〉 39, 44, 45, 46, 47, 48, 49, 50, 51, 52, 53, 54, 55, 69, 71, 74, 85, 88, 119, 123, 131, 145
〈한성신보〉 62, 65, 66, 89, 109, 150
〈한성일보〉 266, 275
〈한성주보〉 44, 51, 52, 53, 54, 57, 62, 69, 71, 74, 83, 85, 119, 123, 125
한일의정서 97, 98, 99
합동통신 304, 419, 429
〈합성신보〉 112
〈해방일보〉 257, 265, 266, 270
〈해조신문〉 112, 130
행간 읽기 385, 386
〈향도일보〉 479
허가제 118, 269, 321, 464
허가주의 206
헐버트, 호머 B. Hulbert, Homer B. 135
혁청단 205
〈현대경제〉 419, 428
《혈의 누》 106, 109
협동조합 514
〈협성회회보〉 91
〈혜성〉 210
〈호남매일신문〉 355
〈호남학보〉 111
〈호외〉 210, 211
호출 부호 213, 217, 283, 284, 308, 330, 392, 393, 394, 395
홍명희 190, 193, 194
홍문관 26
홍범십사조 64
홍보용 신문 129
홍보조정실 431, 432
홍석현 505
홍종인 379
홍증식 195
화요회 195
활동사진 97, 152
황국신민화 210, 219, 248
황국협회 93
〈황성신문〉 71, 78, 85, 86, 91, 92, 96, 97, 98, 99, 100, 101, 103, 106, 107, 112, 124, 126, 128, 129, 131, 133, 137, 138, 142, 143, 165, 172, 173, 329
황용주 345
황태성 391
황태영 311
획일화 248, 362, 363, 364, 506
후생 복지 360, 434, 450
후원자 프로그램sponsored program 281
후쿠자와 유키치福澤諭吉 44, 45, 46
훈령 시행에 관한 '내훈' 98